사무엘하

그리스도인을 위한
통독 주석 시리즈

사무엘하

김구원

홍성사.

그리스도인을 위한 통독 주석 시리즈를 펴내며

'주석'은 신학생이나 목회자 등 이른바 '전문직 종사자'들이 읽는 책이라는 인식이 있다. 시중에 나와 있는 주석서들은 신학 혹은 성서학 배경 없이 읽기에는 난해할 뿐 아니라 어렵게 읽었다 하더라도 성경 본문과 어떤 연관이 있는지 알 수 없는 경우가 많다. 왜냐하면 한글로 성경을 읽을 때 자연스럽게 떠오르는 질문이 아닌, 학자들의 논쟁을 주로 소개하기 때문이다. 한편 성경 강해집은 전문성과 정확성이 떨어지는 경우가 많아 참고서로 활용하기 힘들다. '그리스도인을 위한 통독 주석 시리즈'는 이러한 상황을 타개하기 위해 기획되었다. 성경을 진지하게 공부하려는 그리스도인이라면 누구나 쉽게 읽을 수 있도록 기획된 이 시리즈의 특징은 다음과 같다.

첫째, 학자들의 논쟁보다 본문 자체의 해설에 집중했다. 한국의 그리스도인들이 성경을 읽을 때 자연스럽게 떠오르는 질문들을 다루었다. 둘째, 단어 중심보다 문단 중심 주석으로 통독이 가능하다. 이는 본문의 흐름을 유지하면서 필요한 해설들을 수록하였기 때문이다. 셋째, 필요할 때마다 참고할 수 있도록 다양한 도표, 지도, 배경 글을 수록하였다. 넷째, 질문과 적용, 묵상을 돕는 글을 각 장 끝에 실음으로써 성경 공부 교재로 활용이 가능하며 개인 묵상에도 유용하다. 다섯째, 평이한 문체로 저술하되 최신의 학문적 성과를 본문 곳곳에 반영하였다.

'그리스도인을 위한 통독 주석 시리즈'는 한국의 독자를 가슴에 품은, 뜻 있는 학자들의 합류로 계속해서 쓰여질 것이다.

그리스도인을 위한 통독 주석 시리즈 편집위원

김구원, 기민석, 조재천

차례

【일러두기】

본문에 사용된 성경 본문은 저자의 사역(私譯)입니다.
다른 번역본을 사용한 경우 해당 구절에 명시하였습니다.

【지도 1】 사무엘하의 전체 배경 지도

서론

사무엘하와 사무엘상은 본래 한 권의 책이었다. 히브리어 성경이 헬라어로 번역되는 과정에서 사무엘서가 상권과 하권으로 나뉘어 지칭되는 전통이 생겨났다. 사무엘하의 앞부분은 사무엘상의 다윗의 왕위 등극 이야기를 이어간다. 사무엘상 16장에서 이스라엘의 왕으로 기름부음 받은 다윗이 사무엘하 5장에 가서야 온 이스라엘과 하나님 앞에서 왕으로 공식 취임한다. 사무엘하의 나머지 부분은 다윗 왕의 다양한 업적을 소개함과 동시에 권력을 둘러싼 험난한 가정사를 수준 높은 문예적 이야기로 서술한다. 즉 사무엘상하는 다윗 왕의 파란만장한 인생을 소재로 한 하나의 통일된 이야기라 할 수 있다.[1] 그럼에도 사무엘하는 몇 가지 측면에서 사무엘상과 구분된다. 첫째, 사무엘하는 사울이 역사의 뒤안길로 사라진 이후의 역사다. 사울의 죽음으로 다윗이 자동적으로 왕이 된 것은 아니었지만, 그것은 다윗의 왕위 등극 과정에서 중요한 전환점이 된다. 사울이 죽은 후 왕위를 얻기 위한 다윗의 노력과 전략은 이전의 그것과는 전혀 다른 것이었다. 사울이 살아 있었을 때 다윗은 하나님의 기름 부음을 받은 자에 대한 존중 때문에 인위적으로 자신의 정적 사울을 제거하려 하지 않았다. 하지만 사울의 죽음으로 하나님의 기름 부음 받은 자에 대한 충의지심에 더 이상 구애받지 않게 된 다윗은 통일 이스라엘의 왕이 되기 위해 그 당시 통용된 정치공학적 전략들을 적극적으로 활용한다. 둘째, 이 때문에 사무엘하의 다윗은 사무엘상에 묘사된 다윗과 크게 다르다. 후자가 신앙 영웅의 모습—즉 순종, 인내, 용기의 화신—이라면 사무엘하의 다윗은 정치적이며 술수가 많고, 권력욕이 강하면서 도덕적으로 취약한 인간의 모습으로 그려진다. 사무엘하는 우리와 동일한 성정의 다윗 왕 이야기를 통해 이상적 천국에서가 아니라 죄악 현실에서 구현될 하나님 나라가 어떤 모습이어야 하는지를 심도 있게 보여 준다.

사무엘하의 구조

온 이스라엘의 왕이 된 다윗 (삼하 1:1-5:3)

- 사울과 요나단의 죽음을 애도함 (1:1-27)
- 다윗과 이스보셋 분열 왕국의 시작 (2:1-11)
- 분열 왕국의 대립 (2:12-4:12)
  - 아브넬과 요압 형제들의 대립 (2:12-32)
  - 아브넬이 암살됨 (3:1-39)
  - 이스보셋이 암살됨 (4:1-12)
- 다윗이 온 이스라엘의 왕이 됨 (5:1-3)

다윗의 업적 (삼하 5:4-10:19)

- 예루살렘 함락과 궁전 건축 (5:4-16)
- 블레셋을 무찌름 (5:15-25)
- 궤를 예루살렘에 옮김 (6:1-23)
- 나단을 통한 다윗 언약 (7:1-29)
- 소제국 건설 (8:1-10:19)

다윗의 실패(삼하 11:1-20:26)

- 밧세바와 다윗 (11:1-12:31)

암논과 압살롬 (13:1-39)

압살롬의 반란 (14:1-19:43)

세바의 반란 (20:1-26)

다윗 왕국과 하나님 나라 (21:1-24:25)

다윗이 사울의 아들들을 죽게 내어 줌 (21:1-14)

블레셋의 전투와 그 영웅들 (21:15-22)

다윗의 시 (22:1-23:7)

다윗의 용사들 (23:8-39)

다윗의 인구 조사와 하나님의 진노 (24:1-25)

다윗 왕국 시대의 국제 정세

이스라엘은 고대 근동 세계에서 문명의 후발 주자였다. 이스라엘이 다윗을 통해 최초의 왕조를 이루기 전, 이집트, 터키, 시리아, 메소포타미아 지방에서는 이미 천 년 전부터 다양한 왕조가 일어났다 사라지곤 했다. 하지만 다윗이 왕으로 다스린 주전 1000년에서 960년까지의 기간은 강대했던 전통적 왕조들이 무너졌거나 매우 세력이 약해졌던 때였음을 기억할 필요가 있다. 고대 근동 학자들은 주전 1200~900년의 기간을 고대 근동의 암흑기라 부르는데 그 이유는 단순히 문명이 쇠퇴했기 때문이 아니라, 그 기간에 각 지역의 왕조에서 무슨 일이 벌어졌는지를 알 수 있는 자료들이 거의 없기 때문이다. 이집트는 신왕국이 무너지고 제3중간기의 혼란 가운데 있었고, 히타이트 제국도 해상 민족에 의해 무너진 후 북부 시리아 지방에서 분열된 도시 국가의 형태로 겨우 명맥만 유지하였으며, 아시리아는 왕조의 명맥은 이었지만 역사 기록이 거의 남아 있지 않을 정도로 혼란스러웠다. 다윗이 시리아-팔레스타인 지역의 맹주로 부상할 수 있었던 배경에는 이런 전통적 강국들의 쇠퇴가 있었다.

주요 내용

1:1-5:3 사울이 죽은 후 다윗이 헤브론으로 이주하여 그곳에서 유다 지파의 왕이 되었을 때 사울의 아들 이스보셋은 길르앗 지역 마하나임을 수도로 사울 왕국을 재건한다. 함께 공존한 약 2년의 기간 동안 이 두 왕국은 군사적으로 자주 충돌하며 대립한다. 시간이 흐르면서 전세가 다윗의 왕국에 점점 유리하게 흐른다. 이때 이스보셋의 왕국에 더 이상 희망이 없다고 판단한 이스보셋의 군대 장관 아브넬이 마하나임 왕국을 통째로 다윗에게 넘겨주려 하지만, 다윗의 군대 장관 요압이 아브넬을 살해함으로 다윗과 아브넬 사이의 조약은 무효가 된다. 하지만 아브넬의 사망 소식은 이미 약해진 이스보셋 왕국의 붕괴를 촉신시키는 효과를 냈다. 왕 이스보셋은 그의 장군 레갑과 바아나에게 암살당했고, 그 소식을 들은 이스라엘의 백성들은 헤브론으로 장로들을 보내 다윗을 온 이스라엘의 왕으로 추대한다. 이렇게 다윗은 기름 부음을 받은 지 15년 만에[2] 이스라엘의 왕이 된다.

5:4-10:19 다윗의 다양한 정치, 행정, 군사적 업적이 소개된다. 온 이스라엘의 왕이 된 다윗이 제일 먼저 한 것은 여부스인들로부터 예루살렘을 빼앗아 통치 수도로 삼는 일이었다. 유다와 베냐민의 경계에 위치한 예루살렘은 오랫동안 이방인들에 의해 다스려졌기 때문에 어느 지파나 정파에도 속하지 않은 중립적인 도시였다. 사울 왕국을 흡수한 다윗 왕국의 성공에 가장 중요한 것은 사회 통합이었는데, 다윗이 예루살렘을 수도로 정한 것은 사회 통합에 대한 다윗의 의지를 보여 준다. 다윗의 사회 통합에 대한 의지를 보여 주는 또 하나의 사건은 그가 북방 지파들의 성물이었던 언약궤를 예루살렘에 안치시킨 것이다. 다윗은 20여 년 동안 이방 도시 기략 여아림에 머물던 언약궤를 예루살렘으로 옮김으로써 예루살렘을 이스라엘의 종교적 구심이 되게 했다. 또한 사울과 달리 다윗은 화려한 궁전과 체계적 관료 체제도 갖추었다. 또한 고대 근동의 왕들처럼 첩과 여러 아내들도 두었다. 뿐만 아니라

그는 군사적인 면에서도 큰 업적을 남겼다. 무엇보다 블레셋을 완전히 제압하였고, 모압, 아람, 암몬, 에돔을 조공국으로 만들었다. 이 모든 업적은 "다윗이 모든 백성에게 정의와 공의를 행했다"는 사무엘서 저자의 평가와 함께 그 절정(삼하 8:15)에 달한다. 하지만 무엇보다도 이스라엘의 구속사와 관련해 가장 중요한 사건은 하나님께서 나단 선지자를 통해 다윗에게 주신 언약이다. 이 언약에 따르면, 다윗뿐 아니라 다윗의 후손들도 영원히 왕위를 유지할 것이다. 이는 하나님의 통치가 다윗의 후손을 통해 지속되거나 회복됨을 의미한다(삼하 7:12, 14-16).

11:1-20:26 다윗의 통치는 그가 우리아를 죽이고 밧세바를 빼앗으면서부터 내리막을 달리기 시작한다. 이것은 다윗의 정치적 위기가 그의 도덕적 실패로부터 시작되었음을 보여 준다. 먼저, '그 아버지에 그 아들'이라는 말이 있듯이, 다윗의 큰아들 암논이 아버지와 유사한 죄를 범한다. 그의 이복누이이자 압살롬의 친동생인 다말을 범한다. 이 일에 대한 복수로 압살롬은 형 암논을 살해하고 어머니의 나라 그술로 망명해 버린다. 이후 요압의 중재로 압살롬이 예루살렘으로 돌아왔지만, 다윗은 아들 압살롬과의 관계 회복에 실패한다. 이에 압살롬은 아버지에 대한 쿠데타를 일으켜 예루살렘을 점령하고, 다윗은 사울에게 쫓겨 광야로 나갔듯이 아들에게 쫓겨 다시 광야 피난 생활을 시작한다. 피난 시절, 바르실래처럼 다윗을 선대한 신하들도 있었지만, 시므이나 요압처럼 어려움 당한 다윗을 노골적으로 조롱하거나 그의 권위에 도전한 신하들도 있었다. 한편 성경 저자는 예루살렘에 입성한 압살롬이 아버지의 첩들과 대낮에 동침했다고 보고함으로써 이 모든 고난들이 다윗이 저지른 죄에 대한 나단 선지자의 저주가 성취된 것임을 암시한다. 후에 다윗은 반란을 진압하는 데 성공하지만, 자신의 아들 압살롬을 잃는 슬픔을 경험한다. 또한 자신의 부하들은 물론 일반 백성들에 대한 통제력도 상실한다. 요압과 같은 장군은 노골적으로 다윗의 명을 어기고 제멋대로 행동하며, 이스라엘의 지파들은 다윗 왕을 버리고 불량자 세바를 지지한다. 세바는 "다윗에게는 우리의 몫이 없으니… 이스라

엘아, 각자 자기 장막으로 돌아가자"라고 말함으로써 솔로몬 시대 이후의 왕국 분열을 예고한다.

21:1-24:25 지금까지의 이야기가 다윗의 생애를 대략 시간적 순서로 서술한 것이라면 마지막 네 장은 사무엘서 전체의 주제를 반영하는 일화들과 다윗의 시를 문학적 대구 구조로 배열한 것이다. 먼저 다윗이 3년간의 기근을 끝내기 위해 사울의 아들들을 기브온 사람들에게 내어주어 죽게 한 일화가 나온다(21:1-14). 이 사건은 다윗의 인구조사로 많은 이스라엘 사람들이 역병으로 죽게 된 사건과 대구 관계를 형성한다(24장). 또한 블레셋과의 전투에서 공을 세운 다윗의 부하들에 대한 이야기(21:15-22)도 다윗의 '삼십' 용사들에 대한 이야기와 대구를 이룬다(23:8-39). 그리고 이 교차 대구 구조의 한가운데에 '하나님의 주권과 구원'을 주제로 한 다윗의 시(22:1-23:7)가 배치되어 있다. 성경 저자는 다윗과 그의 통치의 한계들을 부각시키는 일화들을 하나님의 완전하고 선한 통치에 관한 시를 중심으로 교차 배열함으로 다윗 왕정이 궁극적으로 하나님의 통치를 바라보게 하는 '그림자'임을 암시한다.

메시지

사무엘하 저자가 전달하는 교훈은 다음과 같다. 첫째, 하나님이 뜻하신 지도자는 순종과 회개의 능력을 가진 지도자라는 것이다. 다윗의 순종을 단적으로 보여 주는 일화는 다윗이 사울의 사망 직후 유다 땅 헤브론으로 귀향하려 할 때 하나님께 일일이 묻고 움직인 사건이다. 사울이 죽은 후 블레셋 땅에 머무를 이유가 없었지만, 즉 유다 땅으로 돌아가 왕이 되는 자신의 소명을 완수해야 했지만, 다윗은 먼저 유다 땅으로 돌아가도 좋을지를 하나님께 묻는다. 유다 땅으로 돌아간다면 다윗에게는 자신의 정치적 고향인 헤브론으로 가는 것이 당연한 일이었지만, 다윗은 유다 땅으로 돌아간다면 어느 도시로 가야할지도 하나님께 묻는다. 헤브론으로 가라는 하나님의 음성을 들은 후에야 다윗은 그곳으로 이동한다. 일일이 묻고 움직이는 다윗의 모습은 그가 이스라엘의 왕이 되는 것이 하나님의 분명한 뜻이었음을 기억할 때 더욱 놀랍다. 이를 통해 사무엘서 저자는 다윗이 오랜 고난을 통해 하나님께 묻고 행하는 자, 즉 철저히 순종하는 자로 변화되었음을 보여 준다. 또한 하나님 나라의 지도자들에게 가장 중요한 덕목이 순종의 능력임을 말해 준다. 한편, 순종이 자신의 뜻을 꺾고 나보다 높은 분의 뜻을 따르는 것이라면, 순종의 사람은 동시에 회개의 능력도 가진 사람이라 할 수 있다. 왜냐하면 회개는 하나님의 뜻 앞에 자신의 뜻을 굴복시키지 않고는 불가능하기 때문이다. 이런 의미에서 다윗은 회개의 사람이었다. 그의 회개하는 능력을 단적으로 보여 주는 일화는 밧세바 사건이다. 다윗은 자신의 권력에 취해 우리아로부터 밧세바를 강탈하는 죄를 범했지만, 나단 선지자의 책망을 듣고 자신의 죄를 하나님 앞에 고백한다. 그리고 그 죄에 대한 대가도 감수한다. 다윗이 사울을 대신하여 이스라엘의 왕이 되었을 뿐 아니라, 사울과 달리 하나님에게서 영원한 왕조도 약속받은 것은 그가 도덕적으로 완벽했기 때문이 아니라, 순종과 회개의 능력을 가진 지도자였기 때문이다. 하나님이 찾으시는 왕은 그분의 정의롭고 선한 통치의 불완전하지만 지속 가능한 통로가 될 자이다.

둘째, 하나님의 뜻(順理)과 인간 정치(人爲)는 양립 가능하다. 일반적으로 기독교인들은 하나님의 뜻을 순리와 동일시하는 경향이 있다. 즉 인간의 작위적 노력의 결과가 아니라 '모든 것이 합력하여 선을 이룬' 상태를 하나님의 뜻으로 인지하는 경향이 있다. 하지만 사무엘하에 그려진 다윗의 모습에서 순리와 인위 사이의 구분은 찾기 힘들다. 먼저, 사울이 살아 있는 동안 다윗이 왕권을 인위적으로 탈취하려 하지 않았음은 주지의 사실이다. 다윗은 두 번이나 사울 왕을 암살할 기회를 얻었지만(삼상 24장, 26장) 하나님의 기름 부음을 받은 자라는 이유로 그를 살려 주었다. 다윗은 하나님이 자신을 왕으로 세울 것을 기대하고 순리를 기다렸다. 하지만 길보아 전투에서 사울이 죽은 후, 다윗의 전략이 바뀐다. 가장 큰 이유는 그가 더 이상 기름 부은 자에 대한 금기에 얽매일 필요가 없었기 때문일 것이다. 이제 다윗이 이스라엘 땅에서 기름 부음을 받은 유일한 왕이다. 이후로 이스라엘의 왕이 되기 위해 다윗은 사울의 잔존 왕국을 이끄는 사울의 아들 이스보셋과 정치·군사적으로 당당히 경쟁하였다. 또한 다윗은 자신 자신에게 주어지는 정치적 기회들을 적극 활용했다. 예를 들어, 이스보셋의 군대 장군 아브넬이 주군을 배반하고 온 이스라엘을 다윗의 손에 넘겨준다고 했을 때, 그와 통일 계약의 조건들을 자세히 협상했다. 사무엘하 저자는 이런 다윗의 정치적 행위들을 대체로 가치중립적으로 묘사한다. 즉 부정적으로 묘사하지 않는다. 이것은 하나님의 뜻—온 이스라엘의 왕이 되는 일—을 이루는 일이 인간의 통상적 노력—다윗의 정치적 행보들—과 양립 가능함을 보여 준다.

셋째, 그럼에도 '하나님의 뜻' 혹은 '하나님 나라'라는 명분이 모든 정치적 수단을 정당화하는 것은 아니다. 이것을 단적으로 보여 주는 예는 다윗이 아브넬에게 이미 남의 아내가 된 미갈을 데려오도록 요구한 일화이다. 다윗이 아브넬과의 통일 협상의 조건으로 미갈을 요구한 이유는 다분히 정치적인 것이었다. 다윗은 사울의 딸 미갈을 아내로 데려오는 일이 북이스라엘의 민심을 얻고 이스라엘의 통치자로서 명분을 획득하는 데 도움될 것으로 판단하였다. 이런 점에서 다윗이 미갈을 데려온 것은 정치적으로 '똑똑한' 결정이었다. 다윗이 이스라엘의 왕이 되는 것이 '하나님의 뜻'이었음을 고려하면, 다윗에게 미갈은 그런 하나님의 뜻에 봉사하는 정치적 수단이었다. 하지만 성경은 그 행위가 가져온 정치적 효용을 설명하는 대신, 다윗의 정치적 행위가 한 가정에 가져다 준 불행을 부각시킨다. 미갈이 이미 다른 사람의 아내가 되어 있었음을 분명히 할 뿐 아니라, 그의 남편이 갈림에서 바후림까지 울면서 빼앗긴 아내를 배웅하는 모습을 자세히 묘사한다. 다윗은 통일 협상문에 미갈에 대한 '한 조항'을 추가시킨 것뿐이지만 그런 무심한 행위가 한 가정을 파괴하는 결과로 이어진 것이다. 어떻게 보면 다윗의 통치적 정당성은 하나님의 기름 부음에서 오는 것이지 사울의 사위라는 명분에서 오는 것이 아니었다. 즉 다윗은 미갈을 데려올 필요가 없었다. 미갈 없이도 다윗은 왕이 되었을 것이다. 이 모든 것은 미갈을 취한 다윗의 정치적 행위가 옳았는가라는 의문을 가지게 한다. 미갈의 예는 하나님 나라를 위한다는 명분이 그것을 위한 우리의 모든 노력들을 정당화하지 않음을 보여 준다. 만약 어떤 일이 하나님 나라의 명분에 봉사한다 할지라도 그것이 무고한 이웃들을 힘들게 하고 어렵게 한다면, 우리는 그 일이 반드시 필요한 일인가, 나의 명분을 위한 것은 아닌가를 깊이 생각해 보아야 할 것이다. 아무리 하나님의 뜻을 이루는 행위라도 넘지 말아야 할 도덕적 선이 있다. 이 세상에는 자신이 진리로 믿는 바를 관철시키기 위해 모든 것을 정치적 수단으로 삼으려는 사람들이 많다. 성경은 이런 태도에 강력히 반대한다.

넷째, 하나님은 성전 건물에 계시는 분이 아니라 백성들의 삶의 현장에 다니시는 신이다. 이것은 다윗이 성전을 짓겠다고 했을 때 하나님이 거절하신 이유다. 즉 고대 근동의 신들과 달리 하나님은 신전에서 사람들에게 대접받는 신이 아니라 백성들의 삶의 현장에 다니시며 통치하시는 신이다! 이렇게 다윗의 제안을 거절하신 후 하나님은 다음과 같이 덧붙이신다. 즉 하나님은 이스라엘 지도자들에게 백향목으로 된 성전을 지어 달라고 요구한 적이 없으며, 이스라엘의 지도자들에 대한 하나님의 일관된 요구는 "내 백성을 먹이라"는 것이었다(삼하 7:6-7). 이것은 하나님이 다윗에게 하신 언약의 본질을 설명한다. 하나님의 통치는 다윗의 후손의 보존과 밀접히 연관되어 있다. 하나님이 약속하신 것은 다윗의 후손이 보존되어 그를 통해 하나님의 통치가 이 땅 백성들 가운데 임한다는 것이다. 목회는 사람들을 모아 성전 짓는 일이 아니라, 하나님의 백성을 말씀으로 살찌우는 일이다. 즉 하나님이 그의 백성들 가운데 거닐도록 통로가 되는 일이며, 백성들이 하나님의 통치를 누리도록 돕는 일이다.

다섯째, 타락한 이 세상에 구현될 하나님 나라는 세상 문화의 옷을 입을 수밖에 없다. 인류 역사에서 하나님이 직접 통치한 왕국, 즉 신정 왕국은 다윗 왕조를 통해 단 한 번 구현되었다. 이런 의미에서 신학자들은 페르시아나 로마와 같은 세속 왕국을 일반 언약 공동체로,

다윗 왕국은 특별 언약 공동체로 부른다. 인류 역사상 딱 한 번 하나님의 나라가 국지적으로 가나안 땅에서 다윗 왕과 그 후손들을 통해 이스라엘 백성들 가운데 실현된 것이다. 다윗 왕국에 대한 이런 신학적 이해가 옳다면 우리는 다윗 왕국을 통해 이 땅에 실현된 하나님 나라의 모습을 엿볼 수 있다. 흥미로운 것은 다윗 왕국이 겉모습으로는 다른 세속 왕국과 전혀 구분되지 않는다는 것이다. 세속 왕들처럼 다윗 왕도 여러 아내들을 두었다. 즉 다윗의 하렘이 있었다.[3] 다윗 왕도 침략 전쟁을 수행했다. 즉 다른 나라를 침공해 조공과 노동력을 빼앗아 왔다. 새로운 왕조를 연 다른 고대 왕들처럼 다윗 왕도 이전 왕조가 다시 일어나지 못하도록 이전 왕조의 왕자들을 죽이거나 가택 연금 상태에 두었다.[4] 이것은 왕조의 안정적 발전을 위해 불가피한 정치적 선택이었을 것이다. 또한 다윗 왕국도 간소하지만 세속 왕국과 비슷한 전문 관료 체계를 갖추었다. 나아가 다윗 왕의 궁전은 페니키아의 기술을 빌어 가나안 양식으로 건설되었다. 이 모든 것은 다윗 왕국이 당시 세속 왕국의 '옷'을 입었음을 의미한다. 따라서 당시 사람들이 다윗 왕국을 보았을 때, 그것을 주변 왕국과 완전히 다른 종류로 인식하기 힘들었을 것이다. 이는 하나님의 나라가 이 타락한 세계 질서 안에서 구현될 때, 불가피하게 세속 나라의 옷을 입을 수밖에 없음을 보여 준다. 오늘날 교회가 그 목적에 있어 세속 공동체와 근본적으로 다르지만, 보이는 형식에 있어 비영리단체나 심지어 기업과 비슷한 모습인 것과 같다. 이것은 교회가 쉽게 세속화될 수밖에 없는 구조적 이유가 된다.

여섯째, 권력은 본래 백성을 섬기도록 주어진 수단이나 인간은 그 수단을 목적으로 삼아, 권력의 획득과 유지를 목적으로 백성을 도구로 삼는다. 이 유혹은 자신의 권력이 하나님으로부터 왔다고 확신하는 지도자들에게 더욱 크게 나타난다. 권력이 커질수록 권력에 대한 집착도 커진다. 절대 권력을 가진 왕은 '모든 것이 가능하다'는 생각 때문에, 보통 사람들은 생각할 수도 없는 범죄도 서슴지 않고 저지른다. 정의와 선을 행해야 할 권력자가 자신이 '할 수 있는' 일은 가리지 않고 행하는 지경에 이른다. 다윗이 밧세바를 범한 것도 단순한 성적 일탈의 문제가 아니라, 권력의 정점에서 섰던 다윗의 '전능자 신드롬', 즉 자신에게는 안 되는 일이 없다는 착각의 결과라 할 수 있다. 그는 남의 아내를 취하고도, 사람을 죽이고도 처벌받지 않을 자신이 있었을 뿐 아니라, 사람들 앞에서 하나님 통치의 통로로 계속 기능할 수 있을 것이라 착각했다. 하지만 그것은 착각일 뿐이다. 백성들의 정의와 선을 추구하지 않고, 정의와 선을 권력 유지를 위한 명분으로 삼는 지도자는 결국 하나님의 심판을 마주하게 된다. 밧세바 사건 이후의 다윗은 분쟁하는 자식들을 정의롭게 중재하는 권위와 능력을 상실했으며, 하나님의 통치를 이어가야 할 소명을 받은 다윗의 가문은 권력을 위해 서로 싸우며 죽이는 불행을 경험한다. 다윗 자신도 권력을 지키기 위해 자신의 아들 압살롬을 죽여야 하는 딜레마 가운데 고통당했다. 또한 이 일로 다윗의 집뿐 아니라 온 나라가 분열되어 다윗의 집과 이스라엘의 지파들 사이의 골이 깊어져만 갔다.

일곱째, 우리는 다윗보다 큰 왕의 통치를 소망해야 한다. 사무엘하는 다윗을 이상적으로 그리지 않는다. 특히 사무엘하 21-24장은 다윗 왕정의 한계를 분명히 보여 주고 우리의 소망은 하늘에 계신 왕께 있음을 가르쳐 준다. 예를 들면, 다윗이 가뭄을 핑계로 사울의 아들들을 죽도록 내버린 일화(삼상 21장)는 인간 왕 다윗의 도덕적 한계를, 그가 하나님의 진노 가운데 놓인 백성들을 구원하지 못한 일화(삼상 24장)는 인간 왕 다윗의 사역적 한계를 드러낸다. 사무엘하 21장에서 3년 가뭄이 끝난 것은 다윗이 사울의 죄를 심판했을 때가 아니라, 사울의 집안을 용서하고 그들과 화해했을 때이다. 사무엘하 24장에서 사흘 역병이 끝난 것은 다윗의 회개와 중보 때문이 아니라, 백성들을 불쌍히 여긴 하나님의 주권적 자비 때문이다. 나아가 사무엘하 저자는 다윗 왕국의 한계를 보여 주는 이런 일화들 사이에 하나님의 통치에 대한 운문을 배치함으로써 다윗의 불완전한 통치가 완전한 하나님의 통치의 예고임을 암시한다. 사무엘상의 시작 부분에 기록된 한나의 노래가 메시아 다윗의 출현을 예언한 것처럼 사무엘하의 마지막에 기록된 다윗의 노래를 통해 우리는 다윗보다 더 큰 '메시아'를 소망하게 된다.

1

다윗이 이스라엘의 왕이 되다

1
정의로운 왕

삼하 1:1-16

사울이 전사했다는 소식이 시글락에 있는 다윗에게 전해진다. 이 소식은 다윗에게 있어 핍박과 오랜 도주의 생활을 끝내는 기쁜 소식일 수 있다. 그러나 다윗은 사울의 죽음을 진정으로 애통해한다. 오랜 원수였던 사울과 그 왕자들에 대해 애통을 표현함으로써 다윗은 사울의 집안은 물론 온 이스라엘 백성의 마음을 얻는다. 일부 학자들은 다윗의 애통에 정치적 목적이 있었다고 주장한다. 하지만 다윗이 그 일로 정치적 이득을 보았다고 해서 반드시 사울의 죽음에 대한 다윗의 애통이 거짓이었다고 단언할 수 없다. 왜냐하면 정치인들의 행위는 순수하면서도 동시에 정치적일 수 있기 때문이다.

어떤 아말렉인의 방문 1:1-2

1 사울이 죽은 후(ויהי אחרי מות שאול) 다윗은 아말렉을 치고 돌아와
시글락에 이틀 동안 머물렀다. 2 셋째 날, 보라! 사울의 진영으로부터
어떤 사람이 오고 있다. 그의 의복은 찢어져 있었고, 그의 머리에는

흙이 묻어 있었다. 다윗에게 도착하자 그는 땅에 엎드려 절했다.

1절 ________

사무엘하는 "사울이 죽은 후에"라는 구절로 시작한다. 이것은 여호수아와 사사기의 처음을 상기시키는데, 여호수아와 사사기도 각각 "모세가 죽은 후에" 그리고 "여호수아가 죽은 후에"라는 구절로 시작한다. 이 세 구절이 공통적으로 암시하는 것은 지도자의 교체이다. 모세가 죽은 후에 여호와께서 친히 여호수아에게 사명을 주신다(수 1:1-9). 여호수아가 죽은 후에도 하나님이 친히 유다 지파를 지도자로 지명하신다(삿 1:1-2). 지도자의 교체가 하나님의 직접적 명령의 형태로 주어진 여호수아와 사사기와 달리, 사무엘하에 있어 지도자의 교체는 정교한 문학적 수사를 통해 암시된다. 비록 "사울이 죽은 후에"라는 말 이후에 여호와께서 친히 차세대 지도자를 직접 지목하는 대목은 없지만, 사무엘하 저자는 "사울이 죽었다"는 구절과 "다윗이 아말렉을 치고 돌아왔다"는 구절을 동시적인 사건으로 묘사함으로써, 지도자의 교체를 암시한다.[1] 즉 사울 왕이 전쟁터에서 죽는 그 순간 다윗이 아말렉을 무찌르며 왕의 역할을 감당하고 있었다는 사실은[2] 이스라엘의 왕권이 사울에서 다윗으로 이양되었음을 간접적으로 보여 준다.

한편, 사울의 죽음과 다윗의 승리를 대조함으로써 1절은 다윗으로의 지도력 이양이 이전 세대의 실패를 끊고 새로운 구원 역사를 시작하는 것임을 분명히 한다. 사울의 실패는 이스라엘 백성의 실패를 의미했다. 이스라엘 백성들은 그들이 원하던 인물을 왕으로 세웠지만, 사울의 통치는 그들이 원하는 세상을 가져다주지 못했다. 사울의 실패는 단순히 왕 개인의 실패가 아니라, 그들의 욕망에 따라 인간 왕을 요구한 언약 공동체의 실패이다. 그러나 하나님의 구원 역사는 이런 백성들의 실패에도 불구하고 지속된다. 사울이 무력하게 죽어가던 순간에 다윗은 아말렉을 치고 있었다. 다윗과 아말렉과의 전투는 길보아 전투처럼 많은 사람의 관심을 끌었던 전투는 아니었지만, 새 시대의 시작을 단적으로 상징하는 전투였다. 더구나 사울을 버림받게 한 결정적 사건이 아말렉과의 전투였음을 생각하면(삼상 15장) 다윗의 야인 생활을 실질적으로 마감시킨 사울의 죽음이 다윗의 아말렉에 대한 승리와 동시적이라는 것은 매우 흥미롭다. 이처럼 사무엘하 1장 1절의 첫 부분은 사울의 죽음과 다윗의 승리를 대조함으로 인간의 절망과 실패로부터 구원의 희망을 일구시는 하나님의 보이지 않는 손을 증거한다.

다윗이 아말렉을 쳤던 시점이 사울이 죽은 시점과 동시적이라는 사실은 또 하나의 주요한 역사적 사실을 증거한다. 다윗이 아말렉을 친 사건은 사무엘상 30장에 자세히 기록되어 있다. 다윗은 블레셋 군의 일부로 대對이스라엘 전쟁에 참여하려 했으나 블레셋 장수들의 반대로 뜻을 이루지 못하고, 자신의 거점지 시글락으로 돌아오게 된다. 그동안 마을을 비운 틈을 타서 아말렉인들이 마을을 불태우고 아내들과 아이들을 납치해 간 사실을 알게 된 다윗과 그 부하들은 곧 추격대를 꾸려 아말렉인들을 추격하여 가족들과 재산을 되찾은 적이 있다. "다윗이 아말렉을 치고"라는 1절 본문은 바로 이 사건을 가리키는 것이다. 사울의 죽음이 그 사건과 동시적이라는 사실은 다윗이 사울의 죽음에 어떤 식으로도 관여했을 것이라는 세간의 의심을 불식시킨다. 쿠이보노('누구에게 이득인가?') 원리에 의해 일부 학자들은 사울의 죽음으로 가장 큰 정치적 이득을 본 다윗이 사울의 죽음에 어떤 식으로든 책임이 있을 것이라고 추정한다. 왜냐하면 사울의 죽음으로 다윗의 왕위 등극에 있어 최대의 장애물이 제거된 것은 부정할 수 없는 사실이기 때문이다. 만약 오늘날 수사 기관이 사울 왕의 죽음을 조사한다면 제일 먼저 용의선상에 올릴 인물이 다윗이었을 것이다. 그러나 사무엘하 저자는 사울의 죽음과 아말렉에 대한 다윗의 승리를 동시적인 사건으로 묘사하면서 다윗에게 완전한 알리바이를 제공한다.

쿠이보노(Cui Bono)

다윗에 대한 역사적 연구에서 학자들이 가장 많이 사용하는 원리가 쿠이보노의 원리이다. 쿠이보노는 "누구에게 이득인가?"를 뜻하는 라틴어다. 맥켄지(McKenzie)와 같은 학자들은 쿠이보노의 원리를 사용하여 성경 저자의 관점과 다르게 사무엘서 본문을 해석한다.[3] 쿠이보노의 원리에 따르면 어떤 사건에서 이득을 보는 사람이 그 사건을 저지른 사람이다. 예를 들어 다윗이 그의 생애의 중요한 시점에 특정 인물들의 죽음으로부터 이득을 보았다면 그들의 죽음에 책임이 있는 사람은 다윗이라는 것이다. 그러나 쿠이보노의 원리가 복잡한 이해관계로 얽힌 상황에서 언제나 정확하게 범인을 특정해 주는 것은 아니다. 특정 사건으로 이득을 보는 복수의 개인이 존재할 수 있기 때문이다.

아말렉을 쳐부수고 시글락으로 돌아온 다윗은 시글락에서 "이틀 동안" 머문다. 이틀 동안 다윗은 사울의 죽음에 대해 알지 못했다. 어떤 의미에서 사울이 죽고 다윗이 그 소식을 접하게 되기까지 이스라엘 땅에는 왕이 없었다고 말할 수 있다.[4] 다시 사사 시대의 어둠으로 회귀한 것이다. 그러나 그런 '메시아' 부재의 상태는 오래 가지 않았다. 사흘째 되는 날 다윗은 사울의 죽음을 알리는 전령을 맞이하게 된다. 모든 구약 성경이 그리스도에 관한 것이라는 누가복음 24장 44절의 말씀을 여기에 적용한다면 우리는 이 이틀간의 '메시아'(=기름 부음 받은 왕) 부재 상태를 이틀간의 그리스도의 죽음에 비유할 수 있을 것이다. 그리고 사울의 죽음에 대한 소식이 전해진 순간 백성들의 마음에서 다윗이 실질적 왕이 되었다고 가정한다면, 이 일이 사울의 죽음 후 사흘째 되던 날 발생했다는 사실은 그리스도가 사흘 만에 부활하여 온 우주의 왕이 된 사건을 예표한다고 말할 수 있을 것이다. 그리스도 사건과 사무엘하 첫 부분이 다른 점은 전자에서는 죽은 자가 부활한 승리자와 동일인이라는 사실이다.

사흘 만의 구원 모티브

예수님이 사흘 만에 부활한다는 실마리가 구약성경에 있을까? 사흘 후 구원의 모티브가 가장 많이 쓰인 곳은 출애굽과 가나안 정복 이야기이다. 특히 히브리 문학에서 이집트는 종종 '무덤'으로 형상화되기 때문에 출애굽은 부활의 이미지와 연결될 수 있다. 바로에 대한 이스라엘 백성의 요구사항은 광야를 사흘 거리 여행하여 그곳에서 하나님을 예배하는 것이었다(출 3:18; 5:3; 8:27). 홍해를 건넌 이스라엘 백성은 사흘 만에 하나님의 구원을 체험하게 되는 마라에 도착한다(15:22). 시내산에서 백성이 하나님과 만나기 위해 준비해야 하는 기간도 사흘(19:9–11)이었다. 사흘째 되던 날 아침 하나님이 백성들에게 직접 나타나셨다. 여호수아가 백성에게 내린 최초의 명령 역시 사흘 안에 이 요단을 건널 것이니 몸을 정결히 준비하라는 것이었다(수 3:1–5). 사울의 죽음이 시글락에 있는 다윗에게 사흘째 되던 날 전해진 것도 이런 관점에서 이해할 수 있을까?[5]

2절

셋째 날, 사울의 진영으로부터 어떤 사람이 왔다. 성경은 이것을 시글락에 머물던 다윗의 시점으로 표현한다. 히브리어 보라(הנה)는 서술 시점을 성경 저자에서 다윗에게로 옮겨주는 역할을 한다. 시점의 전환은 사울의 죽음을 알릴 전령이 "어떤 사람"으로 표현된 점에서 확인된다.[6] 다윗의 입장에서 그가 어떤 사람인지 그리고 무엇 때문에 그에게 오는지 모르기 때문에 성경 저자는 그를 단순히 "어떤 사람"으로 표현하고 있다. 하지만 다윗은 전령이 입은 군복으로부터 그가 블레셋 병사가 아니라 사울의 부하임을 직감한다. 그 전령은 다윗 앞에 도착하자마자 땅에 엎드려 절하는데, 이것은 그가 다윗을 도망 중인 범죄자나 블레셋으로 망명한 우상 숭배자가[7] 아니라 왕으로 예우하고 있음을 보여 준다.

한편, 다윗 앞에 엎드린 병사의 의복이 찢어져 있었고, 그의 머리에는 흙이 묻어 있었다는 것은 매우 큰 재앙을 경험했음을 보여 준다. 고대 이스라엘인들은 나라가 크게 패전했거나 사랑하는 사람이 죽으면 옷을 찢고 머리에 먼지를 뿌림으로 슬픔을 표현했다(하지만 곧 밝혀지듯 전령의 애통은 거짓이었다). 다윗은 전령의 외모를 통해 사울 군대의 패전을 직감했을 것이다. 그리고 왕의 죽음이라는 최악의 상황도 배제하지는 않았을 것이다. 이것은 다윗이 자신 앞에 엎드린 사울의 병사에게 걱정스러운 듯 먼저 말을 건 이유이다.

전령이 사울이 죽은 후 사흘 만에 다윗이 있는 시글락까지 왔다는 사실은 그가 사울의 죽음을 확인한 직후 지체 없이 시글락으로 출발했음을 보여 준다. 왜냐하면 전쟁터 길보아에서 시글락까지는 대략 사흘 길이었기 때문이다. 전령이 사울의 죽음을 확인한 후 지체 없이 다윗에게 달려왔다는 사실은 그의 동기에 대해 여러 가지 질문을 품게 한다. 누가 명령한 것도 아닌데 그가 자원해서 그 소식을 당시 블레셋의 용병에 불과했던 다윗에게 알리기 원했던 이유는 무엇이었을까? 왜 그는 사울의 고향인 기브아로 가서 왕의 사망 소식을 알리지 않았을까? 또한 블레셋이 사울의 시체를 훼손하지 못하도록 최소한의 조치도 하지 않고 그리 급히 다윗에게 달려온 이유는 무엇인가? 그는 사울의 죽음을 슬퍼하기라도 한 것일까? 만약 슬픔을 위장하려 했다면, 그는 언제 의복을 찢었고 머리에 흙을 뿌렸을까? 사울이 죽은 직후인가? 아니면 다윗에게 오는 도중인가? 이 모든 질문에 대한 답은 이어지는 다윗과 그 사울의 병사 사이의 대화 가운데 하나씩 하나씩 밝혀진다.

애통 의식

구약 성경에는 고대 이스라엘인들의 애통 의식에 대한 실마리가 풍부하다. 애통 의식에는 눈물을 흘리거나 소리 내어 우는 것뿐 아니라, 옷 찢기, 베옷 입기, 애가 부르기, 재나 흙을 머리에 뿌리기, 맨땅에 앉거나 뒹굴기, 맨땅에 눕기, 금식하기, 몸을 앞뒤로 흔들기, 기름 바르지 않기, 몸 씻지 않기, 금욕하기, 자해, 맨발로 다니기, 장례 음식 먹기 등 다양한 행위가 포함된다. 상을 당한 사람이 이 모든 것을 했던 것은 아니고, 어떤 행위를 할지는 지역마다, 시대마다 조금씩 달랐다. 성경이 증거하는 애통 의식도 이들 중 일부만을 포함하고, 상황에 따라 조금씩 따른 행위로 구성된다. 예를 들어, 요셉의 사망 소식을 들은 야곱은 "자기 옷을 찢고 굵은 베로 허리를 묶고 오랫동안 그의 아들을 위하여 울었다"(창 37:34). 그러나 모세의 죽음에 대한 사람들의 애통 의식을 묘사할 때, 신명기 저자는 '우는 행위'만을 언급한다(신 34:8). 요압이 드고아의 여인에게 아들을 잃은 여자처럼 외모를 꾸미라고 지시할 때, 두 가지를 언급한다. 하나는 베옷을 입으라는 것과 또 하나는 기름을 바르지 말라는 것이다. 성관계 금지가 애통 의식 중 하나였다는 실마리는 유다와 다말 이야기에서 찾을 수 있다. 유다의 아내 수아가 죽었을 때, 유다는 일정 기간 애통 의식을 가졌을 것이다. 성경은 구체적으로 그 애통 의식이 어떤 요소들로 구성되었는지 말하지 않지만, 다말이 애통 의식이 끝나는 시점("유다가 위로를 받은 후에", 창 38:12)을 성적 유혹의 때로 잡았다는 것은 시아버지 유다가 애통 의식의 일부로 금욕하였음을 암시한다.

고대 근동의 애통 의식도 성경의 그것과 크게 다르지 않았다. 예를 들어 나보니두스의 어머니가 죽었을 때 나보니두스는 머리를 길게 자라게 하고, 몸에 기름을 바르지 않고, 울며, 씻지 않고, 금식하며, 심지어 자해했다고 기록된다. '이쉬타르의 지하세계 하강'은 하늘나라의 총독 팝수칼의 애통 의식을 다음과 같이 묘사한다: "그는 베옷을 입고, 울고, 머리를 풀었다." '바알 신화'에서도 바알이 죽었다는 소식을 접한 일루과 아나투는 다음과 같이 반응한다. 여기에 묘사된 애통 의식에는 "맨 땅에 앉기", "먼지/흙 뒤집어쓰기", "자해하기", "애가 부르기" 등이 포함된다.

그때 은혜로운 자, 친절한 신이
　　보좌에서 내려와, 발판 위에 앉는다.
　　발판에서 내려와, 맨땅 위에 앉는다.
그는 애통의 흙을 그 머리 위에,
　　수치의 먼지를 그 두개골 위에 붓는다.
　　의상으로 말하면, 그는 허리 옷을 입는다.
돌로 피부에 상처를 내고,
　　칼로 뺨과 턱을 자해한다.
그는 위팔을 써레질하고,
　　정원처럼 가슴을 쟁기질하고,
　　계곡 밭처럼 등을 써레질한다.
그리고 목소리를 높여 큰 소리 지른다:
바알이 죽었으니, 사람들은 어찌될까?
　　다간의 아들이 죽었으니, 땅의 거민들은 어찌될까?
바알을 따라, 나도 땅 속으로 내려갈 것이다 (KTU 1.5 VI 12-25)

전령이 사울과 요나단의 죽음을 고함 1:3-4

3 다윗이 그에게 말했다.
"너는 어디서 오느냐?"
그가 다윗을 향해 말했다.
"이스라엘의 진영으로부터 도망쳐 왔습니다."
4 다윗이 그를 향해 말했다.
"무슨 일이 있었느냐? 내게 부디 말하거라."
그는 말했다.
"그게 말입니다… 사울의 군대가[8]전투에서 패주했습니다. 그리고 또한(וגם) 많은 군인들이 쓰러져 죽었습니다. 그리고 사울과 그의 아들 요나단도 죽었습니다."

3절 ___________

본문은 왕이 전쟁터의 상황을 전령에게서 보고받는 몇 안 되는 장면이다. 이 장면은 현 본문을 포함하여 딱 네 군데에서만 발견된다. 엘리가 그 아들들의 죽음과 궤의 탈취를 보고받는 장면(삼상 4:12-18), 매우 간략한 형태이지만 다윗이 우리아가 전사한 전투 소식을 보고받는 장면(삼하 12:22-25), 다윗이 압살롬의 죽음을 보고받는 장면이다(삼하 18:19-33). 따라서 3절에서처럼 왕이 전령의 신분을 묻는 것이 그 장면의 전형적 요소인지는 확실하지 않다. 다만 사무엘상 4장의 경우 엘리가 시력을 잃은 상태였기 때문에 전령이 엘리에게 자신의 신분을 밝힐 이유는 충분하다. 하지만 전령을 눈으로 확인할 수 있었던 다윗의 경우는 좀 다르다. 우리아의 죽음과 압살롬의 죽음을 보고하는 전령들이 자신의 신분을 밝히지 않았던 것처럼, 본문이 자신의 부하로부터 전쟁의 상황을 보고 받는 상황이라면 다윗이 그의 신분을 굳이 물을 필요가 없었을 것이다. 그러나 본문에서 다윗이 전령의 신분을 물었다는 것은 그가 자신의 부하가 아니었음을 암시한다. 다윗은 전령이 입은 군복으로 그가 사울 왕의 부하임을 쉽게 판단할 수 있었을 것이다. 여하튼 본문에서도 다윗이 전령의 신분을 물을 충분한 이유가 있어 보인다. 나아가 전령의 신원이 앞으로 전개될 이야기의 핵심 요소임을 고려하면, 다윗이 전령의 신분을 묻는 본 장면은 추후의 이야기 전개에 대한 복선이 된다고도 말할 수 있다.

"너는 어디서 오느냐(אי מזה תבוא)?" 이 질문은 다양하게 이해될 수 있다. 먼저 전령의 신분을 묻는 질문으로 이해될 수 있다. 즉 그가 '무엇 하는 누구인지'를 묻는 질문일 수 있다. 또한 그것은 전령의 국적을 묻는 질문일 수도 있다. 즉 "너는 어디 사람이냐?"라는 뉘앙스로도 해석될 수도 있다. 물론 전자가 이야기 문맥에 더 어울리는 의미일 것이다. 그러나 그 전령의 출신이 이후의 이야기 전개에 중요한 요소임을 고려하면 독자들은 다윗의 질문 속에서 그 두 가지 의미를 모두 읽어 낼 수 있다. 다윗의 질문을 막상 전령이 어떤 의미로 이해했는지 알 수 없지만, 그는 아말렉인이라는 사실은 감추고 길보아 전투에 참여했다가 도망한 사울의 병사로 자신을 소개한다. 이 대목에서 주목할 것은 전령이 스스로를 탈영병으로 소개한다는 것이다.[9] 전쟁에서 탈영은 엄격하게 다스려지는 범죄 행위임에도 불구하고 자신을 사울 군대에서 이탈한 탈영병으로 소개한 것은 그것이 사울과 적대관계에 있는 다윗에게는 문제가 되지 않을 것이라고 생각했기 때문이다. 오히려 다윗의 호의를 얻는 데 도움이 될 것이라고 생각했을지도 모른다. 이것은 왜 그가 사울의 죽음을 확인하자마자 그의 시체에 대한 최소한의 조치도 하지 않고 다윗에게 달려왔는지를 설명해 준다.

4절 ________

한편 사울과 함께 전쟁에 참여한 자라는 전령의 말에 다윗은 지체하지 않고 바로 전쟁의 상황을 묻는다—"일이 어떻게 되었느냐(מה היה הדבר)?"[10] 길보아 전투에 참전하고 왔다는 전령의 말을 들었을 때 다윗의 심장 박동은 매우 빨라졌을 것이다. 사울과 요나단에 대한 다윗의 염려는 바로 이어지는 "내게 부디 말하라"라는 다소 잉여적인 표현을 통해서도 암시된다. 하지만 다윗의 질문—"일(דבר)이 어떻게 되었느냐"—은 전쟁의 결과에 대한 다윗의 염려 이상을 암시한다. 이것은 히브리어 다바르(דבר)의 이중적 의미에서 분명해지는데, "일"로 번역된 히브리어 다바르는 "말"로도 해석될 수 있다. 따라서 "그 일이 어떻게 되었느냐"는 질문은 "네 말이 무엇이냐?"로도 해석될 수 있다.[11] 이 의미는 이후 이야기 전개에 중요한 복선이 된다. 결국 이후의 이야기에서 중요한 갈등 요소가 되는 것은 전령의 말(=대답)의 진위 여부이기 때문이다.[12] 그리고 전령의 거짓말은 결국 그의 죽음을 정당화하는 근거가 된다—"네 입이 너를 정죄했다."(16절).

다윗의 질문에 대한 전령의 대답은 객관적 사실을 전달하는 형식을 취했지만, 자신의 불의한 행동을 변명하기 위한 것이다. 다윗이 가장 궁금하게 여길 것이라고 생각한 정보를 말하기 전에 그는 먼저 "사울의 군대가 전투에서 패주했다"고 말하는데, 이때 군사들이 탈영했다는 뉘앙스를 집어넣음으로써 전쟁으로부터 도망한 사람이 자기만이 아님을 분명히 한다.[13] 즉 전령은 전쟁 패배 소식을 전하면서 교묘하게 자신의 탈영을 정당화하는 것이다. 그리고 많은 사상자가 있었음을 보고한 후, 맨 마지막에 사울과 요나단의 죽음에 대한 소식을 배치한다. 이 삼단 보고 형식은 아벡 전투의 결과에 대한 전령의 보고와 정확히 일치하는데(삼상 4:17 참조), 엘리의 전령도 전쟁의 패배 사실, 사상자 규모, 궤의 탈취 소식 순(順)으로 보고함으로써 엘리가 가장 궁금해하는 내용들을 마지막에 배치했다. 하지만 다윗에게 보고하는 전령과 달리, 엘리의 전령은 전쟁의 패배 사실을 전하면서 군사들이 탈영했다는 뉘앙스는 집어넣지 않았다.[14] 이것은 그 아말렉 전령의 보고가 '사실 전달'에 그치지 않고 자신의 불의함을 합리화하는 목적도 가졌음을 확인해 준다.

전령의 거짓말 1:5-10

5 다윗이 그에게 고하는 종(הנער המגיד לו)을 향해 말했다.

"네가 사울과 그의 아들 요나단이 죽었음을 어떻게 아느냐?"

6 그에게 고하는 종이 대답했다.
“저는 당시 어쩌다가 길보아 산에 있었습니다. 그런데 보세요(והנה),
사울이 그의 창에 기대어 있었습니다. 그리고 보세요, 전차와
기병들이 그분을 바싹 추격하고 있었습니다. 7 그분은 뒤를 돌아
저를 보고는 불렀습니다. 저는 ‘신이 여기 대령해 있습니다(הנני)’라고
대답했습니다. 8 그러자 그분은 저에게 ‘너는 누구냐’라고 말했고,
저는 그분에게 ‘저는 아말렉 사람입니다’라고 대답했습니다.
9 그러자 그분이 저에게 말했습니다: ‘명을 받들어라!(עמד נא עלי)
나를 죽여라. 큰 고통(שבץ)이 나를 붙잡고 있는데 내 생명이 여전히
내 안에 있다.’[15] 10 그래서 나는 그의 명을 받들어 그를 죽였습니다.
왜냐하면 나는 그가 쓰러진 후 살지 못할 것임을 알았기 때문입니다.
그리고 그의 머리에 있던 왕관과 그의 팔에 있던 팔찌를 취하여,
그것들을 여기까지 나의 주께 가져왔습니다.”

5절

다윗은 전령의 말을 믿지 못하겠다는 듯 그에게 사울의 죽음을 어떻게 확신하는지 묻는다. 이것은 이례적인 질문이다. 블레셋과 이스라엘이 전면전으로 붙은 길보아 전투의 전세는 애초부터 이스라엘에게 불리했다. 사울도 패전과 자신의 죽음을 직감하여 엔돌의 무당을 찾아가는 무리수를 두었을 정도다.[16] 또한 그 아말렉 전령이 다윗에게 사울의 죽음에 대해 거짓말을 할 동기도 없어 보인다. 그럼에도 다윗이 사울의 죽음을 믿을 수 없다는 듯 전령의 정보원을 캐물은 이유는 무엇일까? 이 시점에서 다윗이 전령의 말을 의심할 이유가 있었을까? 이야기 전개에 있어서도 4절에서 11절로 바로 넘어가는 것이 자연스러운 흐름을 형성한다. 사울의 부고를 듣자마자 다윗이 바로 옷을 찢어 슬픔을 표하는 것이 자연스러웠을 것이다. 이런 자연스런 이야기의 흐름이 5-10절에 의해 단절된다. 보통 이런 경우 그 삽입 단락 안에 성경 저자의 특별한 메시지가 들어 있다.

물론 “네가 사울과 그의 아들 요나단이 죽었음을 어떻게 아느

냐?"라는 질문이 반드시 전령에 대한 의심을 반영하는 것은 아니다. 다윗이 후에 사울과 요나단의 죽음에 대해 크게 애통한 모습을 볼 때, 우리는 다윗이 그 갑작스런 죽음의 소식을 받아들일 감정적 준비가 되지 않았다고 추정할 수 있다. 누구에게나 사랑하는 이의 죽음은 처음에는 비현실적으로 들릴 수 있다. 그리고 "어떻게 죽었나?"라는 질문이 본능적으로 나올 수 있다. 그러나 다윗이 전령의 말을 의심할 이유가 전혀 없는 것은 아니다. 자신의 소개대로 전령이 전쟁 도중 도망친 탈영병이라면 어떻게 전쟁의 최종 결과에 대해 그렇게 확신 있게 보고할 수 있었을까? 그가 보고한 내용은 전쟁이 끝난 후 사울의 군대 당국이 공식적으로 배포한 '언론 보도 자료'처럼 보인다. 즉 그의 보고에는 최종 결과, 사상자 수, 그리고 왕의 죽음이라는 기밀 핵심 정보가 순차적으로 등장한다. 보통 왕이나 장수의 죽음은 적군은 물론 아군들에게도 비밀로 부쳐짐을 고려하면 전쟁 중에 도망한 탈영병이 그 기밀 정보를 어떻게 입수했는가 하는 질문이 자연스럽게 떠오른다. 한편 성경 저자는 반복적으로 그 전령을 "그[=다윗]에게 소식을 고하는 자"로 부르는데(5절, 6절, 13절), 어떤 학자들은 그것이 전령의 말이 거짓임을 반어적으로 표현한 것이라고 주장한다. 여하튼 우리는 다윗의 입장에서나 성경 저자의 입장에서나 그 전령을 의심할 충분한 이유를 가진다. 이제 그 전령의 말을 자세히 들여다볼 필요가 생겼다.

다윗의 질문에 대한 전령의 대답은 그가 사울의 죽음을 목격한 사람이었다는 것으로 요약될 수 있다. 전령의 진술에 따르면 그는 사울의 죽음에 대한 가장 확실한 목격자다. 왜냐하면 사울의 명을 받들어 사울을 죽인 사람이기 때문이다. 사울은 적들의 공격에 이미 치명상을 입고 있었으며 전령은 그의 고통을 덜어주려 했을 뿐이다. 그러나 이 내용은 사울이 스스로 목숨을 끊었다고 기술한 사무엘상 31장의 내용과 모순된다. 이 모순을 해소하기 위해, 일부학자들은 사무엘상 31장에 기술된 대로 사울이 자기 칼로 자살을 시도했지만, 완전히 죽지 않았다고 주장한다. 그리고 사무엘하 1장에 기록된 대로 그 전령이 사울의 명을 받아 그를 완전히 죽였다고 생각한다. 그러나 이런 변증적

독해는 좋은 동기에서[17] 나온 것이지만, 성경 저자의 의도를 간과한 것으로 본문의 정확한 의미를 어둡게 한다. 한편 다른 학자들은 사울에 대한 그 두 본문을 서로 다른 '자료'에서 온 것으로 취급한다. 이런 견해에 따르면 본문 안의 모순이 당연한 것이다. 하지만 그런 견해는 우리 앞에 놓인 성경 본문의 의미를 밝히는 노력에 별 도움이 되지 않는다. 최근 보다 많은 학자들이 제시한 견해는 그 전령이 거짓말하고 있다는 것이다. 필자는 이 마지막 입장에 동의한다.

전령의 보고를 자세히 보면, 그의 말이 거짓말이라는 정황이 드러난다. 보통 거짓말은 일관성이 없게 마련인데, 적어도 다음 세 가지 점에서 전령의 보고는 모순을 보인다. 먼저 많은 사람들이 지적하듯이 자신이 길보아 산의 전투 현장에 있었다는 말과 블레셋의 병거와 기병이 사울을 바짝 쫓고 있다는 말은 모순일 수 있다. 병거가 평지 전투에서 큰 효과를 발휘하는 무기이지만 산에서는 무용지물이기 때문이다. 병거를 다수 보유한 블레셋인들은 평지에서 진영을 꾸리려 하고 보병 위주의 이스라엘은 되도록 산에서 전투를 벌이려 했던 이유도 여기에 있다. 일반적으로 길보아 산속에서는 병거를 타고 사람을 추적할 수 없다. 설사 병거가 다니는 산길이 있었다 할지라도 도망가는 사람은 병거가 따라올 수 없는 오솔길을 택해 도망할 것이다. 따라서 길보아 산에서 병거가 사울을 바짝 쫓고 있었다는 전령의 목격담보다 블레셋의 활 쏘는 자들(מורים)이 사울을 추격했다는 사무엘상 31장의 이야기가 더 신빙성이 있다.[18] 전령의 보고에서 발견되는 또 하나의 모순은 전령이 처음 목격한 사울의 자세와 관련 있다. 그는 6절에서 사울이 창에 기대어 서 있었다고 말했는데, 10절에서는 사울이 이미 땅에 "쓰러져" 있었다(אחרי נפלו)고 묘사한다. 히브리어 동사 나팔(נפל)이 전쟁의 문맥에서 사용되면, 그것은 치명상을 입은 채로 땅에 누워 있는 상태를 가리킨다. 한 번 쓰러진 사람은 창에 기대어 서 있다고 묘사될 수 없다. 마지막으로, 전령이 "우연히" 길보아 산에 있게 되었다는 말도 의심스럽다. 그는 길보아 전투에 참여한 사울의 병사 중 하나임이 분명하다. 이처럼 전령의 보고는 목격자의 진술 치고는 일관성과 개연성이 너무 떨어진다. 이것은 전령의 말에 대한 합리적인 의심을 가능하게 한다.

나중에 설명하겠지만 전령이 사울의 죽음에 대해 거짓말하는 것은 아니다. 그의 거짓말은 사울의 마지막 임종의 순간에 관한 것이다. 그는 자신이 사울을 죽였다고 증언한다. 그 증언에 따르면 전투 중 치명상을 입고 큰 고통 중에 있던 사울이 그에게 안락사 혹은 자살 도우미 역할을 요청한다. 개역개정에서 "청하건대 내 곁에 서서"라고 번역된 히브리어 숙어 아마드 알(עמד על)은 주인의 분부를 받드는 전형적 종의 자세를 가리킨다. 따라서 9절에 대한 개역개정의 번역, "내 곁에 서서 나를 죽이라"는 "나의 명을 받들어 나를 죽여라"로 의역될 수 있고, 10절의 "그 곁에 서서 죽이고"는 "그의 명을 받들어 그를 죽이고"로 이해될 수 있다. 이처럼 전령은 사울 왕의 뜻을 받들어 그의 고통을 덜어주는 안락사를 단행했다고 주장함으로써 자신의 죄악을 덮으려 했지만[19] 그것은 이스라엘 왕 사울을 고통이 두려워 죽음을 택하는 겁쟁이로 만들어 버리는 일이었다. 또한 그 전령의 행동은 31장에 묘사된 사울의 무기 드는 자의 행동과도 크게 대조된다. 후자는 하나님의 기름 부음 받은 자에 손대는 것을 두려워했을 뿐 아니라 자신의 주인인 사울을 따라 죽은 의인이었다. 하지만 전령은 왕을 따라 죽기는커녕 왕을 죽이기까지 했다. 왕을 따라 죽지 못한 것도 큰 죄가 될 수 있는데, 어떤 경우라도 왕을 죽이는 것은 결코 작은 문제가 아니다. 더욱 흥미로운 것은 전령이 왕의 명령에 의한 안락사라는 핑계를 붙였지만, 다윗 앞에서 사울 왕을 죽였다고 떳떳하게 고백한 것이다. 정상적인 상황이라면 왕을 죽였다는 고백은 그 고백을 한 사람을 매우 위태롭게 만드는 발언이다. 하지만 전령이 거리낌 없이 그렇게 고백할 수 있었던 것은 다윗에 대한 오해 때문일 것이다. 그는 다윗의 종이 되기 원했지만 다윗이 누구인지 잘 몰랐다. 그는 다윗도 다른 왕처럼 자신에게 이익이 된다면 살인이나 거짓말을 서슴지 않을 뿐 아니라, 그 일을 대신해 준 사람을 용인할 것이라고 생각했다. 이 때문에 그는 다윗이 자신에게 상을 내릴 것이라 기대했을지 모른다. 그리고 이것이 그의 거짓말의 근본적 동기이다.

전령이 다윗으로부터 보상을 기대했다는 사실은 그가 사울의 왕관과 팔찌를 취하여 다윗에게 가져왔다는 사실에서도 드러난다. 왕관과 팔찌는 모두 왕의 통치권을 상징하는 물건이다. 전령은 사울의 부고만을 전한 것이 아니라 사울 왕권의 표식들도 넘겨준 것이다. 즉 그는 사울의 왕권을 상징적으로 다윗에게 이양하는 역할을 자처했다. 그 물건들을 넘겨주면서 그는 다윗을 "나의 주"로 부른다. "그것들을 내 주께 가져왔습니다." 그가 왕을 죽였다고 공공연히 거짓 고백하고 사울의 왕관과 팔찌를 다윗에게 가져온 것은 다윗이 사울의 죽음을 기뻐할 것이며 그의 왕권을 넘겨주는 자를 칭찬할 것이라고 착각했기 때문이다.

전령의 말이 거짓이라면 사울은 진짜 어떻게 죽었으며, 전령은 어떻게 사울의 왕관과 팔찌를 확보할 수 있었을까? 지금까지의 설명이 옳다면 사울은 사무엘상 31장에 묘사된 대로 블레셋 궁사의 활에 의해 치명상을 입은 후 스스로 목숨을 끊은 것으로 보인다. 그 아말렉 전령은 사울의 용병으로 전쟁에 참여했다가 사울이 자살하는 장면을 목격한 후, 그의 왕관과 팔찌를 취하여 다윗을 찾아온 것이다. 그가 사울이 죽은 후 사흘 만에 시글락에 도착했고, 사울이 죽은 이튿날 블레셋인들이 사울의 시체를 회수한 것으로 보아, 아말렉인이 왕관과 팔찌를 회수한 시점은 사울이 죽은 직후였을 것으로 추정된다. 아말렉인에게 사울은 더 이상 군주가 아니다. 그는 사울의 시체를 거두지 않았고 그다음 날 사울의 시체가 블레셋 사람들에 의해 불명예스럽게 훼손당하게 내버려 두었다. 그는 더 큰 이익을 위해 하루 만에 '주인'을 바꾸어 버릴 수 있는 용병에 불과했다.

한편, 전령의 거짓 보고 가운데 사울이 그의 국적을 확인하는 장면(7절)이 나온다. 전령 스스로의 말에 따르면 사울이 근처에 있던 자신에게 "너는 누구냐"라고 물었고 그는 "나는 아말렉인입니다"라고 대답했다는 것이다. 사울이 근처에 있는 병사가 자기 부하인 줄 몰랐을 리 없다. 그러면 "너는 누구냐"라는 질문은 사실상 불필요하다. 더 이상한 것은 전령의 대답이다. 보통 "너는 누구냐"의 질문에 사람들은 이름이나 관계를 지칭하는 말로 대답한다. 예를 들어 이삭이 에서에게 "너는 누구냐"라고 물었을 때 그는 "나는 당신의 장남 에서입니다"라고 대답한다(창 27:32). 여호수아가 기브온 사람들에게 "너희들은 누구냐"라고 물었을 때도, 그들은 "우리들은 당신의 종입니다"라고 대답한다. 보아스가 룻에게 "너는 누구냐"라고 물었을 때 룻도 "나는 당신의 종 룻입니다"라고 대답한다. 그런데 본문에서 그 전령은 자신의 이름을 말한 것도 아니고 질문자와의 관계를 말한 것도 아니다. 그는 "나는 아무개, 당신의 종입니다"라고 대답하는 대신, "나는 아말렉인입니다"라고 대답한다. 이 대답은 문맥적 상황과 완전히 맞지 않는 대답이다. 이 때문에 학자들은 이 부분을 저자가 개입한 부분으로 이해하기도 한다. 성경 내러티브에서 "대화"는 문학적 구성일 수 있기 때문에, 그곳에 저자의 의도가 자주 반영된다. 저자는 다윗이 사울의 부고를 보고받는 장면에서 세 번이나 전령의 출신에 대한 질문을 던지도록 본문을 구성한다. 첫 번째, 전령이 다윗을 처음 알현할 때의 질문인데 "너는 어디에서 오느냐(אי מזה תבוא)"라는 질문은 문맥에 따라 출신을 묻는 질문으로 들릴 수 있음을 이미 밝혔다. 둘째, 전령의 보고 가운데 "너는 누구냐(מי אתה)"라며 이름을 묻는 질문에 "나는 아말렉인입니다"라는 대답을 구성해 넣는다. 셋째, 보고를 다 들은 다윗이 전령에게 한 질문은 정확하게 출신을 묻는 질문이다—"너는 어디 사람이냐?(אי מזה אתה)" 저자는 이렇게 다윗에게 사울의 죽음을 알린 사람의 출신—즉 그가 "아말렉인"임—을 강조하고 있다. 8절에서 "너는 누구냐"라는 질문에 전령이 자신의 이름을 밝히는 대신 "나는 아말렉인입니다"라고 대답한 것은 이야기상에서 그의 이름이 아니라 그의 출신이 중요했기 때문이다.

하지만 전령과 사울 사이의 대화를 반드시 부자연스러운 문학적 구성으로 이해할 필요는 없다. 우리는 "나는 아말렉 사람입니다"라는 전령의 대답을 소속 부대를 뜻하는 말로 이해할 수 있다. 다윗의 군대 안에도 "그렛 사람"와 "블렛 사람"으로 불리는 특수 부대가 있었던 것처럼, "아말렉 사람"이라는 말이 사울이 고용한 용병 부대를 지칭할 수도 있기 때문이다. 이 경우 전령은 "너는 누구냐"라는 사울의 질문에

"나는 아말렉 부대 소속의 당신의 종입니다. 명령을 받들 준비가 되었습니다"라는 취지로 대답한 것이다. 이 대답은 이어지는 이야기와 자연스럽게 연결된다. 아마 자신의 출신 성분을 감추려 해왔던 전령이[20] 자신도 모르게 자신이 아말렉인임을 밝히게 된 것은 바로 이 때문일 것이다. 즉 자신의 거짓말을 그럴 듯하게 만들려는 과정에서 자신의 신분을 노출하게 된 것이다. 그는 그것이 자신의 운명을 결정할 것이라고는 꿈에도 생각지 못했을 것이다.

아말렉 사람들

이들은 본래 에돔의 일부였을 가능성이 높다(창 36:12, 16). 이들이 역사에서 이스라엘과 본격적으로 충돌하게 된 때는 이스라엘 백성들이 광야를 지날 때이다. 이스라엘이 르비딤에 머물렀을 때 아말렉인들의 공격을 받았는데, 이때 여호수아가 이끄는 군대가 이들을 물리쳤다. 아론과 훌이 모세의 기도하는 손을 떠받친 일화가 바로 이 전쟁을 배경으로 한다. 아말렉 군대는 게릴라 작전으로 악명이 높았다. 적의 정규군과 정면으로 맞붙기보다 후방을 노리는 작전을 펼쳤다. 이들은 이스라엘 백성 중 연약한 자, 여자, 어린이 등을 공격함으로 이스라엘 백성들에게 큰 고통을 주었다. 이 때문에 하나님은 이스라엘 백성이 약속의 땅에 정착하여 사방 나라들과 평화를 이루었을 때 아말렉을 이 땅에서 완전히 제거하시겠다고 약속하셨다(신 25:17–19). 정착 후 에훗이나 기드온 등과 같은 사사들이 아말렉을 물리쳤으나 그들을 완전히 없애는 데 실패했다. 하나님이 사울에게 그 약속을 성취할 기회를 주셨으나 사울은 그 기회를 살리지 못했다. 다윗이 아말렉 전령을 죽인 사건은 그가 아말렉을 진멸하시겠다는 하나님의 약속을 성취한 왕임을 암시한다. 다윗은 사울이 실패한 자리에서 성공을 일구었다(삼상 27:8–9; 30:1–17; 삼하 1:16).

요약하면 전령의 긴 보고는 사실과 거짓이 혼재된 것이다. 사울이 전사한 것과 그가 사울의 용병이었다는 것, 그리고 그가 사울의 왕관과 팔찌를 거두었다는 것은 사실이지만, 그가 사울의 명령에 따라 그를 안락사시켰다는 것과 그 외의 다른 정황들은 모두 그가 자신의 거짓말을 합리화하기 위해 꾸며낸 것이다. 그 거짓말은 때로는 너무 노골적이다. 예를 들어 사울의 고통을 덜어주기 위해 그를 죽여 달라는 명령을 따를 정도로 사울에 충성했던 자가 사울의 시체를 유기하고 그의 왕관과 팔찌를 들고 단숨에 다윗에게 찾아온 것은 도무지 이해되지 않는다. 사실과 거짓이 혼재된 전령의 보고는 다윗의 보상을 극대화하기 위한 것이다. 그러나 그 전령은 철저히 다윗을 오해하고 있었다. 그는 다윗이 사울의 죽음을 기쁘게 생각하고, 사울의 죽음에 책임 있는 사람을 보상할 것이라고 착각했다. 그는 다윗의 종이 되기를 원했으면서도 다윗이 정의로운 왕임을 알지 못했다. 우리도 하나님의 백성이 되기를 원하지만 때때로 그분이 어떤 분인지를 오해한다. 그분의 백성으로 살면서 거짓과 술수를 대수롭지 않게 행한다. 그러나 이기심과 거짓은 우리의 삶을 파멸로 이끌게 될 것임을 기억해야 할 것이다.

다윗의 애통 1:11-12

11 다윗은 그의 옷을 잡아 찢었다. 그와 함께한 부하들도 그리했다.
12 그들은 저녁까지 사울과 그의 아들 요나단을 위하여, 그리고 칼에
쓰러진 이스라엘의 집과 여호와의 백성을 위하여 곡하며 울고,
금식했다.

전령의 손에 들린 사울의 왕관과 팔찌를 본 다윗은 사울과 요나단을 위해서 애통하기 시작한다. 다윗의 슬픔은 단순히 한때 자신의 장인이었던 분에 대한 개인적 연민이 아니다. 친구의 죽음에 대한 개인적 상실감의 표현도 아니다. 그의 애통은 공동체적인 것이다. 그의 애통은 이스라엘의 왕과 왕자의 죽음에 관한 것이다. 이것을 단적으로 보여 주는 것이 "그와 함께한 부하들"도 다윗처럼 옷을 잡아 찢었다는 사실이다.

다윗의 애통의 대상은 사울과 요나단에 머물지 않는다. 그는 전쟁에서 죽은 모든 이스라엘 백성을 위해 곡하며 울고 금식했다. 이

것은 다윗이 지난 십여 년간 자신을 괴롭혔던 적들과 화해하는 순간이다. 저자가 애통 의식의 주요 행위들—겉옷 찢기, 곡하기, 울기, 금식하기 등—을 일일이 나열한 것은 다윗의 애통함이 진정성 있는 것이었음을 보여 준다. 다윗에게 사울과 그의 부하들은 한 때 적이었지만 동시에 '여호와의 백성'이다. 여호와의 백성들이 할례받지 못한 블레셋의 '칼'에 죽임을 당한 것은 통탄할 일이다. 다윗은 자신의 대적들도 하나님 나라를 위해 동역하는 형제라고 여겼다. 비록 그들은 다윗을 죽이려 하였지만 다윗은 그들을 해하려 하지 않았다. 다윗은 갈등의 순간에도 상대방을 죽이는 일만은 피했다. 사울을 죽일 기회가 두 번이나 있었지만 그렇게 하지 않았다. 블레셋의 용병으로 있을 때에 아기스가 시글락을 주면서, 유다 마을을 침략할 것을 주문했지만, 다윗은 유다 마을 대신 아말렉을 공격했다. 다윗이 유다 사람들을 공격할 개인적 이유는 충분했다. 유다 사람들은 다윗의 행방을 사울에게 일러 바쳤으며 다윗이 블레셋으로부터 그들을 구원한 직후에도 그들은 다윗을 배반하려 했다(삼상 23장 참조). 하지만 다윗은 유다 사람들을 공격하라는 자신의 군주 아기스의 말에 순종하지 않았다. 이처럼 다윗은 그의 정적들도 '여호와의 백성'임을 자각하고 죽이는 일을 삼갔다.

다윗의 이런 반응은 의외이다. 자신의 적이 멸망하면 기뻐하는 것이 인지상정이다. 더구나 적의 멸망이 자신의 큰 이익으로 이어진다면 더욱 말할 것 없다. 이 때문에 사울의 부고에 다윗이 애통해하는 모습을 정치적 '쇼' 혹은 다윗에 대한 후대의 미화로 보는 학자들이 많다. 사무엘상 16장에서 사무엘하 5장까지의 내용을 고대 근동 문학 중 "왕위 변증기(Royal Apology)"로 보는 학자들은 이것을 다윗에 대한 미화의 예로 인식한다. 쿠이보노 원리에 입각해 다윗이 어떤 행위의 수혜자라면 그가 그 행위의 궁극적 책임자라고 단정해 버린다. 그들은 사무엘서의 다윗은 조작된 것이고 역사적 다윗은 사울의 죽음을 마음속으로는 기뻐했을 것이라고 단정해 버린다. 그러나 사무엘서가 다윗 왕에 대한 변증기라 해서 반드시 사실을 왜곡했다고 볼 필요는 없다. 즉 역사에 대한 문학적 구성이 반드시 역사적 사실을 왜곡하는 것은 아니다. 진실로 다윗이 사울의 죽음과 전혀 관련 없고 그의 죽음을 진정으로 슬퍼하였을 뿐 아니라, 그가 사울의 왕관과 팔찌를 가지게 된 것도 순전히 자신의 의도와 관계없는 전령의 자발적 행위였을 수 있다. 더구나 사무엘서는 다윗을 전혀 이상적인 인물로 그리지 않는다. 고난을 통해 다윗이 순종하는 왕으로 담금질되어 가지만, 그렇다고 그가 도덕적으로 완벽한 인물로 그려지는 것은 아니다. 사무엘서에 따르면 다윗의 미덕은 영웅의 완벽함이 아니라, 자신의 뜻을 버리고 자기보다 높은 분의 뜻에 따르는 회개와 순종의 능력이었다.

아말렉인에 대한 다윗의 심판 1:13–16

13 다윗은 그에게 고하는 종을 향해 "너는 어디 출신이냐?"라고
말했다. 그는 "저는 이민자의 소생, 아말렉인입니다"라고 대답했다.
14 그러자 다윗이 그를 향해 말했다: "어찌하여 너는 겁도 없이
네 손을 뻗어 여호와의 기름 부은 자를 죽였느냐?" 15 그리고
다윗은 종들 중 하나를 불러 "와서 그를 치라"고 명령했다. 종이
그를 쳤고 그는 죽었다. 16 그를 향해 다윗이 말했다: "네 피가 네
머리 위에 있다. '내가 여호와의 기름 부은 자를 죽였습니다'라고
말한 네 입이 너를 정죄했다."

사울이 "너는 누구냐"라고 질문을 했을 때 "나는 아말렉인입니다"라고 간단히 대답했던 전령이 "너는 어디 출신이냐" 질문하는 다윗에게는 좀더 구체적으로 "저는 이민자의 소생(בן איש גר) 아말렉인입니다"라고 대답한다. 이는 그가 단순히 외국인 아말렉인이 아니라, 이스라엘의 일부가 되어 살아온 아말렉인임을 강조하기 위함이다. 아말렉인에 대한 다윗의 적대감을 의식한 발언이다. 아울러 자신은 외국인이기 때문에 이스라엘의 종교적 관습에는 예외라는 주장도 포함된다. 그러나 다윗은 전령의 대답을 정반대로 해석한다. 즉 외국인일지라도 이스라엘 진영에서 함께 생활하는 자는 이스라엘 백성들과 같은 의무를 감당해야

한다.

다윗은 전령의 대답을 듣자마자 처형을 명령한다. 다윗이 전령의 거짓말을 알았는지의 여부는 중요하지 않다. 전령이 사울을 죽이지 않았다 할지라도 그는 이미 죽을죄를 지었다. 왕의 시체를 유기하여 블레셋인들이 그것을 훼손하도록 허락했으며, 다윗 앞에서 거짓말로 이스라엘의 왕의 존엄을 훼손했다. 하지만 현대 독자들처럼 전령의 보고를 분석하고 그것이 사실인지의 여부를 확인하기 어려웠던 다윗은 그 전령의 자백에만 근거해 그를 심판한다. 죄목은 여호와의 기름 부은 자에 대한 살인이다.

"어찌하여 너는 겁도 없이 네 손을 뻗어 여호와의 기름 부은 자를 죽였느냐?" 이때 사용된 히브리어 모테트(מותת)는 단순히 죽이는 행위가 아니라, 고의적인 살인을 가리킬 때 쓰이는 말이다. 다윗이 돌팔매질로 골리앗을 쓰러뜨린 후, 달려가 칼로 그의 목을 베는 장면에 쓰인 동사가 바로 모테트이다. 비록 전령은 자신의 행위가 사울을 배려한 것이라고 항변했지만, 다윗은 그것을 하나님의 기름 부은 자에 대한 고의적 살인 행위로 간주했다. "네 피가 네 머리 위에 있다"는 말은 살인죄에 대한 형벌을 가리키는 전형적인 표현이다. 여기서 "피(דמים)"는 피 흘림을 가리키며, 다윗의 선고는 피 흘림(=살인)의 죄는 당사자의 피로만 속죄될 수 있음을 전제하는 것이다.

질문

1. 성경 저자는 세 번이나 반복해서 질문을 던집니다. 그것은 궁극적으로 "너는 누구인가?"라는 질문입니다. 특히 재미있는 것은 왕이 이 질문을 한다는 것입니다. 이 질문에 어떻게 대답하느냐에 따라 심판받게 됩니다. 우리는 "너는 누구인가"라는 질문에 하나님 앞에서 어떻게 대답해야 할까요?
2. 아말렉인 전령은 정치적 감각이 있던 사람으로 보입니다. 사울이 죽자 지체 없이 '다윗 왕 만세'를 외친 사람입니다. 그러나 그의 정치적 감각이 그를 죽음으로 몰아간 것을 볼 때 정치에도 도(道)라는 것이 있는 것 같습니다. 그가 어긴 도는 무엇이었을까요?
3. 다윗의 애통에서 배워야 할 바는 무엇입니까?

묵상

본 장에 묘사된 다윗은 정의로운 왕입니다. 자기의 정치적 이익을 위해 모든 것을 타협하는 전령과 달리 다윗은 정치적 이익을 추구하더라도 하나님이 정하신 도덕적 원칙을 지키는 왕이었습니다. 아말렉 전령은 다윗 왕의 신하가 되기 원했지만, 그가 어떤 왕인지 정확히 이해하지 못해 심판받았습니다. 정의로운 왕이 다스리는 나라에서는 목적이 수단을 정당화하지 않습니다. 하나님 나라 백성을 자처하는 우리도 하나님을 제대로 알지 못하는 경우가 있는 듯합니다. 적당히 거짓되게 살아도 하나님이 눈감아 주실 것이라고 착각합니다. 다윗이 전령의 거짓말에 속은 것처럼 우리도 하나님을 잠시 속일 수 있을까요? 그러나 하나님은 "너는 누구냐"라는 질문을 우리에게 계속 던지실 것입니다. 어떤 답을 하느냐에 따라 우리는 죽을 수도 있고, 살 수도 있습니다.

2
참된 애통자

삼하 1:17-27

사무엘하 1장의 나머지 부분은 사울과 요나단을 위해 다윗이 지은 애가다. “이스라엘의 노래 잘하는 자”(삼하 23:1)라는 별칭에 걸맞게 다윗은 문학적으로 정교하게 짜여진 애가를 남겼다. 산문 도입 부분(17-18절)을 제외하면 애가(19-27절)는 다음과 같은 구조로 분석 가능하다.

A “오호라 두 용사가 엎드러졌도다” (19b)
 그 영광 (19a)
  B 상실의 슬픔 (20-21)
   a 블레셋의 딸들아 침묵하라 (20ab)
    b 죽음의 현실 (21a)
     c 버려진 무기 (21b)
      d 죽임당한 용사들 (22a)
     c′ 승리의 무기 (22b)
    b′ 좋은 기억들 (23ab)
   a′ 이스라엘의 딸들아 울어라 (24ab)
  C 좋은 기억들 (22-24)

A′ "오호라 두 용사가 엎드러졌도다" (25a)

요나단 (25b-26)

A″ "오호라 두용사가 엎드러졌도다" (27a)

전쟁 무기들 (27b)

도입 1:17-18

17 다윗은 사울과 그 아들 요나단에 관한 이 애가(קינה)를 부르고,
18 유다 사람들에게 '활의 노래'를 가르치라고 명령했다. 보라 그것은
〈의인 열전〉에 기록되어 있다.

역대하 35장 25절에 따르면 예레미야가 요시아의 죽음을 애도하여 애가를 지은 후, 모든 남녀 가수들로 하여금 그 애가를 부르게 했다. 이는 예레미야가 선왕 요시아를 극진히 예우하는 행위였다. 본문에서 다윗도 사울과 요나단을 위해 지은 애가를 모든 유대인들—또한 사본에 따라서는 모든 유대인들과 이스라엘인들—로 하여금 부르게 하는데, 이는 다윗이 그들에게 얼마나 큰 예우를 표했는지 보여 준다. 사울과 요나단을 위하여 다윗이 지은 애가의 제목은 "활의 노래(קשת)"였으며, 의인들의 행적을 기록한 〈의인 열전〉(=개역개정 "야살의 책")에 기록되어 전해진다.

"활의 노래"의 히브리어 원문에는 "노래"라는 말은 빠져 있다. 18절 전반부 원문을 직역하면 "다윗은 유다 족속에게 활을 가르치라고 말했다"이다. 일부 칠십인역 사본이 제안하는 것처럼 일부학자들은 "활"이 후대 첨가된 것이며 본래 원문에는 없었다고 주장한다. 실제로 "활"을 빼버리면 다음과 같이 자연스럽게 의미가 연결된다—"다윗은… 이 애가를 부르고 유다 사람들에게 그것을 가르치라고 명령했다." 그러나 여전히 많은 학자들이 "활"을 원문의 일부로 보고 그것에 대한 다양한 의미를 제안한다. 크게 두 가지 의견이 있는데, 하나가 그것을 "활 쏘는 법"이라고 이해하는 것이고, 다른 하나는 그것을 애가의 제목이나 가락의 종류로 이해하는 것이다. 전자는 타르굼 번역에[1] 근거한 것

이다. 타르굼 번역에 따르면 다윗은 그들을 위해 싸워 줄 용사들(=사울과 요나단)을 잃은 유다 백성들에게 스스로 활 쏘는 법을 배우라고 명령했다는 것이다. 한편 대부분의 한글 성경은 "활"을 애가의 제목 혹은 가락의 종류로 이해한 번역이다. 그러나 애가의 내용으로 볼 때, 그것의 제목이 왜 활이 되어야 되는지 불분명하며, "활"이라는 가락도 시편에 전혀 언급되지 않는다. 그럼에도 불구하고 "활"이 원문의 일부라면, 필자는 그것을 애가의 제목으로 보는 것이 가장 적절하다고 생각한다. 비록 "활"이 애가의 내용 전체를 요약하는 제목은 아니지만, 저자가 의도한 애가의 핵심 주제를 암시한다는 점에서 제목으로 적절하다. 아래에서 더 구체적으로 논의하겠지만, 애가의 핵심은 다윗의 대적 사울이 아니라 다윗의 충성된 종 요나단에게 있다. 그리고 활은 요나단이 즐겨 사용한 무기다.

의인 열전으로 번역된 히브리어 세페르 하야샤르(ספר הישר)를 개역개정은 "야살의 책"으로 번역한다. 하지만 여기서 하야샤르는 고유명사가 아니라 "의인"을 뜻하는 보통명사다. 따라서 "의인들의 책"으로 번역하는 것이 옳다. 이것은 이스라엘의 영웅들의 이야기를 엮어 놓은 책일 가능성이 있다. 다윗이 사울과 요나단을 위해 지은 애가 이외에도, 여호수아가 아모리인들과 전투에서 태양을 멈추게 한 사건도 이 〈의인 열전〉에 기록되어 있다(수 10:13 참조). 열왕기상 8장 53절에 대한 칠십인역에 따르면 하나님이 솔로몬에게 나타나셔서 성전을 지으라고 명령하신 내용이 "노래의 책(ספר השיר)"에 기록되었다고 전해지는데, 일부 학자들은 그것을 "의인 열전(ספר הישר)"에 대한 오기로 주장한다.[2] 애석하게도 〈의인 열전〉이 오늘날까지 전해지지는 않는다.

키나(קינה) 애가

고대 이스라엘인들의 애가는 "키나"로 불리는 독특한 운율을 가진다. 키나 운율은 두 행으로 구성된 연에서 나타나며, 첫 번째 행은 3개의 강세 음절, 두 번째 행은 2개의 강세 음절을 가진다. 다시 말해 3-2 운율이다. 이것은 상주가 슬픔에 몸을 가누지 못하고 걷는 모습을 형상화한 것일 수도 있고, 그가 슬픔에 말을 끝내 잇지 못하는 모양을 형상화한 것일 수도 있다. 키나 운율의 기원이 무엇인지 확실하지 않지만, 고대 이스라엘의 슬픔의 노래에서 자주 사용되어, 후에는 "키나"라는 말이 애가를 의미하게 되었다. 이 때문에 다윗이 사울과 요나단을 위해 지은 "애가"도 키나로 불리지만(17절), 키나 운율을 사용하지는 않는다.

"그 영광" A 1:19

19 그 영광이, 오 이스라엘이여, 네 산 위에서 죽임당했다.
어찌하여 용사들이 쓰러졌는고!

본 절은 용사들의 죽음을 애도한다. 사울과 요나단이 길보아 산 위에서 적들의 활에 쓰러져 죽은 비극적 사건을 애도한다. "죽임을 당했다(חלל)"는 말은 그들이 입은 치명상에 초점을 둔 말이며, 그것과 대구를 이루는 "쓰러졌다(נפל)"는 말은 치명상을 입고 땅에 쓰러진 모습에 초첨을 둔 말이다. 한편 용사들과 대구를 이루는 "그 영광"은 히브리어 쯔비(צבי) "사슴"을 번역한 말이다. 왕의 위엄에 어울리는 "아름다움"이나 "영광" 등의 파생적 의미도 가지는 이 단어는 사울과 요나단을 지칭한다. 이런 점에서 이 단어는 27절의 "전쟁 무기들"과 비슷하다. 하지만 한 가지 중요한 사실은 "전쟁 무기들"과 달리 "그 영광"이 단수 명사라는 사실이다. 후에 밝혀지는 것처럼 "그 영광"이 사울이 아닌 요나단을 가리킬 가능성을 열어둔다. 이 애가에서 모두 세 번 반복되는 "어찌하여 용사들이 쓰러졌는고"(19b, 25a, 27a)는 이 시를 주제면에서 지탱하는 기둥의 역할을 한다(A, A′, A′′). 이 반복되는 시행의 역할에 대해서는 아래의 해설에서 더 자세히 설명할 것이다.

본 절이 노래하는 것처럼 역사는 사울을 "용사(גבור)"로 기억한다. 사울의 주된 업적은 군사적인 것이었다. 길르앗 야베스인들을 위해 암몬을 물리친 일로부터(삼상 11장), 블레셋과의 전투(삼상 13-14장)와 아말렉 전투(삼상 15장)에서 사울은 어느 정도 성공을 거두었다. 성경 저자는 사울의 군사적 업적을 다음과 같이 요약한다.

> 사울이 이스라엘 왕위에 오른 후에 사방에 있는 모든 대적 곧 모압과 암몬 자손과 에돔과 소바의 왕들과 블레셋 사람들을 쳤는데 향하는 곳마다 이겼고 용감하게 아말렉 사람들을 치고 이스라엘을 그 약탈하는 자들의 손에서 건졌더라(삼상 14:47-48, 개역개정)

물론 그런 사울의 성공에는 요나단이 핵심적인 역할을 감당했음은 말할 것도 없다. 사울과 요나단은 죽는 순간에도 용감했다. 이것을 단적으로 보여 주는 표현이 "산 위에서" 죽임을 당했다는 말이다. "네 산 위에서"로 번역된 히브리어 알-바모테카(על במותיך)는 "꼿꼿이 서서"라는 뉘앙스로 읽힐 수 있다.[3] 즉 사울과 요나단은 죽는 순간에도 무릎 꿇지 않고 꼿꼿이 서서 죽을 정도로 매우 용감한 용사들이었다고 다윗은 그들을 애도한다.

상실의 슬픔 B 1:20-21

20 가드에서 말하지 말라.
아스글론의 거리에서 전하지 말라.
블레셋의 딸들이 기뻐할까 하고,
무할례자들의 딸들이 즐거워할까 하노라.
21 길보아의 산들아! 이슬이 없을 것이다.
너희에게 비가 없을 것이다.
깊음으로부터의 샘물도[4] 없을 것이다!
그곳에 용사들의 방패가 버려졌고,
사울의 방패에 기름이 발리지 않았기 때문이다.

이스라엘의 왕과 왕자가 죽었다는 소식은 적들에게는 기쁜 소식일 것이다. 다윗은 이 소식이 블레셋인들에게는 알려지지 않기를 소망한다.

그러나 이것은 실현될 수 없는 소망이다. 왜냐하면 블레셋인들은 이미 사울의 시체를 회수하여 그의 갑옷을 벗기고 그의 목을 자른 후, 전국에 전령을 보내어 그의 사망 소식을 알렸다(삼상 31:8-10). 그럼에도 다윗은 사울과 요나단의 죽음을 블레셋의 도시들에 알리지 말라고 요청한다. 그는 블레셋인들이 그로 인해 축제를 벌이기를 원치 않기 때문이다. 전쟁에서 승리하고 돌아오는 군대를 여인들이 춤과 노래로 환영하는 장면은 고대 세계에서 흔한 일이다. 어떤 점에서 블레셋 여인들이 개선하는 블레셋 장수들을 맞으며 춤추고 노래하는 것은 당연한 일일지 모른다. 과거에 이스라엘의 여인들도 블레셋을 무찌르고 돌아오는 사울과 다윗을 맞으며 춤추며 노래한 적이 있다(삼상 18:6, 7). 그러나 다윗에게 사울과 요나단의 죽음은 단순히 "우리" 나라의 실패를 의미하지 않고, 언약 백성의 실패를 의미했다. 이것을 암시하기 위해 다윗은 블레셋의 딸들을 "무할례자들의 딸들"(20절)로 표현했다. 할례는 이스라엘 백성들에게 언약의 표지로 인식되었기 때문에, 무할례자였던 블레셋인들은 이스라엘 백성들에게는 반(反)언약적 존재를 대표하게 되었다. 무할례자들의 딸들이 사울과 요나단의 죽음을 기뻐해서는 안 되는 근본적인 이유는 그것이 언약 백성의 실패를 암시하기 때문이다. 즉 다윗은 사울의 죽음을 언약 백성의 치욕으로 보고 있다.

가드와 아스글론

가드는 블레셋의 다섯 도시 중 유다와 가장 근접해 위치한 내륙 도시다. 그곳은 골리앗의 고향일 뿐 아니라 거인 용사들의 산지로 유명하다(삼하 21:18-22). 칠십인역에 따르면 모든 블레셋 사람들이 역병 때문에 언약궤를 자기 마을로 가져오기를 꺼려했을 때, 가드 사람들이 궤를 받겠다고 자원한다. 또한 다윗이 한때 신세를 졌던 블레셋 도시가 가드이다. 다윗이 애가에서 가드를 언급한 것은 다윗 개인의 경험과 무관하지 않은 것 같다. 아스글론은 블레셋의 다섯 도시 중 지정학적으로 가장 중요한 도시로 텔라비브(=욥바) 남쪽 약 48킬로미터 지점에 위치한 항구도시다. 이집트에서 시리아와 메소포타미아로 통하는 고대 '해안도로'상에 위치하였기 때문에 이집트의 잦은 침공의 대상이 되었다. 사사기에서는 유다 지파의 정복 대상이자, 삼손과 분쟁한 도시로도 등장한다.

할례 관습

할례는 본래 이스라엘만의 관습이 아니었다. 그것은 고대 세계에서 널리 행해진 관습이었다. 주전 제3천년기에 제작된 이집트의 부조에서 우리는 할례를 행하는 이집트인들의 모습을 볼 수 있다. 이집트인들 이외에도 암몬, 모압, 에돔과 같은 이방 민족들도 할례를 행했다(렘 9:24-25). 예외는 그리스 지역에서 이민 온 블레셋 사람들이었는데, 이들은 포피를 잘라내는 이 관습을 행하지 않았다. 이 때문에 이스라엘 사람들은 블레셋인들을 가리켜 "할례받지 못한 자들"이라고 놀렸다. 이방인들의 할례는 성인식의 일부로 치러졌다. 할례를 행하는 것은 그 사람이 후손 생산이 가능한 성인이 되었음을 기념하는 것이다. 성경에서 할례와 관련된 두 개의 일화가 모두 결혼과 관련 있다는 것도 이와 무관하지 않다. 창세기 34장을 보면 세겜 남자들이 이스라엘의 딸들과 결혼하기 위해 할례를 하는 장면이 나오고, 출애굽기 4장에서도 십보라가 피 묻은 포피를 모세의 발에 갖다 대며, "당신은 나의 피 남편"이라 말하는 장면이 나온다. 그러면 언제 이스라엘 백성들은 할례를 받기 시작했을까? 그것은 아브라함 때이다. 이때 이방의 할례 관습이 이스라엘 사회에서는 창조적으로 변형된다. 하나님은 기존의 문화적 요소를 취하여 하나님과 이스라엘 사이의 독특한 관계를 나타내는 상징으로 사용하셨다. 하나님은 아브라함에게 할례를 명하시면서, 그것이 이스라엘과 하나님 사이의 언약의 표지라고 말씀하셨다. 이스라엘에서는 생후 8일 만에 할례를 행했다는 것은 이것을 잘 드러내준다. 이방 관습에서 할례는 생식 능력이 완성되었음을 보이는 것이었기 때문에 청소년기 혹은 성년이 된 직후에 행해졌으나, 이스라엘에서는 아이가 태어나자마자 그 몸을 하나님께 헌신한다는 의미에서 생후 8일 만에 행해졌다. 생후 8일은 아이 몸이 자연상태에서 할례 집도를 견딜 정도로 성장하는 기간이다. 생후 8일 된 아이가 할례를 받는 것은 이스라엘인들이 출생과 동시에 언약 백성이 된다는 의미다. 아울러 하나님과 이스라엘 사이의 언약의 표지인 할례가 근본적으로 피 흘림을 수반하는 의식이라는 점도 구속사적으로 매우 중요하다.

【그림 1】 이집트인들의 할례

21절 전반부에서 사울과 요나단에 대한 슬픔은 그들이 살해당한 땅에 대한 저주로 표현된다. 무고한 피가 흘려진 땅이 저주받는다는 생각은 고대 근동의 일반적인 생각이었다. 농경 사회에서 땅이 저주 받는다는 것은 가뭄을 의미한다. 이에 따라 땅에 물을 공급하는 세 원천이 본문에 언급되었다. 땅 위의 이슬이 그 하나이고, 비가 다른 하나이며, 땅 속 샘물이 나머지 하나이다. 다윗은 사울과 요나단의 피를 머금은 길보아 산이 이슬도, 비도, 지하수도 얻지 못하도록 저주한다.

흙 묻은 방패가 땅에 버려진 장면(21절 후반부)은 용사들의 죽음을 상징적으로 표현한다. 당시 방패는 금속을 붙인 가죽으로 만들었는데, 전쟁에 나가는 군사들은 방패 가죽에 기름을 부어 방패의 내구성을 높이곤 했다.[5] 기름이 발리지 않은 방패는 그것을 돌볼 주인이 없음을 뜻한다.

제물을 낼 밭

이 히브리어 원문(שדי תרומת)은 다양하게 해석되어 왔다. 개역개정은 마소라 모음을 그대로 받아들여 번역한 것으로, 다윗이 길보아 산을 저주하여 그곳의 밭에서는 성전에 바칠 만한 가치 있는 열매들이 생산되지 못할 것이라는 뉘앙스를 표현한다. 그러나 최근 우가릿어의 해독과 함께 새로이 제안된 해석은 “땅 속 깊이에서 솟아나는 샘”이다. 이런 해석이 전제하는 것은 마소라 본문 스데(שדי)가 “흐르다, 붓다”를 의미하는 아람어에서 유래한 말이라는 것과 트루모트(תרומת, “제물”)가 트호모트(תהמת, “깊음”)에 대한 오류라는 것이다. 후자의 경우, 원자음 h(ה)가 rw(רו)로 잘못 필사되었다는 것이다. 하스모니아 시대(주전 140–116년)에는 ‘h’가 ‘rw’와 혼동되는 일이 매우 많았다. 이런 해석은 땅의 저주에 관한 고대 근동의 보다 보편적 이미지와도 잘 어울린다. 땅에 대한 저주는 위로부터의 물 공급의 중단과 아래로부터의 물 공급의 중단으로 표현되는데, 이슬과 비는 위로부터의 물이 될 것이고, 땅 속 깊이에서 솟아나는 샘은 아래로부터의 물 공급이 될 것이다. 다윗은 사울과 요나단의 피로 오염된 길보아 산에 비나 이슬, 그리고 땅에서 솟아나는 샘도 없어질 것이라고 저주한다. 이 표현은 히브리어 문학과 매우 가까운 우가릿 문학에도 그대로 사용된다. 아들 아카투가 죽음을 당하자, 다니일루는 다음과 같이 땅을 저주한다—“그 땅에는 이슬도 비도 없고, 깊음의 샘도 그칠지니라.” 바벨로니아의 신화에도 땅에 대한 저주가 위로부터의 물과 아래로부터의 물이 끊어짐으로 표현된다—“위로는 아다드가 그의 비를 멈출지니라. 아래로는 물이 흐르지 않으며, 그 근원에서 솟아오르지 못할지니라.” 이같이 다윗의 애가와 고대 근동의 문학에서 공통적으로 사용된 땅에 대한 저주의 이미지는 땅 위에 물을 공급해 주는 정상적인 요인이 완전히 사라진 것이다. 위로는 비가, 아래로는 샘이 끊어진 것이다.[6]

좋은 기억들 C 1:22–24

22 죽임 당한 자들의 피로부터,
용사들의 살로부터,
요나단의 활이 후퇴하지 않았으며
사울의 칼이 헛되이 돌아오지 않았다.
23 사울과 요나단은 사랑받고 유쾌한 자들이었다.
살았을 때나 죽었을 때 그들은 서로에게서 갈라지지 않았다.
그들은 독수리보다 빨랐고,
암사자들보다 더 강했다.

24 이스라엘의 여인들이여,
사울을 위해 울어라
너희들에게 장식 달린 분홍 옷을 입힌 그를 위해.
너희들의 의복 위에 금장식을 올린 그를 위해 울어라.

22-24절은 사울과 요나단에 대한 좋은 추억들을 나열한다. 누군가의 죽음을 안타까워한다는 것은 그들에 관한 좋은 기억을 추억한다는 뜻이다. 22절에서 요나단의 활과 사울의 칼이 의인화된다. "후퇴하다"로 번역된 히브리어 나소그 아호르(נשוג אחור)는 전쟁의 문맥에 사용될 때 패퇴하는 군사들의 두려움, 혼란, 수치의 감정과 연관된다(렘 46:5; 시 70:2; 129:5). "헛되이 돌아오다"는 표현은 목표를 이루지 못한 모양을 가리킨다(사 55:11). 즉 22절은 요나단과 사울이 전쟁에서 목표를 이루지 못하고 두려움과 부끄러움 가운데 돌아온 적이 없음을 추억한다. 특히 "피"와 "살"에 대한 언급이 흥미롭다. 이것은 제사를 연상시키는 용어들인데 다윗은 사울과 요나단의 전투를 묘사하는 데 이 용어를 사용함으로써 그들의 전쟁이 하나님을 위한 전쟁이었음을 말하는 것 같다.[7]

23절에서도 다윗은 사울과 요나단에 대한 좋은 기억을 떠올린다. 사울과 요나단이 사랑받고 유쾌한 자들이었다고 추억한다. 독자들은 이런 다윗의 말에 동의하지 않을 수 있다. 특히 사울은 악한 영에 사로잡혀 폭정을 일삼았기 때문에 더욱 그렇다. 그러나 성경이 사울의 모든 면을 기록한 것은 아니다. 사울에 대한 다윗의 애가에서 우리는 사울의 다른 면과 만난다. 이것을 죽은 자에 대한 장례적 예우로만 이해할 필요는 없다. 왜냐하면 우리는 라마의 성문 밖 우물가에서 사울이 여인들과 이어간 유쾌한 대화를 기억하기 때문이다(삼상 9:11-13). 여인들은 사울의 질문에 서로 경쟁하듯이 대답했다. 또한 사울이 암몬과의 전쟁에서 길르앗 야베스를 구했을 때 사람들은 기쁨에 충만해서 사울을 왕으로 세운다(삼상 11:15). 또한 사울이 죽었을 때, 길르앗 야베스 사람들이 그의 시체를 목숨을 걸고 찾아와 장사 지낸 일도 있다. 이 삶의 단편들은 다윗이 노래하는 바처럼 사울이 정말 사람들의 사랑을 받

은 사람이었음을 보여 준다.[8]

사울과 요나단이 살아 있을 때나 죽었을 때 갈라지지 않았다는 사실도 주목할 만하다. 그들이 같은 전쟁터에서 사망했기 때문에 죽었을 때 갈라지지 않았다는 말은 쉽게 납득된다. 그러나 사울과 요나단이 살아 있는 동안 갈라지지 않았다는 말은 무슨 뜻인가? 사울이 요나단을 두 번이나 죽이려 했을 뿐 아니라(삼상 14장, 20장), 요나단이 다윗에게 충성 맹세를 했다는 점을 고려하면, 그 말의 의미가 잘 이해되지 않을 수 있다. 하지만 다윗의 말대로 요나단은 사울의 곁을 끝까지 지킨 효자였다. 하나님의 뜻이 다윗에게 있음을 알았지만 요나단은 아버지를 정치적으로 배반하지 않았다는 것 또한 사실이다.

독수리보다 빠르고

성경에서 독수리는 신속함의 화신이다. 민첩한 용사(삼하 1:23; 렘 49:22)나 빠른 말(렘 4:13)이 독수리에 비유된다. 또한 빠르게 쫓아오는 적들도 독수리에 비유된다(애 4:19; 신 28:49). 독수리는 새끼들에 대한 헌신과 훈련으로도 유명하다. 보통 높은 절벽 위에 둥지를 틀고 그곳에 끊임없이 먹이를 날라 준다. 새끼가 날 준비가 되면 둥지에서 떨어뜨렸다가 다시 잡아주는 방식으로 비행을 훈련시킨다. 출애굽기 19장 4절과 신명기 32장 11절에 등장하는 이미지가 바로 이런 훈련법에 근거한 것일 수 있다. "독수리가 보금자리를 흔들어 놓고 파닥거리며 떨어지는 새끼를 향해 날아 내려와 날개를 펼쳐 받아 올리고 그 죽지로 업어 나르듯이 여호와 홀로 그(=이스라엘)를 인도해 주실 때 어느 다른 신이 그와 함께하였느냐?"

24절에서 다윗은 사울의 통치가 이스라엘 백성들에게 풍요를 가져다 주었다고 회고한다. 장식은 생필품이 아니라 사치품이다. 삶의 기본적 필요가 채워지면 욕구하게 되는 물건이다. 특히 여인들의 장신구에 대한 언급은 전사로서의 사울의 능력을 다시 한 번 상기시킨다. 남자들이 전쟁에서 나가 고향의 아내들에게 가져오는 선물들이 이런 장신구들이었기 때문이다. 다음은 가나안 장군 시스라의 어머니가 아들이 전쟁에서 돌아오지 않음을 걱정할 때, 주변 여인들이 한 말이다. "그들이 노략물을 찾아 나누지 않겠느냐? … 채색옷을 노략물로, 수놓은 채색옷을 노략물로 얻을 것이니, 노략한 자의 목에 두를 것으로 양쪽에 수놓은 채색옷이다"(삿 5:30, 바른성경). 시스라가 전쟁에서 돌아올 때 노략물로 취한 채색옷을 가져올 것이라고 여인들이 기대했듯이, 사울의 군대도 승리하여 돌아오면서 이스라엘의 여인들을 위해 장신 들린 분홍옷을 가져왔을 것이다. 사울의 성공적 원정으로 이스라엘 여인들도 풍요를 경험했던 것을 다윗이 추억하고 있다. 그리고 여인들에게 그런 사울의 죽음을 애도하라 말한다.

이처럼 다윗이 애가에서 사울의 장점들을 부각시킨 것은 그가 사울의 죽음을 진정으로 아파함을 보여 준다.

요나단 (A′) 대 전쟁 무기들 (A′′) 1:25-27

25 어찌하여 용사들이 전쟁 중에 쓰러졌는고!
요나단이 너의 산 위에서 죽임을 당했구나!
26 나는 너로 인해 괴롭다, 내 형 요나단이여
너는 내게 큰 즐거움을 주었는데,
너의 사랑이 나에게는 여자들의 사랑보다 놀랍다!
27 어찌하여 용사들이 쓰러졌는고!
전쟁 무기들이 멸망했구나.

본 단락은 애가의 결론 부분이다. 애가의 첫머리에서 등장한 구절이 25절과 27절에 반복된다—"어찌하여 용사들이… 쓰러졌는고!" 히브리어 운문에서 수미쌍관법이[9] 자주 사용됨을 고려하면, 25절부터 이 시가 마무리됨을 알 수 있다. 그런데 이 꼬리 부분은 시의 머리 부분(19절)과 다음과 같은 이중의 교차 대구 구조를 형성한다. A:B:B′:A′ (19절 vs 25-26절), A:B:B″:A″ (19절 vs 27절).

A 그 영광이, 오 이스라엘이여, 너의 산 위에서 죽임을 당했다(19a).

B 어찌하여 용사들이 쓰러졌는고(19b)!

B′ 어찌하여 용사들이 전쟁 중에 쓰러졌는고(25a)!

A′ 요나단이 너의 산에서 죽임을 당했구나(25b).

A 그 영광이, 오 이스라엘이여, 너의 산 위에서 죽임을 당했다(19a).

B 어찌하여 용사들이 쓰러졌는고(19b)!

B″ 어찌하여 용사들이 쓰러졌는고(27a)!

A″ 전쟁 무기들이 멸망했구나(27b).

이런 이중적 교차 대구 구조는 히브리어 운문에서 이례적인 것이다. 다윗은 이런 이중 대구 구조를 통해 이 애가에 신학적 메시지를 담아내고 있다. 본래 이 애가는 사울과 요나단을 위한 것이다. 19절의 "그 영광(=사슴)"은 그 형태가 단수임에도 불구하고 사울과 요나단을 지칭하는 것으로 이해될 수 있고, 27절의 "전쟁 무기들"과 수미쌍관적 대구를 형성한다. 그 둘 모두 사울과 요나단에 대한 은유어로 기능한다고 말할 수 있다. 더구나 다윗과 요나단의 관계에 집중하는 25-26절은 애가의 본래 의도—길보아 산에서 전사한 이스라엘의 용사들에 대한 추모—와도 잘 맞지 않아 보인다. 25-26절을 삭제하면 애가 전체가 보다 균형 잡힌 구조를 이루게 되며, 이스라엘의 용사들 사울과 요나단에 대한 애가로서 주제적 일관성도 갖추게 된다.

그러나 다윗은 이 애가를 단순히 이스라엘의 용사들을 애도하기 위해 작성한 것이 아니다. 여기에 그의 통치 신학을 넣으려 했다. 이 통치 신학을 잘 보여 주는 것이 다윗과 요나단의 관계에 집중한 25-26절이다. 19절이 25절과 형성하는 교차 대구 구조에 따르면 19절의 "그 영광"과 대구를 이루는 것은 요나단이다. 즉 요나단이 이 애가가 궁극적으로 노래하는 주인공이 되는 것이다. 앞서 애가의 저자가 "그 영광"이 지칭하는 바를 의도적으로 모호하게 유지했다고 말한 바 있다. 시의 몸통에서 사울과 요나단이 모두 언급되기 때문에 독자들은 "그 영광"을 사울로 이해할 수도 있을 것이다. 하지만 25절에서 우리는 그 영광이 "요나단"임을 알게 된다. 그리고 이어지는 26절에서 다윗은 요나단에 대한 추억에 집중한다.

26절에서 다윗은 요나단과의 개인적 관계를 추억한다. 지금까지 다윗이 "블레셋의 여인들"과 "이스라엘의 여인들"을 부르며 사울과 요나단의 죽음을 애도했다면, 즉 다윗의 애도가 공동체적이었다면, "내 형 요나단"을 말하는 26절은 다윗의 개인적 슬픔을 노래하는 듯하다. "나는 너로 인해 괴롭다"와 같은 언어는 개인들 간의 사적 대화에서 나올 법한 문체다. 그러나 성경에서 다윗에 관한 것은 언제나 개인적 차원을 넘어서는 의미를 가진다. 다윗과 요나단의 관계도 개인적 우정의 차원을 넘어선다. 이것은 "너의 사랑이 나에게는 여자들의 사랑보다 놀랍다!"라는 말에 의해 암시된다.

이 말은 종종 성적 뉘앙스를 담은 것으로 오해된다. 일부 학자들은 다윗과 요나단의 관계를 동성애적으로 이해하기도 한다. 하지만 이것은 당시 국가 간 조약 언어를 반영한다. 국가 간 조약에서 "사랑"은 충성의 의미가 있다. 속국의 왕은 종주 왕을 "사랑"할 의무가 있는 것이다. 다윗과 요나단 사이의 사랑은 이런 정치적·언약적 의미를 가진다. 이 애가에서 다윗은 요나단의 충성을 백성들이 따라야 할 본으로 제시하는 것이다. 즉 다윗은 이 애가를 통해 두 마리 토끼를 잡고 있다. 하나는 사울과 요나단을 공동체적으로 애도함으로써 그들이 남긴 백성들의 민심을 다잡는 것이고, 둘째 요나단의 충성의 영광스러움(쯔비 צבי)을 강조함으로써 나머지 백성들에게도 충성할 것을 권유하는 것이다.

사무엘하 1장에 나타나는 다윗의 모습은 정의로운 왕이며 또한 죄인을 위해 울어줄 수 있는 왕이다. 그 왕에 대한 합당한 태도는 "사랑"이다. 그를 사랑하고 그의 계명을 지키는 것이다. 하나님은 그런 자를 쯔비! 즉 영광스럽고 아름답다고 말씀해 주신다.

질문

1. 다윗이 사울과 요나단을 위해 애가를 짓고 그것을 백성들에게 가르친 이유는 무엇일까요?
2. 사울도 한때 사람들의 사랑을 받았음을 보여 주는 사건들은 무엇인지 말해 봅시다.
3. 요나단이 다윗을 사랑했다는 말은 무슨 의미일까요? 또한 다윗이 애가를 통해 요나단의 사랑을 찬양한 이유는 무엇일까요?

묵상

다윗은 아말렉 전령과 달리 진정한 애통자였습니다. 아말렉 전령은 옷을 찢고 머리에 흙을 뿌렸지만 사울의 죽음을 자신의 이익을 위해 이용하였습니다. 반면 다윗의 애통은 사울과 요나단이 남기고 간 백성들을 위로하기 위한 것이었습니다. 비록 그들에 대한 위로가 후에 다윗의 왕권 강화로 이어지지만, 애통하던 다윗의 일차적인 관심은 자신의 정치적 이익이 아니라 백성이었습니다. 이를 위해 사울에 관한 좋은 추억을 노래합니다. 다윗에게는 나쁜 추억만 안겨 주었을 사울을 "영광"스럽다고 칭찬합니다. 이것이 진정한 애통자의 면모입니다. 참된 애통은 화해를 가져옵니다. 남을 위해 울어줄 기회를 놓치지 맙시다.

3
순종의 왕

삼하 2:1-11

다윗의 왕위 등극 과정은 결코 순탄치 않았다. 사무엘 선지자에 의해 기름 부음을 받고, 골리앗을 물리쳐 사울의 사위가 되었을 때만 해도 머지않아 다윗은 왕위를 얻을 수 있을 것 같았다. 하지만 그 후 십 년이 넘게 광야에서 혹은 이방 땅에서 망명 생활을 해야 했다. 이 모든 고난을 통해 다윗은 하나님의 마음에 합한 자로 빚어져 갔다. 그는 고대 근동 세계의 왕과는 전혀 다른 왕—순종하는 왕, 제한된 권력의 왕—으로 준비된 것이다.

다윗의 헤브론 이주 1-4a

1 그 후에[1] 다윗은 여호와께 물었다:

"제가 유다 도시 중 하나로 올라갈까요?"

여호와가 그에게 말했다.

"올라가라"

그러자 다윗이 물었다.

"그러면 어디로 올라갈까요?"

그분이 대답했다.

"헤브론으로!"

2 다윗은 그의 두 아내 이스르엘 여인 아히노암과 갈멜 남자 나발의
아내 아비가엘과 함께 그곳에 올라갔다. 3 다윗은 그와 함께한
부하들도 그 집안과 함께 올렸다. 그들은 헤브론의 마을들에
정착했다. 4a 유다 사람들이 찾아와 그곳에서 다윗을 유다 집안의
왕으로 기름 부었다.

사울이 죽었다. 다윗이 더 이상 블레셋 땅에 남아 있을 이유가 없어 보인다. 다윗은 식솔과 부하들을 데리고 고향인 유다 땅으로 돌아온다. 그러나 왜 하필 헤브론에 정착했을까? 가장 쉬운 대답은 하나님의 명령이기 때문일 것이다. 하지만 다윗이 헤브론에 정착할 수밖에 없는 정치공학적 이유가 있었다. 그리고 그것은 다윗의 헤브론 이주를 묘사할 때 성경 저자가 다윗의 두 아내의 이름을 그들의 출신지와 함께 소개한 이유와 연관되어 있다.

다윗이 헤브론에 정착한 정치공학적 이유를 이해하기 위해서는 다윗과 아비가엘의 결혼 이야기부터 시작해야 한다. 다윗이 아비가일과 결혼한 이유는 무엇이었을까? 로맨틱한 사랑에 빠져서 결혼했을 가능성은 없어 보인다. 당시 결혼은 경제적 거래이지 순수한 사랑의 귀결이 아니다. 더구나 그들은 매우 어색한 상황—다윗이 그녀의 남편과 그 집안 전체를 죽이기 위해 가는 상황—에서 조우했고 그 만남의 시간도 길지 않았다. 그들 사이에 어떤 연애 감정이 발전했을 가능성은 희박하다. 그렇다면 다윗의 결혼을 일종의 '거래' 활동으로 간주하고, 다윗이 그 결혼을 통해 얻은 이득이 무엇인지를 살펴보는 것이 중요할 것이다. 다윗의 목표가 나발의 재산이었다면 아비가엘과 결혼하지 않고서라도 다윗은 힘으로 그것을 빼앗을 수 있었을 것이다. 다윗이 아비가엘과 결혼한 것은 그것보다 더 큰 노림수가 있었기 때문이다.

다윗의 진짜 동기를 이해하려면 아비가엘의 남편이었던 나발

의 사회적 위치를 살펴볼 필요가 있다. 사무엘상 25장에서 나발은 큰 부자로 묘사된다. 그는 삼천 마리의 양과 일천 마리의 염소를 소유했다고 전해진다. 솔로몬이 한 달에 한 번 전국 각지에서 받은 가축이 양 삼천 마리였음을 고려하면, 한 개인에 불과한 나발이 그렇게 많은 양을 가졌다는 것은 특별해 보인다. 이것은 나발이 단순한 부자가 아님을 보여 준다. 유다 지역에서 그 정도 부를 소유할 수 있는 사람은 가문들의 대장 노릇을 하는 지방 세력가뿐이었다. 나발은 단순히 '갈렙 남자'가 아니라 '갈렙 지파의 수장'이었을 가능성이 높다.[2] 다윗은 아비가엘과 결혼함으로 갈렙 지파의 영토인 헤브론을 다스릴 정통성을 얻으려 했던 것 같다. 왜냐하면 갈렙 지파의 수장의 아내를 취한다는 것은 그 수장의 권력을 취하는 것과 같기 때문이다.

하지만 당시는 아비가엘과 결혼한 다윗이 그 지역에 머물며 유다 남부 지방에 대한 통치 명분을 행사할 수 없었다. 그와 아비가엘은 그 지역을 즉시 떠나야 했다. 비록 갈렙 지파의 수장 타이틀은 얻었지만 다윗은 아직 사울과 맞서 그 지역을 지켜낼 힘이 없다. 그일라와 십과 같은 작은 마을 사람들도 사울을 두려워해 다윗을 넘겨주려 했던 것을 고려하면 갈렙 지파 사람들도 다윗이 그곳에 머물러 있도록 허락할 리가 없었을 것이다. 결국 다윗은 그 지파의 수장을 죽이고, 아비가엘을 취함으로써 그 땅에 대한 통치 명분을 획득하였지만 아직 그 영토에 대한 실질적 주권을 수행할 준비는 되지 않았다. 사울이 죽어 다윗이 그 지역에 대한 주권을 행사할 조건이 마련될 때 다윗은 아비가엘, 즉 통치권에 대한 실질적 증거를 데리고 그곳에 돌아갈 예정이었다. 따라서 다윗은 전부터 유다 땅으로 돌아간다면 헤브론으로 가야겠다고 계획했을 가능성이 높다.[3]

이것은 그의 두 번째 아내 아히노암이 이스르엘 사람이라는 점과도 연결된다. 보통 이스르엘은 갈릴리 호수 이남, 북부 이스라엘에 위치한 도시로 이해된다. 이스르엘은 길보아 산에서 갈멜 산까지 이어지는 평야의 남동 초입에 자리하였다. 하지만 만약 다윗과 결혼한 아히노암이 이 지역 출신이라면 남쪽 유다 광야에서 도망 다니던 다윗이 어떻게 그 지역 처녀와 만나 결혼할 수 있게 되었는가의 문제가 발생한다. 이 때문에 일부 학자는 다윗이 아히노암을 취한 것은 유다 광야에서 도망 다닐 때가 아니라, 그가 여전히 사울의 궁에 있을 때라고 주장한다. 그리고 그가 취한 이스르엘 여인 아히노암은 사울의 아내 아히노암과 동일인이라고 주장한다. 그들에 따르면 다윗이 사울의 아내를 취함으로써 쿠데타를 시도하였고, 쿠데타를 통한 왕위 찬탈이 실패하자 유대 광야로 도망했다는 것이다. 그들이 옳다면 밧세바가 다윗이 취한 최초의 유부녀가 아닌 것이다. 그러나 이런 해석은 다윗의 아내 아히노암의 고향이 남쪽 유다 광야의 한 도시일 가능성을 간과한 것이다. 여호수아 15장 55-56절은 또 하나의 이스르엘에 대해 설명하는데, 그것은 유다의 남쪽 광야 지방에 위치한 도시들 즉 마온, 갈멜, 십 등과 같은 지역에 위치한 것으로 추정된다. 다윗의 아내 아히노암이 최초로 언급된 것도 다윗이 갈멜 여인 아비가엘을 취한 직후라는 사실은 아히노암도 (비록 성경 저자가 그 둘의 만남을 자세히 설명하지는 않지만) 유다 남부 도시 이스르엘 출신일 가능성을 높여준다.

본문 2절에서 성경 저자가 헤브론으로 돌아가는 다윗의 식솔들을 언급하면서 아히노암과 아비가엘을 특정하여 말한 것은 그 두 사람이 헤브론을 중심으로 한 남부 유다 출신이었다는 사실과 관계있다. 특히 아비가엘은 다윗에게 그 지역에 대한 통치적 정당성을 그 지역 사람들에게 상기시켜 주는 인물이다. 아울러 다윗이 시글락을 거점으로 약탈 활동을 했을 때 약탈품들의 일부를 유다 장로들에게 선물로 보낸 것(삼상 30:26)을 생각하면 다윗은 오래전부터 유다 지방에 자신의 정치적 거점을 준비하고 있었다고 말할 수 있다. 이런 의미에서 사울이 죽은 후 다윗이 유다 남부의 헤브론으로 가는 것은 너무나 자연스러운 일이다.

다윗의 왕 됨: 하나님의 뜻에 순종한 결과

이처럼 정치공학적 관점에서 다윗이 헤브론을 선택할 충분한 이유가 있었다. 그러나 성경 저자는 본문에서 다윗이 헤브론으로 이주한 것을 다윗 자신의 정치적 전략으로 그리지 않고 철저히 하나님의 지시에 따라 행동한 것으로 그린다. 즉 그가 헤브론으로 가서 유다 사람들의 왕이 된 것은 하나님의 말씀에 순종한 결과이지 정치 공학의 결과가 아니라는 것이 본문 저자의 입장이다. 1절에 제시된 일련의 대화는 다윗이 하나님의 뜻을 묻는 데에 얼마나 철저했는지를 예증한다. 사울이 죽은 후 고향 유다 땅으로 돌아가는 것이 당연한 수순이지만 다윗은 하나님께 유다로 올라가야 할지 아니면 시글락에 머물러야 할지 먼저 묻는다. 유다 땅은 자신의 친족들이 사는 곳이다. 또한 다윗은 유다 지방에 많은 공을 들여왔다. 유다 마을 사람들도 사울이 살아 있을 때는 다윗을 공개적으로 지지하지 못했지만 사울이 죽은 지금 그들의 마음이 다윗을 향해 있는 것은 너무나 당연하다. 따라서 다윗이 이제 유다로 올라가는 것이 당연한 것임에도 성경 저자는 다윗이 "유다 도시 중 하나로 올라갈까요"라고 물었다고 기록한다.[4] 이것은 다윗이 유다 땅에 돌아가 그곳에 정착해도 좋을지를 묻는 것이다.[5]

그 질문에 하나님이 긍정적으로 대답하자 다윗은 다시 묻는다. 이번에는 유다의 어느 도시에 정착해야 하는지 묻는다. 이에 하나님은 헤브론으로 올라가라고 명하신다. 갈렙 지파의 수장이었던 나발의 아내를 취함으로 헤브론 지방에 대한 통치의 명분을 이미 확보한 다윗이 유다 지방으로 간다면 헤브론으로 가는 것이 너무나 당연한 것임에도 성경 저자는 다윗이 하나님께 물어 그곳에 정착했다고 기록한다. 이것은 다윗이 헤브론으로 이주한 것이 그의 정치공학적 계산에 의한 것이 아니라, 하나님의 인도하심에 의한 것임을 강조하기 위함이다. 성경적 세계관에서 인간의 행동은 100퍼센트 하나님의 주권적 섭리에 따르는 동시에 100퍼센트 인간의 자유 의지에 의한 것임을 생각하면 사울이 죽은 후 다윗이 헤브론에 정착한 것도 100퍼센트 하나님의 뜻인 반면, 100퍼센트 다윗의 자유 의지에 의한 것일 가능성이 있다. 성경은 이 두 가지 가능성을 모두 지지한다. 그런데 본문에서 성경 저자가 그것을 다윗이 하나님께 일일이 물어 행한 것으로 그리는 이유는 무엇일까? 그것은 다음의 두 가지와 연관 있다. 첫째는 이스라엘의 독특한 왕정 이념이고, 둘째는 헤브론의 구속사적 의미이다.

먼저 이스라엘의 독특한 왕정 이념의 관점에서 이야기해 보자. 이를 위해 다윗이 어떻게 하나님의 응답을 받았는지 물을 필요가 있다. 1절에 기록된 두 번의 질문과 두 번의 대답은 다윗이 마치 하나님과 직통으로 대화한 것 같은 인상을 주지만, "여호와께 물었다"로 번역된 히브리어 샤알 바도나이(שאל ביהוה)는 제사장이나 선지자를 통해 하나님의 말씀을 받는 경우에 쓰이는 용어다. 실제로 신탁의 도구 에봇을 가진 대제사장 아비아달(삼상 22:20)이 다윗을 모시고 있었고, 갓과 같은 선지자도 과거에 다윗에게 "유다 땅으로 가라"(삼상 22:5)고 예언한 바 있다. 따라서 헤브론으로 올라가라는 응답도 제사장이나 선지자를 통해 다윗에게 주어졌을 가능성이 높다. 그러면 왜 성경 저자는 다윗이 하나님과의 직통 대화를 통해 응답받은 것처럼 기록하고 있을까?

성경 내러티브에 나오는 대화 부분은 저자가 녹음기로 녹취한 것이 아니라, 신학적 메시지를 담기 위해 문학적으로 구성한 것이다. 따라서 저자의 의도가 그 대화의 구성 속에 숨어 있는 경우가 많다. 어떤 면에서 이런 대화 구성은 광야 생활을 통해 다윗이 '순종의 사람'으로 변화되었음을 가장 잘 보여 준다. 광야 생활은 자신이 왕 되는 것이 하나님의 뜻이라고 여긴 다윗에게 잘 이해될 수 없는 사건들의 연속이다. 선지자를 통해 왕으로 기름부음을 받은 후, 곧 왕의 수금 타는 자로 발탁되고, 블레셋의 최고 장수 골리앗을 무찌름으로써 사울의 사위가 되었을 때까지만 해도, 다윗은 하나님의 말씀이 자신의 삶에 차곡차곡 성취되고 있다고 생각했을 것이다. 사울의 사위가 된 다윗은 사울의 왕위를 곧 이어받을 것이라고 생각했을 수 있다. 요나단도 골리앗을 무찌른 다윗에게 자신의 왕궁 의복을 건넴으로써 상징적으로 충성 맹세를 하지 않았는가? 따라서 일부 학자들의 주장처럼 이 시점에 다윗이 사울의 아내 아히노암을 취함으로써 인위적 왕위 찬탈(=쿠데타)을 시도했다고 의심할 필요는 없다.[6] 더구나 고대 근동 왕정에서 왕위는 반드시 왕의 장남이나 친아들만이 물려받는 것은 아니었기 때문이다. 예를 들어 이집트 경우, 제18왕조부터는 왕의 자격이 사위에게 우선적으로 주어졌다. 즉 왕의 딸과 결혼한 자가 왕위 계승 자격을 우선적으로 부여받았다. 사울의 딸 미갈과 결혼한 다윗이 요나단을 비롯한 사울의 다른 아들들보다 왕위 계승에서 밀릴 이유가 전혀 없었다. 왕의 사위 다윗에게는 합법적으로 왕이 되는 길이 열려 있었다. 그러나 왕의 사위의 자격으로 왕이 될 것이라는 다윗의 꿈과 희망은 갑자기 정신적으로 불안정해진 사울이 다윗을 반역자로 오해하면서 물거품이 되는 듯했다. 성경은 이것을 악령의 역사로 묘사한다. 그리고 그 악령을 보내신 분이 하나님이었음을 고려할 때, 다윗이 사울에게 핍박당한 것도 그를 '순종의 왕'으로 훈련시키려 한 하나님의 섭리라고 말할 수 있을 것이다. 여하튼 다윗은 이렇게 유다 광야에서 도망자의 생활을 시작한다. 고난의 삶이 시작된 것이다. 이것은 신에 의해 왕으로 지명받고 전쟁에서 적을 무찌름으로 자신의 왕 됨을 증명한 후, 대관식을 통한 왕위 확증만을 남겨 놓은 사람에게는 좀처럼 발생하지 않는 사건이다. 사울의 경우, 지명-증명-확증으로 이어지는 왕위 즉위 과정이 큰 시간적 간격 없이 진행되었지만, 다윗의 경우, 골리앗을 무찌름으로 자신의 왕 됨을 증명한 후 모든 이스라엘 앞에서 왕으로 공식 취임하기(삼하 5)까지 매우 오랜 세월을 기다려야 했다. 다윗에게 그 기간은 고난의 시간이었다. 그리고 이스라엘의 왕으로 기름부음 받은 다윗에게 있어 이런 고난은 필수적인 것이었다. 왜냐하면 다윗에게 이 고난의 기간은 이스라엘의 왕에게 가장 중요한 덕목, 즉 순종을 배우는 기간이었기 때문이다.

다윗이 사울의 궁에서 생활할 때(삼상 18-19장), 그리고 궁에서 나와 도망 다니던 초기(21장)에는 그가 "하나님께 물었다"는 보고가 전혀 등장하지 않는다. 그러나 블레셋의 망명에 실패하고 아둘람 굴에서 가난하고 사회에서 버림받고 소외된 사람들과 함께 지내면서부터 다윗은 비로소 하나님의 뜻에 따라 움직이기 시작한다. 다윗은 움직일 때마다 하나님께 묻거나(삼상 23:2, 4, 10), 하나님께서 선지자를 보내어 다윗의 다음 여정을 지시하신다(삼상 22:5). 즉 자신의 힘과 지혜와 의지로 산 삶이 파산한 후에야 독자들은 본문에서 다윗이 하나님께 물었다는 대목과 자주 만난다. 이처럼 광야의 고난 여정은 다윗에게 이스라엘 왕이 갖추어야 할 핵심 덕목인 순종을 배우게 했다. 그리고 사울이 죽은 후 이제 유다의 왕으로 고향으로 귀환하려는 순간, 하나님께 물어 움직이는 다윗의 습관은 그 절정에 달한다. 그리고 유다의 왕으로 기름부음 받은 자에게 이것은 매우 중요한 의미가 있다. 하나님이 원하시는 왕은 다름 아닌 "순종하는 왕"이었기 때문이다. 고대 근동 세계에서 "순종하는 왕"은 모순 어법이다. 당시 왕은 신이었기 때문에 누군가의 말이나 의지에 순종하는 왕은 왕으로 인정되지 않는다. 따라서 하나님이 이스라엘에게 주시고자 했던 "순종하는 왕"은 당시 누구도 이해할 수 없는 전무후무한 개념이었을 것이다. 다윗이 이 개념을 이해하는 데 그렇게 오랜 세월의 고난이 필요했던 것도 이상한 것이 아니다.

우리는 사무엘하 2장 1절에서 유다로 돌아가 헤브론에 정착하는 것이 정치공학적 순리였음에도 하나님께 물어보지 않고는 한 발자국도 나가려 하지 않는 다윗과 만나게 된다. 성경 저자는 다윗이 유다로 올라가 왕이 된 것을 하나님의 뜻에 순종한 결과로 묘사한다. 구속사의 시계를 앞으로 돌리면 또 한 명의 왕이 하나님의 뜻에 순종함으로 온 세상의 권세를 얻게 되는 장면을 만난다. 다윗의 예는 그분의 예에 대한 그림자에 불과하다. 그리스도의 십자가 사역도 철저히 "순종"의 과정으로 묘사된다.

헤브론 정착의 구속사적 의미(3b)

정치공학적인 관점에서 생각하면 사울의 전사 후 다윗이 돌아갈 최적의 장소는 헤브론이었음에도 불구하고 성경 저자가 다윗의 헤브론 정착을 철저히 하나님의 뜻을 물어 행한 것으로 묘사하는 두 번째 이유는 헤브론이 가지는 구속사적 의미 때문이다. 헤브론은 창세기 족장들에게 있어 특히 중요한 도시였다. 기근을 피해 이집트로 내려갔다 돌아온 아브라함이 정착한 곳이 헤브론의 마므레 상수리 나무 근처이다(창 13:18). 사라가 죽었을 때도 헤브론에서 장사되었다. 이삭과 야곱도 헤브론에서 살았다. 나중에 아브라함은 물론, 그의 아들과 며느리들이 모두 헤브론에 묻혔다. 특히 중요한 사실은 헤브론에 아브라함 소유의 땅이 있었다는 것이다. 유목 생활했던 족장들은 보통 땅을 소유하지 않았지만, 유일하게 아브라함 집안의 소유가 된 땅이 헤브론에 있었다(창 23:20).[7] 이런 의미에서 헤브론은 하나님이 아브라함에게 주신 언약(창 15:18-21; 창 12:1-3)의 첫 열매라고 할 수 있다. 이런 헤브론에서 다윗이 왕이 되었다는 것은 우연이 아니다. 다윗이 헤브론에 정착하여 그곳에 왕국을 이룬 것은 다윗의 왕국을 아브라함 언약과 연결시키는 효과를 지닌다. 즉 다윗이 왕이 된 것은 아브라함의 언약 성취 이야기의 연장선상에 있는 것이다. 이것은 하나님이 아브라함의 후손을 통해 열방에 복을 주시겠다고 언약했듯이 다윗 왕조가 열방을 향한 축복의 통로가 될 것임을 보여 준다. 그리고 이것은 참된 아브라함의 후손, 참된 '다윗의 아들' 예수 그리스도의 이야기로 연결된다.

다윗의 아내 아히노암은 누구인가?

일부 학자들은 다윗의 아내 아히노암과 사울의 아내 아히노암을 동일인물로 간주하고 다윗이 사울에게서 아내를 빼앗았다고 주장한다. 하지만 이런 주장은 다윗의 아내 아히노암의 고향 이스르엘이 길보아 산 근처의 도시가 아니라 유다의 남쪽 광야의 한 도시일 가능성을 간과한 주장이다. 《역사적 다윗》(*Historical David*)의 저자 조엘 베이든(Joel Baden)은 다윗이 사울과 함께 궁에서 살고 있을 때 왕에 대한 쿠데타를 감행하면서 그의 아내 아히노암을 자신의 아내로 만들었다고 주장하면서, 고대 사회에서 왕에게 쿠데타를 일으키는 방법 중의 하나가 왕의 아내를 취하는 것임을 덧붙인다. 그는 이에 대한 정황적 증거들로 다음을 언급한다. 첫째, 사울을 피해 네게브 지역에 숨어 살던 다윗이 이스르엘 출신의 여인과 만나 결혼하는 것은 불가능했을 것이라는 점이다. 둘째, 아히노암은 아비가엘보다 먼저 다윗과 결혼했을 가능성이 있다. 이는 그녀가 다윗의 장자 암논의 어머니이며, 성경에서 언제나 아비가엘보다 먼저 언급되는 점에 의해 암시된다. 나아가 베이든은 다윗이 사울의 궁에 있을 때 아히노암을 아내로 취했다고 추론한다. 셋째, 사울에게는 모두 다섯 아들이 있었다. 아히노암에게서는 요나단을 포함해 세 명의 아들을 얻었고, 첩 리스바에게서 두 명의 아들을 더 얻은 것으로 보이는데 베이든은 사울이 리스바를 통해 아들을 낳은 시점이 다윗이 쿠데타를 일으키고 유다 광야로 도망간 이후라고 주장한다. 넷째, 다윗이 사울의 아내를 취함으로 왕위 찬탈을 꾀했다는 사실은 그에 대한 사울의 적대감을 잘 설명해 준다. 다윗의 인기를 질투해 사울이 다윗에게 그렇게 집착한 것이 아니라, 사울에게 있어서 다윗은 그의 권력을 쿠데타로 빼앗으려 한 반역자이다. 조엘 베이든에 따르면 성경 저자는 다윗의 왕권을 하나님의 뜻에 의한 것으로 그리려 하기 때문에, 다윗이 일으킨 정치적 쿠데타를 정직하게 서술하지 않았다. 다섯째, 베이든은 다윗이 사울의 아내를 빼앗았다고 주장하는 나단 선지자의 말을 인용한다. 사무엘하 12장 8절에서 나단 선지자는 다음과 같이 다윗을 꾸짖는다. “내가 네 주인의 집을 네게 주고, 네 주인의 처들을 네 품에 주었으며.” 여기서 “주인의 처들”은 분명 사울의 아내들을 말한다. 베이든에 따르면 나단 선지자는 다윗이 사울의 아내를 취했다고 증거하는 것이다. 이 모든 것은 다윗의 첫 번째 아내 아히노암이 사울의 아내였음을 증거한다.[8]

하지만 이런 베이든의 주장을 액면 그대로 받아들일 필요는 없다. 먼저 성경 저자는 다윗의 아내 아히노암과 사울의 아내 아히노암이 전혀 다른 사람임을 힘주어 강조한다. 성경 저자에 따르면 사울의 아내는 ‘아히마스의 딸, 사독 제사장의 손녀’이며, 다윗의 아내 아히노암은 그냥 ‘이스르엘 댁’이다. 여기서 다윗의 아내의 고향 이스르엘을 길보아 근처의 마을로 이해할 필요는 없다. 그것은 마온이나 십과 같은 지역에 있었던 유다 광야에 속한 마을일 가능성이 더 크다(수 15:55-56). 따라서 유다 광야를 도망 다니던 다윗이 이스르엘 처녀와 결혼하는 것이 불가능한 것은 아니다. 단지 여기서 우리가 생각해야 할 것은 다음과 같다. 성경 저자가 (성경 이야기에서 그녀의 역할이 매우 미미함에도 불구하고) 사울의 아내와 동명이인이었던 다윗의 아내를 굳이 언급한 것은 다윗이 사울의 왕권을 대체할 인물임을 암시하기 위함일 수도 있다. 이런 관점에서 사무엘하 12장 8절의 나단의 예언도 반드시 다윗이 사울의 아내 아히노암을 빼앗았다는 증거가 될 수 없다. 나단의 꾸지람에서 다윗이 사울의 여러 아내들을 취했다고 언급된다는 점에 주목하라. 왕의 하렘(harem)을 넘겨받는 것은 왕권 이양에 대한 상징적 행위임을 고려하면, 다윗이 사울의 아내들을 취했다는 나단의 말은 사울의 왕권을 이양받았다는 의미로 해석될 수 있다. 나단의 말을 문자적으로 이해해서 다윗이 요나단의 어머니 아히노암을 취했다고 해석할 필요는 없다.

다윗에게 기름 부은 유다 사람들(4a)

성경 저자는 유다 사람들이 다윗에게 기름을 부었다고 기록한다. 하지만 분명한 것은 왕에게 기름 붓는 특권은 선지자에게 있었다는 사실이다.[9] 따라서 우리는 다윗이 모든 유다 사람들이 참여하고, 선지자가 집례한 의식에서 왕으로 기름부음을 받았다고 추정할 수 있다. 그럼에도 4절 전반부에서 기름 붓는 주체를 "유다 사람들"이라고 명시한 것에는 중요한 의미가 있다. 이것은 이스보셋이 왕 되는 장면과 대조할 때 그 의미가 분명해진다. 사울의 아들 이스보셋이 왕위를 물려받는 것은 당연한 일인데, 성경 저자는 이스보셋의 왕 됨을 아브넬 장군의 개인적 의지의 관철로 표현했다(아래 8-9절에 대한 설명을 참고할 것). 다윗의 왕 됨에는 유다 사람들의 민의가 충분히 반영된 반면, 이스보셋의 왕 됨은 한 권세가의 뜻이 반영된 것이다. 이것은 이후 아브넬이 북방 이스라엘의 실질적 통치자였다는 사실과 잘 연결된다. 이스보셋은 꼭두각시 왕에 불과했다. 반면 다윗의 왕 됨은 궁극적으로 하나님의 뜻이었지만, 즉 기름 부음을 통한 것이지만, 동시에 민심도 다윗을 지지했다. 즉 유다 사람들이 그를 왕으로 추대했다. 성경 저자가 "유다 사람들이… 기름 부었다"고 말한 것은 다윗 왕권이 하나님과 백성들 모두의 지지를 받았음을 보여 준다. 다윗의 경우는 민심이 곧 천심이었던 것이다.[10]

유다의 왕

고고학자들에 따르면 당시 고원 지대에 정착한 이스라엘인들의 인구는 10만이 채 되지 않는다.[11] 그중에 유다 지역에 살던 사람들은 그것의 약 10분의 1밖에 되지 않았을 것으로 추정된다. 고고학자들이 추정한 인구수를 절대시할 필요는 없지만, 분명한 것은 당시 유다는 독립적인 왕국을 필요로 하거나 이룰 만큼 많은 인구를 가지지 못했다는 것이다. 여전히 사회의 기본 구조는 가족과 가문을 중심으로 한 친족 지배 체계이다. 그리고 그런 친족 체제가 당시 유다 지파에 잘 작동했을 것이고 굳이 비친족적 관료제를 도입할 이유가 없다. 이런 의미에서 다윗이 유다의 왕이 된 것은 매우 '정치적인' 행위로 보인다. 다시 말해,

다윗이 자신을 유다의 왕으로 선포한 것은 이후 이스라엘의 왕이 되기 위한 교두보를 마련하기 위함이다. 마치 정치에 입문하려는 사람들이 정체불명의 기관장 타이틀을 많이 가지는 것에 비교하면 무리일까? 다윗은 유다 '왕'의 자격으로 북방의 다른 지파들과 협상해 나간다. 즉 왕이라는 직위가 협상에서 유리한 지위를 선점하게 하는 것이다. 이처럼 다윗이 헤브론에서 스스로를 유다 왕으로 선포한 것은 온 이스라엘의 왕이 되기 위한 정치적 전략의 일환이었을 가능성이 있다. 이 같은 정치적 행위를 반드시 부정적으로 볼 필요는 없다. 다윗이 온 이스라엘의 왕이 되는 것은 하나님의 뜻이다. 그 뜻을 이루기 위해 당시 통상적인 정치적 수단을 사용하는 것은 매우 당연한 것이다.

한편, 다윗이 온 이스라엘의 왕이 되기 위한 수단으로 유다의 왕이 된 것은 보편적 구원을 이루시기 위해 한 백성을 선택한 구속의 비밀과도 연결된다. 예수님도 유대인의 메시아로 오셨지만, 그분의 주권은 유대 땅에 머물지 않는다. 유대인의 메시아로 오신 것은 온 세상의 메시아가 되시기 위함이다.

질문

1. 다윗이 헤브론에 정착한 것은 다윗의 계획에 따른 것이었을까요? 하나님의 뜻에 따라 자신의 계획을 꺾은 결과였을까요?
2. 성경 저자는 누가 다윗을 왕으로 기름 부었다고 합니까? 선지자가 왕에게 기름 붓는 것이 일반적이라면 그것은 어떤 메시지를 담고 있을까요?
3. 헤브론에서 다윗이 왕이 되는 과정과 마하나임에서 이스보셋이 왕이 되는 과정을 비교해 봅시다. 한 인간이 다른 인간을 다스리는 통치의 정당성은 어디서 올까요?

묵상

다윗은 하나님의 말씀에 철저히 순종했지만, 왕이 되기 위한 준비에도 소홀히 하지 않았습니다. 그것이 때로는 다윗 자신이 계획하고 주도한 인위적이고 정치적 행위처럼 보여도 하나님은 다윗의 정치적 행위를 통해 하나님의 뜻을 이룰 능력을 가지신 분입니다. 물론 오늘날 우리의 결정과 행위들이 하나님의 뜻인지 확인하기 쉽지 않습니다. 왜냐하면 우리는 그 결정과 행위들의 결과를 미리 알지 못하기 때문입니다. 그러나 분명한 것은 하나님의 뜻을 주장하기 위한 최소한의 조건이 있다는 것이다. 그것은 자신과 자기 집단의 이익보다 모두의 행복 특히 연약한 이웃의 행복을 존중하는 것입니다.

4
이스보셋 왕국의 성립

삼하 2:4b-11

길보아 전투 패배로 사울의 왕국은 완전히 무너진 듯했지만 수년 후 요단강 동쪽 마하나임에서 이스보셋을 왕으로 하여 그 명맥을 이어간다. 하나님의 기름 부음과 민심의 지지를 바탕으로 세워진 헤브론의 다윗 왕국과 달리 마하나임에 근거지를 둔 사울의 잔존 왕국은 아브넬이라는 한 개인의 욕망에 의해 건설되고 유지되었다. 이로써 이스라엘 역사에 첫 남북조 시대가 시작되었다. 물론 첫 남북조 시대는 겨우 2년 남짓밖에 지속되지 못했으므로 다윗의 통일 왕국으로 넘어가는 과도기적 시대에 불과하다 할 수 있다.

길르앗 야베스인들과의 언약 2:4b-7

4b 그 즈음 다윗에게 다음과 같은 보고가 들어왔다:
"사울을 매장한 것은 길르앗의 야베스 사람들입니다." 5 다윗은
전령을 길르앗의 야베스 남자들에게 보내어 그들에게 말했다:
"너희는 너희 주인 사울에게 이 은혜(헤세드)를 행했음으로,

> 즉 그를 매장해 주었으므로, 여호와의 축복을 받을지어다. 6 이제
> 여호와께서 너희에게 은혜와 진리(에메트)를 행하시기를 빌며,
> 너희가 이 일을 행하였으므로 나도 너희에게 이 좋은 것(토바)을
> 행할 것이다. 7 이제 너희 손들로 강하게 하며, 너희는 용사가 되어라.
> 너희 주인 사울은 죽었고 유다 가문이 나를 그들의 왕으로 기름
> 부었다."

다윗이 헤브론에서 유다 왕에 오른 후 얼마나 빨리 길르앗 야베스 사람들에게 접근했는지 본문은 말하지 않는다. 그러나 그 두 사건을 나란히 서술함으로써 후자가 왕으로서의 다윗의 첫 번째 행보임을 보여 준다.

길르앗 야베스인들

다윗은 유다의 왕이 되자마자 길르앗 야베스인들에 대한 포섭을 시작한다. 길르앗 야베스는 베냐민 지파와 긴밀한 관계를 유지하던 사람들이다. 레위인 첩에 대한 강간과 살해 사건으로 온 지파가 베냐민과 전쟁했을 때, 길르앗 야베스 사람들은 그 전쟁에 참여하지 않았다(삿 21:8-9). 이에 대한 보복으로 400명의 처녀를 제외한 모든 길르앗 야베스인들이 학살당했다(삿 21:11). 그리고 이 400명의 처녀들을 통해 멸절 위기에 놓였던 베냐민 지파가 재건의 기회를 얻게 된다(삿 21:12). 뿐만 아니라 베냐민 사람 사울은 길르앗 야베스가 암몬인들에 의해 공격당했을 때, 이스라엘의 지파들을 총동원해 그들을 구원해 주기도 했다(삼상 11:1-13). 이에 대한 보답이었을까? 길르앗 야베스인들은 사울의 훼손된 시체를 블레셋인들로부터 되찾아와 그를 화장한 후 그의 뼈를 자신들의 땅에 매장해 주었다(삼상 31:11-13). 이처럼 길르앗 야베스는 베냐민 지파와 또한 그 지파 출신의 사울 왕과 매우 특별한 관계를 유지했다. 아마 길르앗 야베스 사람들이 요단 동편 지역에서 가장 강력한 사울 왕정의 지지 세력이었을 가능성이 높다. 사울이 죽었을 때 그의 아들 이스보셋의 왕국이 길르앗 야베스 지역과 가까운 마하나임에 수도

를 정한 것도 이와 무관하지 않을 것이다(아래 지도와 8절 해설 참조). 이런 길르앗 야베스인들은 통일 이스라엘을 꿈꾸는 다윗에게는 우선적 포섭 대상이었을 것이다.

충성 서약

5-7절은 표면적으로 위험을 무릅쓰고 사울의 시체를 거두어 준 길르앗 야베스 사람들에 대한 다윗의 칭찬의 말이지만, 자세히 보면 다윗의 다른 동기가 숨어 있음을 알 수 있다. 7절에서 다윗이 "이제 너희 손을 강하게 하여 너희는 용사가 되어라"라고 말하는데, "너희 손을 강하게 하라(תחזקנה ידיכם)"는 말은 사울이 죽었다고 낙담하지 말고 힘을 내라는 말이고,[1] "용사가 되어라(חיל והיו לבני)"는 말은 새로운 살길을 적극적으로 모색하여 행동하라는 뜻이다.[2] 다윗은 이 말의 정치적 뉘앙스를 노골적으로 전달한다—"너희 주인 사울이 죽었고 유다 가문이 나를 그들의 '왕'으로 기름부었다". 즉 다윗은 사울과 그 아들들이 죽어 이스라엘이 일종의 무정부 상태에 빠진 상황을 이용해 사울 가문과 충성 관계를 유지했던 길르앗 야베스인들을 자기편으로 포섭하려고 시도하는 것이다. 이것은 6절에서 다윗이 길르앗 야베스인들에게 은혜가 아닌 "좋은 것"을 베풀 것이라고 말한 점으로부터 암시된다. "은혜"로 번역된 히브리어 헤세드(חסד)는 언약 관계를 전제로 한 상호 의무를 의미한다. 이런 점에서 사울 가문과 길르앗 야베스, 그리고 하나님과 길르앗 야베스 사이에는 헤세드의 의무가 있는 것이다. 그러나 유다의 신생 왕 다윗과 길르앗 야베스 사이에는 아직 어떤 언약 관계도 성립되지 않았기 때문에 다윗은 그들에게 헤세드를 베풀 수 없다. 헤세드 대신 다윗이 사용한 말은 "좋은 것"으로 번역된 히브리어 토바(טובה)이다. 이것은 고대 근동의 국가간 조약 문서에서 특징적으로 등장하는 어휘로 다윗이 지금 길르앗 야베스 사람들에게 자신과 보호 조약을 맺을 정치적 기회를 부여하고 있음을 보여 준다.

이런 다윗의 정치적 의도에도 불구하고 성경 저자는 다윗의 행위가 "언약의 주"인 여호와 하나님의 성품을 따른 것임을 암시한다—"이제 여호와께서 너희에게 은혜와 진리를 행하시기를 빌며, 나도… 너희에게 이 좋은 것을 행할 것이다"(6절). 즉 다윗이 길르앗 야베스에게 호의를 베푸는 것은 단순히 그들을 포섭하기 위한 것이 아니라, 하나님이 그들에게 베푸실 은혜(헤세드, 6절)를 반영하는 것이다. 하나님의 대리 통치자인 다윗은 길르앗 야베스인들에 대해 언약의 주로서의 역할을 자처한다. 사무엘서를 왕정 변증기로 이해하는 학자들은 다윗의 정치적 의도와 종교적 순수성을 양립 불가능한 것으로 보는 경향이 있다. 즉 그들은 성경 저자가 다윗 왕권에 정당성을 확보하기 위해 역사적 다윗과 매우 다른 다윗의 모습을 그리고 있다고 주장한다. 역사적으로 다윗은 왕위를 얻기 위해 매우 적극적인 정치 행보를 한 왕위 찬탈자이지만, 성경의 다윗은 하나님이 직접 선택한 사람으로 철저히 하나님의 말씀에 순종함으로 왕위에 오른 자로 다윗을 묘사한다. 이런 접근법이 주는 부분적 통찰에도 불구하고 그것의 근본적인 문제는 하나님의 말씀에 대한 순종을 인간의 자율적 판단과 양립 불가능한 것으로 본다는 것이다. 다시 말하면 하나님의 주권(종교)과 인간의 자유의지(정치)를 조화롭고 동시적인 것으로 보지 않고 서로 대립적인 것으로만 보는 것이다. 그러나 반드시 그렇게 볼 이유는 없다. 오히려 신정국가였던 이스라엘에서는 정치적 의도와 종교적 순수성이 양립 불가능한 것은 아니었을 것이다. 즉 다윗이 사울 가문의 핵심 지지 세력인 길르앗 야베스인들을 포섭하려 했던 정치적 행보가 하나님의 뜻을 행하는 종교적 행동이었을 수도 있다. 어차피 다윗의 정치적 행보는 왕으로서 소명을 성취하기 위한 것이었기 때문이다. 성경은 하나님의 뜻이 맹목적인 순종이 아니라 그 뜻을 정확히 이해한 인간의 자발적인 순종(=자유 의지)에 의해 이루어진다고 말하기 때문이다.

단지 기억해야 할 것은 오늘 성경을 읽는 독자들은 다윗 이야기를 구속사의 큰 그림에서 보기 때문에 그의 어떤 정치적 행위가 하나님의 뜻인지를 비교적 명확히 알 수 있다. 그러나 당시 사람들의 입장에서는 다윗을 지지하는 것이 옳은지 사울의 가문에 충성하는 것이 옳은지 알기 매우 어려웠을 것이다. 오늘날도 마찬가지다. 정치적 결정에 분명 하나님의 뜻이 있지만, 하나님의 뜻이 확실해지는 것은 시간이 많이 흘러 그것의 결과들이 만인 앞에 명확해지는 순간이기 때문에 오늘을 사는 우리들에게는 어느 정치적 결정이 하나님의 뜻인지 알기 어렵다. 이때 조심해야 할 것은 자신과 자기 집단의 이익을 하나님의 뜻으로 착각하지 않는 것이다. 설사 그가 성직자이고 그 집단이 성직 집단이라 해도 말이다. 적어도 우리의 인식의 지평에서 하나님의 뜻은 만백성을 살리는 것이지 한 집단에게 특혜를 주는 것이 아니기 때문이다.

히타이트의 왕궁 변증기

왕국 변증기는 새 왕, 특히 비정상적이거나 의심스러운 상황 가운데 왕위에 오른 사람의 통치 정당성을 확립하기 위해 작성된 문서를 지칭한다. 대표적으로 히타이트의 왕 하투실리의 변증기가 있다. 하투실리는 정상적으로는 왕이 될 수 없는 왕의 아들이었다. 그의 형 무와탈리(Muwattali)가 왕이었기 때문이다. 히타이트 왕국의 시조 텔레피누가 만들어놓은 승계 규칙에 따르면 왕에게 아들이 없을 경우 그의 형제들은 왕이 될 수 없었다. 대신 그의 조카 우르히테숍(Urhi-Teshup)이 권력을 이어받아 무와탈리 2세가 되었다. 한편 하투실리는 무와탈리 2세의 통치 기간 동안 장군으로서 명성을 쌓았다. 그가 쌓은 명성은 왕궁에 의해 위험으로 간주되어 하투실리는 궁에서 어려운 처지에 놓인다. 1인칭 서술로 된 그의 변증기는 그가 억울한 누명을 썼는데 이쉬타르의 도움으로 누명을 벗게 되었다고 전한다. 이 왕궁 변증기의 처음 부분에 따르면 하투실리는 어릴 적 매우 유약했는데, 그의 부모는 꿈에서 아이가 오래 살기 위해서는 이쉬타르의 제사장이 되어야 한다는 계시를 받았다. 그 계시대로 하투실리는 이쉬타르 제사장의 딸 푸두헤파(Puduhepa)와 결혼하게 된다. 하투실리는 처음에 그의 조카 무와탈리 2세를 지지했지만, 나중에 그를 폐위시키고 스스로 왕이 된다. 변증기에서 그는 이쉬타르가 그를 도와 왕이 되었다고 주장한다.

마하나임의 이스보셋과 헤브론의 다윗 2:8-11

8 한편, 사울의 군대 장군 넬의 아들 아브넬은 사울의 아들
이스보셋을 취하여 마하나임으로 건너가게 하고 9 그를 그곳에서
길르앗, 아셀, 이스르엘, 에브라임, 베냐민, 이렇게 이스라엘 전체를
다스리게 했다. 10 사울의 아들 이스보셋은 40살이 되던 해에
이스라엘의 왕이 되었고 2년 동안 다스렸다. 한편 유다의 가문은
다윗을 따르고 있었고 11 다윗이 헤브론에서 유다 가문을 다스린
기간은 7년 6개월이었다.

이스보셋 왕국이 생겨난 이유

이스보셋은 이전에 언급된 적이 없는 사울의 아들이다. 사무엘상 14장 49절은 사울의 세 아들인 요나단, 이스위, 말기수아를 사울의 두 딸—메랍과 미갈—과 함께 언급한다. 이 구절이 사울의 통치에 대한 요약 진술에 해당한다는 점에서 또 한 명의 아들 이스보셋이 언급되지 않은 것은 이례적이다.[3] 이것은 이스보셋이 본처 아히노암의 아들이 아니라 사울의 첩 리스위의 아들일 가능성을 열어둔다. 후에 그의 장군 아브넬이 사울의 첩 리스위와 동침한 것을 그가 크게 문제삼은 것도 이것과 관련 있을 수 있다. 이런 점에서 이스보셋은 왕위 계승 후보자로 전혀 생각되지 않았던 의외의 인물임을 암시한다.[4] 전혀 의외의 인물이 왕이 될 수 있었던 이유는 다름 아닌 매우 유명한 장군인 아브넬 때문이었다.

아브넬은 사울 정권에서 가장 중요한 인물이었다. 사무엘서 저자는 이야기의 중요한 고비마다 아브넬의 존재를 상기시켜왔다. 사울이 사무엘에게서 왕으로 기름부음 받은 후 고향에 돌아와 제일 먼저 만난 사람이 아브넬이었고('사울의 숙부' 삼상 10:14), 다윗이 골리앗을 무찌르고 사울 앞에 알현했을 때도 아브넬이 배석했다(삼상 17:55-57). 또한 다윗이 사울의 진영에 몰래 침입해 사울의 창과 물병을 훔쳐가는 사건에서도 아브넬의 존재가 부각된다(삼상 26:14-16). 특히 방금 언급한 사

무엘상 17장과 26장 사건에서 아브넬은 '사울의 충신이 누구인가'를 놓고 다윗과 경쟁하는 구도 안에 놓인다. 당시 무명에 가까운 사울의 아들 이스보셋과 대조적으로 아브넬은 매우 유명한 사울의 장군이었다. 당시 왕에게 요구되는 가장 중요한 덕목이 군사적 지휘 능력이었음을 고려할 때, 사울과 세 명의 세자들이 죽었을 때 사람들의 관심이 아브넬에게 쏠리는 것은 어쩔 수 없는 일이었을 것이다. 더구나 아브넬은 사울의 삼촌이 아닌가? 왕위를 이을 정통성이 전혀 없던 것도 아니었다.

아브넬은 사울의 삼촌인가 사촌인가

아브넬의 아버지는 넬이다. 사무엘상 14장 51절에 따르면 넬의 아버지는 아비엘이다. 또한 사무엘상 9장 1절에 따르면 아비엘은 기스의 아버지이기도 하다. 지금까지의 정보만을 조합하면 아비엘에게는 적어도 두 명의 아들 기스와 넬이 있었고, 그들의 아들들인 사울과 아브넬은 사촌처럼 보인다. 그러나 문제는 이처럼 간단하지 않다. 역대상 8장 33절과 9장 39절에 따르면 기스의 아버지가 넬이다. 그렇다면 넬의 아들 아브넬과 사울의 아버지 기스가 사촌이 되고 아브넬과 사울은 삼촌과 조카 사이가 된다. 이 혼란한 족보 상황을 어떻게 정리할 수 있을까? 야펫(Sarah Japhet)은 자신의 역대상하 주석(*I and II Chronicles: A Commentary* [Louisville, KY: Westminster/Knox Press, 1993], 197)에서 다음과 같이 정리한다. 이 도식에 따르면 아브넬은 사울의 삼촌이 된다. 또한 기스가 아비엘의 아들이라는 사무엘상 9장 1절은 손자 관계를 지칭하는 것이 된다. 성경에서 '아들'이 손자 혹은 자손의 의미로 쓰이는 경우는 매우 흔하다.

8-9절은 사울의 아들 이스보셋이 부왕에 의해 남겨진 영토의 주권자가 되는 과정을 묘사한다. 여기서 두드러지는 것은 사울의 군대 장군 아브넬의 주도적 역할이다. 8-9절에 쓰인 동사들은 이스보셋을 왕으로 세운 사람이 아브넬임을 감추지 않는다. "취하다"로 번역된 히브리어 동사 '라카흐(לקח)'는 사무엘상 8장 10-18절(참조. 신 17:16-17)에서 잘 드러나는 것처럼 왕의 특권을 가리키는 동사다. 9절에서 아브넬이 이 동사의 주어로 등장한다. 나머지 두 동사 "건너가다(עבר)"와 "다스

리다(מלך)"도 아브넬을 주어로 한 사역형으로 나타난다. 이처럼 이스보셋이 왕이 되는 과정은 철저히 아브넬의 의지가 관철된 것으로 묘사된다. 아브넬이 스스로 왕이 될 수도 있었지만 전혀 의외의 인물을 왕으로 세운 데에는 몇 가지 정치적 계산이 깔려 있었다. 먼저 사울이 죽은 후의 이스라엘은 언제 붕괴될지 모를 풍전등화의 상황에 있었다. 블레셋이 언제 다시 침공할지 모르고 남쪽에는 다윗이 유다 지역에 왕국을 건설하였다. 그 둘의 협공은 사울이 남긴 얼마 안 되는 이스라엘을 완전히 없애 버릴 수 있다. 따라서 아브넬은 그런 불안한 왕국의 왕좌를 차지함으로써 자신을 위험에 직접 노출시키고 싶지 않았을 것이다. 그는 사울의 첩에게서 태어난 아들을 앞세우고 자신은 뒤에서 수렴청정함으로 실리를 챙길 수 있었다. 이런 점에서 이스보셋은 처음부터 꼭두각시 왕이었다. 더구나 아브넬이 이스보셋의 할아버지뻘임을 고려할 때 이것은 불가피한 상황이었을 것이다.

이스보셋이 왕이 되는 과정은 다윗이 유다의 왕이 되는 과정과 크게 대조된다. 성경 저자는 다윗의 경우 "유다 사람들이… 다윗을… 왕으로 기름 부었다"고 보고함으로 다윗의 왕권이 한 개인의 욕심에 의한 것이 아니라 민심의 전적인 동의가 있었음을 보여 준다. 일부 학자는 다윗이 폭력과 협박으로 자신의 왕권을 유다 사람들에게 강요했다고 주장하지만 성경 저자는 분명 "기름 붓는" 행위의 주체를 "유다 백성"으로 명시함으로써 다윗의 왕됨이 민의에 의한 것임을 암시한다. 그리고 '기름 부음'의 행위는 다윗의 왕권이 하나님으로부터 비롯된 것임을 분명히 한다. 한편 이스보셋의 왕 됨은 한 사람의 의지에 의한 것이다. 한 사람의 정치적 야심이 이미 망해 없어져야 하는 왕국의 수명을 연장시킨 것이다. 아브넬은 하나님이 다윗을 왕으로 세웠음을 믿지 않은 것 같다. 아니 믿고 싶지 않았을 것이다. 왜냐하면 다윗이 하나님이 세운 왕이라면 아브넬은 사울 왕국에서 그가 가진 권세의 지분을 모두 포기해야 할 것이기 때문이다. 후에 그가 다윗을 찾아와 사울 왕국을 넘겨주는 조약을 맺은 것은 더 이상 이스보셋의 정권 아래에서 자신의 이득을 보장받기 어려웠기 때문일 것이다.

수도를 마하나임에

아브넬과 이스보셋이 수도를 요단 동편 마하나임에 정한 이유는 무엇일까? 길보아 전투 이후 블레셋은 요단 서쪽의 전통적 이스라엘 지역을 거의 점령한 상태였고, 다윗은 유다 지역에 왕국을 건설한 상태였다. 이런 상황에서 이스보셋 왕국이 마하나임을 수도로 정한 데에는 몇 가지 이유가 있다. 첫째, 마하나임은 요단 평야를 한눈에 내려다 볼 수 있는 곳에 위치하여, 요단을 건너오는 당시 주적들의 공격에 쉽게 대비할 수 있었다. 둘째, 마하나임은 전통적 지지 세력인 길르앗 야베스와 가까운 곳에 위치하였다. 셋째, 마하나임 주변에 철광산이 있었다. 이스보셋 왕국은 블레셋과 유다로 들어가는 철의 양을 통제할 수 있었을 것이다.[5] 이처럼 아브넬이 이스보셋의 왕국의 수도를 마하나임에 정한 데에는 그럴 만한 지정학적인 이유가 있었다. 하지만 이런 지정학적 이유들보다 더 중요한 측면이 있다. 그것은 구속사적 관점에서 마하나임은 분열의 상징이라는 점이다. 마하나임(מחנים)의 이름의 의미가 "두 진영"이다. 사울과 이스보셋으로 이어지는 왕국은 솔로몬의 통치 이후 더욱 강력한 모습(=북이스라엘)으로 다시 출현할 것이다. 다윗의 왕국이 세워진 헤브론이 족장 언약의 연속성을 보여 준다면 이스보셋의 왕국이 세워진 마하나임은 그 언약이 어떻게 파기되어 갈 것인지를 상징한다.

마하나임

마하나임은 요단 동쪽 15킬로미터 지점에 위치한 도시로 얍복강 상류에 위치한다. 성경에서 마하나임이 처음 언급된 곳은 야곱이 하란에서 고향으로 돌아오는 장면(창 32장)이다. 야곱이 하나님의 천사들을 보고 "이곳은 하나님의 진영이다"라고 말한 데서 그 이름이 유래했다. 이 문맥에서 마하나임은 긍정적인 의미를 가진다. 왜냐하면 야곱의 여정에 눈에 보이지 않는 제2의 군대 즉 하나님의 군대가 동행함을 가리키기 때문이다. 하지만 이후에 그것은 야곱의 "두 진영"에 대한 문학적 암시가 되면서 다소 부정적인 뉘앙스를 가진다. 즉 야곱이 에서와의 만남이 잘못될 경우 발생할 피해를 최소화하기 위해 자신의 무리를 "두 진영"으로 나누는데, 이는 그의 이기주의적 생존 본능에 대한 상징이 된다. 실제로 이스보셋의 왕국이 요단 동편에 세워질 때와 다윗이 압살롬을 피해 요단 동편으로 도망갔을 때에도 마하나임은 각각 헤브론과 예루살렘에 대립하는 수도가 되어 분열의 상징으로 기능한다.

이스보셋 왕국의 지속

이스보셋의 왕국이 성립되는 과정에서 또 한 가지 주목할 것은 그것이 상당한 시간에 걸쳐 이루어졌다는 것이다. 이는 40세에 왕이 된 이스보셋이 2년만 다스렸다는 사실에서 암시된다. 다윗이 헤브론의 왕이 된 시점과 이스보셋이 마하나임에서 왕이 된 시점이 거의 동시적이라면 이스보셋은 다윗처럼 7년 6개월을 통치했어야 한다. 그러나 성경 본문이 이스보셋의 통치 기간을 2년에 국한한 사실은 (그것을 문자적으로 이해한다면)[6] 이스보셋이 왕이 되기 전 상당 기간 동안(5년 6개월) 아브넬이 지휘하는 '사울의 군대'가 길보아 전투 이후 블레셋에 넘어간 영토의 수복을 위해 노력했음을 보여 준다. 그리고 그 노력의 결과 마하나임을 거점으로 이스라엘 전체를 다스리는 이스보셋의 왕국이 탄생한 것이다. 즉 사울이 죽자마자 이스라엘 전체를 다스리는 왕국이 탄생한 것은 아니다. 학자들에 따르면 9절의 지명들—길르앗, 아셀, 이스르엘, 에브라임, 벤야민, 이스라엘 전체—은 이스라엘 왕국이 이전의 영토를 수복해 가는 일련의 과정들을 보여 준다. 즉 이것은 5년 6개월에 걸친 사울 가문의 군사적 노력과 국정 회복 노력을 요약해서 보여 주는 것이다. 아브넬이 여기에 핵심적 역할을 감당했기 때문에 그에게 이스보셋을 왕으로 세우고 수렴첨정할 수 있는 카리스마가 있었다는 것은 전혀 놀랄 일이 아니다.[7]

이것이 옳다면 다음의 질문이 생긴다. 사울의 왕국이 거의 붕괴된 상태에 있는 동안 헤브론에 정착한 다윗 왕은 무엇을 했는가? 성경이 이 부분을 정확히 말해 주지는 않지만 일단 길르앗 야베스인들을 포섭하려 했던 일화는 그것에 대한 어느 정도의 실마리를 제공한다. 하지만 사울의 군대가 블레셋의 손으로부터 사울 왕국의 영토를 되찾으려 노력한 동안 다윗과 블레셋의 관계는 불분명하다. 이 시기에 다윗도 블레셋과 맞서 싸웠는가? 아니면 그는 여전히 블레셋의 종으로 행세했는가? 다윗이 헤브론에서 왕이 되었음에도 블레셋이 다윗을 공격하지 않은 것은 헤브론 왕국이 블레셋의 관점에서는 독립 왕국이 아니었을 가능성을 보여 준다. 다윗의 활동 거점이 시글락에서 헤브론으로 옮겨졌을 뿐 블레셋 사람들은 여전히 다윗을 자신들의 분봉왕 정도로 생각했을 가능성이 있다. 다윗이 온 이스라엘의 왕이 되고 수도를 예루살렘으로 옮긴 후에야 우리는 다윗을 공격해 오는 블레셋의 군대와 처음 만나게 된다.

질문

1. 다윗이 길르앗 야베스 사람들을 칭찬한 이유는 무엇입니까?
2. 인간의 정치적 행위와 하나님의 뜻에 순종하는 일은 양립할 수 있을까요? 있다면 어떻게 가능할까요?
3. 이스보셋의 통치 기간 2년과 다윗의 통치 기간 7년 반을 어떻게 조화시킬 수 있습니까?

묵상

길르앗 야베스 사람들은 사울 왕조의 충신들이었습니다. 사울이 죽었지만 그의 아들인 이스보셋을 섬기는 것이 그들의 신하된 도리였을지 모릅니다. 이때 다윗이 찾아와 회유합니다. 비록 자신을 따르지 않으면 죽이겠다고 협박하지는 않지만, 다윗은 그들에게 상당한 경제적 보상을 약속하며 그들을 포섭하려 합니다. 시대의 변화를 인정하고 주인을 바꾸는 것이 옳은 일일까요? 아니면 옛 왕조에 죽음으로 충성하는 것이 옳은 일일까요? 성경 저자는 다윗의 제안에 길르앗 야베스 사람들이 어떻게 대답했는지 말해 주지 않습니다. 하지만 성경 전체의 메시지를 고려하면 진정한 충성은 진리에 대한 충성임을 알 수 있습니다. 기계적인 일관성이나 의리보다는 진리에 대한 감수성이 우리를 생명으로 이끕니다.

5
남북 대립

삼하 2:12-32

이스보셋 왕국은 아브넬이라는 한 개인의 욕망이 지속시킨 사울의 잔존 왕국이다. 생겨서는 안 되는 왕국이었다. 이 왕국이 한 일은 약 2년 남짓의 기간 동안 헤브론의 다윗 왕국과 전쟁하며 무고한 생명들을 희생시킨 일이다. 기브온 웅덩이에서 벌어진 대리전에서 허무하게 죽어간 병사들, 아브넬을 추격하다 죽은 젊은 영웅 아사헬 모두 소모적인 전쟁의 희생양들이다. 이런 희생 가운데 위로는 하나님이 함께하는 진영이 결국 승리한다는 것이다. 이 내전들을 통해 다윗의 집은 점점 왕성해져 갔고, 사울의 집은 약해져 갔다.

헬갓핫수림 대리전 2:12-17

12 넬의 아들 아브넬과 사울의 아들 이스보셋의 부하들이 마하나임
에서 기브온으로 출정하였다. 13 한편 스루야의 아들 요압과 다윗의
부하들도 헤브론에서 기브온으로 출정하였다. 그들은 기브온의 웅덩
이 근처에서 함께 만났다. 한편은 웅덩이의 이쪽에 다른 한편은 웅덩

이의 저쪽에 자리했다.
14 아브넬이 요압에게 말했다:
"병사들(נער)로 일어나 우리 앞에서 놀게 하자."
요압이 말했다:
"그렇게 하자."
15 그들이 일어나 숫자 맞추어 나아갔다. 베냐민과 사울의 아들
이스보셋에 속한 열두 명, 다윗의 부하들 열두 명이다. 16 그들
각자가 상대방의 머리를 잡고, 칼로 상대방의 옆구리를 찔렀다.
그들은 함께 쓰러졌다. 사람들은 그 장소를 기브온에 있는
헬갓핫수림으로 불렀다. 17 그날 전투가 매우 치열했고, 아브넬과
이스라엘의 남자들(איש)이 결국 다윗의 부하들(עבד) 앞에서 패배했다.

본문은 이스보셋의 왕국과 다윗 왕국 사이의 군사적 분쟁을 묘사한다. 이 두 왕국이 기브온에서 충돌하게 된 원인은 무엇이었을까? 한자 사자성어 중에 고장난명(孤掌難鳴)이 있다. 외손뼉은 소리를 낼 수 없다는 뜻으로 맞서는 사람이 없으면 싸움이 되지 않음을 일컫는다. 지금까지 다윗은 사울을 인위적으로 해하거나 그의 왕국을 무력으로 점령하려 하지 않았다. 사울이 죽은 후에도 그런 마음에 변함이 없다면, 이스보셋의 왕국과 다윗이 충돌할 이유가 없어 보인다. 더구나 기브온은 전통적으로 베냐민 지파 즉 사울의 왕국에 속하는 영토가 아닌가? 요압은 왜 다윗의 군대를 기브온으로 출정시켰을까?

성경 저자는 아브넬이 이스보셋의 군대를 끌고 기브온으로 이동한 이유를 정확하게 말해주지 않는다. 다만 그 이유를 추측하는 데 도움이 될 만한 실마리는 기브온 사람들과 사울 가문의 관계가 좋지 않았다는 사실이다. 사울 왕이 기브온 사람들과 맺은 평화조약을 어기고 그들을 학살했기 때문이다(삼하 21:1). 따라서 사울이 전사한 후 그의 왕국이 붕괴하자 기브온 사람들이 반란을 일으켜 독립했을 가능성이 있다. 그렇다면 아브넬이 기브온에 간 일차적 목표는 기브온을 다시 왕국의 영토로 편입하기 위한 것일 수 있다. 또 하나의 가능성은 아브넬

이 기브온에 주둔한 블레셋 군대를 토벌하기 위해 그곳에 갔을 수도 있다. 길보아 전투 후 블레셋인들은 사울 왕국의 영토를 실질 지배해 왔는데, 아브넬은 지속적으로 이스라엘 땅에서 블레셋을 몰아내는 일을 해 왔다. 본문에 묘사된 기브온 출정도 그런 노력의 일환일 수 있다. 여하튼 사울의 죽음 후 나라가 어지러운 틈을 타 기브온이 자의든 타의든 사울 왕국으로부터 떨어져 나갔을 가능성은 충분하다. 아브넬이 그곳에 출정한 것은 기브온을 다시 사울의 잔존 왕국의 영향권 아래 두기 위함이었을 것이다.

이제 대답해야 할 질문은 왜 요압이 기브온에서 아브넬의 군대를 맞았는가이다. 그 대답은 12-13절에서 성경 저자가 요압의 출정을 아브넬의 출정에 대한 방어적 반응으로 묘사한다는 사실에서 찾을 수 있다. 즉 성경 저자는 12절에서 아브넬의 출정을 먼저 묘사하고 13절에서 요압의 출정을 묘사하는데, 그 두 묘사가 서로와 매우 엄밀한 병행을 이룬다. 마하나임에서 기브온까지의 실제 여행 거리(약 80여 킬로미터)가 헤브론에서 기브온까지의 여행 거리(약 40여 킬로미터)의 두 배라는 점을 고려할 때 요압이 아브넬 군대의 움직임에 대한 첩보를 접수한 후 움직이기 시작했을 가능성이 충분하다. 요압은 늦게 출발했어도 아브넬과 거의 비슷한 시점에 기브온에 도착할 수 있었을 것이다. 그리고 요압은 아브넬의 기브온 출정을 유다 땅을 공격하기 위한 예비 행위로 간주했을 가능성도 있다. 이 경우 다윗의 군대가 기브온에서 아브넬의 군대와 맞선 것은 방어적 조치에 해당한다. 실제로 사울 왕국의 옛 영토를 회복하려는 아브넬과 이스보셋의 야심이 유다 지역을 포함했을 가능성이 있다. 이런 관점에서 9절의 "이스라엘 전체"는 북이스라엘만을 가리키는 것이 아니다. 하지만 이런 생각—요압의 기브온 출정은 어디까지나 유다 영토를 방어하기 위한 것임—에는 다윗이 사울의 잔존 왕국을 무력으로 합병하는 것은 잘못이라는 생각이 깔려 있는데, 기름 부음을 받은 왕은 이미 죽고, 한 개인의 지혜와 야심이 만들어 낸 왕국만이 남아 있는 상태에서 다윗이 자신의 왕적 소명을 이루기 위해 고대의 통상적이고 일반적인 통일 방법—무력을 사용한 영토 정복—을 사용했다고 해서 문제될 것은 없다. 그렇다면 기브온의 전투가 기브온을 점령하기 위한 두 왕국 간의 전투라고 말해도 좋을 것이다.

이처럼 기브온 전투가 두 왕국 사이의 정치적 역학을 배경으로 함에도 성경 저자는 의도적으로 이 당시 남북 왕조의 관계를 두 장군의 관계로 환원시키려 한다. 이로써 아브넬과 요압의 기브온 출정이 가지는 보다 큰 역사적 문맥이 배경으로 사라지고, 아브넬과 요압 두 인물이 내러티브의 전면에 위치한다. 이 둘은 매우 잘 아는 사이, 마치 호형호제하는 사이인 것처럼 제시된다. 기브온 전투는 이 둘 간의 대화로 시작해 이 둘 간의 대화로 마무리된다. 본문을 통해 성경 저자는 아브넬과 요압의 대조적 성격을 부각시킨다. 요압의 성격은 그의 동생 아사헬을 통해 투영되는데, 과격하고 폭력적이며 목표를 이루기 위해 절대로 타협하지 않는 인물로 제시된다. 아브넬의 경우, 전략과 전술에 능하며, 협상의 지혜를 가지며, 큰 그림을 보는 정치적 지혜를 가진 인물로 등장한다. 그리고 이런 인물 간의 대조를 통해 사무엘서 저자는 요압이 아니라 아브넬이 다윗을 돕는 2인자가 되었으면 어떠했을까 하는 호기심을 가지게 한다. 요압의 동생 아사헬의 죽음은 3장의 아브넬의 죽음에 대한 복선을 제공한다.

이제 본문을 더 자세히 살펴보자. 12절과 13절 전반부의 구조적 유사성으로 볼 때 아브넬과 이스보셋의 관계가 요압과 다윗의 관계와 유사할 것으로 추정된다. 즉 아브넬이 이스보셋의 부하들을 이끄는 서열 1위의 장군인 것처럼, 요압은 다윗의 부하들을 거느리는 서열 1위의 장군이다. 이들은 각각 넬의 아들과 스루야의 아들로 소개된다. "넬"은 아브넬의 아버지의 이름인 반면 "스루야"는 요압의 어머니인 동시에 다윗의 누이(대상 2:16)의 이름이다. 성경 저자가 요압의 어머니의 이름만을 밝히는 것은 요압과 다윗의 관계에 있어서 어머니가 보다 중요한 변수였음을 암시할 수 있지만, 보다 중요한 것은 성경 저자가 어머니의 이름 "스루야"를 요압의 성격을 규정하는 문학적 도구로 사용한다는 사실이다. 성경 저자는 요압이 어떤 사람인지를 최대한 숨긴다. 다만 다윗의 왕위 등극과 관련한 요압의 결정적 행위를 소개하기 전에 그런 행위를 가능하게 한 그의 과격성에 대한 실마리를 그의 두 형제, 아비새와 아사헬의 에피소드를 통해 남긴다. 아비새의 에피소드는 사무엘상 26장에, 아사헬의 것은 우리가 지금 다루는 본문에 담겨 있다. 이 세 형제는 모두 "스루야의 아들들"로 불리며 동일한 성격을 공유한다. 독자들은 이 다른 스루야의 아들들의 행적을 보면서 요압이 어떤 사람일 것인지에 대한 실마리를 얻는다. 그래서 3장에서 요압이 아브넬을 암살하는 장면과 만날 때, 독자들은 그 사건을 요압의 성격에서 유래한 필연적인 결과로 이해하게 된다. 이를 통해 사무엘서 저자는 요압의 아브넬 시해 사건에 다른 요인들—예를 들어 다윗의 지시—이 전혀 개입되지 않았음을 암시한다.

아브넬과 요압이 이끄는 군대는 기브온(현재 지명은 '엘집')의 웅덩이 근처에서 조우한다. 이 웅덩이를 가운데 두고 두 군대가 대치했다. 아브넬이 먼저 요압에게 말을 건다. 마치 친구에게 말하는 것 같다—"병사들로 일어나 우리 앞에 놀게 하자(ישחקו)". 그러자 요압도 형제에게 하듯이 "그렇게 하자"라고 동의해 준다. 아군들 사이의 친선 놀이를 제안하고 수락한 듯한 언어이지만 실제로는 고대 전쟁에서 흔히 행해진 대표전에 동의한 것이다. 대표전은 자기 진영 모든 병사들의 생명을 걸고 치르는 전투로 보통 한쪽 대표의 죽음으로 끝난다는 점을 고려하면, 아브넬과 요압 사이의 대화 분위기는 그런 대표전의 심각성과 매우 거리가 있어 보인다. 실제로 각 진영을 대표하는 열두 명의 병사들은 서로 머리를 잡은 후 상대방이 쓰러질 때까지 칼로 옆구리를 찌르는 방식으로 싸웠다. 이런 대표전의 방식이 매우 잔인하여 비현실적으로 들릴지 몰라도 고대 할라프 유적지에서 발견된 부조를 보면 본문이 묘사하는 전투 방법을 연상시킨다. 그러나 이런 심각한 대표전이 성경 저자에 의해 두 장군의 즉흥적인 놀이처럼 묘사된 이유는 무엇일까?[1] 가장 중요한 이유는 대표전으로 시작되는 그날의 전투를 왕국 대 왕국의 정치 역학의 관점이 아니라 두 장군 아브넬과 요압의 개인적 관계의 관점에서 전하기 위함이다. 이 때문에 아브넬과 요압은 본문에서 서로 매우 잘 아는 관계인 것처럼 묘사된다. 둘째, 전쟁을 통한 인간 소외를 보여 주기 위함이다. 인류 역사를 보면 다양한 원인으로 나라와 나라, 민족과 민족 사이에 전쟁이 벌어졌다. 이상적으로는 젊은 병사들의 죽음이 큰 대의를 위한 희생이 되어야 함에도 인류 역사의 수많은 전쟁에서 죽어간 병사들이 누군가의 '사적 욕심'과 '재미'의 희생양이었던 경우도 허다하다. 설사 고귀한 대의를 위한 전쟁일지라도 허무하게 죽어간 젊은이들은 언제나 전쟁의 가치를 근본적으로 의심하게 한다. 성경 저자는 전쟁 중에 발생하는 인간 소외 현상을 비판한다.

16절 후반부는 기브온 웅덩이에서 벌어진 대리전을 다음과 같이 요약한다—"사람들은 그 장소를 기브온에 있는 헬갓핫수림으로 불렀다"(16b). 성경 본문에 이런 구절이 나올 때마다 학자들은 그 본문을 유래설화(etiology)라고 부른다. 즉 그 이야기가 특정 지명이나 관습을 설명하기 위해 만들어졌다는 의미다. 그러나 성경에 유래설화가 사용될 때는 언제나 창조적 변형을 거쳐, 단순히 지명이나 관습을 설명하는 기능을 넘어 저자의 메시지를 담는 경우가 많다. 그렇다면 기브온의 헬갓핫수림이 주는 메시지는 무엇일까? 헬갓핫수림은 "돌칼의 밭(חלקת הצרים)"이라는 의미다. 대표전을 치른 스물네 명의 병사들이 칼로 상대방의 옆구리를 찌른 것을 생각하면 이야기와 잘 조화되는 지명이다. 이처럼 일차적으로 그 지명은 성경 이야기에 구체성을 부여함으로써 그것의 역사적 개연성을 높여준다. 한편, 기브온의 헬갓핫수림에 오는 사람마다, 과거에 아브넬과 요압의 군대가 이곳에서 충돌하여 스물네 명의 젊은이들이 죽었다는 사실을 기억하게 될 것이다. 그리고 그 대리전은 무승부로 끝났음을 이야기할 것이다. 즉 스물네 명의 목숨이 헛되이 희생된 것을 이야기할 것이다. 그리고 다시는 그런 무의미한 전쟁이 다시는 없어야 한다고 다짐할 것이다. 그러나 보다 중요한 것은 이 유래설화가 이후에 전개되는 이야기에서 감당하는 역할이다. 즉 헬갓핫수림 전투가 무승부로 끝났다는 사실은 넬의 아들과 스루야의 아들들 사이의 전투에서 승자가 없을 것임을 암시한다. 넬의 아들 아브넬이 스루야의 아들 아사헬을 죽였지만, 그도 스루야의 다른 아들 요압에 의해 곧 살해당한다. 아브넬을 죽인 요압도 후에 다윗의 아들 솔로몬에 의해 죽임을 당할 것이다.

기브온

예루살렘의 북쪽 5킬로미터 지점에 위치한 도시로, 여호수아가 태양을 멈춘 전투가 이곳에서 치러졌다(수 10:9-14). 이 도시는 현재 '엘집'으로 불리는데 그것은 '웅덩이'라는 뜻으로 기브온에 대한 성경의 설명과 잘 일치한다. 이곳에서 진행된 발굴 작업을 통해 다양한 철기 시대의 유물들이 출토되었다. 특히 19세기 말에 팔레스타인탐험재단(Palestine Exploration Fund)이 주도한 발굴에서 철기 시대의 웅덩이와 저수로가 발견되었다. 사사 시대에는 측면 계단을 가진 웅덩이만이 건설되었다가 주전 8-9세기에 도시 안으로 물을 끌어 들이는 저수로가 건설되었다. 웅덩이의 크기는 지름 11미터에 깊이 25미터이다.

【그림 2】 텔 할라프 부조

텔 할라프(Tel Halaf)는 시리아와 터키 접경 지역에 위치한 고대 유적지로, 사사 시대와 다윗 시대에는 "구자나(Guzana)"로 불리는 아람 왕국이 번성했다. 아래의 부조는 두 명의 남자가 서로의 머리를 손으로 부여잡고 상대방의 옆구리를 둔기로 공격하는 모습을 그린다. 기브온 웅덩이에서 아브넬과 요압이 이끄는 군대가 대리전을 벌인 방식과 매우 유사하다.

17절은 그날의 전투를 요약한다. "그날 전투가 매우 치열했고, 아브넬과 이스라엘의 남자들(이쉬)이 결국 다윗의 부하들(에베드) 앞에서 패배했다." 여기서 아브넬이 이끄는 군사들은 "이스라엘의 남자"라고 불리지만, 요압이 이끄는 군사들은 "다윗의 부하들"로 지칭된다. 특히 "부하들"로 번역된 히브리어 에베드(עבד)는 "종"으로 직역될 수 있다. 이것은 이스보셋의 왕국의 경우, 사람들의 충성이 이전 왕국 이스라엘의 정통성에 의존한 반면, 즉 그들은 "이스라엘 사람"이라는 정체성으로 뭉친 반면, 헤브론에 새로 생긴 왕국에서는 한 사람(=다윗)에 대한 충성이 매우 중요함을 보여 준다. 그리고 성경 저자는 "이스라엘 사람들"이 "다윗의 부하들" 앞에서 결국 패했다고 보고함으로써 역사적 정통성이 다윗에게 있음을 보여 준다. 당시 이스보셋의 편에 선 사람들은 다 무너진 옛 전통을 붙잡느라 하나님의 새로운 역사를 보지 못했다. 다윗은 이후에 이 땅에 오셔서 다스릴 예수님의 예표이다. 당시 사람들이 누구 편에 서느냐에 따라 역사의 패자와 승자가 결정된 것처럼, 오늘날에도 예수 그리스도를 왕으로 섬길 때 승리가 온다.

아사헬의 죽음 2:18-23

18 그곳에 스루야의 세 아들 요압, 아비새, 아사헬이 있었다. 특히
아사헬은 들판의 노루(צבי) 중 하나처럼 발이 빨랐다. 19 아사헬이
아브넬의 뒤를 쫓았다. 그는 좌로도 우로도 치우쳐 가지 않고
아브넬의 뒤만을 쫓았다.
20 아브넬이 뒤를 돌아 말했다:
"네가 아사헬인가?"
그러자 아사헬이 대답했다:
"나다(אנכי)."[2]
21 아브넬이 그에게 말했다:
"네 우편이나 좌편으로 좀 치우쳐라(נטה). 병사들(נער) 중 하나를
잡고 그의 의복을 취하라."

그러나 아사헬은 그의 뒤로부터 빠지지(סור) 않았다.
22 아브넬은 또 아사헬에게 말했다:
"내 뒤에서 빠져라. 왜 내가 너를 쳐서 땅에 넘어지게 해야 하느냐?
내가 네 형 요압에게 어찌 내 얼굴을 들 수 있겠는가?"
23 그러나 그는 빠지기를 거부했고, 아브넬은 그를 쳤다. 창의
뒷부분으로 그의 복부(חמש)를 찔렀다. 창의 뒷부분이 그의 등으로
나왔다. 그는 그곳에 넘어져 그 자리에서 죽었다. 아사헬이 넘어져
죽은 그 장소에 도착한 모든 사람들이 멈추어 섰다.

사무엘서 저자는 헬갓핫수림 대리전으로 시작된 남북 전투를 간단히 요약한 후(17절), 본 단락에서는 넬의 아들 아브넬과 스루야의 아들들 사이의 개인적 관계에 집중한다. 즉 두 왕국 사이의 정치 역학적 관계보다 두 장군 사이의 개인적 원한 관계에 초점을 맞춘다. 본 단락에 묘사된 사건은 이스보셋의 북왕국과 다윗의 남왕국 사이의 전쟁을 그 배경으로 하지만, 그 전쟁 가운데 개인들은 얼마나 복잡하게 얽힌 인과 관계에 직면하는가를 잘 보여 준다. 즉 어떤 명분을 위한 것이든 전쟁은 형제끼리 혹은 이웃들끼리 죽여야만 하는 상황, 복수의 씨를 뿌리는 상황이 발생시킨다. 아브넬이 아사헬을 죽이는 장면도 넬의 아들과 스루야의 아들들 사이의 불행한 관계의 기원을 설명한다.

먼저 기억할 것은 젊은 장군이 베테랑 적장에 도전하다 전사하는 이야기는 당시 고대 사회에서 자주 회자되던 이야기였다는 사실이다. 호머의 《일리아드》에도 젊은 장군 파트로클로스(Patroclus)가 베테랑 적장 헥토르(Hector)와 싸우다가 전사하는 이야기가 등장한다. 이런 이야기에서 전사하는 젊은 장군은 그렇게 전쟁터에서 허무하게 죽기에는 흔히 너무 어리고 아름답다. 적장도 젊은 생명의 유실을 안타까워해 가능하다면 그의 죽음을 피하려 노력한다. 그러나 젊은 장군의 허영과 무모한 용맹이 결국 그를 죽음으로 이끈다. 아사헬이 아브넬과 교전 중 사망하는 이야기도 마찬가지다. 독자들은 젊고 용맹한 장군의 너무 이른 퇴장에 안타까움을 금치 못한다. 성경 저자는 아사헬을 쯔비(צבי), 즉

"들노루"에 비유하는데(18절), 노루는 민첩함의 상징일 뿐 아니라 아름다움의 상징이다.[3] 이처럼 생명감이 가득한 젊은이가 전쟁에서 죽는다는 것은 심지어 적들의 마음도 안타깝게 하는 것이다(삼하 1:20). 23절에서 "아사헬이 넘어져 죽은 그 장소에 그곳을 지나는 모든 사람들이 멈추어 섰다"라는 말에서 그런 안타까움을 엿볼 수 있다. 그러나 전쟁에서 사람이 죽는 것은 당연한 것! 누굴 탓해야 하나? 탓한다면 전쟁을 탓해야 할 것이다. 오늘날에도 세계 곳곳에서 전쟁과 테러의 소문이 들린다. 명분 없는 전쟁이 없겠지만, 분명한 것은 그 명분을 위해 희생당하는 무고한 사람들이 존재한다는 것이다.

지금까지 우리는 전쟁의 몰인간성의 관점에서 본문을 살폈다. 하지만 본문을 자세히 보면 성경 저자의 의도가 다른 데 있음을 알 수 있다. 저자는 이 이야기를 통해 넬의 아들 아브넬과 스루야의 아들 아사헬의 인물 성격을 구분하고, 그 두 인물의 전형성을 확보하려 한다. 인물 전형성을 확보한다는 말은 인물들의 전형적 특징을 독자들에게 각인시킨다는 뜻이다. 이렇게 확립된 인물 전형성은 이후의 이야기를 이해하는 핵심적 실마리가 된다. 예를 들어, 이 장면에서 드러난 아사헬의 성격은 다른 스루야의 아들인 요압의 행위들을 설명할 때 적용될 수 있다.

먼저 아브넬이 어떻게 아사헬을 이겼는지를 통해 아브넬이라는 인물의 전형적 특징들을 확인해 보자. 아브넬은 아사헬에 비해 상당히 나이가 많았을 것으로 추정된다. 아브넬은 사울의 삼촌이고, 아사헬은 다윗의 조카이므로 아브넬과 아사헬은 오늘날 할아버지와 손자 정도의 나이 차이를 가졌다고 생각된다. 하지만 이 경우 나이 많은 것이 결코 유리한 조건이 아니다. 청년 아사헬은 아브넬보다 민첩하고 힘도 셌을 가능성이 높다. 만약 정상적 일대일 전투였다면 아브넬이 먼저 땅에 쓰러져야 마땅하다. 하지만 아브넬은 자신의 신체적 약점을 극복할 경험과 노련함을 가졌다. 그는 거리를 좁혀 오는 아사헬과 심리전을 시작한다. 그에게 말을 건다. 그를 얕보는 듯한 언사는 아사헬을 흥분시키고 자극하기 위해 계산된 것이다. 그는 아사헬에게 다른 "병사들(נער)"

과 싸워 그들의 의복이나 취하라고 말한다.[4] 이때 "병사"로 번역된 히브리어 나아르(נער)는 아이 혹은 졸개를 의미할 수도 있다.[5] 적장의 머리를 목표로 하는 한 군대의 장군의 자존심을 건드리기 위해 계산된 어법인 듯하다. 아사헬이 아랑곳하지 않고 쫓아오자, 이제는 그의 형 요압과의 관계를 과장하여 마치 그 관계 때문에 그를 죽이기 곤란한 것처럼 말하지만 결국 '내가 한 방 치면 너는 죽어!'라고 으름장을 놓는 것이었다. 모두 아사헬을 자극하기 위해 계산된 것이다. 그리고 창을 뒤로 내밀어 속도를 더욱 높여 돌격해 오는 아사헬의 복부를 가격하는데, 창을 뒤집어 뾰족한 끝을 아사헬에게 향하게 하지 않은 것은 기습 공격의 효과를 최대한 활용하려는 것이었다. 그럼에도 아사헬이 창에 관통상을 입고 즉사한 사실은 역으로 아사헬의 돌격 속도와 힘을 보여 준다. 만약 이와 같은 심리전을 수반한 변칙이 아니었다면 아브넬은 아사헬을 당해내지 못했을 것이다. 이처럼 아브넬은 심리전과 변칙에 능한 모사가이다. 사울 정권 때에 자신의 군사적 능력은 이미 증명하였고, 사울이 죽은 후 무너진 왕국을 재정비하는 과정에서 행정적 능력도 보여주었다. 이어지는 본문에서 밝혀질 것처럼 그는 외교적 협상의 능력도 가졌다. 한마디로 아브넬은 한 국가를 운영하는 데 필요한 지혜를 가졌다.

이런 아브넬의 능력과 성격은 스루야의 아들 아사헬의 그것과 매우 대조된다. 스루야의 아들들은 매우 용맹하고 거친 전사들이었다. 한 번 정한 목표는 무슨 수를 써서라도 이루고야 마는 야심가들이었다. 우리는 스루야의 아들 아비새에게서 그 특성을 보았다. 다윗과 함께 사울의 진영으로 침투했을 때 아비새는 다음과 같이 말한다— "하나님께서 오늘 당신의 원수를 당신의 손에 넘기셨으니, 이제 제가 그를 창으로 단번에 땅에 꽂게 해 주십시오. 제가 그를 두 번 찌를 필요도 없습니다"(삼상 26:8). 이처럼 스루야의 아들들은 자신의 뜻을 이루기 위해 거침없는 폭력과 살인은 물론 하나님까지 수단으로 이용할 수 있는 인물들이었다. 본문에서 아사헬도 매우 민첩한 노루에 비유된다. 전투가 유리하게 진행되자 아사헬은 적장 아브넬을 죽이기 위해 그를 쫓아가기 시작한다. 성경 저자는 그가 좌우로 치우치지 않고 아브넬의 뒤만을 쫓았다고 증언하는데, 이것은 적장을 잡기 위한 그의 결연한 의지 혹은 다소 부풀려진 허영을 반영하는 것 외에도, 목표에 집중하다가 주위를 보지 못하는 단점도 부각시킨다. 실제로 그의 동물적 속도 때문에 그의 부하들은 멀찌감치 뒤로 쳐졌고,[6] 자신은 아브넬의 뒤만 쫓다가 어느덧 적진 깊숙이 들어가게 되었음에도 그 사실을 알지 못했다. 이제 그의 좌우로는 아브넬의 부하들로 가득하다. 아브넬이 그와 대화를 시도한 시점이 바로 이 순간이다. 그는 아사헬의 이름을 확인한 후, 좌우의 그의 부하들을 공격하여 전리품을 취하고 돌아갈 것을 제안한다. 그것이 그가 살아남을 수 있는 유일한 길이다. 그러나 적장의 목을 가져오는 영광에 집착한 아사헬은 아브넬의 타협안을 받아들이지 않는다. 그리고 자신의 속도와 힘을 과신한다. 그는 아마 아브넬을 죽일 수 있다고 절대 확신했을 것이다. 그러나 그는 자신이 믿던 바로 그 속도와 힘 때문에 아브넬의 창에 찔려 죽는다. 아사헬의 예는 사무엘상 26장에 언급된 아비새의 예와 함께 스루야의 아들이 매우 유능한 용사들이지만 자신의 목표를 위해서 절대 타협하지 않으며 불필요한 폭력과 살인을 서슴지 않음을 보여 준다. 성경 저자는 아사헬의 예를 통해 곧 발생하게 될 또 하나의 사건에 독자들을 준비시킨다. 즉 요압이 다윗의 뜻을 어기고 아브넬을 암살해 동생의 복수를 이룬 사건이다. 독자들은 그 이야기를 읽을 때 '스루야의 아들이 그럼 그렇지!'하고 반응할 것이다. 즉 요압의 암살이 지금까지 보여준 그의 성격과 정확히 부합함을 깨닫게 된다. 이것은 아브넬의 암살에 다윗이 인위적으로 개입하지 않았음도 암시한다.

자칫 고대 사회에 유행하는 뻔한 이야기로 끝날 수 있는 아브넬과 아사헬의 전투 이야기가 성경 저자에 의해 창조적으로 재사용되었다. 아브넬과 아사헬 이야기는 결국 다윗 왕국의 제2인자로서 어떤 사람이 보다 적당한가 질문을 던진다. 아브넬은 나라 운영에 필요한 모든 능력과 성격을 갖추었다. 다윗과 같은 바른 주인 밑에 있으면 요셉과 같은 최고의 2인자가 될 수 있을 사람이다. 반면에 스루야의 아들 요압은 유다 지파의 이익만을 대변하는 강경파로 그 목적을 위해서는 불필요한 살인을 서슴지 않는 폭력의 사람이었다. 다윗이 왕이 되는 과정에서는 그가 기여할 수 있는 부분이 분명히 있었지만, 통일 시대의 안정적인 국가 발전을 위해서는 득보다 실이 많을 인물이다. 다윗도 이것을 알았기 때문에, 아브넬이 헤브론에 내려왔을 때 그와 모종의 계약을 맺는다. 그러나 아쉽게도 그 사실을 알게 된 요압이 마하나임으로 돌아가는 아브넬을 암살한다. 만약 북방 지파를 대표하는 모략가 아브넬이 다윗 행정부의 2인자가 되었다면, 르호보암 때의 국가 분열은 없었을지도 모른다.

호머의 《일리아드》

《일리아드》는 트로이 전쟁을 소재로 한 서사 신화로 아카이아 군의 총사령관 아가멤논과 아킬레우스가 불화를 일으킨 날부터 트로이의 장군 헥토르의 장례식 날까지의 약 50일 간의 기록을 담고 있다. 기브온 전투에서 아사헬이 적장 아브넬에 의해 살해당하고, 그에 대한 복수로 요압이 아브넬을 암살한 것과 비슷한 모티브가 여기에도 나타난다. 다음은 관련한 내용을 요약한 것이다.

제우스는 아가멤논이 이끄는 그리스 진영에 역병을 일으킨다. 이는 자신의 딸을 찾으러 온 제우스의 사제를 아가멤논이 모욕했기 때문이다. 역병에 대한 대책으로 아가멤논은 사제의 딸을 돌려주기로 하지만, 대신 아킬레우스의 여자인 브리세이스를 가지겠다고 선언한다. 이에 대한 항의로 아킬레우스는 아가멤논을 욕하며 트로이인들과의 전투에 출전하지 않는다. 아가멤논은 아킬레우스 없이도 전쟁에서 승리할 수 있다고 장담했지만, 정작 트로이 장군 헥토르의 무용 앞에 고전하였다. 이때 그리스 장교들은 아킬레우스의 마음을 돌려달라고 그의 조카 파트로클로스에게 부탁한다. 하지만 파트로클로스의 부탁에도 아킬레우스는 마음을 바꾸지 않는다. 전황이 심각해지자 파트로클로스는 아킬레우스를 찾아가 뜨거운 눈물을 흘리며 자신이라도 출전할 수 있게 해달라고 간청하니, 아킬레우스가 마지 못해 출전을 허락한다. 파트로클로스는 아킬레우스의 흉갑과 투구를 쓰고, 트로이 병사들을 향해 돌격하여 전세를 역전시켰다. 파트로클로스의 용맹에 헥토르도 더 이상 버티지 못하고 후퇴 명령을 내린다. 파트로클로스가 전차를 몰아 헥토르를 추격했으나 잡지 못했다. 그러나 승기를 잡았다고 판단한 파트로클로스는 아킬레우스의 충고를 무시하고 적진 속으로 너무 깊숙이 들어간다. 이때 아폴론 신의 도움을 받은 헥토르가 반격하여 파트로클로스를 창으로 찔러 죽이고 그의 무기도 빼앗아 간다. 이 소식을 들은 아킬레우스는 통곡했고, 파트로클로스의 시신에 손을 얹어 복수를 맹세했다. 다음 날 새벽 이어진 전쟁에서 아킬레우스는 헥토르를 죽임으로써 자신의 조카에 대한 복수를 감행한다.

휴전과 귀환 2:24-32

24 요압과 아비새가 아브넬의 뒤를 쫓았다. 그러나 기브온 광야
길에 있는 기아 근처의 암마 언덕에 도착했을 때 이미 해가 졌다.
25 베냐민 사람들은 아브넬의 지휘 아래 집결하여 한 군단을 이루어,
언덕 정상에서 대기했다.
26 아브넬이 요압을 부르며 말했다:
"칼이 영원히 사람의 살을 먹을 것이냐? 후일에 괴로울 것을 너는
알지 못하느냐? 언제까지 백성들에게 형제를 뒤쫓는 일에서
돌아서라고 명령하지 않을 참인가?"
27 요압이 대답했다:
"하나님의 살아 계심을 두고 맹세하노라. 자네가 진작 그렇게
말했더라면 백성들은 오늘 아침 형제의 뒤를 쫓는 일에서
철수했을 것이오."
28 이에 요압은 양각 나팔을 불었고, 백성은 모두 멈추어 더 이상
이스라엘의 뒤를 쫓지 않았다. 더 이상 그들과 싸우지 않았다.
29 아브넬과 그의 부하(אִישׁ)들은 그날 밤새도록 아라바를 행군했고
요단강을 건너, 계곡길 비드론을 따라 마하나임에 도착했다.
30 요압은 아브넬 좇는 일에서 돌아선 후 모든 백성을 집결시켰는데,
다윗의 부하 중 열아홉 명과 아사헬이 없었다. 31 다윗의 종들이
쳐 죽인 베냐민 사람들과 아브넬의 부하들은 삼백육십 명이었다.

32 그들은 아사헬의 시신을 운구하여 베들레헴에 있던 그 아버지의
무덤에 매장하였고 요압과 그 부하들은 밤새도록 행군했다. 그들이
헤브론에 도달했을 때 동이 터 왔다.

본문은 기브온 전투가 어떻게 마무리 되었는지를 설명한다. 24절의 "해가 졌다"와 32절의 "동이 터왔다"는 본문에 묘사된 사건의 시간대를 말해 준다. 해가 지자마자 휴전을 결정하고 그다음 날 아침에 각각 마하나임과 헤브론에 도착한 것으로 보아 그 잔인했던 전쟁터로부터 빨리 벗어나고 싶은 마음이 양쪽 모두에게 컸던 것 같다.[7]

24절은 "요압과 그의 형제 아비새가 아브넬의 뒤를 쫓았다"고 기록하고 있는데, 이 시점에 그들이 아사헬의 죽음을 인지했는지 논란이 있다. 아직 그들이 동생의 죽음을 몰랐다고 주장하는 학자들은 휴전 후 군대를 정비했을 때(30절) 그들이 아사헬의 죽음을 알게 되었을 것이라 주장한다. 만약 그전에 아사헬의 죽음을 알았다면 요압과 아비새가 휴전에 절대로 동의하지 않았을 것이라는 논리다. 그러나 반드시 그렇게 볼 필요는 없다. 23절 후반부에 "아사헬이 넘어져 죽은 그 장소에 도달한 모든 사람들" 가운데 유다 군인들도 포함되었다면 아사헬의 죽음은 금방 다른 형제들에게 알려졌을 것이다. 나아가 24절에서 그들이 아브넬의 뒤를 쫓은 행위는 아사헬의 복수를 위한 것처럼 보인다. 24절의 "아브넬의 뒤를 쫓았다"는 표현은 19절에서 아사헬에게 사용된 표현과 동일하다. 즉 24절에서 요압과 아비새는 단순히 아브넬의 군대(=이스라엘 군)를 추격한 것이 아니라, 아브넬을 목표로 추격한 것이다.[8] 또한 아무리 스루야의 아들들이 과격하고 타협을 모른다 해도 그들도 어쩔 수 없는 경우가 있다. 해가 져서 산에 어둠이 오면 추격 자체가 불가능하다. 따라서 "해가 졌다"는 언급은 그들이 당장의 복수를 접고 다음을 기약할 충분한 이유가 된다. 더구나 적장 아브넬은 얕잡아 볼 상대가 절대 아니다. 아브넬은 아사헬과 싸워 이겼을 뿐 아니라 초반의 열세를 극복하고 산 위에서 군대를 재정비한 후 요압의 군대를 기다리는 상태다.[9] 이 상태에서 섣부른 교전은 서로에게 재앙이 될 수 있다.

이같이 24절의 내용은 본 단락이 요압과 아비새의 복수전보다는 협상과 휴전의 장면이 될 것임을 암시한다.

주목할 것은 아브넬이 먼저 휴전을 제안한다는 점이다(26절). 두 진영 모두 타협을 할 수밖에 없는 상황이었음에도 타협의 손을 먼저 내미는 쪽은 넬의 아들 아브넬이다. 타협의 필요성을 말하기 위해 그는 먼저 일반적 진리에 먼저 호소한다. "칼이 영원히 사람의 살을 먹을 것이냐?" "칼이 살을 먹다"는 표현은 전쟁에서 사람을 죽이는 행위에 대한 히브리어 숙어이다. "영원히"라는 말은 아무리 전시 상황이지만 살인 행위는 복수의 씨를 사람의 마음에 뿌려 끊임없는 살인의 악순환을 낳는다는 뉘앙스를 전한다. 또한 아브넬은 "후일에 괴로울 것을 너는 알지 못하느냐"라고 말함으로써 전쟁에서 이긴 자라도 결국 언젠가는 복수의 칼에 괴로움을 당하게 될 것임을 주장한다. 아이러니한 것은 그 말을 한 장본인이 후일에 복수의 칼—요압이 아사헬을 죽인 아브넬을 죽여 복수함—에 괴로움을 당한다는 사실이다. 이처럼 일반적 진리에 호소한 후, 아브넬은 이스라엘과 유다의 특별한 관계에 호소한다. 아브넬은 하루 종일 혈투를 벌였던 상대 진영을 "형제"라 부르며 휴전을 제안한다. "언제까지 백성들에게 형제를 쫓는 일에서 돌아서라고 명령하지 않을 참인가?" 여기서 우리는 아브넬의 외교적 능력을 처음으로 보게 되는데, 그의 이런 외교적 능력이 다윗과의 협상에서 다시 한 번 발휘될 것이다(삼상 3장 참조).

한편 요압은 휴전 제안을 흔쾌히 수용한다. 나팔을 불어 부하들에게 휴전을 알리고 더 이상 아브넬의 군대("이스라엘")를 추격하지 않았다. 그러나 휴전에 대한 요압의 진짜 속내는 27절에 기록된 그의 말처럼 잘 알 수 없다. "하나님의 살아 계심을 두고 맹세하노라. 자네가 진작 그렇게 말했더라면 백성들은 오늘 아침 형제의 뒤를 좇는 일에서 철수했을 것이오." 필자의 번역은 보통 부정으로 해석되는 히브리어 룰레(לולא)를 긍정으로 이해한 것이다. 왜냐하면 그것을 부정으로 이해하면 요압의 말이 통하지 않기 때문이다. 필자의 번역이 옳다면, 요압도 아브넬의 부하들을 "형제들"로 칭하면서 좀더 빨리 휴전을 제안받았으면 좋았을 것이라는 의견을 피력하는 것이다. “오늘 아침”이라는 요압의 말에서 동생을 잃은 안타까움이 묻어난다. 휴전이 빨리 이루어졌더라면, 아사헬이 죽은 그날의 전투도 없었을 것이라고 요압이 말하는 듯하다. 하지만 요압이 이렇게 휴전에 동의한 것이 동생 아사헬을 죽인 아브넬에 대한 용서는 아니었다. 이것은 히브리어 룰레를 부정으로 해석할 때 분명해지는 듯하다. 룰레를 부정으로 해석하는 동시에 문장의 의미가 통하게 하려면 룰레 구절이 대리전에 대한 아브넬의 제안에 관한 것이라고 이해해야 한다. 이런 관점에서 요압의 대답을 의역하면 다음과 같다.

> 네가 일찍이 ‘대리전’을 말하지 않았더라면, 백성들은 오늘 아침 형제의 뒤를 쫓는 일에서 철수했을 텐데(27절).

어떤 의미에서 그날의 전쟁은 기브온 웅덩이에서 시작된 ‘놀이’로부터 시작되었다. 요압은 아브넬이 그 놀이를 제안하지 않았더라면, 형제끼리 싸우는 일이 없었을 것이라며 아브넬을 원망한다. 휴전의 제안은 받아들이지만, 그 전쟁의 책임이 아브넬에게 있음을 분명히 한 것이다. 이처럼 요압의 말을 어떻게 해석하느냐에 따라 휴전에 응한 요압의 속내가 달라진다. 아마 성경 저자는 의도적으로 요압의 말에 다중적 의미를 실음으로써 휴전에 응할 수밖에 없었던 요압의 복잡한 심경을 표현하려 했던 것 같다. 분명한 것은 휴전에 동의한 요압이 아브넬과 진정한 의미에서 “형제”가 된 것은 아니다. 머지않아 그는 아브넬에게 그날 있었던 일에 대한 책임을 물을 것이다.

휴전이 합의되자 아브넬은 신속히 군대를 철수시킨다. 밤새도록 아라바를 행군하여 요단강을 건너 동편 계곡길을 따라 올라가 마하나임으로 들어간다. 일반적으로 히브리어 아라바(ערבה)는 유다 남부의 네게브 지역이나 사해 동남쪽의 에돔 지역을 가리키지만, 여기서 아라바는 갈릴리 호수에서 사해로 이어지는 “요단 계곡길”을 가리키는 것으로 이해해야 한다.[10] 왜냐하면 기브온에서 마하나임에 이르는 길은 일반적 의미의 아라바를 통과하지 않기 때문이다. 따라서 29절에서 "요단강을 건너 계곡길을[11] 따라"라는 말은 "아라바를 행군했다"는 말에 대한 구체적 설명인 셈이다. 성경 저자는 아브넬 군대가 그날 저녁 밤새 행군하여 고향 마하나임에 돌아갔다고 보고한다. 한편 요압의 군대가 헤브론에 도착하기 위해 걸어야 할 거리는 아브넬의 군대의 그것보다 훨씬 짧은 것이었지만 그들은 아사헬을 장사하기 위해 베들레헴에 들려야 했기 때문에 그들도 동이 틀 무렵에야 헤브론에 도착하게 된다. 일부 학자들은 그들이 베들레헴에서 밤을 보냈다는 주장도 하지만 기브온에서 베들레헴까지의 거리(약 13킬로)가 그리 멀지 않음을 고려할 때, 베들레헴에 이동해 장례를 치른 후 출발하더라도 그들은 다음 날 동틀 때까지 약 25킬로미터를 더 여행해서 충분히 헤브론에 들어갈 수 있었을 것이다.

기브온 전투는 전체적으로 무승부에 가까웠다. 아브넬과 요압이 휴전에 합의한 이유도 이와 연관 있다. 숫자만을 보면 요압 군대의 압승처럼 보인다. 왜냐하면 요압의 피해는 고작 사상자 20명뿐이지만, 아브넬의 진영에는 그것의 18배에 해당하는 360명의 사상자가 발생했기 때문이다. 하지만 상황은 그리 단순하지 않다. 희생자 중 다윗의 부하로 가장 유능한 병사이자 요압의 친동생이었던 아사헬이 포함되었기 때문이다. 이것은 요압과 다윗의 군대를 오히려 이 전투의 피해자로 만들어 버리기에 충분히 큰 손실이었다. 성경 저자는 이 사실을 암시하기 위해 요압 진영의 사상자를 기록할 때 다윗의 부하 20명이라고 적지 않고 "다윗의 부하 19명과 아사헬"이라고 적고 있다.

지금까지 우리는 두 장군이 주도한 국지전을 살펴보았다. 아브넬과 요압은 각각 자신이 충성하는 왕국을 대표해 전쟁하였다. 그러나 이 전투는 아무것도 해결하지 못한 채, 아브넬과 요압에게 상처와 복수의 씨만 남기고 끝났다. 앞으로 이 둘 사이의 개인적 원한이 이후의 나랏일을 그르치는 계기가 된다. 우리도 비슷한 경험을 한다. 상처 나고 부서진 세계를 고치려는 인간들의 정치적 노력은 종종 어떤 성과도 내지 못하며 오히려 더 큰 상처와 분열만을 가져온다. 아사헬의 죽음과 그것으로 인해 발생할 일련의 복수극은 인간 정치의 궁극적 실패를 상징한다. 이 죄악 세상을 누가 구원할 수 있을까? 이 질문에 대한 답은 요압 일행이 인간 정치의 실패를 상징하는 아사헬의 시체를 베들레헴에 있는 아버지의 무덤(32절)에 운구했다는 저자의 언급 속에 숨어 있다. 왜 저자는 본문에서 굳이 베들레헴을 언급할까? 물론 아사헬의 아버지 무덤이 그곳에 있었기 때문일 것이다. 그러나 지금까지 그들을 어머니 스루야의 아들로만 소개했음을 생각하면 베들레헴에 있는 아버지의 무덤에 대한 언급은 다소 의외이다. 그럼에도 불구하고 베들레헴에 대한 저자의 언급에 복음적 의미가 있다면,[12] 그것은 인간사의 모든 문제를 해결할 분이 베들레헴에서 태어나기 때문일 것이다. 그분은 이 땅에 진정한 평화를 가져오실 것이다. 인간의 수많은 정치적 노력들이 더 많은 무의미한 죽음과 증오를 가져오는 오늘의 상황에서 그분의 통치가 너무 절실하다.

사상자 수 세기

오늘날 같으면 경찰이 집회 참여자의 숫자를 세듯이 1평방미터 안의 시체의 숫자를 센 후 그것에 근거해 전체 사망자 숫자를 추산했을 것이다. 그러나 옛날에는 그보다 좀더 확실한 방법이 있었다. 그것은 시체의 한 손을 잘라 한곳에 쌓아 놓으면, 전쟁이 끝나고 기록관이 와서 그 수를 세는 것이다. 아마 전쟁이 끝난 고대 전쟁터에는 잘린 손들의 산더미가 쉽게 목격되었을 것이다.

양각 나팔 쇼파르

휴전이 확정되자 요압이 분 나팔은 양 뿔로 만든 양각나팔이다. 양각나팔은 주로 전쟁의 문맥에서 사용되었다. 아군의 전진이나 후퇴를 명령하거나(수 6:4-20), 적군에게 두려움을 심어주는 역할을 했다(사 3:27). 선지자들은 백성들이 회개하지 않으면 전쟁이 일어날 것임을 경고하는 의미에서 나팔을 불기도 했다(암 2:2; 호 5:8). 대속죄일이나 왕의 대관식에 양각 나팔이 사용되기도 했다(왕상 1:32-48; 왕하 9:11-13).

【그림 3】 양각나팔

질문

1. 아브넬이 이스보셋의 군사를 거느리고 기브온으로 출정한 이유는 무엇입니까?
2. 일대일 전투에서 고령의 아브넬이 젊고 민첩한 아사헬을 어떻게 죽일 수 있었나요?
3. 요압과 아비새가 그들의 아우를 죽인 아브넬의 휴전 제의에 흔쾌히 응한 까닭은 무엇입니까?

묵상

헬갓핫수림은 24명의 젊은 병사들이 두 장군이 벌인 "놀이" 때문에 아까운 목숨을 잃은 장소입니다. 장군들과 병사들은 똑같은 전쟁을 하지만, 그들은 각각 다른 형태의 싸움들을 하는 듯합니다. 한 싸움은 "놀이"로 표현될 만큼 하루 일상에 가깝지만 다른 싸움은 생사를 가르는 치열한 것입니다. 문제는 생사를 놓고 싸우는 젊은이들에게는 싸우지 않을 자유가 없다는 것입니다. 그들은 '대의'를 위해 싸운다고 생각하지만, 그들의 '대의'는 윗사람들의 '놀이'에 불과한 경우가 많습니다. 목숨을 버려도 아깝지 않고, 그들의 살인조차 정당화해 줄 것 같은 그 '대의'가 실은 누군가의 욕망에 불과한 경우가 있습니다. 이것이 오늘날 인간 정치의 비극입니다. 누군가의 욕망의 놀이에 젊은이들의 목숨이 희생되는 것을 막기 위해서는 진리가 필요합니다. 진리 되신 예수님의 통치가 필요합니다.

6
아브넬과 이스보셋의 대립

삼하 3:1-11

이스보셋과 다윗의 내전은 다윗에게 유리하게 진행된다. 가장 큰 이유는 다윗의 집은 하나님이 주신 목표를 향해 하나로 단결되어 있었지만, 이스보셋과 그 백성들은 각자의 욕망을 따라 각자의 길을 가고 있었기 때문이다. 이를 단적으로 보여 주는 것이 이스보셋과 아브넬의 대립이다. 여자의 일로 시작된 듯한 왕과 장군의 대립은 사울의 잔존 왕국의 보다 깊은 내적 균열이 밖으로 드러난 것이었다.

내전의 이스라엘 3:1

1 사울의 집과 다윗의 집 사이에 전쟁이 길게 이어졌다. 그 동안
다윗은 점점 강해진 반면, 사울의 집은 점점 약해져 갔다.

마하나임 왕국과 헤브론 왕국이 충돌한 기브온 전투는 단회적인 것이 아니었다. 그 두 왕국이 공존한 2년 동안 유사한 군사적 충돌들이 끊이지 않았다. 이런 군사적 충돌들을 통해 다윗은 사울의 집을 제압해

갔다. 이런 점에서 본 절은 기브온 전투의 승리를 요약한 사무엘하 2장 17절을 연상시킨다. "그날 전투가 매우 치열했고 아브넬과 이스라엘 사람들은 결국 다윗의 부하들 앞에서 패배했다." 소위 '기브온의 승리'들이 반복되면서 다윗의 왕국은 점점 강해진 반면 이스보셋의 왕국은 점점 쇠약해져 갔다. 이처럼 본 절은 앞선 2장의 기브온 전투를 역사의 대세 속에서 돌아보는 동시에 3-4장의 내용, 즉 다윗이 이스보셋 왕국을 흡수하는 과정을 예견한다.

성경 저자가 마하나임에 세워진 왕국을 지칭할 때 이스보셋을 언급하지 않고 "사울의 집"이라는 용어를 반복해 사용하는 이유는 이스보셋 왕국이 이미 사라진 사울 왕국의 잔상에 불과할 뿐 아니라 이스보셋이 그 잔존 왕국의 진정한 통치자도 아님을 암시하기 위함이다. 그의 장군 아브넬이 북왕국을 실질 통치하고 있다. 아브넬의 의지에 의해 세워진 북왕국은 아브넬의 의지에 의해 유지되고 있다. 나아가 그 왕국은 민심의 지지도 받지 못했다. 한 마디로 북왕국은 지도력과 국론 분열로 심하게 멍든 나라였다. 반면 헤브론 왕국은 다윗의 통치 아래 온 유다 사람들이 단결해 있었다. 이 모든 것은 히브리어 원문상의 미묘한 표현들에 암시되어 있다. 1절 후반부에서 대조되는 두 왕국이 "다윗"과 "사울의 집"—"사울의 집"과 대조되는 것이 "다윗의 집"이 아님에 주목할 것—으로 표현될 뿐 아니라, "다윗은 점점 강해지다"라는 표현에서는 단수 히브리 동사(הלך וחזק)가 사용된 반면 "사울의 집이 점점 약해지다"라는 구절에서는 복수 히브리 동사(הולכים ודלים)가 사용됨에 주목하라. 이것은 다윗의 왕국은 한 명의 지도자 아래에서 단결하여 국력을 키워 가고 있는 반면, 이스보셋의 왕국은 리더십의 분열과 국론 분열 가운데 와해되어 감을 암시한다.[1]

다윗이 헤브론에서 낳은 자녀들 3:2-5

2 헤브론에서 다윗에게 아들들이 태어났다. 첫 아들은 이스르엘
여인 아히노암에 의한 암논이었다. 3 차남은 갈멜인 나발의 아내

아비가엘에 의한 길르압이었다. 셋째는 그술 왕 달매의 딸 마아가의 아들 압살롬이었다. 4 넷째는 학깃의 아들 아도니야였고, 다섯째는 아비달의 아들 스바댜였다. 5 여섯째는 다윗의 아내 에글라에 의한 이드르암이었다. 이들이 헤브론에서 다윗에게 태어났다.

본 단락은 헤브론에서 다윗이 얻은 아들들의 목록을 그들의 어머니에 대한 정보와 함께 제공한다. 성경 저자는 이 후손 목록을 통해 그가 안정된 왕조의 기반을 얻게 되었음을 보여 준다. 이것은 "다윗이 점점 강해졌다"(1절)는 주장에 대한 구체적 예시이다. 나아가 여러 아내들에 대한 언급은 다윗의 유다 왕국이 점점 다른 왕국들과 유사한 제도를 갖춤을 증거한다. 이후에 얻을 아내와 첩들까지 더하면 다윗에게도 이방 왕들처럼 '하렘'이 있었다고 말해야 할 것이다.

다윗의 아들 목록에 몇 가지 흥미로운 사실들이 있다.[2] 첫째, 다윗의 첫 번째 아내인 미갈을 통해 얻은 자식이 언급되지 않는다. 이것은 미갈이 언약궤가 예루살렘에 들어오는 날 다윗과 크게 충돌한 사건과 관련 있을 것이다(6:23). 이 사건으로 미갈은 다윗의 아내로서의 지위를 상실해 버린 듯하다. 미갈의 불임은 다윗이 그와 동침하기 거부했기 때문은 아닐까?

둘째, 장남 암논과 차남 길르압은 헤브론에서 태어나지 않았을 가능성이 있다. 다윗이 아비가엘을 취한 것은 유대 광야에서 도망 다닐 때였으므로, 아비가엘과 함께 도망 생활한 기간인 최소 2년, 길게 6년 동안[3] 다윗과 아비가엘 사이에 아이가 생기지 않았을 가능성은 희박하다. 그렇다면 아비가엘보다 먼저 아내로 취한 아히노암이 낳은 장남 암논도 헤브론이 아닌 유대 광야 도망 시절에 태어났을 가능성이 높다. 그렇다면 왜 성경 저자는 다윗의 장남과 차남이 헤브론에서 태어난 것처럼 기록하고 있을까? 그 이유는 다윗의 장남과 차남이 광야나 블레셋의 땅에서 태어났다면 그들은 엄밀히 말해 왕의 아들로 태어난 것이 아니며 안정된 왕권의 상징일 수도 없을 것이기 때문이다. 이 때문에 성경 저자는 다윗의 후손 목록에서 장남과 차남을 헤브론에서 태어난 아들 가운데에 포함시킨 것 같다.

셋째, 헤브론에서 출생했을 첫 번째 아들은 셋째 압살롬일 가능성이 높다. 그의 어머니가 그술 공주였다는 사실이 그 가능성을 지지한다. 한 나라의 왕이 쫓기는 범죄자에게 자신의 딸을 줄 리가 없음을 고려하면 그술 왕이 다윗에게 딸을 혼인시킨 시점은 다윗이 헤브론에서 왕의 자격을 얻은 후였을 것으로 추정된다. 이 추정이 옳다면 셋째 압살롬부터 헤브론에서 태어난 자식이 되는 셈이다. 한편 다윗이 그술의 공주와 결혼한 것은 마하나임에 자리한 이스보셋의 왕국을 압박하기 위함인 것이었다. 그술은 요단 동편 길르앗 북쪽에 위치한 나라로, 다윗이 그술 공주와 결혼했다는 소식은 마하나임의 이스보셋에게 큰 위협이 되었을 것이다.

넷째, 차남 길르압, 다섯째 스바댜, 여섯째 이드르암에 대해서는 전혀 알려진 바가 없다. 특히 아비가엘의 아들 길르압이 이후의 내러티브에서 아무런 역할도 하지 않는 것은 다윗과 아비가엘의 결혼 이야기에 사무엘상 25장 전체가 할애된 점을 고려할 때 매우 이례적이다. 이것은 다윗이 헤브론의 왕이 된 이후 아비가엘도 사무엘서에서 완전히 사라지는 것과 무관하지 않다. 이 때문에 일부 학자들은 다윗이 아비가엘을 철저히 정치적으로 이용했다고 주장한다. 그들에 따르면 다윗은 헤브론 지역에 대한 통치적 정당성을 얻기 위해 아비가엘을 아내로 취했기 때문에, 그녀의 정치적 효용은 다윗이 헤브론의 왕이 될 때까지만 유효한 것이었다. 그들은 아비가엘과 그녀가 낳은 아들이 이후의 내러티브에서 아무런 역할을 하지 않는 것이 바로 이 때문이라고 주장한다.

다섯째, 본 단락은 다윗이 점점 강해졌음을 보여주기 위한 것이지만 다윗이 정치적 목적으로 여러 아내를 취한 것을 성경 저자가 긍정적으로 평가하는 것 같지는 않다. 이것은 본문에 언급된 자녀들이 결국 다윗에게 큰 근심을 가져온다는 사실을 통해 암시된다. 장남 암논은 이복 누이 다말을 강간하고(삼하 13장), 셋째 압살롬은 다말에 대한 보복으로 암논을 암살한다(삼하 14장). 뿐만 아니라 압살롬은 다윗 왕을 몰아내고 스스로 왕이 되는 반란도 일으킨다(삼하 15-20장). 넷째 아들 아도니야도 압살롬처럼 왕에 대한 쿠데타를 일으킨다(왕상 1장). 많은 왕자를 낳는 것이 왕조의 안정을 가져오지만, 그들은 왕위를 얻기 위해 서로 싸우고 죽이기도 한다. 많은 왕자를 낳는 부작용을 사무엘서 저자는 왕이 그를 위해 많은 아내도 취해야 하는 상황과 연결시킨다. 그리고 왕이 많은 아내를 취하는 것은 적어도 이스라엘에서는 좋은 일이 아니다. 신명기 17장 17절은 이스라엘의 왕이 많은 아내를 두는 것을 명시적으로 금했다. 이런 관점에서 본 목록에서 왕조 안정의 상징인 다윗의 아들들이 다윗의 통치에 큰 근심을 불러온 주인공이라는 사실은 놀랄 일이 아니다.

아브넬과 이스보셋의 갈등 3:6-11

6-7 사울의 집이 다윗의 집과 전쟁하고 있을 때, 이스보셋이
아브넬에게 말했다. (이때 아브넬은 사울의 집에서 스스로의 힘을
키운 지 오래였다. 사울에게 첩이 있었는데 그녀의 이름은 아야의
딸 리스바였다):
"왜 너는 내 아버지의 첩에게 들어갔느냐?"
8 아브넬은 이스보셋의 말에 무척 화를 내며 말했다:
"내가 유다의 개 대가리인가? 지금 나는 네 아버지 사울의 집,
그 형제들, 그리고 그 친구들에게 충성을 다하며, 너를 다윗의 손에
넘겨주지 않았다. 그런데 지금 너는 나에게 여자의 죄를 묻는구나!
9 여호와가 다윗에게 맹세하신 대로 내가 그에게 행하지 않으면,
하나님이 나 아브넬을 벌하시되 계속 그를 벌하시기 원하노라.
10 즉 나 아브넬은 사울의 집에서 왕국을 빼앗아 이스라엘과 유다
위에 단에서 브엘세바까지 다윗의 보좌를 세울 것이다."
11 이스보셋은 아브넬에 대한 두려움으로 그에게 한마디 대꾸할 수
없었다.

본 단락은 북이스라엘의 소위 '2인자'였던 아브넬이 왜 북이스라엘을 통째로 다윗에게 넘겨주려 했는지 설명한다. 아브넬과 이스보셋의 불안한 동거가 깨지게 된 결정적 계기는 아브넬이 사울의 첩과 동침한 사건이다. 고대 사회에서 왕의 아내 혹은 왕의 첩과 동침하는 것은 왕권 자체에 대한 도전으로 인식되기 때문에(삼하 16:21; 왕상 2:17 참고), 이스보셋은 그 사실을 알고 그냥 보고만 넘길 수 없었던 것 같다. 하지만 이스보셋은 아브넬이 마음만 먹으면 자신을 폐위시키고 스스로 왕이 될 수 있는 인물임을 알지 못했을까? 즉 아브넬이 실질적 통치자라면 그가 아버지의 첩을 취한들 그것이 무슨 대수였을까? 이스보셋이 아브넬과의 대립을 각오하고 그 문제를 제기한 진짜 이유는 어디에 있을까? 더구나 성경 본문은 그 문제를 제기한 시점이 전쟁 중임을 분명히 한다. 전쟁 중에 아브넬과 같은 장군과 대립한다는 것은 이스보셋으로 볼 때 자살 행위에 가깝다. 따라서 이스보셋이 사울의 첩을 취한 아브넬과 대립한 데에는 그 행위가 가지는 상징적 의미 즉 왕위 찬탈 그 이상이 있었을 것이다. 사울의 아들들에 관한 혼란스런 성경 자료에도 불구하고 필자는 이스보셋이 리스바의 아들일 가능성을 배제할 수 없다고 생각한다.[4] 만약 그렇다면 이스보셋이 전쟁 중에 절대 권력의 장군과 대립한 이유가 비로소 납득된다. 즉 이스보셋은 다음과 같이 항의하는 것이다. '너는 이미 아버지의 왕국을 네 손아귀에 쥐락펴락한다. 이제는 내 어머니까지 빼앗으려 하느냐?'

아브넬은 왕의 그런 문제 제기에 크게 분노한다. 그 분노는 사울의 첩과 잠자리를 한 자신의 잘못을 감추면서 동시에 자신의 충성심을 의심한 이스보셋에 대한 서운함을 드러내기 위함이다. 그 분노의 정도는 아브넬의 거친 언어 속에 잘 드러난다. "내가 유다의 개 대가리인가?" 예나 지금이나 사람이 '개'에 비유될 때는 경멸의 의미를 지닌다. 당시 고대 이스라엘은 오늘날처럼 개를 반려 동물로 키우지 않았다. 그 당시의 개는 주인 없이 길을 배회하며 쓰레기를 치우는 존재였다. 또한 그냥 "개"가 아닌 "개 대가리"로 표현한 것은 경멸의 의미를 더하기 위함 같다. 하지만 왜 많은 지파들 중에서 유다를 특정하여 "유다의 개

대가리"라고 말했는지는 정확히 알기 어렵다. 그러나 아브넬은 이스보셋의 문제 제기가 자신의 충성심을 의심했기 때문이라고 생각했을 가능성이 있다. 즉 "내가 유다의 개 대가리인가"라는 항의는 자신은 절대로 이스보셋 왕과 북이스라엘의 이익에 해가 되는 일 하지 않는다는 뜻을 내포했다. 반대로 말하면 자신은 유다에 득이 되는 일을 하는 배신자가 아니라는 뜻이다. 아이러니하게도 그 말을 한 아브넬은 곧 다윗과 유다에 북이스라엘을 통째로 넘겨주는 조약을 맺을 것이다.

엄밀히 말해 아브넬은 이스보셋의 질문에 직접 대답하지 않았다. 즉 사울의 첩이자 이스보셋의 모친인 리스바와 잠자리했음을 부정하지 않는다. 다만 그 행위가 반역죄로 의심받는 것에 대해 억울함을 토로할 뿐이다. 8절에서 사울의 집뿐 아니라, 사울의 형제들과 그 친구들을 언급한 것은 사울 왕조에 대한 자신의 충성을 과장적으로 강조하기 위한 것이다. 어찌 보면 사울의 형제와 그 친구들을 언급할 필요는 없었다. 하지만 이런 과장적 언어를 통해 아브넬은 이스보셋이 여전히 왕위에 있는 것이 자신의 충성심 즉 자신의 의지 덕분이라고 주장한다. 만약 반역의 의도가 있었다면 진작 이스라엘의 왕권을 다윗에게 넘겼을 것이라는 말이다. 이처럼 아브넬은 자신이 사울의 첩과 동침했음을 부정하지 않으면서, 자신의 충성심을 의심한 이스보셋을 몰아붙이는 전략을 편 것이다. 그리고 자신의 잘못을 "여자의 죄"라고 말함으로써 그 의미를 최소화시킨다. 실제로 아브넬에게 그것은 한때의 성적 일탈이었을 수 있다. 아브넬은 마음만 먹으면 언제든지 왕위를 찬탈하여 스스로 왕이 될 수 있었지만 그러지 않았다. 이후에도 아브넬은 다윗을 왕으로 추대할 뿐 스스로 왕이 되려고 시도하지 않음을 볼 때, 아브넬의 말처럼 그의 행위는 정말 '여자의 일'에 불과할 수도 있다. 이스보셋의 입장에서도 당시 전시 상황이었고, 전시에 아브넬과 같은 장군은 국가의 매우 중요한 자산이기 때문에, 그것이 사소한 성적 일탈이라면 그냥 눈감아 줄 수도 있었을 것이다. 그러나 아브넬이 자신의 모친을 범한 것은 아들 된 입장에서는 도저히 받아들일 수 없는 일이었던 것 같다. 이 때문에 이스보셋은 아브넬과 대립했고 그 결과 그는 예상을 훨씬 뛰어넘는 후폭풍을 맞았다. 아브넬은 하나님의 언약을 들먹이며 자신이 그 언약의 성취자가 되겠다고 맹세한다. 즉 이스라엘의 왕권을 이스보셋에게서 빼앗아 다윗을 이스라엘의 왕으로 삼겠다고 다짐한다. 대놓고 명시적으로 반역의 뜻을 밝힌 것이다.

그러나 이스보셋은 한마디도 아브넬에게 대꾸하지 못한다. 아브넬이 정말 그렇게 할 것이라고 생각하지 않고 화가 나서 한 말이겠구나 생각했을 수 있다. 아니면 그 말에 섣불리 반응했다가 정말 아브넬이 맹세한 대로 행할지도 모른다는 두려움이 이스보셋으로 하여금 침묵하게 했을 것이다. 그러나 아브넬은 단순히 협박한 것이 아니었다. 그는 정말 다윗에게 이스라엘의 왕권을 넘기기로 결심한 것이다. 그렇다면 왜 아브넬은 그런 결정을 내렸을까?

표면적으로는 하나님의 언약을 들었지만, 그것이 진짜 이유일 가능성은 희박하다. 그가 정말 다윗에 관한 하나님의 언약을 믿었다면 사울이 죽었을 때 이스보셋을 왕으로 삼지 않았을 것이다. 그렇다면 갑자기 다윗에 대한 믿음이 생겼는가? 그런 것도 아닌 것 같다. 스스로를 하나님의 언약의 성취자로 자칭하지만, 그의 말을 잘 들어보면, 아브넬은 이스보셋을 사울의 잔존 왕국의 왕이 되게 한 것처럼 다윗도 온 이스라엘의 왕으로 만들 수 있다고 자신한 것 같다. 즉 그는 자신의 정치적·군사적·외교적 지혜와 능력을 신뢰한 것이다. 그리고 다윗에 대한 하나님의 맹세는 정치적 수사에 불과하다. 아브넬이 스스로 다윗의 신하가 되기로 결심했다면 그것은 그것이 그에게 더 큰 정치적 이득을 가져다 준다고 믿었기 때문일 것이다. 먼저 남유다의 전투에서 북이스라엘은 점점 힘을 잃어갔다. 만약 다윗이 블레셋과 연합하여 북이스라엘을 침공해 온다면, 더 이상 버틸 힘이 없었을 것이다. 따라서 아브넬은 선제적으로 다윗에게 국가를 넘겨주는 방법을 택한 것 같다.

이런 관점에서 사울의 첩과 잠자리를 한 것은 이스보셋과 단절하기 위해 의도적으로 도발한 것일 수 있지만, 필자의 견해는 더 냉소적이다. 즉 아브넬이 다윗에게 나라를 넘겨주기로 결정한 것은 치밀한 계획의 결과가 아니라 우발적 충동에 의한 것이다. 자신의 성적 일탈과 그것을 변호하는 과정에서 아브넬은 그런 결정을 내렸다. 아브넬의 계획이 실패로 돌아간 원인이 단순히 요압의 증오와 정치적 시기 때문만이 아닌 것이다. 그는 요셉처럼 2인자로서의 모든 능력을 갖추었지만, 요셉과 달리 성적 유혹에 치명적으로 약했다. 이것이 그가 다윗 왕국의 2인자가 되지 못한 이유다. 덕분에 다윗 왕국은 과격하고 폭력적인 요압을 2인자로 두게 되었고, 그 결과는 내분과 내전이 끊이지 않는 혼란이었다.

아야의 딸 리스바

사울 왕의 첩으로 그 이름은 "불붙은 돌הפצר"이라는 의미를 가진다. 그녀는 사무엘서에서 두 번 언급된다. 한 번은 아브넬이 그녀와 동침한 것을 이스보셋이 꾸짖는 장면(삼하 3장)에서, 다른 한 번은 다윗이 평화 조약을 깨뜨린 사울의 죄를 물어 사울의 후손 일곱 명을 기브온 사람들에게 넘겨주어 죽게 한 장면(삼하 21장)에서 언급된다. 특히 두 번째 장면에서 리스바는 7일 동안 시신들을 지키며 새나 들짐승들이 그것들을 해하지 못하게 하여 다윗의 주목을 받는다.

단에서 브엘세바까지

단은 고대 이스라엘 왕국의 최북단에 위치한 도시로 헤르몬 산 남쪽 기슭에 위치하였다. 본래 번성하던 가나안 도시 라이스를 단 지파가 점령하여 단으로 개명하였다. 브엘세바는 고대 이스라엘의 최남단 도시로 헤브론에서 남쪽으로 약 47킬로미터 떨어져 있다. 단이 본래 바알 숭배지였고 여로보암이 그곳에 우상 신전을 설치한 것과 달리, 브엘세바는 족장들에게 있어 매우 중요한 영적 체험의 장소였다. 아브라함, 이삭과 야곱이 모두 이곳에 제단을 쌓았다. 하갈과 이스마엘도 이곳에서 하나님을 만났다. "단에서 브엘세바까지"는 고대 이스라엘 왕국의 전체 영토를 지칭하는 숙어로 사용된다. "백두에서 한라까지"가 한반도 전체를 지칭하는 것과 유사하다.

질문

1. 다윗의 집은 점점 강해진 반면, 사울의 집은 점점 약해진 이유는 무엇일까요?
2. 이스보셋이 "여자 문제"로 당시 최고 실력자인 아브넬과 대립한 이유는 무엇일까요?
3. 아브넬이 다윗에게 북이스라엘을 통째로 넘기기로 결심한 배경과 이유는 무엇일까요?

묵상

세속 정치의 원리에 따르면 왕조의 안정은 많은 후손의 생산에 달려 있습니다. 또한 많은 후손을 위해 왕은 원칙적으로 많은 여자를 둘 수 있습니다. 다윗 왕의 입장에서도 왕조를 안정되게 계승하는 것이 하나님의 뜻이었기 때문에 많은 자식을 가질 필요가 있었습니다. 하지만 율법은 왕이 많은 여자를 두는 것을 금하고 있습니다. 아브라함이 겪은 딜레마입니다. 하나님의 뜻을 이어갈 후손을 얻는 방법에 하나님이 제한을 가한 것이지요. 역사적으로 이스라엘의 왕 중에 이 율법을 지킨 사람은 없습니다. 심지어 솔로몬은 1천 명의 아내와 첩을 거느렸습니다. 율법을 어기면 언제나 고통이 그 대가로 찾아옵니다. 다윗도 솔로몬도 대가를 치렀습니다. 하지만 하나님은 은혜로 이스라엘을 구원할 다윗의 후손에 대한 약속을 신실하게 지키십니다.

7
다윗과 아브넬의 협상

삼하 3:12-21

온 이스라엘의 왕이 되기 위한 다윗의 노력은 다양한 형태로 나타난다. 군사 작전과 같은 다소 폭력적인 형태를 가지기도, 외교 협상의 형태를 띠기도 한다. 본문은 다윗이 아브넬과 어떻게 협상을 통해 통일을 이루려 했는지를 보여 준다. 아울러 선한 정치적 대의가 그 대의를 달성하기 위한 모든 수단들을 정당화시키지 않음을 교훈한다.

아브넬이 다윗과 협상함 3:12-13

12 아브넬이 다윗에게 자기 대신(תחתיו) 전령을 보내어 말했다:
"땅이 누구 것인가?"
그는 계속해서 말했다
"나와 너의 언약을 맺어라. 보라 내 손이 너와 함께 있다. 내 손이
온 이스라엘을 너에게 넘겨줄 것이다."
13 다윗이 말했다:
"좋소, 나, 내가 당신과 언약을 맺을 것이오. 단 한 가지를 당신에게

> 요구하오. 사울의 딸 미갈을 데려오시오. 그렇게 하지 않으면 당신이 내 얼굴을 보기 위해 찾아 온다 해도 내 얼굴을 보지 못할 것이오."

아브넬은 이스보셋에게 공언한 것처럼 이스라엘의 왕위를 다윗에게 넘기는 작업을 시작한다. 비록 그 결정은 충동적이었지만 결정을 실행에 옮길 때에는 아브넬의 용의주도함이 그대로 드러난다. 그는 먼저 직접 가서 협상하기보다 전령을 보내 언약 체결을 위한 정지 작업을 시작한다. 사무엘서 저자는 문법적 어색함에도 불구하고 "자기 대신(תחתיו)"(12절)을 문장에 삽입하여 아브넬의 전략적 지혜를 강조한다. 전령이 다윗에게 전한 메시지는 무척 명확하다. 이스라엘 땅이 아브넬의 것임을 먼저 선포하고("땅이 누구 것인가?" 12a절), 다윗이 그와 언약을 맺으면 어떤 이익을 얻게 될지 노골적으로 밝힌다: "내 손이 온 이스라엘을 너에게 넘겨줄 것이다"(12b절). 즉 아브넬은 다윗이 자신과 언약을 맺으면 그를 온 이스라엘의 왕으로 만들겠다고 말하고 있다. 하지만 성경 저자는 다윗이 그 반대급부로 아브넬에게 무엇을 약속했는지 밝히지 않는다. 지금까지 성경 저자가 다윗과 아브넬의 '거래'를 정치적인 것으로 그린 점으로 볼 때, 아브넬이 다윗과의 계약에서 어떤 것도 요구하지 않았을 가능성은 매우 희박하다. 단지 성경 본문은 그 부분에 대해 침묵할 뿐이다. 오히려 성경 본문은 다윗이 추가적 조건을 제시하는 것으로 묘사한다. 이미 다윗은 아브넬과 언약을 체결할 충분한 이유를 가진 듯하지만 말이다. 그 조건은 사울의 딸 미갈을 데려오는 것이다. 그리고 이 조건은 언약 체결을 위한 타협의 여지 없는 필수 조건이다. 다윗은 이 조건을 충족시키지 못하면 아브넬이 "내 얼굴을 보지 못할 것이라"는 말을 두 번이나 반복한다(13절).

다윗이 미갈을 요구한 이유는 무엇일까? 사울의 딸 미갈을 아내로 두는 것은 다윗 통치의 정당성을 확보하는 데 매우 중요한 일이었다. 이것은 당시 고대 근동에서 왕위 계승에 대한 관행이 지역과 시대에 따라 다양했다는 사실을 고려할 때 더욱 분명해진다. 왕의 아들이 왕위를 물려받는 것은 분명하지만 왕의 아들 중 누구에게 왕위가 돌아가는지는 다소 복잡한 정치적 논리에 의해 결정된다. 메소포타미아에서는 왕의 아들 중 가장 많은 왕족의 피를 가진 자가 왕위를 물려받은 반면, 시리아-팔레스타인에서는 왕자들 중 왕의 선택을 받은 자에게 왕위가 돌아갔다. 한편 이집트에서는 가장 왕족의 피를 많이 가진 여인과 결혼한 자에게 왕위가 돌아간다. 즉 이집트에서는 평민이라도 그가 결혼한 여인의 핏속에 왕족의 피가 가장 많이 흐른다면 그는 왕위 계승의 자격을 획득한다. 이스라엘의 왕정 형성기에 이 중 어떤 것이 적용되었는지 확실하지 않다. 그렇지만 다윗의 경우 왕족은 아니었지만 사울 왕의 딸을 아내로 두는 것이 그에게 통치의 정당성을 줄 수 있었을 것이다. 이것은 다윗이 사울의 잔존 왕국과 통일을 이루는 시점에 사울의 딸 미갈을 다시 아내로 두려 한 이유이다.

한편 왜 성경 저자는 다윗이 아브넬에게 약속한 내용을 밝히지 않는 것일까? 관점을 바꾸어 질문하면, 아브넬은 다윗에게 무엇을 요구했을까? 물론 성경은 이 점에 대해 침묵하지만, 이 후에 아브넬이 요압에 의해 살해되었다는 점을 통해 유추한다면, 언약을 통해 아브넬은 통일 이스라엘의 2인자 자리를 원했던 것 같다. 아브넬은 이스보셋 왕을 꼭두각시 왕으로 앉히고 2인자의 권세를 누렸지만, 시간이 흐르면서 북이스라엘이 더 이상 존속하지 못할 것이라고 확신했던 모양이다. 그래서 다윗에게 북이스라엘의 주권을 넘겨주는 대가로 더 크고 튼튼한 통일 이스라엘의 2인자가 되려 했던 것 같다. 그렇다면 왜 다윗은 아브넬의 요구에 응했을까? 첫째, 요압의 과격하고 폭력적인 성향 때문일 것이다. 언제부터인가 다윗은 요압이 자기의 통제를 벗어나기 시작했음을 느꼈을 것이다. 실제로 요압은 다윗의 명을 어겨가며 자신의 목적을 위해 살인하였고, 다윗 왕을 움직이기 위해 다양한 정치적 술수를 사용했고(삼상 14장, 삼상 18:9-30), 심지어 압살롬의 죽음을 애도하는 다윗을 꾸짖기까지 한다(삼하 19장). 다윗과 언약을 맺고 돌아가는 아브넬을 다윗의 허락 없이 죽인 것은 이런 요압의 성향을 명확히 드러내는 사건이다. 요압은 동생 아사헬에 대한 복수심 이외에도 아브넬을 죽일 만한 다른 이유를 가졌다. 다윗은 요압보다는 아브넬이 통일 이스라엘의 2인자로서 적합하다고 판단했던 것 같다.[1] 둘째, 다윗은 아브넬의 현실 정치적 힘을 인정했다. 그는 실제로 이스라엘의 지파들와 백성들, 그리고 사울의 가문을 설득하여 북이스라엘을 통째로 다윗에게 넘길 정치적 능력을 가졌다. 다윗은 하나님의 뜻이 아브넬을 통해 이루어진다고 생각했을 수 있다. 이것은 아브넬의 불순한 동기와 관계없는 일이다. 하나님은 죄인을 사용해서 그분의 뜻을 이룰 수 있는 분이기 때문이다.

실제로 12절에 기록된 아브넬의 메시지를 보면 그가 크게 착각을 하고 있음을 알 수 있다. 그는 자신을 그 땅의 주인이라고 여기며, 다윗에게 온 이스라엘을 줄 권한이 있다고 믿는 것 같다. 스스로 신 행세를 하는 오만한 죄(휘브리스)를 범한 것과 다름없다. 그 말이 아브넬의 전령의 입에서 나왔다는 사실을 잠시 잊으면 우리는 하나님이 지금 다윗에게 말씀하시는 것 같은 착각을 하게 된다. 물론 당시 정치적 역학의 관점에서 아브넬에게 그런 권한이 있었을 가능성은 충분하다. 아브넬은 자신이 이스보셋을 사울 왕국의 왕으로 세웠던 것처럼 다윗에게도 사울 왕국을 통째로 넘겨 줄 수 있다고 믿은 것 같다. 이런 점에서 아브넬은 다윗에 대한 하나님의 언약을 믿지 않았다. 그는 그것을 단지 자신의 정치적 이익을 위해 이용하려 했던 것이다. 다윗과 하나님에 대한 잘못된 지식은 그를 죽음에 이르게 한다.

휘브리스(hubris)

신의 영역을 침범하는 인간의 행동을 지칭하는 그리스어로 오늘날 지나침 자신감을 경계하며 이르는 말이다. 잠언 16장 18절에 나오는 멸망의 선봉으로서의 교만을 지칭한다. 그리스 신화에서 휘브리스는 언제나 처벌받았다. 존 밀턴의 《실락원》은 루시퍼의 휘브리스에 대해 자세히 설명한다. 그는 하나님의 주권을 빼앗으려 시도하다 지옥에 내려 보내졌으나 "천국에서 섬기는 것보다 지옥에서 다스리는 것이 좋다"고 말한 것으로 전해진다. 아브넬도 다윗과의 협상에서 휘브리스의 죄를 범한 것으로 보여진다. 그의 휘브리스는 나중에 그가 살해당하는 이유 중 하나임에 틀림없다.

다윗이 미갈을 취함 3:14-16

14 다윗이 사울의 아들 이스보셋에게 전령을 보내어 말했다:
"내가 블레셋인들의 포피 백 개로 정혼한 미갈, 내 아내를 주시오."
15 이스보셋은 아브넬을 보내어 그녀를 남편에게서, 즉 라이스의
아들 발디엘로부터 빼앗았다(לקח). 16 그녀의 남편은 뒤에서 울며
그녀를 바후림까지 따라갔다. 아브넬이 그에게 "어서 돌아가라"고
말하자 그는 돌아갔다.

본문은 아브넬이 미갈을 다윗에게 돌려보내기 위해 그녀를 남편 발디엘의 집에서 빼앗아 오는 장면을 묘사한다. 사전에 이미 합의된 내용이지만 이 일은 다윗이 이스보셋 왕에게 공식 전령을 보내는 일로 시작한다. 아브넬과 다윗의 밀약에 의한 것이지만, 다윗은 자신의 떳떳한 권리인 양 미갈을 요구한다. 다윗의 미갈에 대한 권리의 구체적 증거는 "블레셋인들의 포피 백 개"이다. 골리앗을 죽임으로써 다윗은 사울 왕의 사위가 될 권리를 얻었지만, 사울은 다윗에게 블레셋인들의 포피 백 개를 결혼 지참금으로 요구한 바 있다. 중동에서는 여자가 노동력으로 인식되었기 때문에 결혼으로 인한 노동력의 손실을 신랑이 신부의 집에 보존해 주는 것이 관례였다. 하지만 다윗의 경우 미갈의 친정에 해당하는 사울의 궁에서 살게 되기 때문에 사울에게 지참금을 줄 필요는 없었지만, 사울은 다윗을 죽일 작정으로 블레셋인의 포피 백 개를 요구한 것이었다(삼상 18:25). 그러나 다윗은 2백 명의 블레셋인들을 죽이고 사울에게 약속한 수의 포피를 가져와 미갈의 합법적 남편이자 사울의 사위가 되었다. 다윗은 지금 이스보셋에게 그 일을 상기시키며 자신의 아내 미갈을 요구한다. 이스보셋의 입장에서는 다윗의 요구가 부당하게 들릴 수 있다. 왜냐하면 다윗이 블레셋으로 망명한 순간 이스라엘 땅에서 그가 맺은 모든 계약과 그로 인한 권리는 무효가 되었기 때문이다. 다윗이 이제 와서 미갈을 달라고 하는 것은 부당하며 정치적인 의도를 가진 것이다. 하지만 다윗도 할 말은 있다. 사울이 미

갈을 발디엘에게 시집 보낸 것은 다윗이 아직 유다 광야에 머물고 있을 때였고(삼상 25:44), 아비가엘과 다윗의 결혼이 사울에게 딸 미갈을 찾아올 권리를 준 것도 아니다. 한편 이스보셋 왕은 다윗의 요구가 부당할 뿐 아니라 정치적 의도가 있는 것으로 판단했지만 아브넬의 압력 때문에 다윗의 요구에 응할 수밖에 없었던 것으로 보인다.

우리는 앞서 다윗이 아브넬과 계약하면서 미갈을 요구한 이유를 설명했다. 그것은 그녀를 사랑해서라기보다는 그녀가 가진 정치적 효용성 때문이었다. 그녀를 사랑했다면 지금의 가정생활에 만족하는지, 다윗과 재결합하기 원하는지 여부도 묻지 않고 일방적으로 군대를 동원해 그녀를 데려오지는 않았을 것이다. 그렇다면 미갈을 다윗에게 데려오는 것이 아브넬의 계약상 의무였을 텐데, 다윗이 이스보셋에게 미갈을 직접 요구한 것처럼 성경 본문에 기술된 이유는 무엇일까? 아브넬은 자신이 가진 무력으로 충분히 미갈을 발디엘에게서 빼앗아 다윗에게 상납할 수 있었을 것이다. 그러나 다윗과 아브넬이 미갈을 데려오면서 그런 모양을 취하지 않은 이유는 미갈의 반환을 합법적인 권리 이양의 과정으로 묘사하기 위함이다. 다윗이 미갈을 무력으로 빼앗은 것이 아니라 사울의 집안이 합법적으로 다윗에게 그의 아내를 제공했음을 보이려는 것이다. 이것은 미갈을 통해 사울의 집안과 정치적 연결점을 구축하려는 다윗의 의도와 잘 어울린다.

한편 본문은 무심한 정치가 한 가정을 어떻게 무너뜨리는지를 잘 보여 준다. 권력자의 불가항력적인 요구는 "보내다"라는 말 속에 잘 드러낸다. 히브리어 샬라흐(שלח) "보내다"는 권력자가 자신의 뜻을 이루는 행위를 지칭한다. 다윗은 이스보셋에게 전령을 보내 하명하고, 이스보셋은 아브넬에게 전령을 보내 하명한다. 그리고 아브넬은 지체 없이 미갈을 남편에게서 "빼앗는다(לקח)." 히브리어 라카흐(לקח)("빼앗다")도 왕의 절대 권력을 상징하는 동사다. 사무엘상 8장에서 사무엘이 이스라엘 장로들에게 왕정의 부정적인 부분을 설명해 줄 때, 자주 사용되었던 단어가 라카흐이다. 즉 왕은 백성들로부터 세금을 빼앗고, 여자를 빼앗고, 노동력을 빼앗는 등 빼앗는 것을 업으로 하는 사람들이다. 이런 관점에서 다윗이 미갈을 발디엘에게서 빼앗는 장면은 간결한 필체로 왕의 '권력 행사'를 최대한 무심하게 보여 준다고 할 수 있다. 그러나 정치권력 행사의 일상성과 대조적으로 그 권력 행위의 당사자들은 평생 남을 상처를 체험하게 된다. 미갈의 남편이 '풀네임'—라이스의 아들 발디엘—으로 소개되고, 아내를 잃은 그가 갈림에서 바후림까지 울며 따라 나왔다는 사실은 다윗이 행사한 정치권력의 비인간성과 극명하게 대조된다.

바후림

예루살렘의 동쪽, 올리브 산 너머에 위치한 도시로 예루살렘을 드나들 때 반드시 통과해야 하는 마을이다. 예를 들어 다윗이 압살롬을 피해 예루살렘을 빠져나가면서 이 마을을 지나다가 이 마을 출신 시므이에 의해 저주를 듣게 된다(삼하 16:5). 미갈의 남편 발디엘은 베냐민 땅 갈림(사울의 고향 기브아 근처, 삼상 25:44; 사 10:29)에서 6킬로미터 떨어진 바후림까지 아내를 배웅하였으나, 아브넬의 호통에 대꾸도 하지 못하고 되돌아갔다.

성경 본문은 미갈이 여기서 어떤 생각을 했는지 전혀 말해 주지 않는다. 미갈은 여전히 다윗을 사랑했을까? 다윗의 뜻하지 않은 호출에 내심 반색했을까? 이런 질문들은 남자들의 편견을 반영한 것들이다. 남자들은 자신의 과거 여인이 평생 자신을 못 잊을 것이라는 착각을 많이 한다. 그러나 미갈은 라이스의 아들, 발디엘과 새로운 가정을 이루었다. 어느 여자도 현재 행복한 가정을 버리고, 한때 명목상 남편이었던 자를 따라 자발적으로 '가출'하지 않는다. 성경 본문에서도 다윗이 미갈을 사랑하여 미갈을 다시 소환했다는 증거도 없다. 다윗은 온 이스라엘의 왕이 되는 시점에 "사울의 딸"이 필요했던 것이지, "미갈"이 필요했던 것이 아니다.

발디엘은 아드리엘과 동일 인물인가

이 질문은 우리말을 포함한 대부분의 번역 성경으로 사무엘하를 읽는 독자들에게 떠오르지 않을 질문이다. 그러나 히브리어 성경을 문자 그대로 읽으면 미갈은 다윗 이외에 두 명의 남편을 둔 것처럼 보인다. 한 명이 발디엘(삼상 25:44, 삼하 3:15-16)이고 다른 한명이 아드리엘(삼하 21:8)이다. 사무엘하 21장 8절의 히브리어 본문은 다음처럼 직역될 수 있다. "아야의 딸 리스바에게서 태어난 자 곧 사울의 두 아들 알모니와 므비보셋과 사울의 딸 미갈מיכל에게서 난 자 곧 므홀랏 사람 바실래의 아들 아드리엘의 다섯 아들을 잡고." 이 구절에 따르면 미갈은 므홀랏 사람 바실래의 아들 아드리엘로부터 다섯 아들을 낳았다. 사무엘서에서 미갈이 발디엘 이외의 제3의 남자와 결혼했다는 기록을 찾을 수 없기 때문에 우리는 자연스럽게 발디엘과 아드리엘이 동일 인물일 가능성을 타진하게 된다. 그러나 성경 저자는 그 둘을 다른 사람으로 제시한다. 한 명은 라이스의 아들이고 다른 한명은 바실래의 아들이다. 또 한 명은 베냐민 마을 갈림 출신이고 다른 한명은 요단 동편 마을 므홀랏 출신이다. 그러면 미갈이 아드리엘에게서 다섯 명의 아들을 낳았다는 사무엘하 21장 8절을 어떻게 이해해야 할까? 대부분의 학자들은 그 부분의 마소라 본문이 오류라고 생각한다. 원래 사울의 둘째 딸 "메랍"이 들어갈 자리에 "미갈"이 들어갔다는 것이다. 그리고 칠십인역 성경을 그 증거로 인용한다. 우리말 성경을 비롯한 대부분의 번역 성경이 "미갈" 대신 "메랍"을 그 절의 번역에 사용하는 이유가 바로 이것이다.

다윗이 아브넬과 언약을 맺음 3:17-21

17 한편 아브넬이 이스라엘의 장로들과 상의했다.
"전부터 너희가 다윗을 왕으로 계속 요구하였다. 18 이제 그리
행하라. 여호와가 다윗에게 다음과 같이 말씀하셨다: '나는 내 종
다윗의 손으로 내 백성 이스라엘을 블레셋의 손으로부터 그리고
그들의 모든 적들의 손으로부터 구원할 것이다.'"
19 아브넬은 또한 베냐민 사람들을 직접 설득하였고, 헤브론으로
다윗을 찾아가 직접 다윗에게 '이스라엘과 베냐민의 집이 원하는 바'
를 말해 주었다. 20 그 후 아브넬과 그의 함께한 스무 명의 남자들이
헤브론으로 다윗을 찾아갔고, 다윗은 아브넬과 그와 함께한

> 남자들을 위해 잔치를 베풀었다. 21 아브넬이 다윗에게 말했다:
> "내가 일어나 가서 왕 되신 내 주에게 모든 이스라엘을 모아,
> 그들이 당신과 언약을 맺게 하고 당신이 마음에 원하는 모든 곳을
> 다스리도록 하겠습니다."
> 다윗이 아브넬을 보냈고 그는 무사히(בשלום) 떠났다.

미갈을 확보한 아브넬이 헤브론에서 다윗과의 언약에 최종적으로 서명하기 전, 그는 그 언약의 비준을 위한 사전 정지 작업을 세심하게 진행했다. 먼저 이스라엘 장로들과 만나 상의한다. 그는 이스라엘의 장로들이 전부터 "다윗을 왕으로 계속 요구했다"고 주장한다. 그러나 성경을 보면 블레셋과 싸워 승리하고 돌아오는 다윗을 백성들이 열렬히 환영한 적(삼상 18:6-7)은 있어도 그들이 다윗을 왕으로 요구했다는 증거는 없다. 오히려 아브넬이 말하는 바는 이스보셋 당시의 여론을 반영하는 것일 수 있다. 헤브론 왕국과의 내전에서 자주 패한 북쪽 백성들 사이에는 이스보셋을 버리고 다윗을 온 이스라엘의 왕으로 세우려는 여론이 생겨났을 가능성이 있다.[2] 따라서 아브넬은 현재의 친다윗 여론을 사울 왕정 때부터 지속되어온 것으로 과장함으로 백성들로 하여금 다윗의 왕권을 거부감 없이 받을 수 있도록 하는 것이다.

아브넬이 이스라엘의 장로들을 설득할 때 사용한 또 하나의 논리는 여호와가 다윗을 왕으로 세웠다는 것이다. 아브넬은 가까이서 사울과 다윗 사이의 갈등을 목격한 사람이기 때문에 하나님께서 사울을 버렸다는 예언과 사울 대신 하나님이 선택한 왕이 다윗이라는 소문을 충분히 인지하고 있었을 것이다. 그러나 그가 그 예언과 소문을 얼마나 믿었는지는 확실하지 않다. 그러나 그것들은 아브넬이 이스라엘 장로들과 백성들을 설득하는 데에는 더없이 좋은 이념적 도구가 된다. 한편 그가 이스라엘의 장로들에게 전한 하나님의 말씀("여호와가 다윗에게 다음과 같이 말씀하셨다", 18절)은 다분히 조작되었을 가능성이 있다. 먼저 다윗의 기름부음을 기록한 사무엘상 16장에서 하나님이 다윗에게 그렇게 말씀하신 일이 없다. 또한 사무엘상 16장에 따르면 다윗의 기

름 부음은 철저히 비밀스럽게 이루어졌다. 그럼에도 불구하고 아브넬이 전한 소위 하나님의 말씀은 당시 사람들의 왕에 대한 기대를 잘 반영한다. 사울 왕의 사명이 블레셋의 손으로부터 이스라엘을 구원하는 것이었던 것처럼, 그를 이어 왕이 될 다윗의 사명도 그러할 것이라는 대중들의 기대와 잘 맞는 말씀이었다. 사울이 블레셋에 의해 살해되었고 그의 아들 이스보셋은 블레셋을 피해 마하나임으로 피난한 상황에서 북이스라엘에는 왕은 있지만 왕의 사명을 감당하는 자는 없었다 해도 과언이 아니다. 장로들이 이스보셋 카드를 버리고 다윗 카드를 만지작 거리는 것도 바로 이 때문이다. 아브넬의 조작된 하나님의 말씀은 이런 장로들의 심정을 정확히 간파한 것이었다.

이스라엘의 장로들을 설득한 아브넬은 이번에 사울 왕조의 본산인 베냐민 지파 설득에 나선다. 성경 본문은 어떤 논리로 베냐민 지파를 설득했는지 말하지 않지만, 베냐민 지파를 표현할 때, "집"을 의미하는 히브리어 베이트(בית)를 사용한 것은 큰 의미가 있다—"베냐민의 집"(19절). 지파(tribe)보다 훨씬 작은 친족 단위를 지칭하는 베이트는 보통 대가족 세대를 가리키지만, 그것이 왕에게 쓰이면 왕조의 의미를 지닌다. 그렇다면 아브넬이 직접 가서 설득한 대상은 사울 집안의 왕자들이었을 가능성이 있다. 어떤 논리로 설득했는지는 정확히 알 수 없으나 다음과 같이 추측할 수 있을 것이다. 즉 왕위 승계 다툼에서 패하는 왕족은 멸절되는 것이 마땅하지만, 선제적으로 왕위를 넘겨준다면 적어도 그들의 목숨은 살려 줄 것이라고 설득한 것은 아닐까? 실제로 나중에 다윗이 사울의 왕자들을 다 죽이는 장면(삼하 21장)이 나오는데, 이것은 당시 다윗의 통치 아래서 사울 집안의 왕자들이 처했던 위협을 실질적으로 보여 준다.

이스라엘의 장로들과 사울의 다른 왕자들을 설득한 아브넬은 이제 다윗에게 직접 내려가 이들의 원하는 바를 전달한다. "이스라엘과 베냐민의 집이 원하는 바"(19절)의 구체적 내용이 무엇인지는 잘 모른다. 북왕국을 넘겨주는 대신 그들이 다윗에게 기대한 호혜적 조치를 가리킬 수도 있고, 다윗을 왕으로 삼기 원한다는 백성과 왕자들의 마음을 가리키는 것일 수도 있다. 여하튼 아브넬은 다윗과 언약을 맺기 위해 20명의 수행원을 거느리고 헤브론을 직접 방문한다. 그 20명의 수행원 중에는 사울의 딸 미갈도 포함되었을 것이다. 이때 다윗은 잔치를 베풀어 그들을 환영한다. 잔치에 대한 언급은 금번 회동이 단순한 협상이 아니라 언약 체결식의 일환임을 암시한다. 여기서 아브넬은 다윗에게 충성을 맹세하고(21절), 다윗은 아브넬의 충성 맹세를 수용한다. 비록 다윗의 응답은 본문에 기록되어 있지 않지만 이것은 다윗이 그를 무사히 보냈다는 사실에서 짐작할 수 있다. 이제 통일을 위한 모든 사전 작업은 끝났다. 다윗의 공식적인 대관식만 남은 것이다. 이때 뜻하지 않은 일이 발생한다. 21절 마지막에서 아브넬이 "무사히(בשלום)" 다윗 곁을 떠났다는 사실이 강조되고 있는데, 이것은 아브넬에게 닥칠 불행한 사고에 대한 전조가 된다.

질문

1. 아브넬이 다윗과 협상하는 장면을 볼 때 아브넬이 오해하고 있는 것은 무엇일까요?
2. 다윗은 왜 미갈을 다시 데려오기 원했을까요?
3. 아브넬이 이스라엘 장로들과 상의하면서 인용한 하나님의 말씀은 사무엘서 어디에도 기록되지 않은 내용입니다. 오히려 왕에 대한 당시 백성의 기대를 반영했다고 말할 수 있습니다. 하나님의 말씀에 대한 아브넬의 태도를 평가해 봅시다.

묵상

다윗이 이스보셋의 왕국을 흡수하여 이스라엘의 왕이 되는 것은 분명히 하나님의 정해진 뜻입니다. 아브넬과의 계약의 일부로 미갈을 데려온 것도 그런 하나님의 뜻을 이루기 위함입니다. 하나님의 뜻을 위해 다윗이 정상적인 정치적 노력을 기울이는 것은 흠이 될 수 없을 것입니다. 그러나 그런 정치적 노력들 모두가 선한 것은 아닙니다. 하나님 나라를 위한다는 명시적 목적이 수단들을 모두 정당화하지는 않습니다. 미갈을 취하는 것은 분명 북방 지파의 민심을 얻는 데 도움이 될 수 있는 정치적 행위입니다. 그러나 미갈을 취하는 과정에 한 가정을 깨뜨리는 일은 절대로 옳은 것은 아닙니다. 더구나 다윗은 통치의 정당성을 위해 미갈을 데려올 필요는 없었습니다. 그의 왕권은 하나님으로부터 말미암은 것이기 때문입니다. 즉 미갈을 데려오는 정치적 행위는 다윗이 온 이스라엘의 왕이 되는 과정에서 꼭 필요한 것은 아니었다는 말이지요. 오늘날도 많은 사람들이 지역 교회, 한국 교회, 나아가 하나님의 나라를 위한다는 명목으로 다양한 활동들을 합니다. 그리고 그런 활동들은 사람과 자원을 특정한 목적을 위해 동원한다는 의미에서 정치 행위라고 말할 수 있을 것입니다. 그런 정치 행위 자체를 성경이 금하지는 않지만, 하나님 나라를 위한다는 대의가 그들의 행위들을 자동적으로 선하게 만들지는 않습니다. 설사 그런 정치 행위가 소기의 목적에 기여한다고 해도, 그것이 연약한 이웃들을 아프게 한다면 그것은 올바른 것이라 말할 수 없습니다. 이웃을 아프게 하지 않으면서 하나님 나라를 이룰 수 있는 방법은 얼마든지 있기 때문입니다.

8
아브넬의 죽음

삼하 3:22-39

다윗과 아브넬의 협상은 양쪽에 '윈윈'이 되는 것이다. 다윗은 염원하던 통일 왕국의 왕이 되는 동시에 아브넬은 가라앉는 배와 같았던 마하나임 왕국을 버리고 새 왕국의 2인자가 될 것이기 때문이다. 다윗은 아브넬과 같은 노련하고 균형 잡힌 정치인을 과격한 군인보다 왕국 경영의 2인자로 선호했을 것이다. 하지만 요압의 개입으로 이 협상은 끝내 실현되지 않는다.

요압이 아브넬을 살해함 3:22-30

22 보아라! 다윗의 종들과 요압이 약탈 원정에서 돌아오고 있다.
많은 약탈품을 가져왔다. 그때 아브넬은 헤브론에 다윗과 함께 있지
않았다. 왜냐하면 다윗이 그를 보냈고 그는 무사히 떠났기 때문이다.
23 요압과 그와 함께한 모든 병력이 도착했을 때 사람들이 요압에게
"넬의 아들 아브넬이 왔지만 다윗이 그를 보냈고 그는 무사히
떠났다"고 말해 주었다. 24 요압이 왕을 알현하여 말했다:

"무슨 일을 하신 겁니까? 보십시오. 아브넬이 당신께 왔습니다.
그런데 도대체 무슨 이유로 그를 보내어 가게 하셨습니까?
25 넬의 아들 아브넬을 잘 아시잖아요. 그는 당신을 속이기 위해
왔습니다. 당신이 나가는 것과 들어오는 것을 파악하기 위해,
그리고 당신이 하시는 모든 것을 파악하기 위해 온 것입니다."
26 요압은 다윗의 앞에서 물러난 후 전령들을 보내어 아브넬을
따라잡게 했다. 그리고 그를 보르하시라("시라의 우물")에서
데려왔다. 하지만 다윗은 이 일에 대해 알지 못했다. 27 아브넬이
헤브론으로 돌아왔을 때, 요압은 그와 은밀히 상의할 것이 있는
것처럼 그를 성문 가운데로 데려가서 그곳에서 그의 복부를 칼로
쳤다. 그는 요압의 동생 아사헬의 피로 인해 죽은 것이다.

요압은 다윗과 아브넬 사이의 역사적인 협상에 자리하지 않았다. 요압은 약탈 원정에 다녀오던 길이었다. 본문이 "많은 약탈품"(22절)을 가져왔다고 굳이 언급하는 것으로 보아 그 약탈 원정은 정기적이고 일상적인 것이라기보다 특별히 의도된 원정이었을 가능성이 있다. 그렇다면 다윗이 요압과 아브넬의 대면을 방지하기 위해 아브넬의 방문에 맞추어 요압을 약탈 원정에 보냈는지 모른다. 그리고 다윗의 의도대로 요압이 "많은 약탈품"을 들고 귀환했을 때 이미 아브넬은 그곳을 떠나고 없었다. 본문에서 "그가 무사히 떠났다"는 말이 반복되는데(21, 22, 23절), "무사히"로 번역된 히브리어(בשלום)를 직역하면 "평화롭게"이다. 그러나 이 평화(שלום)는 그다지 오래 가지 못한다. 왜냐하면 원정에서 돌아온 요압이 아브넬의 방문사실을 금방 알게 되기 때문이다. 요압의 귀환이 모든 것을 바꿀 것이라는 불길함이 22절의 "보아라"라는 감탄사에서 느껴진다.

약탈 원정에서 돌아온 요압은 곧 아브넬의 방문 소식을 보고를 통해 접한다. 23절에 인용된 보고의 내용은 철저히 요압의 시점을 반영한 것이다. "아브넬이 왔었고 다윗이 그를 무사히 떠나 보냈다." 그 보고에는 아브넬이 다윗에게 충성 맹세를 했고 다윗은 온 이스라엘의

왕이 될 것이라는 긍정적 내용은 없다. 그것이 요압의 관심사가 아니었다. 요압에게 중요한 것은 아브넬에게 복수할 절호의 기회가 사라져 간다는 것이다. 그러나 그가 다윗에게 말할 때에는 자신의 이런 의도를 감춘다. 그는 다윗으로 하여금 아브넬의 방문 의도를 의심하게 한다. "그는 당신을 속이기 위해 왔습니다. 당신이 나가는 것과 들어오는 것을 파악하기 위해, 그리고 당신이 하시는 모든 것을 파악하기 위해 온 것입니다." 왕의 나가고 들어옴은 일상적인 약탈 원정을 포함한 왕의 군사 활동 일반을 지칭한다. 요압은 아브넬이 다윗을 속이기 위해 왔다고 말하지만 아이러니하게도 그의 말은 다윗을 속이기 위한 것이었다.

아브넬이 첩자라는 요압의 주장을 다윗이 믿은 것 같지는 않다. 사무엘서 저자는 요압의 주장에 대한 다윗의 반응을 기록하지 않는다. 대신 그 후 벌어지는 사건을 요압의 독자적인 행위로 묘사한다. "요압이 다윗의 앞에서 물러난 후 전령들을 보내어 아브넬을 따라잡게 했다." 여기서 다시 한 번 "보내다(שלח)"라는 말이 권력자의 의지 실현을 위한 행위에 사용된다. 여기서 "보낸" 주체는 다윗이 아니라 요압이다. 마치 침묵하는 다윗과는 더 이상 할 말이 없다는 듯 다윗 앞에서 물러난 요압은 자기가 왕인 것처럼 독자적으로 행동한다. 성경 저자는 "다윗이 이 일에 대해 알지 못했다"라고 설명함으로 이 사실을 확인해 준다. 요압의 전령은[1] 보르하시라("시라의 우물")에서 아브넬을 따라잡고 그를 헤브론으로 호위해 왔다. 요압은 은밀히 상의할 일이 있는 것처럼 아브넬을 속여 성문 안에서 그의 배를 칼로 찔러 죽였다. 27절에서 "복부"로 번역된 히브리어 호메쉬(חמש)는 아사헬이 죽을 때 칼에 찔린 부위를 가리키는 말이기도 하다(삼하 2:23). 즉 요압이 아브넬을 죽인 방식은 아브넬이 요압의 동생을 살해한 방식을 연상시킨다. 성경 저자는 요압이 아브넬을 죽인 것이 그의 동생 아사헬의 피에 대한 복수였다고 명확하게 말해 준다.

요압에게는 가족을 위한 복수의 의무가 왕에 대한 충성 의무보다 앞섰다. 장군이 군대의 총사령관인 왕에게 보고하지 않고 독자적으로 행동하는 것은 항명에 해당한다. 누구보다도 이 사실을 잘 알았을 요압이 왜 다윗의 명령 없이 아브넬을 죽였을까? 크게 두 가지 이유를 생각할 수 있다. 첫째, 그는 그의 형제들과 마찬가지로 충성스럽지만 과격하고 폭력적이다. 아브넬을 암살한 것은 그런 요압의 성격을 드러내는 여러 사건들 중 하나에 불과하다. 둘째, 그는 2인자 자리를 놓고 아브넬과 경쟁하는 위치였다. 아브넬이 없어져야 요압의 자리가 보장된다. 다윗에게 공을 세운 아브넬은 요압의 자리를 넘볼 수 있는 강력한 정적이다. 이 때문에 요압은 가족을 위한 복수를 구실로 다윗의 허락 없이 자신의 정적을 제거했던 것이다. 하지만 요압의 폭력성은 그가 다윗 왕국의 2인자로서 적합하지 않은 인물임을 잘 보여 준다. 다윗이 온 이스라엘의 왕이 된 후에도 요압은 종종 다윗의 통제에서 벗어나 독자적으로 행동하여 다윗의 근심거리가 된다.

【그림 4】 요압이 아브넬을 죽이는 장면, 16세기 라운델.

요압에 대한 다윗의 저주 3:29-30

28 다윗이 나중에 그 일을 듣고 말했다.
"나와 내 왕국은 깨끗하다. 영원토록 여호와 앞에서 넬의 아들
아브넬의 피에 대해 깨끗하다. 29 그 피는 요압의 머리와 그 모든
가족들에게 돌아갈지어다. 유출병자와 나병환자, 물레를 잡는 자와
칼에 죽는 자, 그리고 굶어 죽는 자가 요압의 집으로부터 끊어지지
않을지어다. 30 요압과 그의 동생 아비새가 기브온 전투에서 그들의
동생 아사헬을 죽였다는 이유로 아브넬에 대해 살인을 저질렀도다."

아브넬의 살해 소식을 뒤늦게 접한 다윗은 요압을 저주한다. 먼저 그는 아브넬의 죽음에 대해 자신은 "깨끗하다"고 선언한다. 그리고 요압이 아브넬을 죽인 것은 자신이 지시한 것이 아니라, 동생 아사헬에 대한 복수였다는 말로 저주를 마무리한다. 27절에서 성경 저자를 통해 설명된 내용—요압이 동생 아사헬의 죽음에 대해 아브넬에게 복수함—이 30절에서 다윗의 입을 통해 다시 한 번 반복된다.

저주(29절)는 두 부분으로 나뉠 수 있는데, 첫째는 요압과 그 모든 가족들이 아브넬의 피에 대한 책임을 지게 될 것임을 말하는 부분이고, 둘째는 요압의 집안에서 우환들이 끊이지 않을 것임을 말하는 부분이다. "피가 아무개의 머리 위로 돌아간다"는 표현은 살인죄에 대한 벌을 가리키는데, 그 의미는 살인한 자가 살인에 대한 책임을 지고 죽게 될 것이라는 뜻이다. 이 저주는 훗날 솔로몬에 의해 성취되는데, 솔로몬은 요압을 쳐 죽이라고 명령하면서 다음과 같이 말한다. "내 아버지 다윗이 알지 못하는 사이에 요압이 자기보다 의롭고 선한 두 사람… 아브넬과… 아마사를 쳐서 죽였으므로 여호와께서 그 피를 그의 머리에 돌리실 것이다"(왕상 2:32).

"그 피는 요압의 머리에 있을지어다"

이 표현은 죄의 책임이 어디에 있는지를 특정한다. 예를 들어, 여리고로 들어간 정탐꾼

은 라합에게 다음과 같이 말한다. "너의 집에 있는 사람은 살 것이지만, 집 밖으로 나가는 사람의 경우 '그 피가 그의 머리에 있을 것이다(수 2:19).'" 즉 라합의 집 밖으로 나간 사람의 죽음은 그의 책임이라는 뜻이다. 다윗이 사울의 죽음을 전한 전령을 심판하면서도 "네 피가 네 머리에 있을 것이다"(삼상 1:16)라고 말하며, 그의 죽음은 그의 죄가 자초한 것임을 분명히 한다. 솔로몬도 시므이에게 예루살렘 밖으로 나가지 말 것을 경고하면서, "네가 나가서 기드론 시내를 건너는 날에는 반드시 죽을 것이니, 네 피가 네 머리로 돌아갈 것이라" 말한다(왕상 2:37; 9, 33절도 참조). 에스겔 선지자도 사람들이 나팔 소리를 듣고도 경고를 받아들이지 않아 "칼이 닥쳐 그를 친다면, 그 피가 자기 머리에 돌아갈 것이라"고 말한다. 이렇게 죄책의 개념이 머리 위의 피에 비유되는 것은 제사 관습에서 유래한 것 같다. 레위기에 따르면 제주가 자신의 죄책을 자기에게서 희생 동물에게 옮기기 위해 그가 가져온 동물의 머리 위에 손을 얹고 그의 머리를 쳐 피를 냈다(레 4:4). 이 관습에서 피가 머리에 고이는 것이 죄책의 개념과 연결된 듯하다.

저주가 살해를 저지른 요압 개인에 머물지 않고 집안으로 확대된 이유는 요압의 행위가 가문의 의무를 감당한 것이기 때문이다. 실제로 아브넬의 암살에 아비새가 동참함으로써 그것은 가문의 복수가 되었다. 그런데 이상한 것은 고대 이스라엘에서 복수는 죄가 아니라 마땅한 의무였는데, 복수를 감행한 요압과 그의 집안이 저주를 받았다는 것이다. 살인이 발생하면 피해자 가족에게 소위 "피의 복수"의 권리가 합법적으로 주어진다. 그 복수를 담당하는 사람을 "피를 보복하는 자"(고엘 하담גאל הדם)로 부른다(민 35:19). 예를 들어 내 아버지를 죽인 원수를 아들이 찾아가 복수하지 않으면 그 아들은 아들로서의 의무를 다하지 못한 것이다. 이런 관점에서 보면 요압이 아브넬을 죽인 것은 피의 복수권을 행사한 것이다. 피의 복수권이 율법이 허락한 권리라면 왜 다윗은 요압의 집안을 그렇게 저주했는가? 단지 아브넬의 죽음이 자신과 관계없음만을 밝히면 되지 않았을까? 왜 자기 동생의 피를 되갚아 준 요압이 저주를 받아야 하는가?

우선, 요압을 저주한 사람이 다윗이라고 해서 그 저주가 반드시 정당하다고 볼 필요는 없음을 기억하자. 살다 보면 부당한 이유로 이웃들을 저주할 수 있다. 다윗도 그런 사람들 중 하나일 수 있다. 피의 복수의 의무를 감당한 요압을 그렇게까지 저주할 이유가 없었음에도 다윗이 그리했다면, 그 이유는 무엇일까? 이 저주에는 정치적 이유가 있다. 첫째는 아브넬의 죽음에 다윗 자신이 전혀 관여되지 않았음을 보이기 위한 것이다. 둘째는 아브넬의 죽음이 야기시킬 민심 이반을 최소화시키려는 것이었다. 아브넬의 중재로 다윗은 이스라엘의 장로들, 베냐민 집과 언약을 맺었고, 이제 대관식만 남겨 놓았는데 요압이 아브넬을 죽임으로 이 모든 일이 예정대로 진행되기 어려워졌다. 그로 인해 북이스라엘에 새로운 정치적 역학이 생겨날 수 있다. 즉 북이스라엘의 민심이 다윗으로부터 이반할 수 있다. 이처럼 다윗이 요압을 저주한 것은 (그 저주의 정당성과 상관없이) 그가 아브넬의 죽음에 전혀 관계하지 않았음을 보여 줌으로써 이후 통일 과업에 대한 장애를 최소화하기 위함이었다. 아이러니한 것은 요압이 아브넬을 살해한 것이 가족의 의무를 가장한 정치적 행위였는데, 다윗이 그런 요압의 행위를 저주한 것도 정의의 의무를 가장한 정치적 행보였다는 것이다. 한편 쿠이보노의 원리를 이용하여 다윗이 요압을 사주하여 아브넬을 죽였다는 주장은 설득력이 없다. 왜냐하면 아브넬의 죽음으로 이득을 본 사람은 요압이지 다윗이 아니다. 따라서 쿠이보노의 원리는 다윗이 아브넬의 죽음에 대한 책임이 있다고 주장할 근거가 될 수 없다.[2]

요압과 그 후손들에 대한 다윗의 저주는 엘리와 엘리 가문에 대한 저주를 연상시킨다. 이들 저주는 모두 세대를 넘어 유효하다. 엘리와 그 아들들의 잘못으로 그 후의 모든 엘리 계열의 제사장들이 저주의 대상이 된 것처럼 요압과 그 형제 아비새의 잘못으로 그 후손이 모두 저주를 받게 되었다. 그 내용도 죽음을 초래하거나 죽음을 연상시키는 질병과 사건, 그리고 가난에 관한 것이다. 엘리 가문에 내려진 저주에 따르면 엘리의 후손들은 요절할 것이며, 시력을 읽을 것이고, 전쟁에서 죽을 것이며, 가난하게 될 것이다. 요압의 후손에 대한 저주도 비슷한 내용을 포함한다. 요압의 후손들 중 유출병과 나병 환자들이 생겨날 것이며, 전사하는 자들과 굶어 죽는 자들이 끊이지 않을 것이다. 요압에 대한 저주에서 한 가지 재미있는 것은 "물레를 잡는 자"의 의미이다. 개역개정역은 이것을 '지팡이를 잡는 자'로 번역하는데 히브리어 펠레크(פלך)는 분명 물레를 의미한다. 물레를 잡는 것이 어떻게 저주가 될 수 있는지가 분명하지 않기 때문에 '지팡이 잡는 자'라고 의역한 것이다. 하지만 동사 "물레를 잡는 일"이 여성의 일이고 "물레를 잡는 자(מחזיק בפלך)"는 원문상 남성을 의미함을 고려하면 그것이 왜 저주가 되는지를 이해할 수 있을 것 같다. 남자가 여자의 일을 하는 것이 당시 사회에서는 저주로 간주된 것 아닐까?

기독교인과 '저주'의 기도

저주는 사람에게 해를 가져오는 말을 가리킨다. 성경에서 저주는 사람이 하는 경우도 있지만 하나님이 직접 하시는 경우(신 27–29장)도 있다. 개인과 집단 모두 저주의 대상이 될 수 있다. 하지만 모든 저주가 그대로 성취되는 것은 아니다. 정당한 저주만이 성취된다. 예를 들어 시므이가 다윗에게 한 저주는 성취되지 않았다(삼하 16:7–8). 사무엘상 14장의 사울의 저주도 성취되지 않았다. 왜냐하면 성경의 저주는 하나님의 정의와 밀접히 연결되기 때문에, 하나님의 뜻과 일치하지 않는 저주는 어떤 '마술적' 효력도 가지지 않는다. 저주의 내용은 문맥에 따라 다양할 수 있다. 하지만 저주의 대상자는 단순히 "원수"가 아니라 "악인"이라는 공통점이 있다. 이것을 보여 주는 대표적인 저주로 시편 68편 21절을 들 수 있다. "그의 원수들의 머리 곧 죄를 짓고 다니는 자의 정수리는 하나님이 쳐서 깨뜨리시리로다." 기독교인들이 의인들에게 축복을 비는 것이 허용되는 것처럼 무고한 사람을 해하는 악인들에 대해 하나님의 심판을 비는 것도 허용된다. 예수님은 "원수"를 사랑하라고 말씀하셨지, "악인"을 사랑하라고 말씀하지 않으셨다.

다윗이 아브넬을 애도함 3:31-39

31 다윗이 요압과 그와 함께한 모든 백성들에게 말했다:
"너희 의복을 찢고, 베옷을 입은 후 아브넬의 상여 앞에서 곡하라!"
왕 다윗도 그 상여 뒤를 따라가고 있었다. 32 그들이 아브넬을
헤브론에 매장할 때, 왕은 목소리를 높여 아브넬의 무덤에서 울었다.
모든 백성들도 울었다. 33 왕은 아브넬을 위해 다음의 애가를 지었다.
"어리석은 자(נבל)의 죽음처럼
아브넬이 죽었는가?
34 자네의 손이 묶이지 않았고,
자네의 발도 청동 족쇄로 모아지지 않았는데,
자네가 악한 사람들(בני עולה) 앞에 넘어지는 것처럼 넘어졌네."
모든 백성들도 그를 위해 계속 울었다. 35 그날 모든 백성들이
다윗으로 하여금 먹고 기운 차리게 하기 위해(להברות) 그에게
찾아왔다. 그러나 다윗은 맹세하여 말했다.
"해가 지기 전에 내가 빵 혹은 어떤 것이라도 입에 댄다면,
하나님이 내게 벌하시고, 또 벌하시기를 원한다."
36 이로서 모든 백성들은 상황을 잘 깨닫게 되었고, 왕이 모든 백성이
보는 가운데 행한 모든 것이 그들이 보기에 좋았다. 37 즉 그 날에 온
백성과 온 이스라엘은 요압이 넬의 아들 아브넬을 죽인 일이 왕의
지시에 의한 것이 아님을 알게 되었다. 38 왕은 그의 종들에게 말했다:
"너희들은 오늘 이스라엘에서 장군이자 위대한 자가 넘어진 것을
알지 못하느냐? 39 그리고 오늘 나는 왕으로 기름부음을 받았지만
유약하다. 그러나 이 남자들, 스루야의 아들들은 내가 감당하기에
너무 어렵구나. 여호와께서 그 악을 행한 자에게 그 악을 따라
갚으시기를 원하노라."

다윗은 아브넬의 장례를 국장으로 치른다. 그는 모든 백성들에게 "의복을 찢고 베옷을 입고 아브넬의 상여 앞에서 곡하라"라고 명령한다. 즉

다윗은 애통 의식의 가장 중요한 행위들을 직접 명령함으로써 아브넬의 장례를 모든 백성이 참여하는 국장으로 승격시킨다. 물론 이 "모든 백성"에 요압이 포함되었음은 말할 것도 없다(31절). 요압도 의복을 찢고 베옷을 입은 채 자신이 암살한 아브넬의 시신 앞에서 곡해야 했다. 이때 요압의 심정은 어떠했을까? 참으로 놀라운 것은 다윗 왕이 이 국장을 직접 주도하고 있다는 것이다. 사무엘서 저자는 아브넬의 상여를 바로 뒤따르는 다윗에 대해 처음으로 "다윗 왕"이라는 호칭을 사용한다. 상여 뒤를 따라간 다윗 왕은 아브넬의 시신이 매장될 때 먼저 소리를 내어 울며 백성들의 애곡을 선도하였다. 또한 사울과 요나단이 죽었을 때처럼 아브넬을 위해 애가를 짓는다. 뿐만 아니라 다른 백성에게는 명하지 않았지만, 스스로에게 금식을 맹세한다—"해가 지기 전에 내가 빵 혹은 어떤 것이라도 입에 댄다면, 하나님에 내게 벌하시고 또 벌하시기를 원한다"(35절).[3]

아브넬의 죽음에 대한 다윗의 이런 반응은 분명 이례적이다. 얼마 전까지 아브넬은 유다의 적이 아니었는가? 그는 유다의 장군 아사헬을 죽인 적장이 아닌가? 비록 부당하게 암살당했지만,[4] 다윗이 그렇게까지 아브넬의 죽음을 애통해야 하는 이유가 무엇일까? 다윗은 동생에 대한 복수로 아브넬을 죽인 자신의 신하 요압의 입장은 생각하지도 않는가? 다윗이 아브넬의 죽음을 국장으로 애도한 이유는 다음의 본문에 암시되어 있다. "모든 백성이… 깨닫게 되었고, 왕이… 그들이 보기에 좋았다. 모든 백성과 모든 이스라엘이… 알게 되었다"(36-37절). 이 장례 행사로 사람들은 전에 몰랐던 것을 깨닫게 되었다. 전에 의심했던 것에 대한 확신이 생겼다. 그것은 크게 두 가지다. 첫째, 그들은 요압이 아브넬을 죽인 것이 "왕의 지시에 의한 것이 아님"(37절)을 깨닫게 되었다. 당시 헤브론 왕국은 다윗을 정점으로 하나로 똘똘 뭉쳐 있었다. 하나님의 보호를 받은 것으로 인식된 다윗의 권세는 절대적인 것이었다. 따라서 유다 사람들은 헤브론에서 벌어진 일 가운데 다윗의 승인 없이 된 것이 있으리라고 상상하지 못했을 것이다. 요압이 아브넬을 죽였지만 그 일이 궁극적으로는 다윗으로부터 말미암은 것이라고 생각했을 가능성이 충분하다. 일부 학자들은 성경 저자가 후대 사람들의 생각을 "모든 백성"이라는 문학적 인물 속에 투영한 것이라고 주장하지만, 아브넬의 장례식에 참석한 사람들도 그의 죽음에 다윗이 직간접적으로 개입했을 것이라 믿었을 가능성이 높다. 다윗이 아브넬의 장례를 국장으로 치른 것, 그가 그 행사에 주도적으로 참여하여 애가를 지은 것, 금식도 불사한 것은 사람들의 그런 의심을 불식시키기 위함이었을 것이다.

둘째, 아브넬을 애도하는 다윗을 보면서 사람들이 새롭게 깨달은 것은 다윗의 인격이다. 다윗은 일반 정치가나 군인처럼 자신의 이익을 위해 수단과 방법을 가리지 않는 사람이 아님을 깨달았다. "왕이 모든 백성이 보는 가운데 행한 모든 것이 그들이 보기 좋았다"(36절). 또한 자신의 적이자 이스라엘의 장군인 아브넬을 애도함으로써 다윗은 이스보셋 왕국의 백성들에게도 유화의 손길을 보내고 있다. 이것은 성경 저자가 37절에서 "온 이스라엘"을 "온 백성"과 병치시킨 사실을 통해 알 수 있다. 온 백성은 아브넬의 장례식에 참석한 헤브론의 유다 사람들을 가리킨다. 반면 온 이스라엘은 명시적으로 그 소식을 전해 들은 모든 이스라엘 백성들을 지칭한다. 다윗이 아브넬을 죽이지 않았고 "위대한 자"와 "장군"으로 칭하면서 적장의 죽음을 진심으로 애도했다는 소문은 북방 지파들의 민심을 얻는 데 매우 효과적으로 작용했을 것이다. 모든 이스라엘 백성들은 다윗이 전쟁에 능할 뿐 아니라, 정의롭고 자비로운 군주임을 새로이 알게 된 것이다.

다윗은 아브넬의 시신을 헤브론에 매장했다. 그가 베냐민 사람임에도 그의 시신을 베냐민 사람들에게 넘겨주지 않은 이유는 무엇일까? 우선 표면적으로는 아브넬이 칼에 맞아 죽었기 때문이다. 암살이나 전염병으로 죽은 경우처럼 저주스러운 죽음으로 인식되는 경우 시신은 고향으로 옮겨져 조상의 묘에 묻히지 않는다. 들에 버려진 채 방치되는 경우가 많았다. 따라서 아브넬이 정상적인 교전 상황이 아닌 암살로 죽었다는 이유로 그의 시신을 고향으로 돌려보내지 않았을 수 있다. 그러나 보다 중요한 이유는 다윗이 아브넬을 자신의 부하, 다윗 왕국의 일원으로 인정했기 때문이다. 아브넬은 이미 다윗과의 언약을 통해 충성의 대상을 바꾸었다. 그는 이미 다윗의 '식구'인 것이다. 요압이 그를 죽이지 않았더라면 그는 요나단이 꿈꾸었던 다윗 왕국의 2인자가 됐을지도 모른다.

다윗이 아브넬의 장례식을 성대하게 치러 준 또 하나의 이유가 있다. 그것은 아브넬을 암살한 요압 가문에 대한 숙청의 명분을 쌓는 것이다. 아브넬에 대한 장례식은 요압의 행위가 항명 행위였음을 온 백성에게 알리는 효과를 지닌다. 군인의 항명은 사형감이다. 물론 다윗이 바로 요압을 죽이지는 않는데 그 이유는 다윗의 연설에 암시되어 있다. "오늘 나는 왕으로 기름부음을 받았지만 유약하다. 그러나 이 남자들, 스루야의 아들들은 내가 감당하기에 너무 어렵다"(39절). 하지만 다윗의 연설은 결국 요압에 대한 저주로 끝난다. "여호와께서 그 악을 행한 자에게 그 악을 따라 갚으시기를 원하노라." 다윗이 요압 가문을 저주한 것이 이번이 처음은 아니다(29절 참조). 이것은 아브넬 장군이 이스보셋의 왕권에 위협이 되었던 것처럼 요압 장군도 다윗 왕권에 큰 위협이 될 수 있음을 보여 준다. 다윗이 죽기 전 솔로몬에게 "네가 지혜롭게 행하여 그[요압]의 머리가 평안히 스올로 내려가지 않도록 해라"라고 조언한 것은 전혀 놀랄 일이 아니다(왕상 2:6).

아브넬을 위한 애가

죽은 자를 슬퍼한다는 뜻은 그가 살아 있을 때 제공한 선한 것들을 그리워한다는 뜻이다. 이 때문에 애가는 죽은 자의 긍정적인 기억에 초점을 맞춘다(삼하 1:22-24 참조). 그리고 죽음이라는 운명이 그런 선한 사람에게 어울리지 않는다고 탄식하는 것이다(삼하 1:19, 27 참조). 나아가 그의 죽음에 대한 자연의 반응이 언급되기도 한다(삼하 1:21 참조). 이 모든 요소가 사울과 요나단을 위해 다윗이 지은 애가에 나타난다. 하지만 아브넬을 위한 애가는 매우 짧아서 방금 언급한 것 가운데 두 번째 요소만을 포함한다. 첫 번째 행은 아브넬의 죽음을 어리석은 자의 죽음에 비유하는데, 그 둘이 조화될 수 없다는 생각이 수사적 의문문으로 표현되었다. 즉 아브넬은 그런 식의 죽음을 당할 이유가 없어 보인다는 주장이다. "어리석은 자의 죽음처럼 아브넬이 죽어야 했는가?" 여기서 "어리석은 자"로 번역된 히브리어는 나발(נבל)인데, 이것은 아비가엘의 남편의 이름이기도 하다. 아비가엘의 지혜로운 탄원이 없었다면 나발은 누군가의 칼에 맞아 죽었을 것이다. 그것이 어리석은 자의 운명이다. 아브넬의 죽음이 "어리석은 자 나발"의 그것에 비유되는 것이 바로 이 때문이다. 두 번째 행에서는 아브넬의 죽음이 악한 사람들에 의한 무고한 희생으로 그려진다. 여기서 악한 사람들은 요압과 아비새를 가리키는 것이다. 그의 죽음이 무고한 자의 죽음이었음을 암시하는 것은 죽을 때 그의 손과 발이 자유로웠다는 사실이다. 아브넬 같은 장군이 손 하나 쓰지 못하고 쓰러져 버렸다면, 그 이유는 단 하나이다. 그는 악한 사람들의 궤술에 속아 싸워 볼 기회도 얻지 못하고 암살당한 것이다. 다윗에게 아브넬은 하나님의 뜻을 위한 동역자였다. 그런 선한 사람이 어리석은 자처럼 악한 아들들 앞에 쓰러져 죽었음을 다윗은 탄식하고 있다.

본 장에서는 통일 이스라엘의 왕이 되기 위해 적과 협상했을 뿐 아니라 적장이 불의하게 암살당하자 국상으로 애도해 줌으로써 적극적으로 여론을 주도하는 등 일반 정치인처럼 정치하는 다윗의 모습을 보았다. 하지만 이것은 다윗이 왕이 되는 것이 하나님의 정하신 뜻이라는 신앙 고백과 모순되지 않는다. 사울이 살아 있을 때 다윗은 스스로 부과한 기름 부은 자에 대한 존중을 철저히 지켰지만 사울이 죽은 지금, 다윗만이 그 땅에 남아 있는 기름 부음 받은 자이다. 그가 이스보셋의 왕국을 흡수하여 통일 이스라엘의 왕이 되는 것은 하나님이 뜻이다. 그리고 하나님의 뜻을 이루기 위해 당시 관습과 관행이 허락하는 범위 내에서 정치적 행위를 하는 것이 흠이 될 수 없다. 아니 반드시 하나님의 뜻대로 왕이 될 때까지 다윗은 열심히 정치해야 했다. 마치 위대한 축구 선수가 될 것이라고 계시받은 소년이 그렇게 되기 위해서 정상적인 연습과 노력의 과정을 거쳐야 하는 것과 마찬가지다. 분열 왕국 상황에서 이스보셋의 왕국을 흡수하여 통일 왕국을 이루기 위해서 다윗은 최선의 정치적 노력을 다해야 했다. 그것이 적장 아브넬과의 조약이든, 미갈을 다시 데려오는 일이든, 민심 수습을 위한 장례 의식이든 말이다. 그러나 기억해야 할 것은 하나님의 뜻을 이루기 위한 우리의 노력들이 모두 정당화되는 것은 아니라는 사실이다. 하나님 나라에서는 목적이 수단을 정당화하지 않는다. 하나님을 위해 도모하는 모든 일이 (신자와 비신자를 모두 포함한) 내 이웃을 불행하게 하는 결과를 내는 악한 것은 아닌지 주의 깊게 살펴야 한다.

질문

1. 요압이 아브넬과 다윗의 언약 체결 의식에 참석하지 못한 이유는 무엇입니까?
2. 요압이 아브넬을 죽인 것은 동생 아사헬에 대한 복수를 행한 것입니다. 어찌 보면 "피를 복수하는 자"의 의무를 다한 것이지요. 그럼에도 다윗이 그런 요압을 저주한 이유는 무엇이라고 생각합니까?
3. 다윗이 이례적으로 아브넬의 장례를 국장으로 치러 준 이유는 무엇입니까?

묵상

요압은 분명 다윗의 편에 있었습니다. 다윗의 왕국을 대표하는 장수였습니다. 그러나 그의 행위는 다윗의 성품과 반대되는 것입니다. 다윗을 근심하게 하는 것이었지요. 신앙인들은 그리스도를 대표하는 사람들입니다. 우리의 행동이 예수님의 선하심을 반영하지 않으면 예수님이 근심할 것입니다. 우리가 요압처럼 행동한다면, 우리의 부족함으로 하나님의 교회가 욕을 보게 될 것입니다. 우리의 혈기, 탐욕, 성적 방종 등이 절제되지 않아 우리가 대표하는 그리스도를 욕되게 하는 일이 없도록 해야 할 것입니다.

9
하나님 나라의 가치

삼하 4:1-12

아브넬을 잃은 이스보셋 왕은 이빨 빠진 호랑이 신세가 되었다. 더 이상 사냥할 수 없는 호랑이는 그가 죽어 남길 가죽 이외에는 어떤 가치도 가지지 않는다. 본 장은 이빨 빠진 호랑이가 된 이스보셋을 죽이고 그의 가죽을 취하려 한 두 사람 바아나와 레갑의 이야기다. 문맥상 다윗이 통일 이스라엘의 왕이 되기 위한 마지막 정치적 장애물이 제거되는 순간을 서술한다. 이스보셋이 역사의 무대에서 사라짐으로써 다윗이 북이스라엘의 왕이 되는 것은 시간문제가 되었다.

에스바알 대 이스보셋

사무엘서 저자는 사울 왕국을 이어받은 왕자의 이름을 이스보셋으로 부른다. 반면 역대서 저자는 같은 인물을 에스바알로 부른다. 어느 것이 본명이었을까? 많은 학자들이 에스바알이 본명이고 왕자의 이름에 "바알"이 들어간 것을 탐탁지 않게 여긴 편집자가 그것을 "부끄러움"을 뜻하는 보셋으로 바꾸었다고 주장한다. 실제로 성경 인물의 이름에서 바알이 보셋으로 바뀐 예가 적지 않다.[1] 이런 변화에는 두 가지 메시지가 담겨 있다. 하나는 사울이 아들의 이름에 이방신의 이름을 넣을 만큼 그렇게 나쁜 사람은 아니라는 것이다. 둘째, 이방신 바알은 보셋, "수치"이다. 그렇다면 왜 역대서 저자는 에스바알이라는 이름을 유지했는가? 역대서 저자는 에스바알을 이스보셋으로 바꿈으로 사울을 변호할 필요도, 바알을 폄하할 필요도 못 느꼈을 것이다. 비교적 자세한 사울 전기를 남김으로써 사울에 대한 동정적 해석의 가능성을 열어 둔 사무엘서 저자와 달리 역대서 저자는 사울 왕국에 대한 서술에 지면을 거의 할애하지 않는다(삼하 10:1-14). 사울의 자살에 대한 이야기와 그가 여호와 앞에 죄를 짓고 말씀에 순종하지 않았다는 간략한 평가만을 제공한다. 즉 역대서 저자에게 사울은 전형적인 죄인인 셈이다. 죄인 사울이 아들의 이름을 "바알의 사람"으로 지었다는 사실은 역대서 독자들에게 그다지 충격적으로 다가오지 않았을 것이다. 또한 역대서가 쓰인 시대에 "바알"은 더 이상 인기 있는 이방 신이 아니었다. 그를 폄하할 필요조차 없을 정도로 사람들 사이에 영향력을 잃어버렸던 점도 기억할 필요가 있다.

배경 4:1-3

1 아브넬이 헤브론에서 죽었다는 소식을 들었을 때 사울의 아들은
크게 낙담했고[2] 온 이스라엘도 큰 충격에 빠졌다. 2 한편, 사울의
아들에게는 두 명의 부하(אנשים) 약탈 부대의 대장들이 있었다.
하나의 이름은 바아나였고, 또 하나의 이름은 레갑이었다. 이들은
베냐민 지파 브에롯 사람 림몬의 아들이었다. 당시 브에롯도 베냐민
지파에 속한 것으로 간주되곤 했다. 3 브에롯 사람들은 깃다임으로
도망한 후 그곳에서 오늘날까지 거주하고 있다.

본 단락은 본격적인 암살극이 시작되기 전 '무대'를 꾸미는 부분이다. 1절은 레갑과 바아나가 이스보셋을 암살하기로 결심한 결정적인 동기를 서술한다. 북이스라엘을 서쪽의 블레셋과 남쪽의 유다로부터 보호해 주던 마지막 보루 아브넬이 암살되었다. 성경 본문은 우리에게 그 암살이 다윗에 의한 것이 아님을 분명히 말하지만, 북이스라엘 사람들이 그 소문을 믿었을 리가 없다. 그들의 눈에는 분명, 평화적 권력 이

양을 협의하기 위해 헤브론으로 내려갔던 아브넬이 죽고 그 시체마저 고향으로 돌아오지 못한 채 타향에 묻혔다는 소식은 북이스라엘에 대한 다윗의 적대적인 메시지에 다름 아니었다. 이제 언제 다윗의 군대가 밀고 올라올 줄 모르지만 북이스라엘에는 그들과 맞서 싸울 용기 있는 왕도 장군도 없다. 이런 상황에서 가장 위협을 느낀 사람들은 사울의 집안에 충성해 왔던 베냐민 사람일 것이다. '천하'가 바뀌면 가장 먼저 죽을 사람이 그들이기 때문이다. 이때 두 베냐민 사람이 이스보셋을 죽여 그 머리를 다윗에게 바치기로 결심한다. 그들은 레갑과 그의 형제 바아나였다.

레갑과 바아나는 왕과 같은 지파인 베냐민에 속했을 뿐 아니라 이스보셋에 의해 약탈 부대의 대장으로 임명될 정도로 왕의 신임이 두터운 사람들이었다.[3] 그런 레갑과 바아나가 어려움에 처한 군주를 버리고 그를 암살한 것은 어떻게 이해할 수 있을까? 이 질문에 대한 답이 2-3절에 암시되어 있다. 2절 후반부와 3절은 이스보셋의 두 장군과 브에롯과의 연관에 대해 자세히 설명한다. 그들의 베냐민 지파 소속을 분명히 하면서도 동시에 그들이 "브에롯 사람"의 아들임을 감추지 않는다. 브에롯은 본래 여호수아를 속이고 이스라엘 군대와 평화 조약을 맺은 네 개의 히위 도시들 가운데 하나였다(수 9:17). 브에롯 사람들과 다른 히위 도시들, 즉 기브온, 기럇여아림, 그비라는 모두 베냐민 땅에 속하게 되었고 그들은 베냐민 땅에서 '이민'의 삶을 약 300년 동안 일군다. 그러나 사울이 베냐민 땅에 사는 외국인들(=히위 사람들), 특히 기브온과 브에롯 주민들을 없애려 했을 때(삼하 21:2, 5), 브에롯 주민들은 깃다임으로 도망한다. 이 역사적 사실은 바아나와 레갑이 이스보셋을 암살한 이유들을 이해하는 데 도움이 된다.

먼저 바아나와 레갑은 소위 이중 국적자였다. 브에롯 주민들은 본래 이방인들었지만, 이스라엘과의 평화 조약(수 9장)으로 오랫동안 이스라엘 공동체의 일원으로 삶을 일구어 온 사람들이다. 2장 후반부에서 사무엘서 저자가 "당시 브에롯도 베냐민 지파에 속한 것으로 간주되곤 했다"고 언급한 이유가 바로 그 사실을 상기시키기 위함이다.

레갑과 바아나도 이스보셋이 약탈 부대의 대장으로 임명할 정도로 온전히 '베냐민화'된 사람들이다. 따라서 이들이 이스보셋을 암살한 동기는 2가지 측면으로 나누어 생각해야 한다. 먼저 이방인의 정체성에 방점을 두어 생각해 보자. 그들은 비록 오랫동안 이스라엘 사람과 함께 살아왔지만 지난 사울 정권에서 발생한 탄압에 대한 응어리를 가지고 있었을 가능성이 있다. 따라서 이미 자포자기 상태의 "사울의 아들"과 운명을 같이하는 대신 이스보셋을 죽이고 스스로가 사는 길을 선택했을 가능성이 있다. 상황 변화에 민감하고 기회에 민첩해야 살아남을 수밖에 없었던 이민자의 기질에 맞게 그들은 아브넬이 죽은 직후 거사를 실행한다.

한편 베냐민 지파의 일원으로서도 그들은 이스보셋을 암살할 충분한 이유를 가졌다. 베냐민은 북이스라엘 최남단에 위치한 부족으로 다윗의 유다 땅과 국경을 접하고 있다. 따라서 다윗의 군대가 북진한다면 그 공격의 첫 번째 대상이 되는 것은 베냐민 사람들이다. 더구나 베냐민은 사울의 아들 이스보셋이 속한 지파가 아닌가? 그들은 다윗이 자신의 왕권을 다지기 위해 제일 먼저 숙청해야 할 사람들이었다. 따라서 베냐민 사람 바아나와 레갑은 "사울의 아들"을 직접 처리함으로써 베냐민 지파에 대한 다윗의 의심과 경계를 풀려 했을지도 모른다.

그들이 탄압받은 거류 외국인의 입장에서 암살을 계획했건 아니면 베냐민 사람의 입장에서 그리했건 분명한 것은 그들의 행위가 순수하지 못했다는 것이다. 그들은 풍전등화와 같은 조국을 버리고 홀로 살아남기 위해 그리고 다윗으로부터 상금이나 관직을 기대하면서 이스보셋을 암살했다. 즉 그들은 사람의 생명을 수단으로 자신의 이익을 챙기려 한 의롭지 못한 사람들이었다.

본 단락과 관련해 마지막으로 물어야 할 것은 왜 사무엘서 저자가 곧 벌어질 암살의 배경을 설명하면서 "이스보셋"이라는 이름 대신 "사울의 아들"이라는 명칭을 사용하는가이다. 많은 학자들이 그것을 단지 사본상의 문제로 취급하여 "이스보셋"이라는 이름을 1절에 첨가하기도 한다.[4] 하지만 필자는 사무엘서 저자가 이스보셋을 언급하지 않은 데에는 나름의 문학적 이유가 있다고 생각한다. 사무엘서 저자가 의도한 문학적 효과는 다음과 같이 정리될 수 있다. 첫째, 1절의 "사울의 아들"은 4절에 등장하는 므비보셋과[5] 5절 이하에서 이름이 처음 언급되는 이스보셋(5절 이하) 모두에게 적용될 수 있는 명칭인데, 4장의 도입부에서 그 둘을 지칭할 수 있는 "사울의 아들"이라는 명칭을 사용한 것은 4장의 이야기를 통해 그 두 사울의 아들의 운명을 대조하기 위함이다. 한 명은 살아남고 다른 한 명은 죽는다. 둘째, 3절에서 이름 대신 "사울의 아들"이란 별칭으로 이스보셋을 소개한 이유는 그의 죽음이 사울의 죄와 연관되어 있음을 보이기 위함이다. 사울의 아들 이스보셋을 죽인 자들은 사울의 언약 위반 행위(=기브온 탄압 정책)로 깃다임으로 도망해야 했던 이방인들이다. 이후 다윗은 다른 사울의 아들들에게도 사울의 죄에 대한 책임을 물어 그들을 이방인들에게 넘긴다(삼하 21장). 셋째, "사울의 아들"로 이스보셋을 소개하는 또 하나의 이유는 그를 죽인 이방인들이 "사울"을 죽였다고 주장한 이방 전령과 같은 운명에 처하게 될 것임을 암시하기 위함이다. 그러나 다윗이 레갑과 바아나를 처형한 이유는 전에 아말렉 전령(삼상 1:15)을 처형한 이유와 조금 다르다. 후자의 경우 하나님이 기름 부은 자를 죽였기 때문이지만, 전자는 무고한 자를 죽였기 때문이다. 이에 대한 논의는 아래를 참조하라. 이와 같은 문학적 의도를 가지고 성경 저자는 본 단락에서 이스보셋이라는 이름을 피하고 "사울의 아들"을 사용하였다.[6]

므비보셋 4:4

4 한편 사울의 아들 요나단에게 발이 불구인 아들이 있었다. 그가
다섯 살 되던 때 이스르엘로부터 사울과 요나단의 사망 소식이
도달했다. 그의 유모가 그를 업고 도망했지만 그녀가 서둘러
도망하던 바람에 그가 떨어져 절름발이가 되었다(ויפסח).
그의 이름은 므비보셋이었다.

본문은 사울의 또 다른 아들 므비보셋이 어떻게 절름발이가 되었는지 설명한다. 요나단의 아들이었던 그가 다섯 살 때 사고로 평생 절름발이가 된 경위는 매우 안타깝다. 아버지의 사망 소식이 사울의 고향 기브아에 전해진 날 왕의 가족들은 피난하기 시작한다. 언제 블레셋이 들이닥쳐 왕손들을 모두 죽이고 혹은 노예로 잡아갈지 모르기 때문이다. 그런데 므비보셋을 업고 피난하던 유모가 실수로 그를 땅에 떨어뜨린다. 본문은 단지 "서둘러"라고 설명할 뿐 구체적 정황에 대해 침묵한다. 유모에 의한 고의적 낙상은 아닌 듯하지만 다섯 살에 평생 짊어질 장애를 입게 된 요나단의 아들 이야기는 매우 안타깝다. 더구나 그 일이 아버지의 사망 소식이 전해진 날 발생했기 때문에 므비보셋에게 있어 자신의 장애는 늘 아버지를 생각나게 했을 것이다. 그러나 뒤집어 생각하면 그에게 닥친 불행이 오히려 어두운 시기를 살아남을 수 있는 이유가 되었다. 그가 그렇게 다치지 않았다면 그도 다른 사울의 아들들처럼 누군가의 칼에 맞아 죽어버렸을 것이기 때문이다.

이스보셋의 암살을 다루는 문맥에서 장애가 있는 요나단의 아들 므비보셋을 언급한 이유는 무엇일까? 아브넬의 사망을 언급한 후 사무엘서 저자가 레갑과 바아나 그리고 므비보셋을 차례로 소개하는 이유는 그들 중 아브넬을 대체할 만한 인물이 없음을 보이기 위함이라고 주장하는 학자들이 있다. 즉 아브넬의 사망 후 이스보셋 왕국은 회복의 희망을 모두 상실했음을 강조하는 것이다. 하지만 필자가 보기에 레갑과 바아나를 주인공으로 한 이야기에 므비보셋의 이야기를 삽입시킨 것은 일차적으로 바아나와 레갑이 사울의 손자 므비보셋을 죽이지 않은 이유를 설명하는 목적으로 보인다. 나아가 다윗이 왕이 된 후 다른 사울의 아들들은 모두 죽었음에도 므비보셋만 살아남게 된 이유도 설명하는 듯하다. 고대에서 왕은 제사장과 마찬가지로 신체적으로도 흠이 없어야 했으므로 절름발이가 된 므비보셋은 왕이 될 수 없었다. 왕이 될 수 없는 사울의 후손은 다윗 왕조에 위협이 되지 않았을 것이다. 따라서 다윗에게 보상을 기대하는 바아나와 레갑에게 있어 므비보셋의 목은 그다지 큰 가치가 없다.

또한 사무엘서 저자는 절름발이 므비보셋도 "사울의 아들"임을 언급함으로써 앞으로 그도 다윗의 경계에서 자유롭지 못할 것임을 암시한다(삼하 9장 참조). 비록 므비보셋은 불구가 되었지만 사울의 장남 요나단의 아들로서 사울 왕조의 적통을 잇는 자임에 틀림없다. 따라서 비록 절름발이인 그가 자신의 실력으로 왕이 되기는 힘들겠지만 누군가가 다윗에게 반역한다면 므비보셋이 그 명분을 제공할 수는 있을 것이다. 다윗은 요나단과의 언약을 지키기 위해 그를 선대했지만 그를 통한 반역의 가능성도 늘 염두에 두었던 것 같다. 압살롬의 반란 때 마하나임으로 피난했을 때, 다윗이 므비보셋의 종 시바의 일방적인 말만 듣고 그의 토지를 압수하여 시바에게 주어 버린 것은 바로 이 점을 시사한다.

다윗과 사울의 아들들

일부 학자들은 다윗의 왕위 등극에 도움이 되는 살해 사건들 뒤에 궁극적으로 다윗이 있다고 주장한다. 사울과 요나단의 죽음 뒤에도, 아브넬과 이스보셋의 죽음 배후에도 왕이 되기 원했던 다윗의 음모가 있었다고 주장한다. 그들에 따르면 성경 저자는 다윗 왕조의 정당성을 변증하기 위해 다윗이 사울 가문을 죽이고 왕이 되었다는 사실을 숨기고 있다. 다윗이 사울의 후손을 기브온 사람들에게 내어주어 이방인에게 처형당하게 한 사건(삼하 21장)은 사울 가문에 대한 다윗의 속마음을 보여 주는 사건이라 주장된다. 다윗이 왕이 되고 그 왕권을 굳게 다지기 위해서는 사울 집안이 멸절되어야 했는데 다윗의 통치하에 이런저런 이유로 사울의 후손들이 모두 죽게 된 것은 우연일 수 없다는 것이다. 이런 점에서 다윗이 요나단의 아들 절름발이 므비보셋을 살려둔 것은 매우 예외적인 사건이다. 성경 본문에 따르면 다윗이 그를 환대한 것은 요나단과 언약 때문이지만 학자들은 므비보셋이 살아남은 진짜 이유는 그의 장애 때문이라고 생각한다. 그러나 다윗이 절름발이 므비보셋에 대한 경계를 완전히 푼 것은 아니었다. 그를 궁에서 가택 연금 상태에 살게 함으로써 그를 구심점으로 하는 반란의 여지를 완전히 없앴다. 뿐만 아니라 압살롬에게 쫓길 때 다윗은 므비보셋의 종 시바의 일방적인 주장에 근거해 므비보셋의 유업을 모두 시바에게 넘겨준다.[7]

이스보셋이 암살당함 4:5-7

5 브에롯 사람 림몬의 아들들인 레갑과 바아나는 출발해,
해가 뜨거울 때에 이스보셋의 집으로 들어갔다. 한편 그는 낮잠을
자고 있었다. 6 그들은 밀을 나르는 여자들로 위장하고 그 집 안으로
들어갔다. 그리고 그의 배(חמש)를 칼로 찔렀다. 레갑과 그의 형제
바아나는 도망했다.
7 그들이 그 집에 들어갔다. 그때 이스보셋은 그의 침실 안에 그의
침대 위에 누워 있었다. 그들은 그를 찔러 그를 죽인 후 그의
머리를 베어, 그의 머리를 들고 아라바를 향해 밤새 행군했다.

본문이 묘사하는 것은 이스보셋 암살 장면이다. 암살이 한낮에 이루어진다. 중동 지역에서 한낮은 너무 더워 일을 할 수 없어 모두가 잠시 낮잠을 자는 시간이다. 이때가 되면 길가에 거니는 사람들의 수도 적어진다. 레갑과 바아나는 그 낮잠 시간에 맞추어 이스보셋의 집에 침투한다. 성경 본문도 이스보셋이 낮잠을 자고 있었다고 분명히 말해 준다(5절). 레갑과 바아나는 자기 침실에서 낮잠을 자고 있던 이스보셋을 칼로 찔러 죽인 후 그의 머리를 베어 들고 다윗을 찾아간다.

본문의 가장 큰 문제는 어떻게 이스보셋이 살해당했는지 그 설명이 6절과 7절에 중복되어 나타난다는 점이다. 6절은 7절과 그 내용이 중복될 뿐 아니라 히브리어 원문상 많은 문제를 가지는 것처럼 보인다. 먼저 특별한 해석의 어려움이 없는 7절부터 보자. 7절에 따르면 그들은 이스보셋의 궁에 들어가 침실 안 침대에서 잠자고 있던 왕을 찔러 죽인 후 참수한 머리를 들고 아라바 방향으로 도주했다. 이제 6절에서 문제 되는 부분을 직역해 보자.

그녀들은 그 집 안으로 들어갔다(והנה באו עד תוך הבית). 밀을 나르는 남자들
(לקחי חטים).

레갑과 바아나가 남자들인데 그들을 "그녀들(הנה)"로 표현한 점이 첫 번째 문제이고 "밀을 나르는 남자들"로 번역된 히브리어 로크헤이 히팀(לקחי חטים)의 형태와 의미가 두 번째 문제이다. 문맥상 로크헤이 히팀의 의미상 주어가 헨나(הנה) "그녀들"임에도 불구하고, 정작 로크헤이 히팀은 "밀을 나르는 남자들"이라는 의미이다. 이 두 문제를 해결한다 해도 또 하나의 문제가 남는다. 레갑과 바아나가 어떻게 이스보셋의 궁에 발각되지 않고 들어갈 수 있었는가이다. 이런 어려움 때문에 많은 주석가들은 칠십인역을 기반으로 6절을 다음과 같이 번역한다.

> 보라. 그 집의 문 지키는 여인이 밀을 씻고 있다가 졸며 잠들었다. 그리고 레갑과 바아나 형제들이 몰래 침입했다.

이 번역에 따르면 그 두 암살자들은 문지기 여인이 밀을 씻다가 잠든 틈을 타서 궁에 잠입하였다. 그러나 왕궁의 문지기가 여인이라는 점(그리스어 hē thyrōros)과 6절의 마지막 히브리어 동사 니믈라투(נמלטו)가 "몰래 침입했다"로 번역될 수 없다는 점이 칠십인역 번역의 약점이다. 필자는 밀을 나르는 행위가 궁에 잠입하기 위한 위장 행위라는 판단을 개역개정역을 비롯한 많은 현대어 성경과 공유하면서 그 행동의 의미상 주어가 히브리어에서 "그녀들"로 표현된 사실을 심각하게 받아들여 다음과 같이 번역한다.

> 그들은 밀을 나르는 여자들로 위장하여 그 집 안으로 들어갔다.

이런 해석은 중복되는 듯한 내용의 6절과 7절이 현 본문에 모두 기록된 이유도 설명해 준다. 학자들은 일반적으로 두 가지 방식으로 그 이유를 설명해 왔다. 첫째, 유대인 중세 주석가 아브라바넬(Abravanel, 1437-1509)의 주장을 따라 일부 학자들은 6절과 7절의 내용이 중복이 아니라고 주장한다. 이들에 따르면 레갑과 바아나는 두 번 궁에 침입하였다. 첫 침입 때에는 이스보셋을 찔러 죽이고 도주했으나, 후에 이스보셋의 머리를 다윗에게 바치기로 결심하고 다시 침입하여 그의 머리를 베어 든 후 아라바 길을 통해 다윗을 찾아 갔다는 것이다. 그러나 이런 해석의 가장 큰 약점은 레갑과 바아나가 치밀하게 계획하여 이스보셋을 살해했음에도, 그의 머리를 다윗에게 가져 간 일을 우발적이라고 보는 것이다. 그러나 레갑과 바아나가 대안 없이 한 나라의 왕을 살해했을 가능성은 없어 보인다. 필자를 포함한 보다 많은 학자들은 6절과 7절이 동일한 사건을 조금 다른 관점에서 묘사한다는 입장이다.[8] 6절은 레갑과 바아나가 어떻게 들키지 않고 이스보셋의 "집 안으로" 들어갔는지에 초점을 두어 설명한다. 이것은 "그들은… 집 안으로(עד תוך הבית) 들어갔다"라는 표현 속에 암시된다(7절의 "그들이 그 집에הבית 들어갔다"와 대조하라). 그리고 6절에 대한 필자의 해석이 옳다면 그들은 밀을 나르는 여자들로 위장하고 궁에 침입한 것이다. 여자로 위장한 레갑과 바아나가 왕의 침실 근처까지 접근하는 것이 그렇게 힘들지 않았을 것이다. 칩입 상황에 초점을 둔 6절과 달리 7절은 위장 잠입 이후의 암살 상황에 초점을 맞춘다. 6절은 레갑과 바아나가 이스보셋을 찔렀을 때, 이스보셋이 침대에 누워 있었다는 사실을 강조하지 않지만 7절은 바로 그 사실을 강조한다. 또한 7절은 레갑과 바아나가 이스보셋을 칼로 찔렀을 뿐 아니라 그의 머리를 베었다고 말함으로 이스보셋의 죽음을 의심할 수 없게 만든다. 또한 암살 이후 레갑과 바아나가 "아라바" 길로 갔다고 말함으로써 그들의 암살이 다윗의 보상을 염두에 두고 행해진 것임을 암시한다. 그러나 일부 학자들이 주장하는 것처럼 이 암살이 다윗 자신에 의해 사주된 것이 아니다. 암살이 레갑과 바아나의 독자적인 행동임을 보여 주는 것은 6절의 "배(호메쉬)를 찔렀다"라는 표현이다. 이스보셋이 찔린 부위를 가리키는 히브리어 호메쉬(חמש)는 아사헬이 죽는 장면과 아브넬이 죽는 장면에서도 사용되는데, 이것은 아사헬의 죽음에 대한 책임이 전적으로 그를 죽인 아브넬에게 있었으며 또한 아브넬의 죽음이 복수를 위한 요압의 단독 행위였던 것처럼, 이스보셋의 죽음도 브에롯 사람과 사울 가문의 정치적 역학 관계(위의 설명을 참조)의 산물일 뿐 다윗과는 무관한 것이었음을 암시한다. 사무엘서 저자가 칼이 찔린 부위("배")를 7절이 아닌 6절에 제시한 이유도 이와 관련 있다. 만약 칼에 찔린 부위("배")에 대한 6절의 언급이 그 암살에 대한 다윗의 무관함을 암시한다면, 그것을 살인자들이 이스보셋의 머리를 다윗에게 바치러 가는 모습을 그린 7절에 언급하는 것은 매우 부적절했을 것이다.

여장한 암살단

삼국지를 보면 제갈량이 남만 대원정에서 맹획을 세 번 잡았다 놓아주는 이야기가 나온다. 이는 왕화(王化)로서 지역을 다스리려는 제갈량의 뜻 때문이었다. 그중 한 번은 제갈량의 부하 양봉의 두 아들이 여장을 한 군인들을 통해 맹획을 체포한 일이다. 맹획이 베푼 주연에 양봉의 두 아들들이 여장 군인들을 무희로 데려간다. 맹획이 그 무희들의 아름다움과 춤에 반하여 정신이 없을 때, 양봉의 두 아들이 "저놈들을 잡아라"하고 외치자, 단상에서 춤 추던 무희들이 칼을 빼어 비호같이 맹획을 체포했다는 내용이다. 이처럼 암살에 여장한 군인이 이용되는 것은 동서양의 공통된 관습이었다.

다윗이 암살자들을 처단함 4:8–12

8 그들은 이스보셋의 머리를 헤브론의 다윗에게 가져온 후 왕에게
말했다.
"당신의 목숨을 노렸던 당신 원수, 사울의 아들, 이스보셋의 머리를
보세요! 여호와께서 왕 내 주를 위해 오늘 사울과 그 후손을 복수해
주셨습니다."
9 다윗이 브에롯 사람 림몬의 아들들인 레갑과 그의 형제
바아나에게 대답하여 말했다.
"내 생명을 모든 고난에서 구원하신 여호와의 살아 계심을 두고
맹세하노니 10 '보십시오 사울이 죽었습니다'라고 내게 말한 자,
그는 스스로 좋은 소식을 전한다고 생각했지만, 나는 시글락에서
그를 잡아 죽였다. 내가 그에게 소식의 대가로 준 보상이 그것이다.

11 참으로 악한 사람들이 무고한 사람(איש צדיק)을 그의 집에서,
그것도 그의 침대에서 죽였구나. 이제 내가 그의 피를 너희들의
손에서 찾아 너희들을 이 땅에서 소멸시켜 버리지 않겠느냐?"
12 다윗이 시종들에게 명령하여 그들을 죽였고 그들의 손과 발을
잘라, 헤브론의 웅덩이에 걸었다. 사람들이 이스보셋의 머리를
가져가 헤브론에서 아브넬의 무덤에 묻었다.

아라바(=요단 계곡 길; 삼하 2:29 참조)를 통해 헤브론에 도착한 바아나와 레갑은 자신들의 치졸한 살인을 다윗을 위한 하나님의 복수라고 치장한다. 그리고 얼마 전까지 자신들의 왕이었던 이스보셋을 다윗의 목숨을 노린 원수로 폄하한다. 나아가 이스보셋이 "사울의 아들"임을 상기시킨다. 즉 다윗이 왕이 되려면 반드시 없애야 하는 사울 왕국의 합법적 계승자임을 상기시킨다. 1-2절에 대한 마소라 본문이 옳다면 성경 저자가 거기에서 이스보셋을 "사울의 아들"로만 칭한 것도 의도적인 것이다. 본 장이 묘사하는 암살의 대상은 "사울의 아들"일 때 더 의미가 있기 때문이다.

이스보셋의 머리를 들고 하나님의 복수하심을 운운하는 레갑과 바아나에게 다윗은 어떻게 반응했을까? 9절에서 성경 저자는 그 둘을 소개할 때 브에롯과 그들의 관계를 강조한다. 즉 베냐민 사람으로서의 정체성보다는 이방인으로서의 정체성을 강조한다. 이것은 이스보셋의 죽음을 알린 레갑과 바아나의 운명을 사울의 죽음을 알린 아말렉 전령의 그것과 비교하기 위함이다. 다윗이 이 둘에게 내린 심판은 비슷하면서도 매우 다르다. 레갑과 바아나의 이야기를 들은 다윗은 먼저 "나의 생명을 모든 고난에서 구원하신 하나님의 살아 계심"으로 맹세한다. 다윗이 레갑과 바아나를 심판하기 전에 자신의 생명을 구원하신 분이 하나님이심을 강조한 이유는 레갑과 바아나의 말 속에 숨은 진짜 의도를 간파했기 때문이다. 그들이 입술로는 여호와께서 다윗을 위해 사울과 그 후손을 복수했다고 말했지만, 마음으로는 다윗을 위해 복수를 감행하는 것은 그들 자신이며 그들 손에 들려진 이스보셋의 머

리가 그 증거라고 생각하였다. 이것을 간파한 다윗은 그들을 심판하기 전에 자신의 생명을 고난에서 구원하신 분은 하나님임을 강조한다. 그리고 다윗은 이전에 자신에게 찾아와 사울의 죽음을 알린 아말렉인에 대해 이야기한다.

> '…사울이 죽었습니다'라고 내게 말한 자, 그는 스스로 좋은 소식을 전한다고 생각했지만 나는… 그를 잡아 죽였다. 내가 그에게 소식의 대가로 준 보상이 그것이다(10절).

이 말을 들은 레갑과 바아나의 심정이 성경 본문에는 기록되어 있지 않다. 그러나 다윗의 입에서 "보상"이라는 말이 떨어질 때 자신들의 의도가 이미 들통 났음을 직감했을 것이다. 다윗을 속이거나 마음대로 조작할 수 없음을 깨달았을 것이다. 이어지는 질타와 심판에서 다윗은 이전과 달리 '기름 부음 받은 종'에 관한 연설을 하지 않는다. 아말렉 전령에게 했던 것처럼 "어찌하여 너는 겁도 없이 네 손을 뻗어 여호와의 기름부은 자를 죽였느냐?"(삼하 1:14)라고 따지지 않는다. 단순히 생각하면 그것은 이스보셋은 여호와가 기름 부은 왕이 아니기 때문이다. 하지만 성경 저자가 의도적으로 사울을 죽인 자에 대한 다윗의 반응과 사울의 아들을 죽인 자들에 대한 반응을 비교하고 있다는 점을 고려하면, 다윗이 본문에서 소위 '기름 부은 자에 대한 금기'를 언급하지 않는 것은 두 본문 간 매우 중요한 차이점이며, 거기에 저자의 메시지가 숨겨 있을 가능성이 높다.

11절에서 다윗은 기름 부음 받은 자에 대한 금기를 언급하는 대신 레갑과 바아나가 "무고한 사람"(이쉬 짜디크איש צדיק)을 죽였다고 한탄한다. 다윗이 레갑과 바아나를 처형한 명분은 그들이 "무고한 사람"을 죽였다는 것이다. 히브리어 '이쉬 짜디크'는 직역하면 "의로운 사람"(참고 "의인", 개역개정)으로 번역될 수 있지만, 여기서는 "무고한 사람"로 의역되는 것이 문맥에 합당하다. 그 이유는 우선 이스보셋이 전통적 의미에서 "의인"이 아니기 때문이고, 또한 다윗이 직접 부연설명하듯 이스보셋을 이쉬 짜디크로 말한 이유는 그가 암살당할 때 자신의 침대 위에서 자고 있었기 때문이다. 침대에서 자는 행위는 적어도 레갑과 바아나의 행위처럼 남을 죽이는 것과 거리가 멀다. 레갑과 바아나는 자신들을 해하려하지 않는 "무고한 자"를 찾아가 죽인 것이다. 침대에서 자던 이스보셋은 적어도 자신의 심복에 의해 잔인하게 살해당할 만한 일을 하지 않았다. 무고한 사람을 잔인하게 참수한 레갑과 바아나는 다윗이 말한 대로 "악한 사람"이다. 2장과 3장에 묘사된 살인 사건의 가해자들은 모두 나름의 정당성을 가졌다. 아브넬이 아사헬을 죽인 것은 전투의 교전 상황에 발생한 것이고, 요압이 아브넬을 살해한 것은 율법에 보장된 권리—가족의 "피를 보복하는"의 권리—를 행사한 것이다. 하지만 레갑과 바아나는 자신의 경제적, 정치적 이득을 위해 자신이 섬기던 주군을 배반했을 뿐 아니라, 자신의 주군을 죽이는 방법도 매우 비도덕적이었다. 이 때문에 다윗은 그들을 악한 사람으로 규정한 것이다. 즉 이들을 심판할 때 다윗은 이스라엘의 종교 교리에 호소하는 것이 아니라 인류 보편적 가치에 호소하고 있다. 레갑과 바아나가 이스보셋을 암살한 일은 민간인을 대상으로 한 테러 행위에 해당한다. 더 기막힌 것은 레갑과 바아나가 그런 악한 일을 하면서 하나님의 이름을 들먹인다는 것이다. "여호와께서 왕 내 주를 위해 오늘 사울과 그 후손을 복수해 주셨습니다." 그들은 과격한 종교인들처럼 '신의 이름으로 무고한 사람을 죽이는 것'이 정당화될 수 있다고 주장하는 듯하다. 아니 그들은 무고한 사람을 죽이면서 하나님의 뜻을 행하고 있다고 확신하는 듯하다.

그러나 다윗 왕은 그런 행위를 절대로 용납하지 않는다. "이제 내가 그의 피를 너희들의 손에 찾아 너희들을 이 땅에서 소멸시켜 버리지 않겠느냐?"(11절). 이 구절에서 그들의 악행과 거짓에 대한 다윗의 정의로운 분노가 표출되어 있다. 아무리 레갑과 바아나가 한 일이 결과적으로 다윗에게 유리한 것이라도 그는 그들의 악한 행위를 용인하거나 승인할 수 없었다. 이처럼 성경은 좋은 목적이 좋은 수단을 통해 이루어져야 한다고 가르친다. 다윗이 말한 대로 레갑과 바아나는 그들이 다윗에게 좋은 소식을 전하고 있다고 믿었을지 모른다. 보상을 기대했던 것도 이 때문일 것이다. 그들은 누구도 하기 원치 않는 '더러운 일'을 다윗을 위해 해주었다고 생각했을 것이다. 그리고 겉으로는 "하나님이 하셨다"라고 말한다. 그러나 이들에 대한 다윗의 심판은 신의 이름으로 무고한 사람을 죽이는 것이 정당화될 수 없음을 분명히 보여주었다. 여기서 성경 저자가 본문을 사무엘하 1장과 유사하게 묘사한 이유 중 하나가 분명해진다. 사울 왕을 죽였다고 주장한 아말렉 전령에 대해 다윗은 기름 부은 종에 대한 금기를 근거로 그를 처형했다. 이스보셋을 죽인 레갑과 바아나에 대해서는 악한 그들이 무고한 자를 죽였다는 것이 심판의 근거가 된다. 이 둘은 매우 다른 내용인 듯하지만, 둘 다 다윗 왕의 입에서 나왔다는 사실에 주목하면 그 둘이 서로 연결되었을 가능성을 배제할 수 없다. 즉 기름 부은 자에 대한 존중 다시 말해 하나님에 대한 존중은 무고한 사람에 대한 존중과 크게 다르지 않다는 것이다. 하나님을 위한다고 하면서 내 가족, 형제, 이웃을 자기 욕망의 한갓 수단으로 삼는 것은 다윗 왕의 정신과 맞지 않는다. '하나님이 다윗 왕을 위해 복수하셨습니다'라고 말한 레갑과 바아나의 말을 다윗이 인정하지 않은 것은 이를 단적으로 보여 준다. 일반적으로[9] 하나님이 하시는 일은 인간이 보기에도 아름다운 것이다.

레갑과 바아나는 제2의 스루야의 아들들인가

다윗이 레갑과 바아나를 죽인 또 하나의 이유가 있다. 그것은 매우 정치적인 것이다. 레갑과 바아나는 이스보셋이 임명한 약탈부대 대장이었는데, 이민자가 그렇게 중요한 직책까지 오를 수 있었던 이유는 그들에게 그 직책에 알맞은 능력이 있었기 때문일 것이다. 일반적으로 약탈 부대는 두 가지 역할을 감당했다. 정규전에서는 맨 앞서 적진에 침투하는 특수 부대의 역할을 했다(삼상 13:17). 평화 시에는 다른 민족의 도시나 마을에 침투하여 약탈하는 임무이다. 당시 약탈 임무는 왕이나 지방 토호들이 '합법적으로' 부를 축적하는 방식이었다. 즉 고대 사회에서는 힘의 논리가 정당화되었다. 이 약탈부대의 대장은 용맹하고 과격하고 임기응변과 순간적 기회 포착에 능해야 했는데, 레갑과 바아나에게 이런 능력이 있었다는 것은 두말할 필요도 없다. 만약 이스보셋의 군대에서 아브넬 다음으로 레갑과 바아나가 높은 서열에 있었다면, 다윗에게는 이들이 이스보셋의 목을 가지고 찾아온 것은 얼마 전에 깨진 아브넬과의 협상을 대신할 수 있는 차선책이었을 것이다. 즉 아브넬이 죽은 지금 이스보셋 왕국을 수습하여 다윗의 손에 넘겨줄 최적의 인물이 레갑과 바아나였을 가능성이 있다. 그러나 다윗은 레갑과 바아나의 협상 제안을 거부한다. 그 이유는 아브넬과 달리 레갑과 바아나가 너무 요압과 닮았기 때문이다. 그들은 요압처럼 개인의 이익을 나라의 일보다 앞세우는 사람이다. 또한 개인의 이익을 관철시키기 위해 치밀하게 계획하고 실천할 수 있는 사람들이다. 하지만 다윗에게는 또 하나의 요압과 같은 참모가 필요 없었다. 이미 그에게는 요압 이외의 또 하나의 스루야의 아들 아비새도 있지 않은가? 이들은 이미 다윗의 근심거리이다. 아브넬은 스루야의 아들들에 대한 대안이 될 수 있었지만, 레갑과 바아나는 전혀 다른 문제였던 것이다.

다윗은 그들을 죽여 시신을 훼손한다. 손과 발을 자르고 몸통은 헤브론의 웅덩이에 걸었다. 히브리어 원문에는 "걸었다"는 말의 목적어가 나오지 않지만 정황상 몸통을 걸었을 가능성이 높다. 다윗은 레갑과 바아나의 시신을 훼손하고 매장해 주지 않음으로 그들에 대한 심판을 다음 세상까지 이어간다. 당시의 믿음에 따르면 매장되지 않는 시신은 부활하지 않기 때문이다. 한편 이스보셋의 머리는 아브넬의 무덤에 묻었다. 이스보셋도 아브넬처럼 객사했기 때문에 '조상들의 묘'에 묻힐 자격을 잃어버린다. 그도 타지에 묻힌다.

매장되지 않은 시신

고대 사회에서 죽은 자를 적절하게 매장하는 것은 그의 사후 세계의 복지에 매우 중요할 뿐 아니라, 남겨진 후손들의 복지에도 중요하게 여겨졌다. 이집트에서는 시체가 적절히 매장되지 못하면 부활할 수 없다는 믿음이 있었다. 세트가 오시리스를 죽인 후 그의 시신을 훼손하고 이집트 전역에 뿌린 이유도 바로 이 때문이다. 바알이 바다의 괴물 얌을 죽이고 그의 시신을 훼손한 것도 부활하지 못하게 하기 위함이다. 이스라엘에서도 시체가 매장되지 않고 길에 버려져 새와 짐승에 의해 분해되는 일은 저주 중에 가장 큰 저주로 인식되곤 했다(신 28:25-26; 왕상 14:10-11; 렘 16:4). 이스라엘에서 가장 적합한 매장 방식은 "가족의 무덤"에 묻히는 것이다. 구약 성경에서 그런 매장을 표현할 때 사용하는 숙어가 "그 열조에게로 돌아갔더라"(창 25:8, 17; 35:29; 49:33), "열조와 함께 장사되었다"(왕상 15:24; 22:50; 왕하 15:38) 등이다. 가족 무덤에 묻히는 경우는 평온하게 살다 자연사한 경우에만 해당한다. 암살이나 사고 등으로 비자연사한 사람들은 아예 매장되지 않거나 매장된다 해도 조상의 묘에 들지 못했다.

질문

1. 레갑과 바아나의 배경은 무엇입니까? 그것과 그들이 이스보셋을 암살한 이유 사이에 관계는 무엇일까요?
2. 레갑과 바아나가 어떻게 이스보셋의 궁에 들키지 않고 잠입할 수 있었나요?
3. 다윗이 레갑과 바아나를 벌한 것에서 우리는 어떤 교훈을 얻을 수 있습니까?

묵상

레갑과 바아나는 본래 '이민자' 집안 출신입니다. 이민자들은 기회를 잘 포착하고 순발력 있게 행하는 결단력이 있어야 성공하지요. 그들 아버지 림논 온 사울이 브에못 사람들을 핍박할 때 주저 없이 고향을 떠나 깃다임으로 도망했습니다. 수백 년의 삶의 기반을 놓고 다른 곳으로 이주한다는 것이 쉬운 결정이 아니지만 림논의 생존 본능이 그런 순발력을 발휘했던 것입니다. 이스라엘 사회에서 약탈 부대의 대장 자리까지 오를 수 있었던 것으로 보아 레갑과 바아나에게도 그런 기회 포착의 능력이 있었음을 짐작할 수 있습니다. 또한 약탈 부대의 작전은 정규 작전과 달리 현장의 상황에 따라 임기응변적 작전에 능해야 하는 것이었습니다. 언제 공격해야 가장 많은 약탈품을 얻을 수 있을지 늘 계산해야 했습니다. 약탈 부대의 대장 레갑과 바아나는 그런 임기응변과 순간 포착의 능력을 소유했을 것입니다. 이런 관점에서 보면, 아브넬의 죽음과 다윗의 정치적 부상을 지켜 본 그들이 이스보셋의 암살을 빠르게 행동에 옮긴 것은 놀랄 일이 아닙니다. 물론 그들의 행동의 동기에는 소위 정치적 명분이 있었을 수 있지만, 가장 큰 동기는 개인적 탐욕처럼 보입니다. 그들의 살인은 계획적이었고 능숙한 솜씨로 마무리됩니다. 마치 의사가 매일매일 집도하는 수술을 하듯이 아브넬을 죽이고 그 머리를 베어 나옵니다. 성경 저자가 이스보셋을 "의로운 사람"이라고 부른 것도 이 두 사람의 악과 비교해서 말한 것일 겁니다. 그들은 다른 사람의 생명을 자신의 탐욕을 위해 수단화한 악한 사람들입니다. 성경은 레갑과 바아나와 같은 사람들에게 반드시 심판이 있음을 보여 줍니다.

다윗은 레갑과 바아나의 행위가 결과적으로 자신에게 이익이 된다고 해서 그들을 용서하거나 보상하지 않았습니다. 다윗 왕은 그들이 무고한 사람을 죽였다고 꾸짖습니다. 그들이 자신의 행위를 "하나님의 복수"로 정당화했지만, 다윗은 그것을 인정하지 않았습니다. 신의 이름으로 사람을 수단화 하는 것, 신의 이름으로 사람을 죽이는 것을 용서하지 않았습니다. 우리가 사는 세상의 한 쪽에는 종교의 이름으로 무고한 생명들에 대한 테러행위를 옹호하는 사람들이 있습니다. 그들의 행위는 분명 악입니다. 그러나 우리는 우리 자신을 되돌아 볼 필요가 있습니다. 우리도 하나님의 이름으로 내 이웃, 내 가족, 내 형제를 미워하지는 않는지 살필 필요가 있습니다. 우리가 사는 세계는 구약이 가정하는 신정체제, 즉 하나님이 직접 통치하는 국가나 민족이 아닙니다. 신정 국가나 민족 안에서는 인간 보편적 가치에 위배되는 행위들이 하나님 통치를 이루는 수단으로 사용된 적이 있지만, 비신정 시대, 즉 구약 이후 세계에서는 하나님 나라의 가치는 인간의 보편적 가치에 위배되지 않습니다. 신의 이름으로 내 이웃, 내 가족, 내 형제를 '죽이는' 행위는 절대 용서될 수 없습니다. 다른 사람을 나를 위한 도구로 사용하는 대신 그리스도인들은 예수님의 가르침대로 다른 사람을 내 몸과 같이 사랑하고, 친구를 위해 목숨을 버리는 삶을 살아야 합니다. 이런 점에서 본 장에서 다윗이 보여준 모습은 예수님 나라의 가치를 잘 보여 줍니다.

10
이스라엘의 왕이 된 다윗

삼하 5:1-3

사울이 살아 있는 동안 다윗은 왕권을 인위적으로 탈취하려는 노력을 하지 않았다. 이는 단순히 다윗에게 힘이나 기회가 없었기 때문이 아니다. 다윗은 두 번이나 사울을 죽일 기회를 얻었고 실제로 죽일 수도 있었지만(삼상 24장, 26장), 하나님이 기름 부은 자라는 이유로 그를 살해하지 않았다. 이것은 다윗이 하나님을 온전히 신뢰했기 때문이다. 그를 왕으로 기름 부은 하나님이 때가 되면 그를 왕위에 앉힐 것이라고 믿었다. 하지만 사울이 길보아 전투에서 죽은 후 다윗은 더 이상 기름 부은 자에 대한 금기에 얽매일 필요가 없었다. 왜냐하면 다윗이 이스라엘 땅에서 기름 부음을 받은 유일한 왕이었기 때문이다. 이에 다윗은 이스보셋 왕과 정치 군사적으로 당당히 경쟁하였다. 또한 마하나임 왕국을 흡수 통일하기 위해서 자신에게 주어지는 정치적 기회들을 적극 활용했다. 아브넬과 협상했으며 그 과정에서 미갈을 다시 아내로 데려왔다. 물론 다윗의 모든 정치적 노력이 흠이 없는 것은 아니지만, 그의 중심은 하나님 나라의 가치를 지키는 데 있었다. 아무리 자신에게 정치적 목적에 도움이 된다 해도 그것이 하나님 나라의 가치를 위배하는 것이라면 단호히 거부했다. 사울과 요나단의 죽음, 아브넬과 이스보셋의 죽음, 레갑과 바아나의 죽음으로 이스라엘에 다윗과 맞설 더 이상의 용사가 남지 않았을 때, 북이스라엘의 모든 백성들이 마침내 움직이기 시작한다. 다윗을 왕으로 세우기 위해 헤브론으로 그들의 대표 장로들을 보낸다. 이렇게 다윗은 온 이스라엘의 왕으로 등극하는데, 선지자 사무엘이 이새의 막내아들이자 양치기였던 다윗을 왕으로 기름 부은 후 오랜 세월이 흐른 후였다. 이 오랜 고난의 세월 속에는 다윗을 순종하는 왕으로 연단하기 위한 하나님의 섭리가 숨어 있었다.

이스라엘의 왕 다윗 5:1-3

1 이스라엘의 모든 지파들이 헤브론으로 다윗에게 찾아와서
다음과 같이 말했다.
"보세요! 우리는 당신의 뼈이며, 당신의 살이 바로 우리입니다.
2 전에 사울이 우리를 다스렸던 때에 자주 이스라엘을 이끌고
성을 드나든 것도 다름 아닌 당신이었습니다. 더구나 여호와께서
당신에게 이같이 말씀하셨습니다: '내 백성, 이스라엘을 목양할
자는 바로 너다. 네가 이스라엘 위에 지도자가 될 자다.'"
3 이스라엘의 모든 장로들이 헤브론으로 왕에게 찾아왔고, 다윗
왕은 그들을 위해(להם) 헤브론에서 여호와 앞에서 언약(ברית)을
맺었다. 그리고 그들은 다윗을 이스라엘의 왕으로 기름 부었다.

헤브론에 있는 다윗을 "이스라엘의 모든 지파들(כל שבטי ישראל)"(1절)이 찾아온다. 이것은 문맥상 모든 지파의 대표들이라는 뜻으로,[1] 3절의 "이스라엘의 모든 장로들"과 같은 무리의 사람들을 지칭한다. 그렇다면 왜 성경 저자는 1절에서 "장로"라는 말 대신 "지파"라는 말을 사용했을까? 그것은 1절에서 "왕"이라는 말 대신 "다윗"이라는 말을 사용한 이유와 같다—"지파들이… 다윗에게 찾아왔다"(1절), "장로들이… 왕에게 찾아왔다"(3절). 1절에서 "지파"가 "다윗"과 짝으로 사용된 것은 다윗 왕정이

이스라엘 고유의 왕정 개념(신 17:14-20)과 일치할 것임을 보여 준다. 아울러 3절에서 "장로들"이 "왕"과 짝으로 사용된 것은 이스라엘 고유의 왕정 개념에 근거한 다윗 왕정이 고대 근동 왕정의 형식들을 취할 것임을 암시한다. 이 말을 하나하나 풀어 보자.

성경 저자는 1절에서 "지파들"이 헤브론에 있는 "다윗"을 찾아왔다고 말한다. 이스라엘 백성들을 지파의 관점에서 이야기하는 것은 그들이 한 형제임, 즉 모두 한 아버지 야곱에서 나온 형제임을 상기시킨다. 지파들이 왕이 아닌 다윗을 찾아왔다고 기술함으로 성경 저자는 다윗 왕이 이스라엘 고유의 왕정 개념(신 17:15)을 따라 통치할 것임을 암시한다. 즉 그는 백성들을 형제로 섬기는 나기드(נגיד) 왕이 될 것이다.[2] 백성들에게 군림하는 멜레크(מלך) 왕의 개념은 고대 근동에서 온 것이고, 피지배자를 형제로 섬기는 나기드 왕의 개념은 이스라엘에 고유한 것이다. 지파의 수장들이 헤브론으로 다윗을 찾아와 건넨 말(1b-2절)은 이것을 정확하게 확인해 준다.

먼저 그들은 다윗이 그들과 한 피붙이임을 강조한다. "보세요! 우리는 당신의 뼈이며, 당신의 살이 우리입니다"(1b절). 이스라엘 지파의 수장들이 다윗에게 찾아와 자신들이 다윗의 골육(骨肉)임을 주장한 이유는[3] 그들이 다윗의 형제임을 상기시키기 위함이다. 그것도 "우리"라는 말을 두 번이나 사용하여 다윗과 그들의 관계를 강조한다. 뿐만 아니라 그들은 다윗에 대한 충성도 맹세하고 있다. 이것은 "보세요! 우리는"(1b절)으로 번역된 히브리어 히네누(הננו)의 관용적 용법을 통해 짐작할 수 있다. '히네누'는 "우리가 여기 있습니다"라고도 번역 가능하며, 그것은 하나님의 부르심에 대한 인간의 즉각적 헌신을 표현하는 데 사용된다. 예를 들어 모세가 불타는 떨기나무에서 하나님의 부르심에 히네니("내가 여기 있습니다")라고[4] 대답한다. 아브라함도 아들을 번제로 바치는 이야기에서 하나님의 부르심에 히네니("내가 여기 있습니다")라고 대답한다. 소년 사무엘도 엘리 가문의 멸망에 대한 하나님의 예언이 있던 날에 하나님의 부르심에 히네니("내가 여기 있습니다")라고 대답한다. 따라서 우리는 지파의 수장들이 다윗에게 찾아오자마자 건넨 히네누("우리가 여기 있습니다")에서도 다윗에 대한 그들의 헌신 선언을 읽어 낼 수 있다. 그러면 히네누로 시작하는 그들의 말은 다음처럼 의역될 수 있다. "우리가 여기 있습니다. 당신의 뼈와 당신의 살이 바로 우리입니다."[5] 이처럼 장로들은 단순히 다윗과의 형제 관계를 주장하는 것이 아니라 다윗에 대한 즉각적 헌신도 맹세했다. 그것도 믿음의 영웅들이 하나님께 했던 바로 그 헌신을 다윗에게 맹세하는 것이다. 이것이 가능한 이유는 다윗의 왕국은 하나님이 직접 다스리는 왕국(신정체제)이고, 미래의 메시아 왕국을 예표하기 때문이다.

다윗이 이스라엘 고유의 왕 개념(=신명기적 왕 개념)에 일치하는 인물임을 보여 주는 또 하나의 힌트가 있다. 그것은 다윗의 왕 됨이 하나님의 선택에 의한 것이라는 사실이다. 그들은 "여호와께서 당신에게 이같이 말씀하셨습니다"(2b절)라고 말한 후 하나님이 다윗을 왕으로 지명한 내용의 말씀을 인용한다. 즉 다윗의 왕 됨은 하나님의 말씀에 따른 것이라는 뜻이다. 하나님이 본래 뜻하신 왕은 백성들이 요구한 왕이 아니라 하나님이 선택한 왕이다. 지파의 수장들은 하나님의 말씀을 인용하면서 다윗이 하나님이 선택한 왕임을 강조한다. 물론 북쪽 지파들이 언제부터 다윗이 왕 되는 것을 하나님의 뜻으로 받아들였는지는 확실하지 않다. 그러나 사울과 요나단이 죽고, 아브넬과 이스보셋마저 죽은 지금, 심지어 레갑과 바아나마저 죽은 지금, 그들이 기댈 수 있는 유일한 지도자는 다윗뿐이었다. 이 상황에서 다윗이 왕이 되는 것은 그들에게 순리 즉 '하늘'의 뜻처럼 보였을 것이다.

그들이 인용한 말씀의 내용—"나의 백성, 이스라엘을 목양할 자는 바로 너다. 네가 이스라엘 위에 지도자가 될 것이다"(2b절)—도 이스라엘의 고유한 왕 개념을 잘 대표한다. "이스라엘을 목양할 자"와 "이스라엘 위의 지도자"라는 표현은 왕에 대한 이스라엘의 고유한 사상을 반영한 숙어이다. 먼저 "목자"의 개념을 살펴보자. 목자는 이스라엘의 이상적 지도자를 상징하는 은유로 사용된다. 12지파의 조상 야곱은 하나님을 자신의 "목자"로 표현하였다(창 48:15; 49:24). 모세도 이스라엘의 지도자를 목자에 비유하였다.

> 여호와, 모든 육체의 하나님이시여, 이 회중 위에 한 사람을 세우셔서 그가 그들 앞에 나가고 또 그들 앞에서 들어오며, 그들을 이끌고 들어오게 하셔서, 여호와의 회중이 목자 없는 양과 같이 되지 않게 하소서 (민 27:16-17).

선지자들도 종말의 메시야를 목자에 비유하였다(렘 3:15; 겔 34:12, 15, 23, 24; 미 5:4). 그런데 지파들이 인용한 예언 말씀은 단순히 다윗이 이스라엘의 목자가 될 것이라는 내용에 그치지 않고, 다윗이 목양할 이스라엘이 "내(하나님의) 백성"임을 강조하고 있다. 여기에 이스라엘 왕정의 핵심과 비밀이 있다.

> 이스라엘의 왕은 자기 백성이 아닌 하나님의 백성을 다스리는 자이다. 다른 관점에서 말하면 하나님이 인간 왕을 주신 것은 '하나님이 기뻐하는 자기 백성'을 창조하기 위함이다.

하나님이 선택한 왕을 통해 하나님의 백성이 창조되는 것이다. 이것은 사무엘이 사울의 대관식에서 한 연설에도 나온다. "하나님은 자기 백성을 버리지 않으실 것이니 이는 너희를 자기 백성으로 만드시는 것이 여호와의 기쁨이기 때문이다"(삼상 12:22). 백성들이 악한 왕을 따라 범죄해도 하나님은 자기 백성들을 버리지 않는다는 말이다. 순종하는 백성을 가지기 위해 순종하는 왕을 찾는 하나님의 노력이 지속될 뿐이다. 이런 관점에서 이스라엘의 왕정은 처음부터 하나님의 백성 공동체를 만들어 내기 위한 것이었다. 지금까지 우리는 하나님이 세우시는 이상적 왕이 누구인가라는 관점으로 사무엘서를 읽었는데 그것이 하나님의 궁극적인 목적이 아니라는 것을 깨달을 필요가 있다. 하나님이 선택한 왕의 사명은 하나님의 백성을 창조하는 것이다. 이 주제는 신약으로 이어진다. 예수님은 왕이시다. 그분이 죽기까지 순종하심으로 하나님의 새로운 백성 공동체가 만들어졌다. 구원이라는 것은 예수님을 믿어 그분이 만드신 언약 공동체("교회")에 참여하는 것이다.

"네가 이스라엘 위에 지도자(나기드)가 될 자다"라는 말씀도 왕정에 대한 이스라엘 고유한 사상을 반영한다. 지도자로 번역된 히브리어 나기드(נגיד)는 분명 왕에 대한 이스라엘 독특한 사상을 반영하는 어휘이다. 나기드는 "순종하는 자" 혹은 "솔선수범의 지도자"라는 의미이다.[6] 이것은 고대 근동의 왕의 개념인 부리고 명령하는 권력가와 반대된다. 앞서 설명한 이스라엘 고유의 왕 개념은 고대 근동에서 상식으로 정립된 왕 개념과 너무 다르기 때문에 성경 저자는 "왕"에 대한 가장 일반적인 말인 멜레크(מלך) 대신 나기드(נגיד)와 같은 새로운 어휘를 필요로 했을 수도 있다.

장로들이 인용한 하나님의 말씀은 누구로부터 들은 것일까

사무엘상 5장 3절은 다윗을 왕으로 지명하는 하나님의 말씀이 수록되어 있다. 문제는 그 말씀을 전한 사람들이 선지자가 아니라 북이스라엘 사람들이라는 것이다. 그들은 다윗을 왕으로 추대하면서 그 말씀을 다윗에게 들려준다. 하지만 그들이 인용한 말씀은 성경 어디에서도 발견되지 않는다. 이런 사정 때문에 학자들은 이스라엘 백성들이 다윗을 찾아와 인용한 하나님의 말씀이 정말 합당한 경로(선지자)를 통해 받은 것일까 질문을 던진다. 사무엘이 다윗을 왕으로 기름 부을 때 하나님이 하신 말씀은 "이가 그니 일어나 그에게 기름을 부으라"(삼상 16:12, 개역개정)가 전부이다. 그렇다면 지파의 수장들이 인용한 하나님의 말씀은 어디에서 온 것일까? 일부 학자들은 성경에는 기록되지 않았지만 나단이나 갓과 같은 선지자가 이 예언을 했을 것이라고 주장한다. 하지만 그것은 어디까지나 추측에 불과한 것이다. 물론 그 추측이 옳을 수도 있다. 그러나 우리는 그 예언이 백성들이 다윗을 왕으로 추대하는 문맥에서 인용됨을 고려할 때, 백성들이 그 말씀을 지어냈을 가능성을 배제해서는 안 된다. 이스라엘 백성들은 사울과 관련해 이미 한 번 실패를 경험했다. 하나님께 열방과 같은 왕을 요구해 사울 왕을 얻어냈지만, 그 결과는 참혹했다. 이제 그들은 정신을 차린 듯하다. 그들이 요구하는 왕은 더 이상 열방과 같은 왕이 아니다. 그들은 골육 형제와 같은 왕, 목자와 같은 왕, 솔선수범하는 왕을 원한다. 그리고 이런 백성의 염원, 즉 민심이 하나님의 말씀의 형태로 주어졌다. 그들이 인용한 하나님의 말씀은 그들의 염원을 담고 있는 듯하다. 당시 이스라엘 지파들은 목자와 같은 지도자가 이상적인 왕임을 깨닫고 다윗의 왕권에 대한 '하나님의 말씀'을 구성할 때, 왕정에 대한 신명기적 이해를 자연스럽게 반영시킨 것이다. 그들은 다윗이 그런 왕이 되는 것이 하나님의 뜻이었다고 확신했다. 이런 점에서 백성들의 말이 비록 선지자의 입에서 나온 것이 아니라 그들이 다윗을 왕으로 세우기 위해 꾸며낸 것이라 할지라도 그것은 정당한 하나님의 말씀일 수 있다.[7]

"이스라엘을 이끌고 성을 드나드는 왕"

이것은 왕의 군사적 용무를 지칭하는 숙어이다. 왕정 형성기의 지도자에게 가장 중요한 능력은 군사적 능력이었음은 말할 필요도 없다. 사울과 다윗에게 있어 왕으로서의 소명을 증명하는 방법이 모두 전쟁 승리였음을 기억하라. 이것은 고대 근동에서 왕위 계승의 문제가 생길 때마다 왕위를 찬탈하는 평민은 거의 모두 군대를 통솔한 장군이라는 사실을 통해서도 확인된다.

지금까지 살펴본 것처럼 이스라엘의 "지파들"은 헤브론에 있는 "다윗"을 찾아와 다윗이 왕이 되는 것이 의심할 여지 없는 하나님이 뜻이며, 형제 된 다윗에게 충성을 맹세하며 하나님의 뜻에 합당한 왕이 되어 달라고 요구하였다.

한편, 다윗이 왕으로 즉위하는 장면을 묘사하는 3절은 이스라엘의 "장로"들이 "왕"을 찾아왔다는 말로 시작한다. 1, 2절이 "지파가… 다윗을 찾아왔다"라는 표현으로 다윗 왕권의 형제적 측면을 강조했다면, 3절은 "장로들이… 왕을 찾아왔다"는 표현으로 다윗 왕정의 제국적 성격을 암시한다. 먼저 사무엘서에서 이전에 장로들의 방문이 언급된 유일한 곳은 사무엘상 8장임을 기억하라. 그때 이스라엘 장로들은 라마에 있는 사무엘에 찾아와 열방과 같은 왕을 요구했다. 장로들의 방문을 언급하는 사무엘하 5장 3절을 읽는 독자들은 당연히 사무엘상 8장의 장면을 연상하게 된다. 그리고 그때도 지금처럼 그들이 원했던 왕은 열방과 같은 왕 즉 고대 근동의 절대적 왕이었다. "지파"들이 "다윗"을 찾아왔다는 말로 시작함으로 다윗 왕정의 고유한 사상을 표현한 1절과 달리, "장로"들이 "왕"을 찾아왔다는 말로 시작하는

3절은 다윗의 왕정이 이방 왕국의 형식들을 취할 것임을 보여 준다. 이것은 다윗 왕국이 3절에서 '언약'이라는 공식적 절차를 통해 세워짐을 통해 확인된다. 언약으로 번역된 히브리어 '베리트(ברית)'는 문맥에 따라 '조약'으로도 번역가능한데, 조약은 당시 고대 근동의 제국들이 주권을 넓혀 가는 표준적 방법이었다. 그렇다면 다윗이 취한 이방 왕국의 '형식들'이라는 것은 무엇일까? 3절은 이것을 구체적으로는 말하지 않는다. 하지만 다윗의 업적을 기록한 이후의 본문을 보면, 다윗이 다양한 침략전쟁을 감행하고(삼상 5:6-12; 8:1-14), 그 과정에서 사람들을 잔인하게 죽이고(8:2, 5), 조공도 거두었음을 알 수 있다(8:6, 8). 또한 다윗은 고대 근동의 왕들처럼 많은 첩과 아내들을 두었으며(5:13-16), 다양한 행정 관료들을 임명했다(8:15-18). 이런 것들은 고대 근동 왕정의 특징적 요소였을 가능성이 있다. 비록 다윗 왕정의 내용은 고대 근동의 그것과 달랐지만, 다윗 왕정의 외형은 그것과 매우 유사했던 것이다.

그럼에도 3절은 다윗 왕정의 고유성도 분명히 암시한다. 본문에 따르면 다윗이 맺은 조약은 "그들과 함께" 한 조약이 아니라 "그들을 위한(להם)" 것이다. 이것은 그 언약이 절실히 필요했던 쪽은 북이스라엘이었다는 뜻도 되지만, 다윗의 통치가 인간 왕국을 세우기 위한 것이 아니라 하나님의 백성을 세우기 위한 것임을 말하는 것이다. 다윗에게 왕으로 통치한다는 것의 의미는 형제들을 하나님께 순종하는 백성으로 변화시키는 것을 의미한다. 다윗의 통치는 고대 근동의 왕정과 달리 하나님의 정의와 공평에 따를 것이다. 이 때문에 3절은 그 언약이 백성들을 위한 것이라고 말하는 동시에 그것이 "여호와 앞에서" 맺어졌다고 이야기하는 것이다. 이 모든 것을 성경 본문은 "그들은 다윗을 이스라엘 위에 지도자로 기름 부었다"라는 말로 요약한다. 보통 왕을 기름 붓는 주체는 선지자이다. 왜냐하면 기름 부음은 하나님의 선택을 상징하기 때문이다. 그러나 이 문장에서 다윗에게 기름 부어 그를 왕으로 세우는 주체는 백성들이다. 이것은 다윗의 왕권이 민심을 반영한 것인 동시에 하나님의 섭리였음을 단적으로 보여 준다. 다윗은 하나님을 대리하는 왕인 동시에 백성을 위한 왕이다.

질문

1. "보세요! 우리는 당신의 뼈이며, 당신의 살이 바로 우리입니다"가 의미하는 바는 무엇입니까? 이 말은 "우리가 여기에 있습니다. 당신의 뼈와 당신의 살이 바로 우리입니다"로 재번역될 수 있습니다. 이렇게 번역되었을 때 새롭게 추가되는 의미는 무엇입니까?
2. 고대 근동의 왕과 비교했을 때 이스라엘의 왕은 어떻게 다를까요?
3. 3절에서 다윗이 맺은 언약이 단순히 국가 간의 병합 조약이 아님을 보여 주는 실마리는 무엇입니까?

묵상

본문은 이스라엘의 장로들이 헤브론으로 찾아와 다윗에게 왕이 되어 달라고 말하는 장면입니다. 이것은 이전에 그들이 라마로 찾아가 사무엘에게 왕을 달라고 요구한 장면을 연상시킵니다. 예전에 이스라엘의 장로들은 열방과 같은 왕을 요구했습니다. 하나님은 그들의 요구가 우상숭배에 해당하는 것임을 지적하셨지만, 그들의 요구를 들어주십니다. 이스라엘 백성들은 사울을 세워 그들이 원하는 왕정을 실험했지만, 완전히 실패했습니다. 이제 그들은 깨닫고 헤브론으로 찾아와 하나님이 선택한 왕, 형제와 같은 왕, 목자와 같은 왕, 순종하고 솔선수범하는 왕을 요구합니다. 하나님은 처음부터 이스라엘이 사울과 함께 실패할 것임을 알았을 것입니다. 그럼에도 그가 이스라엘 백성들에게 사울을 허락하신 것은 하나님의 나라의 역사는 자원하는 자들에 의해 발생하기 때문입니다. 하나님은 억지로 우리를 순종시켜 그분의 뜻을 이루기보다는 우리가 깨닫고 능동적으로 자원하여 그분의 뜻을 이루기를 원합니다. 헤브론으로 찾아온 이스라엘 장로들은 더 이상 열방과 같은 왕을 요구했던 그 장로들이 아닙니다. 그들은 하나님의 뜻을 정확하게 이해하고 있었습니다.

장로들이 인용한 하나님의 예언 가운데 "내 백성 이스라엘"이라는 말이 있습니다. 그리고 하나님이 찾으시는 이상적 왕은 내 백성 이스라엘을 "목양하는 자"라고 말합니다. 여기서 우리는 하나님이 이상적인 왕을 찾으시는 궁극적인 목적을 읽어 낼 수 있습니다. 하나님이 이 땅에서 그에게 순종하는 왕을 찾으신 이유는 그의 백성을 얻기 위함입니다. 다시 말하면 그 순종하는 왕을 통해 이스라엘 백성들을 하나님께 순종하는 하나님 나라의 백성들로 변화시키기 위함입니다. 하나님은 이스라엘 백성이 범죄하더라도 절대로 그들을 버리지 않으십니다.

다만 그들을 잘못 인도한 지도자를 교체하십니다. 그리고 그 지도자의 교체는 하나님이 찾으시는 이상적인 지도자가 나타날 때까지 계속됩니다. 그리고 그 이상적인 지도자를 통해 하나님은 자기 백성을 창조하십니다. 이것은 예수님의 사역에 그대로 적용됩니다. 예수님은 하나님이 마침내 찾으신 가장 이상적인 지도자이자 왕이십니다. 예수님의 순종으로 하나님의 백성 공동체가 새롭게 만들어졌습니다. 이상적 왕을 찾아가는 하나님의 여행은 이상적 백성 공동체를 창조하시려는 의도와 함께 간 것입니다.

2

다윗 왕의 통치

11
예루살렘 정복

삼하 5:4-9

다윗의 업적을 묘사하는 사무엘하 5-10장은 다윗 왕정이 취한 이방 제국의 형식적 요소들과 다윗 왕정의 독특성을 말해주는 일화들이 아래의 도식과 같이 교차 배열되어 있다. 하지만 다윗 왕정이 취한 제국적 형식들에 관한 일화들에 다윗 왕정의 독특성이 군데군데 암시되어 나타나며, 다윗 왕정의 독특성에 관한 일화들에도 다윗 왕정의 제국적 특징들이 군데군데 암시된다.

A 고대 제국의 형식들: 예루살렘 정복, 궁전 건축, 하렘, 블레셋 정복 (5장)

B 다윗 왕정의 독특성: 궤를 예루살렘에 안치함(6장), 다윗 언약 (7장)

A 고대 제국의 형식들: 침략 전쟁과 관료 제도 정비 (8장)

B 다윗 왕정의 독특성: 므비보셋을 선대하는 다윗 (9장)

A 고대 제국의 형식들: 암몬에 대한 침략 전쟁 (10장)

온 이스라엘의 왕이 된 후 다윗이 제일 먼저 한 일은 수도를 예루살렘에 정하는 것이었다. 가나안 원주민들 중 여부스인들의 도시로 알려진 예루살렘은 베냐민과 유다의 경계에 위치한 도시로, 예루살렘으로 천도를 결정한 것은 이스라엘의 모든 지파들을 섬기려는 다윗의 마음이 반영된 것이다. 하지만 먼저 예루살렘을 정복하는 것은 그리 쉬운 일이 아니다. 다윗은 이 일을 위해 그의 정예 부대를 동원한다.

다윗의 통치 요약 5:4-5

4 그가 왕이 되었을 때 다윗은 30세였고, 40년을 통치하였다.
5 헤브론에서는 7년 6개월 동안 유다를 통치했고, 예루살렘에서는
33년 동안 모든 이스라엘과 유다를 통치했다.

사울이 왕으로 확증된 후(삼상 11:12-12:25) 그의 통치를 요약하는 구절(13:1)로 사울 "왕"의 이야기가 시작된 것처럼, 다윗 "왕"의 이야기도 그의 통치 요약으로 시작한다. 솔로몬 이후로는 왕들의 통치 요약이 특정 왕의 이야기의 가장 마지막에 위치하는 것을 고려할 때(왕상 11:41-43), 이것은 매우 이례적이다. 다윗의 통치 요약 본문에 따르면 다윗은 30세에 왕이 되었고 40년을 통치했다.[1] 다윗이 30세에 왕이 되었다면 그가 기름 부음을 받은 후 왕이 되기까지 약 16~20년이 걸렸던 것이다.[2] 그는 짧지 않은 고난의 기간을 광야에서 보냈다. 한편 40년이라는 숫자가 꽉 찬 한 세대를 상징하는 숫자이기 때문에 다윗의 통치 연수의 역사성을 의심하는 학자도 있으나 보다 많은 학자들이 5절의 내용을 근거로 40년의 통치 기간은 정확한 역사 기록으로 본다. 5절은 40년의 통치 기간을 다윗이 헤브론에서 다스린 7년 6개월과 예루살렘에서 다스린 33년으로 분할하고 있는데, 이 숫자들은 역사적 개연성이 높아 보이기 때문이다. 물론 엄밀하게 다윗의 통치 기간은 40년 6개월이겠지만, 성경 저자는 40년이 주는 상징성을 살리기 위해 다윗이 40년간 다스렸다고 말한다. 당시의 기대 수명이 50세였고,[3] 보통 세자가 30세

가 너머 왕위를 물려받는 점을 고려할 때, 왕이 40년을 통치한다는 것은 그가 만수(70-80세)를 누렸을 때 가능한 통치 연수이다. 전쟁이나 병, 쿠데타와 같은 불상사로 죽으면 40년이라는 통치 기간은 불가능하다. 다윗이 40년을 다스렸다는 것은 다윗이 하나님의 축복 가운데 건강하게 만수를 누리다 죽었다는 뜻이다. 역대서 기자는 다윗의 40년 통치를 보고한 후 다음과 같이 덧붙인다. "그가 백발이 되도록 부와 영화를 누리다가 수명을 다하여 죽었다"(대상 29:29).

7 1/2년 + 33년 = 40년은 수학적 오류?

주목할 만한 사실은 다윗의 통치 연수를 기록한 사무엘하 5장 4–5절이 수학적으로 오류라는 사실이다. 7년 6개월의 헤브론 통치와 33년의 예루살렘 통치를 합하면 40년 6개월이나, 성경 저자는 다윗의 통치가 40년 지속된 것으로 기록한다. 만약 6개월이 통치 연수에서 중요하지 않는 수치라면 사무엘서 저자는 왜 헤브론 통치 기간을 7년 6개월이라 했을까? 역대서 저자는 다윗의 헤브론 통치를 7년으로 기록했음을 고려하면(대상 29:27), 사무엘서 저자가 아주 명백한 수학적 오류를 발생시킴에도 다윗의 헤브론 통치 기간을 7년 6개월로 기록한 데에는 나름의 이유가 있었을 것으로 추정된다. 앞서 언급했듯이 40년이라는 통치 연수는 다윗의 통치가 하나님의 축복 가운데 이루어졌음을 보여 준다. 아울러 다윗이 매우 오래 살았음을 암시한다. 하지만 왕이 너무 오래 살아도 문제되는 경우가 있다. 예를 들어 왕이 너무 오래 살면 왕자들이 아버지보다 먼저 죽는 경우가 발생한다. 그때 어린 왕자들 사이에 왕위 승계를 둘러싼 음모와 정치적 암투가 발생하게 되면서 국운이 급격히 쇠하게 된다. 이집트 고왕국의 페피 2세(주전 2278–2184)는 94년을 통치한 것으로 기록되는데, 그의 장수로 인해 발생한 여러 가지 문제로 고왕국이 망하게 된다. 신왕국의 람세스 2세(주전 1279–1213)도 66년을 통치한 것으로 기록되었는데, 그의 오랜 통치로 발생한 여러 문제로 그 이후의 신왕국은 쇠락의 길을 가게 된다. 사무엘서 저자가 헤브론에서 통치한 기간을 7년 6개월로 기록함으로써 다윗의 실질적 통치 연수를 40년이 넘도록 만든 것은 다윗의 오랜 통치로 인한 왕위 계승의 문제가 발생할 것임을 암시하기 위함은 아닐까? 오래 통치한 왕들의 경우, 장남이 아닌 전혀 예상치 못한 왕자나 심지어 장군이 왕위를 잇는 일이 비일비재하다. 재미있는 것은 다윗의 경우도 장남을 비롯한 여러 촉망받던 왕자들이 여러 이유로 아버지보다 먼저 죽게 되었으며, 다윗을 이어 왕이 된 것은 다윗의 열 번째 아들 즉 우리아의 아내 밧세바로부터 얻은 솔로몬이었다. 사무엘서 저자가 다윗의 통치 요약에서 수학적 오류를 남겨둔 것은 이처럼 다윗이 겪게 될 왕위 계승의 문제를 미리 암시하기 위함일 수 있다.

5장의 나머지 일화들은 모두 다윗이 새 왕국을 굳건히 다져 가는 내용과 관계있다. 이런 점에서 10절은 5장의 나머지 에피소드를 요약하는 핵심 구절이라 할 수 있다. "다윗은 점점 더 강해졌고 여호와 만군의 하나님이 그와 함께했다." 다윗 왕국이 비교적 짧은 시간 안에 다른 왕국들에 버금가는 외형—통치 수도 건설, 궁전 건축, 하렘 설치와 왕자들 생산, 외적들(블레셋) 제압—을 갖출 수 있었던 것은 하나님의 함께하심의 결과이다.[4] 한편 이 일련의 사건들은 시간적 순서로 발생한 것이 아니다. 이를 단적으로 보여 주는 것이 다윗이 예루살렘에서 낳은 아들들의 명단이다. 이 명단에는 한참 후에 태어날 솔로몬이 포함된다. 즉 아들들의 명단이 블레셋과의 전투에 앞서 서술되었다고 해서, 그 명단에 나열된 아들들이 그 전에 태어났다는 말은 아니다.

예루살렘 정복 5:6-10

6 왕과 그의 부하들이 예루살렘으로, 그 땅에서 살고 있던
여부스 사람들에게 갔다. 그들이 다윗에게 다음과 같이 말했다.
"너는 여기 들어오지 못할 것이다. 장님들과 다리 저는 자들이라도
너를 물리칠 수 있을 것이다."
또 말하기를
"다윗은 여기에 들어오지 못할지니라" 하였다.
7 그러나 다윗은 시온 요새 즉 '다윗의 도시'를[5] 함락했고,
8 그날 다음과 같이 말했다.
"여부스인을 공격하려는 모든 사람은 수로를 통해 그곳에

> 이를지니라. 그리고 다윗이 마음으로 싫어하는 자들인 다리 저는
> 자와 장님들을 공격하라."
> 이때에 "장님과 다리 저는 자는 그 집에 들어오지 못할지니라"라는
> 말이 생겨났다. 9 다윗은 그 요새에 정착했고 그것을 '다윗의 도시'라
> 불렀다. 다윗은 밀로(מלוא)로부터 안쪽으로 사방을 건설했다.
> 10 다윗은 점점 더 강해졌고 여호와 만군의 하나님이 그와 함께했다.

비록 언제 예루살렘 정복이 일어났는지 확실하지 않지만, 그 업적이 다윗의 왕위 등극 이후에 가장 먼저 언급된다는 점을 고려할 때 다윗의 예루살렘 정복은 그의 초기 업적 중 가장 중요한 것임에 틀림없다. 통일 왕국의 왕 다윗이 제일 먼저 한 일이 여부스인들에게서 예루살렘을 빼앗아 통치의 중심지로 삼은 일이었다. 그렇다면, 왜 다른 도시들이 아닌 하필 예루살렘이었을까? 첫째, 예루살렘은 여러 가지 면에서 다윗의 통일 왕국에 안성맞춤의 수도였다. 둘째, 다윗이 그곳에서 여부스인들을 몰아낸 것은 가나안 정복과 정착을 완수하는 상징적 의미도 가진다.

먼저 왜 예루살렘이 다윗의 통치 수도로서 안성맞춤이었는지 살펴보자. 우선 예루살렘은 천혜의 군사적 요새임을 들 수 있다. 북쪽에 산지를 둔 예루살렘은 동쪽, 서쪽, 남쪽에 깊은 계곡으로 둘러싸여 적들의 침투가 매우 어려운 도시였다. 예루살렘 주민들은 계곡을 건너 공격해 오는 적들을 쉽게 시야 속에 넣고 활이나 투석기로 공격할 수 있었다. 따라서 북쪽 산지로 통하는 게셀과 벳호론과 같은 길목 도시를 잘 관리하면 예루살렘 방어는 충분했다. 둘째, 예루살렘은 유다와 베냐민 지파의 경계 지역에 속했을 뿐 아니라 오랫동안 소위 '이방인 자치구'였기 때문에 정치적으로 중립적인 도시였다. 다윗은 어느 지파에도 속하지 않은 예루살렘에 통치 수도를 건설함으로 자신이 유다 지파만의 왕이 아니라 모든 이스라엘의 왕임을 보이려 했다. 셋째, 다윗은 전쟁에서 항복한 여부스 사람들을 지파적 연고 없이 오직 다윗에게 충성하는 친위 부대로 삼을 수 있었을 것이다. 어떤 왕이든 통치 초기

에 강력한 힘으로 국정을 장악하는 것이 중요한데, 여부스인들로 이루어진 왕의 친위 부대가 다윗에게 이를 위한 무력을 제공했을 것이다.[6]

한편 예루살렘 정복은 구속사적으로도 매우 중요한 의미를 가진다. 예루살렘이 이스라엘 종교에서 차지하는 중요성은 아브라함 시대까지 거슬러 올라간다. 아브라함이 메소포타미아의 네 왕들을 물리치고 돌아왔을 때 살렘(=예루살렘)의 왕이자 '지존하신 하나님(אל עליון)'의 제사장인 멜기세덱의 축복을 받고 그에게 전리품의 십일조를 드린 일이 있다. 이것은 예루살렘이 정치적 중심지일 뿐 아니라 예배와 신앙의 중심지가 될 것임을 암시한다.[7] 다윗의 예루살렘 정복은 여호수아가 시작한 정복을 완성하는 의미도 가진다. 여호수아서에 따르면 예루살렘은 정복되지 않은 도시 중 하나이다. 예루살렘의 왕 아도니세덱은 전투에서 제거되지만 여호수아는 여부스 사람들을 그곳에서 쫓아 내지 못한다. 사사기도 유다 지파가 예루살렘을 함락하고 불태웠지만, 베냐민 사람들이 그 안의 여부스인들을 쫓아 내지 못했다고 기록한다. 여부스족은 아모리인이나 가나안인들처럼 정복된 것도 아니고 히위 사람들처럼 평화 조약으로 이스라엘에 거할 권리를 획득하지도 않았음에도 다윗 때까지 이스라엘 땅 안에 거하였던 유일한 '가나안 족속'이었다. 따라서 다윗이 그들이 살던 '여부스'(예루살렘의 옛이름)를 정복하고 그것에 '다윗의 도시'라는 새 이름을 부여했다는 것은 여호수아가 시작한 정복의 완성을 의미한다. 진정한 의미에서의 하나님 나라의 시작을 의미한다.

다윗의 예루살렘 정복을 묘사하는 본 단락은 "왕"이 그의 "부하들"과 함께 예루살렘으로 갔다는 말로 시작한다(6절). 여기서 "왕"은 다윗을 지칭하고 "부하들"은 다윗의 정예부대를 의미한다. 이들은 아마 블레셋 용병 시절부터 다윗과 함께한 그렛과 블렛 사람들일 것이다(삼상 30:14 참조). 예루살렘과 같은 난공불락의 도시를 함락하기 위해서는 다윗과 호흡이 잘 맞는 특별히 숙련된 군인들이 필요했던 것 같다. 한편 예루살렘에 살던 여부스 사람들은 다윗의 군대를 두려워하지 않았다. 그 이유는 예루살렘이 난공불락의 요새라는 사실 때문일 것이다.

그들은 다음과 같이 다윗을 조롱한다.

> 너는 여기에 들어오지 못할 것이다. 장님들과 다리 저는 자들이라도 너를 물리칠 수 있을 것이다.

사무엘서 저자는 이 말 바로 뒤에 "또 말하기를"에 의해 도입되는 별도의 말을 첨부한다.

> 또 말하기를 "다윗은 여기에 들어오지 못할지니라" 하였다.

이 구절들이 다윗에 대한 조롱과 예루살렘 수성에 대한 그들의 자신감을 반영하지만, 그 구체적 의미 이해는 쉽지 않다. 이 구절을 제대로 이해하기 위해서는 그것이 다윗에게 직접 한 말("그들이 다윗에게 다음과 같이 말했다", ויאמר…לאמר)과 불특정 다수에게 한 말("또 말하기를", לאמר)로 나뉜다는 사실에 주목할 필요가 있다.

여부스 사람들이 다윗에게 직접 한 말에서 다윗이 "너"로 지칭되는 반면, 그들이 불특정 다수에게 퍼뜨린 말에서 다윗은 3인칭으로 표기된다. 먼저 여부스인들은 다윗에게 "너"는 여기 들어오지 못할 것이라고 말한 후 장님들과 다리 저는 자들도 "너"를 물리칠 것이라고 조롱한다. 장님과 다리 저는 자들은 보통 군대에 갈 수 없는 사람들이다. 그들에게서 제대로 된 전투 능력을 기대하기 힘들다. 따라서 장님들과 다리 저는 자들이 다윗을 물리칠 것이라는 말은 여부스인들이 그만큼 적장 다윗을 얕잡아 본다는 뜻이다. 이스라엘 왕 다윗을 모욕하는 말이다. 그러나 좀 다른 해석도 가능하다. 장님과 다리 저는 자들은 분명 그 형편없는 전투력 때문에 군대에서 면제되었지만, 아주 긴박하고 중요한 전투에는 이들도 전쟁에 참여했다. 예를 들어 가나안의 키르타 신화에 따르면 키르타는 전쟁에 나가면서 다음과 같은 동원령을 내린다.

외아들도 자기 집을 걸어 잠그고 (전쟁에) 나아가야 할 것이고

과부는 누군가를 고용해서라도 보내야 할 것이다.

병든 자도 자기 침대를 들고 나아가야 할 것이고,

장님도 더듬으며 나아가야 할 것이다.

갓 결혼한 남자도 나갈 것이다.

자기 아내를 다른 사람에게,

사랑하는 자를 제3자에게 맡겨야 할 것이다 (ANET-K, 333-334)

외아들, 과부, 병든 자, 장님, 새신랑 등은 정상적인 상황이라면 모두 군대에 면제되는 사람들이지만, 키르타 왕이 내린 총동원령에는 이들도 포함된 것이다. 여부스 사람들이 장님과 다리 저는 자들을 전투에 참여시킨 것을 이런 관점에서 이해하면, 그것은 그들이 다윗과의 전투에 총력을 다해 임했다는 것이다. 여부스인들이 장님과 다리 저는 자들을 '인간 방패'로 사용했다는 일부 학자들의 주장도 이런 관점에서 이해될 수 있을 것이다. 또 하나의 해석 가능성은 히타이트인들의 전쟁 저주를 적용하는 것이다. 히타이트인들은 성벽 위에 장님과 다리 저는 자들을 세워 놓고, 적군들에게 '너희들이 오면 이들의 운명이 될 것이라'고 경고했다고 한다. 이 세 가지 해석들 중 어느 것도 이후에 표현되는 다리 저는 자와 장님들에 대한 다윗의 증오와 공격 명령을 만족스럽게 설명하지는 못하지만, 이 중 어떤 해석을 취하더라도 변하지 않는 것은 여부스인들이 다윗과의 전투를 전혀 두려워하지 않았다는 점이다.

키르타 이야기

가나안의 3대 서사시 중 하나이다. 이 이야기의 시작은 욥기를 연상시키는데 키르타 왕은 한순간에 재산과 가족을 모두 잃는다. 키르타가 성전에서 울고 있을 때, 엘이 나타나 그를 위로하며 '내가 무엇을 줄까?'라고 묻는다. 그때 키르타는 금과 은이 아닌 '아내'를 달라고 요구한다. 키르타의 요구대로 엘은 아내를 얻을 수 있는 방법에 대해 알려주고, 그 계시를 따라 키르타는 군대를 이끌고 우둠 왕(성경의 에돔 왕?)의 딸을 아내로 맞이하

려 여행한다. 이때 키르타는 자국민에게 총동원령을 내려, 심지어 장님, 다리 저는 자, 새신랑 등도 원정에 참여할 것을 명령한다. 자세한 내용은 《고대 근동 문학 선집》(제임스 프리처드 지음, CLC 간)을 참조하라.

히타이트 저주 문서 (ANET 353)

다음의 내용은 히타이트의 "군인의 맹세"라는 문서의 일부이다. "누구든지 이 맹세를 어기고 히타이트 국왕을 배반하여 히타이트에 반역행위를 하면, 다음의 저주들이 그에게 임할 것이다! 그의 군사들은 장님과 귀머거리가 될 것이다… 그들의 발이 묶여… 움직이지 못할 것이다."

한편 사무엘서 저자는 여부스인들이 다윗에게 직접 전한 메시지 다음에 불특정 다수에게 퍼뜨려진 메시지도 기록하고 있다. "다윗은 여기에 들어오지 못할지니라." 일부 학자들은 비슷한 메시지가 반복된 것이 서로 다른 사료가 짜깁기된 연유라고 이야기하지만, 그것은 두 메시지의 수신자가 다르다는 점을 간과한 것이다. 여부스인들이 다윗에 대해 총력전을 하고 있다면 그것은 다윗의 패배에 대한 "예언"을 불특정 다수에게 퍼뜨리는 심리전도 포함했을 것이다. 칠십인역은 이 말을 장님과 다리 저는 자들이 퍼뜨린 것으로 묘사한다.

> 다윗과 그의 부하들이 예루살렘, 즉 그 땅에서 거주한 여부스인들에게 갔다. 다음과 같은 메시지가 다윗에게 전해졌다. "너는 이곳에 오지 못할 것이다." 왜냐하면 장님과 다리 저는 자들이 "다윗은 이곳에 오지 못할 것이라"고 말하며 도발했기 때문이다.

칠십인역이 암시하는 것처럼 장님과 다리 저는 자들이 심리전의 선봉에서 다윗을 모욕했다면 이것은 장님과 다리 저는 자에 대한 다윗의 증오를 어느 정도 설명한다.

한편, 예루살렘의 지형, 여부스인들의 총동원령, 또한 심리전

등에도 불구하고 다윗의 승리에 대한 7절의 간결한 언급("함락했다")은 다윗의 군대가 시온 요새를 큰 어려움 없이 함락했음을 암시한다. 어떻게 다윗이 예루살렘을 함락했는지 그 실마리가 8절에 인용된 다윗의 말 속에 숨어 있다. "여부스를 공격하려는 모든 사람은 수로(צנור)를 통해 그곳에 이를지니라." 히브리어 찐노르(צנור)가 "수로"를 의미한다면, 다윗의 부하들은 기혼 샘에서 예루살렘 안까지 이어지는 수직에 가까운 절벽 수로를 통해 들키지 않고 성 안에 진입했던 것 같다. 여부스 사람들도 적들이 절벽 수로를 통해 예루살렘으로 들어올 것이라고는 전혀 예상하지 못했을 것이다. 한편 히브리어 찐노르를 "단검"으로 해석하는 학자들도 있다. 이 경우 해당 구절은 다음과 같이 번역된다. "여부스인들을 공격하는 사람은 누구나 단검을 들고 그곳에 이를찌니라." 역대서 기자는 예루살렘 정복에 대한 조금 다른 이야기를 들려준다. 장님과 다리 저는 자에 대한 이야기도 없고, "수로"를 언급하지도 않는다. 역대서 저자에 따르면 드빌을 정복하려 했던 갈멜(삿 1장)처럼, 다윗은 예루살렘 정복에 관해 포상을 내걸고 부하들을 독려한다. "누구든지 여부스 사람들을 먼저 치는 자가 우두머리와 지휘관이 될 것이다" (대상 11:6).

"시온"

본래 여부스인들의 예루살렘 요새를 이르는 말이었다. 그것의 의미는 불확실하지만, "요새", "산"이라는 뜻이거나 "시내", "강"의 의미일 수 있다. 전자는 예루살렘이 산 위의 도시라는 사실과 관계있고, 후자는 기혼 샘에서부터 예루살렘 안으로 시내가 흐른다는 사실과 잘 조화된다. 다윗이 여부스의 요새 시온을 함락한 이후 그것을 "다윗의 도시"라고 명명한 이후, "시온"이라는 말이 유대인의 종교적 언어 속에 포함된다. 창세기에서 사무엘상까지 시온이라는 말이 등장하지 않고 다윗의 예루살렘 정복을 묘사하는 사무엘하 5장에서 처음으로 그 단어가 사용된다는 사실은 이를 잘 보여 준다.

다윗 명령의 후반부는 완전한 히브리어 문장이 아니어서 다윗이 다리 저는 자와 장님에[8] 대해 내린 명령의 의미는 불확실하다.[9] 칠십인역은 이 부분을 훼손 본문으로 간주하고 그것을 문법에 맞게 정상화하여 다음과 같이 번역한다.

> 여부스인들을 공격하는 사람은 누구나 단검을 가지고 다리 저는 자와 장님들, 그리고 다윗의 영혼이 미워하는 자들을 공격하라.

이런 칠십인역의 번역은 마소라 본문을 직역했을 때의 문제("왜 다윗이 다리 저는 자와 장님을 그토록 미워했을까?")를 발생시키지 않는다. 왜냐하면 칠십인역에서는 장님과 다리 저는 자들이 다윗이 미워하는 자들과 동일시되지 않기 때문이다. 하지만 8절 마지막 문장—"이때에 '장님과 다리 저는 자는 그 집에 들어오지 못할지니라'라는 말이 생겨났다"—은 다리 저는 자와 장님들에 대한 다윗의 증오를 전제하기 때문에 필자는 대부분의 현대어 성경을 따라 다윗의 명령 후반부를 "다윗이 마음으로 싫어하는 자들인 다리 저는 자와 장님들을 공격하라"로 번역했다. 하지만 그런 다윗의 증오가 후대의 성전 관습을 문학적으로 반영하는 것이 아니라면 다윗이 예루살렘 정복에서 장님과 다리 저는 자를 미워한 역사적 이유는 여전히 알기 어렵다.

다윗의 증오가 후대의 성전 관습을 반영하는 문학적 설정이라는 근거가 8절의 마지막 문장에 들어 있다. "다리 저는 자와 장님은 그 집에 들어오지 못할지니라." "그 집"은 원칙적으로 궁전과 성전을 모두 지칭할 수 있다. 이때는 성전이 지어지기 이전이며, 다리 저는 자와 장님들에 대한 다윗의 증오가 그들이 "그 집"에 들어올 수 없는 이유로 제시되기 때문에, 본문에서 "그 집"을 다윗의 궁으로 이해하는 사람들이 있지만, 이런 견해의 근본적인 문제점은 다윗은 다리 저는 자 므비보셋을 자신의 궁에 들인다는 사실이다. 따라서 "그 집"은 성전을 가리키며, 이 말은 신체에 흠이 있는 자들의 성전 출입을 금한 후대의 관습을 지칭하는 듯하다(참고, 레 22:18). 그렇다면 사무엘서 저자가 이 관습의 유래를 다윗의 예루살렘 정복에서 찾는 이유는 무엇일까? 성경 본문에서 장님과 다리 저는 자는 다윗을 조롱하는 자(칠십인역)이거나 다윗의 대적자(마소라 본문)로 등장하는데, 이런 자들이 성전에는 들어올 수 없다는 것은 다윗이 후대에 메시아의 상징으로 여겨진 것과 관련 있는 것은 아닐까? 사무엘서보다 후대에 쓰여진 역대기에서 다윗과 성전의 관계는 더욱 긴밀하다. 역대기에서 다윗은 예루살렘 성전 제의를 확립한 사람으로 묘사된다. 또한 다윗은 성전을 건축하지 않았지만, 성전 건축을 위한 모든 준비를 담당했다고 말함으로 역대기 저자는 다윗이 성전 건축에 큰 공을 세웠다고 주장한다(대상 22:2-3, 6). 역대하 23-27장을 보면 다윗은 성전 건축에 참여할 제사장 일꾼들과 평신도 일꾼을 세우고 그들의 역할까지 분담해 준다. 또한 솔로몬이 성전을 지은 곳도 다윗이 이미 값을 지불하고 구입한 부지였다(대상 21:15-22:1, 대하 3:1). 이처럼 이스라엘을 구원할 메시아로 이상화된 '다윗'은 성전과 매우 밀접한 연관을 가진다. 사무엘서 저자도 다윗을 조롱하고 대적한 자들이 성전에 들어올 수 없다고 말함으로써, 메시아에 대한 영접이 성전을 중심으로 한 신정 공동체의 가입에 매우 중요한 요소임을 주장하는 것은 아닐까?

다윗은 여부스인들의 시온 요새를 정복한 후에 그것을 자기 이름을 따라 "다윗의 도시"라 불렀다(9절). 고대 근동에서 정복자가 정복한 도시를 자신의 이름을 따라 개명하는 경우가 종종 있었다. 예를 들어 알렉산더 대왕은 이집트의 북부 해안 도시 라코티스를 정복하고, 그곳을 개·증축하여 제국 통치의 거점으로 삼을 때 그것을 "알렉산드리아"로 개명했다. 또한 북이스라엘을 멸망시킨 것으로 알려진 사르곤 2세도 코르사바드를 아시리아 제국의 새로운 수도로 삼으면서 이름을 "사르곤의 도시"라는 의미의 두르사루킨(Dūr Šarru-kīn)으로 개명했다. 이런 관례를 따라 다윗도 여부스인의 시온 요새를 정복하고 그것을 개·증축하여 다윗의 도시라 이름 붙인 것이다. 성의 증축을 설명할 때 등장하는 "밀로(מלוא)"는 인공으로 조성한 테라스 지형을 의미한다. 다윗이 밀로에서 안쪽으로 사방을 건설했다는 것은 다윗의 도시가 궁전과 시온 요새를 정점으로 하여 건물과 집들이 비탈을 따라 형성된 '테라스 도시'였음을 보여 준다.

다윗의 도시

"다윗의 도시"는 여부스인들의 요새가 있던 예루살렘의 남동 둔덕을 의미한다. 이 때문에 "다윗의 도시"라는 표현은 솔로몬이 성전을 세워 예루살렘의 영역을 북쪽으로 두 배가량 넓히기 전의 다윗 관련 서술에서 주로 등장한다(삼하 6:10, 12, 16, 대상 2:10, 왕하 8:1). 단 다윗의 도시에 유다 왕들의 무덤이 있었음으로 이후의 역사 서술에서는 왕들이 죽으면 '다윗의 도시에 있던 왕 무덤'에 묻혔다는 언급이 나온다(cf. 왕하 14:20). 신약에서 "다윗의 도시"는 예루살렘이 아니라 베들레헴을 가리킨다(눅 2:11).

【지도 2】

다윗이 예루살렘 정복에 성공한 것은 하나님이 다윗과 함께 계심을 보여 주는 하나의 증거에 불과하다. 10절은 다윗 왕정이 고대 근동의 잘 발달된 왕정의 외형들을 갖추어 가는 모습을 신학적으로 요약한 것이다. 다윗이 예루살렘을 정복해 수도로 삼고, 최고의 건축 기술로 궁전을 건축하고, 블레셋을 제압하고, 관료들을 두었으며, 또한 '하렘'(많은 아내와 첩)을 설치하여 많은 아들들을 낳은 것은 나날이 강성해지는 다윗의 권력과 하나님의 함께하심의 증거이다. 여기서 하나님은 "여호와, 만군의 하나님"으로 불린다. "만군"으로 번역된 히브리어 쯔

바옷(צבאות)은 본래 "많은 무리"를 지칭하는 말이었다. 고대인들에게 그것은 하늘의 별들이나 땅의 군인들로 이해될 수 있었다. 고대 근동의 신화에 익숙한 사람들에게는 만군의 여호와 하나님이라는 말은 하늘의 모든 별(=신)들을 창조하신 신이라는 의미이다. 이것은 여호와가 신들 중의 최고의 신이라는 의미이다. 한편 "만군"이 신화적인 배경이 아니라 이스라엘의 역사를 배경으로 쓰일 때는 "많은 군사"를 가리킨다. 이때 "여호와 만군의 하나님"은 전쟁의 신이라는 의미를 가질 수 있다. 사무엘서 저자가 다윗 왕국이 제국의 외형을 갖추어 가는 것을 묘사하면서 "여호와 만군의 하나님의 함께하심"을 언급한 것은 바로 이 때문이다.

여부스인들

여부스인들은 가나안 일곱 민족 중의 하나로 언급되는 민족이다. 다른 족속들처럼 여러 마을에 흩어져 산 것이 아니라, 예루살렘이 그들의 유일한 거점 도시였다. 가나안 정복 시대 그들은 왕을 가진 큰 도시 국가를 형성했다. 천혜의 지형 덕분에 이스라엘의 공격을 잘 막아 낼 수 있었으나 다윗에 의해 최종 함락되었다.

질문

1. 다윗은 왜 예루살렘을 최적의 수도라고 판단했습니까?
2. "장님과 다리 저는 자는 그 집에 들어오지 못할지니라"라는 말이 다윗의 예루살렘 정복에서 유래했다는 설명이 주는 구속사적 교훈은 무엇인가요?
3. "만군의 여호와"의 의미는 무엇입니까?

묵상

다윗 왕국은 통치 철학에 있어 고대 근동의 제국들과 매우 달랐음에도 외형적으로는 그들과 구분되지 않았습니다. 다윗 왕국도 관료제, 하렘, 상비군 제도, 건축물, 약탈 전쟁 등에 있어 주변의 제국과 동일했습니다. 흥미로운 것은 다윗 왕정이 이런 제국의 외형을 갖추어 가는 것을 사무엘서 저자가 "하나님의 도움"으로 묘사했다는 것입니다. 이것은 이 땅에 임한 하나님 나라가 필연적으로 가지게 되는 딜레마를 잘 표현합니다. 하나님 나라는 세상 나라와 근본적으로 다르지만, 그 나라가 사람들에게 이해되기 위해서는 세상 나라의 옷을 입어야 한다는 사실을 암시합니다. 이것이 성육신의 원리입니다. 예수님은 이 땅에 오신 '하나님'이십니다. 그러나 그분이 우리에게 이해되기 위해서는 인간의 옷을 입으셔야 했습니다. 다윗 왕국이 제국들의 외형을 갖추어 가는 것이 "하나님의 함께하심"의 결과였듯이 예수님이 다른 사람들처럼 몸이 자라고 지혜가 자라는 것도 하나님의 함께하심의 결과였습니다. 여기서 기억해야 할 것은 성육신은 사랑의 표현이라는 것입니다. 즉 하나님이 우리를 사랑하셔서 우리와 소통하시려고 하신 일입니다. 세상의 외형을 갖추어 가는 것은 복음을 나누는 일이 아닌, 언제든지 자기 왕국을 구축하는 일에 오용될 수 있다는 점을 명심해야 합니다.

12
궁전 건축, 하렘, 블레셋 정복

삼하 5:10-25

다윗의 예루살렘 정복은 다른 나라의 주목을 받았다. 헤브론에서 왕이 되었을 때 아무도 다윗을 주목하지 않았지만, 그가 온 이스라엘의 왕이 되어 예루살렘을 정복하고 수도를 그곳에 정하자 주변국들의 태도가 바뀌었다. 두로의 왕은 다윗에게 축하 사절단을 보냈을 뿐 아니라 다윗의 궁을 선물했지만, 블레셋은 다윗의 도시 예루살렘을 침공해 온다.

다윗의 궁전 건축 5:11-12

11 두로의 왕 히람은 다윗에게 외교 사절단을(מלאכים) 보냈으며
삼나무 목재와 함께 목공들과 벽석공들도 다윗에게 보내어 그들이
다윗을 위해 집을 건축하였다. 12 그때 다윗은 여호와가 그를
이스라엘 위에 왕으로 세웠다는 것과 여호와가 그의 백성
이스라엘을 위해 그의 왕국을 존귀하게 하셨음을 알았다.

두로의 왕 히람이 다윗 왕국의 성장에 주목한다. 11절은 그가 다윗의 왕 됨을 축하하는 사절단을 보냈을 뿐 아니라, 다윗의 궁전 건축을 위한 자재와 건축 기술자들도 제공했다는 내용을 기록한다. 사울 왕정 때에는 변변한 왕궁 하나 없었다. 변변한 집무실도 없던 사울은 "기브아 변경 미그론에 있는 석류 나무 아래 앉아" 전쟁 회의를 주재해야 했다(삼상 14:2). 이런 사울과 달리 다윗은 두로의 왕 히람의 도움으로 제대로 된 궁전을 갖추게 된다. 당시 이스라엘에는 궁전을 건축할 석공이나 토목 기술이 없었을 가능성이 높다. 주로 고원 지대 즉 산속에서 생활한 이스라엘인들은 다듬지 않은 돌이나 지역 목재로 집을 지었다. 초기 이스라엘 마을에는 방어를 위한 성벽조차 없었다. 다윗이 주변국과 같은 그럴 듯한 왕궁을 가지고 싶어도 당시의 이스라엘에는 그럴 만한 재료와 기술이 없었을 가능성이 높다.

히람

히람은 주전 10세기경 해상 무역을 통해 두로를 강한 도시 국가로 성장시킨 왕이다. 히람은 시돈의 영향 아래 있었던 두로를 가나안의 최고의 상업 거점으로 성장시켰다. 특히 이스라엘과 친선 관계를 맺은 것으로도 유명하다. 다윗과 솔로몬의 건축 사업을 지원했고, 오빌로 가는 무역선에 솔로몬과 공동으로 투자하기도 했다. 이렇게 히람이 통일 이스라엘과 친선 관계를 유지한 것은 두로에서 다마스쿠스로 가는 히람 왕의 무역로가 이스라엘의 북부 영토를 통과했기 때문일 것이다. 다시 말해 다윗과의 친선 관계가 히람의 경제적 이익에 도움을 주었기 때문이다.

이때 하나님께서 도움의 손길을 두로 왕 히람을 통해 보내셨다. 히람은 해상 무역을 통해 두로를 가나안 최고의 물류 도시로 성장시킨 왕이다. 가나안 땅에서의 다윗의 힘이 강해지자, 그는 시리아로 통하는 무역로를 확보하기 위해 다윗과 좋은 관계를 맺을 필요가 있었다. 히람 왕이 삼나무 목재는 물론 그 목재를 다룰 기술자와 "벽 석공", 즉 큰 돌을 다듬는 석공들도 보내 다윗의 궁 건축을 도운 것은 이 점과 무관하지 않다. 특히 삼나무는 궁전과 신전 건축에 사용되는 고대 근동 최고의 목재로, 두로 왕이 통제하는 레바논 산의 삼나무가 가장 유명했다. 수백 킬로미터 떨어져 있는 바빌론이나 이집트에서도 이 레바논 삼나무를 구하기 위해 원정단을 파견했을 정도다. 이처럼 히람이 다윗에게 궁전 건축을 위한 기술과 재료를 공급해 준 것은 그 지역에서 커져 가는 다윗의 정치적 위상을 잘 대변한다.

12절에 따르면 두로의 왕 히람의 호의를 통해 다윗은 자신의 정통성에 확신을 가지게 되었다. 즉 그의 왕권이 하나님으로부터 말미암은 것임을 알게 되었다. 히람과 같은 강대국의 왕이 큰 선물을 보냈다는 것보다 다윗에게 더 확실한 하나님의 도움이 있었을까? 이를 통해 다윗은 자신의 왕권이 하나님으로부터 온 것임을 깨닫는다. 하나님이 목동에 불과했던 다윗에게 그토록 큰 영광을 가져다 준 이유는 그분의 백성을 위해서이다. 다윗의 사명은 백성을 잘 다스려 그들이 "하나님의 백성"이 되게 하는 것이다. 이런 의미에서 다윗 왕국은 하나님의 왕국이고 다윗의 왕권은 대리 왕권이다. 이것은 12절에서 3인칭 남성 대명사 "그"가 의도적으로 모호하게 사용된 점에서 암시된다. "그"가 3번 사용되는데 특히 두 번째와 세 번째 "그"는 다윗이 아니라 하나님을 가리킬 가능성도 있다.

> 여호와가 그(=여호와)의 백성 이스라엘을 위해 그(=여호와)의 왕국을 존귀하게 하셨다(12절)

즉 다윗을 통해 세운 왕국은 궁극적으로 다윗의 왕국이 아니라 하나님의 왕국이다. 다윗 후손들이 망해도 그 왕국과 그 백성은 망하지 않는다. 다윗이 목자처럼 다스려야 하는 백성들은 다윗의 백성이 아니라 하나님의 백성이라는 뜻이다. 이런 사상은 역대기에서 좀더 분명히 나타난다. 역대기 저자가 기록한 나단의 예언에 따르면 하나님은 "네[다윗의] 집"과 "네 나라"(삼하 7:16)가 아닌 "내[하나님의] 집"과 "내 나라"(대상 17:14)를 영원히 세울 것이라고 말씀하신다. 즉 다윗의 후손은 궁극적으로 메시아의 그림자, 다윗의 나라는 하나님 나라의 그림자로 의도되었음을 알 수 있다.

다윗의 자녀들 5:13-16

13 다윗은 헤브론에서 이주해 온 이후 예루살렘에서 첩들과
아내들을 추가로 취하였다. 아들과 딸들이 다윗에게 새로이
태어났다. 14 다음은 예루살렘에서 그에게 태어난 아들들의
명단이다: 삼무아, 소밥, 나단, 솔로몬, 15 입할, 엘리수아, 네벡,
야비아, 16 엘리사마, 엘랴다, 엘리벨렛.

본 단락은 예루살렘에서 새로운 통일 왕국을 시작한 다윗이 새로이 아내와 첩들을 취해, 이들로부터 열한 명의 아들을 얻었다는 내용을 담고 있다. 이 단락은 10절의 관점("다윗은 점점 더 강해졌고 만군의 하나님이 그와 함께 했다")에서 이해되어야 한다. 예루살렘에서 취한 아내와 첩들의 이름이 구체적으로 언급되지 않은 점과 열한 명의 아들들이 다윗이 예루살렘에서 낳은 자녀들의 전부가 아니라는 사실(역대상 3:5-9절과 비교)은 본 단락이 다윗의 여성 편력과 자녀 생산에 대한 단순한 사실 보고가 아님을 보여 준다. 왕조 안정의 첫 번째 조건은 왕의 다산이다. 왕이 자녀를 많이 낳아야 권력이 안정적으로 가문 안에서 승계될 수 있다. 왕에게 자녀가 없거나 적은 경우 언제나 권력의 제2인자—보통 장군인 경우가 많음—가 왕위를 넘보는 경우를 역사가 증거한다. 예를 들어, 이집트 18왕조의 마지막 세 왕(투탄카문, 아이, 호렘헵)은 자녀가 없었다. 자녀가 없었던 투탄카문의 뒤를 이어 당시 총리였던 아이(Aye)가 왕이 되었고, 그도 자녀 없이 죽자, 그의 장군이자 총리였던 호렘헵(Horemheb)이 왕이 되었다. 그러나 호렘헵도 자녀 없이 죽게 되자 이집트인들은 왕이 자녀 없이 죽을 때 발생하는 승계의 문제를 종식시키기 위해 람세스를 왕으로 세웠다. 나이가 매우 많았음에도 그가 왕으로 선택된 것은 람세스에게는 많은 자녀들과 손자들이 있었기 때문이다. 그리고 그

로부터 이집트의 19왕조가 시작된다. 이처럼 왕에게 아내들과 자녀들이 많은 것은 왕조의 안정과 직결된다. 더구나 다윗은 시조 왕이므로, 그가 많은 아들들을 낳는 것은 정치적으로 매우 중요한 일이었다. 다윗이 많은 아내와 첩들 그리고 열한 명의 아들을 낳았다는 본문의 내용은 하나님이 함께함으로 다윗 왕국이 점점 안정되어 간 사실을 예증하는 것이다.

헤브론에서 얻은 아들들의 이름을 나열할 때 사무엘서 저자는 그들의 어머니의 이름도 언급하지만,[1] 예루살렘에서 얻은 아들들의 명단에서는 어머니들의 이름을 생략한다. 그럼에도 저자는 다윗이 여러 "첩들과 아내들"을 예루살렘에서 새로 얻었음을 감추지 않는다.[2] 왕조의 안정이 왕의 다산에 달려 있다는 점에서 다윗이 많은 여자들을 취하여 그들로부터 많은 아들들을 얻은 것은 충분히 이해할 수 있다. 그러나 신명기 17장 14-20절에 기록된 "왕의 율법"의 관점에서는 아내를 많이 두는 것이 긍정적인 것은 아니다.

> 왕은 또 그 마음이 미혹되지 않도록 아내들을 많이 두어서는 안 되며
>
> (신 17:17).

이 구절이 솔로몬에게 정확히 적용됨은 의심할 여지가 없지만, 다윗의 경우에는 어떠한가? 많은 아내를 둔 것이 다윗에게 흠이 될 수 있는가? 이것과 관련 지어 생각할 수 있는 것은 다윗이 미갈을 그녀의 남편 발디엘에게서 빼앗아온 사건(삼하 3:14-16)이다. 다윗이 미갈을 굳이 아내로 데려왔던 것은 '사랑' 때문이 아니다. 그것은 정치적 명분을 위해서다. 미갈과의 혼인 관계는 다윗을 합법적인 왕위 계승자로 만들어 준다. 혹시 다윗이 아내를 많이 두었다는 사실이 다윗의 현실 정치적인 영민함을 보여 주는 것은 아닐까? 즉 평민이었던 다윗이 이스라엘의 왕이 되기 위해 기울였던 "노력들" 중 하나가 결혼이 아니었을까? 다윗의 품으로 돌아온 미갈은 후에 다윗에게 버림을 받고, 다윗과의 만남과 결혼이 사무엘상 25장 전체에 걸쳐 소개된 아비가엘은 다윗이 헤브

론의 왕이 된 이후 성경 내러티브에서 그녀의 존재가 사라졌다는 점은 예사롭지 않다. 다윗의 현실 정치적인 영민함은 때로는 긍정적으로 때로는 부정적으로 그려진다. 이것은 하나님 나라를 위한다는 명분이 우리의 모든 정치적 활동을 정당화하는 것은 아님을 상기시킨다.

블레셋을 물리침: 바알브라심 전투 5:17-21

17 다윗이 이스라엘을 통치하는 왕으로 기름 부음 받았다는
소식을 들었을 때 모든 블레셋인들이 다윗을 찾기 위해 올라왔다.
다윗은 그 소식을 듣고 요새로 내려갔다. 18 한편 블레셋인들은 이미
도착하여 르바임 평원에 늘어서 있었다. 19 다윗은 여호와께 다음과
같이 물었다.
"제가 블레셋인들을 치러 올라갈까요? 주께서 그들을 제 손에
주시렵니까?"
여호와가 다윗에게 대답했다.
"올라가라. 내가 참으로 그 블레셋인들을 너의 손에 줄 것이다."
20 다윗은 바알브라심에 도착했고 그곳에서 다윗이 그들을
섬멸한 후 말했다:
"여호와께서 내 원수들을 부수셨도다.
그들은 내 앞에서 '물의 부서짐' 같이 되었다."
이렇게 그 장소의 이름이 바알브라심이라 불리게 되었다.
21 블레셋인들이 그곳에 그들의 우상들을 버려두었고, 다윗과
그 부하들은 그것들을 가져갔다.

다윗이 헤브론의 왕이 되었을 때까지만 해도 블레셋은 그를 여전히 블레셋의 용병 혹은 지방 군주 정도로 생각했을 것이다. 그러나 다윗이 온 "이스라엘의 왕"이 되자 블레셋은 배신당했다는 사실을 비로소 깨닫게 된다. 다윗이 이스라엘의 왕이 되면서 블레셋에게 정기적으로 바치던 조공(참조 삼상 27장 9절)을 끊었을 가능성이 있다. 고대 근동에서

일반적으로 반란은 조공 상납의 단절에서 시작하기 때문이다. 이에 블레셋은 다윗과 전면전을 시도한다. 모든 블레셋인들이 "다윗을 찾기" 위해 올라왔다. 이것은 왕이 된 다윗을 축하하기 위한 방문이 아니다. 블레셋이 다윗을 찾아온 것은 그를 죽이기 위함이다. "찾다"로 번역된 히브리어 비케쉬(בקש)가 이것을 암시한다. 비케쉬는 이집트 사람을 살해한 모세를 "찾아" 죽이려는 바로에 대해서도 사용된 동사다(출 2:15). 이집트의 바로처럼 블레셋인들도 반란자 다윗을 죽이기 위해 예루살렘으로 군대를 보냈다. 한편, 블레셋의 침공 소식을 들은 다윗은 시온 "요새로 내려가"[3] 전투 태세를 갖춘다.

블레셋 군대는 예루살렘의 바로 남동쪽에 위치한 르바임 평원에 전투 대형을 갖추어 진 쳤다. 블레셋의 전쟁 막사들이 평원에 가득한 모양을 가리키는 히브리어 동사 인나트슈(ינטשו)는 삼손과 블레셋과의 옛 전투를 상기시킨다. 그때도 블레셋인들이 레히 평원에 똑같은 전투진을 갖추고 있었다(인냐트슈ינטשו, 삿 15:9). 평원의 이름 레히는 "턱뼈"를 의미하는데, 그 지명이 암시하는 바처럼 레히 평원에 진쳤던 블레셋인들은 삼손이 휘두른 나귀 턱뼈에 모두 죽게 된다. 이와 유사한 문학적 연관이 본문에서도 발견된다. 다윗을 죽이기 위해 블레셋인들이 진쳤던 평원의 이름이 르바임인데 이 말은 본래 가나안 사람들이 죽은 자들을 지칭할 때 쓰던 말(=라파우마)인 동시에 성경에서는 거인족(삼하 21:15-21 참조)에 대해 사용된 말이다. 다윗을 죽이기 위해 르바임 평원에 진 친 블레셋 거인들은 곧 죽은 자들이 될 것이다.[4] 다윗의 전투와 삼손의 전투 사이의 유사성은 여기서 끝나지 않는다. 다윗과 삼손 모두 전쟁에서 승리한 다음 그 승리를 기념하는 시를 짓고, 그 전쟁터에 새 이름을 부여한다(삿 15:15-17과 삼하 5장 20-21 비교).

	삼손의 '레히' 전투	다윗의 '르바임' 전투
승리 묘사	삼손이 나귀의 새 턱뼈를 발견하고 손을 내밀어 그것을 집어 들고, 그것으로 천명을 죽이고	다윗이 바알브라심으로 가서, 거기서 그들을 죽이고
승리의 기념시	말하기를 "나귀의 턱뼈로 무더기 위에 무더기를 쌓았으니 나귀의 턱뼈로 내가 천명을 죽였다" 하였다.	말하기를 "여호와께서 마치 물을 흩으심같이 내 원수들을 내 앞에서 흩으셨다"하고
지명을 붙임	그가 말하기를 마치고, 그 턱뼈를 손에서 던져 버리고, 그곳을 "라밧 레히"라 불렀다.	그곳의 이름을 "바알브라심"이라고 불렀다.

이렇듯 블레셋에 대한 다윗의 승리가 삼손의 승리를 연상시키는 방식으로 서술된 이유가 무엇일까? 그것은 삼손의 인생이 다윗의 인생의 모델이 되기 때문은 아닐까? 그렇다면 삼손과 다윗의 공통점이 무엇일까? 그것은 여자 문제이다. 삼손과 다윗 모두 여자와의 관계가 그들의 삶에 중요한 내용을 형성했다. 사사기 15장에 묘사된 삼손의 블레셋 전투나 본문에 묘사된 다윗의 블레셋 전투나 모두 두 주인공의 인생 정점에 발생한 사건이다. 이것은 그들이 사사로서 혹은 왕으로서 본연의 사명에 충실한 마지막 모습을 그려준다. 그러나 그후 삼손과 다윗 모두 여자 문제 때문에 인생의 내리막길을 달리기 시작한다. 삼손의 경우 가사의 창녀와 관계한 것과 블레셋 여인 들릴라와 사랑에 빠지는 사건이 그의 삶의 전환점이 되었고, 다윗의 경우 우리아의 아내 밧세바와 관계한 것이 그의 삶의 전환점이 된다.

르바임(=라피우마)

성경에서 르바임은 두 가지 의미를 가진다. 첫째, 르바임은 죽어 스올에 사는 사람들을 가리킨다(잠 9:18 "죽은 자"; 잠 21:16 "사망의 회중"). 둘째, 르바임은 거인족을 지칭한다. 그들은 가나안 원주민들 중에 하나였다. 모압인들은 그들을 에밈으로, 암몬인들은 그들을 삼숨밈으로 불렀다(신 2:11, 20). 마지막 르바임이었던 바산의 왕 옥은 4미터 길이 침대를 사용했다고 전해진다(신 3:11). 블레셋인들 가운데 거인들도 르바임으로 불렸다.

다시 다윗과 블레셋과의 전투 장면으로 돌아가자. 다윗은 르바임 평원에 진 친 블레셋 군대를 보고 먼저 여호와 하나님께 신탁을 구한다. 다윗이 하나님과 함께했던 이유는 이처럼 다윗이 하나님께 물어 행동했기 때문이다. 이 장면은 사울이 죽은 후 유다 땅 헤브론으로 돌아가기 전 다윗이 하나님께 신탁을 구하는 장면을 연상시킨다. 블레셋의 전투를 이처럼 하나님의 뜻에 의한 전투로 그리는 이유는 그 전투가 다윗의 왕위 등극을 완성시키는 전투이기 때문이다.[5] 블레셋은 다윗의 주권을 인정하지 않고, 다윗을 여전히 자신의 속주로 생각하고 그 관계를 확인하기 위해 예루살렘을 침공한 것이다. 따라서 이 전투는 다윗의 '기름 부음'을 완성하는 사건이다. 이 때문에 사무엘서 저자는 다윗의 블레셋 전투를 철저히 하나님의 뜻에 의한, 하나님의 뜻을 따른 전투로 그리고 있다.

"여호와께 묻다"라는 표현은 신탁을 가리키는 전형적인 표현이다. 본문은 마치 다윗이 하나님의 직통 계시를 받는 것처럼 묘사하지만 "여호와께 묻다"(샤알 베아도나이שאל בארני)라는 표현은 다윗이 제사장의 우림과 둠밈을 통해 하나님의 응답을 구했음을 보여 준다. "그렇다" 혹은 "아니다"의 대답을 요구하는 다윗의 질문은 이것을 분명하게 드러낸다. "제가 블레셋인들을 치러 올라갈까요? 주께서 그들을 제 손에 주시렵니까?"

보통 우림과 둠밈에 의한 응답은 "그렇다", "아니다"의 형식으로 주어진다. 이때 제사장의 역할은 신탁을 구하는 자의 질문을 "그렇다", "아니다" 형식의 질문들로 바꿀 뿐 아니라 그 질문들에 대한 일련의 답들—"그렇다" 혹은 "아니다"로 주어진 답들—을 서술 형식의 응답으로 바꾸어 질문자에게 전달하는 것이다. 본문의 응답 "올라가라. 내가 참으로 그 블레셋인들을 너의 손에 줄 것이다"도 제사장이 "그렇다" 혹은 "아니다" 형식의 응답을 다윗에게 서술형으로 바꾸어 준 것일 가능성이 있다. 그럼에도 사무엘서 저자가 다윗이 하나님과 직접 대화하는 것처럼 서술하는 이유는 대리 통치자로서의 다윗 왕의 성격을 극명하게 보여 주기 위함이다. 하나님의 정의를 대리하는 다윗에게 가장 중요한 덕목은 순종이며, 이를 위해 하나님의 뜻을 구하는 것이 매우 중요하다. 이런 점에서 다윗 왕정은 앞으로 소개될 다양한 제국적 형식에도 불구하고 근본적으로 고대 근동의 제국들과 구별되는 왕정이다.[6]

다윗과 블레셋과의 전투 장면은 매우 간단하게 묘사된다. "다윗이… 도착했고… 그들을 섬멸했다"(20절). 이것은 어디를 가든지 압도적으로 승리하는 카이사르 군대를 대표하는 표어 "왔노라, 보았노라, 이겼노라"(veni, vidi, vici)를 연상시킨다. 이처럼 사무엘서 저자의 간단한 묘사에는 압도적 승리가 암시되어 있다. 이런 압도적 승리에 대한 흥분 때문인지 사무엘서 저자는 싸우기도 전에 승리를 상징적으로 선포해 버린다. "다윗은 바알브라심에 도착했고…"(20절). 바알브라심은 승리를 기념하기 위해 다윗이 전쟁터에 붙인 지명이지만, 사무엘서 저자는 전쟁 결과를 서술하기도 전에 승리를 기념해 붙여진 지명을 사용해 버린다. 다윗은 블레셋이 전쟁 진을 갖춘 르바임 계곡에 도착하자마자 그것을 바알브라심, 즉 '승리의 장소'로 바꾸어 버린다. "다윗이… 도착했고… 그들을 섬멸했다"(20절). 다윗은 이 압도적인 승리를 기념하는 시를 짓는다.

> 여호와께서 내 원수들을 부수셨도다.
>
> 그들은 내 앞에서 '물의 부서짐' 같이 되었다.

3·3조의 운율을 가진 이 두 시행은 "부수다"(파라츠פרץ)라는 단어의 유희적 사용으로 서로 밀접히 연결된다. "물의 부서짐"은 물에 의한 파괴를 의미한다. 다윗의 군대가 세계를 멸망시킨 홍수같이 블레셋 군대를 섬멸했다는 의미이다.[7] 이런 의미에서 블레셋에 대한 다윗의 승리는 하나님의 심판의 의미도 포함한다. "부서짐"으로 번역된 파라츠는 다윗이 언약궤를 예루살렘으로 옮기려 시도하는 장면에서도 웃사에 대한 하나님의 심판을 암시하는 단어로 사용된다(삼하 6:8).

다윗의 군대가 블레셋을 완전히 섬멸했다는 사실은 블레셋이 전장에 모셔온 우상들을 수습하지 못했다는 점에서 더욱 분명해진다

(21절). 이것은 블레셋인들이 전쟁터에서 전멸했거나 그들이 황급히 도망하느라 우상을 수습할 겨를도 없었음을 암시한다. 고대 근동 사람들에게 전쟁은 언제나 종교적 성격을 가진다. 즉 나라와 나라 사이의 전쟁은 그 나라의 수호신들 사이의 전쟁이기도 하다. 이 때문에 군사 원정에 우상들이 동행한다. 여신 이쉬타르는 아시리아왕 에살핫돈에게 다음과 같이 말한다.

> 네 적들은 시반 달의 (어린) 야생 돼지처럼 네 앞에서 도망할 것이다. 나는 위대한 벨렛-나는 아르벨라의 이쉬타르, **네 적들을 네 앞에서 물리친 자이다**… 내가 너의 대적들을 기다리고 있다가 네게 넘겨 줄 것이다. 나 아르벨라의 이쉬타르는 **네 앞에서 가며 뒤에서 갈 것이다**. 두려워 말라.
>
> (ANET-K, 738, 강조는 필자).

고대인들은 그들의 수호신이 그들보다 앞서 나가 적들을 섬멸한다고 믿었다. 이 때문에 우상이 전쟁터에 자주 동원되었는데, 전쟁에서 패한 군대는 왕의 신변과 우상을 우선적으로 확보하여 퇴각한다. 반대로 승리한 군대는 우선적으로 왕의 신변과 우상을 확보하려 한다. 적들의 왕을 죽이고, 우상을 탈취하는 것이 완벽한 승리로 인식되었다. 블레셋인들이 도망하면서 우상을 버리고 갔다는 것은 완패를 의미한다. 다윗의 군대가 블레셋인들이 남긴 우상을 가져갔다는 사실은 완승을 의미한다. 더구나 이것은 사무엘상 4장에 묘사된 블레셋 전투의 패배를 완전히 되갚는 의미도 있다. 아벡에서 벌어진 두 번의 전투에서 이스라엘 군대는 블레셋에게 크게 패했고, 전쟁에 동원했던 언약궤마저 빼앗겼다. 다윗이 예루살렘을 수도로 정한 직후에 벌어진 것으로 묘사된 블레셋과의 두 번의 전투에서 모두 승리한 점과 블레셋이 버리고 간 우상을 취한 점은 사사 시대의 혼란을 완전히 극복하고 블레셋으로부터 이스라엘을 구원한 메시아가 다윗임을 확인해 준다. 사무엘상 7장의 사무엘을 통한 에벤에셀 승리도 20년 전의 아벡 전투의 패배를 되갚는 의미가 있었지만, 그것은 30년 후에 찾아올 다윗의 보다 큰 승리

에 대한 예표적 성격을 가진다.[8]

한편 다윗과 그의 부하들이 블레셋이 남긴 우상을 가져간 것은 신학적 문제를 일으킨다. 왜 유일신 여호와를 섬기는 자들이 우상을 취하는가? 신명기 7장 24-25절은 명시적으로 그것을 금지한다.

> 하나님이 적들을 네 손에 넘겨주실 것이니… 너희는 그들의 조각한 신상들을 불살라 버리고, 그 위에 입힌 은이나 금을 탐내지도 말고 취하지도 마라. 이는 여호와 네 하나님께서 역겨워하는 것이기 때문이다

다윗과 그의 부하가 블레셋의 우상을 취한 것은 분명 이 율법을 어긴 것이다. 한편 다윗을 보다 이상적으로 묘사하는 경향이 있는 역대서 저자는 다윗과 그의 부하들이 우상을 취한 것이 아니라 "불살랐다"고 증언한다(대상 14:12). 그러면 사무엘서 저자는 왜 다윗이 우상들을 "가져갔다"고 증언하는 것일까?[9] 다윗이 우상을 불사르지 않고 취한 것은 블레셋과의 또 한 번의 전쟁을 예견한다. 블레셋은 다윗에게 빼앗긴 그들의 신상을 찾기 위해서 다시 한 번 전쟁에 나올 것이다. 실제로 고대 근동에서 빼앗긴 신상을 되찾기 위한 전쟁들이 심심치 않게 벌어졌다. 느부갓네살 왕 1세(주전 1125-1104년)는 엘람에게 빼앗긴 마르둑 신상을 되찾기 위해 전쟁한 것으로 유명하다. 요약하면 다윗이 블레셋이 버린 우상을 취했다는 언급은 블레셋과 제1차 전쟁의 승리를 요약하면서, 제2차 전쟁의 원인이 무엇인지를 암시한다.

블레셋과의 제2차 전쟁 5:22-25

22 블레셋인들이 다시 공격하기 위해 르바임 골짜기에 들어섰다.
23 다윗은 여호와에게 물었고 그분이 말했다.
"너는 올라가지 말지어다. 그들의 뒤로 돌아 발삼나무
반대편으로부터 그들에게 접근하라. 24 네가 발삼나무 꼭대기에서
발자국 소리를 들을 때가 네가 결단할 때이다. 왜냐하면 그 때

> 여호와가 네 앞서 나가 블레셋의 진영을 섬멸하는 때이기 때문이다."
> 25 다윗은 여호와가 그에게 명령한 대로 행했고, 블레셋을 게바에서
> 게셀에 이르는 길까지 섬멸하였다.

블레셋이 다윗과 전쟁하기 위해 다시 르바임 골짜기에 진을 치자, 다윗도 다시 하나님의 신탁을 구한다. 어떻게 생각하면 다윗이 굳이 신탁을 구할 필요가 있었을까 라는 의심이 들 수 있다. 왜냐하면 블레셋 사람들이 다윗을 공격하기 위해 르바임 골짜기에 진을 친 상황이 이전과 똑같기 때문이다.[10] 그러나 다윗은 문제 상황이 전과 같다 하여 하나님의 뜻을 묻지 않고 전쟁하러 올라가지 않았다. 만약 그랬다면 큰일 날 뻔했다. 왜냐하면 하나님의 응답이 1차 전쟁 때와는 달랐기 때문이다. 여기서 사무엘서 저자가 다윗의 질문을 생략한 것은 그것이 이전과 같은 질문이었기 때문일 것이다. 전과 같은 상황에서 나온 전과 같은 질문에 대해 하나님은 전혀 다르게 대답하신다.

이번에 하나님이 주신 응답은 일종의 기습 공격에 관한 지시이다. 다윗에게 블레셋의 후미로 군대를 이동시켜 기습 공격할 것을 주문한다. "너는 올라가지 말지어다. 그들의 뒤로 돌아 발삼나무 반대편으로부터 그들에게 접근하라."

"올라가지 말라"는 것은 상대 군대와 대면진을 짜고 공격하지 말라는 뜻이다. 적들의 후방을 돌아 공격하라고 말씀하신다. 이것이 매우 탁월한 전략인 이유는, 역사상 모든 명장의 작전처럼, 자연 지물의 성격을 정확하게 이용한 것이기 때문이다. 발삼 나무로 번역된 히브리어 베카임(בכאים)은 바람이 불 때 요란한 소리(바카בכה "울다")를 내는 나무를 지칭한다. 바람이 불 때 발삼 숲이 내는 요란한 소리는 숲을 통과해 접근하는 다윗 군대의 소리를 들을 수 없게 만들었을 것이다. 당시의 예루살렘 주변의 산은 오늘날보다 더 울창한 숲을 이루었음을 고려할 때, 그 전술은 매우 큰 효과를 발휘할 만한 것이었다. 사무엘서 저자가 발삼 나무 꼭대기에서 나는 소리를 "발자국" 소리로 표현한 것은 바람이 불 때 발삼나무의 잎과 가지들이 서로 마찰하며 내는 소리가 마치

군인들의 발자국 소리처럼 들리기 때문일 것이다. 하지만 그것은 하나님이 이스라엘 군대보다 앞서 행하신다는 메시지도 포함한다. 따라서 발삼나무가 내는 "발자국" 소리는 앞서 행하시는 하나님이 다윗의 군대에게 내리는 돌격 명령인 셈이다. 르바임 평원에서 대기하던 블레셋 군대는 갑자기 뒤의 숲에서 끊임없이 달려 나오는 이스라엘 군대에 당황하여 대패할 수밖에 없었을 것이다.

이 전투 장면은 이집트 왕 람세스 2세와 히타이트 왕 무와탈리 2세가 맞붙은 가데스 전투(BC 1274)를 연상시킨다. 람세스 2세는 히타이트 군대가 멀리 북쪽 알레포에 있다는 잘못된 첩보를 듣고 가데스 평원에 진을 쳤다. 그러나 실제 히타이트 군대는 가데스 평원 근처에 있었다. 그들은 가데스 평원에 진을 꾸린 이집트 군대의 후방을 돌아 기습 공격을 시도했다. 람세스 2세의 영웅적인 전투력이 없었더라면 본문의 블레셋인들처럼 이집트 군대도 그곳에서 섬멸당했을 것이다. 이처럼 다윗의 질문에 대한 하나님의 응답은 고대 전쟁의 관점에서 매우 탁월한 지략이다. 하지만 성경 본문은 다윗의 승리를 전략 전술의 승리로만 그리지 않는다. 그 승리는 다윗의 순종에 기인한 것이다. 25절은 이 점을 분명히 한다.

> 다윗은 여호와가 그에게 명령한 대로 행했고, 블레셋을 게바에서 게셀에 이르는 길까지 섬멸하였다.

"게바에서 게셀에 이르는 길까지"라는 표현은 다윗의 승리가 예루살렘의 남동쪽 르바임 평원에 국한된 것이 아님을 보여 준다. 게바와 게셀까지 약 32킬로미터의 구간에 블레셋의 시체들이 널려 있었다. 이로써 다윗의 군대는 길보아 전투 이후 블레셋에게 빼앗겼던 사울 왕국의 영토를 되찾게 된 것이다.[11]

여기서 한 가지 주목해야 하는 것은 하나님의 명령과 상식적이고 이성적인 전략 사이에 어떤 괴리도 없다는 것이다. 본문은 하나님의 명령을 따른다는 것이 이성적인 계획과 전략을 따르는 것과 크게 다르지 않음을 보여 준다. 즉 다윗이 구한 하나님의 뜻은 다윗이 처한 상황에 가장 합당한 전투 전략과 일치하였다. 하나님의 말씀은 인간과 세계의 참된 본질을 가장 잘 반영하는 것이다. 그런데 하나님의 말씀과 이성과 상식이 대립되는 것으로 자주 오해되는 이유는 성경 저자의 '이야기 화술'이 종종 오해되기 때문이다. 본문에서도 사무엘서 저자는 다윗의 승리를 하나님이 주신 명령에 순종하는 형식을 사용해 표현한다. 그런데 그 명령의 내용을 잘 분석해 보면 그것이 당시의 지형지물을 최대한 활용한 합리적인 전략이었음을 알 수 있다. 이것이 성경 저자들의 화술이다. 성경 저자들에게 하나님께 순종한다는 말과 하나님이 주신 이성에 따라 생각하고 행동하는 것은 대립적인 것이 아니다.

여호와께 묻기

개인이나 공동체가 문제에 직면했을 때 신에게 묻는 행위나 그 질문에 신이 내린 응답을 신탁이라 부른다. 이 신탁은 보통 중재자를 통해 구해진다. 성경에는 이런 신탁을 얻는 방법이 크게 두 가지로 표현된다. 하나는 제사장을 통하는 방법이고 다른 하나는 선지자를 통하는 방법이다. 전자의 경우 "질문하다"를 의미하는 히브리어 동사 샤알(שׁאל)이 사용되고, 후자의 경우 "찾다, 구하다"를 의미하는 히브리어 동사 다라쉬(דרשׁ)가 사용된다. 제사장을 통한 신탁은 보통 "그렇다, 아니다" 질문을 통해 이루어진다. 왜냐하면 그가 사용하는 신탁 기구인 우림과 둠밈이 하나는 긍정적인 대답을 다른 하나는 부정적인 대답을 상징하기 때문이다. "하나님께 묻기"를 통해 신탁을 구하는 일은 왕정의 형성기에 주로 발생했다. "하나님께 묻기"에 대한 거의 모든 성경 용례가 사사기와 사무엘서(사 1:1, 20:27; 삼상 10:22, 14:37; 22:10, 13, 15; 23:2, 4; 28:6; 30:8; 삼하 2:1; 5:19)에 집중된다. 재미 있는 것은 다윗이 블레셋과 전쟁 때 하나님의 뜻을 물은 일 이후, 제사장을 통한 "하나님께 묻기"가 다시 성경에 등장하지 않는다는 것이다. 이후에는 선지자를 통한 "하나님의 뜻을 찾기, 구하기"(다라쉬)가 신탁의 주된 방법이 된다. 선지자들은 고대 근동의 점술가들과 달리, 심지어 이스라엘의 제사장들과 달리, 어떤 도구에 의존해 신탁을 구하지 않고 "직통 계시"로 하나님의 뜻을 구했다. 이것은 "그렇다, 아니다" 질문을 통한 소통보다 하나님과 더 복잡한 대화를 가능하게 하는 방법이다. 여기서 오해하지 말아야 할 것은 선지자들의 소위 직통 계시가 반드시 하나님의 물리적 음성을 의미하는 것은 아니라는 점이다. 즉 예언이 하나님이 물리적 소리 진동을 통해 선지자와 대화한 내용은 아니라는 것이다. 선지자의 예언들은 오히려 그 시대에 대한 선지자들의 통찰에 가까운 경우가 많다. 즉 선지자들이 그들이 사는 시대를 율법으로 주해한 것이 예언인 셈이다. 이것은 히브리어 다라쉬가 후대에 성경 해석을 의미하는 말이 된다는 사실과 잘 연결된다.

질문

1. 히람의 궁전 선물을 통해 다윗이 깨달은 내용은 무엇입니까?
2. 왜 블레셋인들은 다윗을 죽이려 예루살렘까지 찾아왔을까요?
3. 성경 저자가 블레셋에 대한 다윗의 승리를 철저한 순종을 통해 얻은 것으로 강조하는 이유는 무엇일까요?

묵상

하나님의 말씀에 순종한다는 말은 맹목적 복종을 의미하지 않습니다. 성경이 말하는 순종은 아들이 부모님의 뜻을 받는 것과 유사합니다. 하나님은 우리가 성경에 계시된 하나님의 뜻을 이해하여, 우리의 지혜를 활용해 그것을 이루기를 원하십니다. 사무엘서 저자는 블레셋과 다윗의 싸움을 다윗이 신탁을 순종한 결과처럼 그리지만, 그 이면의 내용을 보면 다윗은 탁월한 전략으로 블레셋을 물리친 것임을 알 수 있습니다. 블레셋의 영향으로부터 완전히 독립하는 것이 하나님이 뜻임을 확신한 다윗은 하나님이 주신 지혜로 블레셋으로부터 이스라엘을 구원한 것입니다. 이런 의미에서 성경적 순종은 노예의 덕이 아니라 아들의 특권입니다.

13
웃사의 죽음

삼하 6:1-10

블레셋을 무찌름으로써 다윗은 이스라엘 영토를 길보아 전투 이전으로 회복시켰다. 동시에 블레셋의 용병 혹은 블레셋의 지방 군주라는 오명을 완전히 털어내고 명실상부한 "이스라엘의 왕"이 되었다. 이제 새 도읍지 예루살렘에서 4백년 남짓(BC 1000~586)의 다윗 왕국의 역사가 시작되려 한다. 그러나 한 가지 할 일이 남았다. 그것은 예루살렘에 여호와의 궤를 모셔오는 것이다. 예루살렘이 제국 통치의 진정한 중심지로 역할을 하려면 지정학적 중립성이나 군사 전략적 이점만으로 부족하다. 예루살렘은 종교 중심지도 되어야 한다. 오랫동안 이방 신을 섬기던 도시 예루살렘이 유다의 헤브론이나 이스라엘의 실로, 길갈, 벧엘과 같은 다른 도시들을 제치고 국가의 종교 중심지가 되려면 여호와의 궤가 필수적이다. 더구나 여호와의 궤는 특히 북방 지파들에게 중요한 종교적 상징이었다.[1] 따라서 여호와의 궤를 예루살렘에 안치한다는 것은 북방 민족을 향한 또 하나의 유화 정책이기도 했다. 통일 왕국이 분열된 이후 유다 역사에서 여호와의 궤가 전혀 언급되지 않는 것은 바로 이런 관점으로도 이해할 수 있다.[2] 그러나 다윗의 이런 계획에 예상치 못한 차질이 생긴다. 하나님께서 언약궤를 옮기던 웃사를 죽이신다. 왜 하나님께서 웃사를 죽이셨을까?

여호와의 궤가 아비나답의 집을 떠남 6:1-5

1 다윗이 이스라엘 중 모든 젊은이들을 다시 모았다. 삼만 명이었다.
2 다윗과 그와 함께하는 모든 백성이 일어나 바알레유다로부터
그룹들 사이에 앉아 계신 만군의 여호와의 이름, 그 이름으로
불리는 하나님의 궤를 가져오기 위해서 그리로 갔다. 3 그들은
하나님의 궤를 새 수레에 싣고 그것을 산에 있는 아비나답의 집에서
들고 나왔다. 한편 아비나답의 아들들인 웃사와 아흐요는 새 수레를
몰고 있었다. 4 그들은 그것을 산에 있는 아비나답의 집으로부터
들고 나왔다. 웃사는 여호와의 궤 곁에, 반면 아흐요는 그 궤 앞에서
가고 있었다. 5 한편, 다윗과 이스라엘의 온 집은 각종 백향목 나무로
된 악기를 가지고, 수금(כנור)과 비파(נבל)를 가지고, 드럼(תוף)과
탬버린(מנענעים)과 심벌(צלצלים)을 가지고, 여호와 앞에서 즐거이 놀았다.

1절

궤의 이동을 다루는 본문이 3만 명의 "모든 젊은이들(כל בחור)"과 다윗과 함께하는 "모든 백성(כל העם)"에 대한 언급으로 시작하는 것은 여러 가지 의미가 있다. 우선 1절만 읽은 독자는 이어지는 본문에서 전쟁이 묘사될 것이라고 추측하기 쉽다. 전쟁이 아니면 왕이 3만 명의 젊은이들과 그와 함께하는 모든 백성(=군사들)을[3] 모을 이유가 없기 때문이다. 더구나 3만 명은 반세기 전 벌어진 이스라엘과 블레셋의 전쟁에서 죽은 이스라엘 병사들의 수와 일치한다(삼상 4:10). 그 전쟁에서 패한 이후 약 50년 동안[4] 여호와의 궤가 성소에 안치되지 못하고 이방 땅을[5] 방황했다. 다윗이 3만 군사를 거느리고 궤를 옮기는 사건은 블레셋인들에 대한 완전한 승리를 상징하는 사건으로 의도되었다. 예루살렘을 침공하는 블레셋에 대한 두 번의 승리가 50년 전 아벡 전투의 패배를 되갚는

것이라면 궤를 예루살렘으로 옮기는 일은 그 승리를 더 완전하게 만드는 것이다. 언약궤가 북방 지파에게 중요한 종교 상징이었다는 사실은 이런 점에서 매우 중요하다. 언약궤는 길갈, 벧엘, 실로 등 주로 북방 지파의 거점 도시에 안치되었다. 즉 북방 지파들은 이 언약궤를 중심으로 종교 생활을 했다고 해도 과언이 아니다. 따라서 언약궤를 예루살렘의 성소에 설치함으로써 다윗은 북방 지파들에 대한 통치를 더욱 용이하게 할 수 있을 것이라 생각했을 수 있다. 이를 위해 3만 명의 젊은이들과 함께 바알레유다로 내려옴으로써 다윗은 북방 지파의 종교 상징인 언약궤에 대해 최대한 예우를 표시하려 했던 것 같다. 그만큼 다윗의 왕권이 강화됨은 말할 것도 없다.

이런 의미에서 1절의 "다시(עוד)" 모았다는 말에도 주목할 필요가 있다. 이전의 전투에서 다윗은 3만 명의 젊은이들을 동원한 적이 없다. 예루살렘을 정복할 때와 블레셋을 물리칠 때 다윗은 자신의 "부하들(אנשיו)"만을 동원했다. 그럼 "다시"는 과거의 어느 사건이나 전쟁을 염두에 둔 말인가? 이스라엘의 "모든 젊은이들"이 마지막으로 모인 때는 언제인가? "젊은이"들로 번역된 히브리어 바후림(בחורים)이 "뽑힌 자, 선택된 자"의 뉘앙스를 가진다는 사실을 고려하면, 우리는 궤를 옮기는 사건을 다윗의 대관식과 연결시킬 수 있다(삼하 5:1-3). 왜냐하면 그 때 이스라엘의 각 지파에서 뽑힌 대표들이[6] 헤브론으로 찾아와 다윗을 왕으로 세웠기 때문이다.[7] 이처럼 다윗이 궤를 옮기기 위해 이스라엘의 모든 "젊은이(=선택된 자, 뽑힌 자)들을 다시 모았다"는 말은 다윗의 대관식을 상기시킴으로써 언약궤를 옮기는 일이 궁극적으로 다윗의 왕권 강화와 연관 있음을 암시한다.

한편 다윗이 여호와의 언약궤를 옮기기 위해 삼만 명의 젊은이들과 그와 함께한 모든 백성들을 동원했다는 사실은 그 작전이 실패할 것에 대한 복선도 제공한다. 먼저, 순종이 다윗의 덕목으로 부각된 이전 에피소드(삼하 5:17-25)에서 다윗은 거의 혈혈단신으로 블레셋과 전투하는 것으로 묘사된다는 점을 상기하라. 사무엘서 저자는 다윗이 하나님의 전략에 철저히 순종함으로 르바임 평원을 가득 메운 모든 블레셋인(삼하 5:17-18)들을 무찔렀다고 말한다. 즉 다윗의 승리가 그의 병사들의 수에 기인한 것이 아니라 하나님의 도우심 때문임을 강조한 것이다. 이것을 배경으로 삼만 명의 모든 젊은이들과 다윗의 모든 백성들이 궤의 이동에 동원되었음을 생각하면, 다윗의 이번 작전은 하나님의 도움보다는 인간 정치에 의존하고 있음을 알게 된다. 이런 관점에서 궤를 옮기는 장면에서 다윗이 하나님의 뜻을 물었다는 말이 없음에 주목하자. 물론 "~라는 말이 없다"는 식의 논증(evidence from silence)은 언제나 조심스럽게 사용해야 하지만, 다윗이 이전 문맥에서는 하나님께 철저히 물음으로써 블레셋과의 전쟁에서 승리했다는 점, 아울러 언약궤를 예루살렘으로 옮기는 것이 다윗 자신의 정치적 이익에 부합하는 행위였다는 사실을 기억하면, 다윗이 하나님께 묻지 않은 것은 이 사건이 다윗의 정치적 이익을 위한 것임을 암시하는 것은 아닐까?

2절 ______

다윗이 궤를 옮기기 위해 찾아간 곳은 유다바알레(בעלי יהודה)이다. 이 지명은 여기에만 등장하는 것으로 아마 "유다의 바알라(בעלתה אשר ליהודה)"가 잘못 표기된 것 같다(대상 13:6).[8] "유다의 바알라"는 기랏여아림의 다른 이름이다. 사무엘상 6장에서 벳세메스 사람들이 블레셋으로부터 돌아온 언약궤를 함부로 다루다가 (오만)칠십 명이 죽게 되자 떠넘기듯이 궤를 보낸 곳이 기랏여아림이었다. 그리고 여호와의 궤는 그곳의 아비나답의 집에서 오랫동안 머물러 있게 되었다. 이제 다윗이 언약궤를 예루살렘으로 옮기기 위해 기랏여아림으로 내려갔다. 사무엘서 저자는 궤가 기랏여아림에 안치된 후 이동 없이 줄곳 그곳에 있었음을 강조하는 의미에서 아비나답의 집에 대한 수식어 "산에 있는"을 일관되게 유지한다(삼상 7:1 참조). 그 말은 본래 아비나답의 집이 종교적으로 의미 있는 장소임을 암시하기 위함이었지만, 여기서는 그 말은 궤가 처음 안치된 그 "산에 있는 아비나답의 집"에서 다른 곳으로 이동하지 않았음을 보여 주는 역할을 한다.[9]

하나님의 궤가 다음처럼 다소 길게 소개되고 있다. "그룹들 사이에 앉아 계신 만군의 여호와 이름, 그 이름으로 불리는 하나님의 궤." 궤에 관한 비슷한 표현이 아벡 전투 본문에서도 등장하는데—"그룹 사이에 앉아 계신 만군의 여호와의 언약궤"(삼상 4:4)—그때는 "이름, 그 이름으로 불리는"이라는 표현이 빠져 있다. 신의 형상(=우상)이 곧 신이라고 믿었던 이방인들과 달리 이스라엘 사람들은 여호와에 대한 어떤 형상도 만들지 않았다.[10] 이방인들의 관점에서 그들의 우상에 가장 근접한 이스라엘의 신물(神物)이 언약궤인데[11] 그것은 그룹 형상과 더불어 보이지 않는 여호와의 보좌로 여겨졌을 뿐이다. "그룹들 사이에 앉아 계신 만군의 여호와의 언약궤"라는 표현에는 왕 되신 여호와의 통치적 기능이 강조된다. 그런데 본문에서 성경 저자는 언약궤와 관련해 "이름"이라는 말을 두 번이나 사용하는데, 이것은 하나님의 궤가 단순히 그분의 통치 기능을 보여 주는 데 머물지 않고 그분의 본질을 대표함을 암시한다. 고대 이스라엘에서 "이름(שם)"은 그 사람의 본질을 나타낸다. 특히 하나님의 이름은 하나님의 본질을 축약해 담고 있다고 여겨졌다. 구약성경 전체를 네 글자로 요약하면 '요드-헤-바브-헤'(יהוה)라는 유대인 미드라시가 있을 정도다. 이 때문에 하나님의 본질을 담고 있다고 생각한 그 이름(=신성 사문자)을 소리 내어 발음하는 것조차 그분을 망령되이 일컫는 것이라 여겼다.[12] 그들은 신성 사문자가 본문에 등장할 때마다 주님을 의미하는 아도나이로 바꾸어 읽거나 "그 이름"을 의미하는 하셈(השם)이라고 읽었다. 여호와의 궤가 "그 이름"으로 불린다는 것도 그 궤가 하나님의 본질을 대표한다는 의미이다. 이것은 이후에 여호와의 궤를 그 영광에 합당하게 대우하지 않는 사람에게 닥칠 재앙에 대한 복선이 된다.[13]

3-5절

여호와의 궤가 아비나답의 집에서 출발하는 상황이 설명되어 있다. 다윗과 그의 부하들은 이를 위해 "새 수레"를 준비했고, 지난 20여 년 동안 연약궤를 무탈하게 잘 모신 아비나답의 두 손자들인 웃사와 아흐요로 하여금[14] 그 궤를 근접 수행하게 한다. 아흐요가 수레를 끌고, 웃사가 곁에서 궤를 따라갔다. 4절에 대한 개역개정의 번역은 마소라의 강세 표시를 무시한 번역으로 아흐요와 웃사의 수행 위치를 잘 보여 주지 못한다.

> 그들이 산에 있는 아비나답의 집에서 하나님의 궤를 싣고 나올 때에 아효는 궤 앞에서 가고(삼하 6:4, 개역개정)

그러나 마소라의 강세를 살려 번역하면 다음과 같다.

> 그들은 그것을 산에 있는 아비나답의 집으로부터 들고 나왔다. 그는 하나님의 궤 곁에 있었다(עם ארון האלהים).[15] 반면 아흐요는 그 궤 앞에서 가고 있었다(삼하 6:4, 사역)

성경 저자는 여호와의 궤 곁에 있는 인물이 누구인지를 의도적으로 밝히지 않지만 독자들은 3절에서 그것이 "웃사"임을 짐작할 수 있다—"아비나답의 아들들인 웃사와 아흐요는 새 수레를 몰고 있었다." 웃사와 아흐요가 궤가 실린 수레를 몰고 있었고 아흐요가 앞서 갔다면 궤와 함께(עם ארון), 즉 궤 곁에 서서 갔던 사람은 웃사가 되는 것이다. 나중에 설명하겠지만 저자가 4절에서 의도적으로 "궤 곁에" 서 있는 인물이 웃사임을 명시하지 않은 것은 후에 궤 곁에서 죽은 웃사에게 비난의 화살이 던져지는 것을 경계하기 위함이다(아래 설명 참조). 여하튼 다윗이 보기에 지금까지 언약궤를 무탈하게 모신 아비나답의 두 손자들이 궤를 옮길 최적의 사람이었던 것 같다.

다윗과 "이스라엘의 온 집"은 여호와를 기쁘게 하기 위해 각종 악기로 음악을 연주한다. 당시 동원할 수 있는 악기는 다 동원된 것 같다—백향목 나무로 된 악기, 비파, 수금, 드럼, 탬버린, 심벌로 구성된 합주단이다(아래 "이스라엘의 오케스트라" 참조)! 개역개정역에서 "연주하다"로 번역된 히브리어 메사하킴(משחקים)은 모두가 즐기는 축제에 사용되는 단어다. 궤를 가져오는 일은 "이스라엘의 온 집"(개역개정, "이스라엘의 온 족속")이 즐기는 축제가 되었다. "이스라엘의 온 족속"이라는 개역개정의 번역은 당시 이스라엘에서 "집"(베트בית)이 가지는 사회적 의미를 잘 반영하지 못한 것이다. 당시 베트는 가부장 중심의 경제 사회 단위 즉 "세대"를 의미했지만 종종 국가 전체도 베트로 불렀다. 국가도 왕을 아버지로 하는 세대로 이해되었다. 따라서 "이스라엘의 온 집"이라는 표현에는 다윗 아래서 하나로 응집된 유기체로서 왕국의 의미가 들어 있다. 궤를 가져오는 일은 이처럼 한때 반목하던 지파들을 하나의 왕 아래 가족처럼 묶는 효과를 지닌 것이다. 한 가족처럼 된 이스라엘은 다양한 악기로 축제를 즐긴다. 지금까지는 모든 것이 다윗의 계획대로 순조롭게 진행되어 가는 듯하다. 그러나 6-10절이 보여 주는 것처럼 하나님의 궤를 옮기려 한 다윗의 계획은 크게 실패한다.

이스라엘의 오케스트라

시편의 마지막 노래인 150편을 보면 고대 오케스트라의 모든 악기들이 제 소리를 내며 하나님을 찬양하는 모습과 만난다. 특히 3-5절에는 다양한 악기들이 출현한다—"나팔(쇼파르שופר) 소리로 찬양하며 비파(네벨נבל)와 수금(킨노르כנור)으로 찬양할지어다. 소고(토프תף)치며 춤(마홀מחול)추어 찬양하며 현악(미님מנים)과 퉁소(우가브עוגב)로 찬양할지어다. 큰 소리 나는 제금(찔쯜레-샤마צלצלי־שמע)으로 찬양하며 높은 소리 나는 제금(찔쯜레-테루아צלצלי־תרועה)으로 찬양할지어다"(시 150-3-5). 고대 이스라엘의 악기들은 크게 현악기, 관악기, 타악기로 나뉘는데 노래는 일반적으로 현악기 반주로 불려졌다. 성경에서 가장 많이 언급된 현악기는 "수금"이다. 수금은 직사각형의 소리통, 소리통에서 비스듬히 올라간 두 팔, 그 두 팔을 연결하는 횡봉으로 연결되어 있다. 고대 근동의 수금에는 두 종류가 있는데, 줄이 10-13개 달린 수금과 4-8개 달린 수금이다. 전자는 손가락으로 연주하는 반면, 후자는 손가락이 아닌 기구를 사용해 연주한다. 성경에서 킨노르(כנור) "수금"으로 불린 것은 줄이 4-8개 달린 것이며, 줄이 10-13개 달린 수금은 네벨(נבל) "비파"로 불렸다. 한편 수금이나 비파의 소리통은 모두 백단목(알묵אלמג)으로 만들어졌다(왕상 10:12). 성경에 등장하는 관악기에는 피리(할릴חליל), 나팔(케렌קרן), 은 나팔(하쪼쯔라חצצרה), 양각 나팔(쇼파르שפר), 퉁소(우가브עוגב) 등이 있다. "구멍을 뚫다(חלל)"는 말에서 유래한 "피리"는 구멍 뚫린 두 개의 파이프로 구성되어 있으며, 각각의 파이프에는 입을 대어 바람을 불어넣는 입구가 있다. 파이프는 갈대, 금속, 상아 등으로 만들어졌다. 피리는 축제와 잔치 같은 즐거운 상황에 주로 연주되지만, 장례식에도 사용될 수 있었다. 우리말 성경에서 "나팔"로 번역된 악기들은 크게 두 가지이다. 하나는 양각나팔(쇼파르)이고, 다른 하나는 은으로 만들어진 나팔(하쪼쯔라)로 제한된 음계만을 낼 수 있다. 이 은나팔은 매일 드리는 제사에 사용되었고, 전체 백성을 모으거나, 위급한 위기를 알릴 때에도 사용되었다. 타악기에는 심벌(메찔타임מצלתים 혹은 쩰쩰림צלצלים)과 북(토프תף)이 있었다. 심벌은 구리나 동으로 만들어졌으며(대상 15:19), 악기 중 가장 오래전에 만들어진 것(주전 3000년)으로 추정된다. 성경에서는 여호와의 궤가 예루살렘으로 이전될 때 심벌(쩰쩰림)이 언급된다. 북(토프)은 모든 종류의 소고나 탬버린을 지칭한다. 여자(예, 미리암)들이 연주한 악기로 춤을 출 때 적격인 악기이다. 단 우리나라 소고처럼 막대기로 연주한 것이 아니라, 이스라엘의 소고는 손으로 소리를 내었다. 다윗이 블레셋과의 전투에서 이기고 돌아올 때 유다 마을의 여인들이 소고를 들고 나와 축하해 주었다(삼상 18:6).

【그림 5】 소고 치는 여인

웃사의 죽음 6:6-10

6 나곤의 타작마당에 이르렀을 때, 웃사가 손을 내밀어 여호와의
궤를 잡았다. 이는 소들이 넘어졌기 때문이다. 7 하나님의 노가
웃사에게 발하였고 하나님이 그를 알-하샬(על השל)의 이유로
그 자리에서 쳤고, 그는 하나님의 궤 곁, 그 자리에서 죽었다.
8 여호와가 웃사를 급사시킨 것 때문에 다윗이 화가 났다. 그 장소는
오늘날까지 베레스웃사로 불린다. 9 다윗은 그날 여호와를
두려워했고 '어찌 여호와의 궤가 내게 올 수 있을까' 라고 말하고
10 다윗은 여호와의 궤를 자신에게 다윗의 성으로 옮겨오는 것을
원치 않았다. 다윗은 그것을 가드 사람 오벳에돔의 집으로 돌렸다.

언약궤를 실은 수레가 나곤의 타작마당에 이르렀을 때 소들이 무슨 이유인지 넘어졌다. 웃사는 하나님의 궤가 떨어지는 것을 방지하기 위해 손을 내밀어 궤를 잡았다. 그때 하나님의 진노가 웃사에게 발하여, 그가 그 자리에서 죽게 된다. 이 일로 다윗은 하나님의 궤를 "다윗의 성"으로 옮기는 일을 포기하고 가드 사람 오벳에돔의 집에 궤를 안치한다.

이것이 6-10절의 대강이다. 비교적 줄거리는 명확해 보이지만 히브리어 본문은 불확실성으로 가득하다. 먼저 "나곤의 타작마당"이 어디인지 알 수 없다. 더욱이 역대상 13장 9절에서는 "기돈의 타작마당"으로, 쿰란 사본에는 "나돈의 타작마당"으로 명기되어 있다. 뿐만 아니라 칠십인역에는 "노답의 타작마당"이라고 기록되어 있다. 이처럼 나곤의 타작마당이 어디인지는 고사하고, 그것이 누구(나곤, 기돈, 나돈, 노답?)의 타작마당인지도 확실하지 않다. 따라서 일부 학자들은 본문의 "나곤"이 고유명사가 아니라 히브리어 나카(נכה) "치다"에서 파생된 일반명사로 주장한다. 그러면 "나곤의 타작마당"은 "멸망의 타작마당"으로 번역될 수 있고, 이것은 하나님이 웃사를 치실("나카") 사건(7절)에 대한 문학적 복선이 될 수 있다. 둘째로 불확실한 것은 타작마당에 도착한 소들의 행동이다. 소의 행동을 묘사한 히브리어 샤마트(שמט)의 의미가

확실하지 않다. 학자들은 "넘어지게 하다"(타동사) 혹은 "넘어지다"(자동사)로 해석한다. 개역개정역의 "뛰었다"라는 번역은 추측에 의한 것이다. 어떤 상황인지 확실하지 않지만 소들을 넘어지게 하는 상황이 발생한 듯하다. 셋째, 웃사가 죽은 이유가 불확실하다. 개역개정역의 "웃사가 잘못함으로 말미암아"(7절)라는 번역은 후대 역본에 근거한 추측이고, 그것의 히브리어 원문 알-하샬(על השל)의 의미는 아무도 모른다. 같은 사건을 다루는 역대상 13장 10절은 이 난해한 구절을 "그가 궤 위로 손을 보냈으므로"라는 구절로 대체한다. 알-하샬이 훼손된 본문이 아니라면, 사무엘서 저자가 그 난해한 구절로 웃사가 죽은 이유를 의도적으로 모호하게 만들었을 가능성이 있다. 넷째, 심지어 하나님이 죽인 사람이 3절과 6절에 언급된 웃사인지도 확실하지 않다. 문맥상 그것이 웃사임에 분명하지만, 본문은 그것을 확실히 말하지 않는다. 7절과 8절에서 "웃사"로 번역된 히브리어 '웃사'(עזה)는 3절과 6절에서 "웃사"로 번역된 히브리어 '웃사'(עזא)와 약간 다르다. 학자들에 따르면 7절과 8절의 웃사는 사람 이름이 아니라 지명으로 이해될 수 있다. 그들이 옳다면 하나님의 노가 '웃사'(עזא)에게 임한 것이 아니라, '웃사'(עזה)에서 임한 것이다.[16] 저자가 7-8절에서 죽임 당한 사람의 이름을 모호하게 만든 것은 의도적인 듯하다. 또한 그 사건이 발생한 장소 "나곤의 타작마당"이 베레스웃사(פרץ עזה)로 불림으로써 후대의 전통에서 하나님의 진노가 웃사에게 임한 것인지 웃사에서 임한 것인지 더욱 혼란스럽게 된다. 이 모든 것은 언약궤가 아비나답의 집을 떠나 곧바로 예루살렘으로 안치되지 못하고 오벧에돔이라는 이방인의 집에 들르게 된 직접적 원인이 웃사에게 있는 것이 아님을 암시한다. 사무엘서 저자는 의도적으로 웃사의 잘못을 특정하지 않고, 하나님의 진노가 발한 곳이 웃사라는 사람인지 웃사라는 장소인지도 모호하게 처리함으로써 하나님의 진노에 대한 책임이 궁극적으로 딴 사람에게 있음을 암시한다. 그리고 그는 이 모든 수송 작전의 책임자인 다윗인 것이다.

다윗은 무슨 잘못을 한 것일까? 한마디로 말하면, 다윗은 율법에 기록된 언약궤의 운반 규칙에 순종하지 않고 자신의 경험에 의존했다. 율법에 따르면(출 25:14-15, 신 10:8 참조), 언약궤는 레위인들이 궤의 양쪽 고리에 끼워진 채들을 어깨에 메고 옮겨야 했다. 한편 새 수레, 즉 제의적으로 정결한 수레에 언약궤를 실어 나르는 것은 이방의 관습이었다. 이방인들은 새해 축제와 같이 매우 중요한 절기에 우상들을 성전 뜰이나 길거리에 행진시킴으로 대중들이 우상을 적어도 1년에 한 번 정도 볼 수 있게 한다. 이때 우상들은 화려한 수레나 배에 실려 이동한다. 다윗은 율법을 따르기보다는 이전의 경험에 의존했다. 그는 이전에 블레셋인들이 수레에 통해 궤를 무사히 귀환시켰음을 기억했는지도 모른다. 또한 그 궤가 이방인 아비나답의 집에 무사히 50년 이상을 지냈기 때문에 오랫동안 언약궤를 '관리'해 온 아비나답의 후손들에게 궤의 운반을 맡기는 것이 불필요한 화를 방지할 것이라고 느꼈을지 모른다. 다윗이 보기에 궤를 세 수레에 운반하는 일과 아비나답의 아들들이 수레 운반의 역할을 맡는 것은 이미 '검증된' 방법 같았을 것이다. 이처럼 다윗은 경험을 의지하다가 말씀 순종에 실패했다. 사무엘서 저자는 본문에서 "궤는 수레가 아니라 사람이 어깨에 메고 운반해야 한다"는 사실을 히브리어 동사 나사의 반복을 통해 강조하고 있다. 3절과 4절에 반복되는 문장은 다음과 같다. "그들이 그것을 산에 있는 아비나답의 집으로부터 가지고 나왔다." 여기서 "가지고 나왔다"라고 번역된 히브리어 나사(נשא)는 신명기 10장 8절에서 어깨에 매는 합법적인 궤의 운반 방식을 가리킬 때 사용된 동사다. 물론 사무엘하 6장 본문에서 문맥상 그것은 사람들이 궤를 수레에 실어 나오는 모양을 지칭하지만 그것의 문자적 의미는 궤의 운반에 관한 율법 규정을 연상시킨다. 일부 학자들은 3절과 4절에 같은 문장이 반복된 것을 사본 필사자의 오류로 보고 하나를 생략하지만,[17] 사무엘서 저자는 궤 운반의 합당한 방법을 상징하는 히브리어 동사 나사를 두 번 반복함으로써 다윗의 잘못이 무엇임을 암시해 주고 있다.

다윗의 잘못은 궤를 옮기는 일에 있어 율법보다 자신의 경험에 의존했다는 것으로 끝나지 않는다. 다윗이 궤를 예루살렘에 가져오려는 동기가 순수하지 못했을 가능성이 있다. 이미 앞서 언약궤는 특히 북방 지파들이 소중히 생각한 종교 상징임을 말했다. 다윗은 언약궤를 예루살렘에 안치함으로 예루살렘을 제국 통치의 진정한 중심지로 만들려고 소망했을 수 있다. 이것을 단적으로 보여 주는 대목이 다윗이 웃사의 죽음을 보고 하나님께 화를 내는 장면이다. 다윗은 “어찌 여호와의 궤가 내게 올 수 있을까”라고 말한다. 이 말은 여호와의 대한 두려움을 표현한 말이지만, 잘 분석하면 다윗이 하나님의 궤를 자신을 위한 수단으로 삼고 있음을 알 수 있다. “내게”로 번역된 히브리어(אלי)는 은유적으로 “나를 위해”라는 말로 이해될 수 있다(삼상 1:27, 왕하 19:20, 사 37:21). 즉 다윗은 여호와의 궤를 자신의 개인적 목적을 위해 운반하려 한 것이다. 이것은 10절에서 더욱 분명히 나타난다—“다윗은 여호와의 궤를 자신에게, 다윗의 성으로 옮겨오는 것을 (디이상) 원치 않았다”. 사무엘서 저자는 “자신에게”라는 말을 “다윗의 성”이라는 말로 보충함으로써 다윗이 궤를 운반하려고 한 개인적 동기를 강조하고 있다. 즉 하나님의 임재로 나아가는 것이 아니라, 하나님의 임재를 자신의 거처로 옮겨 오려 한 것이다. 5절의 내용도 이런 관점에서 재해석될 수 있다. 다윗과 그의 부하들이 온갖 악기를 연주하는 장면이 나오는데, 여기에 사용된 히브리어 ‘메사하킴’은 구약 성경에서 예배나 제사의 문맥에서는 거의 사용되지 않는 동사이다. 여호와의 궤를 옮기는 일이 예배가 아니라 인간적인 축제가 되어 버린 것이다.

50여 년 전 여호와의 궤를 구경거리로 삼았다가 (오만)칠십 명의 희생자를 낸 벧세메스 마을 사람들처럼 다윗은 여호와의 궤를 자신의 정치적 목적의 수단으로 삼으려 했다가 애꿎은 충신 하나를 희생시켰다. 어찌 보면 이방인 웃사는 잘못한 것이 없다. 그를 그런 상황에 있게 한 지도자 다윗에게 모든 잘못이 있다. 하나님의 궤는 예루살렘으로 가지 못하고 또 한 명의 이방인 오벳에돔에게 몸을 의탁하게 된다. 여호와의 궤를 의탁한 오벳에돔은 가드 사람으로 불린다. 가드는 블레셋의 도시이기 때문에 오벳에돔은 다윗에 충성하는 블레셋 이민자였을 가능성이 높다. 이스라엘 백성이 여호와의 궤를 받을 준비가 되지 않자 하나님은 이방인의 집을 거처 삼아 거하신다. 이것은 이스라엘이 비록 선민이지만, 그 지위가 불변하는 것은 아님을 보여 준다. 하나님은 그분이 원하시는 민족을 자신의 거처로 삼으실 자유를 가지신 분이다.

질문

1. 다윗이 궤를 예루살렘에 옮겨 오려 한 이유는 무엇이었을까요?
2. 웃사는 왜 죽었을까요? 웃사의 죽음에 대한 책임은 누구에게 있습니까?
3. 오벳에돔은 누구입니까? 그의 집에 여호와가 몸을 의탁했다는 점에서 무슨 교훈을 얻을 수 있을까요?

묵상

사람들은 성물에 열광합니다. 왜냐하면 그 성물이 신비한 능력을 가졌을 것이라고 믿기 때문입니다. 미신에 불과하지만 유대교나 기독교도 이런 잘못된 신앙에서 자유롭지 못합니다. 유대인들은 성경 사본에 열광했고, 한때 교회는 각종 성물을 만들어 팔아 큰 부를 축적하기도 했습니다. 다윗은 여호와의 궤를 성물 취급하였습니다. 성물에 대한 집착은 신앙과 전혀 관계없습니다. 왜냐하면 그것은 하나님을 인간 욕망의 수단으로 삼는 것이기 때문입니다. 하지만 그것이 "성물"이기 때문에 그런 인간 욕망이 수면 아래 감추어지고, 성물에 대한 집착이 경건으로 포장되기 쉽습니다. 그런 의미에서 언약궤가 아직까지 남아 있지 않은 것, 성경 원문이 사라진 것은 다행입니다. 그러나 인간은 늘 새로운 성물을 찾아냅니다. 한국 교회에서는 교회 건물에 대한 집착이 그것이 아닌가 생각합니다.

14
여호와의 궤가 예루살렘에 안치됨

삼하 6:11-23

누구나 실패는 할 수 있다. 문제는 그 실패를 성공의 공식으로 만드는 능력이다. 다윗은 바로 그 능력을 가졌다. 궤를 예루살렘으로 이전하려는 첫 번째 시도에서 실패한 다윗은 그 실패의 원인이 무엇인지 정확히 알고 하나님이 주신 두 번째 기회를 살려 그 일에 성공한다. 본문에서 다윗의 변화를 가장 잘 보여 주는 것은 그의 춤이다. 언약궤 앞에서 뛰놀며 춘 춤은 이스라엘의 주권자 여호와 앞에서 자신은 한갓 섬기는 종에 불과하다는 다윗의 신앙을 단적으로 보여 준다.

궤가 오벳에돔의 집에 안치됨 6:11-12

11 여호와의 궤가 가드 사람 오벳에돔의 집에 3개월 머물렀다.
여호와께서 오벳에돔과 그의 모든 집을 축복하셨다. 12 다윗 왕은
다음의 보고를 받았다: "여호와께서 하나님의 궤를 인하여
오벳에돔의 집과 그에게 속한 모든 것을 축복하셨습니다." 그러자
다윗은 올라가 오벳에돔의 집에서 하나님의 궤를 다윗의 성으로

기쁘게(בשמחה) 가져왔다.

여호와의 궤가 오벳에돔의 집에 안치된 지 3개월 만에 다윗은 다시 궤의 예루살렘 이전을 시도한다. 무엇이 다윗에게 그런 용기를 주었을까? 11-12절은 여호와께서 하나님의 궤가 안치된 오벳에돔의 집을 축복하셨다는 사실을 두 번이나—한 번은 저자의 보고 형식(11절)으로, 다른 한 번은 다윗이 들은 보고의 형식(12절)으로—반복한다. 궤를 지키던 오벳에돔의 집에 임한 하나님의 축복이 다윗에게 다시 한 번 궤를 이동시킬 용기를 주었던 것 같다. 뿐만 아니라 성경 저자는 다윗이 "기쁘게(בשמחה)" 궤를 가져왔다고 기록한다. 무엇이 다윗으로 하여금 궤를 옮기는 위험을 "기쁨으로" 감수하도록 했을까? 분명한 것은 아비나답의 집에 궤가 오랫동안 있었지만, 성경은 한 번도 아비나답이 궤로 인해 축복을 받았다고는 말하지 않는다. 아비나답의 집에 안치되기 전 여호와의 궤는 머무는 곳마다 많은 사람의 죽음을 초래했기 때문에, 궤가 안치된 아비나답의 집에서 죽음의 소식이 나오지 않았다는 것만으로도 어떤 의미에서 '축복'이라고 말할 수 있을 것이다. 그럼에도 불구하고 궤를 모신 아비나답의 집이 축복받았다는 명시적인 언급이 없었다는 사실은 그 사실을 언급한 현 본문의 의미를 이해하는 데 중요하다. 오벳에돔의 집에 궤가 있는 3개월 동안은 단순히 궤로 인한 죽음이 없었을 뿐 아니라 그의 집이 축복을 받았다. 다윗은 이것을 매우 상서로운 징조로 이해했을 가능성이 있다. 이와 관련하여 또 한 가지 고려해야 할 사항은 여호와의 궤로 인해 오벳에돔과 그의 소유가 복받는 사건이 요셉의 경우를 연상시킨다는 점이다. 창세기의 기록이 증거하는 것처럼 이집트 사람들은 요셉 때문에 축복을 받았다—"여호와께서 요셉으로 말미암아 이집트 사람의 집에 복을 주셨으니, 여호와의 복이 그 집과 밭에 있는 그의 모든 소유에 내렸다"(창 39:5). 복의 근원 요셉을 이집트 사람들이 서로 데려가려 했듯이, 다윗은 죽음의 전령이 아니라 복의 근원이 된 언약궤를 기쁘게 모셔 가려 한 것이다.[1]

궤가 예루살렘에 도착함 6:13-16

13 여호와의 궤를 나르는 사람들이 여섯 걸음을 걸었을 때, 그는
황소와 살진 짐승을 제물로 드렸다. 14 한편 다윗은 베로 된 에봇을
입고 여호와 앞에서 힘을 다해 뛰며 춤추었다. 15 다윗과 이스라엘의
온 집은 소리 지르며, 양각 나팔 불며 여호와의 궤를 가져오고
있었다. 16 여호와의 궤가 다윗의 성으로 들어오고 있을 때, 사울의 딸
미갈이 창문을 통해 내려다보았다. 그리고 다윗 왕이 여호와 앞에서
크게 뛰며 춤추는 것을 보고 그 마음속에서 그를 낮게 여겼다.

여호와의 궤를 옮기는 두 번째 시도에서 다윗은 이전의 실패를 반복하지 않는다. 그는 여호와의 궤를 수레에 실어 나르지 않고 레위인으로 하여금 그것을 줢어 나르게 했다. 13절에서는 이 사실이 분명하게 나타나지 않으나 역대상에서는 다음과 같이 설명한다.

> 전에는 너희가 매지 않아서 여호와 우리 하나님께서 우리를 치셨는데, 이는 우리가 법도에 따라 그분을 찾지 않았기 때문이다 하니, 제사장들과 레위 사람들이 여호와 이스라엘의 하나님의 궤를 올리기 위해 자신을 거룩하게 하고 모세가 여호와의 말씀을 따라 명령한 대로 레위 자손이 하나님의 궤를 채로 꿰어 그들의 어깨에 메었다(대상 15:13-15)

다윗의 변화는 이뿐만이 아니었다. 그는 궤의 운송을 자신을 위한 축제가 아니라 하나님을 위한 예배로 만든다. 레위인들이 여섯 걸음을 걸었을 때, 그는 황소와 살진 짐승을 제물로 드렸다(13절). 히브리어 원문에 따르면 다윗이 "여섯 걸음마다" 제사를 드린 것은 아니다. 히브리어 원문은 "여섯 걸음을 걸었을 때" 제사를 드린 것으로 번역된다. 아람어 구약 성경에서도 "여섯 걸음을 걸었을 때" 제사를 드린 것으로 되어 있다. 이것을 "여섯 걸음마다" 제사를 드린 것으로 이해하는 것은 그다지 설득력이 없다. 그럼에도 "여섯 걸음마다" 제사를 드렸다는 해석이 여

전히 회자되는 이유는 다윗이 "여섯 걸음을 걸었을 때" 제사를 드린 이유가 분명하지 않기 때문이다.[2] 하지만 "여섯 걸음을 걸었을 때" 제사를 드렸다는 것은 그 궤를 나르는 사람들을 그때까지 죽이지 않으신 하나님에 대한 감사와 나머지 일정에도 하나님의 은혜를 구하는 기도의 의미가 있었을 것이다. 이것은 역대상 15장 26절이 말하는 바와 대체로 일치한다—"하나님께서 여호와의 언약궤를 멘 레위 사람을 도우셨으므로 그들이 수송아지 일곱과 숫양 일곱으로 제사를 드렸다".

13절이 궤를 나르는 레위인에 초점을 두었다면, 14-15절은 궤의 이동을 바라보는 다윗과 백성들의 반응에 초점이 맞추어져 있다. 먼저 다윗은 궤가 옮겨질 때 제사장처럼 베로 된 에봇을 입고(삼상 2:18 참조) 여호와 앞에서 힘을 다해 뛰며 춤추었다(14절). 다윗의 춤을 묘사하는 히브리어 메카르케르(מכרכר)는 구약 성경에서 여기에만 나오는 단어로 뛰는 춤이나 회전하는 춤을 가리킨다. 미리암(출 15:20), 입다의 딸(삿 11:34), 실로의 여인들(삿 21:21), 개선하는 다윗과 사울을 맞은 이스라엘의 여인들(삼상 18:6)의 예와 같이 보통 춤추는 사람들은 여자였다. 다윗은 성경에서 유일하게 춤춘 남성으로 언급된다. 다윗의 춤을 "제사장의 춤"이라고 규정하는 학자들도 있는데, 그 근거는 열왕기상 18장 21절에 암시되는 것처럼 가나안 종교에서 제사장들이 춤을 추었다는 사실이다. 하지만 이스라엘의 제사장들도 춤을 추었는지 학자들 사이에서 여전히 논쟁거리이다. 다윗이 '여인처럼' 춤을 추었든, '제사장처럼' 춤을 추었든 그것이 왕의 품격에는 맞지 않는 일임은 분명하다. 후에 미갈이 이 점을 추궁할 것이다. 한편 다윗과 함께한 "이스라엘의 온 집"은 큰 함성과 함께 나팔을 불었다. 이것은 전쟁에서 승리한 왕의 개선 행진을 재현하는 것이다. 양각 나팔로 번역된 쇼파르(שופר)는 궤를 옮기는 첫 번째 시도에서 사용된 악기들(비파, 수금, 드럼, 탬버린, 심벌)처럼 고대 오케스트라의 일부를 형성한 악기가 아니다. 그것은 본래 음악 연주를 위한 것이 아니라 전쟁에서 사람을 통제하는 수단으로 사용되었다. 첫 번째 궤 이동 시도에서 다윗이 메사헤크(משחק) 즉 사람들을 위한 축제를 벌였다면, 지금 다윗은 '참된 왕'(=여호와)을 위한 개선 축하 행사를 벌이고 있는 것이다. 이것은 다윗이 베로 된 에봇을 입고 춤을 춘 이유와 연결된다. 다윗은 '참된 왕' 앞에서 기쁨으로(בשמחה) 종의 모습–제사장 혹은 여인–을 취했던 것이다.

한편 미갈은 언약궤의 귀환을 축하하는 "이스라엘의 온 집"과 함께 있지 않았다. 그녀는 자신의 궁에서 창문을 통해 이 모든 것을 내려다보고 있었다.[3] 그때 미갈의 눈에 한 사람이 포착된다. 그는 제사장의 의복을 입고 크게 뛰며 춤을 추고 있다. 그는 다름 아닌 다윗 왕이었다. 16절은 다윗의 춤을 묘사하기 위해 짐승의 뛰기 동작을 연상시키는 동사 두 개(메카르케르מכרכר, 메파제즈מפזז)를 겹쳐 쓰고 있는데 이것은 미갈의 눈에 다윗 왕의 춤이 얼마나 경망스럽게 보였는지를 암시한다. 미갈이 다윗에게 말했듯이 다윗은 미갈의 눈에 "나사 하나 빠진 사람(אחד הריקים)" 같았다(20절 참조).

궤를 장막 안에 안치함 6:17-19

17 그들이 여호와의 궤를 들이고 그것을 다윗이 손수 세운 장막 안의 자리에 안치시켰다. 다윗은 여호와 앞에서 번제와 화목제를 올렸다.
18 다윗이 번제와 화목제 올리기를 마쳤을 때 그는 만군의 여호와의
이름으로 백성들을 축복하고, 19 남녀 할 것 없이 모든 백성, 이스라엘
의 무리들, 각각에게 고리 빵(חלת לחם) 하나, 대추 빵 하나, 건포도 빵 하나를 나누어주었다. 그 백성들은 각자의 집으로 돌아갔다.

레위인들이 궤를 들고 처음 여섯 발을 내딛었을 때 황소와 살진 짐승을 제물로 드렸듯이(13절), 다윗은 직접 준비한 장막 안에 궤를 무사히 안치시킨 후에 "여호와 앞에서 번제와 화목제를 올렸다"(17절). 레위인들이 궤를 들고 처음 여섯 발을 내딛었을 때 드린 제사의 주체가 13절에 분명히 언급되지 않지만, 13절과 17절의 대구 관계를 볼 때 그것도 다윗임을 짐작할 수 있다. 그러나 다윗이 제사장의 직무를 월권했다고 생각할 이유는 없다. 왕이 제사를 드렸다는 언급은 왕이 제사장을 통

해 제사를 드렸다는 의미로 이해될 수 있기 때문이다. 이것은 왕이 성전을 건축했다고 해서 그가 성전 건축에 필요한 노동을 직접 감당했다는 의미가 아닌 것과 마찬가지다.

여호와의 궤가 안치된 곳은 "다윗이 손수 세운 장막 안의 자리"였다. 사무엘서 저자는 다윗이 궤를 모시기 위해 들인 사전 노력에 대해 거의 언급하지 않지만, 역대기서 저자는 이를 서술하는 데 상당한 분량을 할애한다. 특히 다윗이 궤의 처소를 마련했다는 언급은 네 번이나 반복된다.

> 하나님의 궤를 위하여 처소를 예비하며 장막을 치고… 다윗이 여호와의 궤를 그가 마련한 곳으로 올리려고 온 이스라엘을 예루살렘으로 소집하였다… 다윗이 제사장… 과 레위 사람… 을 불러서 말하기를 "너희는… 하나님의 궤를 내가 마련한 곳으로 올려라." … 그들이 하나님의 궤를 가져가 다윗이 그 궤를 위하여 쳐 놓은 장막 가운데 두고…(대상 15:1, 3, 12, 16:1).

장막을 치고, 여호와의 이름으로 불리는 궤를 들이고, 번제와 화목제를 올린 후, 백성들을 축복하고 그들 모두에게 특별식을 제공한 후 해산시키는 일련의 과정은 성전 봉헌 의식을 강하게 연상시킨다. 이런 관점에서 다윗이 만군의 여호와의 "이름"으로 백성을 축복했다는 언급은 주목할 만하다. 구약 성경에서 "백성을 축복한" 왕은 다윗과 솔로몬뿐이다. 성전 봉헌 기도에서 솔로몬은 그 신명기 구절("하나님의 이름을 두신 곳")을 인용하며 "백성들이 주님의 이름을 인정하면 그들의 죄를 용서해 달라"(왕상 8:29)고 간구한다. 이런 솔로몬의 모습은 "만군의 여호와의 이름으로 백성을 축복하는"(17절) 다윗의 모습과 잘 조화된다.

다윗과 미갈의 충돌 6:20-23

20 다윗이 계속해서 그 집을 축복하려 했을 때, 사울의 딸 미갈이
다윗을 맞으러 나오며 말했다:
"오늘 참으로 위엄 있으셨습니다![4] 이스라엘의 왕이 신하들의
여종들 보는 가운데 오늘 수치를 마구 드러내셨군요(נגלה).
나사 하나 빠진 사람이 수치를 드러내듯 말입니다."
21 다윗이 미갈에게 말했다:
"당신의 아버지 그리고 그 집안의 누구보다 나를 선택하셔서 나를
여호와의 백성, 이스라엘의 지도자로 지명하신 여호와 앞이었소!
나는 여호와 앞에서 즐거워한 것이오(שחקתי)!" 22 나는 이보다 더
나 자신을 천하게 만들 것이오. 당신의 눈에 낮아 보이겠지만,
당신이 말한 그 여종들, 그들 곁에서는 내가 위엄 있게 될 것이오."
23 한편, 사울의 딸 미갈은 죽는 날까지 아이를 가지지 못했다.

다윗 왕이 궤를 안치시키는 큰 국가적 행사를 잘 마친 후 집으로 돌아왔을 때 그의 아내 미갈이 왕을 꾸짖는다.

> 오늘 참으로 위엄 있으셨습니다! 이스라엘의 왕이 신하들의 여종들 보는 가운데 오늘 수치를 마구 드러내셨군요. 나사 하나 빠진 사람이 수치를 드러내듯 말입니다(20절).

"수치를 드러냈다"라는 말(20절)은 보통 다윗이 속살을 드러냈다는 의미로 이해된다. 노출의 범위는 다윗이 춤출 때 입은 "베로 된 에봇"이 어떤 옷이냐에 따라 달라진다. 베로 된 에봇이 제사장들이 입었던 속옷을 가리킨다면 다윗은 춤추다 나체가 되었을 것이다. 하지만 다윗이 속옷 차림으로 춤을 춘 이유를 설명하기 힘들다. 왜냐하면 제사장들이 속옷만 입고 성무(聖舞)를 집행하지는 않기 때문이다. 따라서 베로 된 에봇이 제사장의 의복 전체를 의미한다고 보는 것이 더 적절할 것이

다. 이 경우 다윗의 노출 범위는 '속옷 차림' 정도가 될 것이다.

하지만 "수치를 드러냈다"는 미갈의 말이 전혀 다른 의미일 가능성도 있다. 히브리어 동사 니글라(נגלה)의 보다 일반적인 의미는 "본색이나 정체를 드러내다"이다. 하나님이 그 동사의 주어로 쓰이면 "자신을 계시하다"라는 의미가 된다(삼상 2:27). 그 동사가 신체 노출의 의미로 사용되려면 "나체"를 의미하는 에르바(ערוה)라는 명사와 함께 쓰여야 한다(출 20:26; 사 47:3). 하지만 미갈의 말에는 에르바가 사용되지 않았다. 따라서 다윗이 "수치를 드러냈다"는 말은 반드시 신체 노출의 의미로 이해될 필요가 없다. 그렇다면 미갈이 말한 수치의 내용은 무엇이었을까?

미갈이 문제 삼는 것은 다윗의 신체 노출이 아니라 15절이 암시하는 바처럼 왕의 위엄에 맞지 않는 다윗의 춤이다. 본래 춤은 여자들이 추는 것이다. 앞서 말했듯 성경에서 다윗은 춤춘다고 묘사된 유일한 남자다. 뿐만 아니라 다윗은 왕의 의복이 아니라 제사장의 의복을 입고 춤을 추고 있다. 미갈이 보기에 다윗 왕이 제사장의 의복을 입고, 여자들의 춤을 추었으니 한심했던 것 같다. 궤가 예루살렘으로 들어와 다윗의 왕권이 한껏 고양되는 순간에 왕이 스스로를 왕 이하로 만들어 버린 것이다. 만약 그렇다면 왜 미갈이 "신하들의 여종들 보는 앞에서"라는 말을 했을까? 이 말은 다윗의 드러낸 "수치"가 신체적인 것이었을 가능성을 높여준다. 하지만 미갈이 단순히 여종이 아니라, "신하들의 여종"이라고 말한 점에 주목할 필요가 있다. 미갈은 다윗이 단순히 "여종들" 앞에서 수치를 드러냈다고 말할 수 있었음에도 "신하들의 여종들"이라고 말한 이유는 무엇일까? 이것은 미갈이 말하고자 하는 바가 그 여종들의 여성성에 방점이 있는 것이 아니라, 그 여종들의 미천함에 방점이 있다는 사실과 관계있다. 여종이라 번역된 암마(אמה)는 여성이 가질 수 있는 가장 낮은 사회적 신분이다. 여종의 다른 종류 시프하(שפחה)보다 더 낮은 신분이 암마이다. 왕에게 속한 암마보다 그의 신하에 속한 암마는 더 낮을 것이다. 즉 미갈이 볼 때 다윗의 문제는 왕이 왕의 자리에 있지 않고 종의 모습으로 낮아진 것이고, 미갈은 그것을 "신하들의 여종들" 눈에도 낮아 보이는 행위라고 과장해서 이야기하는 것이다.

이것은 미갈에 대한 다윗의 응답에서 분명히 드러난다. "나는 이보다 더 나 자신을 천하게 만들 것이오. 당신의 눈에 낮아 보이겠지만, 그러나 당신의 말한 그 여종들, 그들 곁에서는 내가 위엄 있게 될 것이오." 마소라 본문은 "나의 눈에 낮아 보이다"로 되어 있으나 필자는 칠십인역을 따라 "당신의 눈에 낮아 보이다"로 고쳐 번역했다. 다윗은 전혀 자신의 행동을 체통 없는 것으로 보지 않기 때문에 스스로에 대해 "나의 눈에 낮아 보이다"라고 말하지 않았을 것이다. 오히려 다윗은 미갈에게 "당신의 눈에는 이것이 체통 없는 것으로 보일지라도, 당신이 말한 여종들은 나의 행위를 그렇게 보지 않을 것이오"라고 말하며 미갈의 견해에 정면으로 반박한다. 여기서 다윗은 "신하의 여종들"이라고 말하지 않고 "그 여종들"이라고 말함으로써, 또 하나의 뉘앙스를 만든다. 미갈이 "신하의 여종"을 언급할 때는 그것의 미천함에 방점을 두었다면 다윗이 "그 여종"을 언급할 때는 여성성에 방점이 있는 듯하다. 다시 말해 다윗은 '미갈, 당신 말고도 나를 좋다고 여겨줄 젊은 여자들이 많이 있소'라는 뉘앙스를 던지는 것 같다.

이것은 다윗의 행동으로도 이어지는데, 23절에 따르면 미갈은 죽는 날까지 아이를 가지지 못했다. 이전 본문에서 미갈이 불임이었다는 말이 없는 것으로 보아 다윗이 더 이상 미갈과 잠자리를 하지 않은 것으로 보인다.

요약하면 다윗은 궤를 옮기는 두 번째 시도에서 참된 왕 하나님의 종의 모습으로 자신을 낮추었다. 즉 자신이 온 이스라엘의 왕임에도 불구하고, 궤를 예루살렘에 안치하는 것이 정치적인 관점에서는 자신의 왕권을 강화시키는 조치임에도 불구하고, 적어도 다윗은 궤를 옮길 때 자신이 왕 앞에서 뛰며 춤추는 종—여인이나 제사장—에 불과한 것처럼 행동했다. 그는 제사장의 의복을 입고 여인들이 추던 춤을 추었다. 미갈은 여기에 화가 났던 것이다. 언약궤를 들이는 것이 실은 왕권 강화를 위한 것인데, 왕이 그 일을 자신의 위엄을 세우는 행사로 활용하지 못하고, 한갓 제사장처럼 제사장의 옷을 입고, 한갓 여인처럼 미친 듯이 뛰는 춤을 추는 것이 못마땅했다. 왕의 그런 행동은 왕답지 못한 수치스러운 것이다. 그러나 다윗은 비록 자신이 왕이지만, 자신이 참 왕의 종임을 잊지 않았다. 즉 자신의 통치적 정당성이 하나님의 뜻에 순종하는 데에 있음을 잊지 않았다.[5]

질문

1. 다윗이 언약궤를 다시 옮기기로 결심한 이유는 무엇입니까?
2. 오벳에돔의 집에서 궤를 옮길 때 이전과 달랐던 점은 무엇입니까?
3. 언약궤 앞에서 춤춘 다윗에게 미갈이 "수치를 드러냈다"고 말했는데, 그 의미는 무엇입니까?

묵상

언약궤를 가져온 일은 분명 다윗 왕의 통치에 도움이 됩니다. 정치적 이유로 언약궤를 예루살렘으로 가져오려 했을 때 한 번 실패한 다윗은 더 이상 하나님을 성공의 수단으로 여기지 않습니다. 이것을 단적으로 보여 주는 것은 다윗의 춤입니다. 다윗의 춤은 스스로가 왕이 아닌 종임을 선언하는 행위입니다. 다윗은 자신의 왕권이 하나님께 속한 것임을 이해했습니다. 그래서 기쁨으로 그분 앞에서 종의 춤을 추었습니다. 언약궤는 이스라엘의 참된 왕이 여호와임을 상기시키는 성물입니다. 다윗의 춤이 우리에게 주는 교훈도 바로 여기에 있습니다. 우리는 찬양과 예배를 통해 우리 인생의 주인이 우리가 아니라 여호와 하나님이심을 상기하는 것입니다.

15
다윗 언약

삼하 7:1-17

지난 세대 한국 목회자들에게 "성전 건축"은 목회의 성패를 가름하는 중요한 기준이었다. 그때는 적은 무리의 예배 공동체로 시작된 교회라도 목회자가 성실하게 사역하면 한국 사회의 경제적 발전을 배경으로 어느 정도 성장을 체험하던 시대였다. 그리고 목회자들은 부지를 구입하고 그 위에 번듯한 콘크리트 건물을 짓는 것을 사역의 중요한 목표로 설정하곤 했다. 그런 목회자들에게 성전 짓기를 사모하는 다윗의 마음은 큰 울림을 주었을 것이다. 하지만 성전 건축은 다윗 시대나 지금이나 하나님이 요구한 것이 아니다. 사무엘하 7장은 하나님이 성전 건축을 탐탁지 않게 생각한 이유를 잘 보여 준다.[1] 아울러 하나님 나라의 지도자들에게 요구하시는 것이 무엇인지를 가르쳐 준다. 나아가 구속사의 훗날에 도래할 참된 성전에 대한 암시도 준다.

성전을 짓기 원하는 다윗 7:1-3

1 여호와가 사방의 모든 적들로부터 안식하게 하심으로 왕이 자기 궁

전(בית)에 앉아 있었을 때(ישב) 2 왕이 선지자 나단에게 말했다:
"부디 헤아려 보거라![2] 나는 백향목 궁전(בית)에 살고 있으나(ישב)
여호와의 궤는 장막[3] 속에서 살고 있다(ישב)."
3 나단이 왕에게 말했다:
"왕의 마음(לב)에[4] 있는 일은 무엇이든지 어서 하십시오.
여호와께서 왕과 함께하십니다."

얼마 전 여호와의 궤를 예루살렘에 가져왔지만 다윗은 그것으로 만족하지 못한다. 그는 백향목 성전을 지어 여호와의 궤를 모시기 원한다. 이를 위해 다윗은 나단을 불러 말한다.

나는 백향목 궁전에 살고 있으나 여호와의 궤는 장막 속에서 살고 있다.

다윗이 성전을 짓기 원하는 이유는 자신이 여호와의 궤보다 더 좋은 거처에 사는 것에 대한 송구함이다. 이런 다윗의 감정은 경건하고 고귀한 것처럼 보이나 깊이 생각하면 하나님이 어떤 분이신지에 대한 무지와 다른 왕들과 같이 되기 원하는 죄에서 유래하는 것이다. 하나님에 대한 다윗의 오해는 나중에 나단을 통해 하나님이 단단히 교정해 주실 것이기 때문에 여기서는 그 내용을 짧게 언급하고 넘어갈 것이다. 다윗이 자신의 안락한 궁전과 여호와의 궤가 사는 누추한 장막을 비교하는 것으로 보아, 그는 여호와를 "신전 혹은 인간이 만들어 준 거처에 사는 신"이라 생각한 듯하다. 하지만 이방 신들과 달리 하나님은 인간이 만든 신전에 국한된 신이 아니다. 하나님의 신전이 있다면 그것은 하나님이 창조하신 우주 만물일 것이다. 더구나 언약궤가 만들어진 후 430여 년이 지나도록 하나님은 한 번도 이스라엘의 지도자들에게 신전을 지어 달라고 요구하신 적도 없다. 다윗이 백향목 집에 살게 된 것은 그에게 안식을 주신 하나님의 은혜이며, 그런 하나님이 백향목 집이 아닌 장막 속에 거하신다고 해서 능력 없는 신이 되는 것도 아니다. 이처럼 다윗이 자신의 화려한 궁전을 보면서 여호와의 궤가 있는 장막의 누추함을 안타깝게 여긴 것은 그의 무지에 근거한 것이다.

사방의 적

숫자 4는 동서남북을 암시할 때 주로 사용되는 숫자다. 특히 '모든 방향'에 대한 제유법으로 '사방'이 사용되었으며 메소포타미아에서는 사방의 왕이라는 표현이 온 세계의 왕이라는 뜻을 가진다. 〈술기의 찬양〉에서 술기 왕은 자신을 "(우주의) 네 모서리의 왕"이라고 지칭한다. 다윗이 사방의 적들을 제압했다는 것은 단순히 전쟁이 없었다는 의미를 넘어 그가 온 세계의 왕이라는 암시가 들어 있다. 물론 그것은 다윗 왕조에 대한 히브리인들의 다소 주관적인 평가였을 것이다.

성전을 짓고자 하는 다윗의 마음이 다윗의 무지가 아니라 다른 나라 왕들처럼 되고 싶은 욕망에서 비롯되었을 가능성도 있다. 고대 근동 문화에서 신전은 왕의 개인 예배당의 기능도 수행했기 때문에 언제나 궁전 단지의 일부로 건축되었음을 기억할 필요가 있다. 즉 궁전은 다양한 용도의 여러 건물들로 구성되어 있었는데 그 건물 중 하나가 신전이었다.[5] 이것은 이방 종교에서[6] 신도들이 원하는 때에 신전을 자유롭게 방문할 수 없었던 이유 중 하나이다. (덧붙이자면, 이방 종교에서 신전은 신의 사적 주거 공간이었기 때문에 신도들은 정한 날만 신전에 올 수 있었다. 오늘날 우리가 대통령을 만나고 싶다고 청와대의 사저를 마음대로 출입할 수 없는 것과 마찬가지다.) 여하튼 다윗은 이미 두로 왕 히람의 지원으로 신전을 제외한 화려한 궁전 단지를 지었다. 아마 신전이 있어야 할 부지에 성막이 설치되었을 것이다. 그러나 백향목 신전이 빠진 다윗 궁전은 당시 국제적인 기준에서 볼 때 미완의 궁전으로 인식되었을 것이다. 더구나 백향목 건물들 사이에 위치한 천막은 다윗의 궁전을 그만큼 초라하게 만들었을 것이다. 히람의 지원으로 최근 건축된 다윗의 궁전에서 옥의 티가 바로 광야의 먼지로 가득한 장막이었을 것이다. 그 장막을 걷어치우고 번듯한 성전을 짓고 싶은 마음이 다윗에게 왜 없었겠는가? 그리고 그에게는 그럴 만한 돈과 힘이 있었다. 이 모든 것은 성전에 대한 다윗의 소망이 자신의 궁전을 다른 나라 궁전의 수준에 맞추려는 동기에서 비롯되었을 가능성을 보게 한다. 다시 말하면 신전 건축에 대한 다윗의 소원은 세속 나라의 왕들처럼 되고 싶은 욕망에서 기인한 것은 아니었을까?

그렇다면 다윗 왕은 왜 나단과 성전 건축에 대해 의논했을까? 그것은 아마 다윗이 신전을 건축하는 것이 하나님의 뜻이 아닐 수 있음을 직감했기 때문일 것이다. 다윗이 나단과 의논했다는 사실은 그가 나단 선지자에게 던진 질문의 내용에서 잘 드러난다. 보통 다윗은 하나님의 뜻을 물을 때 "그렇다" 혹은 "아니다"의 대답이 가능하도록 질문해 왔다. 예를 들어 블레셋과의 전쟁을 치를 때 그는 "블레셋에 올라갈까요"라고 물었다. 이런 패턴에 따르면 다윗은 나단에게 "성전을 지어야 할까요?"라고 물었어야 했다. 그러나 성전과 관련한 다윗의 신탁 질문은 좀 달랐다. 다윗의 질문은 "부디 헤아려 보세요(ראה)"라는 말로 시작한다. 히브리어 르에(ראה)는 비슷한 의미의 단어 힌네(הנה)와 조금 다른 뉘앙스를 가지는데, 힌네는 다음에 올 상황이나 사람에 대한 주의를 환기하는 어휘이지만[7] 르에는 이어지는 내용에 대한 생각, 성찰, 판단을 촉구하는 어휘이다. 다시 말해 힌네가 수동적 관찰에 방점을 둔 용어라면 르에는 능동적 판단을 자극하는 용어이다. 즉 르에 다음에 이어지는 내용은 그 말을 듣는 사람의 성찰이나 행동을 촉구하는 것이다. 다음의 두 구절을 예로 들어 보자.

> 보아라(르에), 여호와 나의 하나님께서 명령하신 규례와 법도를 내가 너희에게 가르쳤다. 이는 너희들이 들어가 차지할 땅에서 행하게 하려는 것이다(신 4:5).

> 보아라(르에), 내가 오늘 너희 앞에 복과 저주를 둔다(신 11:26).

신명기 11장 26절에서 모세는 이스라엘 백성들에게 "보아라, 내가 오늘 너의 앞에 복과 저주를 둔다"고 말한다. 여기서 "보아라"는 잘 생각하고 성찰하여 저주가 아닌 복을 선택하라는 뉘앙스를 지닌다. 신명기 4장 5절도 마찬가지다. "보아라"라는 말은 "여호와 나의 하나님께서 명령하신 규례와 법도를 내가 너희에게 가르쳤다"라는 말의 의미를 잘 성찰하라는 뜻이다. 즉 모세가 이스라엘 백성에게 규례와 법도를 가르쳤음을 잘 성찰하여, 이스라엘 백성은 그에 합당한 행동을 취해야 한다는 뜻이다. 이처럼 히브리어 르에는 단순히 관찰을 위한 주위 환기용 어법이 아니라 행동으로 이어지는 성찰을 촉구하는 어법이다.

다윗이 "부디 헤아려 보세요(르에), 나는 백향목 집에 살고 있으나 여호와의 궤는 장막 안에 살고 있습니다"라고 말했을 때, 그는 나단에게 그 사실을 객관적으로 전달하는 중이 아니라, 그 말의 함의를 잘 생각해 보라고 촉구하는 것이다. 이것은 "성전을 지어야 할까요 말까요?"라는 점술 예언적 질문과 대조되는 것으로 다윗은 지금 왕실 모사 나단과 성전 건축의 문제를 이성적으로 토론하고 있는 것이다. 이를 깨달은 나단도 하나님께 묻지 않고 자신의 판단에 의지해 대답한다.

> 왕의 마음에 있는 일은 무엇이든지, 어서 하십시오. 여호와께서 왕과 함께하십니다(3절).

문맥상 이 말은 다윗의 성전 건축 계획을 찬성하는 것이다. "왕의 마음에 있는 일"은 왕이 원하는 일이라는 의미보다 왕이 계획한 일이라는 의미에 가깝다. 왜냐하면 "마음"으로 번역된 히브리어 레브(לב)는 욕망이 아닌 이성을 의미하기 때문이다. 이런 나단의 대답에서 주목할 점은 하나님의 참선지자라도 자기 생각으로 예언하거나 조언할 수 있다는 사실이다. 심지어 자기 생각을 하나님의 생각과 동일한 것처럼 포장할 수도 있다. 그는 "여호와께서 왕과 함께하십니다"라고 말함으로써 자신의 인간적 조언이 마침 하나님의 뜻인 것처럼 선포한다.[8]

하나님이 다윗의 오해를 교정함 7:4-7

4 그 밤에 여호와의 말씀이 나단에게 임하여 다음과 같이 이르셨다:
5 "가서 내 종 다윗에게 말하라: '여호와께서 이렇게 말씀하시느니라.
정말 네가 나를 위해 내가 앉아 있을(ישב) 신전(בית)을 지으려느냐?
6 나는 이스라엘 백성들을 이집트에서 불러낸 이후 오늘날까지
신전에서 앉아 있은(ישב) 적이 없었다. 그리고 나는 장막과 천막
가운데를 거닐고 있다(מתהלך).[9] 7 내가 거니는(התהלכתי) 현장은
이스라엘의 백성들이다. "왜 너희들은 내게 백향목 집을 지어주지
않았느냐"고 말하며 내가 이스라엘 지파 지도자들(שפטי ישראל) 중
하나에게[10] 한 마디라도 불평한 적(דבר דברתי) 있느냐? 오히려 나는
이스라엘 지파 지도자들에게 내 백성, 이스라엘을 목양하라고
명령했다(צויתי לרעות את-עמי).'

4절

나단의 잘못된 조언을 하나님께서 급히 막으신다. "그 밤에"라는 말(4절)이 그것을 보여 준다. 일부 학자들은 "그 밤에"라는 말이 계시의 방식—꿈을 통한 계시—을 보여 준다고 주장하지만 여기서는 하나님이 나단의 잘못된 신탁을 수정하기 위해 지체하지 않고 행동하셨음을 보여 준다. 이는 사무엘서 저자가 단순히 "밤에"라고 말하지 않고, "그 밤에(בלילה ההוא)"라고 말한 것에서 암시된다.

다윗의 질문에 대한 나단의 첫번째 대답(3절)이 인간적 조언에 불과했음을 확인시켜 주는 것은 나단의 신탁이 "여호와의 말씀이 나단에게 임하였다"라는 저자의 설명으로 시작한다는 점이다. 마찬가지로 다윗에 대한 하나님의 메시지도 "여호와께서 이렇게 말씀하시느니라"라는 말로 시작함에 주목할 필요가 있다. 특히 후자는 고대 사신들의 전형적 어법으로 학자들이 "메신저 공식"으로 부르는 것이다. 그 말로 시작되는 나단의 메시지는 하나님 말씀의 대언자(divine messenger)로서 나단의 지위를 증명하는 것이다. 이것은 나단의 두 번째 조언의

계시적 성격을 분명히 할 뿐 아니라, 이후에 이어지는 이야기에서 나단이 감당할 또 한 번의 대언 사역(삼하 12장)에 대한 복선도 된다.

5절

여호와께서는 다윗 왕을 "내 종(עבדי)"으로 부르신다. 이것은 다윗에게 그의 사명을 확인시키기 위함이다. 즉 다윗은 이방 군주 같은 군림하는 왕이 되도록 선택받은 것이 아니라 하나님의 뜻을 이 땅에 실현하는 그분의 종으로 부름 받은 것이다. 하나님의 뜻은 이 땅을 하나님께 순종하는 백성으로 가득 채우는 것이다. 이를 위해 왕은 먼저 스스로 순종하는 왕이 되어 백성을 모범으로 이끌어야 한다. 이방 왕처럼 백성 위에 군림해서는 안 되고 오히려 백성을 형제로 섬겨야 한다. 이스라엘 백성들은 다윗을 '왕(מלך)'으로 호칭하겠지만, 그 호칭 때문에 자신의 사명을 망각해서는 안 된다. 이방의 왕과 달리 이스라엘의 왕은 신이 아니라 하나님의 종이다. 이방 왕들처럼 백향목 신전을 갖춘 궁전 단지를 가지려 했던 다윗을 "내 종"이라 부르심으로써 하나님은 다윗이 어떤 종류의 왕인지, 그의 사명이 무엇인지를 상기시킨다.

5절 후반부부터 성전 건축에 대한 하나님의 대답이 본격적으로 시작된다. 그리고 그 대답은 16절까지 이어진다. 성전을 짓기 원하는 다윗에게 하나님은 다음과 같이 질문하신다. "정말 네가 나를 위해 내가 앉아 있을(ישב) 신전(בית)을 지으려느냐?" 하나님의 질문에 방점이 두 군데 있다. 첫 번째 방점은 "네가 나를 위해" 위에 찍혀 있고, 또 하나의 방점은 "내가 앉아 있을 신전" 위에 찍혀 있다. 6-7절은 두 번째 방점이 찍힌 "내가 앉아 있을 신전"에 관한 것으로, 그곳에서 하나님에 대한 다윗의 오해를 교정해 주시고, 하나님 나라의 지도자가 집중해야 할 사명이 무엇인지를 가르치신다.

6절

하나님은 자신이 신전에 앉아 있는 신이 아니라 장막과 천막 가운데를 거니는 신임을 가르치신다. 여기서 "신전"과 "장막과 천막"이 대조되고,

"앉아 있다"와 "거닐다"는 동사가 대조되고 있음에 유의할 필요가 있다. "신전"으로 번역된 히브리어 바이트(בית)는 "집"으로 직역된다. 고대인들이 신전을 "집"이라는 단어로 표현한 것은 신전은 말 그대로 신이 사는 집을 의미했기 때문이다. 일종의 신들의 사적 공간인 것이다. 고대인들은 인간이 집에서 살듯이 신들도 신의 집, 즉 신전에서 산다고 믿었다. 이것은 신들을 보기 위해서는 반드시 신전에 가야 한다는 고대인의 생각과도 연결된다. 물론 일반인들이 아무 때나 신전에 가서 신을 만날 수 있는 것은 아니다. 신들도 사람들이 자기의 집에 불쑥 방문하는 것을 좋아하지 않았다. 마치 일반인들이 아무 때나 청와대를 방문할 수 없고, 대통령도 청와대 사저에 사람들이 불쑥 찾아오는 것을 원치 않는 것과 마찬가지다. 일반인들은 특별한 절기에만 신전에 올 수 있었고 신을 뵐 수 있었다. 또한 사람들이 집안일을 위해 시종들을 고용하듯이, 신전의 제사장들은 신들의 종으로서 신전과 관련된 다양한 일을 감당했다. 신전에 설치된 우상도 단순한 신의 상징이 아니라 신 그 자체라고 믿어졌다. 우상 자체는 비록 인간의 손으로 돌이나 나무를 통해 제작되지만, 일단 제작된 우상이 일정한 제의를 통해 신이 되면, 우상을 제작한 장인들도 그 우상이 자신들의 작품이 아니라 신의 작품이라 믿었다. 우상들에게 매일 식사도 드리고, 목욕도 시켜드리고, 절기마다 여행도 시켜드리는 것이 제사장들의 일이다. 이처럼 이방의 신은 본질상 "신전에 앉아" 사람들의 공양을 받는 존재이다. 따라서 신전 없는 신의 존재는 상상할 수 없다. 그런 신이 있다면 그들은 사람들의 숭배를 받을 만한 가치 있는 신이 아닐 것이다.

이런 관점에서 "정말 네가… 내가 앉아 있을 신전을 지으려느냐?"라는 하나님의 말씀을 해석하면, 하나님은 자신이 이방신들처럼 "신전에 앉아" 사람들의 대접받는 신이 아니라고 주장함을 알 수 있다. "앉다"로 번역된 히브리어 야사브(ישב)는 "거하다, 살다"로 의역될 수 있지만, 필자는 그 동사가 가지는 수동적 뉘앙스를 살리기 위해 "앉다"라는 직역을 유지하였다. 이에 반해 이스라엘의 하나님은 "장막과 천막 가운데를 거니시는" 신이다. 출애굽 이후 지금까지 하나님은 장막과 천막 가운데를 거니셨다. 이 문맥에서 "장막과 천막"은 보통 "성막"으로 이해된다. 즉 하나님이 "장막과 천막 가운데 거니셨다"는 말이 하나님의 궤가 성막에 있었던 사실을 가리키는 것으로 이해된다. 하지만 "장막과 천막"은 말 그대로 천으로 지어진 간이 거처를 의미한다. 다시 말해 광야를 방황하던 이스라엘 백성들이 머물렀던 숙소촌 혹은 장막촌이다. 따라서 하나님이 "장막과 천막 가운데 거니셨다"는 말은 하나님이 백성들의 삶의 현장 가운데를 거닐어 오셨다는 의미로도 이해될 수 있다. 그리고 이 의미는 "내가 거니는 현장은 이스라엘 백성들이다"라는 말씀(7절)에서 확인된다. 요약하면 하나님이 "장막과 천막 가운데를 거닐었다"는 말은 이중적 의미를 지닌다. 하나는 그분이 성막에 머물러 왔다는 사실을 가리키며, 다른 하나는 그분이 백성들의 삶의 현장에 있었다는 뜻이다. 그리고 후자는 하나님이 어떤 분인가에 대한 중요한 교훈을 제공한다. 즉 그분은 본질상 인간이 만든 집에 거하면서 수동적으로 대접받는 신이 아니라, 이스라엘 "백성들의 삶의 현장을 거니시는(מתהלך)" 분인 것이다. 여기서 "거닐다"로 번역된 히브리어 미트할레크(מתהלך)는 문맥에 따라 "통치"와 "다스림"의 뉘앙스를 가진다. 예를 들어 창세기 3장 8절에서 우리는 "동산을 거니시는 여호와 하나님"을 만나는데, 그 행위는 한가한 산책이 아니라, 하나님이 지으신 에덴에 대한 통치를 의미한다. 동산을 거니시는 하나님이 통치자라는 사실은 바로 이어지는 구절에서 하나님이 아담과 하와를 심판한다는 사실에서 확인된다. "거닐다"는 말이 가지는 통치의 뉘앙스는 사무엘이 자신의 고별연설에서 한 말에서도 확인된다. 사무엘이 길갈에 모인 백성들에게 "왕이 너희 앞에 출입하느니라(=거니느리라, מתהלך)"(삼상 12:2)라고 선언했을 때, 그 의미는 사울이 통치의 왕이 되었다는 뜻이다. 따라서 "장막과 천막 가운데를 거니는" 신의 의미는 백성들의 삶의 현장을 다니시면서 그들을 통치하는 신이라는 것이다. 이것은 신전에 앉아 대접받는 이방신의 개념과 크게 대조된다.

7절 ________

하나님은 이스라엘의 지도자가 집중해야 할 사명이 무엇인지 보여 준다. 이를 위해 먼저, 하나님이 이스라엘의 어떤 지도자에게도 백향목 집을 지어 달라 요구한 적이 없음을 다윗에게 상기시킨다.

> "왜 너희들은 내게 백향목 집을 지어주지 않았느냐"고 말하며 내가 이스라엘 지파 지도자들 중 하나에게 한 마디라도 불평한 적 있느냐?

반면 하나님이 이스라엘의 지도자들에게 요구한 것은 "내 백성 이스라엘을 목양하라"는 것이다. 고대 사회에서 이상적 왕이 스스로를 목자라 칭했음을 고려하면 "목양"은 이상적 왕의 통치를 의미함을 알 수 있다. 이스라엘에서 이상적 통치는 공의와 정의를 베푸는 것으로 이해된다(삼하 8:15 참조). 하나님은 이스라엘의 지도자들이 신전을 짓는 것보다 백성에게 정의와 공의를 베푸는 것을 더 원하신다. 이것은 오늘날 교회의 지도자들이 새겨들어야 할 말씀이다. 교회의 본질은 건물을 짓고 단체를 유지하는 것에 있지 않으며, 하나님의 백성들이 하나님을 알아가고 닮아가도록 그들을 목양하는 데 있다. 이 땅의 기독교인들이 하나님을 알아가고 닮아가는 것이 이 땅 위에 하나님의 통치를 이루는 것이다.

네가 나를 위해? 7:8–11a

8 이제(ועתה)[11] 너는 내 종 다윗에게 이렇게 이르라: "만군의 여호와가
이렇게 말한다. 목초지에서 양 떼를 쫓던 일로부터 너를 빼내어 내
백성 이스라엘 위에 지도자(נגיד)가 되게 한 것이 바로 나다! 9 나는
네가 어디로 가든지 너와 함께 하여 모든 너의 적들을 네 앞에서
끊어버렸다. 나는 앞으로 너의 이름을 땅 위의 위대한 자들의
이름처럼 위대하게 만들 것이다. 10 나는 내 백성 이스라엘을 위해
한 거처를 준비하여 그곳에 그들을 심어, 살게 할 것이다. 그들은
다시 요동치 않을 것이며, 전과 같이 죄악의 사람들이 그들을

> 괴롭히지 못할 것이다. 11 내가 내 백성 이스라엘 위에 사사들을
> 임명한 날부터 지금까지 죄악의 사람들이 내 백성을 괴롭혔지만
> 내가 너에게 네 모든 적들로부터 안식을 줄 것이다.

하나님의 성전을 짓기 원한 다윗에게 하나님은 “정말 네가 나를 위해 내가 앉아 있을 신전을 지으려느냐?”라고 물으셨는데(4절), 이 질문에 방점이 두 군데, 즉 “네가 나를 위해”와 “내가 앉아 있을 신전”에 찍혀 있다고 설명한 바 있다. 전 단락에서 두 번째 방점에 대해서는 설명했으므로 이제 첫 번째 방점이 찍힌 “네가 나를 위해”라는 말이 가지는 의미를 분석해 보자. 지금부터 살펴볼 하나님의 말씀(8-16절)은 “네가 나를 위해”라는 말과 관련 있다. 결론부터 말하면 하나님은 “네가 나를 위한다니… 마치 내가 돌봄이 필요한 존재 같구나! 아니다. 오히려 내가 너를 위할 것이다. 너를 위해 굳건한 집을 지어주겠다”고 말씀하신다.

8절도 4절처럼 나단의 예언이 부정할 수 없는 하나님의 계시임을 보여 주는 표현들로 시작한다—“이제 너는 내 종 다윗에게 이르라: 여호와께서 이렇게 말씀하시느니라”. 하지만 여기에 4절과 구별되는 중요한 차이도 관찰된다. 먼저 “이제”라는 말(ועתה)에 주목하라. 이 말은 본래 주제가 바뀔 때 자주 쓰이는 히브리어 숙어이다. 우리는 하나님이 이 두 번째 신탁에서 이전과 다른 메시지를 주실 것임을 짐작할 수 있다. 또한 8절에 사용된 메신저 공식에서는 하나님이 “여호와”가 아닌(4절 참조), “만군의 여호와”로 불린다는 점에도 주목하라. “만군의 여호와”는 여호와보다 더 공식적인 칭호이다. 이것은 여호와의 두 번째 메시지가 첫 번째보다 중요할 것임을 암시한다. 두 번째 신탁에서 하나님은 다윗의 요구를 거절하는 또 하나의 이유를 제시하는 데 그치지 않고, 구속사에서 가장 중요한 언약을 다윗과 맺으신다.

나단에게 주신 두 번째 신탁에서 하나님은 자신이 다윗의 돌봄을 필요로 하는 신이 아님을 분명히 한다. 다윗이 하나님께 백향목 성전을 제안했을 때 “네가 나를 위한다고?”라고 반문하신 것은 바로 이 때문이다. 오히려 들판에서 양 떼의 꽁무니를 쫓던 다윗을 이스라

엘의 지도자로 삼은 분이 만군의 여호와 하나님이다. 그분은 어디든지 다윗과 동행하시며 그의 대적들을 물리쳐 주셨다. 돌봄이 필요한 쪽은 하나님이 아니라 다윗인 듯하다. 나아가 그분은 다윗에게 아브라함의 언약을 갱신해 주신다. 9절 후반부터 11절까지의 말씀은 땅과 위대한 이름과 관련한 아브라함 언약을 좀더 자세히 풀어 놓은 것에 불과하다. "나는 너의 이름을 땅 위의 위대한 자의 이름처럼 위대하게 만들 것이다"는 말씀은 창세기 12장 2-3절을 상기시킨다.

> 내가… 네게 복을 주어 네 이름을 위대하게 하리니… 땅의 모든 족속이 너로 말미암아 복을 얻을 것이다.

땅의 모든 족속이 아브라함으로 말미암아 복을 얻을 것이라는 내용을 보통 "복의 통로" 개념으로 이해하지만, 그것은 훌륭한 신학적 해석은 되지만 그다지 설득력 있는 역사적 해석은 아니다. 보다 많은 학자들이 그 구문을 "땅의 모든 족속이 아브라함의 이름을 언급하며 스스로를 축복할 것"이라는 의미로 이해한다. 다시 말해, 우리가 우리 자녀들에게 "이순신 같은 훌륭한 장군이 되어라" 혹은 "슈바이처 같은 훌륭한 의사가 되어라" 하는 것처럼 고대인들이 서로를 축복할 때 "아브라함같이 축복받은 사람이 되어라"라고 말한다는 뜻이다. 다시 말해 "아브라함"이 축복의 대명사가 될 정도로 그의 이름이 유명하고 위대하게 된다는 뜻이다. 이것은 하나님이 다윗에게 하신 약속, 즉 "나는 너의 이름을 땅 위의 위대한 자들의 이름처럼 위대하게 만들 것이다"라는 말씀과 정확하게 일치하는 것이다. 10-11절에 기록된 약속도 땅에 관한 아브라함의 언약과 연결된다. 하나님은 이스라엘을 위해 "한 거처"를 준비할 것이고, 그들은 그곳에서 "모든 적들로부터 안식"을 누리며 살게 될 것이다. 여기서 땅과 안식의 개념이 모두 등장하는데, 땅에 대한 언약(창 13:14-15; 15:18)은 궁극적으로 안식에 대한 약속과 동일한 것임은 다음의 여호수아의 설명에서도 분명하다—"너희의 하나님 여호와께서 너희에게 안식을 주시며 이 땅을 너희에게 주시리라 하였나니 너희는 그 말을 기억하라"(수 1:13).[12] 요약하면, 하나님은 다윗의 돌봄을 필요로 하는 신이 아님을 이야기한 후, 아브라함에게 하신 언약을 다시 한 번 갱신해 주신다. 이 갱신된 언약의 내용은 위대한 이름과 땅에 대한 것이다. 후손에 대한 언급이 없는 것은 이미 이스라엘은 나라를 이룰 만큼 그 수가 많아졌기 때문이다.

다윗의 새 언약 7:11b–16

> 여호와가 네게 선포한다: 여호와께서 너를 위해 집을 지을 것이다.
> 12 너의 수명이 충만할 것이며, 너는 네 아버지들과 함께 누울 것이며,[13]
> 나는 네 속에서 나올 너의 후손을 세울 것이며, 나는 그의 왕국을
> 굳건히 할 것이다. 13 그가 내 이름을 위한 집을 지을 것이며, 나는
> 그의 왕국 보좌를 영원토록 굳건히 할 것 이다. 14 나는 그에게
> 아버지가 될 것이며, 그는 내게 아들이 될 것이다. 그가 죄를 지을 때,
> 내가 그를 남자들의 막대기와 사람들의 타격으로 징계할 것이다.
> 15 나는 네 면전에서 사울을 제거하였다. 또한 사울에게서 내 은혜를
> 제거했다. 그러나 내 은혜가 네 후손으로부터는 제거되지 않을
> 것이다. 16 네 집과 네 왕국이 영원히 내 앞에서 설 것이다. 너의
> 왕좌가 영원토록 굳건할 것이다.

8절부터 이어지는 나단 선지자를 통한 하나님의 말씀은 본 단락에서 새로운 국면에 접어든다. 이것은 본 단락의 시작에 하나님이 자신을 1인칭 "나" 대신 3인칭 "여호와"로 지칭한 사실에서 암시된다. 예언의 말씀에서 하나님은 일관되게 자신을 1인칭 "나"로 다윗을 2인칭, 즉 "너"로 칭하신다. 하지만 11절 후반부에서 갑자기 자신을 3인칭으로 "여호와"로 칭하신 것은 매우 이례적이다—"여호와가 너(=다윗)에게 선포한다(והגיד לך יהוה)". 뿐만 아니라 이 구절은 하나님의 말씀 중 유일한 행위 수행적 발언이다.[14] 즉 판사나 주례자의 선언처럼 발화와 동시에 효력이 발생하는 문장이다. 이런 문체적 변화(3인칭 "여호와"의 사용와 행위 수행적 발

언)는 그 구절부터 시작하는 예언이 이전과는 다른 중요성을 가지고 있음을 암시한다. 이전의 예언이 아브라함의 언약 갱신에 해당한다면, 본 단락에 기록된 예언은 이전에 없었던 새로운 언약에 관한 것이다. 하나님과 다윗 사이의 새 언약은 구속 역사에서 새로운 이정표에 해당한다. 그럼 행위 수행적 발언의 가장 핵심적인 내용부터 살펴보자.

여호와께서 너를 위해 집을 지을 것이다.

이 발언은 다윗이 "하나님을 위해 백향목 집"을 짓겠다고 말한 것에 대한 하나님의 반응이다. 하나님은 "네가 뭔데 나를 위해 집을 짓는다는 것이냐? 오히려 내가 너를 위해 집을 지을 것이다"라는 취지로 대답하시는 것이다. 여기서 여호와께서 지어 주겠다고 선언한 "집"은 돌이나 나무로 된 구조물이 아니라 "왕조"를 지칭한다. 다윗을 위해 왕조를 건설해 주시겠다는 하나님의 선포는 다윗만이 아니라 그의 후손들이 영원 대대로 이스라엘의 왕노릇할 것이라는 약속이다.[15] 하나님이 다윗에게 이런 엄청난 축복을 주신 것은 다윗 왕국이 하나님 통치의 지상 현현으로 의도된 것이라는 구속사적 특수성 때문이다. 아울러 하나님 나라의 도래는 반드시 하나님이 택하사 기름 부은 한 사람을 통해 성취된다는 원리 때문이다. 하나님 나라는 "다윗의 후손"을 통해서만 우리에게 도래한다. 이것은 이성을 초월하는 신비한 구속의 원리이다. 이런 의미에서 하나님이 다윗뿐 아니라 그의 후손들에게 영원한 왕조를 약속하신 것은 특정 가문에 대한 특혜가 아니라, 하나님 나라와 백성을 위한 조치라 할 수 있다.

12-16절은 다윗 왕조에 대한 하나님의 언약의 내용을 더 자세히 설명한다. 먼저 12-13절과 16절은 다윗의 왕국이 후손 대대로 굳건할 것이라는 약속을 반복적으로 언급한다. 특히 16절은 "영원"이라는 말을 두 번이나 반복하며 다윗 왕국이 절대로 망하지 않을 것이라고 약속한다. 하지만 다윗 언약이 다윗 가문에 대한 특혜가 아닌 것만큼, 그 언약의 핵심은 다윗 왕국의 영원성에 있지 않다. 이것은 다윗 왕

조가 역사적으로 400여 년 만에 멸망했다는 사실에 의해 암시된다. 만약 다윗 왕조가 문자적으로 영원히 지속되는 것이 그 언약의 핵심이라면, 우리는 그 언약이 도중에 파기되었다고 평가해야 한다. 하지만 나단을 통한 다윗 언약은 절대로 파기되지 않았다. 그러면 어떤 의미에서 다윗 언약이 파기되지 않았는가? 다윗 언약의 핵심은 무엇인가? 다윗 언약의 핵심은 하나님과 다윗의 후손 간의 특별한 관계에 있다. 14절에서 하나님은 "나는 그에게 아버지가 될 것이며, 그는 내게 아들이 될 것이다" 말씀하신다. 이 표현은 고대 근동의 입양 문서에 자주 등장하는 것으로, 하나님은 다윗의 후손을 양자로 삼았음을 의미한다. 이로써 다윗의 후손은 '신의 아들'이 된 것이다. 다윗 언약 이전에 여호와와 이스라엘의 왕의 관계는 종주왕과 속주왕 사이의 관계 즉 주인과 종의 관계였다. 사울의 예가 보여 주는 것처럼 잘못하면 쉽게 파기될 수 있는 그런 관계였다. 하지만 다윗 언약으로 시작된 아버지와 아들 관계는 그보다 훨씬 파기하기 어려운 관계임에 분명하다. 아들이 죄를 지으면 아버지가 회초리로 훈계할 수 있지만, 헤세드("은혜")를 거두지는 않는다. 즉 관계 자체를 파기하지는 않는다.[16] 다윗의 후손이 죄를 지으면 이방 나라를 통한 징계를 받을 수 있어도, '신의 아들'이라는 신분, 즉 왕의 신분이 제거되는 것은 아니다.[17] 다윗의 왕국이 영원히 굳건할 것이라는 약속은 하나님과 다윗의 후손 간의 부자 관계를 그 핵심으로 전제하는 것이다. 또한 다윗 왕국이 하나님 나라의 지상 현현의 의미를 가진다면, 하나님 나라의 지상 도래가 신의 아들인 다윗의 후손에 전적으로 의존한다고 말할 수도 있다.

나단이 예언할 때 다윗에게는 "자신의 왕조가 영원토록 견고할 것"이라는 내용이 크게 들렸겠지만, 하나님이 나단을 통해 강조한 바는 영원한 다윗 왕국을 가능하게 하는 근본적인 구속 질서, 즉 하나님과 다윗의 후손 간의 언약 관계였던 것이다. 구속사의 시간을 돌리면 다윗의 후손 예수 그리스도를 통해 하나님의 나라가 이 땅에 도래했다. 하나님이 다윗과 맺은 언약이 온전한 의미에서 성취된 사건이 그리스도의 죽음과 부활이다.

질문

1. 하나님이 "성전에 앉아 있는 신이 아니라"는 의미를 설명해 봅시다.
2. 하나님이 "장막과 천막 사이에 다니는 신"이라는 의미를 설명해 봅시다. 핵심은 무엇입니까?
3. 다윗 언약의 핵심은 무엇입니까?

묵상

이스라엘의 하나님은 자기 백성 가까이 거하시면서 그들을 목자처럼 돌보시기를 좋아하십니다. 고대 이방신들은 임금이나 귀족들처럼 백향목 집에 거하면서 사람들을 수단으로 만들고 자신들의 행복을 추구했지만, 여호와 하나님은 끊임없이 배반하는 죄인들을 버리지 않으시고 그분의 선하고 정의로운 통치로 그들을 새롭게 하시는 분입니다. 이런 하나님을 신앙한다는 것은 삶의 고난 가운데 낙담하지 않는 것입니다. 성공을 위해 이웃을 수단 삼지 않는 것입니다. 또한 자신의 성공을 모든 이웃의 성공이 되도록 나누는 것입니다. 이런 믿음으로 살며 임마누엘의 하나님을 체험합시다.

16
다윗의 감사 기도

삼하 7:18-29

하나님의 놀라운 약속을 받은 다윗은 가만히 있을 수 없었다. 하나님의 궤가 있는 성막으로 들어가 감사 기도를 올린다. 본문은 그때 다윗이 올린 감사의 기도다. 이 기도문은 솔로몬의 기도문(왕상 8:23-53)을 제외하면 성경의 내러티브 본문에 삽입된 기도문들 중 가장 긴 것으로,[1] 이 기도에서 다윗은 하나님이 그를 왕으로 삼고 그의 후손들과 언약을 맺으신 이유를 설명한다. 아울러 언약을 충실히 지켜 달라고 하나님께 간구한다.

다윗의 깨달음 7:18-21

18 왕 다윗이 들어와 여호와 앞에 앉아서 말했다:[2]
"내가 무엇인데, 내 주 여호와여! 내 집이 무엇인데, 주께서[3] 나를
여기까지 인도하셨습니까? 19 내 주 여호와여, 당신의 눈에는
이것이 여전히 작은 일에 불과한 듯이 주께서는 먼 일(מרחוק)에 관해
즉 종의 왕조(בית)에 대해 약속하셨습니다.[4] 내 주 여호와여, 그것이
사람의 법(תורת האדם)입니다. 20 다윗이 주께 보태어 할 말이 무엇이

있겠습니까? 내 주 여호와여, 주께서는 주의 종을 아십니다.
21 주의 말씀(דבר)을 인하여 그리고 주의 마음에(לב) 합당한 대로
주께서는 이 큰일을 행하셨습니다. 이는 주의 종으로 주의 말씀과
주의 마음을[5] 알게 하기 위함입니다."

먼저 다윗은 목동에 불과했던 자신이 왕이 된 것을 생각하며 "내가 무엇인데… 내 집이 무엇인데… 주께서 나를 여기까지 인도하셨습니까?"(18절)라고 기도한다. "여기까지"는 다윗이 왕이 된 것을 지칭한다. 인간적인 관점에서 양의 꽁무니를 쫓던 목동이 이스라엘의 왕이 된 것은 엄청난 사건이며 기적이다. 다윗도 그것을 "큰일"(21절)이라 부른다. 더구나 고조모가 모압 여인이었던 다윗이 이스라엘의 왕이 되었다는 것은 더더욱 놀랄 일이었다. 하나님의 은혜가 아니면 불가능한 일이다(7:9 참조). 하지만 그것도 "작은 일"(19절)에 불과하다는 듯 하나님은 다윗의 가문에 영원한 왕조를 약속하셨다. 즉 다윗만 왕이 되는 것이 아니라 그의 먼 후손도 이스라엘을 다스리게 될 것임을 약속해 주셨다.

주께서는 먼 일에 관해 즉 종의 왕조에 대해 약속하셨습니다(19절).

"먼 일에 관해"라는 말은 일차적으로 다윗의 먼 후손을 가리키지만, 좀 더 깊이 생각해 보면 구속사에 대한 하나님의 큰 그림도 암시한다. 다시 말해 다윗의 후손에 대한 약속은 하나님의 거시적 관점을 반영한다. 이스라엘뿐 아니라 온 세계를 바라보시는 하나님에게 있어 다윗 언약은 그분이 이루시려는 세계 구원의 일부일 뿐이다.

이어지는 "그것은 사람의 법입니다"라는 구절은 난해 구절이다. "그것(זאת)"이 지시하는 바가 다윗 왕조에 대한 하나님의 약속이라면, 다윗이 그것을 왜 "사람의 법"으로 불렀는지 이해하기 어렵다. 이에 대해 일부 해석가들은 그것을 의문문으로 이해할 것을 제안한다—"그것이 사람의 법입니까?" 하나님이 다윗에게 영원한 왕조를 약속하신 일은 인간 사회에서 관찰되는 모든 은혜의 법을 초월한다는 의미다.

"그것이 사람의 법입니까?"를 풀어 번역하면, "그것은 인간 사회에서는 절대 발생하지 않는 일입니다!"일 것이다. 분명, 다윗의 집안에 주어진 약속은 인간의 지혜나 정치로 설명될 수 없는 것이다. 어떻게 한 왕조가 영원할 수 있을까? 이런 의미에서 다윗은 "내 주 여호와여! 다윗이 당신께 보태어 할 말이 무엇이 있겠습니까"하고 고백한다. 다윗에게 허락된 하나님의 은혜는 통상적 "사람의 법"을 넘어선 것이다. 사람인 "다윗이 주께 보태어 할 말"이 전혀 없다(20절).[6]

나아가 다윗은 그 모든 것을 하나님이 "주의 말씀을 위하여 그리고 주의 마음에 합당한 대로" 이루신 것이라 고백한다. "주의 마음에 합당한 대로" 이루었다는 말은 다윗이 왕이 된 것이 그의 특별한 재능 때문이 아니라, 하나님의 신비한 뜻에 의한 것임을 의미한다. "주의 말씀을 위하여" 이루었다는 말은 하나님이 사무엘을 통한 예언을 이루기 위하여 다윗을 왕으로 만들었다는 말이다. 표현은 다르지만 이 둘 모두 다윗의 왕 된 것이 하나님의 전적인 뜻에 의한 것임을 강조한다.

그럼에도 다른 사람이 아닌 다윗이어야만 했던 이유가 있었을까? 하나님은 다윗의 무엇을 보고 그를 왕으로 선택했을까? 이에 대한 답은 다음의 구절에 암시되어 있는 듯하다.

> 주께서 종을 아십니다… 이는 주의 종으로 주의 말씀과 주의 마음을 알게 하기 위함입니다.[7]

하나님이 다윗을 선택한 것은 다윗이 회개와 순종의 사람이었기 때문이다. 다윗은 처음부터 완벽하지 않았지만 교정 가능한(teachable) 마음의 소유자였다.[8] 즉 자신의 잘못을 회개하고 더 나은 사람이 될 수 있는 사람이었다. 앞서 인용된 구절에서 "알게 하다(הודיע)"의 목적어가 히브리어 원문에서는 생략되어 있다. 개역개정역은 목적어를 생략한 채 번역한다—"주의 종에게 알게 하셨나이다". 이 때문에 해석하는 사람들이 목적어를 채워 읽어야 하는데, 21절에서 목적어가 될 수 있는 명사는 세 가지다. 하나는 동사와 가장 가까이 위치한 명사 "큰일"이고 나머지는 "주의 말씀"과 "주의 마음"이다. 이 중 "큰일"은 "알게 하다"의 목적어가 되기에 적절하지 못하다. 왜냐하면 "큰일"은 하나님이 다윗을 위해 행하신 일을 지칭하기 때문이다. '큰일을 알게 하기 위해 큰일을 행하셨다'는 번역은 논리적으로 어색하다. 문맥상 보다 적합한 목적은 "주의 말씀(דבר)"과 "주의 마음(לב)"이다. 하나님이 다윗을 위해 큰일을 하신 이유는 다윗으로 하여금 "주의 말씀과 주의 마음을 알게 하기" 위함이었다. 이것은 다윗이 왕이 되는 과정 초기에는 주의 마음을 잘 몰랐다는 것을 암시한다. 실제로 처음부터 순종의 사람은 아니지만 다윗은 광야 훈련을 통해 하나님의 마음을 이해하고 그분의 말씀에 순종하는 사람으로 변했다.[9]

다윗과 언약 7:22-24

22 그러므로 내 주 여호와여, 주는 위대하십니다. 주 같은 신은
없습니다. 아니, 주 이외에는 신이 없습니다. 우리가 귀로 듣던
그대로입니다.[10] 23 누가 주의 백성, 이스라엘과 같겠습니까?
지구상의 유일한 하나님의 백성입니다. 하나님이 가셔서 그 백성을
구원하시고 자신을 위해[11] 이름을 내셨고, 그들을[12] 위해 큰 일을,
주의 땅을 위해 놀라운 일을 행하셨습니다. 이 모든 것은 주께서
이집트로부터, 열방들과 그 신들로부터, 구원한 주의 백성을
위해서입니다. 24 주께서 주를 위하여 백성을 만드셨습니다. 주를
위하여[13] 이스라엘을 영원한 백성으로 만들었습니다. 주는
여호와입니다. 주는 그들의 하나님이 되셨습니다.

하나님이 다윗을 왕으로 세우신 근본적 이유는 다윗과 같이 순종하는 왕이 하나님의 구속사에서 매우 중요한 역할을 감당할 것이기 때문이다. 순종하는 왕을 통해 순종하는 백성이 만들어지는 것이다. 순종하는 '다윗의 후손'이 하나님의 백성이 탄생하는 데 중간자의 역할을 할 것이다.

본문에서 다윗은 목동이었던 자신을 이스라엘의 왕으로 만드시고, 그에게 영원한 왕조를 약속하신 하나님을 찬양하면서, 하나님과 그의 백성 사이의 언약 관계를 자세히 설명한다. 그 언약 관계의 핵심은 여호와가 이스라엘의 대체불가능한 "유일한" 하나님이며 이스라엘도 여호와의 "유일한" 백성이라는 데 있다. 여기서 '유일하다'(אחד)는 말은 숫자 하나가 아니라 특별함을 의미한다. 세상에 많은 신들이 있지만, 이스라엘에게는 여호와 같은 신은 없으며, 세상에 많은 백성들이 있지만, 여호와에게 이스라엘 같은 백성은 없다는 뜻이다. 하지만 하나님과 이스라엘의 관계가 동등한 쌍방적 관계는 아니다. 왜냐하면 여호와가 유일한 하나님이고 이스라엘이 유일한 백성인 이유가 모두 하나님의 위대하고 놀라운 행위들에 근거하기 때문이다. 예를 들어 이스라엘이 유일한 민족인 이유는 (이스라엘의 탁월성 때문이 아니라) 이스라엘이 여호와께서 친히 구원하신 유일한 백성이라는 사실 때문이다. 하나님이 이스라엘을 구원하기로 작정하지 않으셨다면, 이스라엘은 하나님의 '유일한' 민족이 되지 않았을 것이다. 고대 근동에서 흥망성쇠를 겪었던 여러 약소국 중에 하나에 불과했을 것이다.[14]

그렇다면 이런 이스라엘과 하나님의 관계를 규정하는 언약은 다윗의 후손과 하나님의 관계를 규정하는 언약과 어떤 관계에 있을까? 그것은 왕이 율법에 순종할 때 백성도 율법에 순종하게 된다는 의미, 즉 윗물이 맑아야 아랫물이 맑다는 의미는 아닐 것이다. 다윗 언약이 단순히 다윗 왕조의 영구 지속에 방점이 있는 것이 아니라, 하나님과 '다윗의 후손' 사이의 특별한 부자 관계—다윗의 후손이 '하나님의 아들'로 불림—에 그 핵심이 있음을 고려할 때, 우리는 이스라엘의 구원이 하나님과 다윗의 후손의 특별한 관계—다윗의 후손이 하나님의 아들이 됨—에 의존한다 말할 수 있다. 하나님의 아들인 다윗의 후손이 하나님과 이스라엘 백성의 언약 관계에 중보적 역할을 할 것이다.

이것은 저자가 "큰일(הגדולה)"이라는 표현에 이중적 의미를 부여한 사실을 통해 확인된다. 첫째, 다윗은 하나님이 이스라엘을 구원한 것을 "큰일"(23절)로 지칭한다. 아울러 그 큰일의 목적이 이스라엘을 자기 백성으로 삼기 위함임을 분명히 한다(24절). 즉 하나님은 이스라엘을 구원하여 자기 백성 삼으셨다. 둘째, 다윗은 하나님이 자신을 왕으로 삼고 자기 후손을 하나님의 아들로 삼은 것도 "큰일(הגדולה)"(21절)로 표현한다. 이렇게 사무엘서 저자가 "큰일"에 이중적인 의미를 부여한 이유는 그 두 의미가 상호 유기적으로 연결되었기 때문일 것이다. 다시 말해 하나님의 아들이자 왕 되실 "다윗의 후손"에 관한 언약은 하나님이 이스라엘을 구원하여 자기 백성을 삼으시는 하나님의 신비한 방식인 것이다.

언약에 근거한 간구 7:25-29

25 여호와 하나님이여![15] 이제 주께서 종과 종의 집에 관해 말씀하신
그 일을 영원히 확립하여 주소서. 주께서 말씀한 대로 행하소서.
26 그러면 주의 명성이 영원히 높아질 것입니다: '만군의 여호와
하나님이 이스라엘을 다스린다!'[16] 주의 종 다윗의 집은 주 앞에
항상 굳건할 것입니다. 27 왜냐하면 주는 만군의 여호와, 이스라엘의
하나님이기 때문입니다. 주께서 종에게 친히[17] "내가 너를 위해 집을
지어 줄 것이다"고 말씀하셨기에 종이 주께 이 기도를 올릴 마음을
먹었습니다. 28 내 주 여호와여, 주는 바로 하나님입니다. 주의
말씀이 진리가 되게 하소서. 주께서 종에게 이 좋은 것을 말씀해
주었습니다. 29 이제 종의 집을 속히 축복하여 주 앞에 영원하도록
하소서. 주는 여호와 나의 주님입니다. 주께서 말씀하셨습니다.
종의 집이 주의 축복을 인하여 영원히 복되게 하소서."

하나님의 은혜에 대해 감사하고 찬양한 후, 이제 다윗은 자신의 후손들을 위해 간구한다. "이제 주께서 종과 종의 집에 관해 말씀하신 그 일을 영원히 확립하여 주소서. 주께서 말씀한 대로 행하소서"(25절). 여기서 주께서 말씀한 바가 가리키는 것은 "내가 너를 위해 집을 지어 줄 것이다"라는 하나님의 약속이다(27절). 다윗은 이 약속을 붙들고 간구

한다. "주의 말씀이 진리가 되게 하소서"(28절). "이제 종의 집을 속히 축복하여 주 앞에 영원 하도록 하소서… 종이 집이 당신의 축복을 인하여 영원히 복되게 하소서"(29절).

어떤 점에서 다윗은 하나님을 잘 믿어 그의 후손이 '대박 난(?)' 경우에 해당한다. 하나님이 그의 후손들도 영원토록 이스라엘의 왕 노릇할 것이라 약속하셨기 때문이다. 하지만 다윗을 위한 하나님의 약속은 개인의 축복보다 큰 구속사적 계획과 연결되어 있다. 이것은 26절에 잘 드러난다. 이 구절에 따르면 하나님이 다윗에게 약속하신 대로 그 후손의 왕권을 보호하실 때 '이스라엘을 다스리는 자로서 그분의 명성'이 영원히 높아질 것이다 (26절). 즉 다윗의 후손을 보호하실 때, 만군의 여호와는 이스라엘을 다스리는 자로 칭송받는다. 이처럼 다윗의 기도에 따르면, 다윗의 후손의 안위와 이스라엘의 왕으로서 하나님의 명성이 연결되어 있다. 또한 "다윗의 집이 주 앞에서 항상 굳건할 것"이라는 다윗의 확신(26절 후반부)이 "주는… 이스라엘의 하나님"이라는 사실(27절 전반부)에 근거하는데, 이것도 하나님 나라와 "다윗의 후손" 사이의 밀접한 관계를 잘 보여 준다.[18]

마지막으로, 아브라함 언약, 모세 언약, 다윗 언약의 관계를 살펴보자. 이 세 언약은 구약의 대표적 언약들이다. 이들은 모두 그리스도 언약으로 가는 길목에 위치한 언약들로 각자 독특한 방식으로 그리스도 언약을 손가락으로 가리키고 있다. 아브라함 언약은 세 가지 약속을 그 내용으로 한다. 첫째, 큰 민족에 대한 약속이다. 아브라함의 후손이 큰 민족을 이룰 정도로 많아질 것이라는 내용이다. 둘째, 땅에 대한 약속이다. 그 민족이 정착하게 될 땅을 주시겠다는 것이다. 유프라테스 강 동편부터 이집트 시내에 이르기까지 광활한 시리아-팔레스타인 땅을 아브라함의 후손들에게 주시겠다는 내용이다. 셋째, 큰 명성에 대한 약속이다. 흔히 축복의 통로로 불리는 약속이 이에 해당한다. 다시 말해 아브라함 후손들이 큰 민족을 이루어 하나님이 허락한 땅에서 살 때 그들의 명성이 온 지구에 미쳐서, 지구 사람들이 서로를 축복할 때 아브라함의 이름으로 혹은 아브라함 후손을 거론한다는 것이다.

예를 들어 우리가 큰 부자가 되라고 덕담할 때 빌 게이츠처럼 큰 부자가 되라고 말하는 것과 비슷하다.[19]

반면 모세 언약은 시내산에서 수여 받은 율법을 그 주요 내용으로 한다. 이스라엘인들의 삶의 전반에 걸친 규율들이 모세 언약을 통해 주어졌다. 이것은 아브라함 언약이 말하지 않는 중요한 사실을 선언하는 의미가 있다. 아브라함 언약에서 하나님 나라의 3요소 중 영토와 백성만이 언급되었다. 즉 주권자에 대한 언급이 없다. 모세 언약은 그 주권자가 여호와 하나님임을 선포하는 것이다. 즉 이스라엘에게 법을 준 사람이 여호와라는 사실은 여호와가 그들의 왕이 되었음을 보여준다. 이렇게 아브라함과 모세의 율법을 통합하면, 이스라엘이 하나님의 주권 아래에서 율법을 지키며 그 땅에서 살 때 그들의 명성이 온 지구까지 미치게 될 것이라는 '내용'이 된다. 그 명성을 들은 사람들은 이스라엘 자손으로 인하여 하나님께로 나아오게 된다.

그렇다면 다윗 언약의 내용은 무엇이며, 그것이 이전 언약들과 다른 점은 무엇인가? 다윗 언약의 핵심은 다윗의 후손들이 보존될 것이라는 내용이다. 하나님이 다윗의 후손과 특별한 언약 관계에 있다는 것이다. 이 언약은 이스라엘이 스스로 하나님의 율법을 지키지 못한다는 현실 때문에 덧붙여졌다. 그들이 하나님께 순종하는 백성이 되기 위해서는 중보자를 필요로 한다. 그들을 형제처럼 섬기며, 하나님께 순종하는 삶으로 이끌 왕이 필요했던 것이다. 그 역할로 선택 받은 것이 '다윗의 후손'이다. 아브라함과 모세 언약이 보여준 구속의 그림이 현실이 되기 위해서는 '다윗의 후손'의 보존이 필수적이다. 다윗 언약은 바로 그것을 보증하는 것이다. 우리는 그리스도의 언약 안에서 아브라함, 모세, 다윗의 언약이 모두 성취되었음을 믿는다.

질문

1. 하나님이 다윗을 위해 하신 "큰일"의 두 가지 내용은 무엇입니까?
2. 하나님이 이스라엘에게 "유일한" 하나님이며, 이스라엘이 하나님에게 "유일한" 백성이라는 말의 의미는 무엇일까요?
3. 모세 언약이 아브라함 언약과 다른 점은 무엇입니까?

묵상

다윗 왕국이 영원히 굳건할 것이라는 약속은 다윗에게 있어 순전한 은혜입니다. 사울에게는 없는 무엇인가가 다윗에게 있었기 때문에 하나님이 다윗을 선택하셨지만, 그 '무엇인가'가 다윗이 하나님께 받은 축복들을 모두 설명하지는 못합니다. 궁극적으로 다윗이 '다윗' 된 것은 전적으로 하나님의 은혜입니다. 하지만 이런 하나님의 은혜는 절대로 맹목이 아닙니다. 하나님이 다윗에게 베푼 은혜는 분명한 목적이 있습니다. 하나님은 그 후손을 통해 온 인류를 구원하시려 계획하셨습니다. 우리도 하나님의 구원을 은혜로 얻었습니다. 우리가 지금까지 누린 축복들은 우리의 인격과 능력만으로 설명되지 않습니다. 그러나 우리에게 주신 이 과분한 은혜들은 분명 세상으로 흘러가야 합니다. 우리를 먼저 선택하신 것은 온 인류에 하나님의 말씀과 생명을 전하기 위함이 아닐까요?

17
다윗 제국의 형식: 정복 전쟁

삼하 8:1-18

다윗 왕국은 이 땅에 심겨진 하나님 나라라는 점에서 역사상 존재했던 국가들과 차별된다. 우리는 다윗 왕국을 통해 이 세상에서 운영되는 하나님 나라가 어떤 것인지를 배우게 된다. 앞에서 논의한 바와 같이 이 땅에 설치되어 운영되는 하나님 나라는 외견상 다른 나라들과 크게 다르지 않다. 다윗의 왕국도 당시 주변의 왕국들과 외견상 크게 다르지 않았다. 다윗의 궁전은 페니키아 양식으로 건설되었고, 다윗도 여러 명의 아내를 두었다. 하지만 다윗 왕국은 창조주 하나님의 뜻을 이스라엘 백성에게 실현한다는 점에서 여느 고대 근동의 나라들과 다르다. 사무엘하 6-7장에 하나님의 임재의 상징물들(궤와 성막)에 관한 일화를 배치함으로써 사무엘서 저자는 인간 왕이 아니라 하나님이 통치의 구심점임을 상기시킨다. 반면 이 두 장을 둘러싸는 사무엘하 5장과 8장은 하나님의 나라가 이 땅에 설치, 운영됨에 따라 발생하는 필연적인 "적응"에 관해 설명한다. 특히 사무엘하 8장은 다윗의 정복 전쟁을 다룬다. 침략하는 적들로부터 나와 내 가족을 방어하는 전쟁이 아니라, 다른 나라로 쳐들어가 사람들을 죽이고 보물을 빼앗아오는 약탈 전쟁이다. 오늘날의 윤리 기준에 따르면 다윗 왕국은 국제형사재판소에 회부되어 유엔 차원의 제제 대상이 되었을 것이다. 하지만 당시 침략 전쟁은 국가를 건설해 가는 합법적인 방법이었다. 다윗 왕국도 당시의 질서에 맞게 운영되었던 것이다.

블레셋과 모압을 정복함 8:1–2

1 그 후(אחרי כן) 다윗은 블레셋인들을 쳐서 그들을 굴복시켰다.
다윗은 블레셋인들의 손으로부터 메덱암마(מתג האמה)을 취했다.
2 그리고 모압을 쳐서 줄로 측량하였다. 그들을 땅에 눕혀 두 줄자를
측량하여 처형하고, 온전한 줄자(מלא החבל)를 측량하여 살려 주었다.
모압은 다윗의 종이 되어 조공을 바쳤다.

1절

사무엘하 8장이 "그 후"(아하레 켄אחרי כן)라는 말로 시작한다고 해서 8장에 서술된 내용을 7장에 연속적인 이야기로 오해해서는 안 된다. 유대인들의 격언 "엔 무크담 우-메우하르 바토라(אין מוקדם ומאוחר בתורה)가[1] 암시하는 것처럼 성경의 내러티브가 반드시 시간적 순서로 서술되는 것은 아니다. 7장이 "여호와께서 주위의 모든 원수를 무찌르사 왕으로 궁에 편안하게 살게 하신 때"(1절)를 배경으로 하는 반면 8장에서 다윗은 여전히 주변의 원수들과 싸워야 했던 것을 고려하면 8장에 그려진 사건들은 7장에 기록된 나단 언약보다 시간적으로 앞선다고 결론 내릴 수 있다. 하지만 이런 결론도 8장이 비교적 제한된 기간에 연속적으로 발생한 전쟁들에 대한 이야기라고 생각할 때만 얻어지는 것이다. 하지만 자세히 보면 8장은 이야기라기보다 다윗 왕의 업적에 대한 요약에 가깝다. 즉 오랜 시간에 걸쳐 발생한 사건들을 요약해 보고하는 것이다.[2] 장르의 관점에서는 내러티브(narrative)보다는 리스트(list)에 가깝다. 고대 근동의 왕들은 자신의 군사적 업적을 자랑하는 비문에서 자신이 정복한 적들의 이름을 짧은 호흡으로 나열하는 경우가 있다. 예를 들어

메르넵타는 자신의 승리 비문에서 다음과 같이 적고 있다.

> 왕들이 "평화"를 외치며 굴복하였다.
>
> 아홉 활 중 어느 하나 고개를 들지 못한다.
>
> 테헤누가 멸망하였다.
>
> 하티가 잠잠해졌다.
>
> 가나안이 약탈되고 크게 고통당한다.
>
> 아스글론이 정복되었다.
>
> 게셀이 포획되었다.
>
> 야노암은 멸절되었다.
>
> 이스라엘도 파괴되었고 후손들이 남지 않게 되었다.
>
> 후루는 이집트로 인해 과부가 되었다(메르넵타 석비, 26-28열).[3]

비록 사무엘하 8장에 기록된 다윗의 군사 업적에 대한 서술은 메르넵타의 그것보다 자세하지만, 정복한 적들을 나열하는 '리스트' 장르라는 점에서는 동일하다. 이상의 논의는 "그 후"로 번역된 히브리어 아하레-켄이 시간적 경과보다는 주제의 변화를 알리는 역할을 하고 있음을 보여 준다.[4]

다윗의 정복 활동을 대표해 주는 동사는 나카(נכה) "치다"이다. 1-2절에서 블레셋과 모압의 정복에 관해 사용된 것을 시작으로 3절에서 소바 왕 하닷에셀의 정복에 관해, 5절에서 아람의 정복에 관해, 9절에서 하닷에셀의 군대에 관해, 그리고 13절에서는 에돔의 정복에 관해 사용된다. 즉 전쟁 없이 다윗에게 항복한 도이를 제외한 모든 외적들의 정복에 대해 히브리어 나카가 사용된 것이다. 이 히브리어의 가장 기본적인 의미는 폭력적 접촉("치다")이다. 개인간 육박 전투의 문맥에서는 신체나 무기로 상대방에게 치명상을 입히는 것을 의미하고, 군대 혹은 나라간 전쟁의 문맥에서는 승부를 결정짓는 승리("defeated", ESV)를 의미한다.

하지만 본문의 관심은 블레셋과 모압에 대한 단회적 승리에만 있는 것이 아니다. 이 승리는 새로운 국제 질서의 수립으로 이어진다. 즉 다윗은 전쟁에서 블레셋을 "쳤을" 뿐 아니라 "굴복시켰다(ויכניעם)". 이 말은 블레셋이 다윗 왕국의 통치 아래에 복속되었음을 의미한다. "굴복시켰다"로 번역된 히브리어(להכניע)는 전쟁의 문맥 이외에도 회개와 순종의 문맥에서도 자주 쓰인다(왕하 22:19). 이제부터 블레셋인들은 다윗의 통치에 순종해야 한다. 다윗이 블레셋인들로부터 "메텍암마"를 빼앗았다는 점도 이것을 증거한다. "메텍암마"로 번역된 히브리어 메텍하암마(מתג האמה)는 블레셋의 도시 가드(대상 18:2)를 지칭할 수 있지만, 사무엘서 저자가 가드를 여기서 굳이 "어머니 도시의 굴레"라는 별칭으로 부르는 이유를 생각해야 한다.[5] 그것은 다윗이 가드를 취함으로써 블레셋 전체를 어거(馭車)하는 힘을 가지게 되었음을 의미한다. 즉 블레셋은 다윗에게 주권을 완전히 빼앗기게 된 것이다. 이것은 모압 정복에 대한 서술과 사뭇 다른다. 다윗이 모압을 쳤지만 그것의 주권을 완전히 빼앗은 것은 아니다. 모압의 왕을 그대로 둔 채, 조공국으로 삼을 뿐이었다. 물론 블레셋의 주권을 완전히 빼앗았다는 주장은 문학적 과장이다. 왜냐하면 가드는 솔로몬 즉위 3년까지 독립을 유지했기 때문이다(왕상 2:39 참조). 그럼에도 불구하고 사무엘서 저자가 다윗의 군사적 업적으로 제일 먼저 블레셋의 정복을, 그것도 블레셋에 대한 '완전한 정복'을 거론한 것은 이스라엘 왕정의 성립 역사에서 블레셋이 가진 중요성을 단적으로 보여 준다(삼상 9:16 참조).

2절 ________

블레셋과 모압 모두 다윗에 의해 정복당했지만(나카) 이들에 대한 다윗의 처분은 달랐다. 주권을 완전히 박탈한 블레셋의 경우와 달리 모압 왕은 다윗의 조공을 바치는 대가로 제한적 주권을 인정받았다. 일견 잔인한 것처럼 보이는 다윗의 처분도 이런 관점에서 이해될 수 있다. 먼저 다윗이 죽인 사람들은 모압 군인들이다. 즉 무차별 살인이 아니라 모압의 군대를 해산시킨 조치에 해당한다. 다윗은 모압 군인들 중 3분의 2를 처형하고 나머지 3분의 1을 살려 주었다. 성경 저자가 구원받은

3분의 1에 대해 "온전한 줄자(מלא החבל)"라는 표현을 사용하는 것으로 보아, 다윗이 모압의 군대를 이전의 3분의 1 수준으로 줄이는 원칙은 유지하되 처형당하게 되는 사람들을 재는 줄자 단위보다 구원받게 되는 사람들을 결정하는 줄자 단위를 더 풍성하게 사용했을 가능성이 있다. 이로서 모압 왕은 형식적으로 군대를 가진 주권 국가의 면모를 유지했지만 다윗의 영향력 아래 굴복한 조공국으로 전락했다. 다윗이 모압에 대해 이처럼 관대한 처분을 내린 이유로 다윗이 사울에게 쫓길 때 모압 왕이 다윗의 부모를 돌보아 준 사실을 생각할 수 있다(삼상 22:4 참조).[6]

아람을 정복함 8:3-8

3 다윗은 유프라테스 강에서 자신의 힘(יד)을[7] 수복하기 위해 원정
나가는 소바 왕 '르홉의 아들' 하닷에셀을 쳤다. 4 다윗은 그로부터
천칠백 명의 기병, 2만 명의 보병을 포획했다. 다윗은 그 모든 병거
말들의 뒤꿈치를 끊었으며, 단 병거 백 대의 말만을 남겼다.
5 다마스쿠스의 아람 족속이[8] 소바 왕 하닷에셀을 돕기 위해
도착했을 때, 다윗이 아람인 2만 2천 명을 쳤다. 6 그리고 다윗은
다마스쿠스의 아람 족속 가운데 주둔지를 설치하였다. 아람 족속은
다윗에게 속하여, 조공을 바치는 종들이 되었다. 여호와께서 다윗이
가는 곳마다 그를 승리하게 하셨다(וישע).

본문은 다윗의 아람 정복을 서술한다. 아람은 약 주전 2000년에 유프라테스강 상류 지역에서 발원한 유목 민족을 지칭하는 말이다. 창세기에 따르면 아람은 아브라함의 조카 그무엘의 아들(창 22:21)이며, 아람 민족은 그의 후손인 것으로 추정된다.[9] 이들은 주전 2000년기 중후반에 고대 근동 전역으로 퍼져 나가면서 세력을 키웠다. 바빌로니아에서는 지배 계층이 되었다. 유명한 함무라비 왕이 바로 아람 출신이다.[10] 또한 바빌로니아의 카시트 왕조의 왕들도 아람 사람이었을 가능성이 높다. 한편 시리아-팔레스타인 지역으로 이주한 아람 족속은 다양한

소왕국들을 건설하였다. 이들은 "비트 X (X의 집)" 형식의 국호를 가졌다[11](예, "비트-아구시," "비트-아디니," 그리고 성경의 "벧르홉"). 다윗 왕국 시대에 이스라엘과 패권을 다투는 가장 강력한 라이벌이 바로 아람 사람들이 세운 왕국들이었다.

이 당시 세워진 여러 아람 왕국들 가운데 가장 힘이 셌던 왕국이 소바(צובה)였다. 그 왕국의 왕은 '르홉의 아들' 하닷에셀이었다. 여기서 르홉은 하닷에셀의 생물학적 아버지라기보다 소바를 건국한 조상일 가능성이 높다.[12] 따라서 소바에서 "르홉의 아들"은 이스라엘에서 "다윗의 아들"과 같은 의미를 가진다. 즉 왕실의 적통을 의미한다. 르홉의 아들 소바의 왕 하닷에셀은[13] 아람 패권국의 왕답게 주변의 왕국들을 하나씩 정복해 갔다. 먼저 남쪽에 있는 다마스쿠스에 있는 아람 사람들을 자기의 영향권 아래로 편입하였다. 그리고 이제 하닷에셀은 북쪽의 하맛을 정복하기 위해 길을 떠난다. 하맛은 하나님이 아브라함에게 약속하신 땅의 북쪽 경계에 위치한 나라로, 유프라테스강 동쪽에 위치하였다.[14]

다윗은 소바 왕 하닷에셀이 "유프라테스 강에서 자신의 힘을 수복하기 위해" 원정 나갔을 때, 최소의 병력만으로 수비되는 소바를 공격하였다. 라이벌 국가의 왕이 큰 군사를 일으켜 북방 원정을 떠났을 때 그 왕의 비어 있는 수도를 공격한 것이다.[15] "자신의 힘을 수복하다"라는 표현은 주권의 범위를 넓힌다는 의미이다. 즉 하닷에셀이 당시 도이가 다스리던 하맛을 자신의 패권 아래 두려 했음을 의미한다. 그러나 본격적으로 전쟁을 시작하기도 전 그는 소바가 다윗에 의해 침략당했다는 소식을 듣는다. 급히 회군하여 다윗의 군대와 싸웠지만 기습공격으로 기선을 제압한 다윗은 하닷에셀의 군대를 크게 무찔렀다. 뒤늦게 남쪽 다마스쿠스에서 도착한 지원군도 소용없었다. 다윗은 그들도 크게 무찌른 후 다마스쿠스로 내려가 그곳에 군대를 주둔시킨 후, 다마스쿠스의 아람 사람들을 조공국으로 만들었다.

4절은 다윗이 하닷에셀로부터 포획한 포로들과 병거 말들의 수를 기록한다. 흥미로운 것은 사무엘서 저자가 다윗이 하닷에셀을

"쳤으나" 그의 기병과 보병들은 "포획했다"고 기록한 것이다. 물론 다윗은 하닷에셀의 기병과 보병들도 "쳤을" 것이다(아래 9절 참조). 그리고 4절에 기록된 숫자는 다윗이 생포한 적군들의 숫자이다. 그럼에도 여기서 저자가 하닷에셀의 기병과 보병을 포로로 삼았다는 점을 강조하는 이유는 하닷에셀에 대한 다윗의 완승을 강조하기 위함 같다. 다윗은 하닷에셀이 하맛을 치기 위해 원정 나간 사이에 수도 소바를 기습적으로 침공했다. 그 결과 힘들이지 않고 전쟁에 승리한 것이다. 그가 포획한 많은 기병과 보병, 전차들의 숫자가 그의 완승을 설명한다. 모압의 경우와 달리 그는 포로들을 죽이지 않았다. 단 병거의 말들의 뒤꿈치를 끊었는데, 이것은 아람의 기병 부대를 무력화하기 위한 것이다. 생포한 포로들은 다윗의 군대로 편입시켰을 가능성이 많다. 이렇게 늘어난 군대로 다마스쿠스에서 지원 온 아람인들을 무찌르는 것은 매우 쉬운 일이었을 것이다. 다윗은 2만 명의 아람인들을 죽이고, 다마스쿠스에 주둔군을 배치한다. 다마스쿠스에 다윗이 병력을 남겼다는 것은 하닷에셀이 힘을 회복해 다시 다마스쿠스를 병합하는 것을 예방하기 위한 조치인 동시에, 교통의 요지인 다마스쿠스를 직할 통치함으로써 전략적 이익을 지키려는 의도인 듯하다.

이 모든 다윗의 성공을 성경 저자는 "여호와께서 다윗이 가는 곳마다 승리하게 하셨다"고 표현한다. 이 표현은 다윗이 통상적 군사 전략을 사용하지 않았음을 의미하지는 않는다. 오히려 하나님의 승리가 다윗의 전략 전술을 통해 발생했음을 보여 준다. 즉 인간의 노력과 하나님의 주권이 동시적으로 발생하는 것이다. 오늘날에 하나님 나라의 역사는 바로 이렇게 이루어진다. 하나님이 초자연적인 기적을 행하실 수 있지만, 오늘날 가장 큰 기적은 우리와 같은 보통 사람들을 통해 하나님의 뜻이 이 땅에 실현된다는 것이다. 우리의 작은 노력들이 모인 그곳에 하나님의 뜻이 창발된다는 것이다. 그리고 이것은 오늘날의 기독교 정치가들에게도 적용될 수 있다. 대통령과 정치가들의 노력을 통해 하나님 나라의 가치들이 이 땅에 구현될 수 있다. 물론 그 정반대인 경우도 있다. 인간은 자기 의에 쉽게 도취되기 때문에 자기 의를 하나님의 뜻으로 오인하기 쉽다. 특히 한때 올바른 일을 하여 영향력을 획득한 사람들은 그 영향력을 잃지 않기 위하여 자기가 하는 모든 일이 올바르다고 주장하거나 그렇게 믿을 수 있다. 그러나 인간은 언제나 옳을 수 없다. 어제의 내가 옳은 판단을 했어도, 오늘의 나는 악을 행할 수 있는 것이다. 다윗의 인생이 바로 그것을 여실히 보여 준다.

다윗의 실패를 암시하는 구절이 바로 다윗이 "병거 백 대의 말을 남겼다"(4절)는 대목이다. 이스라엘의 왕과 병거와 병마는 '상극 관계'라 할 수 있다. 먼저 하나님은 모세에게 왕의 규례에 대해 말씀하실 때 병마를 언급하신다. "그는 병마를 많이 두지 말 것이요 병마를 많이 얻으려고 그 백성을 애굽으로 돌아가게 하지 말 것이니"(신 17:5) 라고 말씀하셨다. 병거와 병마는 자신을 하나님으로 여기는 제국 황제들의 힘을 대변하는 상징이다. 병거와 병마를 둔다는 것은 그 제국들이 걸은 실패의 길을 따라간다는 것이다. 다윗 때까지 이스라엘의 군대에는 병거 부대가 없었다. 가장 큰 이유는 이스라엘의 촌락들이 주로 산속 고지대에 위치해 있어 침략군들을 막아내는 데 병거가 그다지 유용하지 않았을 뿐 아니라, 가난하여 병거들을 구입할 능력도 없었다. 하지만 이스라엘의 세력이 점점 커지면서 산속 촌락을 벗어나 대평야로 나아가면서 병거의 필요성이 점점 대두되었을 것이다. 지금까지 하나님을 대적하는 이방 군대의 전유물이었던 병거가 슬슬 매력적으로 보이기 시작한다. 다윗이 병마를 남긴 것도 이런 관점에서 이해될 수 있다. 다윗은 병거가 아니라 병거 100대를 끌 말들을 남겼지만—이것은 전차 부대를 창설했다는 의미보다는 전리품의 의미가 강했을 것이다—그의 아들들은 본격적으로 병거를 사용하기 시작한다. 압살롬과 아도니야가 모두 아버지에게 반란할 때, 병거와 기병을 앞세운다. 솔로몬은 말과 병거의 중계무역에 종사하여, 당시 이스라엘은 최대의 말 수입국과 병거 수출국이 된다. 즉 이스라엘이 완전히 이방 나라들처럼 되어가는 첫 시작이 다윗이 전리품으로 취한 병마였다. 흥미롭게도 이 병마들은 나중에 다윗이 하나님을 위해 성별한 물품에 포함되지 않는다!

노략물을 성별함 8:7-12

7 다윗은 하닷에셀의 종들이 소유한 금 방패(שלט)들을 빼앗아
그것들을 예루살렘으로 가져왔다. 8 또한 하닷에셀의 도시들,
베다와 베로대로부터도 왕 다윗은 매우 많은 동을 빼앗아
예루살렘으로 가져왔다. 9 하맛의 왕 도이가 다윗이 하닷에셀의
군대를 쳤다는 이야기를 들었을 때 10 도이는 그의 아들 요람을 왕
다윗에게 보내어 안부를 묻고, 하닷에셀과 싸워 그를 친 것을
칭찬하였다. 도이와 하닷에셀은 서로 전쟁하는 사이였기 때문이다.[16]
요람의 손에는 은 그릇, 금 그릇, 그리고 동 그릇이 들려 있었다.
11-12 다윗 왕은 이것들도 그가 정복한 모든 열방—즉 아람, 모압,
암몬인들, 블레셋인들, 아말렉—으로부터 성별한 은금과 함께 여호와를
위해 성별하였다. 또한 소바의 왕 르홉의 아들 하닷에셀에게서
노략한 은금도 여호와를 위해 성별하였다.

본 단락은 침략 전쟁을 묘사한 이전과 이후의 단락과 공간적 배경에서 구분된다. 즉 본 단락은 다윗이 해외 원정에서 돌아온 후 예루살렘에서 벌어진 일을 묘사한 것이다. 다윗이 다른 나라의 국경을 넘어 벌인 침략 전쟁을 묘사한 단락들과 대조적으로 본 단락은 다윗의 여호와 신앙에 초점을 맞춘다. 즉 다윗이 이방 왕에게서 받은 선물과 그들에게서 빼앗은 노략물들을 여호와께 성별했다는 내용을 담고 있다. 이처럼 다윗 왕국의 '이방 제국적 성격'과 '하나님 나라의 성격'을 교차적으로 배열하는 것은 사무엘하 5-10장의 서술 패턴과 잘 일치한다(삼하 5:4-9의 해설[11 예루살렘의 정복] 도입 부분 참조).

그러면 다윗이 선물과 노략물들을 하나님께 성별했다는 의미는 무엇일까? 우선 생각해야 할 것은 이 당시 성전이 없었다는 것이다. 여호와의 궤가 안치된 장막이 있었지만 그 장막을 섬기는 제사장단의 규모는 솔로몬 성전을 섬기던 제사장의 규모와 비교도 안 될 정도로 작았을 것이다. 다시 말해 당시의 "교회 운영"을 위해 그다지 많은 돈이

필요 없었다는 것이다. 이에 비해 다윗이 여호와를 위해 성별한 은금은 지나치게 많아 보인다. 이것을 고려하면 다윗이 해외에서 온 선물과 노략한 물건들을 모두 성막의 제사장들에게 드린 것은 아니었을 것이다. 추측건대 다윗은 일부를 드리고 나머지는 왕국 운영에 사용했을 것이다. 오늘날 기독교인들이 십일조를 드리는 의미와 유사하다. 우리가 십일조를 드리는 것은 우리의 수입 전체가 하나님의 것임을 인정하는 의미이다. 즉 우리는 십일조를 드림으로 우리의 수입 전체를 하나님께 성별한 효과를 가지는 것이다. 이것은 다윗이 수행한 전쟁이 성전(聖戰)이 아니라 약탈 전쟁이라는 점으로도 설명된다. 즉 성전의 경우 처음부터 왕은 어떤 노략물로 취하면 안 된다. 하지만 약탈 전쟁은 처음부터 노략물을 주된 목적으로 벌이는 전쟁이다. 따라서 다윗이 노략물을 예루살렘으로 가져온 것은 당연한 일이었고, 군인들을 전부 죽이지 않고 생포하여 자신의 군대에 편입시킨 것도 약탈 전쟁의 관행과 일치하는 것이었다. 따라서 사무엘서 저자가 "여호와께 성별하였다"라고 말한 것은 도이가 준 선물과 정복 전쟁을 통해 얻은 노략물들을 전부 성막을 관리하는 제사장에게 드렸다는 의미로 이해할 필요는 없다. 어떤 사람들은 다윗이 성전 건축 준비를 위해 그 노략물들을 저축했다고 주장할 수도 있겠다(대상 18:8 참조). 이런 주장을 인정한다 해도, 다윗이 모든 노략물을 성전 준비를 위해 저축했다고 주장할 필요는 없다. 즉 일부는 성막 유지에 사용하고, 일부는 이후의 성전 건축에 사용하고, 또한 일부는 자신의 국정 운영에 사용했다고 말하는 것이 더 합리적이다.

7절 ___________

다윗이 하닷에셀과 벌인 전쟁이 성전(聖戰)이 아니라 정복 약탈 전쟁임을 보여 주는 것은 다윗이 노략물들을 예루살렘으로 가져왔다는 내용이다.[17] 성전이었다면 다윗은 적군을 죽이고 적의 소유를 현장에서 불태웠어야 한다. 다윗이 하닷에셀의 기병과 보병을 포획했을 뿐 아니라 "하닷에셀의 종"의 금 방패를 예루살렘에 가져왔다는 것은 다윗이 약탈 전쟁을 수행했음을 단적으로 보여 준다. "하닷에셀의 종"은 사병을 지칭하는 것이 아니라 하닷에셀의 장군들을 지칭할 가능성이 높다.[18] 그들이 소유한 "금 방패"는 전쟁에 실제 사용하는 방패가 아니라 그들의 신분의 계급에 대한 상징으로, 하닷에셀이 직접 하사한 물품일 수 있다. 아마 공식 행사 때 이 방패를 들고 사열했을 가능성이 있다.[19] 그 금 방패가 매우 값비싼 것임은 말할 것도 없다. 다윗은 그것을 노략물로 예루살렘으로 가져온다.

한편, 7-10절에서 "하닷에셀"이 세 번 언급됨에 주목하라. 7절이 하닷에셀의 종들로부터 빼앗은 금 방패에 관한 것이라면, 8절은 하닷에셀의 도시들로부터 빼앗은 동을 언급하고, 12절의 마지막 부분은 하닷에셀에게서 직접 노략한 은과 금을 언급한다. 이처럼 저자가 하닷에셀에 대한 완벽한 승리에 집착하는 것은 그가 당시 다윗과 패권을 다투는 가장 강력한 라이벌이었다는 사실과 관계있다.

8절

베다와 베로대는 모두 레바논의 베카 평야에 위치한 도시들이다. 역대서 저자는 이들 도시를 각각 "디브핫과 군"으로 부른다(대상 18:8). 사무엘서 저자는 이 도시들에서 "많은 동"을 빼앗아 예루살렘으로 가져왔다 기록하는데, 역대서 저자에 따르면 "솔로몬이 그것으로 놋대야와 기둥과 놋그릇들을 만들었다"고 한다(대상 18:8). 다윗이 노략물의 일부를 성전 건축을 위해 따로 비축해 두었음을 보여 주는 대목이다. 같은 이야기를 노략한 은금에 대해서도 적용할 수 있을 것이다.

9-10절

하맛은 히타이트의 잔존 왕국 중 하나일 가능성이 높다. 하맛 왕 도이는 후리어 이름이다. 후리어는 후기 청동기 시대에 시리아 북쪽에 있었던 미타니 왕국의 언어이다. 미타니는 히타이트와 비슷한 시기에 멸망하는데 이들이 멸망하면서 생겨난 소위 "신-히타이트" 국가들은 히타이트 왕족을 지배 계급으로 하고 후리어를 쓰는 사람들을 피지배 계급으로 하여 형성되었다. 하맛도 이런 "신-히타이트" 왕국 중 하나로 당시 아람 왕국들과 지역 패권을 놓고 경쟁하였을 가능성이 높다. 재미있는 것은 그의 아들의 이름이 요람("여호와는 높으시다")이라는 사실이다.

하맛의 왕 도이는 하닷에셀의 군대를 쳤다는 소식을 들었을 때 매우 기뻤을 것이다. 그는 아들 요람을 보내어 그의 승리를 축하하고 은 그릇, 금 그릇, 동 그릇을 선물하였다. 이것은 하맛이 다윗과 대등한 지위의 친구가 되었다는 의미보다는 다윗의 영향력 아래 자발적으로 복속한다는 의미를 가진다. 고대 근동에서 패권 왕이 영향력을 행사하는 방법에는 여러 단계가 있었다. 직접 정복하여 통치하는 방법, 지역 왕을 유지시키고 정기적인 조공을 받는 방법, 마지막으로 비정기적이지만 자발적인 선물을 받는 방법이다. 마지막 방법은 자국의 영토로부터 멀리 떨어진 나라에 주로 적용된다. 다윗이 하맛과 대등한 우호관계를 맺었다면 다윗도 하맛에게 선물을 주었어야 한다. 이처럼 하맛 왕 도이의 예는 다윗의 제국 운영의 다양한 방식을 보여 준다. 솔로몬 때의 통치 범위가 다윗의 때의 그것과 대체로 일치한다면, 다음의 구절은 다윗의 통치 범위에 대한 힌트가 될 수 있다.

> 솔로몬이 유프라테스 강에서부터 블레셋 사람의 땅에 이르기까지와 애굽 지경에 미치기까지의 모든 나라를 다스리므로(왕상 4:21).

고대 근동 세계에서 제국적 통치는 반드시 영토 정복과 직할 통치를 통해 이루어지지 않았다. 그것은 마지막 수단이었으며, 대부분 조공국이나 우호국의 형태로 통치한다. 즉 다윗이 직할 통치하는 이스라엘과 다마스쿠스 이외에도 그에게 조공을 바치는 모압, 암몬, 아말렉 등의 나라와 다윗에게 선물을 가져오는 하맛도 성경 저자가 주장하는 것처럼 다윗에 의해 "다스림" 받았다고 말할 수 있는 것이다. 이런 의미에서 다윗의 제국 통치의 형식은 다른 고대 근동의 왕들과 크게 다르지 않다.

11-12절

다윗이 정복한 열방의 이름이 나열되어 있다: 북쪽의 아람, 서쪽의 모압과 암몬, 동쪽의 블레셋인들, 남쪽의 아말렉. 다윗은 사방의 적을 물리친 왕이다. 암몬인들과 아말렉에 대한 다윗의 정복 이야기는 사무엘하 8장에 기록되지 않았지만, 암몬인들과의 전쟁이 밧세바와 우리아 사건의 배경이 됨을 생각하면 그에 대한 설명을 지연하여 배치한 저자의 의도를 이해할 수 있다. 한편 아말렉에 대한 정복은 다윗이 왕으로 등극하는 시점에 완전히 이루어졌다(삼상 30장과 삼하 1장을 참조할 것). 아말렉과 이스라엘의 독특한 관계에 대해서는 사무엘하 1장에 대한 해설을 참조하라. 다윗이 정복한 적들의 명단에 페니키아가 빠져 있는 것은 페니키아가 다윗과 매우 좋은 관계를 유지했다는 사실과 관계있다. 페니키아의 왕은 다윗이 왕이 되자 축하 사절을 보내고, 다윗의 궁도 지어 주었다.

11-12절의 핵심은 이들 나라로부터 노략한 은과 금을 여호와를 위해 성별하였다는 내용이다. 히브리어 구문상 12절은 11절과 긴밀하게 연결되어 있다. 이런 관점에서 "하닷에셀에게서 노략한 것"(12절, 개역개정)은 "하닷에셀에게서 노략한 은금"을 지칭한다. 기억할 것은 하닷에셀에게서 노략한 병거 100대의 말들이 여호와를 위해 성별되었다는 명시적인 언급이 빠진 것이다.

에돔을 정복함 8:13-14

13 다윗이 소금 계곡에서 에돔인[20] 일만 팔천 명을 치고 돌아오자
그의 명성이 드높아졌다. 14 그는 에돔에 주둔지들을 설치했고,
에돔 전역에 주둔지들을 두었다. 모든 에돔이 다윗의 종들이 되었다.
여호와께서 다윗이 가는 곳마다 그를 승리하게 하셨다.

북방 원정에 성공한 다윗은 이제 남방으로 눈을 돌린다. 이스라엘의 남쪽 네게브 지역에는 에돔이 있다. 전쟁이 벌어진 소금 계곡은 사해를

지칭한다. 에돔과의 전쟁이 중요했던 이유는 에돔을 정복함으로써 다윗은 아카바네 만을 통해 바다로 진출할 기회를 얻게 되는 것이다. 솔로몬은 해상술이 발달한 페니키아인들과 협력하여 아카바네 만에서 출발하는 상선을 운영하여 큰 부를 축적했다. 그 후 유다 왕들은 이런 솔로몬의 사업을 모방하려 노력했다. 그 사업을 시도했다는 자체가 다윗과 솔로몬 시대와 같은 전성시대를 이루었다는 상징적 의미를 가지기 때문이다. 아카바네 만을 통한 해상 진출은 에돔에 대한 정복에서 시작됨을 고려하면, 다윗의 에돔 정복은 이스라엘의 전성시대를 여는 첫 단추의 의미가 있다.

에돔이 가지는 전략적 중요성 때문에 다윗은 그곳에 병력을 상주시키고 관리하였다. 마치 그가 북쪽 교통의 요지 다마스쿠스에 병력을 상주시킨 것을 연상시킨다. 이로써 에돔은 다윗의 속국이 된다. 사무엘하 저자는 이 모든 것이 하나님의 특별한 역사라고 기록한다— "여호와께서 다윗이 가는 곳마다 그를 승리하게 하셨다". 이것은 다윗이 소바 왕 하닷에셀을 정복한 후에 사무엘하 저자가 "여호와께서 다윗을 승리하게 하셨다"고 말한 것을 연상시킨다. 하닷에셀에 대한 정복이 중요한 교통의 요지 다마스쿠스에 병력을 배치하는 것으로 이어진 것처럼, 에돔에 대한 정복도 에돔 전역에 주둔군을 상주시키는 일로 이어졌다. 이 두 사건은 이스라엘을 변방 산촌 국가에서 지중해 세계의 중심으로 만드는 사건이었다. 에돔에 대한 정복으로 "다윗의 명성이 드높아진" 것이 놀랄 일이 아니다.

한편 본문은 다윗의 에돔 정복이 일회의 전투인 것처럼 묘사하지만, 실제는 여러 번의 전투 끝에 이루어졌을 가능성이 있다. 시편 60편 표제에 따르면 요압이 에돔을 소금 골짜기에서 쳐서 1만 2천 명을 죽였고, 역대상 18장 12절에 따르면 스루야의 아들 아비새가 "소금 골짜기에서 에돔 사람 1만 8천 명을 쳐 죽였다". 본문에 기록된 사건은 소금 골짜기에서 벌어진 전투 중 가장 결정적인 승리였을 가능성이 있다. 또한 다윗이 에돔을 칠 때에 아람이 원군을 보냈을 가능성도 있다. 암몬이 다윗과 전쟁할 때 아람에게 원군을 요청했던 것과 마찬가지다.

이 당시 아람은 다윗과 지역의 패권을 놓고 다투었으므로 다윗에 공격당하는 자신의 속국왕들을 적극적으로 도왔다. 13절의 마소라 본문이 "에돔인 1만 8천 명"이 아닌 "아람인 1만 8천 명"으로 기록된 것은 이런 까닭일 가능성이 있다.

다윗의 정의로운 통치 8:15-18

15 다윗이 이스라엘 전체를 통치하였고(וימלך) 다윗은 그의 모든
백성에게 정의(משפט)와 공평(צדקה)을 실행하는 자였다. 16 스루야의
아들 요압은 군대를 맡았고, 아히룻의 아들 여호사밧은 기록관
이었고, 17 아히둡의 아들 사독과 아비아달의 아들 아히멜렉은
제사장이었고, 스라야는 서기관이었고, 18 여호야다의 아들
브나야는 그렛 사람들과 블렛 사람들의 대장이었다. 한편 다윗의
아들들은 판관(כהנים)이 되었다.

15절

다윗은 이스라엘 전체의 왕이 되었다. "통치하다"로 번역된 히브리어 동사 말라크(מלך)는 왕이 되다 혹은 왕으로서 통치하다는 의미이다. 그는 유다 지파만을 위한 왕이 아니다. 그는 "모든 백성"에게 "정의와 공평"을 베풀었다. 다윗이 온 이스라엘의 왕이 되기 전 유다 지파만이 그를 왕으로 인정하고 그의 소위 '대권 운동'을 도왔음을 생각하면, 다윗이 왕이 된 후 유다 지파에게 특혜를 주는 것이 인지상정일 수도 있다. 하지만 다윗은 모든 지파들에게 정의와 공평을 행하였다.

정의와 공평으로 번역된 히브리어 미슈파트(משפט)와 체데카(צדקה)의 의미를 구분할 필요가 있다. "공평"으로 번역된 체데카가 법정적 정의를 의미한다면 미슈파트는 생활적 정의를 의미한다. 체데카가 법 집행의 공정함에 무게를 둔 개념이라면 미슈파트는 종종 "관습"으로 번역되는 것에서 알 수 있듯이 생활 세계 혹은 생명 세계에서의 평화를 일으키는 판단을 의미한다. 체데카가 행위와 법조문 사이의 관계를

치열하게 따진다면, 미슈파트가 실현되는 장소는 법정이 아니라 하나님이 지으신 생명 세계이다. 하나님이 욥을 꾸짖을 때 한 말은 이 둘의 차이를 잘 보여 준다.

> 네가 나의 미슈파트(משפט)를 부인하려느냐 네 체데카(צדקה)를 세우려고 나를 악하다고 하겠느냐(욥 40:8).

욥은 하나님의 법—의인을 축복하시고 악인을 벌하신다—이 자신의 상황에 적용되지 않음을 치열하게 따져왔다. 즉 자신의 체데카를 세우려고 노력했다. 하지만 그의 그런 노력은 하나님을 정의롭지 못한 신으로 만들어 버렸다. 하지만 하나님의 정의는 욥과 세 친구들의 법정에서 결정되는 것이 아니다. 그분의 정의는 그가 창조한 생명 세계에서 판명되는 것임을 말한다. 이스라엘의 땅에 샬롬이 실현되기 위해서는 이 둘 다 필요하다. 다윗은 이스라엘 전체에 모든 백성에게 미슈파트 "정의"와 체데카 "공평"을 베풀었다. 하지만 성경 저자가 "정의"를 먼저 언급한 것은 우연이 아닐 것이다. 왕의 최대 목적은 기계적인 공평을 이루는 데 있지 않고, 모든 백성들의 삶에 샬롬을 이루는 것이다. 이렇게 할 수 있는 왕은 다윗이나 솔로몬과 같이 하나님의 특별한 은혜와 지혜를 가진 왕들일 것이다.

16-18절

본 단락은 다윗의 왕정이 고대 근동의 왕정과 마찬가지로 전문 관료제를 채택했음을 보여 준다. 왕의 기능이 전투에 국한되었던 사울과 달리 다윗은 전쟁에 나가는 일 외에도 백성들의 삶을 챙기는 일을 해야 했다. 후자를 15절에서 정의와 공평을 베풀었다는 언어로 표현한 것이다. 왕의 역할 범위가 늘어나자 왕을 도울 전문 관료들이 필요해진 것이다. 이들이 전문가 집단이라는 말은 일일이 왕의 지시 혹은 왕을 통한 하나님의 지시를 받지 않고 그 땅의 정의와 공평을 위해 일했음을 의미한다.

스루야의 아들 요압은 다윗이 도망자 시절부터 군대의 선봉에서 다윗을 좇은 인물이다(삼상 26:6 참조). 스루야가 다윗의 누이이므로 요압은 다윗의 조카가 된다. 다윗과 스루야의 나이 차가 얼마인지 알 수 없지만, 다윗이 막내아들이며 그 위에 7명의 형들이 있음을 생각하면, 스루야는 다윗보다 나이가 많은 누나일 가능성이 높다. 이새가 아들만 연속으로 여덟을 낳았을 가능성은 적어 보이기 때문이다. 또한 요압의 거침없는 태도는 단지 그의 거친 성격이 아니라 요압과 다윗의 나이 차이가 크지 않음을 암시한다. 여하튼 요압은 끝까지 다윗에게 충성한 장군으로 기록된다.

"기록관" 여호사밧에 대한 정보는 거의 없다. 또한 그의 역할이 "서기관"과 어떻게 다른지는 분명하지 않다. 하지만 그가 군대 장군 요압 다음에 언급된 것으로 보아, 그의 역할이 군대와 연관 있을 가능성이 있다. 즉 그는 군대의 보급품, 징병 군인의 숫자, 전사 군인의 숫자 등을 파악하는 역할을 했을 가능성이 높다. 실제로 고대 근동에서 전쟁이 끝난 뒤 "기록관"들이 전쟁터로 돌아와 사상자의 수를 세어 기록하는 것은 일반적인 관행이었다.

제사장으로 사독과 아히멜렉이 언급된다. 사독이 먼저 언급된 것으로 보아 사독이 대제사장이고 아히멜렉이 그를 보좌하는 역할을 한 듯하다. 아히멜렉은 엘리 계열의 제사장이며 그는 예언에 따라 역사에서 사라져야 하는 제사장 계열을 대표한다(삼상 2:27-36 참조). 엘리 가문으로부터 대제사장직을 이어받은 제사장 가문이 사독 가문인데 사독은 아론의 아들 엘르아살의 후손이다(대상 6:1-15). 사독은 압살롬이 반란했을 때에 예루살렘에 남아 다윗을 은밀히 도왔으며, 아도니야가 반란했을 때에는 솔로몬의 편에서 그가 왕이 되는 것을 도왔다.

"서기관" 스라야에 대한 정보는 전혀 없다. 서기관은 왕실 기록 전반—행정, 역사, 외교 등—을 책임지는 자리다. 브나야는 "그렛 사람과 블렛 사람들의 대장"이었다. 그렛과 블렛 사람들은 다윗의 특수 부대를 지칭한다. 그렛은 크레테를 지칭하며, 블렛은 블레셋의 대체 철자인 듯하다. 구약 성경에서 블레셋인들의 발원지가 크레테("갑돌") 섬으로 이해된 점을 고려하면(암 9:7 참조) 그렛과 블렛 사람은 인종적으로 아주 가까웠을 것으로 여겨진다. 다윗은 왕이 되자마자 이들을 용병으로 고용하는데, 다윗이 어려움에 처할 때(압살롬의 난과 세바의 난)마다 다윗의 충성된 지지자가 되었다. 솔로몬이 왕이 되는 데에도 모종의 역할을 한 것으로 보인다(왕상 1:38).

18절의 마지막 부분은 가장 논란이 되는 내용이다. 그 부분을 직역하면 다음과 같다. "한편 다윗의 아들들은 제사장이었다." 먼저 본 단락의 다른 경우와 달리 직책을 담당한 인물의 이름이 언급되지 않는다는 것이 특이하다. 또한 레위 지파가 아닌 다윗의 아들들이 제사장이 되었다는 것도 이례적이다. 뿐만 아니라 제사장으로 이미 사독과 아히멜렉이 언급되었음에도 다시 제사장이 언급되는 것도 이상하다. 이 모든 문제를 한 번에 해결하는 방법은 본문을 역대기의 비슷한 본문에 맞추어 수정하는 것이다. 역대상 18장 17절에 따르면 다윗의 아들들은 "왕을 모시는 사람들의 우두머리"가 되었다. 사무엘하 본문을 오류로 이해하는 학자들은 다윗의 아들들이 전문 관료들의 책임자로 기능했다고 이해한다. 그리고 다윗이 너무 어린 나이에 왕자들에게 큰 중책을 맡긴 것이 패착이 되어 후에 암논, 압살롬, 아도니야 같은 아들들이 죄를 짓거나 반역하는 결과로 이어졌다고 말한다. 오늘날 회사 설립자의 2세들이 너무 어린 나이에 회사를 이어받아 어려움을 겪게 되는 상황을 연상할 수 있겠다. 사무엘서 본문을 역대서 본문에 맞추어 수정하는 것은 전자가 후자의 오류라는 전제하에서다. 하지만 한쪽이 다른 한쪽의 오류라고 말하기에는 그 둘 사이의 차이가 너무 크다. 더구나 사무엘하 20장 26절에 재등장하는 다윗의 관료 명단에서도 비슷한 문제가 반복되는 것을 생각하면 사무엘서 저자는 사독과 아비아달 이외의 "제사장"에 대해 말하는 듯하다. 필자는 문제의 "제사장"을 판관으로 번역하였는데, 그 이유는 다윗의 관료 명단에 "판관"의 직책이 없으며 후에 압살롬이 반란을 꾀할 때 스스로 판관 역할을 자처했다는 점 때문이다. 이스라엘에서는 왕이 재판관이라는 전통이 있지만, 현실에서는 왕이 지정한 사람들이 왕의 이름으로 판관의 역할을 감당했을 가능성이 있다. 사무엘서 저자가 “판관”이라는 말을 사용하지 않는 것은 이스라엘의 전통 안에서 “판관”이라는 말이 “왕”의 뉘앙스를 가졌기 때문은 아닐까? 즉 누가 “판관이 되었다”고 말하면 그것은 곧 반역의 오해를 살 수 있다. 이런 관점에서 사무엘서 저자가 다윗의 아들들의 직책을 말하면서 구체적으로 그들의 이름을 언급하지 않고, 그들의 직책에만 “되었다”를 덧붙인 것에도 주목할 필요가 있다. 분명한 것은 다윗의 아들들이 궁중 내에서 중요한 관직을 담당했다는 사실이다. 이것은 그들에게 궁중 내에서 자신의 지지 세력을 만들고 키울 기회를 주었을 것이다.

질문

1. 다윗이 정복한 나라들의 이름을 정리해 보고, 다윗이 그들을 통치한 다양한 방식을 설명해 봅시다.
2. 다윗이 정복한 후 병력을 주둔시킨 두 나라를 말해 봅시다. 그 나라에 병력을 주둔시킨 이유는 무엇입니까?
3. 정의와 공평의 차이는 무엇일까요?

묵상

하나님 나라가 번성하기 위해서는 이 땅의 관습을 무시해서는 안 됩니다. 다윗이 다스리는 이스라엘은 하나님의 나라이지만, 다윗 왕국은 온 세상의 빛이 되는 과정에서 침략 전쟁을 수행했습니다. 이것을 구약 시대의 통용된 원시 도덕이라 부시해서는 안 됩니다. 왜냐하면 구약 시대나 지금이나 인간의 죄인이라는 사실은 변함이 없으며, 인간의 제도 또한 죄로 인해 물들었다는 사실도 마찬가지입니다. 하나님 나라는 죄악 된 현실을 전제하고 정의와 공평을 심어가는 과제를 수행해야 합니다. 오늘날 교회가 하나님 나라를 건설하는 과정도 예외가 아닙니다. 교회의 행동 기준은 이성이 아니라 말씀이어야 합니다. "우리 모두가 옳다고 생각한다"는 구호가 정의를 창조하는 것이 아닙니다. 왜냐하면 말씀에 인도되지 않는 이성은 잘못되기 쉽기 때문입니다. 하나님의 말씀 안에는 죄악 된 세계에서 하나님의 나라를 이루어가는 전통과 지혜들이 담겨 있습니다.

18
다윗과 므비보셋

삼하 9:1-13

정치는 인위적 조작과 윤리적 선의 경계에 위치한 인간 행위이다. 정치인들은 권력을 잡거나 유지하기 위해 사람과 자원을 수단으로 삼는 동시에 그 권력으로 사람들을 돕는다는 대의명분을 버리지 않는다. 따라서 우리들은 정치인들의 동기를 정확하게 분별할 수 없다. 즉 그들이 어떤 행위를 할 때, 그것이 순수한 선의에 의한 것인지 정치적 목적을 이루기 위한 것인지를 판단하기 힘들다. 다윗의 므비보셋에 대한 태도도 이런 이중성의 베일에 가려져 있다. 그가 므비보셋을 도운 것은 요나단과 맺은 언약 때문인가? 아니면 사울의 집안을 멸절시켰다는 비난으로부터 벗어나기 위함인가? 므비보셋을 항상 왕의 식탁에서 식사하게 한 조치는 므비보셋에 대한 호혜인가 마지막 남은 사울의 후손을 왕의 감시하에 두어 그를 구심점으로 한 반란을 미연에 방지하기 위함인가? 정답은 모른다. 다윗이 므비보셋을 궁전으로 거둔 것은 선의인 동시에 자신의 정치적 목적에 봉사하는 것일 수도 있다. 따라서 므비보셋에 대한 선대를 통해 다윗이 정치적 이득을 보았다 해서 그 행위 자체의 선의를 의심할 필요는 없을 것이다. 정치인의 행위뿐 아니라 인간의 모든 사회적 행동에는 이런 이중성이 필연적으로 내재하고 있는지도 모르겠다.

다윗과 시바 9:1-4

1 다윗이 말했다:

"정말 사울 집안에 남은 자가 아직 있느냐? 내가 요나단을 생각해서 그에게 긍휼을(חסד) 행하리라."

2 한편 사울의 집안에 한 종(עבד)이 있었는데, 그의 이름은 시바였다. 그가 다윗에게 불려 왔다. 왕이 그에게 말했다:

"그대가 시바인가?"

그가 말했다.

"당신의 종입니다."

3 왕이 말했다:

"사울의 왕조에 속한 사람이 이제 없는가? 내가 그에게 하나님의 긍휼(חסד)를 행하리라."

시바가 왕에게 말했다:

"두 다리를 다친(נכה) 요나단의 아들이 아직 있습니다."

4 왕이 그에게 말했다:

"그가 어디에 있느냐?"

시바가 왕에게 말했다:

"그가 여기(הנה הוא) 로드발(לו דבר)에 있는 암미엘의 아들 마길의 집에 있습니다."

1절 ________

다윗이 왜 갑자기 사울의 후손에 관심을 가지게 되었는지는 확실하지 않다. 이전 장이 다윗의 성공적 침략 전쟁에 대한 설명이라는 점에서 대외적인 문제를 해결한 다윗이 사울의 집안과 화해를 도모함으로써 대내적 통합을 꾀하려 했다고 말할 수 있을 것이다. 더구나 다윗은 사울의 아들이자 자신의 처남인 요나단과 한 언약을 잊지 않은 것 같다. 사무엘상 20장 15절에 따르면 다윗은 요나단과 그의 집에 "인자함"(헤세드)을 절대 잊지 않겠다고 약속한 바 있다. 이에 따라 다윗은 "요나단을 생각해서" 사울의 남은 후손에게 "긍휼"(헤세드)을 행하려고 한다.

하지만 다윗의 첫 질문은 그의 "긍휼"이 그다지 순수하지 않음을 암시한다. "정말 사울의 집에 남은 자가 아직 있느냐?"라는 질문에서 "정말(הכי)"이라는 말은 사울의 후손이 하나도 남지 않았을 것이라는 생각을 전제로 한 것이다. 다윗이 그런 생각을 한 이유는 사무엘하 21장에 기록되어 있다. 먼저 사무엘하 21장에 기록된 사건은 시간 순서에 의한 것이 아님을 기억할 필요가 있다. 즉 21장에 기록되었다고 해서, 본 장에 벌어진 사건보다 후대의 것이라고 생각해서는 안 된다. 학자들은 21-24장 안에는 이전 본문에서 미쳐 다루지 못한 에피소드를 시간 순서와 관계없이 추가적으로 다루고 있다는 데 동의한다. 사무엘하 21장에 따르면 다윗은 그의 통치 기간 중 어느 시점에 사울의 후손들을 기브온 사람들에게 내어주어 죽게 한다. 즉 다윗이 자기 손으로 사울의 후손들을 죽인 것은 아니지만 기브온 사람들이 그들을 죽이도록 허락한 일이 있었다. 본문에서 다윗이 "정말 사울의 집에 남은 자가 아직 있느냐?"라고 물은 것으로 보아, 본문은 다윗이 사울의 후손들을 기브온 사람들에게 넘겨 준 후의 일인 것처럼 보인다. 다시 말해 다윗이 요나단을 생각해서 사울의 후손들에게 은혜를 베푼다고 말하고 있지만, 그는 얼마 전 사울의 후손들의 죽음에 기여했다.

그렇다면 다윗이 "정말 사울의 집에 남은 자가 아직 있느냐?"라고 질문할 때 요나단의 아들 므비보셋만을 염두에 둔 것일 수 있다. 이것은 사무엘하 21장 7-9절에 의해 확인되는 듯하다.

> 그러나 다윗과 사울의 아들 요나단 사이에 서로 여호와를 두고 맹세한 것이 있으므로 왕이 사울의 손자 요나단의 아들 므비보셋은 아끼고… 사울의 두 아들 알모니와 므비보셋과… 사울의 딸 메랍에게서 난… 다섯 아들을 붙잡아 그들을 기브온 사람에게 넘기니 기브온 사람이 그들을 산 위에

서… 목매어 달매….

이 구절에 따르면 다윗은 사울의 후손들을 넘겨 줄 때, 므비보셋을 아껴 일부러 넘겨주지 않았다. 그리고 이제 그에게 호의를 베풀려는 듯하다. 하지만 요나단의 아들 므비보셋에 대한 다윗의 긍휼이 정말 요나단과의 언약을 지키려는 순수한 것이었을까?

사무엘하 21장은 다윗이 사울의 후손들을 넘겨 준 것은 사울이 기브온과 하나님의 이름으로 맺은 언약을 파기했기 때문이라고 설명한다. 하지만 이전 왕조의 후손은 언제나 새 왕조의 안정에 위협이 되기 때문에, 새 왕은 이전 왕조의 후손을 없애려 한다는 일반적 진리가 여기에 적용된 것은 아닐까? 다윗에게 사울의 언약 위반이 그 후손을 없애는 좋은 구실을 제공한 것은 아닐까? 므비보셋을 살려둔 것도 요나단과의 언약 때문이 아니라 므비모셋의 존재를 몰랐거나, 알았어도 그가 정권에 위협이 되지 않는 장애인이기 때문은 아닐까? 이런 질문들을 염두에 두고 이어지는 구절들을 살펴보자.

2-4절

저자가 다윗과 시바의 대화에 비교적 긴 지면을 할애한 것(2-4절, 9-11절)은 다윗이 사울의 후손을 처리하는 데에 시바가 감당할 중요한 역할을 암시해 준다. 시바는 다윗이 요나단의 숨겨진 아들을 찾아내는 데 역할을 할 뿐 아니라, 다윗이 므비보셋과 맺은 일종의 거래가 집행됨에 있어 중개 역할도 한다. 즉 다윗은 사울의 후손의 일을 처리하는 데 사울의 종 출신 시바를 중요한 요원으로 활용하였다.

이런 관점에서 다윗이 "그대가 시바인가"라고 물었을 때, 시바가 "당신의 종입니다"라고 대답한 것은 의미심장하다. 그는 과거에 사울에게 충성한 종이었지만, 이제는 철저히 다윗에 충성하는 종이 되었다. 왕은 1절에서 했던 질문을 조금 바꾸어 시바에게 반복한다. 확실한 것은 이 시점에 다윗은 요나단의 존재에 대해 전혀 알지 못하고 있는 것 같다. 알았다면 같은 질문을 한 번은 긍정문(1절)으로, 또 한 번은 부정문(3절)으로 반복할 이유가 없을 것이다. 또한 다윗은 사울의 후손에 대한 호의를 요나단에 대한 의리라는 차원이 아닌 "하나님의 긍휼"로 격상시킨다. 즉 사울의 후손을 찾아 그에게 베푸는 호의는 절대 정치적인 것이 아닌, 가장 순수한 동기에서 나온 것임을 강조한다. 하나님의 긍휼로 베푸는 선의보다 더 순수한 것이 있을까?

이에 시바는 요나단의 아들의 존재에 대해 이야기한다. 흥미로운 것은 그의 이름은 언급하지 않고 그가 "두 다리를 다친" 장애인임을 강조한다. 13절에 사용된 "불구"라는 히브리어(פסח)는 그 장애가 선천적인지 후천적인지, 질병에 의한 것인지 사고에 의한 것인지를 말해주지 않는 단어인 반면, 본 절에서 "다친"으로 번역된 히브리어(נכה)는 요나단의 장애가 후천적 사고에 의한 장애임을 분명히 한다. 그리고 이것은 사무엘하 4장 4절을 기억나게 한다.

> 사울의 아들 요나단에게 다리 저는 아들 하나가 있었으니 이름은 므비보셋이라 전에 사울과 요나단이 죽은 소식이 이스르엘에서 올 때에 그의 나이가 다섯 살이었는데 그 유모가 안고 도망할 때 급히 도망하다가 아이가 떨어져 절게 되었더라

이 구절로부터 유추할 수 있는 것은 사울이 전쟁에서 죽자 사울의 후손들은 각자 살 길을 찾아 도망해 숨었다는 것이다. 므비보셋도 도망가는 도중 다리를 다친 것이다. 이는 적어도 다윗이 이전 왕조의 후손들을 죽일 것이라는 생각이 사울의 자녀들에게는 매우 현실적이었음을 보여 준다. 다윗이 기브온 사람들에게 사울의 후손을 넘기려 했을 때, 그들이 자발적으로 다윗에게 찾아왔다기보다 다윗이 군대를 보내어 그들을 찾아 데려왔을 가능성이 높다. 므비보셋은 걸을 수 없었으므로 사람들의 눈에 띌 가능성이 적었을 것이고, 그만큼 그를 발견하는 것은 더 힘들었을 것이다. 시바가 그의 존재를 다윗에게 알려주지 않았다면, 그는 요나단의 아들 므비보셋의 행방을 알 수 없었을 것이다.

이것은 4절의 다윗의 질문에서 더욱 분명해진다. "그가 어디

에 있느냐?" 이에 시바가 그의 주소를 알려준다. "그는 여기 로드발에 있는 암미엘의 아들 마길의 집에 있습니다." 이 마길이 요셉의 장남 므낫세의 아들 마길의 후손이라면(수 17:1), 그의 집이 있는 로드발은 요단 동편 길르앗 지역에 위치해 있을 가능성이 높다(왜냐하면 므낫세의 아들은 "길르앗의 조상"이라는 별명을 가지기 때문이다). 또한 사울의 후손을 자기 집에 숨겨 준 것으로 보아 사울 왕에 충성하는 백성이었음을 알 수 있다. 이것은 본래 길르앗 지역이 사울에 충성하는 사람들이 많았다(예. 길르앗 야베스인들)는 사실과 잘 일치한다. 사울이 죽은 후 이스보셋 왕국이 사울에 충성도가 높은 길르앗의 마하나임에 수도를 정한 것처럼, 요나단의 아들 므비보셋도 길르앗의 로드발로 피난했던 것 같다.

한편 로드발은 "무일푼"이라는 의미를 가진다. 그 지명이 본문에서 상징적 의미를 가진다면, 우리는 므비보셋이 암미엘의 아들 마길의 집에 무일푼으로 신세 지고 있었음을 짐작할 수 있다. 마길이 사울 왕조에 충성스런 사람이 아니었다면 세상이 다윗 천하로 바뀐 시점에 그를 여전히 숨겨주고 먹여주지 못했을 것이다. 므비보셋은 어차피 무일푼의 몰락한 왕친일 뿐이다. 흥미로운 것은 마길이 후에 다윗이 압살롬의 난을 피해 마하나임으로 이주했을 때, 바르실래와 함께 다윗을 선대한다는 것이다(삼하 17:27-28). 사울의 후손 므비보셋에 대한 다윗의 선대에 감동받아 마길이 다윗에게 충성하는 신하로 변했을 가능성이 있다. 혹은 마길이 본래 어려움에 처한 사람을 돕지 않고는 안 되는 성품의 사람일 수 있다. 후자의 경우가 사실이라면, 본문은 므비보셋에 대한 마길의 순수한 선행와 다윗의 다소 정치적인 선행를 대조하여 보여주고 있다고 말할 수 있을 것이다 .

다윗과 므비보셋 9:5-8

5 왕 다윗이 사람을 보내어 그를 로드발로부터 암미엘의 아들 마길의
집으로부터 데려왔다. 6 사울의 아들 요나단의 아들 므비보셋이
다윗에게 와서 얼굴을 땅에 대고 절하자 다윗이 말했다:

"므비보셋이여!"

그가 말했다:

"여기에(הנה) 당신의 종이 있습니다."

7 다윗이 그에게 말했다:

"두려워마라. 네 아버지(אביך) 요나단을 생각해서 너에게 긍휼(חסד)을

행하고 행하리라. 너에게 네 조상(אביך) 사울의 모든 밭을

돌려주겠다. 또한 너는 항상 내 식탁에서 음식을 먹을 것이다."

8 그가 경배하며 말했다:

"당신의 종이 무엇인데, 나 같이 죽은 개를 돌아보십니까?"

다윗은 기브온 사람들에게 사울의 후손들을 넘겨주기 위해 그들이 숨어 있는 곳에 군대를 보내어 그들을 호송해 왔던 것처럼 요나단의 아들이 있는 로드발로 사람들을 보내어 그를 데려왔다(5절). 물론 므비보셋을 데려온 목적은 그를 죽이기 위함이 아니라 그에게 호의를 베풀기 위함이었다. 하지만 "사울의 아들 요나단의 아들 므비보셋"(6절)은 아직 그것을 모르는 듯하다. 그가 왕 앞에 왔을 때의 그의 모습은 큰 두려움에 사로잡힌 사람의 모습이다. 그는 얼굴을 땅에 대고 엎드렸고, 다윗이 이름을 부르자 "여기에 당신의 종이 있습니다"(6절)라고 대답한다. 또한 다윗 앞에서 자신을 "죽은 개"(8절)라고 표현한다. 이 모든 것은 므비보셋의 두려움을 잘 보여 준다. 다윗도 그것을 감지했는지 그에게 "두려워 말라"(7절)고 이야기한다. 그리고 그가 므비보셋을 부른 이유를 설명한다—"요나단을 생각해서 너에게 긍휼을 행하고 행하리라"(7절). 시바에게 "하나님의 긍휼"이라 말했던 것과 달리 다윗은 여기서 "요나단을 생각해서" 므비보셋에게 "긍휼"을 베푼다고 이야기한다. 므비보셋에게 "하나님의 긍휼"이라는 정치적 수사는 그다지 감동도 안심도 되지 않은 것일 것이다. 오히려 그를 더 안심시키는 것은 자신의 아버지에 대한 다윗의 우정일 것이다.

다윗의 긍휼의 내용은 크게 두 가지다. 첫째, 다윗은 므비보셋에게 그의 조상 땅 즉 "사울의 모든 밭"을 돌려줄 것이다. 둘째, 므비보

셋은 항상 다윗의 식탁에서 식사할 수 있을 것이다. 무일푼으로 마길의 헌신적 호의에 의존해서 살았던 므비보셋에게 유업이 주어지고, 길르앗의 시골에서 소박한 식사를 하던 므비보셋이 왕의 식탁에서 음식을 먹게 되는 것은 매우 큰 은혜인 것처럼 보인다(이 말은 실제로 왕과 겸상했다는 것이 아니라 궁에 상주하며 살게 되었다는 의미이다.) 이에 므비보셋도 자신을 "죽은 개"에 비유하며 다윗의 큰 은혜에 예를 표한다. 하지만 다윗이 베푼 두 가지 호의를 잘 분석해 보면 그것이 정말 순수한 호의인지 의심이 간다. 먼저 므비모셋에게 주어진 땅이 그의 조상 사울의 땅이라면, 그것은 자기 것을 돌려받는 것에 불과하다. 그것이 어떻게 호의가 되는지 분명하지 않다. 더구나 왕이라도 유업으로 이어지는 조상의 땅은 빼앗을 수 없음을 생각하면(왕상 21장의 나봇의 포도원 사건을 참조), 다윗이 어떻게 사울의 땅을 소위 '관리'하게 되었는지를 추궁할 수 있다.[1] 왕은 땅에서 나는 소산물을 왕국 운영을 위해 징집할 권리는 있어도 땅 자체를 취할 권리는 없기 때문이다. 다윗도 땅을 "돌려주겠다"는 표현을 사용한 것을 보아 그 땅이 본래 사울의 유일한 생존 상속자인 므비보셋에게 속한 것임을 인정함을 알 수 있다. 분명한 것은 다윗이 본래 므비보셋에게 속한 땅을 돌려주면서 생색(?)을 내고 있다는 것이다. 두 번째 호의—다윗의 식탁에서 음식을 먹는 것—가 가지는 정치적 의미는 이어지는 다윗과 시바의 대화(16:9-10)에서 분명해지므로 아래에서 설명하겠다.

마지막으로 므비보셋의 이름에 대해 알아보자. 이 이름은 "입에서 부끄러움이 나온다"를 의미한다. 어느 아버지도 아들에게 이런 이름을 지어 주지 않을 것이다. 더구나 왕자 요나단이 자신의 아들에게 이런 이름을 지어 주었을 리는 더욱 없다. 그래서 학자들은 므비보셋의 본래 이름을 므립바알이라고 주장한다. 역대서 기자는 요나단의 장애 아들을 므립바알로 부른다(대상 8:34). 므립바알의 본래 의미는 "주께서 나의 변호인이다"라는 의미이다. 히브리어 바알(בעל)은 본래 "주인" 혹은 "남편"을 의미하는 보통 명사로 학자들에 따르면 여호와가 "바알", 즉 주인으로 불렸다고 주장한다. 후에 그것이 가나안의 신의 이름과 혼동

되면서 이스라엘인의 이름에서 "바알"이 사라졌다. 하지만 요나단 시대에는 바알이 여전히 "주"라는 의미로 사용되었기 때문에 그의 아들의 이름 "므립바알"은 충분히 신앙적인 이름이라 할 수 있다. 그러면 왜 사무엘서 저자는 본명인 므립바알 대신 므비보셋이라는 이름을 사용할까? 이에 대한 확실한 답은 없다. 비평학자들은 사무엘서 저자의 시대에는 바알이 들어간 이름에 대한 거부감이 많았기 때문에, 바알 대신 "부끄러움"을 의미하는 보셋을 넣었다고 한다. 예를 들어, 사울의 뒤를 이어 왕이 된 아들도 이스보셋(삼하 1:8)과 에스바알(대상 9:39), 두 개의 이름으로 불렀다. 하지만 이 견해는 사무엘서 저자보다 더 후대에 저작했던 역대서 저자가 바알이 들어간 이름을 유지한 이유를 설명할 수 없다. 한편 일부 유대 미드라시는 요나단의 아들이 다윗에게 들키지 않기 위해 신분을 숨기느라 사용한 가명이 "므비보셋"이라고 주장한다.

다윗과 시바 9:9–13

9 왕이 사울의 시종(נער) 시바를 불러 말했다:
"사울과 그의 온 집에 속했던 모든 것을 네 주인들의 아들에게
주었으니[2] 10 너와 너의 집, 그리고 너의 종들은 그를 위해 땅을
경작하여 생산된 것을 가져와라. 그것이 네 주인의 아들에게 식량이
되어 그가 그것을 먹을 것이요. 네 주인의 아들 므비보셋은 항상
내 식탁에서 음식을 먹을 것이다."
한편 시바에게는 15명의 아들과 20명의 종이 있었다. 11 시바가
왕에게 말했다:
"내 주 왕께서 그 종에게 명령한 그대로, 당신의 종이 그렇게
행할 것입니다."
므비보셋은 왕의 아들 중 하나처럼 다윗의 식탁에서 먹었다.[3]
12 므비보셋에게는 어린 아들이 있었는데, 그 이름이 미가였다.
시바의 집의 모든 거주자(מושב)는 므비보셋의 종이었다. 13 므비보셋은
예루살렘에 거주했다. 왜냐하면 그는 항상 왕의 식탁에서 식사해야

했기 때문이다. 그리고 그의 두 다리는 불구(פסח)였다.

9-10절 ________

다윗은 므비보셋에 대한 약속을 실행하기 위해 시바를 다시 부른다. 이때 저자는 시바를 "사울의 시종"으로 칭하는데, 이것은 다윗이 시바에게 부여한 역할과 관계있다. 시바와 그의 온 집안은 철저히 사울의 후손을 섬기는 일에 헌신해야 할 것이다.

다윗은 먼저 유업의 환원을 선언한다. "사울과 그의 온 집에 속했던 모든 것을 네 주인의 아들에게 주었다!" 이 선언은 바로 법적 효력을 가진다. 마치 판사가 판결문에서 피고를 향하여 "너는 무죄하다"라고 선언하는 순간 그가 석방되는 것과 마찬가지다. 학자들은 이런 말을 수행 언어(speech act)라 말한다. 히브리어 구문의 관점에서 다윗의 그 말은 수행적이다. 그 선언과 함께 므비보셋에게 조상의 유업이 환원된 것이다. 이 때 다윗이 므비보셋이라는 이름(위의 해설 참조)을 사용하지 않고, 그를 "네 주인의 아들"이라 칭한 것에 주목하라. 그것은 므비보셋이 그 유업의 당연한 상속자임을 상기시키기 위함이다.

유업의 환원을 선포한 후 다윗은 시바의 역할을 규정해 준다. 시바는 므비보셋을 대신해 땅을 경작하고 그 소산물을 왕에게 가져와야 한다. 그것이 므비보셋의 식량이 될 것이다. 이때 "식량"은 므비보셋의 생활비에 대한 제유법이다. 즉 시바가 땅을 경작하여 가져온 소산물은 므비보셋이 궁전에서 살면서 발생하는 비용으로 사용될 것이다. 비록 므비보셋이 왕자들처럼 예루살렘 궁에서 살며, 왕의 식탁에서 식사를 하지만, 무전취식하는 것이 아니라 시바가 보내오는 돈으로 그것을 충당하는 것이다. 이것은 다윗이 므비보셋에게 배푼 "긍휼"이 어떤 종류의 것인지에 대한 질문을 다시 떠오르게 한다. 다윗은 원래 므비보셋에게 돌아가야 할 유업을 돌려준 것뿐이고, 그를 거두어 궁에서 살게 했지만, 그 비용을 므비보셋에게서 받아낸 셈이기 때문이다. 더욱이 므비보셋이 비록 장애인이지만 사울의 마지막 후손이기 때문에, 반란 세력이 그를 구심점으로 모일 가능성이 있었음을 고려하면, 그를 궁에 두어 감시하는 것은 결국 다윗의 정치적 이익에 도움이 된다. 다윗이 므비보셋을 찾아 조상의 유업을 돌려주고 궁에 들여 살게 한 것은 순수한 "긍휼"의 행위인가 아니면 손익을 고려한 정치적 행보인가?[4]

10절 마지막에 저자가 시바의 집안의 규모를 언급한 것도 흥미롭다. 사울 집안의 종이 15명의 아들과 20명의 종을 거느린 것은 잘 이해되지 않는다. 집의 규모로 판단하면 시바는 종보다는 작은 마을의 유지에 어울린다. 나라가 바뀌는 시기에 사울 왕의 후손은 죽거나 뿔뿔이 흩어져 생사를 알 수 없는 어려움 가운데 살아가는데, 사울의 종 시바는 부를 축적하고 살고 있다는 것은 그의 궁극적 충성이 어디에 있는지를 잘 보여 준다. 다윗이 정권을 잡은 후 번성한 시바가 다윗에 궁극적으로 충성할 것은 말할 것도 없다. 다윗이 시바를 불러 므비보셋의 땅을 경작하고 소산물을 궁으로 가져오라 명한 것도 그가 사울의 시종이기 때문이 아니라, 다윗 자신에게 충성스러운 신하이기 때문은 아닐까? 다윗이 시바를 불렀을 때 시바가 "당신의 종입니다"라고 대답한 것을 기억하라. 11절에 기록된 시바의 대답도 이런 추정을 확증해 준다.

11-13절

시바는 다윗의 명령에 대한 답변에서 자신을 다윗의 "종"으로 두 번 지칭한다. 그가 므비보셋의 땅을 경작하는 것은 다윗의 종으로 수행하는 임무인 것이다. 그의 임무는 단순히 므비보셋의 땅을 경작하여 그 소산물을 궁에 가져와 므비보셋의 경비를 충당하는 것에 그치지 않는다. 그것은 므비보셋의 아들 미가를 감시하는 것을 포함한다. 장애인이었던 므비보셋은 다윗에게 그다지 위협적인 존재가 아니었다. 더구나 그는 궁에 살기 때문에 곁에 두고 감시할 수 있었다. 하지만 미가는 어리지만, 정상적 신체를 소유한 사울의 후손이다. 그가 성장하면 다윗 왕정에 위험 요소가 될지 모른다. 다윗으로서는 시바와 같은 충신에게 그를 돌보며 감시하게 하는 것이 가장 안심되었을 것이다.[5]

이로서 므비보셋은 예루살렘에 거주하게 된다. 표면적으로 다윗이 사울의 후손에게 긍휼을 베푼 일이지만, 그 대상이 절대로 왕이 될 수 없었던(그래서 다윗 왕권에 전혀 위협이 될 수 없었던) 장애인 므비보셋이라는 사실은 다윗의 긍휼이 온전히 순수한 것은 아님을 암시한다. 또한 다윗의 긍휼은 어떤 의미에서 생색에 불과한 것이었다. 하지만 이런 것들 때문에 므비보셋에 대한 다윗의 선행의 가치를 깎아내려서는 안 된다. 왜냐하면 모든 정치인들의 행위에는 이런 이중성이 필연적으로 존재하기 때문이다. 다른 사울의 후손들은 기브온에게 내어 주어 죽게 한 다윗이 므비보셋을 죽이지 않고 그에게 유업까지 돌려준 것은 분명 므비보셋에 대한 선행이다. 그 행위가 다윗의 정치적 이익에 부합했다는 사실이 그 선행을 가릴 수는 없다. 또한 다윗의 선행이 본래 므비보셋의 소유를 그에게 돌려준 것에 불과했다는 것도 다윗의 선행의 가치를 깎을 수 없다. 왜냐하면 당시는 왕은 초법적 존재였기 때문에, 오늘날 우리의 도덕법에 모자라게 행했다고 해서, 그의 선행을 폄하해서는 안 된다. 이처럼 성경은 타락한 세상 안에서 하나님 나라의 가치를 실현하는 실례들을 보여 준다.

고대 이스라엘에서 장애인의 위치

고대 사회에서 장애인이 왕이 된다는 것은 상상도 할 수 없는 일이다. 오늘날에도 현실적으로 장애인이 대통령이 되는 것은 매우 어려운 일일 것이다. 더구나 인간을 신의 피조물로 인식했던 고대 사회에서 장애인은 신의 창조의 불완전성을 보여 주기 때문에 기피 대상이었다. 그들은 눈에 띄는 자리에서 배제되었다. 레위기에 따르면 성소에서 섬기는 제사장들은 신체적으로 흠이 없는 사람이어야 했다. 하물며 하나님의 대리 통치자로 여겨진 왕은 오죽했겠는가? 그렇다고 장애인들이 사회적으로 쓸모없는 존재로 여겨진 것은 아니다. 고대 근동의 신화에 따르면 장애인들에 특화된 직업들로 음악가(맹인), 환관(고자), 금속세공인(다리 불구자) 등이 있었다. 그러나 왕이 될 수는 없었다. 사무엘서에 등장하는 왕의 후보들은 모두 탁월한 신체적 특징을 가진 사람들이다. 심지어 다윗도 처음 등장할 때 좋은 외모의 소유자로 묘사된다(삼상 16:12). 이런 관점에서 므비보셋은 왕손이지만 왕이 될 가능성이 전혀 없는 사람이었다.

질문

1. 다윗이 므비보셋을 찾기 전 그는 어디에 살고 있었습니까? 왜 다윗은 그가 있는 곳을 몰랐을까요?
2. 므비보셋이 왕의 식탁에서 먹게 되었다는 말의 의미는 무엇입니까? 그리고 다윗이 므비보셋을 왕의 식탁에서 먹게 한 이유는 무엇입니까?
3. 므비보셋과 관련해 시바가 맡은 역할은 무엇입니까?

묵상

다윗의 선행은 어떤 의미에서 매우 정치적인 것입니다. 사울 가문의 반란을 미연에 방지하고, 민심을 얻기 위한 조치입니다. 그럼에도 다윗은 그것을 요나단과 맺은 언약을 지키는 조치라고 말합니다. 선행 자체도 어떤 의미에서 선행이 아닙니다. 왜냐하면 결국 사울의 유업을 그의 후손인 므비보셋에게 돌려주는 일에 불과하기 때문입니다. 하지만 다윗은 그것을 은혜라고 표현합니다. 이 모든 것은 현실 세계에서 선행을 한다는 것이 어떤 것인지, 그리고 교회의 선행이 세상 사람들에게 어떻게 비추어질지 예상하게 합니다. 세상은 언제나 기독교인들의 선행의 동기를 의심하거나, 그 선행이 개종 행위와 연결되면 선행의 가치를 폄하합니다. 여기서 기억해야 할 것은 하나님의 판단은 세상의 판단과 다르다는 것입니다. 아마 이 때문에 선을 행하되 지치지 말라고 말씀하신 것은 아닐까요?

19
하닷에셀을 완전 정복한 다윗

삼하 10:1-19

본문은 암몬과 다윗의 전투를 그리는 것 같지만 실제로는 다윗이 아람의 하닷에셀과 지역 패권을 놓고 벌인 전투에서 완승했음을 보여 주는 본문이다. 하닷에셀을 제압함으로 다윗은 시리아-팔레스타인의 제왕이 된다. 권력에 정점에 선 것이다. 아직 암몬이 완전 정복되지 않았지만, 아람의 지원을 받지 못하는 암몬은 이제 독 안에 든 쥐나 다름없다. 본 장은 11장의 밧세바 사건의 배경인 암몬 전쟁이 다윗이 권력의 정점에 있었을 때 벌어진 것임을 암시한다.

다윗의 선의를 악으로 갚은 하눈 10:1-4

1 그 후 암몬 사람들의 왕이 죽었고 그의 아들 하눈이 대신 왕이
되었다 2 다윗이 말했다:
"나는 그의 아비가 나에게 긍휼(חסד)를 행했던 것처럼 나하스의
아들 하눈에게 긍휼(חסד)를 행할 것이다."
다윗이 그의 종들의 편에 그의 아버지를 위로하기 위해 위문단을

보냈다. 다윗의 종들이 암몬 사람들의 땅에 도착했을 때
3 암몬 사람들의 영주(שׂר)들이 그들의 주군 하눈에게 말했다:
"왕에게[1] 위문단(מנחמים)을 보냈다 해서 왕의 눈에는 다윗이 왕의
아버지를 존중하는 것으로 보입니까? 다윗이 그의 종들을 왕에게
보낸 것은 도시를 탐색하고 정탐하여 뒤집기 위한 것이 아닙니까?"
4 이에 하눈은 다윗의 종들을 붙잡아 그들 수염의 반을 밀고,
그들 옷(מדויהם)을 반으로 잘라 그들의 엉덩이까지만 오게 한 후
그들을 돌려보냈다.

사울 왕에 후손에 대해 긍휼을 베푼 다윗이 이번엔 암몬 왕의 후손에 대해 긍휼을 베풀 생각올 한다. 이 두 경우 표면적으로는 다윗 왕의 순수한 선의를 나타낸다. 하지만 므비보셋에게 베푼 호의가 사울의 나머지 후손에 대한 다윗의 잔인한 처분을 숨은 배경으로 하고 있듯이, 암몬 왕 나하스의 아들 하눈에 대한 다윗의 호의에도 숨겨진 정치적 의도가 있음이 분명하다.

먼저 암몬 왕의 죽음이 다윗이 온 이스라엘의 왕이 된 후 상당 기간이 흐른 후에 발생한 점을 기억하자. 그렇다면 다윗은 왜 나하스가 여전히 살아 있을 때 그의 호의를 갚으려 시도하지 않았는가? 왜 그는 나하스가 죽고 나서야 그의 아들에게 "긍휼"을 베풀겠다고 제안했을까? 나하스가 살아 있었을 때는 다윗이 은혜를 갚을 힘과 기회가 없었기 때문이라 생각할 수 있지만 나하스는 다윗이 왕이 된 후 오랫동안 살아 있었다. 따라서 나하스가 죽자 그의 아들 하눈에게 "긍휼"을 제안한 것에는 모종의 정치적 의도가 있어 보인다.

다윗이 죽은 나하스를 조문하는 사절단을 보냈을 때 하눈과 그의 신하들도 다윗의 정치적 의도를 의심한다. 하지만 아버지의 죽음을 조문하는 사람들을 문전 박대한 하눈의 행위는 다소 지나친 감이 있다. 왜냐하면 적대관계에 있는 장수라도 자기 아버지의 친구를 자처하며 조문 왔다면 적어도 조의를 표하게 허락하는 것이 인지상정이기 때문이다. 제갈량이 주유의 죽음을 위로하기 위해 오나라를 방문했을

때, 손권이 신하들의 진언을 물리치고, 제갈량의 조문을 허락한 것도 그 때문이다. 하지만 하눈이 아버지를 조문 온 다윗의 사절단을 모욕하여 돌려보낸 것은 어떤 특별한 배경이 없다면 납득하기 어려운 것이다. 다윗과 하눈 사이에 무엇이 있었을까?

다윗과 암몬 왕 나하스 관계의 특별한 관계에 대해 살펴보자. 이에 답하기 위해, 먼저 하눈의 아버지 나하스와 이스라엘의 관계에 대해 생각할 필요가 있다. 사무엘상 11장에 따르면 이스라엘의 초대 왕 사울은 암몬 왕 나하스를 무찌름으로 권력을 잡았다. 12장에서 사무엘 선지자는 이스라엘 백성이 나하스의 위협 때문에 왕을 요구했다고도 언급한다. 이는 적어도 사울 왕권이 암몬 왕 나하스와의 적대 관계를 자양분으로 성장했음을 보여 준다. 블레셋이 사울을 임기 내내 괴롭힌 적이라면 암몬은 사울과 적대 관계였지만 사울에게 어느 정도 굴복당했던 것으로 보인다. 블레셋의 억압이 사울 왕정의 정당성을 훼손시켰다면 암몬에 대한 사울의 승리는 블레셋에게 받은 자존심의 상처를 치유해 주었다. 문제는 다윗과 암몬 왕 나하스의 관계가 성경에서 분명히 기록되지 않았다는 것이다. 다윗이 나하스가 자신에게 베푼 긍휼이 있다(2절)고 주장했지만 그것이 무엇이지 성경에서 확인할 수 없다. 이 때문에 몇 가지 추측이 생겨났다. 첫째, 다윗이 나하스에 대해 친밀감을 느낀 이유는 사울의 적이라는 공통점 때문이라는 것이다. 즉 동병상련의 우정인 것이다. 하지만 적의 적이 반드시 친구가 되는 것은 아니라는 점을 고려할 때, 이런 주장은 다윗이 말한 나하스의 긍휼을 설명하기에 많이 부족하다. 둘째, 다윗이 사울에 쫓겨 다닐 때 나하스가 다윗을 도왔을 것이라는 추측이 있다. 즉 다윗이 블레셋으로 망명했던 것처럼 암몬으로 망명했을 때 나하스가 다윗에게 호의를 베풀었다는 내용이다. 이것은 다윗이 말한 나하스의 긍휼을 좀더 잘 설명할 수 있지만, 문제는 성경에 다윗이 암몬으로 망명했다는 기록이 없다는 것이다. 따라서 첫 번째 제안과 마찬가지로 추측일 따름이다. 이 두 제안이 추측에 불과하다는 것 이외에, 그것들이 가지는 더 큰 문제는 아들 하눈의 태도를 설명할 수 없다는 것이다. 만약 진짜 나하스와 다윗이 긍휼(헤세드)를 주고 받을 만큼의 언약의 관계라면, 그것을 신하들과 아들들이 몰랐을 리가 없고, 아버지가 죽자마자 다윗에 대한 태도를 바꾼다는 것은 더욱 말이 되지 않는다.

이 때문에 조금 생소하지만 다음의 성경 본문에 근거한 제 3의 제안에 귀를 기울일 필요가 있다.

> 압살롬이 아마사로 요압을 대신하여 군지휘관으로 삼으니라 아마사는 이스마엘 사람 이드라라 하는 자의 아들이라 *이드라가 나하스의 딸 아비갈과 동침하여 그를 낳았으며 아비갈은 요압의 어머니 스루야의 동생이더라*(삼하 17:25. 이탤릭체는 저자의 강조)

이 구절에 따르면 나하스의 딸 아비갈이 스루야와 자매 사이다. 아비갈과 스루야는 다윗의 여동생(대상 2:16)이므로, 아비갈이 나아스의 딸이면서 다윗의 여동생이 되려면, 다윗의 어머니가 나아스와 결혼했어야 한다. 만약 그랬다면 다윗은 나하스 왕과 친족 관계가 되는 것이다. 나하스 왕의 아들 하눈의 관점에서 이런 다윗은 자신의 왕권을 위협하는 존재가 될 수 있다. 나하스가 죽었을 때 다윗에 대한 하눈의 의심과 경계는 더욱 고조되었을 가능성이 있다. 더구나 다윗은 위문단을 보낼 때 자신이 직접 가지 않고 자신의 정예 부대를 보냈다. 다윗이 직접 조문 가는 것에 대한 부담을 느꼈음이 분명하다. 한편 하눈의 신하들은 "다윗이 그의 종들을 왕에게 보낸 것은 도시를 탐색하고 정탐하여 뒤집기 위한 것이 아닙니까"라는 말하며 다윗에 대한 하눈의 의심을 증폭시킨다. 다시 말해, 하눈이 다윗을 잠재적 왕위 찬탈자로 인식했다면, 그가 다윗이 보낸 위문단에게 한 행동이 보다 잘 이해된다.

그럼에도 다윗의 어머니가 이방 왕과 재혼했다는 내용은 다소 충격적이다. 이 때문에 일부 학자들은 사무엘하 17장 25절의 "나하스"가 훼손 본문이라 여긴다. 다시 말해 사본이 잘못되었고, 원문에는 다른 사람의 이름이 있었을 것이라고 주장한다. 하지만 이런 주장은 근본적으로 반박불가능하다는 점에서 문제가 있다. 왜냐하면 원문은 현재 남아 있지 않기 때문이다. 다른 학자들은 "나하스"가 암몬 왕과 동명이인이라고 주장하지만, 그 주장도 다윗의 어머니가 나하스라는 인물과 재혼했다는 사실만은 바꾸지 못한다. 다윗의 어머니가 재혼했다는 사실을 부정하려면, 사무엘하 17장 25절 후반부(위에 이탤릭을 표시된 부분) 전체를 본문에서 빼어야 한다. 따라서 우리는 다윗의 어머니가 재혼했을 가능성을 심각히 고려할 필요가 있다. 어떻게 재혼하게 되었을까?

사무엘상 22장 4절에 따르면 다윗은 인생의 가장 어렵고 불확실한 순간에 노부모를 모압 왕에 의탁하였다. 하지만 그 후 다윗의 부모님이 다시 이스라엘에 돌아왔다는 기록은 없다. 이 때문에 옛 유대인 랍비들은 모압 왕이 부모를 살해했다고 주장하기도 했다.[2] 다윗이 모압 포로의 3분의 2를 죽인 것은 그에 대한 복수라고 말한다. 정말 다윗의 부모가 모압 땅에서 돌아오지 못했다면, 우리는 다음의 시나리오를 생각할 수 있다. 이새가 모압 땅에서 살해되거나 다른 방식으로 죽었을 때, 그의 아내가 암몬으로 피난한다.[3] 모압과 암몬은 국경을 맞대고 있는 나라다. 그리고 암몬 왕 나하스가 다윗의 어머니에 피난처를 제공했을 가능성이 있다. 그리고 그녀를 통해 아비갈을 낳았을 수도 있다. 만약 이 일이 사실이라면 다윗은 분명 암몬 왕 나하스에 대해 자신에게 "긍휼/은혜/헤세드"을 베푼 은인이라고 말할 수 있었을 것이다. 성경 저자가 이 사실을 숨긴 이유는 아마 신명기 23장 3-6절 때문이었을 것이다. 하나님은 이스라엘 백성에게 암몬과 모압과 화친이나 조약을 맺지 말라고 경고한다. 따라서 사무엘하 저자는 암몬 왕과 다윗의 어머니가 결혼했다는 사실을 공개하기 힘들었을 것이다. 모압에 대한 언급은 조금 다르다. 왜냐하면 이미 룻기를 통해 다윗의 외조모가 모압 여인이었음이 밝혀졌고, 사무엘서에 기록된 다윗과 모압 사이의 관계는 다윗이 어려움에 처했을 때 부모를 잠시 의탁한 일에 국한된다. 물론 다윗의 부모가 모압 왕에 의해 핍박을 당했다는 유대인의 해석이 본문에서 추론될 수 있는 정당한 것이라면, 다윗의 그런 행위조차도 신명기 율법을 어긴 것에 대한 형벌로 인식될 것이다. 여하튼 암몬 왕과 다윗의 어머니와의 관계를 공개하지 않을 충분한 이유가 사무엘하 저자에게 있었을 것이다.

지금까지의 논의처럼 다윗이 암몬 왕 나하스와 친족 관계라면 그는 나하스의 죽음과 함께 암몬의 왕위에 대한 자신의 권리를 주장할 수 있었을 것이다. 하눈과 그의 신하들이 염려한 일이 바로 그것이다. 후에 다윗이 암몬의 수도 랍바를 함락했을 때, 암몬 왕의 왕관을 자기 머리에 쓴 일(삼하 12:30)도 이런 관점에서 이해될 수 있을 것이다.

한편 다윗을 위협으로 느낀 하눈은 위문 온 다윗의 종들을 붙잡아 그들 수염의 반을 밀고, 그들 옷(מדויהם)도 반으로 잘라 그들의 엉덩이까지만 오게 한 후 그들을 돌려 보냈다. 다윗의 종들의 모습은 오늘날의 기준으로도 매우 수치스러운 것이다. 지금도 웬만한 사람이 아니고는 얼굴의 한쪽 부분에만 수염을 기르고, 옷은 잘려 엉덩이가 드러난 모습으로 길을 활보한다는 것은 불가능한 일이다. 하지만 고대 이스라엘에서 그런 모습은 개인적 수치를 넘어서는 일이었다. 먼저 율법(레 19:27)은 구레나룻을 다듬어 관자놀이까지 수염을 올리지 말라고 명한다. 구레나룻을 관자놀이까지 올리는 관습은 종종 미개 문명으로 여겨졌다(렘 9:25). 또한 이방인들이 죽은 자를 애도할 때 수염을 밀었는데, 이것이 이방신에 대한 예배 행위를 연상시키기 때문에 율법이 금하였다. 따라서 이스라엘인들을 강제로 면도한 것은 그들을 미개 민족으로 모욕한 것뿐 아니라, 그들의 율법에 대한 모욕이다. 옷을 반만 잘라 엉덩이가 드러나게 한 것도 마찬가지다. 그들이 입은 옷은 일반 옷이 아니다. 그들의 옷으로 번역된 마드베(מדוה)는 공무 수행할 때 입는 특별한 옷이었다.[4] 암몬인들이 공무 수행 중인 외교관들의 의복을 훼손한 것은 이스라엘 국가에 대한 모독이라 할 수 있다. 암몬 왕 하눈이 자기 아버지를 조문하기 위해 온 외교관들을 이렇게까지 욕보인 것은 그들을 반역자로 생각했기 때문일 것이다.

암몬이 아람과 연합하다 10:5-8

5 그 소식이 다윗에게 보고되었고, 그는 신하들을 보내 그들을
맞았다. 그리고 그 사람들은 스스로 크게 부끄럽게 여겼기 때문에
왕이 하명했다:
"너희들의 수염이 충분히 자랄 때까지 여리고에서 머물러라.[5]
후에 돌아오너라."
6 암몬 사람들은 그들이 다윗에게 크게 미움 받게 된 사실을 인지
했다. 그래서 암몬 사람들은 전령을 보내어 르홉 왕조의 아람인과
소바의 아람인 보병 2만 명, 마아가의 왕의 천 명과 돕 사람[6] 1만 2천
명을 고용했다. 7 다윗이 듣고 요압과 그 정예 부대를 보냈다. 8 암몬
사람들은 나와 성문 앞에서 전쟁 대열을 갖추었다. 한편 소바와
르홉의 아람인들 그리고 돕 사람들과 마아가는 들에 따로 있었다.

하눈이 이스라엘의 위문단에게 한 일을 보고받은 다윗은 그들이 수치스런 모양으로 예루살렘으로 올 때까지 기다리지 않고 신하들을 보내어 여리고에서 그들을 맞았다. 그리고 그들을 배려하여 여리고에서 수염이 다시 자랄 때까지 머물도록 했다. 다윗은 새 의복으로 갈아입고 나머지 반쪽 수염을 마저 자른 후 귀성하라 명할 수는 없었다. 왜냐하면 이스라엘 남자들에게 수염 없는 얼굴은 수치스러운 것이었기 때문이다.

암몬 사람들이 다윗의 위문단을 수치스럽게 쫓아 보낸 것은 의도적인 것이다. 즉 그들은 그런 행동이 다윗과의 전쟁으로 이어질 것을 잘 알았다. "미움을 받게 되었다"(6절)는 말은 단순히 개인적 원한을 지칭하는 것이 아니라 조약의 파기 혹은 적대 관계의 성립을 의미한다. 적어도 다윗은 암몬에게 갚아야 할 은혜(헤세드)가 없어졌다고 생각했을 것이다. 암몬인들은 다윗과의 전쟁을 대비해 그들이 주군으로 섬기던 아람인들에게 도움을 요청한다. 하닷에셀의 직하에 있는 아람인 2만 명, 마아가가 이끄는 천 명, 돕 사람 1만 2천 명이 암몬을 돕기 위해

출정했다. 물론 암몬 왕 나하스는 대가를 지불했다. 역대서 저자에 따르면 하눈이 지불한 금액은 은 1천 달란트이지만, 아람 용병의 종류와 수에 대한 역대서의 기록과 사무엘서의 기록이 다른 점을 고려하면, 그 금액을 액면 그대로 받아들이기는 힘들 것 같다. "르홉 왕조의 아람인"과 "소바의 아람인" 보병 2만은 모두 하닷에셀이 이끄는 군인이다. 이 둘의 관계에 대해서는 8장 3-8절의 해설을 참조하라. 한편 마아가 왕이 이끄는 천 명과 돕 사람 1만 2천 명이 어떤 성격의 부대인지는 알려진 바가 없지만, 각각 병거를 끄는 군인들과 기병들로 추정된다.[7] 이들은 암몬의 수도 랍바에서 벌어질 일전에 대비하여 전열을 갖추었다. 보병, 병거와 기병을 주력으로 구성된 아람 군대는 들판에 전쟁 진을 쳤고, 암몬 군대는 성문 곁에서 진을 치고 있었다. 아람 군대가 들판에 "따로/홀로(לבדם)" 있다고 기록된 것(8절)으로 보아, 그들은 이스라엘 군의 눈에 띄지 않는 곳에 숨어 있었고, 암몬 군대는 이스라엘 군을 끌어들이기 위해 눈에 잘 띄는 성문 곁에 전쟁 진을 치고 이스라엘 군대를 유인했던 것으로 보인다. 이는 이스라엘 군을 앞뒤에서 협공하기 위한 작전이다. 한편 다윗은 암몬을 정복하기 위해 요압을 사령관으로 한 정예 부대를 랍바로 파견했다.

요압의 승리 10:9-14

9 전선이[8] 그의 앞과 뒤에서 형성된 것을 본 요압은 이스라엘의
모든 용사들 중에서 선발하여 아람인들에 맞서 전열을 갖추었고
10 나머지 백성들은 그의 동생 아브새의 손에 맡겼다. 그리고
아브새는 암몬 사람들에 맞서 전열을 갖추었다. 11 요압이 말했다.
"아람인들이 나보다 강하면 네가 나를 구해 주어라. 암몬 사람들이
너보다 강하면 내가 가서 너를 구할 것이다. 12 담대하라! 우리
백성을 위해, 우리 하나님의 성읍들을 위해 담대해 지자. 여호와가
우리의 눈 앞에서 선을 행하실지어다."
13 요압과 그와 함께한 백성들이 아람인들과 싸우기 위해 나아갔을

때, 아람인들이 그 앞에서 도망했다. 14 한편 암몬 사람들은 아람이
도망하는 것을 보고 아비새 앞에서 도망해 자기 도시에 들어갔다.
그리자 요압도 암몬을 쫓는 일에서 돌아서 예루살렘으로 들어갔다.

요압의 군대는 암몬 사람들의 유인술에 빠져 앞뒤로 협공을 당하는 처지에 놓였다. 요압은 두 부대로 나누어 자신은 이스라엘의 용사들 중의 용사로 구성된 부대를 이끌고 적들의 주포인 아람 연합군과 맞서고 동생 아비새에게는 나머지 군인들을 주어 성문 근처에 진치고 있는 암몬 사람과 싸우게 하였다. 용맹한 스루야의 아들들인 요압과 아비새는 다윗 군대의 핵심 전력을 형성하고 있었다. 하지만 지금 이스라엘 군이 처한 상황은 그리 쉬운 것은 아니다. 이것은 요압의 말에서 잘 드러난다. 그는 아비새에게 아람인들이 자신보다 강하면 와서 도와 달라 부탁한다. 암몬 사람이 아비새보다 강하면 자신이 가서 돕겠다고 말하지만, 아비새의 도움을 먼저 언급한 것으로 보아, 아람 연합군과 요압 군대의 싸움이 이 전투의 승패를 가름하는 데 매우 중요함을 알 수 있다. 이어서 요압은 "담대하라" 그리고 "담대해지자"라고 말한다. 그들의 싸움은 백성과 하나님의 성읍을 위한 것이다. 그들은 한 왕의 야망을 위해 싸우는 것이 아니다. 여호와가 그들에게 "선을 행하실" 명분도 바로 거기에 있다. 이스라엘은 하나님이 통치하는 백성이고 나라이다. 그들의 실패는 하나님의 실패를 의미한다.

13-14절에서 성경 저자는 전투의 결과를 기록한다. 전쟁의 승패는 들판에서 갈렸다. 요압의 군대가 아람인들을 물리쳤고, 아람인들이 도망가는 것을 본 암몬인들은 자신의 성으로 들어가 문을 잠그고 나오지 않았다. 그리고 요압도 더 이상 공격을 하지 않고 예루살렘으로 돌아온다. 표면적으로 이스라엘 군의 승리처럼 보이지만, 이스라엘 군의 승리는 매우 제한적이었음을 알 수 있다. 먼저 저자는 이스라엘군의 승리를 자세히 묘사하지 않는다. 적군을 얼마나 죽였고, 노략한 물건은 무엇인지 말해 주지 않는다. 둘째, 이 전쟁이 요압의 군대가 암몬의 수도로 원정하여 벌인 것임에도, 암몬인들이 성으로 들어가 문

을 걸어 잠그자 더 이상 싸우지 않고 예루살렘으로 돌아왔다는 사실은 작전을 하다 중간에 그만둔 것과 다름없다. 셋째, 고대인들이 왕의 전쟁을 역사로 기록할 때 왕의 패배를 종종 승리로 묘사하는 경우가 있는데, 본문도 그런 경우의 하나일 수 있다. 요압의 군대가 암몬과 아람 협공을 잘 버틴 전투를 이긴 전투로 말할 수 있다는 것이다. 이것은 이후에 하닷에셀을 중심으로 한 아람인들이 다시 전열을 가다듬고 다윗에게 싸움을 걸어온 것을 통해도 확인할 수 있다. 또한 흥미로운 것은 이 전쟁에 다윗이 참여하지 않았다는 것이다. 자신의 종들이 하눈에게 모욕을 당했음에도 다윗은 암몬과의 전투에 참여하지 않았다. 요압이 이 전투에서 완전한 승리를 거두지 못하고 예루살렘으로 돌아온 것이 놀란 일이 아니다.

카르카르 전투

주전 853년 앗시리아의 왕 살만에셀 3세가 대군을 거느리고 시리아-팔레스타인을 침공하였다. 이때 시리아-팔레스타인의 여러 나라들은 연합군을 결성하여 앗시리아의 침공에 공동 대응했다. 그리고 앗시리아 군대와 아람-이스라엘 연합군 사이의 결전이 벌어진 곳이 유르파테스 강 유역의 카르카르다. 이 카르카르 전투를 기록한 앗시리아 왕의 문서는 살만에셀 3세가 아람-이스라엘 연합군을 물리쳤다고 기록하지만, 많은 학자들이 카르카르 전투는 시리아 연합군의 승리로 끝났다고 판단한다. 가장 큰 이유는 카르카르 전투가 끝난 후 살만에셀 3세가 군대를 돌려 앗시리아로 돌아갔다는 사실이다. 승리했다면 이스라엘까지 군대가 내려오지 않았을 이유가 없기 때문이다. 이처럼 고대 근동 왕의 전쟁 역사는 왕의 실패를 솔직하게 인정하지 않는다. 역사학자들은 따라서 다른 정황들로 실제 발생한 사건을 추정한다.

【그림 6】 살만에셀이 세운 쿠르크 석비. 카르카르 전투가 기록되어 있다.

하닷에셀의 굴복 10:15-19

15 이스라엘에게 패배했음을 깨달았을 때, 아람인들은 하나로
뭉쳤다. 16 하닷에셀은 전령을 보내어 강 건너편의[9] 아람인들을
나오게 하여, 그들이 헬람에 도착했다. 하닷에셀의 군대 사령관
소박이 그들을 이끌었다. 17 그 소식이 다윗에게 보고됐을 때, 그는
온 이스라엘을 모아 요단강을 건너 헬람에 도착했다. 아람인들은
다윗에 맞서 전열을 갖추어 그와 전쟁했다. 18 하지만 아람인들은
이스라엘 앞에서 도망했고 다윗은 7백 문의 전차와 4만 명의 기병을
죽였고, 적의 군대 사령관 소박도 쳤다. 그는 그곳에서 죽었다.
19 하닷에셀을 섬기던 모든 왕들은 그들이 이스라엘 앞에서 패배한
것을 알고, 이스라엘과 화친을 맺고 그들의 종이 되었다. 아람인들은
더이상 암몬 사람들을 돕는 것을[10] 두려워하였다.

아람인들은 다시 전열을 가다듬고 다음의 전투에 대비한다. 랍바 전투

에서 아람인들이 암몬 사람들을 위한 용병으로 다윗과 싸웠지만 만족할 만한 승리를 거두지 못했다. 요압을 두 진영의 사이에 가두어 놓고 벌인 전투였지만 그들을 부수지 못했다. 이들은 전쟁 패배의 원인이 훌륭한 장군의 지휘가 없었기 때문이라 생각한 듯하다. 전쟁 당시 아람인 용병들은 암몬 왕의 작전 지휘를 따랐을 가능성이 높다. 성경 저자도 용병으로 고용된 아람인들의 병력 수만을 언급했지 그들을 지휘하는 장군이 누구인지 언급하지 않는다.[11] 하닷에셀은 멀리 유프라테스 강 유역에 사는 아람 사람들을 소집하고 소박을 사령관으로 세웠다. 그리고 하닷에셀이 이끄는 아람 군대와 다윗의 이스라엘 군대가 헬람에서 격돌한다. 헬람은 다마스쿠스와 하맛 사이, 하닷에셀의 도시인 베다와 베로대에서 그다지 멀지 않은 곳에 위치한 것으로 추정된다.[12] 아람 군대가 총동원되고 있다는 소식을 들은 다윗이 총력으로 하닷에셀의 본거지로 공격해 들어 간 것이다. 시리아-팔레스타인의 패권을 놓고 두 라이벌 다윗과 하닷에셀이 헬람에서 대격전을 벌인 것이다. 이 전투에서 아람인들이 패하여 다윗은 700문의 전차와 4만 명의 기병을 죽였고 적의 군대 사령관 소박도 현장에서 사살했다. 이를 본 하닷에셀을 섬기던 모든 왕들은 이스라엘의 왕 다윗을 새 주인으로 섬기기로 약조한다.

19절은 시리아-팔레스타인의 패권을 놓고 벌인 전쟁에서 다윗이 승리하여 하닷에셀의 속주들이 다윗을 섬기는 종이 되었다고 보고한다. 이런 점에서 이 헬람 전투는 사무엘하 8장에 묘사된 다윗과 하닷에셀 전투를 연상시킨다. 이 두 전쟁에서 모두 유프라테스 강 유역에 대한 하닷에셀의 영향력이 언급되고, 두 전쟁 모두가 하닷에셀의 본거지로 다윗이 공격해 들어가는 형태를 취하며, 특히 두 전쟁의 결과, 하닷에셀에 충성했던 지역이 다윗의 영향권 아래 속하게 된다. 그 두 전쟁의 묘사가 세부 사항에 있어 다른 것은 장르의 차이로 설명할 수 있다. 사무엘하 8장은 다윗의 군사적 업적을 시간 순의 내러티브가 아니라 이념적 리스트 형식으로 나열한 본문이고 사무엘하 10장은 내러티브의 형식을 취한 본문이다.[13] 하지만 장르의 차이로 설명이 되지 않는 내용도 있다. 8장의 전쟁이 하맛 정복을 위해 원정을 떠난 하닷에셀에 대한 기습 공격이라는 점은 그것을 10장의 헬람 전투와 동일한 전쟁으로 보는 것을 어렵게 한다. 그럼에도 분명한 것은 사무엘하 8장과 10장 모두에서 다윗과 아람 왕 하닷에셀의 전투가 어떤 다른 민족과의 전투보다 훨씬 더 중요한 사건으로 그려진다는 사실이다. 이것은 그 당시 시리아-팔레스타인의 패권을 놓고 싸운 라이벌이 다윗 왕국과 아람 왕국임을 보여 준다.

10장은 이어지는 이야기에 대한 복선으로 끝난다—"아람인들은 암몬 사람들을 돕는 것을 두려워하였다". 이것은 다윗이 하닷에셀과의 경쟁에서 승리하여 유프라테스 강에서 홍해에 이르는 지역에 영향력을 행사하게 되었음을 의미한다. 즉 다윗은 권력의 정점에 올랐다. 유일하게 정복되지 않은 암몬은 완전히 고립되어 독 안에 든 쥐나 다름없다. 이어지는 11장에서 암몬과의 전쟁에 다윗이 굳이 나갈 필요가 없는 이유가 바로 여기에 있다. 암몬을 정복하는 데는 요압의 군대로 충분하였다!

질문

1. 암몬 왕 하눈이 다윗의 조문단을 모욕하고 돌려보낸 이유는 무엇입니까?
2. 요압과 아비새가 이끄는 이스라엘 군이 랍바에서 벌인 전투가 이스라엘의 완전한 승리가 아니었음을 암시하는 내용들은 무엇입니까?
3. 헬람 전투는 무엇이며, 그 의의는 무엇입니까?

묵상

다윗이 아람의 하닷에셀을 정복하면서 그의 주권은 이집트 국경에서 유프라테스 강 서쪽에 미치게 되었습니다. 이것은 하나님이 아브라함에게 약속하신 약속의 땅의 범위와 대체로 일치합니다. 물론 다윗이 이 모든 시역을 직할 통치하지는 않았습니다. 유다와 에브라임 고원을 제외하면 나머지 "약속의 땅"은 모두 그 지역 민족이 자치하였습니다. 다윗도 정복 전쟁을 통해 자신의 우월적 군사력을 확인시키는 일에 만족했습니다. 만약 다윗 왕국이 이 땅의 하나님 나라라면, 이상적인 국가는 역사와 전통에 의해 확립된 타국과의 국경을 존중하는 나라임을 보여 줍니다. 힘의 논리로 타국과의 국경을 마구 훼손하는 것은 절대로 성경적이지 않습니다. 참된 민족주의는 민족 우월주의와 구별되어야 합니다. 그것은 타민족의 권리와 국경을 존중하여 다양한 민족들이 자신들의 개성을 발휘하며 공존하는 세계 질서를 꿈꿉니다. 이 땅의 "하나님의 나라"의 정치적 비전도 그런 모양일 것입니다.

3

다윗과 그 자녀들

이제부터 언급되는 유대인 미드라시나 법에 관한 문헌들은 대부분 랍비 로젠베르크가 편집한 *Prophets-Neviim: Samuel II*(Judaica Press), 1986에서 참고하였다. 로젠베르크가 언급한 문헌을 온라인 유대학 도서관(sefaria.org)에서 찾아 확인한 후, 도움이 된다고 여기는 경우 그 문헌을 직접 볼 수 있는 온라인 링크도 제공하였다.

20
다윗의 밧세바

삼하 11:1-13

다윗에게 가장 큰 오점으로 남은 사건은 충신 우리아를 죽이고 그의 아내 밧세바를 빼앗은 일이다. 많은 사람들이 이 사건의 본질을 성적 일탈로 보지만, 나단의 비유가 밝혀 주는 것처럼 다윗의 죄는 본질적으로 자신의 권력을 이용해 자기보다 약한 자를 죽이고 그에게 속한 것(이웃의 아내)을 강탈한 일이다. 본 사건은 형제 이웃을 섬기도록 주어진 권력이 권력자의 손에서 쾌락과 권력 유지의 수단으로 얼마나 변하기 쉬운지를 교훈한다. 또한 밧세바, 우리아, 나단, 요압 등의 신하들과 다윗과의 관계를 통해 권력이 절대로 절대적일 수 없음을 교훈한다. 권력자들은 그들에게 안 되는 일이 없다고 착각하기 쉽지만, 그들 권력의 크기는 그들의 뜻을 실현해 주는 아래 사람들의 자발적 혹은 타의적 의지에 의해 조정된다. 이 과정에서 소위 "을"이 "갑"을 어르고 협박하는 일도 발생할 수 있다. 이는 절대 권력은 절대 없음을 잘 보여 준다.

다윗의 절대 권력 11:1

1 일 년 중 왕들이[1] 나갈 때가 되었을 때, 다윗은 요압과 그의 부하들,[2]
그리고 모든 이스라엘을 보냈다. 그들은 암몬 사람들을 전멸시켰다.
그들이 랍바를[3] 포위했을 때, 다윗은 예루살렘에 남아 있었다(יושב).[4]

11장은 다윗 왕국이 소제국의 지위를 갖추었음을 암시하는 말로 시작한다. "일 년 중 왕들이 (전쟁에) 나갈 때가 되었을 때"라는 말은 이스라엘에서 왕이 정기적으로 해외에 군사 원정을 떠나는 관행이 생겼음을 암시한다. 이 관행은 이집트나 메소포타미아 제국의 왕들 사이에서 널리 행해지던 것이나. 사울 때의 군사 작전이 주로 외국의 침략을 막아내거나 하나님의 특별 명령을 수행하기 위한 비정기적 전쟁이었다면(삼상 13-15장 참조), 11장은 전쟁조차 국가의 연중행사 중 하나처럼 되어 버린 매우 안정된 다윗 왕조의 모습으로 시작한다. 이런 안정은 다윗의 강력한 지도력 때문에 가능했다는 것은 두말할 필요가 없다.

국가가 정한 정기적 해외 군사 작전 때에 다윗이 예루살렘에 남아 있었다는 사실도 그의 통치 권력이 얼마나 안정적인가를 보여 준다. 다윗은 굳이 전쟁 현장에 나가지 않고서도 그의 뜻이 신속하고 정확하게 실행될 것을 확신할 수 있었다. 절대 권력의 왕은 말 한 마디로 세상을 움직이는 자이다. 통치 권력은 권력자의 의지와 행위 사이에 물리적 거리를 확보해 주는 동시에 그 둘 사이의 신속하고 긴밀한 관계를 보증한다. 즉 권력의 크기는 왕의 명령이나 뜻이 얼마나 복잡한 명령 체계를 통해 신속히 현장에 실행되는지에 비례한다. 명령 체계가 복잡할수록, 관료 집단이 방대할수록 왕이 권력이 크다는 의미다. 왕의 말 한 마디에 하늘에서 달이라도 따올 사람들이 많다는 것이기 때문이다. 다윗이 전쟁 현장에 나가지 않은 것은 나갈 필요가 없었을 만큼 그의 권력이 절대적이 되었다는 뜻이다. 다윗이 전쟁터에 없어도 군인들은 그의 뜻을 충실하게 수행할 것이다. "남아 있었다"로 번역된 히브리어 요세브(ישב)는 "앉아 있었다"로도 직역될 수 있는데, 그것이 태만이나 나태의 부정적 뉘앙스로 이해될 필요는 없다. 오히려 그것은 보좌에 앉아 현장을 지휘하는 절대 권력자의 모습으로 이해될 수 있다. 다윗의 부하들은 왕의 뜻을 이루기 위해 지금 암몬을 정복하기 위해 전쟁터에서 일사 분란하게 움직인다.

사무엘서 저자는 이런 다윗의 절대 권력을 강조하기 위해 다음과 같은 과장법을 사용한다. "그들은 암몬 사람들을 전멸시켰다." 여기에 "전멸시켰다"로 번역된 히브리어 동사 하슈히트(השחית)는 소돔과 고모라의 멸망에 대해서도 사용된 단어다(창 18:28; 19:13). 아직 암몬의 수도 랍바가 함락되지 않았기 때문에 "전멸"이라는 표현은 적절하지 못하다. 이 때문에, 고대 시리아어 역본은 "암몬 사람들을 전멸시켰다"는 부분을 생략하지만, 다윗 권력의 절대성이 1절의 핵심이라면, 다윗에 의해 원거리 통제되는 요압 군대의 성공을 과장적으로 혹은 예언적으로[5] 묘사한 것은 충분히 용인될 수 있는 수사 기법이다. 아이러니한 것은 다윗 절대 권력을 예증하는 이 암몬 전쟁이 그의 추락을 묘사하는 배경이 된다는 것이다.

다윗이 밧세바를 범하다 11:2-4

2 저녁 때에(לעת הערב) 다윗이 그 침상에서 일어나서 궁전의 지붕을
거닐었다. 그리고 지붕 위에서 그는 목욕하는 여인을 보았다. 그녀는
보기에 매우 아름다웠다. 3 다윗은 전령을 보내어 그 여자에 관해
알아 보았다. 그 전령이 말했다:
"이는 헷 사람 우리아의 아내이자 엘리암의 딸, 밧세바입니다!"
4 다윗은 전령들을 보내어 그녀를 강제로 데려왔고, 그녀가 그에게
왔을 때, 그는 그녀와 함께 동침했다. 한편 그녀는 부정함에서(מטמאתה)
스스로를 정결케 하고 있던 중이었다. 그 후 그녀는 자기 집으로
돌아갔다.

다윗이 군대를 직접 인솔하지 않고 예루살렘에 머물러 있었다면, 착한

독자들은 다윗에게 그럴 만한 급한 용무가 있었을 것이라 생각했을 것이다. 하지만 2절을 보면 전혀 그렇지 않았다. 당시 예루살렘에서 다윗의 관심을 긴박하게 요하는 중요한 일은 전혀 없었다. 저녁까지 낮잠을 자는 다윗의 모습은 권태로워 보이기까지 한다. 그리고 그런 다윗의 권태는 자신의 절대적 권력에 취한 자만에서 오는 것이다.

그의 궁전은 예루살렘 산의 가장 높은 곳에 위치했다. 여부스인들이 건설한 방어 요새(מצדה)보다도 더 높은 곳에 위치한 것처럼 보인다.[6] 한편 관료들의 집은 산비탈을 따라 밀로 위에 건축되었다(삼하 5:9).[7] 즉 다윗의 집은 도시 전체를 조망할 수 있는 위치에 지어졌다. 물론 다윗이 가진 조망권은 그가 예루살렘에서 누리는 권력을 상징하는 것이었다. 그리고 예루살렘의 선선한 저녁 바람을 맞으며 지붕을 거닐던 다윗의 눈에 한 아름다운 여인이 목욕하는 모습이 들어온다. "저녁 때에" 목욕하는 것으로 보아,[8] 그것은 단순한 보건 위생을 위한 것처럼 보이지 않는다. 율법에 따르면 제의적 부정으로부터 정결하게 되는 시점이 일몰일 경우가 많은데(레 22:7), 이것을 고려하면 일몰 후 목욕이 정결 의식의 일부임을 추측할 수 있다.[9] 다시 말해 그 여인이 정결 목욕을 한 것은 율법에 순종하는 행위였고, 다윗을 유혹하기 위함이 아닌 것처럼 보인다. 그녀의 목욕하는 모습이 가장 높은 곳에 살던 다윗의 눈에 포착된 것도 그녀의 낮은 사회적 지위의 필연적 결과에 불과했다. 그녀에게 문제가 있었다면, "보기에 매우 아름다웠다"(2절)는 것이다. 아름다운 여인의 목욕하는 모습이 다윗에게 유혹이 되었다. 다시 말해 다윗의 눈에 들어온 그녀는 율법에 따라 정결 의식을 행하는 하나님의 백성이 아니라, 자신을 유혹하는 아름다운 여자일 뿐이었다. 다윗의 마음에 그 여자를 향한 욕망이 생긴다.

【그림 7】 밧세바의 목욕, 장레옹 제롬 작(1824-1904)

이때부터 다윗은 자신의 욕망을 채우기 위해 치밀한 계획 아래 행동한다. 그것이 율법과 인륜을 어기는 일이라도 개의치 않는다. 먼저 그는 그녀에 대한 뒷조사를 지시한다. 왕궁과 멀리 떨어지지 않은 곳에 사는 것으로 보아 그 여자가 측근의 여자라는 것을 직감한 다윗은 전령을 보내어 그녀가 누구인지 알아본다. 이것은 단순히 호기심에 기인한 행위가 아니라, 범죄를 위한 사전 조사의 성격이 강하다. 여기서 주목할 것은 다윗의 권력이 히브리어 샬라흐(שלח) "보내다"를 통해 표현되고 있다는 점이다. 그것은 명령 혹은 말 한마디로 세상을 통제하는 절대 권력자의 힘을 상징한다. 다윗이 말만 하면 그대로 이루어진다. 전쟁터와 같이 예루살렘에도 다윗의 뜻을 그대로 따르는 그의 '종들'이 많다. 원하는 것을 얻기 위해 다윗은 그들을 보내기만 하면 된다. 우리는 이 단어 샬라흐를 이미 1절에서 만났다. 그리고 3절에서 다시 한 번 만난다. 그러나 공무(公務)를 위한 명령이었던 1절의 "보냄"과 달리, 3절에서 다윗의 "보냄"은 사적 욕망의 범죄를 준비하기 위한 것임에 주목하자.

전령이 올린 보고에 따르면, 목욕하던 신비의 여자는 헷 사람 우리아의 아내이자 엘리암의 딸이다. 우리아는 다윗의 충성스런 장군이었고, 엘리암은 다윗의 모사 아히도벨의 아들이었음으로(삼하 23:34 참조),[10] 밧세바는 충신의 아내이자 원로 모사의 손녀였다. 보통 왕 같았으면 그런 배경의 밧세바를 범할 엄두도 내지 못했을 것이다. 하지만 다윗은 주저 없이 여러 명의 전령들(מאלכים)을 보내 밧세바를 왕궁으로 데려와 그녀와 동침한다. 4절은 다섯 개의 동사를 짧은 호흡으로 나열함으로 이 긴박한 범죄 장면을 묘사하고 있다.

> 다윗은 전령들을 보내어(샬라흐), 그녀를 데려왔다(라카흐). 그녀가 그에게 왔을 때(보), 그는 그녀와 함께 누웠다(샤카브)… 그리고 그녀는 자기 집으로 돌아갔다(슈브).

밧세바가 우리아의 아내라는 사실을 듣자마자 다윗이 전령들을 보내어 그녀를 입궁시킨 것은 그녀의 남편이 전쟁터에 나가서 집에 없음을 알고 자신의 범죄 계획을 실행에 옮기기 위함이었다. 충신의 아내는 말할 것도 없고, 남의 아내를 취하는 것과 같은 도덕적 죄가 정치 지도자에게 부담으로 작용할 것이라는 생각은 다윗과 같은 절대 권력을 가진 고대 왕들에게는 적용되지 않는다. 그들은 자신의 권력이면 안 되는 것이 없다고 생각한다. 죄를 범해도 절대로 처벌받거나 탄핵되지 않기 때문이다. '전능자 증후군'에 빠진 권력자들은 일반인들은 상상도 못할 범죄를 아무렇지도 않게 저지르게 되는데, 바로 다윗의 경우가 그런 경우다. 이런 점에서 다윗이 밧세바를 범한 것은 우발적인 충동에 의한 것이 아니라 '할 수 있다고 생각해서 벌인' 혹은 '해도 된다고 생각해서 벌인' 의도적인 범죄라 말할 수 있다.

이상의 이야기를 종합하면 다윗의 죄는 위력에 의한 강간으로 보인다. 하지만 기억해야 할 것은 다윗과 밧세바가 일방적 갑을 관계에 있었다 해서 밧세바와 동침한 다윗이 자동적으로 강간범이 되는 것은 아니라는 사실이다. 사무엘서 저자는 밧세바를 다윗과의 관계에 있어 완전하게 수동적인 피해자로만 그리지 않는다. 이 문제를 좀더 논의해 보자.

다윗이 지은 죄의 성격에 대해, 특히 다윗과 밧세바의 관계에 대해 많은 논쟁이 있다. 의견은 크게 두 개로 나눠는데, 먼저 다윗의 죄를 위력에 의한 강간으로 보고, 밧세바를 일방적 범죄 피해자로 보는 것이다. 이에 대한 정황 증거들은 다음과 같다. 우선, 다윗과 밧세바가 임금과 신하라는 일방적 갑을 관계에 있었다는 사실을 들 수 있다. 일방적 갑을 관계에 있었던 밧세바의 입장에서 다윗의 호출을 거부할 수 없었다. 4절에 따르면 다윗이 밧세바를 궁으로 데려오기 위해 보낸 전령은 한 명이 아니라 여러 명이었다. 설사 밧세바에게 그들을 물리칠 힘이 있었더라도, 왕이 원하는 바가 무엇인지도 아직 모르는 상황에서 그녀가 왕의 소환을 무턱대고 거부할 수도 없었을 것이다. 둘째, 일부 히브리어 사본은 "다윗이 그녀와 함께 동침했다(וישכב עמה)"(4절)라는 구절에서 "그녀와 함께(עמה)" 부분을 생략함으로[11] 밧세바에 대한 다윗의 행위가 일방적이었음을 부각시킨다. 셋째, 밧세바는 다윗과 관계 후 홀로 집으로 돌아간다. 입궁할 때는 다윗이 보낸 전령들에 의해 호위 되었지만, 출궁할 때 밧세바는 홀로 돌아간 듯하다. 본문에 호위 전령에 대한 언급이 전혀 없다. 이것은 강간당한 다말이 홀로 울며 집으로 가던 장면을 연상시킨다. 밧세바를 강간한 다윗의 심리가 이복누이를 강간한 후 그녀를 방 밖으로 내쫓은 그의 아들 암논의 심리와 유사했던 것은 아닐까?

한편, 범죄의 핵심이 강간 행위에 있는 것이 아니라, 남의 아내를 "강탈"한 것에 있다는 주장도 가능하다. 이 주장은 다윗과 밧세바의 관계가 합의에 의한 것이었을 가능성을 배제하지 않는다. 이를 보여 주는 정황적 증거들은 다음과 같다. 첫째, 먼저 열왕기상 1-2장의 내용으로부터[12] 밧세바가 매우 계략에 밝고 정치적인 여자였다고 추론할 수 있다. 갑을 관계가 성폭행의 중요한 정황적 증거인 것처럼, 밧세바의 기질은 다윗과 관계의 성격을 추정하는 데 매우 중요한 고려 사항이 된다.[13] 둘째, 4절의 "그녀가 그에게 왔다"에 대한 칠십인역에도 주목할 필요가 있다. 이 대목을 성관계에 대한 우회적 표현으로 이해한 칠십인역 저자들은 그것을 다윗이 "그녀에게 들어갔다"라고 번역한다.

마소라 본문 4절	칠십인역 4절
다윗은……그녀를 데려왔고, 그녀가 그에게 왔고(וילא אובת) 그는 그녀와 함께 누웠다.	다윗은……그녀를 데려왔고, 그는 그녀에게로 들어가 (kai eiselthen pros auten) 그녀와 함께 누웠다.

우리말 성경의 원본이 되는 마소라 본문의 "그녀가 그에게 왔다"(ותבוא אליו)는 불필요한 표현처럼 들린다. 왜냐하면 그 앞에 "다윗이… 그녀를 데려왔다"는 말이 이미 나오기 때문이다. 그러면 왜 사무엘서 저자는 "그녀가 그에게 왔다"는 말을 구태여 여기에 보태고 있는 것일까? 이 문제를 해결하기 위해 칠십인역 성경은 "그녀가 그에게 왔다"를 "그가 그녀에게 왔다"로 수정한 것이다. 이렇게 수정된 구문은 이어지는 "그녀와 함께 누웠다"와 함께 성관계를 표현하는 문장이 된다. 실제로 "왔다"로 번역된 히브리어 동사 보(בוא)는 성관계에 대한 우회적 표현으로 자주 사용된다. 예를 들어 사라가 아브라함에게 "하갈에게로 들어가라(보)"고 말했을 때 이것은 하갈과 동침하라는 의미이다. 따라서 칠십인역이 제안하는 바처럼, 히브리어 구문 "그녀가 그에게 왔다"를 "그가 그녀에게 왔다"로 고쳐 읽고, 그것을 성관계에 대한 우회적 표현으로 이해하면, 4절에서 우리는 다윗의 일방적 성행위에 수동적으로 당하는 밧세바의 모습을 읽게 된다. 강제적 입궁과 강제적 성관계가 모두 다윗을 행위의 주체로 명시한 4개의 동사—"다윗이… 보내어… 데려왔다… 들어갔다… 동침했다"—로 표현되기 때문이다.

하지만 문제는 우리에게 전수된 히브리어 본문은 분명 "그녀가 다윗에게 왔다/들어갔다"고 표현한다는 것이다. 그리고 우리는 이 히브리어 본문이 옳고, 이것을 잘 이해하지 못한 칠십인역 번역가들이 원문을 고쳤을 가능성을 고려해야 한다. 그렇다면 우리는 '왜 사무엘서 저자가 "그녀가 다윗에게 왔다/들어갔다"라는 잉여적 표현을 사용하는지,' 또는 '그것이 잉여적 표현이 아니라면 어떤 의미를 숨기고 있는지' 등을 물어야 할 것이다. 필자는 히브리어 본문이 잉여적 표현이 아니라고 생각한다. 왜냐하면 그것은 그녀의 입궁을 표현하는 문장이 아니라,

"그가 그녀와 함께 누웠다"는 후속 구절처럼 성적인 의미로 이해될 수 있기 때문이다. 그러면 보통 "남자가 여자에게로 들어가다"로 표현되는 성관계 숙어를 사무엘서 저자가 "여자가 남자에게로 들어가다"로 바꾼 이유는 무엇일까? 그것은 밧세바가 성관계에 있어 일방적으로 폭행당한 피해자가 아님을 암시한다. 이것은 성관계를 의미하는 후속 구절에서도 확인된다—"그는 그녀와 함께 누웠다(샤카브 임마שכב עמה)". 사무엘서 저자가 다윗의 일방적 성폭행을 보여 주려 했다면, 이 표현 대신 암논의 다말 강간을 표현할 때처럼 "그는 그녀를 뉘였다"(샤카브 오타흐שכב אתה)라고 말했어야 한다.[14] 전치사를 임마에서 오타흐로 바꾸면 합의적 성관계를 강제적 성관계로 바꾸어 표현할 수 있었다. 하지만 사무엘서 저자는 그러지 않았다. 이것은 저자가 남의 아내를 취한 다윗의 행위를 정죄하면서도, 그 일에 밧세바의 합의가 있었음을 암시하는 것은 아닐까?

셋째, 이것이 사실이라면, 전에 순수한 종교적 행위라고 여겨졌던 것도 재평가될 필요가 있다. 2절에서 우리는 밧세바가 목욕한 시점이 일몰 후라는 점에 착안해 그것이 보건 위생을 위한 것이 아니라 정결 의식의 일부라는 사실을 추론할 수 있었다. 하지만 그 정결 의식이 구체적으로 어떤 종류의 부정을 위한 것인지는 4절에 가서야 분명해진다. 다윗과 밧세바의 성관계를 묘사하는 문맥에서 "그녀의 부정함"이 언급된 것을 고려할 때, 그 부정함이 여인의 생리와 관련된 것임이 분명해졌다. 그렇다면 문제는 밧세바의 정결 목욕이 불가피한 율법의 요구 때문이 아니었다는 사실이다. 레위기에 따르면 생리 주기가 규칙적인지 불규칙적인지에 따라 부정한 기간도 달라지고, 정결 의식의 방법도 달라진다. 주기가 규칙적인 경우, 생리 시작 후 7일째 해가 저문 후부터 정결하다. 즉 만 7일이 지나면 특별한 예물이나 의식 없이 정결이 회복되는 것이다. 반면 주기가 불규칙적인 경우, 생리가 끝난 후 7일째 되는 날의 저녁부터 정결하게 되는데, 8일째 되는 날에 반드시 성전에 가서 제사장을 통해 정결 의식을 해야 한다. 하지만, 생리 주기가 규칙적이든 불규칙적이든, 미크베(מקוה)라 불리는 정결 목욕이 필수는 아니었다.[15] 이후의 탈무드 법에서는 생리 후 여성의 목욕이 필수가 되었지만, 다윗 시대에도 그랬는지 확실하지 않다. 밧세바는 생리의 부정함으로부터 깨끗하게 된 저녁때에 정결 목욕을 한다. 일주일간 격리된 채 지냈던 여인이 정결하게 된 후 목욕을 원하는 것은 자연스러운 것일 수는 있다. 하지만 밧세바가 율법을 지키기 위해 반드시 목욕해야 했던 것은 아니다. 즉 밧세바에게 선택권이 있었고, 밧세바는 스스로 목욕하기로 결정한 것이다. 그리고 이후의 벌어지는 사건의 정황들을 종합할 때, 밧세바는 다윗이 자신을 볼 수 있는 위치에 있음을 인지하고 있었을 가능성이 있다. 즉 우리아가 전쟁에 나가 집에 없음을 인지한 다윗이 밧세바를 일부러 범한 것처럼, 다윗이 전쟁에 나가지 않고 왕궁에 남아 있음을 인지한 밧세바는 율법에 의무로 규정하지 않는 정결 목욕을 행한 것은 아닐까? 다윗과 성관계하는 장면에서 사무엘서 저자가 밧세바가 부정함에서 정결하게 되었다고 밝힌 것은 그녀가 가임 상태임을 암시한 것이다. 다윗의 입궁 명령을 받았을 때 밧세바도 자신의 임신 가능성을 충분히 인지했을 것이다. 다윗에게 밧세바와의 동침은 한순간의 쾌락을 위한 것이었을 수 있지만, 밧세바에게 있어서 그것은 왕의 아이를 낳을 수 있는 기회로 인식되었을 가능성도 충분하다.

다윗과의 관계에 있어 밧세바의 역할이 임신 후에 더욱 노골적이 된다. 5절에 따르면[16] 임신한 후 밧세바는 지체 없이 다윗에게 그 사실을 알리는데, 이를 표현하기 위해 사무엘서 저자는 밧세바를 주어로 한 네 개의 동사를 사용한다. "임신했다", "보냈다", "전했다", "일렀다". 지금까지 주로 타인의 행위의 대상에 불과했던 밧세바가 5절에서는 행위의 주체가 된다.[17] 특히 지금까지 다윗의 갑질 행위의 '대명사'로 사용된 동사 "보내다"가 밧세바를 주어로 사용됨에 주목할 필요가 있다. 적어도 임신한 밧세바는 다윗에게 '갑'인 셈이다. 그녀는 다윗을 통제할 수 있는 모종의 권력을 가진 것처럼 보인다. 그리고 그만큼 다윗의 절대 권력은 상대화된다. 임신한 밧세바를 통해 절대 권력에 대한 다윗의 주장 자체가 도전받은 것이다. 절대 권력에 대한 도전은 앞으로 우리아, 요압, 나단과의 관계에서도 차례로 나타날 것이다.

밧세바의 임신과 우리아의 소환 11:5-9

5 그 여자는 임신하자, 전령을 보내어 다윗에게 전하여 말했다:
"임신했습니다. 저는…"[18] 6 다윗은 요압에게 전령을 보내어 "헷 사람
우리아를 내게 보내라"고 말했다. 이에 요압이 우리아를 다윗에게
보냈다. 7 우리아가 다윗을 알현했을 때, 다윗은 요압의 안부(שלום),
군대의 안부(שלום), 그리고 전쟁의 상황을(שלום) 물었다. 8 그리고
우리아에게 말했다: "네 집으로 내려가라, 네 발을 씻어라."
우리아는 왕의 궁전에서 나왔다. 왕의 선물이 그를 따랐다.
9 우리아는 그의 주인의 모든 부하들과 함께 궁전의 입구에서
누웠으며, 그의 집에 내려가지 않았다.

5절

밧세바의 의도가 무엇이었든지, 다윗은 스스로 "전능자 신드롬"에 빠져 남의 아내를 취하는 범죄를 저질렀다. 다윗은 이스라엘에서 어떤 죄를 지어도 괜찮다고 생각했을 것이다.[19] 그는 절대 권력을 가진 왕이 아닌가? 누가 그를 정죄하겠는가? 하지만 이 모든 것은 밧세바의 임신과 함께 중대한 전환점을 맞이한다. 임신 가능한 상태에서 다윗과 동침했던 밧세바는 아이를 수태했을 뿐 아니라 그 사실을 신속하게 다윗에게 알렸다.

5절에는 밧세바의 상태나 동작을 가리키는 동사 5개가 사용된다. 모두 밧세바를 주어로 하는 이 동사들은 교차대구적으로 배열되어 있다:

"임신하다" (a)

  "보내다" (b)

  "말하여 이르다" (b′)

"임신하다" (a′)

중간의 세 동사(b, b′)는 밧세바가 능동적으로 상황을 통제하고 있음을 보여 준다. 이 동사를 욱여싸고 있는 단어(a, a′)는 그런 밧세바의 힘이 어디서 나오는지를 보여 준다. 즉 밧세바가 다윗에게 전령을 "보내어 말하는" 힘을 가지게 된 이유는 그녀가 그의 아이를 "임신했기" 때문이다. 지금까지 모든 것을 통제해 왔던 다윗이 처음으로 다른 사람에 의해 통제당하는 순간이다.

밧세바는 왜 임신 사실을 남편이 아닌, 다윗에게 먼저 알렸을까? 아니 그보다 앞서, 밧세바는 왜 '강간'당한 사실을 남편에게 알리지 않았을까? 비록 우리아가 전쟁터에 있었지만 그에게 소식을 전할 방법이 없던 것은 아니다. 그 당시 전쟁 중에도 급한 소식은 오갔다. 그럼에도 밧세바가 다윗에게 불려가 성폭행 당한 사실을 한참 동안 남편에게 알리지 않다가, 임신이 분명해지자 그 소식을 지체 없이 다윗에게 알린 이유는 무엇일까? 더구나 다윗에게 전한 밧세바의 메시지를 보면 그 둘 사이의 친밀함마저 느껴진다. 칠십인역은 밧세바의 메시지를 다음과 같이 번역한다.

> 저예요(Ἐγώ εἰμι). 저 임신했어요(ἐν γαστρὶ ἔχω).

"저예요(Ἐγώ εἰμι)"라는 말은 밧세바와 다윗의 관계를 단순히 강간범과 피해자의 관계로 보기 힘들게 만든다. 왜냐하면 고대 헬레니즘 문화에서 "저예요(Ἐγώ εἰμι)"는 보통 오래된 친밀 관계에서 사용되기 때문이다.[20]

6절 ________

밧세바가 임신 소식을 전해 오자, 다윗은 새로운 전략을 이행한다. 밧세바가 임신도 하지 않고, 자신과의 관계에 대해 침묵하는 것이 상책이었고, 차선책은 임신한 밧세바가 남편과 그 사실을 상의해 그들 스스로 (다윗을 개입시키지 않고) 그 문제를 해결하는 것이었다. 임신한 밧세바가 남편이 아니라 그에게 그 사실을 알릴 것이라고는 다윗도 상상하지 못했을 것이다. 밧세바의 행위는 다윗에게 책임을 추궁하는 것이다. 이에 다윗은 자신의 충신 우리아를 시켜 밧세바를 설득하기로 작정한다. 일반적으로 해석가들은 다윗이 우리아를 속여 밧세바와 동침하게 하고 우리아가 배 속의 아이를 자신의 아이로 믿고 키우게 하려 했다고 생각하지만, 다음의 정황들은 우리아가 다윗의 소환을 이상히 여겼을 뿐 아니라, 다윗과 밧세바의 관계를 인지하게 되었을 가능성을 시사한다. 먼저, 다윗이 우리아만을 전쟁터에서 소환한 후 우리아가 집에 내려가 아내와 동침했는지 대해 집요하게 관심 가지는 것은 누가 보아도 이례적이다. 우리아도 그것을 수상히 여겼을 것이다. 또한 다윗이 밧세바를 임신시켰다는 사실은 비밀이 될 수 없었다. 왜냐하면 이미 많은 전령들이 다윗과 밧세바 사이의 일을 알고 있었기 때문이다. 소문은 퍼지기 마련이다. 더구나 우리아가 궁전 곁에서 많은 병사들과 야영을 하는데, 밤에 야영하는 군사들이 밤새도록 하는 일이 무엇이었겠는가? 예루살렘의 거의 모든 '소문들'이 그곳에서 회자되었을 것이다. 우리아가 그 소문을 듣지 못했을 리 없다. 나아가 다윗도 그 소문이 퍼지는 것 자체를 막으려 하지 않았을 뿐 아니라 우리아가 그 소문을 듣도록 의도했을 가능성도 있다. 왜냐하면 어차피 사람들이 다윗의 범죄 사실을 알아도 다윗의 정치적 지위에는 변함이 없을 것이기 때문이다. 누구도 절대 권력을 휘두르던 다윗을 탄핵할 수 없었을 것이다. 따라서 우리는 이렇게 추정할 수 있다. '다윗이 우리아를 소환한 의도는 우리아가 밧세바를 설득하여 그 아이를 우리아의 아들로 기르게 하는 것이다.' 만약 우리아가 그 일에 협조한다면, 다윗은 우리아와 같은 충신을 잃지 않으면서 밧세바로부터도 자유로워지는 일석이조의 효과를 얻을 것이다.

한편 6절은 명령-순종의 형식으로 되어 있다. 다윗은 명령하는 자이고, 요압은 그 명령을 충실하게 수행하여 우리아를 다윗에게 보낸 사람이다. 하지만 명령의 내용과 순종의 내용이 정확히 일치하지 않는 것에 주목하자. "헷 사람·우리아"를 보내라고 명령했는데, 요압은 "우리아"를 보냈다. 물론 "헷 사람 우리아"와 "우리아"는 동일한 사람이다. 하지만 사무엘서 저자가 명령-순종 형식에서 이처럼 문체에 변이를 준 것은 나름의 이유가 있기 때문이다. 그것은 다윗의 절대 권력이 절대적이지 않음을 암시하기 위함이다. 이후의 이야기에서 다윗의 부하들은 왕의 명령을 100퍼센트 순종하지 않는다. 특히 그것이 자신의 생명을 위태롭게 하거나 자신의 이득을 심각하게 훼손할 때 그들은 왕의 큰 뜻을 훼손하지 않으면서 왕의 명령을 변형하여 순종한다. 우리아에 대한 다윗의 명령을 요압이 '창의적'으로 실천하는 장면에서도 이것을 확인할 수 있다.

7-8절 ________

우리아가 전쟁터에서 돌아와 다 윗을 알현했을 때, 다윗은 먼저 전쟁터의 상황을 묻는다. 이것은 우리아를 특정하여 소환한 것에 대한 불필요한 의심을 방지하기 위함이다. 옛날에 왕이 현장의 사령관을 통해 정기적인 공식 보고를 받기도 했지만 때로는 현장의 상황을 보다 잘 파악하기 위해 일반 병사 중 하나를 소환하여 전쟁의 상황을 묻기도 했기 때문이다. 하지만 다윗이 샬롬(שלום) "안부"라는 말을 세 번 반복한 것은 진짜 하고 싶은 말이 있지만 말하기 곤란하여 시간을 끌고 있다는 느낌을 준다. 이것은 다윗이 자신이 던진 안부 질문에 대한 우리아의 답을 기다리지도 않고 곧바로 자신의 말을 이어가는 것을 통해 확인할 수 있다.[21] "네 집으로 내려가라, 네 발을 씻어라"(8절). 일부 학자들은 "네 발을 씻어라"를 성관계에 대한 우회적 암시라고 생각하지만, 그 근거가 불충분하다. 구약 성경에서 발이 성기의 우회적 표현인 경우는 있지만, "발을 씻다"가 성관계를 지칭한 적은 없기 때문이다. 오히려 이스라엘에서는 하루 종일 밖에서 일하다 보면, 혹은 하루 종일 길을 걷다 보면, 샌들 속에 흙먼지가 가득하게 되는데 유대인들이 일과를 끝내고 집에 들어갈 때 발을 씻어 먼지를 떨어내는 습관은 이 때문이었다. 따라서 우리아에게 "네 발을 씻어라"고 말한 것은 전쟁 걱정은 끝내고 집에서 쉬라는 것이다. 일반적인 상황이라면 이런 왕의 호의를 거절할 군인은 없을 것이다. 더구나 정확하게 말해 그것은 왕의 '휴가 명령'이었다. "네 집으로 내려가라"와 "네 발을 씻어라"가 모두 명령형 동사이다. 따라서 다윗의 종인 우리아는 그 명령에 따라야 한다.

재미있는 것은 우리아가 왕의 명령에 아무 대답도 하지 않는다는 것이다. 사무엘서 저자가 우리아의 대답을 생략했을 수 있지만, 이어지는 우리아의 행동으로 보아 그가 왕의 명령에 의도적으로 대꾸하지 않았을 가능성이 더 높다. 물론 왕은 우리아의 침묵을 긍정의 의미로 받아들였을 것이다. 어느 군인이 그런 왕의 명령, 아니 호의를 거절하겠는가? 다윗은 그에게 선물까지 딸려 보낸다. 아마 그 선물은 왕이 준비한 음식이었을 것이다. 배부름은 욕정으로 이어진다는 유대인의 속담을 인용하지 않더라도 음식과 성욕의 상관관계에 대한 심리학 연구는 넘쳐난다. 왕이 하사한 '출장 음식'은 우리아와 밧세바의 낭만적 재회를 조장하기 위한 것이리라.

아직까지 우리는 우리아의 침묵이 왕의 명령에 대한 저항을 의미하는지 아니면 순종을 의미하는지 알 수 없다. 하지만 우리아가 왕의 지나친 환대에서 이상함을 눈치 챘을 가능성을 배제할 수 없다. 그를 소환하여 전쟁터의 상황을 물어본 것은 이해할 수 있는 일이지만, 그를 집으로 보내며, 특별 음식까지 하사하는 것은 지나친 호의처럼 보이기 때문이다. 그리고 이 시점에 사람들의 수군거림이 우리아에 귀에 들어갔을 가능성도 배제할 수 없다.

9절

왕의 기대와 달리, 우리아는 집으로 내려가지 않았다. 밧세바와 잠자리를 하지 않은 것은 말할 것도 없다. 그 대신 그는 궁전의 입구에서 노숙하였다. 그것도 "그의 주인"의 모든 부하들과 함께 말이다. 얼핏 듣기에는 이것은 우리아의 충성심을 강조하기 위한 표현인 듯하다. 하지만 좀 더 깊이 보면, 우리아의 행위는 충성이 아니라, 저항이요 항의임을 짐작할 수 있다. 먼저 "그의 주인"이 누구인지 불분명하다. 여기서 "그의 주인"은 다윗이 아니라 요압을 지칭하는 것일 수도 있다. 왜냐하면 우리아는 11절에서 요압을 "나의 주인"이라고 지칭하고 있기 때문이다. 둘째, 우리아가 노숙한 장소가 궁의 입구임에 주목할 필요가 있다. 왜 하필 궁의 입구인가? 그곳은 오늘날의 광장 같은 장소로 공개되고 많은 사람들이 오가며, 정치적으로 중요한 로비들이 행해지는 곳이었다. 이 때문에 왕에게 항의하고 항소하는 사람들은 왕궁 안으로는 못 들어가고 궁 앞에서 모여 시위하곤 했다(에 4:1-3 참조). 그렇다면 우리는 우리아가 궁 앞에서 노숙한 것, 그것도 무장한 수많은 군인들과 함께 노숙한 것은 단순히 다윗에 대한 충성의 표시가 아니라, 무언의 항의로 볼 수도 있을 것이다. 셋째, 우리아가 집에 내려가지 않은 것은 이유 여하를 막론하고 왕의 명령에 불복종한 것이다.

만약 우리아가 이처럼 암묵적으로 왕에게 항명, 항의하고 있는 것이라면, 우리아의 불만은 다윗과 밧세바의 관계에 관한 것이리라. 또한 우리아의 불만은 다윗에게만 향한 것이었을까? 아니면 밧세바에 대한 서운함은 없었을까? 다윗이 자신의 아내에게 항의를 표시할 때 그녀와의 잠자리를 거부했던 것처럼, 우리아가 밧세바와 동침하지 않는 것도 비슷한 맥락에서 이해할 수 있지 않을까?

다윗의 명령에 저항하는 우리아 11:10-13

10 사람들이 다윗에게 "우리아는 그 집으로 내려가지 않았다"고
보고했을 때 다윗이 우리아에게 말했다:
"너는 원정길에서 돌아오는 중이 아니었느냐? 왜 네 집으로
내려가지 않았느냐?"
11 우리아가 다윗에게 말했다:
"궤와 이스라엘과 유다가 움막[22]에서 머물고 있고, 내 주인 요압과
내 주인의 종들이 들에서 야영하고 있는데, 나 혼자[23] 집에 들어가
먹고 마시고, 내 아내와 함께 자야 하겠습니까? 당신의 살아 있음과
당신의 영의 살아 있음을 두고 맹세합니다: 나는 절대 이 일을 하지
않을 것입니다."
12 다윗이 우리아에게 말했다:

> "오늘과 내일 이곳에 머물러라. 그러면 내가 너를 보내 줄 것이다."
> 우리아는 그날 예루살렘에 머물렀다. 13 그다음 날 다윗은 그를
> 궁으로 불렀고, 그와 대면하여 먹고 마시고 그를 취하게 했다.[24]
> 저녁에 자기 침대에 눕기 위해 출궁했을 때, 우리아는 집으로
> 내려가지 않고, 그의 주인의 종들과 함께 있었다.

다윗은 어젯밤 우리아가 자기 집에 들어가지 않았다는 보고를 받고, 우리아를 다시 궁에 불러 질문한다. "왜 너는 집으로 내려가지 않았느냐?" 이 왕의 질문은 우리아의 개인적 문제를 지나치게 파고드는 듯하다. 왕이 우리아 장군을 궁으로 다시 소환한 후 전쟁 관련 공무를 추궁한 것이 아니라, 어젯밤 왜 집에 가지 않았는지를 묻고 있기 때문이다. 왕이 군인들과 야영했음을 알았을 것임으로 그 질문은 우리아가 어젯밤 어디서 밤을 보냈는지에 관한 것이 아니라, 정확하게 왜 그가 자기 집으로 가지 않았는지에 관한 것이다. 이런 우리아의 사생활에 대한 왕의 관심은 우리아의 의심을 확신으로 만들기에 충분한 것이었을 것이다.

이에 우리아는 다시 한 번 왕의 명령에 대한 자신의 입장을 분명히 한다—"이 일을 하지 않을 것입니다"(11절). 즉 그는 밧세바를 위로함으로 왕의 충신으로 남으라는 왕의 은밀한 제안을 받아들이지 않을 것임을 분명히 한 것이다. "이 일"로 번역된 히브리어 하다바르 하제(הדבר הזה)는 "이 말씀"이라고도 번역가능하다. 그러면 우리아는 "왕의 명령"을 이행하지 않을 것이라고 말하는 것과 다름없다.

이런 뜻에도 불구하고 우리아는 그가 노골적으로 항명한다고 비춰지 않도록 노력한다. 물론 왕도 우리아의 항명에 대한 불만을 노골적으로 드러내지 않고, 그에게 잔치를 베풀어서 그의 충심을 칭찬하려는 듯하다. 먼저, 우리아는 자신이 궁 앞에서 야영한 것을 항명이 아니라 "궤와 이스라엘과 유다"에 대한 충성이라고 말한다. "궤"는 신앙 정체성을 상징하고, "이스라엘과 유다"는 야영 중인 왕의 군대를 지칭한다. 여호와의 궤와 다윗의 군대가 "움막(סכות)" 즉 열악한 간이 거처에서

밤을 보내는데, '어찌 신하 된 자가 집에 돌아가 편히 아내의 품에서 잘 수 있겠는가'라고 기개 있게 말한다. 하지만 이것은 궤와 이스라엘 군대가 전쟁터에서 교전할 때 다윗은 궁에서 남의 아내를 품은 것에 대한 비판처럼 들리기도 한다. 이때 우리아는 다윗의 살아 있음을 두고 맹세한다. 보통은 "당신의 살아 있음으로…" 혹은 "당신의 영이 살아 있음으로" 중 하나만을 사용해 맹세하지만,[25] 우리아는 이 둘을 중복 사용해 맹세한다. 이것은 우리아의 충성 맹세가 얼마나 진지한 것임을 단적으로 보여 준다. 하지만 이 맹세의 내용에는 아이러니가 들어 있다. 우리아는 지금 밧세바와 동침하지 않겠다고 맹세하는데, 밧세바와 동침한 다윗의 생명을 두고 맹세하고 있기 때문이다.

우리아의 말이 표면적으로는 하나님과 왕에 대한 충성심을 드러내지만, 그 이면에는 다윗과 밧세바의 관계를 우리아가 인지하고 있음을 보여 주는 실마리들을 포함한다. 그중 "내 아내와 함께 자야 하겠습니까"라는 말은 우리아가 왕의 암묵적 의도를 알아차렸음을 단적으로 보여 준다. 왕은 우리아를 집으로 내려 보낼 때 최대한 이 뉘앙스를 피하려고 노력했다. "발을 씻어라"라는 명령은 여정에 지친 피로를 풀라는 뜻일 뿐 성적인 뉘앙스는 없는 말이었다. 하지만 우리아는 왕의 의도를 알아차렸다는 듯이 어젯밤 집에 내려가지 않은 이유를 묻는 왕에게 "내 아내와 함께 자야 하겠습니까?"라고 되묻는 것이다. 이는 우리아가 다윗과 밧세바의 관계에 대해 이미 알게 되었음을 암시한다. 어차피 그녀가 왕의 아이를 임신했다는 사실은 비밀로 지켜질 수 없는 성질의 것이다. 소문이 날 수밖에 없다. 다윗도 밧세바를 취할 때 비밀 유지에 그다지 신경 쓰지 않는 모양이었다. 밧세바를 궁에 데려올 때 많은 신하들을 보냈고, 밧세바도 사람을 시켜 임신의 말을 전했다. 누구도 공개적으로 왕을 비난하거나, 언론에 '기사화'되지는 않았지만, 다윗과 밧세바의 관계는 모두가 뒤에서 수군거리는 주제였을 가능성이 높다. 우리아가 그런 소문을 들었을 가능성은 충분하다.

우리아는 지금 왕의 속내를 잘 알고 있다. 왕은 우리아가 조용히 왕이 저지른 잘못을 처리해 주기를 바라는 것이다. 우리아를 속이는 것이 왕의 의도가 아니었다. 왕도 우리아가 소문을 듣고 알고 있다고 전제하고 있을 가능성이 높다. 절대 권력의 왕은 그 정도로 뻔뻔해질 수 있다. 왕이 우리아에게 기대했던 것은 집에 돌아가 밧세바와 동침하여 임신에 대한 '알리바이'를 만들 뿐 아니라, 왕의 성적 노리개로 이용당한 아내를 위로하고 자신은 그냥 이전처럼 충성스러운 신하로 계속 살아갈 것을 주문하는 것이다.

그러나 우리아는 이에 항명한다. 우리아는 집에 돌아가지도, 아내와 동침하지도 않는다. 하지만 그가 궁 앞에서 많은 사람들과 야영한 것은 왕의 추행을 모든 사람에게 드러내기 위함은 아니다. 이미 알만한 사람은 다 아는 사실일 것이다. 왕이 밧세바를 임신시킨 일이 알려진다 한들, 왕은 결코 탄핵되지 않을 것이다. 일부 학자들은 남의 아내와 간음한 사람을 사형시키라는 율법(레 20:10; 민 22:10)을 근거로 다윗이 밧세바와의 간음을 숨기려 했다고 주장하는데, 절대 권력의 왕에게 그 율법은 사문화되었을 가능성이 높다. 오히려 왕에게 협조하지 않은 우리아의 목숨만 위태로워질 뿐이다. 그럼에도 우리아가 그렇게 행동한 이유는 무엇일까?

만약 우리아가 밧세바와 다윗의 관계에 대해 몰랐다면, 우리는 우리아의 순진한 충성심이 그를 예기치 않은 죽음으로 몰아갔다고 생각할 것이다. 하지만 그랬을 가능성은 희박하다. 우리아는 그 관계를 알았고, 죽음을 무릅쓰고 의도적으로 항명을 선택했을 가능성이 더 높다. 그렇다면 우리아가 다윗이 절대 권력자라는 현실에 타협하여서, 계속해서 밧세바의 남편이자 다윗의 충신으로 살아가기를 거부한 이유는 무엇일까?

이것은 단지 다윗에 대한 실망만으로 설명될 수 없다. 왜냐하면 옛 사람들은 왕에 대해 그리 높은 도덕을 요구하지 않았을 것이기 때문이다. 무엇을 해도 왕은 왕이다. 그렇다면 우리아가 밧세바에게 실망했을 가능성은 없을까? 자신의 아내가 왕의 힘 앞에 속절없이 유린당했다고 생각한다면, 왕을 죽일 순 없더라도 아내를 위해서 집에 내려가 그녀를 위로하고 앞으로 함께 살아갈 대책을 세워야 하지 않았을까? 우리는 앞서 4절에 대한 설명에서 밧세바가 일방적인 피해자가 아니었을 가능성에 대해 이야기했다. 심지어 임신한 밧세바는 다윗에 대한 모종의 통제력도 얻었다. 이것은 밧세바가 전령을 '보내어' 임신 사실을 다윗에게 '통보한' 행위를 통해 암시한다. 또한 그녀가 전한 메시지의 어투(칠십인역 참조)에서도 우리는 밧세바와 다윗의 관계가 강간범과 피해자의 관계가 아님을 짐작할 수 있었다. 뿐만 아니라 열왕기상 1, 2장의 사건을 통해 우리는 밧세바가 매우 정치적이며 술수에 능한 여자임을 알게 된다. 이 모든 것을 고려하면, 표면적으로는 밧세바 사건이 권력형 성폭행인 것으로 보이지만, 사무엘서 저자는 그 사건을 통해 권력자의 '전능자 증후군'을 비판하고 있음을 알 수 있다.[26] 즉 모든 것을 통제한다고 생각한 다윗이 실제로는 아랫사람들의 '반격'과 '협상'에 노출되어 있음을 확인시켜 준다. 다윗과 우리아와의 관계에 대해서도 비슷한 말을 할 수 있다.

우리아는 누구보다도 밧세바를 잘 알았을 것이다. 밧세바가 자신의 아내로 평생 살 수 없는 여자라는 것을 짐작했을 가능성도 있다. 그리고 더 이상 함께 갈 수 없는 임계점은 밧세바의 임신과 함께 찾아왔다. 임신하지 않았다면, 우리아는 다윗과 밧세바의 관계를 인지했더라도 그냥 참고 넘어갔을 것이다. 하지만 임신은 밧세바에게 일종의 '권력'을 주었고, 밧세바가 그 기회를 그냥 넘길 리 없었다. 설사 밧세바는 이번 기회를 놓치더라도 다음 기회를 노릴 가능성도 있다. 결국, 우리아가 왕의 명령을 듣지 않고 집으로 내려가지 않은 것은 이런 밧세바의 야심 때문이었을 것이다. 자신이 섬기던 왕에게 그리고 자신의 아내에게 배신당한 우리아는 굳이 연명하여 후에 버림받게 되는 비참한 상황을 기다리기보다는 군인으로서 명예로운 죽음을 받아들이기로 한 것 같다. 즉 그는 전쟁터에서 다윗의 충신으로 죽기를 원했을 것이다. 그리고 그것이 당시 상황에서 우리아가 선택할 수 있는 최선의 길은 아니었을까?

우리아의 말 속에는 분명 왕에 대한 꾸지람이 있다. "궤와 유다와 이스라엘이 들에 야영하는데"라는 말은 우리아의 고상함과 충심을 드러내는 동시에, 자신의 범죄를 은폐하려는 다윗의 악함을 고발한다. 하지만 다윗은 우리아의 비판을 알아듣지 못했고, 알아들었다 해도 회개하지 않았다. 오히려 또 다른 계략(아래 12절 참조)으로 우리아를 조정하려 한다. 이처럼 권력자는 생활 속에서 주어지는 하나님의 음성을 알아듣기 힘든 것 같다. 선지자가 나서서 직언하지 않는 한, 삶 속에서 스스로 깨달을 것을 기대할 수는 없다.

12절

우리아의 항명은 우발적인 것이 아니라 그의 소신에 의한 것이었다. 그는 맹세까지 하며 집으로 가지 않겠다고 선언한 상태다. 이에 다윗은 정상적인 방법으로는 우리아를 설득할 수 없다고 생각하고, 새로운 계책을 쓴다. 하지만 이 계책의 목표는 우리아를 취하게 한 후 집으로 돌아가 아내와 잠자리를 가지게 하기 위한 것이 아니다. 이미 우리아는 밧세바의 임신 사실을 알고 있다. 아니 온 예루살렘이 수군거리는 바이다. 다윗이 계책하는 바는 옛날 손권이 유비에게 쓴 것와 유사하다. 유비의 절개를 꺾지 못할 것임을 확신한 손권은 유비에게 재물과 좋은 음식, 그리고 쾌락을 제공한다. 좋은 음식과 좋은 음악은 유비의 예리한 마음을 무디게 하여 어느 순간 사명의 땅인 형주로 돌아갈 생각을 접어 버린다.

지금 우리아와 같은 원칙과 절개의 사람을 꺾는 방법은 그로 하여금 "세속의 맛"을 보게 하는 것이다. 어려운 전쟁터만 전전하던 우리아에게 궁전의 화려한 장식, 맛있는 음식, 그리고 매력적인 춤과 음식은 유혹이 되었을 것이다. 우리아가 그런 세속적 즐거움을 탐닉하게 된다면, 우리아는 왕이 제시한 타협안에 따라 밧세바에게 내려가 왕이 저지른 문제를 수습하고, 왕의 충성된 신하로 남을 것이다. "왕이 우리아를 취하게 했다"는 말은 왕이 우리아에게 술을 먹여 인사불성으로 만들었다는 뜻이 아니라, 왕이 우리아를 세속의 즐거움에 빠지게 했다로 해석할 수 있다.

이런 왕의 작전은 여러 날 지속된다. 셋째 날 우리아가 다시 전쟁터로 돌아간 것으로 기록되지만, '3'이라는 숫자는 상징적인 숫자일 가능성이 높다. 다윗은 여러 날 동안 우리아를 궁에 불러 들여 길들이려 했을 것이다. 하지만 우리아는 길들여지지 않았다. 그는 출궁했을 때 어김없이 자신의 집, 아내가 누운 침상이 아니라, 궁 앞에 야영하고 있던 군인들의 "움막"으로 되돌아갔다. 우리아가 절대로 길들여지지 않을 것이라고 생각한 다윗은 우리아를 죽이기로 결심한다. 우리아도 아마 결국 이 순간이 올 것임을 미리 짐작하고 있었을 것이다.

요약하면, 다윗은 자신이 가진 권력에 길들여졌다. 그는 무엇이든지 할 수 있고, 무엇이든지 손에 넣을 수 있다는 '전능자 증후군'에 빠졌다. 실제로 다윗은 전능자처럼 말 한 마디로 무엇이든지 성취할 수 있었다. 그가 명령하면 수많은 이름 없는 '전령'들이 그것을 현실로 만들어 주었다. 다윗은 손에 피 한 방울 묻히지 않고 현장을 완벽하게 통제할 수 있다고 생각했다.

하지만 권력이 주는 이런 망상은 밧세바를 만나면서 깨어진다. 다윗은 자신의 권력으로 밧세바를 취할 수 있고, 그 과정에서 발생하는 모든 찌꺼기들을 제어할 수 있다고 생각했지만, 그 일로 인해 다윗은 오히려 스스로의 권위와 권력을 잠식시키는 긴 여정을 시작하게 된다. 밧세바는 임신을 통해, 다윗에 대한 영향력을 확보한다. 다윗은 임신 문제를 해결하기 위해 우리아를 소환하지만, 우리아마저 다윗의 권력에 통제되지 않는다. 오히려 우리아는 드러나지 않게 다윗의 권력에 저항한다. 다윗은 자신이 완벽히 상황을 통제하고 있다고 믿지만, 자신의 권력이 완벽하다고 착각하지만, 그의 권력에는 이미 누수 현상이 발생되었고, 그 과정에서 그는 더욱 깊은 죄악 속에 빠지게 된다.

다윗과 밧세바의 관계는 성경 본문에서 다소 복잡하게 그려진다. 분명한 것은 일방적인 가해자와 피해자의 관계는 아닌 듯하다. 우리아가 다윗의 소망대로 집에 가 밧세바를 위로하고, 함께 살 궁리를 하지 않고 다소 극단적인 저항의 길을 선택한 이유에는 밧세바에 대한 서운함이 들어 있는 것 같다. 물론 이 해석은 우리아가 소문을 통해 이미 다윗과 밧세바의 관계, 나아가 임신 소식을 잘 알고 있었음을 전제한 것이다. 우리아가 다윗과 밧세바의 관계를 전혀 몰랐을 가능성도 배제할 수는 없고, 그것을 전제한 해석도 가능하다. 전통적인 절대다수의 해석은 우리아가 알았을 가능성을 배제하고, 우리아가 집에 가지 않은 이유를 그의 충성심에서 찾는다.

질문

1. 다윗이 우리아를 궁에 불러들여 취하게 한 이유는 무엇입니까?
2. 밧세바가 다윗과의 관계에 전적으로 수동적이지 않았음을 보여 주는 정황적 증거들은 무엇입니까?
3. "집에 내려가서 발을 씻으라"는 다윗의 명령을 어기고 우리아가 군영에 내려가 잔 이유는 무엇입니까?

묵상

권세는 하늘로부터 온다는 말이 있습니다. 고대 근동 사람들은 권력자를 신으로 생각했지만, 독특하게도 이스라엘의 권력자는 백성을 섬기는 하나님의 종에 불과했습니다. 하지만 인간의 뿌리 깊은 죄성은 하나님이 수단으로 주신 권력을 목적으로 만들어 버립니다. 권력은 백성의 안녕과 하나님의 뜻을 위한 수단임에도 권력을 유지하기 위해 백성과 하나님을 수단으로 만들어 버립니다. 교회 공동체도 인간 권력과 정치로부터 자유로울 수 없습니다. 절대 권력의 다윗이 "전능자 증후군" 속에서 일반인들은 엄두도 내지 못할 범죄를 서슴지 않고 저지르듯이, 절대 권력의 종교 지도자들도 다윗처럼 행동하기 쉽습니다. 이때 종교 지도자들은 하나님이 주신 권세가 백성들을 섬기는 도구임을 기억해야 합니다. 즉 나의 권력 유지를 위해 교회 공동체의 적지 않은 사람들이 고통을 당한다면, 자신의 권력 유지가 이미 목적 그 자체가 되지 않았는지 반성할 필요가 있습니다. 예수님도 일찍이 이런 권력의 타락상을 아시고, "누구든지 머리가 되고자 하면 꼬리가 되고, 누구든지 주인이 되고자 하면 섬기는 자가 되라"고 말씀하십니다.

21
우리아의 죽음

삼하 11:14-27

절대 권력은 절대 타락한다는 말이 있지만 본문은 조금 다른 교훈을 준다. 다윗이 우리아를 살해하는 과정은 절대 권력이 절대적이지 않음을 잘 보여 준다. 권력이 절대적이라는 생각은 권력자들만 가지는 착각이다. 특히 죄지은 권력은 절대 절대적일 수 없다. 지배자들은 권력과 돈만 있으면 이 세상에 안 되는 것이 없다고 생각할 수 있으나, 그것은 하나님의 창조 질서에 대한 무지에서 비롯된 착각이다. 하나님과 백성을 섬기는 수단으로 주어진 권력이 죄의 도구가 되는 순간, 그 권력자는 주변인들의 조작과 통제에 당하는 위치에 놓인다. 죄를 지은 다윗도 밧세바, 우리아, 요압, 전령과의 관계에서 상대편을 압도하거나 장악하지 못하고 통치 권위의 상당 부분을 잃게 된다.

다윗의 편지 11:14-16

14 아침에 다윗은 요압에게 편지를 써서 우리아의 손에 보냈다.
15 그는 편지에 다음과 같이 썼다:

"우리아를 격렬한 전투가 벌어지는 최전선에 배치하라. 적과
싸우다 맞아(נכה) 죽도록(ומת) 그를 남기고 후퇴하라."
16 그 성의 동정을 살피다가 요압은 적의 정예병들이 있다고 확신한
장소에 우리아를 배치하였다. 17 그 성의 사람들이 나와 요압과
전투했을 때 백성들과 다윗의 종들이 넘어졌다. 그리고 헷 사람
우리아도 죽었다.

우리아가 밧세바의 임신 사실을 몰랐다고 가정하는 해석가들은 우리아가 자신의 사형 명령이 담긴 편지를 전달할 때 그 내용에 대해 전혀 알지 못했다고 생각한다. 이런 해석에 따르면 충신 우리아가 그 편지를 절대로 열어 보지 않을 것임을 확신한 다윗은 그의 충성마저 자신의 사악한 정치적 목적에 이용한 것이다. 하지만 지난 장에서 살핀 것처럼 우리아가 밧세바의 임신 사실을 알았다면, 그는 자신이 사형 명령이 담긴 줄을 짐작하고도 편지를 요압에게 전달한 셈이 된다. 그는 편지를 열어 내용을 확인한 후, 망명이나 반란의 길을 걷을 수도 있었다. 다윗은 그것을 원하거나 의도했을 수도 있다. 그러나 우리아는 그렇게 하지 않고 다윗의 충신으로 남아 명예롭게 죽는 길을 선택했다.

14절 ________

다윗이 우리아에게 맡긴 편지는 어떤 형태였을까? 현재 고고학 발굴에 의해 발견된 고대 이스라엘의 편지들은 대부분 도자기 파편(오스트라카)에 잉크로 새겨진 것들이다. 도자기 파편은 가격이 저렴하기 때문에 가장 널리 쓰인 기록 수단이었다. 하지만 도자기 파편은 봉인할 수 없으므로 보안에 취약하다. 보안을 위해서는 파피루스나 가죽 편지가 사용되었는데, 잉크로 글을 쓴 후 둘둘 말아 줄로 묶어 진흙으로 봉한 후 인장을 찍어 보냈다. 물론 파피루스나 가죽은 쉽게 썩는 것이라 오늘날까지 그런 편지가 남아 있지는 않다. 하지만, 다윗이 요압에게 준 편지는 보안이 필요한 내용이었기 때문에 가죽이나 파피루스에 잉크로 글을 쓴 후 진흙으로 봉인해 우리아에게 전달했을 가능성이 있다.

여기서 기억해야 할 것은 포로기 이전의 고대 이스라엘 특히 다윗 왕조 때에는 글보다는 말이 주요한 소통 수단이었다는 사실이다. 다시 말해 특별한 경우를 제외하고 구두 메시지로 원거리에 있는 사람들 간의 소통이 발생했다. 왕과 전쟁터 사이를 오고 가는 전령도 구두로 메시지를 전달하는 경우가 일반적이었다. 과거에 엘리도 여호와의 궤가 탈취되었다는 소식을 구두 보고 형식으로 들었고 우리아의 죽음에 관해 요압이 다윗에게 보고할 때에도 전령의 구두 메시지를 활용했다.

그렇다면 다윗이 요압에게 봉인된 편지를 쓴 것은 이례적이라 할 수 있다. 다윗의 봉인된 편지를 받은 우리아는 그것을 분명 이상히 여겼을 것이다. 다윗의 명령이 그의 장군 요압에 내려진 공적인 군령이라면 구두 편지로 충분했을 것이기 때문이다. 더구나 적지에서 고생하는 군인들에 대한 격려의 메시지를 담았다면, 글 편지보다 구두 편지가 왕의 마음을 전달하는 데 더 효과적이었을 것이다. 전령으로서 우리아는 다윗의 표정까지 흉내 내며 편지의 내용을 전달했을 것이다. 하지만, 다윗의 편지는 봉인된 글 편지였다. 우리아의 마음속에 궁금증이 생길 수밖에 없다. 더구나 우리아는 다윗의 최측근 용사 중에 하나이다(삼하 23:39 참조). 대부분의 비밀정보에 대한 접근 권한을 가지고 있었을 직위였다. 그런 우리아도 알아서는 안 될 금지된 비밀 작전이란 무엇일까?

우리아가 밧세바의 임신을 인지했고 의도적으로 다윗의 뜻—밧세바와 동침하여 다윗의 충신으로 남을 것—에 저항했다면 그 편지 속에 담긴 내용을 쉽게 짐작했을 것이다. 하지만 반란이나 저항 대신 다윗의 신하이자 이스라엘의 군인으로서 명예로운 죽음을 각오한 우리아는 편지를 뜯어 그 내용을 확인할 필요도 없었다. 봉인 편지를 받아 든 순간 그 내용을 충분히 짐작할 수 있었기 때문이다.

15절

15절에 공개된 편지 내용에 따르면, 다윗은 우리아를 싸움이 가장 치열한 곳에 홀로 버려 두어 그가 적들의 손에 죽도록 하는 계략을 세웠다. 요압에게 전달된 다윗의 계략은 우리아의 죽음에 관해 다음의 두 가지를 성취하도록 의도된 것이다. 첫째는 우리아를 적들의 손에 죽게 하는 것이다—"그가 싸우다 죽도록…". 이스라엘 병사의 손에 죽는다면 그 책임이 다윗까지 미칠 가능성이 있기 때문에 다윗은 우리아의 죽음이 마치 전장에서 발생하는 우연적이고 불행한 죽임인 것처럼 꾸미기 원한다. 물론 이런 계략이 다윗의 죄책을 없앨 수는 없다. 왜냐하면 우리아의 죽음은 절대로 우연도 아니고 자연스러운 것도 아니기 때문이다. 둘째는 우리아만 죽게 하는 것이다. 나머지 병사들이 그 작전에서 희생당해서는 안 된다—"너희들은 그를 남기고 후퇴하라". 다윗의 목적은 자신의 뜻에 따르기를 거부한 우리아만을 죽이는 것이다. 악한 다윗은 자신의 죄악에 협조하기를 거부하는 우리아를 더 이상 살려 둘 수 없었다. 하지만 이 계략도 요압 때문에 그대로 실현되지 못한다.

표면적으로는 요압이 다윗의 명령에 순종한 듯이 보인다(16-17절). 즉 요압은 우리아를 치열한 전투에 배치하였고 전투 중에 우리아가 사망한다. 하지만 깊이 들여다보면 그는 다윗의 명령에 100퍼센트 순종하지 않았다. 다윗의 의도대로 우리아가 적들의 손에 죽게 하는 데는 성공했지만, 우리아만을 남기고 후퇴하라는 다윗의 명령에는 순종하지 않았다. 그래서 다윗의 종들도 우리아와 함께 희생당했다. "다윗의 종"(15절)은 다윗이 아끼는 최측근 용사들을 지칭하는 숙어이다.

구체적으로 요압이 어떻게 전투를 수행했는지는 분명하지 않다. 하지만 전후 문맥을 보면 전투 상황이 조금은 분명해진다. 요압은 암몬인들의 수도 랍바를 포위 공격하고 있었다(11:1). 포위 공격(צור)의 기본 전력은 선제공격하지 않고 기다리는 것이다. 성 안의 원거리 무기—즉 활이나 투석기—가 닿지 않는 곳에 진을 치고, 항복하여 문을 열어 줄 때까지 사람이나 물건의 출입을 통제하는 것이 포위 공격의 방법이다. 시간이 조금 많이 걸리는 단점이 있지만, 아군의 피해를 최소화하며 승리할 수 있는 이점도 있다. 다윗의 비밀 지령을 받아 든 요압은 이런 포위 공격의 전략과 상반되는 전술을 감행한다. 즉 성의 동정을 살피다가(שמר) 우리아가 배속된 다윗의 정예 부대를 성 근처로 이동시킨다. 포로 공격 중 이렇게 병력의 일부가 성벽에 접근하는 경우는 대개 도발을 위한 것이다. 성 근처에 접근하여 '일대일 대결'을 펼치자고 떼를 쓴다든지 성 안 사람들의 사기를 저하시키는 욕섞인 연설을 하는 것이다. 하지만 이런 도발은 국지전으로 이어지거나, 그렇지 않더라도 성 안에서 날아든 화살에 장수의 목숨이 허무하게 달아날 위험을 내포한다. 그럼에도 요압이 도발 작전을 감행한 것은 다윗의 비밀 임무를 수행하기 위함이다. 요압의 도발은 국지전으로 이어졌다. "성의 사람들이 나와 요압과 전투했다." 아마 우리아를 포함한 다윗의 용사들은 암몬 군인들과 치열한 전투를 벌였을 것이다. 하지만 다윗의 명령에 반하여 요압은 중간에 후퇴 명령을 내리지 않는다. 그 때문에 우리아는 물론, 일반 병사들과 다윗의 용사들 중 일부가 희생되었다.

그러면 왜 요압은 다윗의 명령대로 행하지 않았을까? 그것은 다윗의 명령이 요압의 권력을 실추시킬 것이기 때문이다. 만약 다윗의 명령대로 요압이 작전을 지시했다면, 그의 모든 부하들은 그 작전이 우리아를 살해하기 위한 것임을 직감했을 것이다. 부하를 보호하지 않는 사령관을 존경하고 따를 리 없다. 즉 요압은 다윗의 지시가 자신의 권위와 지위를 위태롭게 한다고 판단한 것이다. 따라서 다윗의 큰 의도를 따르면서 자신에게 정치적 해가 미치지 않는 방식으로 다윗의 명령을 수정하여 수행한 것이다. 이것은 권력자와 그 권력을 보좌하는 요원들 사이에 관계의 복잡성을 잘 보여 준다. "전능자 증후군"을 가진 권력자들은 자신이 세 치 혀로 세상의 모든 것을 제어할 수 있다고 믿지만, 그의 권력은 늘 그것을 수행하는 사람들의 협력에 의해서만 유지될 수 있다. 권력자를 섬기는 요원들도 늘 자기 자신의 생존에 해가 되지 않는 범위에서, 또한 명령이 납득되는 한에서 권력자를 보좌한다. 돈으로 혹은 명분으로 부하들의 협력을 사지 않고서는 권력자는 권력을 행사할 수 없다. 놉 제사장들의 학살을 명령한 사울을 예로 보자. 사울은 절대 권력의 군주였지만, 무고한 제사장들을 죽이라는 그의 명령에 따르는 신하들이 없었다. 이것은 권력자의 권력 행사가 부하들의 협력에 의존하고 있음을, 그래서 권력이 그만큼 제한된 것임을 보여 준다.

더구나 왕의 명령이 범죄 행위일 때는 더욱 그렇다. 그 경우 왕은 오히려 부하들에 의해 통제된다. 즉 절대 권력에 누수가 발생하는 것이다. 범죄한 권력자는 더 이상 온전한 권력을 누리지 못한다. 왜냐하면 그 범죄를 대신 수행해 준 부하들에 의해 협박되고 통제될 가능성이 생기기 있기 때문이다. 이어지는 장면에서 드러나는 요압과 다윗과의 관계도 이런 역학 관계로 설명 가능하다.

요압이 전령을 보내다 11:18–21

18 요압이 전령을 보내어 다윗에게 전쟁에 관한 모든 일들을
보고했다. 19 그는 전령에게 다음과 같이 명령했다:
"네가 전쟁에 관한 모든 것을 왕에게 말하기를 마치자마자,
20 왕의 분노가 올라 너에게 이처럼 말할 것이다: '왜 너희들이 성에
근접하여 싸웠느냐? 벽 위에서 그들이 (돌/활)로 공격할 것을 알지
못했느냐? 21 누가 여룹베셋의 아들 아비멜렉을 죽였다더냐?
여자가 그에게 벽 위에서 윗맷돌을 던져서 그가 데베스에서[1] 죽었다
않았느냐? 왜 너희들은 벽에 근접하였느냐?' 그러면 너는 다음과
같이 답하라: '당신의 종 헷 사람 우리아도 죽었습니다.'"

18절

처음으로 요압이 전령을 "보내어" 다윗에게 말하는 입장에서 선다. "보내다"가 권력자의 통치 행위를 상징하는 단어라는 점에서 이 시점에서 다윗과 요압 사이의 역학 관계가 미묘하게 변화하고 있음을 알 수 있다. 6절에서 요압이 "보내다"의 주어로 사용되지만, 그것은 우리아를 "보내라"라는 다윗의 명령에 순종하는 행위였다. 하지만 다윗의 지시대로 우리아를 살해한 후 요압이 다윗에게 전령을 "보내는" 행위는 그와 다르다. 여기서 우리는 권력 관계의 역전을 감지한다. 즉 요압이 다윗에

대해 영향력을 행사할 수 있는 위치에 서게 된 것이다. 이것은 밧세바가 임신한 후, "전령을 보내어" 다윗에게 임신 사실을 말했을 때를 상기시킨다. 실제로 그 두 사건에서 샬라흐(שלח) "보내다"와 나가드(נגד) "말하다"라는 동일한 동사들이 사용된다. 밧세바가 임신을 알리는 행위와 요압이 우리아의 죽음을 알리는 행위에서 우리는 지배자와 피지배자, 혹은 가해자와 피해자 사이의 역학 관계의 변화를 감지한다. 그 순간 밧세바와 요압은 다윗에 대해 각각 성폭력 피해자와 신하 이상이 된다.

19-21절 ________

이런 역학 관계의 변화는 요압의 긴 메시지 안에서 분명히 드러난다. 이후에 전령이 요압의 메시지의 많은 부분을 생략한 점으로 볼 때, 성경 저자가 요압의 메시지를 이렇게 길게 묘사한 것은 주목할 만하다.[2]

요압은 전령에게 두 개의 메시지를 시간차를 두고 전하라고 지시한다. 먼저 전령이 전쟁에 관한 모든 일을 보고해야 한다. 그리고 다윗이 그 소식을 듣고 분노했을 때, 우리아의 죽음을 알리면 된다. 또한 요압은 첫 번째 보고에 대한 다윗의 반응을 매우 자세하게 알려준다. 심지어 다윗이 어떤 논리로, 어떤 예화로 전령을 꾸중할지도 점쟁이처럼 예언한다.

가장 먼저 물어야 할 핵심적인 질문은 전령에게 우리아의 죽음을 시간차를 두고 알리라고 명령한 이유이다. 즉 요압은 왜 다윗이 전투 결과에 대해 분노한 후 우리아의 죽음에 대해 알게 되는 전략을 세웠을까?[3] 전령에 내린 요압의 지시는 다윗과 요압 간의 권력 관계에 변화가 있음을 보여 준다. 다윗이 자신의 용사들이 죽었다는 소식에 분노했다가 우리아의 희생에 관한 이야기를 듣고 갑자기 그 분노를 멈춘다면, 그 소식을 듣는 예루살렘에 있는 모든 사람들이 우리아의 죽음에서 다윗이 모종의 유익을 얻었다 의심할 것이다. 그것은 무고한 여러 명의 젊고 충성된 생명들의 죽음과도 맞바꿀 수 있는 정도로 다윗에게는 중요한 유익이었을 것이다. 그리고 사람들은 소문으로만 듣던 그 일이 사실임을 직감할 것이다. 즉 다윗이 우리아의 죽음에 갑자기 분노를 멈춘 사실은 우리아의 아내에 대한 다윗의 범죄에 대한 확실한 정황적 증거가 되는 셈이다. 요압이 노린 것도 바로 그 점이다. 그 일로 다윗은 당장 탄핵되지는 않겠지만 도덕성에 심각한 타격을 입을 것은 분명하다. 뿐만 아니라 다윗의 충신 우리아의 억울한 죽음은 다윗에 대한 다른 부하들의 충성심에 심각한 흠집을 낼 가능성도 있다. 그만큼 다윗에 대한 요압의 제어력이 높아지고 군대에 대한 요압의 장악력이 강해지는 것은 말할 것도 없다.

요압이 전투 결과에 대한 보고 형식을 통해 다윗의 범죄를 만천하에 공개함으로써 다윗을 꾸짖고 협박하고 있다는 사실은 요압이 예상한 다윗의 질책성 반응에서도 드러난다. 요압에 따르면, 다윗은 먼저 포위 전략에 반하는 전술을 쓴 것에 대해 꾸짖을 것이다. 즉 성에 근접하여 적을 도발하는 전술을 사용한 것에 대해 질책할 것이다—"왜 너희들은 성에 근접하여 싸웠느냐?"(20절). 또한 다윗은 소규모의 병력으로 성에 접근하는 것이 얼마나 위험한 일인지 언급할 것이다—"벽 위에서 그들이 활 (혹은 돌)로 공격할 것을 알지 못했느냐?"(20절). 마지막으로 다윗은 아비멜렉의 예를 통해 그 위험성을 예증할 것이다—"누가 여룹베셋의 아들 아비멜렉을 죽였다더냐? 여자가 그에게 벽 위에서 윗맷돌을 던져서… 죽었다 않았느냐?" 특히 다윗이 아비멜렉의 예를 들 것이라는 대목은 요압의 메시지가 가지는 숨은 의도를 잘 드러낸다. 아비멜렉은 사사 중에서도 왕 같은 절대 권력을 휘두른 사사이다. 심지어 자신을 왕으로 선포했다. 재미있는 것은 그런 절대 권력의 아비멜렉을 죽인 것이 다름 아닌 여자라는 사실이다. 그것도 활을 쏘아 죽인 것이 아니라 "윗맷돌(פלח רכב)"을 던져 죽인 것이다. 고대 이스라엘의 맷돌은 평평하지만 가운데가 움푹 패인 큰 아랫돌에 곡식을 놓고, 손잡이가 달린 작은 윗돌을 앞뒤로 움직여 곡물은 가는 구조이다. 물론 맷돌로 곡식을 가는 일은 여자의 일임은 말할 것도 없다. 다시 말해 아비멜렉은 여자에게, 그것도 무거운 아랫 맷돌이 아닌 가벼운 윗 맷돌을 던질 수밖에 없는 힘없는 여자에게 죽임을 당했다는 것이다. 일견 성벽에 접근하는 것이 군사 전략적으로 얼마나 어리석고 위험한 일인지를 설명하는 예화로 인용되었지만, 깊이 들여다보면 권력자가 여자에 의해 얼마나 허무하게 무너질 수 있는지를 보여 주는 예화이다. 실제로는 전령이 이 예화를 빼고 요압의 메시지를 전함에도 사무엘서 저자가 이것을 요압의 메시지에 포함시킨 것은 요압이 다윗의 문제를 정확히 인지하고 있으며, 그것을 다윗과의 관계에서 지렛대로 사용함을 보여 주기 위함이다.

전령의 보고와 다윗의 반응 11:22-25

22 그 전령이 출발해 도착하여 다윗에게 요압이 전한 모든 것을
보고하였다. 23 전령이 다윗에게 말했다:
"그들이 처음에 우리에게 강하게 나왔습니다. 그들이 들까지
우리를 공격해왔습니다. 우리가 반격하여 그들을 성문 입구까지
몰아세웠을 때 24 궁사들이 성문 위로부터 당신의 종들에게 활을
쏘았습니다. 왕의 종들이 많이 죽었고 당신의 종 헷 사람 우리아도
죽었습니다."
25 다윗이 전령에게 말했다.
"너는 요압에게 이렇게 전하라: '이 일 때문에 너무 근심하지 마라.
검은 이렇게 죽이기도 저렇게 죽이기도 한다. 네 전투를 더 과감히
수행하여 그 도시를 무너뜨려라.'"

22-24절 ________

전령이 다윗에게 전한 메시지는 요압이 전령에게 명령한 것과 다른 방식으로 전달되었지만, 요압의 메시지 자체는 충실하게 전달되었다. 다시 말해 다윗의 뜻대로 우리아가 적의 손에 죽었다는 요압의 메시지를 잘 반영하였다—"그 전령이… 다윗에게 요압이 전한 모든 것을 보고하였다"(22절). 하지만 전령은 요압이 명령한 것처럼 메시지를 두 부분으로 나누고, 다윗의 정예 병력의 희생을 먼저 보고하여 다윗의 분노를 유발한 후 우리아의 죽음을 알리는 방식을 취하지는 않았다. 뿐만 아

니라 전령은 전투의 상황도 다소 각색하였다. 즉 실제 전투 때에는 요압이 우리아를 포함한 다윗의 정예 병력을 성 근처로 보내 전투를 도발했음에도 불구하고, 전령은 암몬인들의 선제공격으로 전투가 시작되었다고 말한다—"그들이 처음에 우리에게 강하게 나왔습니다"(23절). 그리고 전투가 성벽 근처에서만 진행되었지만 그는 전투가 들까지 확장되었다고 말한다. 즉 암몬인들의 선제공격으로 이스라엘군이 들판까지 후퇴하였으나 다행히 전열을 가다듬어 반격하여 암몬 사람들을 성문 입구까지 몰아세웠다고 보고한다. 하지만 성문 안에서 날아드는 화살 때문에 부득불 아군의 희생자가 발생하게 되었고, 그중에 우리아도 있다는 말로 보고를 마무리한다.

그렇다면 왜 전령은 요압의 메시지를 그대로 전달하지 않았을까? 고대 사회에서 구두 편지는 전령이 발신자의 의도를 훼손하지 않는 범위 내에서 어휘를 변경하고 내용을 수정할 여유를 가졌다. 따라서 전령이 어휘나 내용을 조금 수정하는 것은 놀랄 일은 아니다. 하지만 본문에서 요압의 전령이 그 주인의 메시지에 가한 수정은 통상의 범위를 훨씬 벗어나는 것임에 틀림없다. 그렇다면 전령은 왜 그런 수정을 가했을까?

전령이 요압의 메시지를 전달하는 과정에서 가장 신경 쓴 부분은 다윗의 분노를 일으키지 않으려는 것이다. 다윗은 자신에게 나쁜 소식을 가져오는 전령들을 죽이는 것으로 유명하다. 사울의 죽음을 알린 전령도 다윗의 손에 죽었고, 이스보셋의 죽음을 알린 전령도 소식을 전하자마자 그의 목이 달아났다. 이 사실을 잘 알았던 전령은 요압이 전한 대로 말해 다윗의 분노를 유발시키는 것 자체에 큰 부담을 느꼈을 수도 있다. 즉 한 명도 아닌 여러 명의 젊고 유능한 장수의 전사 소식을 전하는 것, 그것도 포위 전략에 위배되게 병력을 성 근처로 이동시켜 희생을 낸 사실을 전하는 것이 쉽지 않았을 것이다. 이 때문일까? 전령은 전투가 적들의 선제공격으로 시작되었다고 말함으로써 전략적 실패로 진 사실을 감추어 버린다. 또한 다윗의 젊은 장수들의 희생을 말하자마자, 다윗의 반응이 나오기 전에 우리아의 죽음을 전한다. 전령은 다윗의 분노를 유발하지 않는 방식으로 메시지를 수정하였다. 여기서 주목할 것은 전령이 우리아의 죽음이 다른 장수들에 대한 분노를 가라앉힐 만큼 다윗이 간절히 원한 일임을 인지했다는 것이다.

전령이 요압의 메시지에 큰 수정을 가한 또 하나의 이유가 있다. 다윗의 분노를 최소화하기 위한 것과 별도로, 그는 요압의 메시지에 숨겨진 협박성 메시지를 인지했을 가능성이 있다. 요압의 메시지가 예상한 대로, 용사들의 희생 소식에 분노한 다윗이 우리아의 죽음에 대한 소식을 들은 후, 급격히 태도를 바꾸었다면, 그 상황을 지켜보는 모든 사람들에게 다윗의 속마음이 들켜버리게 된다. 더구나 다윗과 밧세바에 대한 소문이 궁에 퍼졌다면 전령이 우리아의 죽음을 전달한 방식은 다윗의 유죄를 명백하게 드러내는 효과를 냈을 것이다. 따라서 우리아의 죽음 자체는 기쁘게 생각할 다윗이라도, 그 소식이 전달되는 방식에는 매우 기분 나빠 했을 것이다. 그런 위험 부담을 감수하고 싶지 않았던 전령은 우리아의 죽음을 다른 용사들의 죽음과 한 호흡으로 전달한다.

성경 저자는 우리아의 죽음이 다윗에 전달되는 과정을 비교적 길고 자세하게 기술하고 있다. 그 이유는 그것이 인간 정치에 관한 중요한 교훈을 담고 있기 때문이다. 다윗이 절대 권력을 행사하는 방식은 늘 일련의 대리인을 통해서이다. 권력의 크기는 그것을 떠받치는 조직의 크기에 비례한다. 절대 권력자는 손 하나 까딱하지 않고 생각만으로 세상을 통제하는 사람이다. 그러기 위해서는 그의 뜻을 현장에서 실현해 줄 많은 대리인들이 필요한 것이다. 하지만, 자신의 조직을 100퍼센트 통제할 수 있다는 권력자의 생각은 착각이다. 특히 권력자가 범죄 행위를 할 경우, 그는 자신의 대리인들에 의해 통제되는 상황에 처한다. 권력자의 뜻을 현장에서 실현하는 사람들은 권력자의 명령에 무조건 복종하는 것이 아니라, 자신의 보존을 위해서라면 언제나 '창의적으로' 행동할 수 있다. 사무엘하 11장은 권력의 정점에 서 있던 다윗을 보여 주는 동시에, 그의 권력이 얼마나 쉽게 손상될 수 있는지를 잘 보여 준다. 권력자가 특히 "전능자 증후군"에 빠질 때, 즉 자신에게는 안 되는 일이 없다고 착각할 때, 그는 내리막길을 걷기 시작하는 것이다.

25절 ________

전령이 예상한 대로 우리아의 죽음과 동시에 전달된 다윗 용사들의 희생 소식에 다윗은 분노하지 않았다. 오히려 전령을 통해 오늘의 실패에 연연하지 말고 "네 전투를 더 과감히 수행하라"고 요압을 격려한다. 말할 필요도 없이 다윗의 그런 관대한 처분은 우리아의 죽음 때문이었다.

"검은 이렇게 죽이기도 저렇게 죽이기도 한다"는 말은 사무엘상 11장에 그려진 다윗 범죄의 성격을 잘 요약해 준다. 적어도 권력의 정점에서 다윗은 자신의 권력으로 안 되는 일이 없다고 생각한 듯하다. 그는 자신이 저지른 범죄에서 언제나 면책될 수 있다고 생각했다. 이는 그가 절대로 기소되어 처벌될 수 없는 최고 통치자이기 때문만은 아니다. 권력이 자신의 뜻을 이루는 방식이, 늘 대리자를 통하는 간접적인 방식이기 때문이다. 그 대리인들은 법적 책임을 질 수 있는 자유 의지의 사람들이기 때문에, 왕은 그들에게 책임을 돌림으로써 언제나 저지른 범죄를 부정할 수 있다. 만약 다윗이 죽이기 원하는 우리아를 그의 부하 중 하나가 아니라 다윗의 적들이 죽여 준다면 다윗은 그만큼 더 면책될 여지를 가지게 된다. 그리고 그것이 바로 요압에게 내린 다윗의 계략이었다. 하지만 이제 다윗은 모든 사람들이 듣는 가운데, 우리아의 죽음의 책임을 비인격체인 "검"에 돌리고 있다.

우리아가 누군가의 손에 죽었다면, 적어도 그의 죽음에 책임 있는 사람을 찾을 가능성이 남아 있다는 말이다. 또한 우리아의 죽음에 대한 책임을 누군가에게는 물을 수 있다면 유족이 위로받을 방법이 원칙적으로 열려 있는 것이다. 하지만 우리아의 죽음이 책임을 물을 수 없는 '비인격체'에 의한 것이라면, 문제가 조금 다르다. 다윗은 우리아의 죽음을 전장터에서 무작위로 휘둘러진 '검'의 책임으로 돌리고 있다. 그 검은 책임을 질 수 있는 인격적 존재도 아니고, 우리아를 의도적으로 노린 것도 아니다. 마치 수많은 무고한 사람을 희생시킨 태풍이나 쓰나미를 법정에 세울 수 없는 것처럼 우리아를 죽인 '검'도 법정에 세울 수 없다. 다윗이 선언한 우리아 살인 사건의 결론이 바로 이것이다. 그 과정에서 다윗은 완전히 면책된다. 다윗과 우리아의 죽음 사이에는 아예 아무런 관련이 없을 뿐 아니라, 우리아를 아끼는 가족들이 위로받을 방법도 완전히 사라지는 것이다.

하지만 인간의 법정이 정의 그 자체는 아니다. 하나님의 법정이 있다. 요압에게 다윗이 "이 일 때문에 너무 근심하지 말라"라고 말했는데, 이것의 원문을 직역하면 "이 일이 네 눈에 악하지 않도록 하라(אל ירע בעיניך הדבר הזה)"이다. 다윗의 이런 관점은 27절에 기록된 하나님의 관점과 반대되는 것이다: "그 일은 하나님의 눈에 악했다(וירע הדבר...בעיני יהוה)." 절대 권력자 다윗이 세상을 완전히 통제하는 것 같았지만 그의 판단은 정의로운 하나님의 법정에서 심판받게 된다.

다윗의 아내가 된 밧세바 11:26-27

> 26 우리아의 아내는 자기 남편 우리아가 죽었다는 소식을 듣고 자기
> 남편을 위하여 애곡했다. 27 애곡의 기한이 지났을 때, 다윗이 전령을
> 보내어 그녀를 궁전 안으로 거두었다. 그녀는 그의 아내가 되어,
> 그의 아들을 낳았다. 다윗이 저지른 일은 하나님 보시기에 악했다.

다윗이 유부녀와 결혼한 것이 이번이 처음은 아니다. 다윗은 이미 나발의 아내였던 아비가엘과 결혼했다. 하지만 하나님의 심판으로 나발이 죽은 후 취한 아비가엘의 경우와 달리, 밧세바의 경우 다윗은 그녀의 남편 우리아를 죽이고 아내로 취한 것이다. 26절은 우리아에 대한 밧세바의 마음을 담담하게 그려준다—"우리아의 아내는… 자기 남편을 위하여 애곡했다". 흥미로운 사실은 아비가엘의 경우, 나발이 죽은 후 애곡했다는 기록이 없다. 오히려 아비가엘은 다윗의 청혼에 기다렸다는 듯이 재빨리 응답한다(삼상 25:42). 남편에 대한 아비가엘과 밧세바

의 이런 상반된 태도는 나발은 악인이었고 우리아는 의인이었다는 사실에 기인하는 듯하다. 앞서 논의한 대로 밧세바가 다윗과의 관계에서 순수한 피해자였는지에 대한 의심은 있어도, 적어도 그녀의 남편 우리아는 아내의 애도를 끌어낼 정도로 의로운 사람이었음에 틀림없다. 소문을 통해 다윗과 밧세바의 관계를 알고 있었던 우리아는 다윗 왕의 계략에 바둑돌이 되기를 거부하였지만, 다윗 왕과 밧세바를 공개적으로 망신 주는 길도 택하지 않았다. 그는 왕의 신하로서 명예로운 죽음을 선택했다. 밧세바는 그런 우리아의 죽음을 애도했다. 하지만, 그녀의 슬픔은 우리아의 대한 그녀의 마음처럼 영원한 것은 아니었다. 애도 기간이 끝나자 전령의 호위를 받으며 다윗의 궁에 들어가 그의 아내가 되었다. 그리고 아들을 낳았다.

이로서 다윗의 범죄는 완전 범죄가 되는 듯했다. 다윗과 밧세바에 관한 소문도 시간이 지나면서 잊혀질 것이다. 다윗은 우리아를 살해하고 그의 아내를 아내로 취하였지만 직위를 잃거나 법정에서 기소되지 않을 것이다. 그는 권력으로 사실을 은폐하고 미화할 것이다. 실제로 다윗을 이상적인 지도자로 이해한 유대인들은 밧세바와 관련된 사건을 없었던 일처럼 여겼다.[4] 하지만 하나님의 심판은 피해 갈 수 없었다. "다윗이 한 일은 하나님 보시기에 악"한 것이었다. 그의 범죄는 사무엘서 저자를 통해 낱낱이 기록되었고, 하나님도 나단 선지자를 통해 다윗의 범죄에 대한 하늘 법정의 판결을 전달하였다. 인간의 법정이 기대한 정의를 실현해 주지 못할 때, 악이 승리한 듯한 생각이 든다. 권력자가 죄를 짓고도 벌 받지 않는 일들을 목격할 때, 하나님이 정의로우신가를 의심하게 된다. 하지만 성경은 분명한 언어로 악인을 심판하시는 공의로우신 하나님에 대해 증거한다.

질문

1. 다윗이 요압에게 내린 지시는 무엇이었으며, 요압은 그 지시를 어떻게 실행했습니까? 요압이 다윗의 지시를 변형하여 순종한 이유는 무엇입니까?
2. 요압이 전쟁의 결과를 다윗에게 보고할 때 다윗의 종들이 희생되었다는 부분과 우리아가 죽었다는 부분을 시간차를 두어 보고하려 한 이유는 무엇입니까?
3. 전령이 다윗에게 전한 메시지의 내용은 요압이 위탁한 내용과 어떻게 다르며, 전령이 요압이 위탁한 방식과 다르게 우리아의 죽음을 전한 이유는 무엇입니까?

묵상

권력자의 권력 행사가 그 본질상 아랫사람의 협력에 의존한다는 사실은 권력자의 권력이 절대로 절대적일 수 없음을 시사합니다. 아울러 권력이 하나님과 그 백성을 섬기는 도구에 불과함을 보여 줍니다. 고대 근동 신화에서 왕은 곧 신이었지만, 구약 성경에서 왕은 백성들의 형제입니다. 하나님의 뜻을 이루는 데 왕은 형제 된 백성들의 협력을 구하는 존재입니다. 이것은 단지 오늘날 종교 지도자들에게 적용되는 것이 아닙니다. 민주 사회에서 정치 권력도 마찬가지입니다. 이런 의미에서 정치인들의 특권 의식은 사라져야 합니다. 그들이 특별해서 권력을 위임받은 것이 아닙니다. 권력을 위임받았다고 해서 그들이 특별한 것도 아닙니다. 그들은 백성들을 하나로 모아 공동의 번영과 행복이라는 목표를 이루어 내야 하는 사람들입니다. 정치인이 제사보다 젯밥에 관심이 많으면, 그는 이미 권력을 행사할 자격이 없는 사람입니다.

22
나단을 통한 하나님의 심판

삼하 12:1-15

권력자는 대리인을 통해 일하기 때문에 그는 그가 저지른 범행의 책임을 언제나 부정할 수 있다. 그와 그의 범행 사이를 매개하는 대리인들이 많고 그 관계들이 복잡할수록 권력자는 더욱 손쉽게 범행의 책임을 부인한다. 권력자가 범죄자임을 입증하기 위해서는 그 복잡한 명령 체계를 밝혀야 하는데, 모든 권력이 한 사람에게 집중된 왕정에서는 그 일이 제대로 이루어질 수 없었다. 하지만 이스라엘에는 하나님의 말씀을 대언하는 선지자들이 있었는데, 인간들이 밝히지 못하는 다윗과 그의 죄 사이의 인과 관계를 하나님이 직접 밝힌다.

선지자 나단의 비유 12:1-4

1 여호와가 나단을 다윗에게 보내니 나단이 그에게 가서 말했다:
"어떤 마을에 두 사람이 있었는데, 한 사람은 부자였고, 다른 한
사람은 가난하였습니다. 2 부자에게는 양과 소들이 아주 많이
있었지만, 3 가난한 사람에게는 구입하여 키우고 있던[1] 한 마리의

작은 어린 암양을 제외하고 아무것도 없었습니다. 그 어린 암양은
그와 함께, 그리고 그의 아들들과 함께 자랐습니다. 그의 소박한
음식을 함께 먹고 그의 컵에서 함께 물 마시곤 했습니다. 심지어
그의 품에 누워 자곤 했지요. 그에게는 딸과 같았습니다. 4 지나가는
객이 그 부유한 사람에게 찾아왔습니다. 그는 자신에게 찾아온
방랑자의 식사를 준비하기 위해 자기 소들과 양들을 잡기가
아까웠습니다. 그래서 그는 가난한 사람의 어린 암양을 잡아
자신에게 찾아온 사람을 위해 식사를 준비했습니다."

1절

다윗의 "전능자 증후군"을 비판하기 위해 사무엘서 저자는 다윗이 밧세바, 우리아, 요압에게 관계와 상황의 통제권을 차례로 내어주는 모습을 보여 주었다. 이때 사무엘서 저자가 사용한 키워드는 샬라흐, "보내다"이다. 이 단어는 권력자의 권력 행사를 상징적으로 보여 주는 동사로, 밧세바를 범하는 장면에서는 다윗이 이 동사의 주어로 사용되지만, 그 이후 그 범죄를 수습하는 과정에서는 밧세바, 우리아, 요압이 "보내는" 주체로 등장한다. 그리고 본문에서 다윗의 권력이 절대적이지 않음을 보여 주는 가장 결정적인 사건이 기술된다. 그것은 하나님이 다윗에게 나단을 "보낸" 사건이다. 지금까지 자기 보다 높은 왕이 계심을 잊고 있었던 다윗에게 하나님은 나단을 "보내어" 누가 이스라엘의 왕인지를 상기시킨다.

나단은 다윗에게 축복의 선지자였다. 다윗에게 있어 나단의 방문은 즐거운 일이었을 것이다. 그런 나단이 다윗에게 와서 이야기를 들려준다. 이야기의 시작으로 보아, 실제 일어난 일이 아니라 비유임을 다윗도 직감한다. 비유는 꾸며낸 이야기에 불과하고 실제 일어난 일이 아니라는 이유로 그다지 큰 의미를 부여하지 않는 현대 독자들에게 다윗이 나단의 비유 이야기에 그토록 몰입한 것이 잘 이해되지 않을 수 있다. 그러나 선지자들은 왕을 만나 비유로 자주 이야기했고, 보통 그런 대화는 올바른 통치에 관한 학문적 토론으로 이어졌기 때문에[2] 다

윗도 나단이 찾아와 비유 이야기를 시작할 때, 그것이 좋은 공부나 토론으로 이어질 것을 기대했을 것이다. 이 때문에 다윗은 선지자의 이야기가 비유임을 직감했을 때 더욱 귀를 기울여 경청했다. 나단은 비유 장르의 전형적인 도입으로 시작된다—"어떤 마을에 두 사람이 있었는데…".[3] 여느 비유의 등장인물들처럼 나단 비유 속의 두 주인공도 익명성과 전형성을 띤다. 한 명은 부자이고 다른 한 명은 가난한 사람이다.

2-3절

비유의 핵심 갈등이 2-3절에 등장한다. 그 부자에게는 "양과 소들"이 많이 있었다. 고대 이스라엘에서 부(富)의 정도는 부동산이 아니라 언제나 동산, 그 중에서도 가축을 기준으로 표시된다. 예를 들어, 욥의 부가 그가 기르는 가축의 수로 표시되었음을 기억하라.

> 그의 소유물은 양이 칠천 마리요 낙타가 삼천 마리요 소가 오백 겨리요 암나귀가 오백 마리이며 종도 많이 있었으니(욥 1:3).

구체적인 숫자는 표기되어 있지 않지만, 나단의 비유 속에서 부자는 남에게 손 벌릴 필요가 없을 정도의 충분한 자산을 가진 사람이었던 것 같다.[4] 하지만 가난한 사람에게는 "한 마리의 작은 어린 암양"이 전 재산이었다. 더구나 그 암양은 그 가난한 자에게 다음과 같은 의미에서 매우 특별한 존재였다. 첫째, 가난한 자는 그 암양을 대가를 지불하고 자기 것으로 삼았다. 이것은 부자의 많은 양과 소들의 경우와 대비된다. 본문은 그 부자가 어떻게 해서 그렇게 많은 양과 소들을 얻게 되었는지를 말하지 않는데, 그것은 그 양과 소들이 부자에게 처음부터 있었음을 시사한다. 다시 말해 부자는 그 재산을 상속받았을 가능성이 있다. 즉 값이나 노동을 대가로 획득한 재산이 아닌 것이다. 반면 가난한 자의 어린 암양은 가난한 자가 값을 지불하여 획득한 것(카나קנה)이다. 둘째, 그는 값을 주고 산 어린 암양을 딸처럼 키웠다. 그 어린 암양은 "그의 아들들과 함께 자랐으며", 그의 가족들과 동일한 음식을

"먹고", 동일한 물을 "마시고", 심지어 그의 품에 "누워 자곤" 했다. 가난한 사람과 그의 하나뿐인 가축 사이의 친밀함을 강조하기 위해 나단 선지자는 "그녀가 그에게는 딸과 같았습니다"(바트히 로 케바트ותהי לו כבת)라고 말한다. 뒤집어 말하면, 그 가난한 사람은 그 어린 양의 부모와 같았다. 3절 전반부에 "구입하여 키우고 있던 한 마리의 작은 어린 암양"이라는 표현에서, "키우고 있던"의 히브리어 원문(예하예하יחיה)은 "생명을 주었다"의 의미를 가진다. 부모가 자식에게 생명(삶)을 주듯이, 그 가난한 자는 그 짐승에게 생명을 준 것이다.[5]

2-3절은 가난한 사람과 어린 양 사이의 '인격적' 친밀 관계를 부자와 그의 가축들 사이의 '우발적' 제신 관계와 대조함으로써, 이후 부자의 악행을 단순한 절도의 수준을 넘어, 반인륜적인 것으로 만들어 버린다. 다윗도 그런 나단의 의도에 맞게 그의 비유를 이해한 듯하다. 그럼에도 2-3절은 정교하게 다윗의 범죄를 기억시키는 요소들도 포함한다. 첫째, "먹다", "마시다", "눕다" 이 세 동사는 우리아가 자신을 집으로 돌려보내는 다윗의 명령에 저항하며 사용한 단어들이다.

> 나 혼자 집에 들어가 '먹고', '마시고' 내 아내와 함께 '누워야' 하겠습니까?(11:11).

다윗은 나단의 비유 속에서 우리아의 말이 메아리치는 것을 느꼈을지 모른다. 둘째, 암양이 "그의 품에" 누워 자곤 했다는 나단의 말은 성적인 뉘앙스를 강하게 풍기는데, 실제로 이후 하나님이 나단을 통해 다윗을 꾸중할 때, "나는… 네 주인의 여자들을 네 품에 주었고"(8절)라고 말한다. 마지막 셋째, "그에게는 딸과 같았습니다"라는 나단의 말에서 "딸"의 히브리어 원문 바트(בת)는 언약의 딸을 의미하는 "밧-세바(בת שבע)"를 연상시킨다. 이처럼 나단의 비유에는 다윗을 비유 속의 논리에 몰입시키는 요소와 함께 다윗의 양심을 깨우치는 요소들이 동시에 들어가 있다.

4절

1-3절이 비유에서 배경 설명에 해당한다면, 4절은 비유의 핵심 사건을 기술한다. 이때 지금까지 등장하지 않았던 새로운 인물 "지나가는 객"(헬레크הלך)이 출현한다. 그가 부유한 사람의 집에 찾아온다. 부유한 사람과 특별한 관계에 있어서가 아니라,[6] 객을 대접할 경제적 능력이 있어 보이는 부자에게 찾아간 것이다. 그는 부자에게서 고대 이스라엘의 핵심 덕목인 환대를 기대했던 것 같다. 환대란 생면부지의 나그네에게 잠자리와 음식을 제공하는 것이다. 강력한 중앙 정부가 없어 치안이 불안했던 고대 부족 사회에서 환대는 매우 중요한 공동체적 덕목이었다. 4절에서 나단 선지자가 세 번이나 반복한 개념이 있다. 그것은 그 나그네가 '부자에게 찾아왔다(보בוא)'는 사실이다. 이것은 나그네를 대접하는 일이 부자의 책임임을 강조하기 위함이다. 책임에는 희생이 따른다. 하지만 그 부자는 희생하기를 꺼려했고 가난한 자의 어린양을 취하여(라카흐לקח) "식사를 준비"(아사עשה)했다.

4절에도 다윗의 죄를 암시하는 용어들이 사용된다. 나그네의 방문을 표현하는 히브리어 보(בוא)와 부자의 강탈을 가리키는 히브리어 라카흐(לקח)는 모두 성관계에 대해 사용될 수 있는 동사들로, 다윗이 밧세바와 간음하는 장면(11:4)에서도 사용된 단어들이다. 또한 식사 준비로 번역된 히브리어 아사(עשה)는 '죽였다'는 의미도 포함한다. 동물이 식탁에 오르려면 반드시 죽어야 하기 때문이다. 또한 그 어린 암양이 가난한 자의 딸과 같았다는 사실뿐 아니라, 유대인의 법에서 가축은 주인 신체의 연장으로 해석됨을 고려하면,[7] 어린 양을 죽인 것은 단순한 도축이 아닌 살인으로도 이해될 수 있다. 이처럼 부자의 악행을 묘사하는 핵심 동사들이 모두 다윗의 범죄를 연상시킨다.

다윗의 반응과 나단의 책망 12:5-12

5 다윗이 그 사람에게 크게 분노하며, 나단에게 말했다.
"여호와의 살아 계심으로 (맹세하노니) 이 일을 한 그 사람은 죽어

마땅하다![8] 6 그가 이 일을 행했으니, 즉 그가 불쌍히 여기지
않았으니,[9] 그는 그 어린 암양에 대해 네 배로 갚아 줄지니라."
7 나단이 다윗에게 말했다:
"당신이 그 사람입니다. 이스라엘의 하나님 여호와께서 이같이 말씀
하셨습니다: '너를 이스라엘의 왕으로 기름 부은 것이 바로 나다.[10]
너를 사울의 손에서 구원한 것도 나다. 8 나는 네 주인의 집과 네
주인의 여자들을 네 품에 주었고, 너에게 이스라엘과 유다의 집을
주었다. 그리고 그것이 작다면 너에게 충분히 더해 줄 것이다.
9 근데 왜 너는 내 눈에 악을 하여 여호와의 말씀을 멸시했느냐?
너는 헷 사람 우리아를 검으로 쳤고, 그의 아내를 네 아내로
빼앗았다. 너는 그를 암몬 사람들의 검으로 살인했다. 10 이제 검이
네 집으로부터 영원히 떠나지 않을 것이니, 이는 네가 나를 경멸하여
헷 사람 우리아의 아내를 빼앗아 네 아내로 삼았기 때문이다.'
11 또 여호와께서 이같이 말씀하셨습니다: '보라! 나는 너를
대적하여 네 집 안으로부터 재앙을 일으킬 것이다. 네가 보는 가운데
네 아내들을 빼앗아, 네 이웃에게 주어 그가 태양 앞에서
네 아내들과 동침할 것이다. 12 너는 은밀한 가운데 행했으나,
나는 이 일을 태양 앞에서 온 이스라엘 앞에서 행할 것이다."

5-6절 ________

나단의 비유는 다윗의 분노를 유발하기 위해 치밀하게 계획된 것이었다. 다윗이 나단의 이야기가 비유임을 알았음에도 크게 분노했다면, 다윗의 반응은 다윗이 단순히 옳고 그름을 분별하는 지혜를 가졌을 뿐 아니라 약자에 공감하는 능력을 가진 사람임을 보여 준다. 나아가 그런 다윗을 냉혈한 범죄자로 만들어 비린 권력의 치명적 해악도 동시에 보여 준다. '나는 모든 것을 할 수 있다', '내게는 안 되는 것이 없다'고 착각하게 만드는 '권력감'은 다윗과 같은 선한 사람의 판단도 어둡게 만들어 버린다.

다윗의 판결은 크게 두 부분으로 나뉜다. 전반부(5b절)는 '분

노'의 감정에 영향받은 것이다—"그 사람은 죽어 마땅하다". 후반부(6절)은 부자에 대한 다윗의 법적인 판결을 기록한다. 즉 다윗은 그 부자가 가난한 자의 양을 절도한 행위에 대해 율법이 정한대로 네 배 배상을 명한다(출 22:1). 전반부와 관련하여 일부 학자들은 다윗이 일종의 보상 심리로 부자에게 지나치게 가혹한 형벌인 사형 선고를 내렸다고 주장한다. 다시 말해, 다윗이 이 문제에 있어 과도한 정의를 구현한 것은 자신의 죄 때문에 희생된 정의를 보충하기 위한 것이라는 것이다(물론 고대 이스라엘 문화에 에너지 보존 법칙과 유사한 정의 보존의 법칙은 없었을 것이다). 하지만 이런 심리적 분석은 다윗을 위선자로 만든다. 필자는 다윗이 권력에 취한 죄인이지 위선자는 아니라고 생각한다. 이런 의미에서 다윗이 부자의 강도 행위에 "그 사람은 죽어 마땅하다"고 말한 것을 문자적 사형선고로 받아들여서는 안 된다. 그것은 나단의 비유에 몰입한 다윗이 자신의 분노를 표출한 '감탄사'에 불과하다. 우리나라 사람들이 "죽여 버린다"라고 할 때 늘 살해 의도가 있는 것은 아닌 것과 같다. 히브리어 원문 벤-마벳도 다윗이 부자에 대해 사형 선고를 내렸다기보다 그런 악행을 한 부자에 대한 분노의 표출로 보아야 한다. 히브리어 벤-마벳 "죽음의 아들"은 벤-블리야알 "벨리알의 아들"(삼상 2:12 참조)처럼 "그는 매우 나쁜 사람이다"로 번역될 수 있다. 따라서 "그 사람은 죽어 마땅하다"를 반드시 사형선고로 이해할 필요는 없다. 단 기억해야 할 것은 다윗이 그 부자의 범죄를 단순한 절도나 재산 손괴 이상으로 파악하고 있다는 것이다. 이것은 다윗이 선고에 앞서 하나님을 두고 맹세했을 뿐 아니라, "그가 불쌍히 여기지 않았으니"를 선고 이유로 밝힌 데서 드러난다.

먼저 성경에서 누구도 "여호와의 살아 계심"으로 맹세한 후, 율법에 근거한 판결을 선포하지 않음을 기억하자. 사무엘서에서 하나님의 살아 계심으로 이루어지는 맹세는 삶과 죽음이 걸린 중대한 경우가 대다수다(삼상 14:39, 45; 19:6; 20:3, 21; 26:10, 16; 28:10). 실제로 다윗은 부자의 죄를 단순한 재산 손괴가 아닌, (이웃을) "불쌍히 여기 않은 죄"(lô-ḥāmāl)로 보았다.[11] 생면부지의 낯선 나그네에게 환대를 베푼다는 구실로 가까이 사는 가난한 이웃을 '환대'하지 못한 것이다. 어떤 의미에서 나그네도 약자이고 가난한 이웃도 약자인데, 나단의 비유는 지역 공동체에 소속된 이웃에 대한 의무가 추상적 인류 공동체에 대한 의무보다 선행함을 보여 주는 것이다. 즉 생면부지의 나그네, 인류 공동체를 위한다는 명목으로 내가 사는 마을의 이웃을 소홀히 하는 것은 '죽어 마땅한' 죄일 수 있다.

나단의 비유에 대한 다윗의 반응을 통해 우리는 다윗 안에 잠재된 정의감과 지혜를 확인할 수 있다. 그리고 이것은 권력이 사람의 판단력을 얼마나 흐리게 만드는지를 역으로 보여 준다. 그렇게 정확히 판단하는 정의로운 왕 다윗이 어쩌다가 사람을 죽이고 남의 아내를 취하는 우를 범했을까?

7-10절 ________

"당신이 그 사람입니다." 이 말은 스스로를 속이고 있던 다윗을 흔들어 깨우는 말이다. 방금 다윗은 가난한 자의 어린 양을 빼앗아 죽인 부자의 잘못을 정확히 진단하고 합당한 형벌을 선언했다. 그러나 자기 자신의 죄는 보지 못했다. 그런 다윗에게 나단은 그 부자가 다름 아닌 다윗이라고 말하는 것이다. 만약 다윗이 정의를 염려하는 사람이 아니었다면, 나단의 비유 전략은 실패했을지도 모르겠다. 나단의 책망이 성공하고 다윗이 회개하게 된 것은 다윗의 잘못이 권력의 구조적인 문제에 기인한 것이지, 다윗 내면의 회복될 수 없는 양심 때문은 아님을 보여 준다.

다윗은 절대 권력의 정점에서 범죄했다. 다윗이 특별히 악인이어서가 아니라, 절대 권력의 정점에 서게 되면 "전능자 증후군"에 걸리기 쉽고, 자신은 무엇이든지 할 수 있다고 믿게 되면, 범죄도 아무렇지 않게 저지르게 된다. 더구나 권력이 위계적 명령 체계를 통해 작동하기 때문에, 그 위계가 복잡하고 명령 체계가 길면 길수록 권력자와 그를 위해 행해지는 현장 행위 사이에 인과관계가 모호해지기 쉽다. 다시 말해, 권력자는 증거 없이 행위할 수 있기 때문에, 그는 언제나 그의 책임을 부정할 수 있다. 이것을 정치학에서 “부정가능성”(deniability)이라 부른다.[12] 다윗은 부정가능성을 확보하기 위해 암몬 사람들의 손에 우리아를 죽게 했고, 이후에 우리아의 죽음을 공식적으로 해석할 때 그것은 누구의 잘못도 아니라고 선언하다. 그저 전쟁에서 무작위로 휘둘러지는 “검”에 의해 우리아가 희생당한 것이다.

권력자의 범죄를 밝히는 것은 쉽지 않다. 복잡한 인과 관계를 치밀하게 추적하여, 처음 명령자가 왕임을 밝혀야 하기 때문이다. 행정, 입법, 사법권을 독점하는 왕정에서 누구도 그 일을 해낼 수 없다. 오로지 하나님만이 할 수 있다. 그래서 하나님이 나단을 보내어 하신 일이 우리아를 검으로 죽이고 그의 아내를 취한 장본인이 다윗임을 선언하시는 것이다.

> 너는 헷 사람 우리아를 검으로 쳤고, 그의 아내를 네 아내로 빼앗았다. 너는 그를 암몬 사람들의 검으로 살인했다.

물론 나단은 어떤 물증에 근거해 이렇게 말한 것은 아니다. 오로지 하나님의 권위에 근거해 주장한다.

> 이스라엘의 하나님 여호와께서 이같이 말씀하셨습니다.

인간 행동의 관점에서 다윗의 죄는 살인과 강도, 간음이지만 신앙의 관점에서 다윗의 죄는 “여호와의 말씀을 멸시하는 것”(9절), 더 정확하게는 “여호와를 경멸하는 것”(10절)이었다. 다른 사람은 몰라도 하나님의 특별한 은혜를 받은 다윗이 하나님을 경멸했다는 것은 하나님의 입장에서 충격적이고 용서하기 힘든 일일 것이다. 하나님은 목동에 불과했던 다윗을 이스라엘의 왕으로 세우셨을 뿐 아니라, 살기에 찬 사울의 손에서 다윗을 구원하셨다. 나아가 사울의 집을 다윗에게 넘기사 다시는 그와 그의 후손들이 다윗을 해할 수 없게 하셨다. 다윗은 이스라엘 역사상 최초로 이스라엘과 유다의 집을 모두 다스리는 왕이 되었다. "이것이 부족하다면" 하나님은 "다른 것들도 더 주었을 것"이라 말씀할 정도로 다윗을 사랑하셨다. 하지만 다윗은 하나님의 은혜를 배반했다. 하나님을 실망시켰다. 이제 하나님이 다윗에게 "검이 네 집으로부터 영원히 떠나지 않을 것이다"라고 선언하신다(10절). 이 선언에서 검이 의인화되었음에 유의하라. 그리고 다윗이 우리아의 죽음을 합리화할 때 검을 의인화하여 말한 것을 기억하라. 다윗은 마치 검이 우리아를 죽인 것처럼 변명했지만(11:25), 검을 의인화한 하나님의 심판 선언은 다윗의 그런 변명의 거짓됨을 들추어낸다. 아무리 다윗이 자신의 책임을 교묘히 검의 무작위적 운동에 돌려도, 다윗의 죄책이 하나님 앞에서 사라지는 것은 아니다. 그가 말한 검의 무작위적 살인이 그의 집으로부터 영원히 떠나지 않을 것이다. 하나님은 절대로 만홀히 여김을 받는 분이 아니다!

하나님의 책망에서 우리아의 아내를 빼앗았다는 내용이 두 번 반복된다. 비록 다윗의 죄는 우리아를 죽이고 그의 아내를 빼앗은 살인 강도의 행위지만, 그럼에도 그가 강탈한 것이 남의 아내라는 사실은 권력이 그를 얼마나 어리석게 만들었는지 단적으로 보여 준다. 그의 아들 솔로몬은 남의 아내를 범하는 것에 대해 다음과 같이 말한다.

> 여인과 간음하는 자는 무지한 자라 이것을 행하는 자는 자기의 영혼을 망하게 하며 상함과 능욕을 받고 부끄러움을 씻을 수 없게 되나니(잠 6:32-33).

이런 관점에서 "네 주인의 여자들을 네 품에 주었다"(8절)라는 하나님의 말씀에 주목할 필요가 있다. 이 말은 쿠데타를 통해 정권을 얻은 왕이 이전 왕의 하렘을 취하던 관습에 근거한 것으로, 다윗이 사울의 주권을 완전히 이양받았다는 의미다. 하지만 그 안에 들어 있는 성적인 뉘앙스는 다윗이 충신의 아내와 간음한 사건을 연상시킨다. 다윗이 남의 아내를 취한 것은 그에게 '남의 아내'가 없어서가 아니다. 그에게는 이미 많은 '남의 아내'가 있다. 마치 가난한 사람의 어린 양을 취한 부자에게 많은 양과 소가 있었던 것처럼 말이다. 하지만 부자에게 불쌍히 여기는 마음이 없었던 것처럼 다윗에게도 자신이 다스리는 백성에 대한 측은지심이 결여된 것이다. 권력의 정점에서 서 있던 다윗에게는 자신을 제외한 모든 사람들이 자신의 권력 유지와 쾌락을 위한 수단에 불과하다. 이런 왕에게 백성을 향한 불쌍히 여기는 마음이 있을 리 없다.

11-12절 ________

다윗에 대한 심판을 기록한 본 단락은 "여호와께서 이같이 말씀하셨습니다"라는 말씀으로 시작한다. 이 말씀은 선지자들이 하나님의 말씀을 대언하기 시작할 때 자주 사용한 관용 어법이다.[13] 하나님의 심판은 두 부분으로 나뉜다. 하나는 다윗의 나머지 생애 동안 닥칠 재앙에 대한 것이고(11a절), 다른 하나는 남의 아내를 강제로 취한 사건에 대한 심판이다(11b-12절). 전자는 10절에서 하나님이 검을 의인화하여 말씀한 심판을 좀더 구체적인 언어로 풀어 말한 것이다—"보라, 나는 너를 대적하여 네 집안으로부터 재앙을 일으킬 것이다". 이것은 다윗의 아들들 사이에 벌어지는 피 비린내 나는 왕위 계승 다툼을 예견하는 것이다. 한편 두 번째 심판은 밧세바를 빼앗은 사건에 특화된 것이다. 다윗이 받을 심판은 자신이 저지른 죄와 같은 내용이지만, 그 정도에 있어서 훨씬 심각한 것이다. 즉 그를 잘 아는 이웃에게 아내를 빼앗길 것이라는 점에서 유사하지만, 다윗은 남의 아내 한 명만을 빼앗았지만 그가 빼앗길 아내는 여러 명이 될 것이며, 그는 은밀한 가운데 남의 아내와 동침했지만 그의 "이웃"은 "태양 앞에서 온 이스라엘 앞에서" 다윗의 아내들과 동침할 것이라는 점에서 차이가 난다. 이 예언은 압살롬의 반란 때에 성취된다. 다윗이 예루살렘 성에 남기고 간 열 명의 후궁을 그의 아들 압살롬이 지붕 위에 설치된 장막에서 범할 것이다(삼하 16:21). 압살롬에게 다윗의 아내들과 동침하라고 제안한 사람은 밧세바의 할아버지였던 아히도벨이었다.

질문

1. 나단의 비유에서 부자의 많은 양들과 가난한 자의 유일한 암양 사이의 차이는 무엇입니까?
2. 나단의 비유에 대한 다윗의 반응으로부터 다윗에 대해 알 수 있는 사실은 무엇입니까?
3. 나단의 비유가 암시하는 다윗의 죄는 무엇입니까?

묵상

다윗이 은밀한 가운데 범죄했지만, 그에 대한 하나님의 심판은 매우 공개적인 것이었습니다. 모든 이스라엘 사람들이 보는 가운데 다윗의 아내들이 남에 의해 범해지는 것입니다. 아무리 은밀한 죄라도 결국 드러나게 되어 있습니다. 이와 관련해 흥미로운 사실은 신명기 28장에 기록된 저주들이 모두 산 위에서 선포된다는 것입니다. 그 저주들은 그림신 산 위에서 선포되었습니다. 많은 유대인 주석가들은 왜 하나님이 저주를 산 위에서 선포했는지를 궁금히 여겨왔습니다. 순종에 대한 축복을 산 위에서 선포했다면, 죄들에 대한 형벌은 골짜기에서 선포하는 것이 더 좋지 않았을까요? 저주들을 굳이 산 위에서 읽으라고 한 이유는 무엇일까? 그 이유는 그 저주들이 모두 "은밀히" 저질러지는 범죄들에 대한 형벌이라는 사실과 관련 있습니다. 은밀한 죄에 대한 형벌을 산 위에서 선포함으로써 인간이 은밀히 저지른 죄를 명명백백히 밝히시겠다는 하나님의 의지를 표현하신 듯합니다. 절대로 죄는 숨길 수 없습니다.

23
다윗의 회개와 솔로몬의 탄생

삼하 12:13-31

하나님의 구속사를 이어가는 인물들이 모두 신앙과 삶에 있어 우리의 모범이 되는 것은 아니다. 왜냐하면 하나님은 부족한 사람들을 통해 완전한 역사를 이루시는 분이기 때문이다. 밧세바를 통해 솔로몬이 태어난 것도 이런 관점에서 이해할 수 있다. 다윗의 많은 아내들 가운데 밧세바의 몸에서 난 자가 왕위를 이어받았다고 밧세바가 오늘날 여인들의 롤모델이 될 필요는 없다. 밧세바는 평범한 덕에 정치적 야심이 강한 여자인 듯하다. 관점에 따라서는 지아비를 버린 여자로 여겨진다. 다시 말해 특별히 모든 그리스도 여성들의 모범이 될 만한 덕을 가진 여자는 아니었다. 하지만 그의 몸에서 태어난 솔로몬이 다윗의 후계자가 되었는데, 이것은 밧세바나 솔로몬의 미덕 때문이라기보다는 다윗의 인간적 연약함에서 비롯된 집안 내의 권력 투쟁 결과라고 보는 것이 더 합당하다. 솔로몬은 부모의 죄악 가운데 잉태되었고, 자신도 기라성 같은 형님 왕자들과 아버지의 권력 싸움의 어부지리로 왕위에 올랐지만, 하나님은 그런 솔로몬을 통해서도 온전히 역사하시는 전능자임을 배운다. 구속 역사는 하나님의 은혜의 역사다.

다윗의 회개 12:13-15a

13 다윗이 나단을 향해[1] 말했다:
"제가 여호와께 범죄했습니다."
나단이 다윗을 향해 말했다:
"참으로 여호와께서 왕의[2] 죄를 용서하셨습니다. 왕은 죽지 않을
것입니다. 14 그러나! 왕이 그 일로 여호와를[3] 경멸하고 경멸하였기
때문에, 왕에게 태어난 아들은 반드시 죽을 것입니다."
15 그리고 나단은 자기 집으로 갔다.

다윗은 나단을 향해 고백한다. "제가 여호와께 범죄했습니다." 원문상 두 단어로 구성된 매우 짧은 고백이다. 범죄의 죄질과 그의 치밀한 계획들을 생각하면 진정성이 의심될 정도로 짧은 회개이다. 왜냐하면 보통 사람들은 회개의 진정성을 고백의 구체성과 후속되는 보상 조치로 판단하기 때문이다. 다윗은 자신의 죄가 무엇인지 구체적으로 밝히지 않을 뿐 아니라, 피해자들에 대한 다윗의 보상 노력도 성경에는 기록되어 있지 않다. 하지만 유대인 전통에서는 다윗은 회개의 모범으로 이해되었다. 유대인 전통에서 시편 51편을 다윗의 회개와 연결시킨 것도 바로 이 때문일 것이다.[4]

시편 51편

하나님이여 주의 인자를 따라
　내게 은혜를 베푸시며
주의 많은 긍휼을 따라
　내 죄악을 지워 주소서
나의 죄악을 말갛게 씻으시며
　나의 죄를 깨끗이 제하소서
무릇 나는 내 죄과를 아오니

내 죄가 항상 내 앞에 있나이다
내가 주께만 범죄하여
주의 목전에 악을 행하였사오니
주의 말씀은 의로우시며,
주의 심판은 순전하시다 하리이다
내가 죄악 중에서 출생하였음이여
어머니가 죄 중에서 나를 잉태하였나이다
보소서 주께서는 중심이 진실함을 원하시오니
내게 지혜를 은밀히 가르치시리이다
우슬초로 나를 정결하게 하소서 내가 정하리이다
나의 죄를 씻어 주소서 내가 눈보다 희리이다
내게 즐겁고 기쁜 소리를 들려 주시사
주께서 꺾으신 뼈들도 즐거워하게 하소서
주의 얼굴을 내 죄에서 돌이키시고
내 모든 죄악을 지워 주소서
하나님이여 내 속에 정한 마음을 창조하시고
내 안에 정직한 영을 새롭게 하소서
나를 주 앞에서 쫓아내지 마시며
주의 성령을 내게서 거두지 마소서
주의 구원의 즐거움을 내게 회복시켜 주시고
자원하는 심령을 주사 나를 붙드소서
그리하면 내가 범죄자에게 주의 도를 가르치리니
죄인들이 주께 돌아오리이다
하나님이여 나의 구원의 하나님이여
피 흘린 죄에서 나를 건지소서
내 혀가 주의 의를 높이 노래하리이다
주여 내 입술을 열어 주소서
내 입이 주를 찬송하여 전파하리이다
주께서는 제사를 기뻐하지 아니하시나니, 아니면 내가 드렸을 것이라

주는 번제를 기뻐하지 아니하시나이다
하나님께서 구하시는 제사는 상한 심령이라
하나님이여 상하고 통회하는 마음을 주께서 멸시하지
아니하시리이다
주의 은택으로 시온에 선을 행하시고
예루살렘 성을 쌓으소서
그때에 주께서 의로운 제사와 번제와 온전한 번제를 기뻐하시리니
그때에 그들이 수소를 주의 제단에 드리리이다[5]

그렇다면 왜 사무엘서 저자는 다윗의 구체적인 회개 고백을 생략해 버린 것일까? 그것은 본문의 문맥과 맞지 않기 때문이다. 본문은 다윗이 "나단을 향해" 고백하는 내용이다. 왕이 선지자에게 자신의 잘못을 인정하는 것 자체가 작은 일이 아니다. 다른 왕 같았으면, 나단 선지자를 처형했을 것이다. 만약 다윗이 "하나님을 향해" 고백하는 문맥 즉 기도의 문맥이었다면 다윗의 고백이 좀 더 길고 구체적이었을 것이다. 시편 51편이 다윗이 밧세바 사건과 관련해 하나님께 올린 기도라는 유대인의 전통이 사실에 가까울 가능성이 높은 이유가 바로 여기에 있다.

한편 선지자 나단은 다윗의 짧지만 진정성 있는 고백에 여호와의 사죄를 선포한다. 나단의 사죄 선포는 히브리어 원문상에서 다음의 두 가지 사실을 강조한다. 첫째, 용서의 주체가 여호와라는 사실이다(감-여호와גם יהוה). 여기서 히브리어 감(גם)은 강조적 용법이다. 여호와가 친히 용서하셨음을 말하는 듯하다. 둘째, 다윗의 죄에 대한 책임을 묻지 않겠다는 것이다. "용서하다"로 번역된 히브리어 헤에비르(העביר)는 "(죄책을) 사라지게 하다"로 이해될 수 있다. 곧 이어지는 "왕은 죽지 않을 것"이라는 말은 다윗의 면책을 구체적으로 표현한 것이다.[6] 하지만 율법에 따르면 죄책이 그냥 사라지는 법은 없다. 죄책이 사라진다는 말은 한쪽에서 다른 쪽으로 옮겨간다는 뜻이다. 특히 살인에 대한 죄책은 더욱 그렇다. 누군가가 그것을 대신 지지 않으면 안 된다. 다윗의 경우 밧세바를 통해 얻은 첫 번째 아들이 그의 죄책을—상징적으로, 섭리 가

운데—진 듯하다. 그러나 하나님이 다윗의 죄를 하늘 법정에서 용서했다고 해서 다윗의 범죄가 일으킨 인과적 파장까지 없어지는 것은 아니다. 즉 다윗의 악한 행위는 지상의 복잡한 인과 관계의 그물망 속에서 그 열매를 거둘 것이다. 따라서 다윗의 집에서 검이 영원히 떠나지 않을 것이라는 나단의 저주는 하나님의 용서와 관계없이 여전히 유효하다.

14절의 개역개정의 번역 "이 일로 말미암아 여호와의 원수가 크게 비방할 거리를 얻게 하였으므로"는 오역에 가깝다. "왕이 여호와의 원수를 경멸하고 경멸하였기 때문에"로 직역되는 히브리어 원문에서 "여호와의 원수"는 "여호와"에 대한 우회법이다. "여호와를 경멸하다"라는 말을 신성모독적으로 느끼는 유대인들이 종종 그 의미를 표현하기 위해 사용하는 우회법들 중 하나가 "여호와"를 "여호와의 원수"로 대체하는 것이다.[7] 나단은 다윗이 여호와를 경멸하였기 때문에, 첫아들이 죽을 것이라고 말하는 것이다. 여호와를 경멸하는 죄는 구약에서 용서받지 못하는 죄에 해당한다. 엘리의 아들들도 결국 여호와를 멸시한 죄를 지었고, 그 때문에 "죄악은 제물로나 예물로나 영원히 속죄함을 받지 못하리라"라는 심판을 선고받았다(삼상 3:14). 충신을 살해하고 그의 아내를 취한 다윗의 죄 역시 단순한 살인과 강도, 간음의 죄가 아니라 하나님을 근본적으로 저버리는 행위에 해당한다.[8] 다윗과 엘리가 다른 점은 다윗은 하나님의 언약 안에 있는 사람이라는 것이다.

> 그가 만일 죄를 범하면 내가 사람의 매와 인생의 채찍으로 징계하려니와 내가 네 앞에서 물러나게 한 사울에게서 내 은총을 빼앗은 것처럼 그에게서 빼앗지는 아니하리라(7:14-15).

이런 약속은 값싼 은혜의 결과가 아니다. 다윗에게 주어진 은혜는 다윗의 죄책을 누군가가 감당했기 때문이다. 본문에서 그의 첫아들이 상징적으로 그 죄책을 담당했으며, 그는 궁극적으로 그리스도의 사역을 예표한다. 하나님이 다윗을 포함하여 우리와 언약하시고 우리를 절대로 버리지 않겠다고 말씀하실 때, 절대로 죄를 가볍게 여기시는 것이 아니다. 우리의 죄를 위해 예수님을 이 땅에 보내고 십자가에 죽게 하겠다는 그분의 다짐 위에 기초한 은혜이다.

아이의 죽음 12:15b–22

15 여호와께서 우리아의 아내가 다윗에게 낳아 준 아이를 치시니,[9]
그 아이가 크게 앓았다. 16 다윗이 그 갓난애를[10] 위해 하나님께
매달렸다.[11] 다윗은 철저히 금식하며, 골방에 들어가 땅에 누워[12]
밤을 보내곤 했다. 17 궁전 원로들이 누워 있는 다윗 위에 서서,
그를 땅에서 일으키려 하였으나 그는 움직이려 하지 않으며 그들과
함께 밥을 먹지도 않았다. 18 칠 일째 되던 날, 그 아이가 죽었다.
다윗의 종들은 아이가 죽었다고 말하기 두려워했다. 그들은 이렇게
생각했다:
'보아라! 그 아이가 살아 있을 때 그는 우리가 말해도 우리의 말을
듣지 않았다. 그런데 어떻게 우리가 그에게 그 아이가 죽었다고
말하겠느냐? 그는 끔찍한 일을 할 것이다.'
19 다윗은 그의 종들이 자기들끼리 숙덕거리는 것을 보고 아이가
죽었음을 깨달았다. 다윗이 그 종들에게 말했다:
"아이가 죽었느냐?"
그들이 대답했다.
"죽었습니다."
20 다윗이 땅에서 일어나, 씻고, 기름을 바르고, 그의 옷을 갈아입고
여호와의 집에 들어가 경배했다. 그리고 자신의 집에 들어가 식사를
요청했다. 그를 위해 음식이 차려졌고 그는 식사했다. 21 그의 종들이
그에게 말했다:
"왕이 하신 이 일이 도대체 무엇입니까? 살아 있는 아이를 위해서는
금식하고 울더니, 아이가 죽었을 때 일어나 먹으니 말입니다."
22 다윗이 말했다:
"아이가 아직 살아 있을 때, 내가 금식하며 울었다. 그런 것은

'여호와가 나를 긍휼히 여기사 아이가 살는지 누가 알겠느냐'라고 생각했기 때문이다. 23 그가 이제 죽었으니, 왜 내가 그렇게 금식하겠는가? 내가 그를 다시 되돌릴 수 있을까? 나는 그에게 가겠지만, 그는 내게 돌아올 수 없다."

다윗과 밧세바 사이에 태어난 첫 아이의 죽음을 그린 본 단락은 그 주제의 중요성에 비해 지나치게 긴 지면을 사용한다. 본 단락이 주려는 메시지가 무엇일까? 아이가 하나님의 심판으로 죽었다는 사실은 다음과 같이 매우 간단하게 보고할 수 있었을 것이다—"여호와께서 우리아의 아내가 다윗에게 낳아 준 아이를 치시니" 그가 죽었다.

사무엘서 저자는 그가 "죽었다" 대신, "크게 앓았다"고 말함으로써 첫 아이의 마지막 7일 동안의 다윗의 행적에 대해 서술할 기회를 만든다. 이 단락의 초점은 분명 다윗의 이상한 행동에 있다. 왜 다윗은 아이가 앓기 시작했을 때는 맨땅에 누워 금식하며 울더니, 아이가 죽자 일어나 먹고, 씻고, 기름 바르고, 성전에 들어가 경배했을까? 다윗은 사람이 죽었을 때 모든 이스라엘인들이 행하던 기본적인 애통 의식조차 하지 않은 듯 보인다. 죽은 사람을 다시 살리는 것이 불가능하다는 다윗의 말은 옳지만, 그렇다고 가족의 죽음 앞에서 사람들이 다윗처럼 행동하지는 않는다. 이전에 다윗도 의형제 요나단은 말할 것도 없고 대적 사울이 죽었을 때에 크게 애통했음을 고려하면 첫 아이의 죽음에 대한 다윗의 행동은 매우 이상하다. 단순히 다윗의 실용적 태도를 부각하려는 것은 아닌 듯하다.

몇 가지 시나리오를 생각할 수 있다. 먼저, 본문에서 다윗이 죽은 아이에 대한 어떤 애통 의식도 하지 않은 것, 즉 아이의 죽음을 슬퍼하지 않은 것을 근거로 그 아이가 다윗의 친아들이 아니었을 가능성을 제기할 수 있을 것이다. 하지만 다윗이 밧세바의 생리 직후 동침했다는 기록으로 보아 이 주장은 그다지 설득력이 없어 보인다. 물론 생리에 대한 언급을 후대에 꾸며진 것으로 보는 학자들은 우리아가 죽은 후 밧세바가 다윗의 궁에서 낳은 아들이 다윗의 아들이 아니라 우리아의 아들이었다고 주장할 것이다. 만약 그렇다면 우리아의 아이를 수태한 밧세바가 다윗에게 '임신했다'고 알렸을 때, 그것은 다윗의 마음을 붙들기 위한 정치적 거짓말이었을 것이다. 후대의 저자가 생리 직후 동침한 것처럼 편집한 것은 솔로몬의 어머니 밧세바를 순진한 피해자로 혹은 조신한 여인으로 미화하기 위함일 것이다. 하지만 이런 설명은 성경의 최종 본문에 대한 해석이 아니다. 뿐만 아니라, 다윗이 앓고 있는 아이를 위해 6일 동안이나 금식하고 기도하며 애통해한 사실은 잘 설명하지 못한다.

그러면 다윗이 병든 아이에 대해 지나칠 정도로 애통해했지만, 그 아이가 죽자 애통을 끝내고 여호와의 성전에 들어가 경배한 이유는 무엇일까? 그 이유는 본 단락이 나단의 예언이 성취되는 단락이라는 사실과 관계있다. 나단은 회개한 다윗에게 다음과 같이 예언했다.

> 왕은 죽지 않을 것입니다. 그러나… 왕에게 태어난 아들은 반드시 죽을 것입니다(12:13-14).

이 예언에 비추어 생각하면, 다윗은 아이의 죽음이 자신의 죽음을 대신한 것임을 알고 있었을 것으로 추정된다. 아이가 심판으로 병을 얻어 심한 고통 가운데 앓는 것이 자신을 대신한 것임을 안 다윗은 그 고통에 동참하고 싶었을 것이다. 이것은 다윗이 신하들의 강한 만류를 뿌리치고 "금식하며, 골방에 들어가 땅에 누워 밤을 보내며" 앓는 아이를 위해 애통하고 기도한 이유이다. 한편 아이의 죽음은 다윗에게 사죄—죄책이 옮겨진 사건—의 의미를 가진다. 그것은 애통할 일이 아니라 하나님께 감사해야 할 일인 것이다. 아이가 죽었다는 소식을 들었을 때, 다윗이 애통을 멈추고 하나님의 성전에 들어가 경배를 드리는 것은 바로 이 때문이다. 물론 다윗이 이 속사정을 신하들에게 일일이 설명할 수 없었을 것이다. 신하들의 질문에 대한 다윗의 설명, 즉 "내가 그를 다시 되돌릴 수 있을까? 나는 그에게 가겠지만, 그는 내게 돌아올 수 없다"는 궁색한 대답일 뿐이다. 왜냐하면 그것이 죽은 가족을 놓고 애통하지 않을 이유가 되지 않기 때문이다.

15절 ________

다윗과 밧세바 사이에 태어난 첫 아이의 병은 다윗의 죄에 대한 하나님의 심판임이 분명하다. "치시다"로 번역된 히브리어(נגף)는 종종 하나님의 심판의 문맥에서 나타난다(출 7:27; 삿 20:35; 삼상 4:3). "밧세바" 대신 "우리아의 아내"라는 표현을 쓴 것은 첫 아이가 다윗과 남의 아내의 죄악된 결합을 통해 태어난 것임을 부각시키기 위함이다. "크게 앓았다"로 번역된 히브리어 아나스(אנש)는 보통 불치병의 뉘앙스를 가진다(렘 15:18).[13]

16절 ________

아이의 고통에 대한 다윗의 반응이 즉각적이었다는 사실은 5개의 동사("매달렸다", "금식하며", "들어가", "누워", "밤을 보내다")가 매우 빠른 호흡으로 이어짐을 통해 알 수 있다. 고대 근동에는 병에 걸렸을 때 성전에 가서 잠을 자며 치유를 간구하는 관습("인큐베이션")이 있었다. 16절에 사용된 표현 "땅에 누워 밤을 보냈다"는 특히 이 관습을 가리키는 숙어로 이해될 수 있다. 물론 다윗이 아이의 치유를 위해 "인큐베이션"을 시도한 것인지는 확실하지 않다. 왜냐하면 그는 그때 성전이 아닌 궁에 머물러 있었기 때문이다. 하지만 다윗이 금식하며, 맨땅에 누워 잤다는 것은 분명 아이의 회복을 하나님께 간구하는 동시에 아이의 고통에 동참했다는 의미를 가진다. 이는 단순히 혈육에 대한 측은지심은 아니다. 다윗의 행위는 아이의 고통과 죽음이 궁극적으로 자신의 죄에 대한 속죄의 의미를 가진다는 인식에서 나온 것이다.

17절 ________

인큐베이션의 관점에서 보면, 17절에는 반전이 있다. 인큐베이션을 묘사하는 이야기 속에서 보통 기도자가 금식하고 밤이 되어 땅에 누우면 신이 출현한다. 16절의 히브리 원문도 다윗이 "들어가 밤을 보내기 위해 땅에 누웠다(בא ולן ושכב ארצה)"로 직역될 수 있다. 인큐베이션 장면에 익숙한 독자들의 기대에 따르면 17절에서는 신이 출현할 차례이다. 그리고 기대대로 신의 출현에 관용적으로 쓰이는 동사인 "위에 서다"라는 말이 17절에 사용되었다. 하지만 반전은 여호와가 누워 있는 다윗 위에 선 것이 아니라, 궁전 원로들이 출현했다는 것이다. 다윗이 만약 인큐베이션 중이었다면 여호와가 아닌 궁전 원로들의 출현에 무척 실망했을 것이다. 그가 땅에서 일어나지 않고 계속 금식을 이어 간 것은 놀랄 일이 아니다.

18-19절

"칠 일째 되던 날"이라는 표현은 반복되는 행위를 중지시키는 결정적인 사건이 발생할 때 관용적으로 사용된다. 우가릿 신화에 따르면 다니일루가 자식을 얻기 위해 금식하며 성전에서 울며 기도했을 때, 7일째 되던 날 그의 수호신 바알이 나타나 응답한다. 더구나 본문을 인큐베이션 전형 장면의 관점에서 분석할 때, 7일째 되던 날은 문제가 해결되는 날이어야 한다. 하지만 또 한 번의 반전이 온다. 다윗이 아이를 위해 금식하며 운 지 7일째 되던 날, 하나님의 치유가 발생한 것이 아니라 아이가 죽은 것이다. 19절에 이어지는 다윗과 신하들 사이의 대화도 7일째 발생하는 신현 장면에서 종종 신과 기도자가 대화한다는 사실과 잘 조화된다. 그러나 다윗과 신하들의 대화는 일견 문제의 해결과 전혀 무관한 것처럼 보인다. 왜냐하면 대화를 통해 아이의 사망이 알려지기 때문이다. 하지만 본문을 예언의 성취의 관점에서 보면, 아이의 죽음에 대한 소식은 다윗에게 있어 문제의 해결과 같다. 이것은 20절에 그려진 다윗의 반응을 통해 더욱 분명해진다.

20절

인큐베이션 전형 장면의 관점에서 본 절은 신현 후, 기도자의 태도 변화에 관련된 것이다. 보통 신과 만난 기도자는 문제 해결을 받기 때문에 더 이상 슬퍼하지 않고 음식을 먹기 시작한다. 즉 일상으로 돌아간다. 20절에서 다윗이 땅에서 일어나 씻고, 기름을 바르고 새 옷을 입었을 뿐 아니라, 다시 먹기 시작했다는 것은 마치 앓던 문제를 해결받은 기도자의 태도이다(삼상 1:18의 한나의 모습과 비교). 신하들은 아이의 죽음이 다윗을 더욱 큰 슬픔으로 몰아갈 것으로 예상했지만, 다윗의 반응으로 보아 다윗은 아이의 죽음을 문제의 해결 혹은 하나님으로부터의 응답으로 생각했던 것 같다. 이것도 예언의 응답으로 본 단락을 해석할 때 이해 가능하다. 즉 다윗에게 아이의 죽음은 사죄의 완성이다. 기뻐하고 감사해야 할 일이다. 그가 "여호와의 집에 들어가 경배한 것"은 바로 이 때문일 것이다.

21-23절 ________

다윗의 행동을 이상하게 여긴 신하들에게 다윗이 그 이유를 설명하는 단락이다. 다윗의 대답은 두 가지 신학적 교훈을 담고 있다. 물론 다윗은 자신이 그렇게 행동한 진짜 이유를 말해 주지 않는다. 첫째, 여호와는 성도의 기도에 마음을 바꾸실 수 있는 분이다. 죽이기로 작정하셨더라도 눈물의 기도에 원래 작정을 되돌릴 수 있다. "누가 알겠는가?"라는 숙어는 비슷한 문맥의 요나서에서도 사용되었다.

> 주께서 혹시 마음과 뜻을 돌이키시고 그 뒤에 복을 내리사 너희 하나님 여호와께 소제와 전제를 드리게 하지 아니하실는지 누가 알겠느냐(욜 2:14).

둘째, 신앙은 산 자를 위한 것이다. 유대인 신앙은 철저히 현세적이다. 하나님은 현세에 우리들이 그의 축복을 체험하게 하신다. 이런 의미에서 구약 성경에서 기도는 죽은 사람이 아니라 산 사람을 위해 하는 것이다. "나는 그에게 가겠지만, 그는 내게 돌아올 수 없다"는 다윗의 말 뒤에는 스올(사람이 죽은 후 가는 곳, 신약의 지옥과 구별되어야 함)은 일방통행 도로라는 고대인들의 상식이 담겨 있다.

요약하면, 아이가 죽은 후 다윗이 애통하지 않고 여호와를 경배한 것은 당시 다윗의 신하들에게 매우 이해하기 힘든 일이었을 것이다. 아이의 죽음을 다윗의 사죄와 관련한 나단 선지자의 예언의 성취로 읽을 때 다윗의 이상한 행동을 비로소 이해될 수 있다.

솔로몬의 탄생 12:24-25

24 다윗은 자신의 아내 밧세바를 위로했고 그녀에게 들어가 그녀와
동침했다. 그녀는 아들을 낳고 그의 이름을 솔로몬으로 불렀다.
여호와께서 그를 사랑하셨다. 25 그리고 나단 선지자의 편에
메시지를 보냈다. 여호와의 뜻에 따라 그는 여디디야로[14] 불렸다.

24절

처음으로 밧세바가 '다윗의 아내'로 불린다. "위로하다"로 번역된 히브리어 나함(נחם)은 누군가의 죽음과 관련해 사용되면, 애통을 끝내고 일상으로 돌아가는 것을 의미한다. 사회가 정해 놓은 애통의 기간이 있기 때문에, 히브리어 나함이 그런 의미로 쓰일 때에는 위로의 주체를 밝힐 필요가 없는 피동 동사 니팔로 표현된다(창 24:67; 38:12; 삼하 13:39 참조). 본문에서 특이한 것은 그 히브리어가 다윗을 주어로 한 능동 동사로 사용되었다는 것이다. 이것은 위로의 주체가 다윗임을 나타낼 뿐 아니라, 다윗이 능동적으로 애통의 기간을 단축하거나 나아가 거의 없앴음을 암시한다. 이전 단락에서 다윗이 아이가 죽었다는 소식을 듣자마자, 정상적인 생활을 시작했음을 기억하라. 이삭이 어머니의 죽음에 대한 애통함을 어머니의 장막을 물려받은 라헬을 통해 위로받고(창 24:67), 유다의 성적 일탈도 아내의 죽음에 대한 위로와 연결된 것처럼(창 38:12), 다윗과 밧세바의 경우도 죽은 아들에 대한 위로가 새로운 아들을 잉태하는 행위와 연결된다.

"그녀에게 들어가 그녀와 동침했다"는 표현은 구약 성경에서 결혼 관계 안에서의 성관계를 표현하는 표준적인 표현이다. 여기서 "들어가"는 어떤 공간에 들어간다는 의미가 아니라, 남자가 여자의 몸

속으로 들어간다는 뜻이다.[15] 따라서 보통 이 동사는 남자를 주어로 사용되며, 그에 따라 여기서도 다윗이 주어로 사용되었다. 주목할 것은 밧세바와 다윗의 첫 번째 성관계를 표현한 사무엘하 11장 4절에서도 똑같은 숙어가 사용되었다. 즉 "들어가다"는 의미의 동사 보(בוא)와 "동침하다"는 의미의 동사 샤카브(שכב)가 연속적으로 사용된다. 하지만 여기서 독특한 것은 "들어가다"의 주어가 다윗이 아니라 밧세바라는 것이다. 이것의 의미에 대해서는 11장 4절에 대한 해설을 참조하라.

솔로몬은 밧세바가 다윗에게 낳은 두 번째 아들이다. 그 이름은 "평화"라는 뜻을 가진다. 밧세바가 직접 이름을 지어주었는데, 어머니가 아들의 이름을 짓는 일은 흔하다. 그 경우 아이의 이름은 그의 탄생과 관련된 특정한 상황을 반영한다. 한나는 기도의 응답이라는 의미에서 아들을 "사무엘"이라 지었고, 엘리의 며느리는 언약궤를 빼앗긴 상황을 탄식하면서 아들을 "이가봇"이라 지었다. 그렇다면 밧세바는 어떤 의미로 "솔로몬"이라는 이름을 지어 주었을까? 물론 그 이름이 예언이 되어 솔로몬은 이스라엘에 평화와 번영의 시기를 가져다주었다. 사울과 다윗과 달리, 솔로몬은 외국과 전쟁을 거의 하지 않았으며, 무역으로 큰 돈을 벌었고, 학문 활동을 장려하여 문화의 융성을 이루었다. 하지만, 밧세바가 이름을 통해 아들의 미래를 예언했을 가능성은 희박하다. "평화"라는 의미의 이름은 밧세바가 궁에 들어왔을 때의 상황을 반영하는 듯하다. 즉 밧세바는 다윗의 여러 여자들 중 하나에 불과하고, 다른 왕비들과 다윗의 사랑을 놓고 경쟁을 하는 위치에 놓였을 뿐 아니라, 그가 낳은 아들은 후에 다른 왕세자들과 왕위를 놓고 경쟁해야 했다. 특히 다윗의 열 번째 아들인 솔로몬이 왕위를 이어받으려면, 형제들 사이의 권력 투쟁에서 일단 생존해야 했다. 그를 위해서는 형제들의 시기를 피하고 그들과 평화할 수 있는 성품이 필요했을 것이다. 솔로몬이라는 이름은 밧세바의 그런 바람을 담은 것은 아닐까? 이런 의미에서 밧세바는 자신의 아들을 왕으로 삼을 계책을 그의 출생부터 세워 놓았던 치밀한 전략가였다고 할 수 있다.

25절 ___________

하지만 솔로몬의 인생에서 어머니의 영향력보다 더 중요한 것은 하나님의 사랑이었다. 사무엘서 저자는 아무 구체적 이유를 제시하지 않고 "여호와께서 그를 사랑하셨다"(24절)고 말한다. 하나님의 사랑은 그의 또 다른 이름에 고스란히 들어 있다. 여디디야는 "여호와에게 사랑받는 자"라는 의미이다. 하나님은 나단 선지자를 보내어 그 아이의 이름을 지어 주셨다. 하지만 이상한 것은 이후의 이야기에서 솔로몬이 여디디야로 불린 적이 한 번도 없다는 사실이다. 여디디야라는 이름은 성경에 단 한 번 여기에만 등장한다. 하나님이 지어준 이름이 사용되지 않고 잊혀진 이유는 무엇일까?

가장 중요한 이유는 그 이름이 솔로몬의 생존을 위협했을 가능성과 관련 있다. 여디디야가 "여호와의 뜻"에 따른 이름이었다는 것은 그 이름 안에 솔로몬의 운명이 들어 있음을 뜻한다. "여호와께 사랑받는 자"라는 뜻은 아버지 다윗의 이름과 거의 동일한 것이다. 다윗은 "사랑받는 자"라는 뜻이다. 뿐만 아니라 그 두 이름은 동일한 히브리어 어근(דוד)에 근거한다. 즉 '여디디야'는 '다윗'의 개정판이다. 여디디야라는 이름은 다윗이 하나님의 사랑을 받아 이스라엘의 왕이 된 것처럼 솔로몬이 다윗의 후계자로 하나님의 왕국을 이어 갈 것임을 암시한다.

다윗 아들 간의 권력 암투가 예상되는 상황에서 솔로몬을 "여디디야"로 부르는 것은 그를 제거 대상 1호로 만드는 효과를 가졌을 것이다. 이 때문에 밧세바는 솔로몬을 그 이름으로 부르는 것을 경계했을 것이다. 이 때문에 여디디야는 하나님이 직접 지어준 이름임에도 불구하고 이후의 내러티브에서 한번도 사용되지 않았다. 다윗이 솔로몬을 공식적으로 그의 후계자로 지목한 적이 있는지 없는지 확실히 알 수 없지만, 밧세바와 나단은 이 이름을 통해 솔로몬이 하나님에 의해 다윗의 후계자로 선택받았다고 확신했을 것이다. 열왕기상 1장에서 아도니야가 스스로를 왕으로 선포했을 때 밧세바가 나단과 함께 다윗을 설득한 사건도 이런 관점에서 이해될 수 있다.

랍바의 정복 12:26-31

26 요압은 암몬인들의 랍바를 공격하여 그 통치 수도를 함락했다.
27 요압은 다윗에게 전령들을 보내어 말했다.
"제가 랍바를 공격하여 드디어 '물 도시'를 함락했습니다. 28 이제
나머지 군대를 모으소서. 그 도시 근처에 진을 치시고 성을
함락하소서. 제가 그 성을 함락하는 자가 되어 그 성이 제 이름으로
불리지 않게 하옵소서."
29 이에 다윗은 모든 군대를 모아 랍바로 진군했다. 그 성을 공격하여
함락했다. 30 그리고 왕으로부터 그의 왕관을 빼앗았는데, 그 무게가
금과 보석 1달란트였다. 다윗은 그것을 머리에 썼고, 그 성으로부터
엄청난 양의 노략물을 가져왔다. 31 그 성안의 백성들도 데려다가
석톱과 철제 낫, 철제 도끼로 (일하게) 하였다. 그리고 그는 그들을
벽돌 제작에 종사시켰다.[16] 암몬 사람들의 모든 도시들에 그렇게
하곤 했다. 다윗과 모든 군사들은 예루살렘에 돌아갔다.

26절 ______

공간적 배경이 예루살렘에서 암몬의 수도 랍바로 이동한다. 다윗으로부터 위로와 격려를 받은 요압이 힘을 내어 암몬인들의 "통치 수도를 함락했다". 이 구절이 전쟁의 최종 결과를 요약하는 구절인지 요압이 다윗에게 전령을 보낼 때의 전투 상황인지에 대한 이견이 있을 수 있다. "통치 수도를 함락했다"는 구절이 전쟁의 최종적 결과를 진술하는 것처럼 들리지만 이후의 이야기에 따르면 요압이 아니라 다윗이 통치 수도 랍바를 최종 함락하기 때문이다. 한편 "통치 수도를 함락했다"는 구절이 전투의 중간 상황을 가리키는 것이라면, 26절의 "통치 수도"와 27절의 "물 도시"는 동일한 장소를 가리킬 것이다.[17] 그러면 왜 저자는 굳이 26절에서 요압이 "물 도시"가 아닌 "통치 수도"를 함락했다고 말했을까? 이것은 27-31절까지 이어지는 암몬 함락 이야기의 메시지와 관련 있다. 즉 암몬 정복이 권력의 정점에서 발생한 사건이지만, 자세히

보면 다윗 권력의 누수가 시작되고 있음을 보여 준다. 저자는 다윗이 랍바의 정복자라는 타이틀은 지켰지만, 요압이 랍바를 함락한 실제 주인공이라는 뉘앙스를 전함으로써 그 메시지를 전달한다. 암만의 수도 랍바의 정복 과정은 다윗의 권력이 요압에 의해 크게 잠식되고 있음을 적나라하게 보여 준다. 이런 권력 누수 현상이 다윗의 도덕적 실패와 연결되어 있음은 말할 것도 없다.

27-29절

본 단락은 암만의 수도가 정복되는 과정을 서술한다. 여기서 주목해야 할 것은 요압이 권력자의 통치 행위를 상징하는 동사인 샬라흐(שלח) "보내다"의 주어로 등장한다는 것(27절)과 '명령-순종'의 서술 구조(28-29절)에서 명령을 내리는 쪽은 요압이고 그 명령에 따르는 자는 다윗이라는 사실이다.

히브리어 샬라흐 "보내다"는 권력자의 통치 행위를 단적으로 보여 주는 동사이다. 다윗과 밧세바 이야기에서 그 동사는 주로 다윗을 주어로 사용되었다. 하지만, 다른 인물들이 그 동사의 주어가 될 때마다 다윗의 권력이 서열 아래의 사람들에게 통제되어 가는 것을 보게 된다. 밧세바는 임신 소식을 전하기 위해 전령을 "보냈고" 요압은 패전의 소식을 전하기 위해 전령을 "보냈다". 그리고 암몬에 대한 승전보을 전하는 27절에서도 우리는 요압이 '보내는 행위'의 주체로 등장함을 보게 된다. 뿐만 아니라, 그는 다윗에게 명령을 내린다.

> 이제 나머지 군대를 모으소서(אסוף). 그 도시 근처에 진을 치시고(חנה) 성을 함락하소서(לכדה).

비록 우리말에서 청유형으로 번역되지만, 히브리어 원문에서는 분명히 명령법 동사들이다. "제가 그 성을 함락하는 자가 되어 그 성이 제 이름으로 불리지 않게 하옵소서"에서 우리는 협박의 뉘앙스마저 느낄 수 있다. 즉 다윗이 지금 요압의 명령대로 하지 않으면 요압은 스스로 왕이 될 수도 있다는 으름장이다. 30절이 암시하듯이 랍바를 취한 자는 암몬 왕의 왕관을 쓰게 된다. 그리고 다윗은 요압의 명령을 비교적 충실히 수행한다.

> 이에 다윗은 모든 군대를 모아 랍바로 진군했다. 그 성을 공격하여 함락했다.

흥미로운 것은 사무엘서 저자가 '명령-순종'의 구조를 100퍼센트 대칭적으로 구성하지는 않는다는 것이다. 요압의 명령에 대해 사무엘서 저자는 세 가지 명령형 동사("모으라", "진 치라", "함락하라")를 사용했지만, 다윗의 순종을 묘사할 때는 그중 두 개만("모았다", "함락했다") 사용한다. 그리고 "진군했다"와 "공격했다"는 동사를 다윗의 순종 부분에 추가한다—"이에 다윗은… 랍바로 진군했다. 그 성을 공격하여…". 물론 이것이 다윗이 요압의 명령대로 랍바로 와서 그 성을 함락했다는 큰 틀을 바꾸지는 않는다. 하지만 저자가 순종 부분과 명령 부분을 기계적으로 일치시키지 않은 것에는 다음과 같은 의미가 있다.[18] 비록 다윗의 도덕적 실패로 부하들에 의해 어느 정도 통제되는 처지에 이르렀지만, 그는 여전히 이스라엘의 왕으로 흔들림 없는 실권을 행사함을 보여 주는 것은 아닐까?

30-31절

본 단락은 요압의 무언의 도전에도 불구하고 다윗이 여전히 이스라엘의 실질 통치자임을 보여 준다. 무게가 한 달란트나 되는 왕관을 암몬 왕으로부터 빼앗아 머리에 쓴 다윗은 엄청난 양의 노략물을 가지고 예루살렘으로 돌아갔다. 전쟁에서 승리한 왕이 엄청난 부와 선물을 본국에 가져오는 모습은 이상적 왕의 전형적 업적 중 하나이다. 사울이 죽었을 때 다윗은 그의 행적을 비슷한 방식으로 추모한다.

> 이스라엘 딸들아 사울을 슬퍼하여 울지어다 그가 붉은 옷으로 너희에게

> 화려하게 입혔고 금 노리개를 너희 옷에 채웠도다(삼하 1:24, 개역개정).

마찬가지로 전쟁에 나간 아들 시스라를 기다리던 어머니를 위로할 때 여인들이 부른 노래도 비슷한 주제를 담고 있다.

> 시스라의 어머니가 창문을 통하여 바라보며 창살을 통하여 부르짖기를 그의 병거가 어찌하여 더디 오는가 그의 병거들의 걸음이 어찌하여 늦어지는가 하매 그의 지혜로운 시녀들이 대답하였겠고 그도 스스로 대답하기를 그들이 어찌 노략물을 얻지 못하였으랴 그것을 나누지 못하였으랴 사람마다 한두 처녀를 얻었으리로다 시스라는 채색 옷을 노략하였으리니 그것은 수 놓은 채색 옷이리로다 곧 양쪽에 수 놓은 채색 옷이리니 노략한 자의 목에 꾸미리로다 하였으리라(삿 5:28-30, 개역개정).

다윗은 많은 암몬 사람들을 포로로 데려다가 노역에 종사시켰다. 본문에 구체적으로 어떤 일인지는 명시되어 있지 않지만, 다양한 토목 공사에 포로들을 동원했을 것이다. 암몬인들에 대한 다윗의 승리는 수도 랍바에 국한되지 않았으며, "암몬 사람들의 모든 도시들에 그렇게 하곤 했다"(31절).[19]

질문

1. 다윗의 회개 고백이 매우 짧음에도 그 안에 진정성이 있다고 생각할 수 있는 이유는 무엇입니까?
2. 솔로몬의 이름의 의미는 무엇입니까? 밧세바는 왜 그런 이름을 지어 주었을까요?
3. 밧세바로부터 얻은 첫아들이 병에 걸리자 금식하며 기도하던 다윗이 그가 죽자 성전에 가서 하나님을 찬양한 이유는 무엇입니까?

묵상

다윗을 회개에 능한 사람이라 부릅니다. 완벽하지는 않았지만, 자신의 잘못을 솔직히 인정하고 더 나은 삶을 살아냄으로써 오늘의 나보다 나은 내일의 나를 만들어 가는 사람이 다윗이었습니다. 하나님이 쓰시는 사람은 바로 다윗같이 회개에 능한 사람입니다. 회개라는 것은 단순한 후회가 아니라, 행위의 개선을 포함한 마음의 변화입니다. 또한 다윗이 회개의 사람일 수 있는 것은 하나님이 우리에게 제2의 기회를 주시는 자비로운 분이시기 때문입니다. 한 번의 잘못이 인생을 망친다고 생각하면 사람들은 절대 자신의 잘못을 인정하지 않을 것입니다. 이렇듯 정직하게 살며 오늘보다 나은 내일의 나를 만들기 위해서는 죄인에게 제2의 기회를 주는 사회적 분위기가 필요한 것은 아닐까요? 위선보다 회개가 득이 되는 사회에서는 다윗 같은 사람들을 더 많이 볼 수 있을 것입니다.

24
암논과 다말

삼하 13:1-22

13장부터 본격적으로 다윗의 아들들에 대한 이야기가 시작된다. 이 이야기는 열왕기상 1-2장까지 이어진다. 밧세바를 통한 솔로몬의 탄생 이야기와 그가 왕으로 등극하는 이야기가 다윗의 아들들—암논, 압살롬, 아도니야—에 관한 이야기를 둘러싸는 구조로 보아, 이 이야기들의 1차적인 목적은 솔로몬이 왕이 된 경위를 설명하는 듯하다. 사무엘하의 족보(3:2-5; 5:13-16)에 따르면 솔로몬은 다윗의 열 번째 아들이기 때문에, 기라성 같은 형님들 대신 그가 왕이 된 경위는 설명이 필요했다. 13장부터 이어지는 이야기들은 왜 암논, 압살롬, 아도니야와 같은 다윗의 아들들이 왕위 경쟁에서 탈락했는지를 기술한다. 한편 이 다윗의 아들들에 관한 이야기는 나단 선지자의 예언이 성취되어지는 과정을 묘사한다. 다시 말해 다윗 집안에서 벌어진 권력 투쟁 이야기를 다윗의 범죄함에 대한 심판의 결과로 그린다. 사무엘하에서 솔로몬이 왕위를 이어받은 것이 형제들의 왕위 경쟁의 일종의 어부지리인 동시에 다윗의 범죄에 대한 심판의 결과로 그려진 것은 아이러니다.

압살롬의 누이 13:1-2

1 그후에 있었던 일이다. 다윗의 아들 압살롬에게는 아름다운
누이가 있었는데, 그녀의 이름은 다말이었다. 다윗의 아들 암논이
그녀를 사랑하였다. 2 그는 그의 누이 다말로 인해 병이 든 것처럼
힘들어했다. 왜냐하면 그녀는 처녀였기 때문이다. 암논의 눈에는
그녀를 어떻게 한다는 것은 거의 불가능한 일이었다.

"그 후에 있었던 일이다(ויהי אחרי־כן)"는 표현은 시간적 경과와 함께 장면의 전환을 표시한다. 특히 사무엘하에서는 후자의 기능이 강하다(삼하 2:1, 8:1, 10:1, 21:18).[1] 이 때문에 12장과 13장 이후의 사건들의 관계를 역사적인 것보다 문학적인 것으로 이해하는 학자들도 있다. 다시 말해 사무엘서 저자가 다윗의 아들 사이의 권력 투쟁을 다윗의 죄에 대한 형벌로 보이려는 의도로 사건의 순서를 재구성했다는 것이다. 하지만 이런 저자의 문학적 의도를 지나치게 역사적 실제와 분리할 필요는 없다. 역사가가 특정한 메시지를 담기 위해 사건들을 재구성할 때에도 역사적 실체 자체를 무시할 수 없기 때문이다. 마치 정물화 화가가 자기 자신만의 그림을 그리지만, 정물 자체를 무시할 수 없는 것과 마찬가지다.

시간적 배경을 제시한 후, 저자는 이어지는 이야기의 중요 인물들을 차례로 소개한다. 압살롬, 그의 누이 다말, 그리고 암논이 차례로 언급된다. 압살롬과 암논은 모두 "다윗의 아들"로 불리는데, 이는 이들 사이에 있는 경쟁 관계, 즉 권력 투쟁 관계를 암시한다. 포로기 이후에 "다윗의 아들"이라는 표현이 이스라엘의 왕에 대한 은어가 된 것은 잘 알려진 사실이다. 한편 다말은 "야자나무"라는 그 이름의 의미처럼 매우 아름다운 외모의 소유자였다. 중동 지역에서 야자나무는 높은 신분과 아름다움의 대명사이다. 아가서의 여인도 바로 이 야자나무에 비유되었다(아 7:8).

> 암논이 그녀를 사랑하였다.

이것은 이후 이야기 전개를 결정짓는 매우 중요한 내용이다. 본문이 명확히 말하지 않지만 암논은 다말의 이복 오라비이다. 반면 다말의 친오빠는 압살롬이다. 암논은 다윗이 광야에서 얻은 첫 번째 아내 아히노암의 아들이고, 압살롬과 다말은 다윗이 유다의 왕이 된 후 그술의 공주와 결혼하여 얻은 자식이다. 암논이 이복누이를 사랑해 결혼하는 것이 당시 사회에서 가능한 일인지의 논의는 일단 차치하고, 다말에 대한 암논의 "사랑"의 성격에 대해 논할 필요가 있다. 암논이 다말을 "사랑했다(אהב)"는 사무엘서 저자의 언급은 성적으로 매료당했다는 의미이다. 히브리어 아하브(אהב)는 일반적으로 동료 인간에 대한 가장 고귀한 태도를 지칭하지만, 문맥에 따라 성적인 집착의 뉘앙스를 가지기도 한다. 대표적인 예로 이방 여인에 대한 솔로몬의 "사랑(아하브)"을 들 수 있다(왕상 11:1-2). 암논은 다말 때문에 너무 괴로워 병이 들 정도였다. 암논의 감정이 일방적이기 때문에 이를 "상사병"(서로를 그리워하는 병)이라 할 수는 없을 것이다. 하지만 상사병처럼 암논의 병도 사랑하는 사람과 함께할 수 없기에 생긴 것만은 분명하다. 그렇다면 왜 암논은 괴로움에 병을 앓아야만 했을까?

> 그녀는 처녀(בתולה)였기 때문이다.

이 구절의 의미는 불분명하다. 처녀 공주들에 대해서 알려진 바는 그들이 특별한 외투을 입었다는 사실이 전부이다(18절). 다말이 처녀였다는 사실이 그녀를 왜 접근 불가능한 존재로 만들었는지 확실하지 않다. 추정컨대 처녀 공주들은 외부인과의 접촉이 금지되었을 수 있다. 암논이 다말에게 아무 시도도 할 수 없었던 것은 그가 다말을 만나는 것이 물리적으로 불가능했기 때문일 것이다. 즉 처녀로 묘사된 다말은 접근 불가능한 요새와 같았다. 가나안 신화에서 처녀로 불리는 여신이 매우 뛰어난 전사였던 사실도 참고할 만하다.

1-2절에서 흥미로운 것은 암논이 약자로, 다말이 강자로 묘사된다는 것이다. 처녀 다말은 아름답고, 가치있고, 강한 이미지인 반면, 그런 다말 때문에 암논은 병들어 힘들다. 그가 그녀에게 무슨 일을 하는 것이 기적만큼이나 불가능한 것이었다(ויפלא). 이것은 궁에서의 암논의 지위를 고려할 때 매우 아이러니한 것이다.

요나답의 계략 13:3-5

3 한편 암논에게는 친구가 있었는데, 그의 이름은 다윗의 형
시므아의[2] 아들 요나답이었다. 그리고 요나답은 매우 지혜로운
사람이었다. 4 그가 암논에게 말했다:
"왕자님이시여, 왜 아침이면 아침마다 당신이 그렇게 초췌해[3]
보입니까? 저에게 말씀해 주지 않으시겠습니까?"
암논이 그에게 말했다:
"압살롬의 누이 다말을 내가 사랑한다오."
5 요나답이 그에게 말했다.
"당신의 침대에 누우셔서 아픈 척하세요. 그러면 당신의 아버지가
당신을 보기 위해 올 것입니다. 그때 그에게 말하세요: '내 누이
다말을 오게 하여 나를 위해 보양식을 요리하도록 해주세요.
내가 보는 앞에서 보양식을[4] 만들도록 해주세요. 내가 보고 그녀의[5]
손으로부터 먹을 수 있도록 말입니다.'"

3절은 이야기 전개에 중요한 또 한 명의 인물을 소개한다. 암논의 친구로 소개된 요나답은 이새의 세 번째 아들이자 다윗의 형인 시므아(=삼마)의 아들로, 암논과는 사촌 관계이다. "매우 지혜로운 사람(חכם מאוד)"으로 소개된 것을 보아, 궁에서는 국사에 관해 왕에게 조언하는 모사의 일을 감당한 것으로 보인다.[6]

요나답은 암논의 친구로서 후자의 사적인 고민을 상담해 준다. "왕자님이여"라는 말은 자신과 암논의 신분의 차이를 상기시키기

위한 호칭이 아니라, 근래 들어 부쩍 초췌해 보이는 암논의 모습이 왕자의 품위에 걸맞지 않다는 뜻을 포함한다. "아침이면 아침마다" 초췌해 보인다는 말은 다말에 대한 암논의 집착이 한동안 지속되어 왔으며, 그것이 시간이 흐른다고 쉽게 없어지지 않을 것임을 암시한다. 그때 요나답은 친구로서 암논에게 마음속 고민을 털어놓으라고 제안한다.

이에 암논은 "압살롬의 누이 다말을 사랑한다오"라고 대답한다. 그가 다말을 "나의 누이"라고 말하지 않고(6절 참조), "압살롬의 누이"로 칭한 것은 다말에 대한 그의 사랑을 도덕적으로 정당화하기 위한 것으로 보인다. 유대 전통에서는 한 아버지에서 태어난 자녀들이 결혼하는 것에 대한 터부가 있었다. 한편 암논은 다말을 사랑한다는 말 이외에 특별한 말을 덧붙이지 않았다. 그럼에도 요나답이 암논의 문제를 이해하고 해결책을 내놓은 것은 그가 궁중 내부의 사정을 잘 알고 있었기 때문일 것이다. 즉 요나답은 다말에 대한 사랑이 왜 암논을 힘들게 하는지, 굳이 설명을 듣지 않고도 알 수 있었을 것이다. 한편 독자들은 그 이유를 2절에서 사무엘서 저자의 해설을 통해 이미 들었다.

요나답은 암논이 다말과 만날 수 있는 방법을 말해 준다. 침대에 누워 아픈 척하고 있으면 왕이 병문안을 올 것인데, 그때 왕에게 다말을 보내 달라 부탁하라는 것이다. 표면적 이유는 다말이 만든 "보양식(בריה)"을 먹고 싶다는 것이다. 나아가 다말과 함께 있는 시간을 최대한 늘리기 위해 완전히 요리된 보양식을 암논의 집으로 가져오는 것이 아니라, 다말이 암논의 집에 와서 직접 요리할 뿐 아니라 요리된 보양식을 암논에게 먹여주도록 부탁하라는 것이다. 이때 요나답은 암논에게 다말을 "나의 누이"로 부르라고 요구한다. 이는 다윗의 의심을 피하려는 목적이다. 누이가 병든 오라비에게 보양식을 지어 준다는 것은 아버지 다윗이 장려해야 할 미덕으로 생각되었을 것이다. 또한 "내가 보는 앞에서" 혹은 "내가 보고"라는 말도 반드시 관음증적 요구라고 이해할 필요는 없다. 모두 병들어 쇠약해진 암논의 식욕을 돕기 위한 방도로 이해될 수 있다. 물론 "그녀의 손으로부터" 먹게 해달라는 요구는 조금 지나친 것처럼 느껴질 수 있다. 이 때문에 칠십인역은 이것을 "그들의 손으로부터"로 바꾸는데, 이것이 문맥상 더 적절해 보인다. 여하튼 요나답의 조언은 다윗과 다말, 심지어 압살롬의 의심을 피하도록 암논의 부탁을 가족 구성원 간의 미덕으로 포장한 것이다.

아울러 요나답의 조언에는 어떤 거짓말도 개입되어 있지 않았다. "아픈 척하라"고 번역된 히브리어 동사 히트할(התחל)은 2절에서 암논의 상태를 표현할 때—"그는 그의 누이 다말로 인해 병이 든 것처럼(להתחלות) 힘들어했다"—에도 사용되었다. 즉 그는 이미 누이 다말로 인해 병든 것처럼 초췌했고, 요나답은 그것을 이용해 다윗의 병문안을 이끌어 내는 계략을 세웠던 것이다. 따라서 요나답의 조언에는 어떤 거짓말도 개입되어 있지 않았다고 할 수 있다.

이 모든 것을 통해 요나답은 암논이 다말과 만날 수 있는 구실을 제공해 주려 했다. 처녀였던 다말은 왕의 특별한 허가 없이 외간 남자와 접촉이 금지되었을 것으로 추정된다. 하지만 암논이 이후에 다말을 강간한 것은 요나답의 조언에 따른 것이 아니다. 이것은 3년 후 압살롬에 의해 암논이 살해당했을 때, 요나답이 모든 왕자들이 살해당했을 것을 염려하는 다윗을 안심시키며 한 말 속에 암시되어 있다. 요나답은 암논만이 죽었다고 말하며, 그 이유를 암논이 압살롬의 누이 다말을 강간했기 때문이라고 말해 주는데, 그의 어투는 암논의 행위에 대한 비난과 함께 암논의 죽음이 그의 죄에 대한 마땅한 결과라는 뉘앙스가 들어 있다. 만약 요나답이 다말에 대한 강간을 조언했다면, 그렇게 말할 수 없었을 뿐 아니라, 그는 "매우 지혜로운 자"로 평가될 수도 없다. 왜냐하면 지혜자는 어떤 행위의 미래적 결과를 내다보면서 조언하는 자이기 때문이다. 그가 그의 친구에게 나중에 그를 죽음으로 내모는 행위를 조언하지는 않았을 것이다.

암논의 요청 13:6-7

6 암논이 누워 아픈 척했을 때, 왕이 그를 보기 위해 들어왔다.
그때 암논이 왕에게 말했다.

> "내 누이 다말을 오게 해서 내가 보는 앞에서 두 개의 심장
> 보양식을 만들게 해 주세요. 내가 그녀의 손으로부터 보양식을
> 먹도록 말입니다."
> 7 다윗이 다말을 그 집으로 보내며 말했다:
> "부디 네 오빠 암논의 집으로 가라, 그에게 보양식을 만들어 주어라."

암논의 범죄가 요나답의 조언과 직접적 연관이 없다는 증거는 암논이 실제로 다윗 왕에게 건넨 부탁의 말 속에 암시되어 있다. 그는 요나답의 조언을 그대로 따르지 않고 그것에 약간의 변형을 가한다. 그중 가장 의미 있는 변형은 "보양식(בריה)"을 두 개의 "심장 보양식(לביבות)"으로 바꾼 것이다. "심장 보양식"이 정확히 무엇인지 알지 못한다. 심장 모양의 음식으로 추정되지만 그것의 구체적 성격은 알려져 있지 않다. 하지만 이것으로부터 우리는 암논이 다말에게 요구하는 것이 단순한 보양식이 아니라 그녀의 "심장"임을 알 수 있다.[7]

아울러 "그들의 손으로부터… 먹도록 말입니다"라는 칠십인역의 번역이 옳다면(5절), 암논은 그것을 "그녀의 손으로부터… 먹도록 말입니다"로 바꾸어 버린다. 이 변형은 모두 암논이 굿보다 잿밥에 더 관심이 있음을 단적으로 암시한다. 즉 보양식보다 그 보양식을 만드는 다말에 관심이 많다는 뜻이다.

한편 다윗은 병석에 누운 장남 암논의 요청에 따라 처녀였던 다말을 암논의 집으로 보낸다. 사무엘서 저자는 다윗이 다말을 보내면서 건넨 지시 사항을 직접 화법으로 기록하는데, 이것도 암논의 부탁과는 다소 거리가 있다. 다윗 역시 다말에게 암논과의 관계를 강조하며, "네 오빠" 암논의 집으로 가라고 지시하지만, 암논의 부탁을 그대로 전하지는 않는다. 다윗의 입장에서 다말이 해야 할 가족 의무라고 여기는 부분만을 전달한다. 즉 "그에게 보양식을 만들어 주어라". 다윗은 "두 개의 심장 보양식"이라 특정하지 않았으며, 그에게 직접 보양식을 먹여 주라고도 지시하지 않는다. 이런 다윗의 지시는 가족 구성원 간에 충분히 주고받을 수 있는 호의이다. 다말도 그렇게 알고 암논의 집

으로 향했을 것이다.

암논의 집으로 간 다말 13:8-11

8 다말은 그녀의 오라비 암논의 집으로 갔다. 한편 그는 누워 있었다.
다말은 반죽을 집고 빚어, 그가 보는 앞에서 심장 보양식을 만들고
익혔다. 9 그리고 보양식이 담긴 접시를 집어 그 앞에 놓았다.[8] 그러나
암몬은 먹기를 거부하고 "모든 사람을 내게서 나가게 하라"라고
말하니, 모든 사람들이 그에게서 나갔다. 10 암논이 다말에게 말했다:
"그 보양식을 내실로 기져오라. 내가 너의 손으로부터 먹고 힘을
얻겠노라."
다말은 직접 만든 심장 보양식을 들고, 내실에 있던 그녀의 오빠
암논에게 가져갔다. 11 그녀가 그가 먹을 보양식을 가져왔을 때,
그는 그녀를 붙잡으며 말했다:
"와서 나와 함께 자자, 내 누이여!"[9]

8절과 9절의 전반부는 다말이 자신의 사명에만 집중하고 있음을 잘 보여 준다. 먼저 다말은 "그녀의 오라비"의 집으로 갔다. 처녀가 자기의 거처를 떠나 외출하는 것은 신체적 위협은 물론 나쁜 소문의 대상이 될 위험을 감수하는 것이다. 하지만 다말은 암논을 오라비로 신뢰하고 그의 집으로 향했다. 그녀의 방문 목적은 병들어 누워 있는 오라비를 위해 보양식을 만들어 주는 것이다. 그녀는 집에 도착하자마자, 누워 있는 암논이 보는 앞에서, 반죽을 "집고, 빚어, … 심장 보양식을 만들고 익혔다… 그리고 접시를 집어 그 앞에 놓았다." 사무엘서 저자는 6개의 동사를 짧은 간격으로 나열함으로 다말이 암논의 집에서 자신의 임무 수행에 집중하는 모습을 보여 준다. 더구나 그녀의 마지막 행위를 암논 앞에서 음식을 "놓은" 것으로 서술함으로써 다말에게는 음식을 암논에게 먹일 의도가 전혀 없었음을 보여 준다. 다윗의 지시에도 음식을 그에게 먹여 주라는 내용은 없었다.

그런데 암논이 음식을 먹지 않는다. 더구나 모든 신하들을 방에서 나가게 한다. 허약한 환자가 차려 놓은 보양식을 먹지 못하는 것은 충분히 있을 수 있는 일이지만, 시중을 들어야 할 신하들을 모두 물리는 것은 다소 의외의 행동이었을 것이다. 하지만 다말이 정성스럽고 부지런히 음식을 준비하는 모습을 보던 암논에게는 식욕보다는 성욕이 더욱 강해진 것이 분명하다. 이것을 암시하는 말이 "심장 보양식을 만들다(ללבב)"는 말이다. 이 단어는 사무엘서 저자가 다말의 음식 준비를 묘사하면서 사용한 여섯 동사 중 하나인데, 그것이 음식 준비의 의미로 쓰인 적은 여기를 제외하면 없다. 흥미로운 것은 그것이 아가서 4장 9절에서 "마음을 빼앗다"는 의미로 사용된다는 사실이다. 이것은 다말이 암논이 보는 앞에서 "심장 보양식을 만드는" 모습이 암논의 "마음을 빼앗았음"을 암시하는 것은 아닐까?

모든 시종들이 방을 빠져나갔을 때 암논은 다말에게 "그 보양식을 내실로 가져오라. 내가 너의 손으로부터 먹고 힘을 얻겠노라"고 직접 지시한다. 다윗이 일부러 누락한 암논의 요청을 암논 본인이 다말에게 직접 전달하고 있는 것이다. "먹고 힘을 얻겠노라"고 의역된 히브리어 동사 에브레(אברה)는 "보양식"으로 번역된 브리야(בריה)와 동일한 어원의 히브리어이다. 이 순간까지 다말이 암논을 특별히 의심할 이유는 없어 보인다. 그는 무척 수척한 모습으로 침실에 누워 있고, 보양식을 혼자 힘으로 먹을 만큼 힘이 있어 보이지도 않는다. 시종들을 물린 것은 누구보다도 누이인 자신을 믿어서라고 생각했을 수 있다. 이에 다말은 손수 빚은 심장 보양식을 들고 내실로, 그녀의 오라비 암논이 누워 있는 침실로 들어간다. 그런데 예상치 못한 일이 벌어진다. 암논은 다말을 붙잡은 후 "와서 나와 함께 자자, 내 누이여!"라고 말한다.

암논의 요구는 이 이상 분명할 수 없다. 그는 성관계를 원했다. 하지만 그 요구가 갑작스럽고 과격한 것이었음에도 아이러니하게도 암논이 다말에게 건넨 말은 사랑을 갈구하는 한 남자의 정중함을 포함하고 있다. 먼저 암논은 다말을 "내 누이여"라고 부른다. 여기서 이것은 이전의 용법과는 전혀 다른 뉘앙스를 가진다. 암논이 앞서 다말을 "내 누이"로 호칭했을 때는 가족 간의 충심을 부각시켜 자신의 악한 의도에 대한 의심을 제거하려는 것이었다면, 둘밖에 없는 그의 침실에서 다말을 "내 누이"로 부를 때에는 연인을 지칭하는 애칭처럼 들린다. 실제로 고대 이스라엘인들은 연인을 "누이"라 부르곤 했다(아 4:9). 둘째, "와서(בואי)"라는 말을 "자자(שכבי)"라는 말 앞에 사용함으로써 과격한 명령을 부드러운 요청으로 바꾼다. 셋째, 암논은 "나와 함께(עמי)"라는 말을 넣음으로써, 그의 의도가 성폭력이 아닌 사랑임을 분명히 한다. 히브리어 동사 "눕다, 자다(שכב)"가 부부나 연인간의 성관계를 표시할 때는 "~와 함께"라는 말과 함께 사용되고, 일방적인 성폭력을 가리킬 때는 "~을"이라는 말과 함께 사용되는 경향이 있다. 이후 암논이 다말을 성폭행할 때 저자는 히브리어 "눕다, 자다"를 "그녀를"이라는 말과 함께 사용한다. 하지만 적어도 암논이 다말에게 지금 하고 있는 말은 "나와 함께 자자"임에 유의할 필요가 있다.

하지만 부드러운 말로 했다고 해서 강간이 강간이 아닌 것은 아니다. 암논이 언제부터 이 순간을 계획했는지 모르지만, 모든 시종을 방에서 나가게 한 것은 분명 다말에 대한 악한 의도를 실천하기 위한 것이었을 것이다. 지금 암논은 다말에 대한 사랑과 자신의 이기적인 욕정을 구분할 수 없는 상태이다.

실패한 이성적 설득 13:12–14

12 그녀가 그에게 말했다.
"안 돼요! 오라버님. 나를 비참하게 만들지 마세요. 이스라엘에서 이
같은 일이 있어서는 안 됩니다. 이 어리석은 일을 하지 마세요!
13 저는요, 어디로 내 수치를 가게 할 수 있습니까? 그리고 당신은요,
이스라엘에서 어리석은 자 중 하나로 취급될 것입니다. 부디 당장
왕에게 부탁하세요. 그는 나를 당신에게 금하지 않을 것입니다."[10]
14 그러나 그는 그녀의 목소리를 들으려 하지 않았다.
그리고 그는 그녀를 힘으로 제압하고, 그녀를 비참하게 만들며

그녀를 강간했다("눕혔다").[11]

12-13절

다말은 암논의 죄악에 동참할 의도가 전혀 없다. 처음부터 그녀는 병들어 침상에 누운 오라비에게 보양식을 만들어 주기 위해 방문했을 뿐이다. 그것도 아버지의 간곡한 요청이 없었더라면 오지 않았을 수도 있다. 처녀인 공주가 그에게 지정된 장소를 벗어나는 것은 왕이 금한 것이기도 하지만, 설사 왕이 허락한 외출이라도 처녀인 그녀는 "포도원을 해치는 여우"(아 2:15)의 공격을 받기 쉬운 존재이기 때문이다. 그리고 지금 다말은 악몽 같은 상황에 맞닥뜨려 있다. 비록 어머니는 달라도 같은 아버지에게서 나온 오라비가 자신을 범할 위기에 놓인 것이다.

이때 다말이 암논에게 한 말은 비슷한 상황에 처한 모든 여자들이 배워야 할 모범 답안이다. 먼저 그녀는 분명히 자신의 의사를 전달한다—"안 돼요!" 그리고 상대방이 이성적으로 생각할 수 있도록 돕는다. 다말은 우선 자신과 암논의 관계를 상기시킨다—"오-라-버-님". 이 짧은 말 속에는 다말이 가족에 대한 충심으로 병문안을 왔으며, 암논도 동일한 충심으로 다말을 대해야 한다는 주장이 함축되어 있다. 이어서 다말은 암논의 행위가 사랑이 아님을 말해 준다. 암논이 다말을 사랑한다면 다말이 행복해지도록 노력할 것이다. 하지만 지금 다말을 범한다면 암논을 그녀를 "비참하게 만드는 것(ענה)"이다. 여기에 사용된 히브리어 동사(ענה)는 단순히 수치심을 의미하지는 않는다(물론 암논의 행위는 다말에게 평생 씻을 수 없는 수치심을 안겨줄 것이다). 그것은 강간당한 여인에 대해 사용될 때 경제적 파탄을 의미한다. 고대 이스라엘에서 결혼은 궁극적으로 경제적 거래의 성격이 강했다. 처녀는 결혼 거래에서 가장 큰 경제적 자산이었으며, 강간당한 여인은 정반대이다. 후자는 평생 경제적 어려움 가운데 "비참하게" 살아가는 경우가 많았다. 암논이 처녀인 다말을 범한다면, 그녀의 미래를 파멸시키는 것이고, 그것은 절대로 사랑이 아닐 것이다.

다말의 이성적 설득은 여기서 끝나지 않는다. 그녀는 먼저 대의에 호소한다. "이스라엘에서 이 같은 일이 있어서는 안 됩니다." 암논의 행위는 율법 이전에 인륜을 저버리는 행위(창 34:7 참조)라는 뜻이다. 그리고 암논의 행위가 가져올 재앙적 결과를 말하면서 이 "어리석은 일을 하지(עשה את-הנבלה)" 말라고 조언하다. 흥미로운 것은 "어리석은 일을 하다"가 사용된 구약 성경의 구절들을 조사하면, 대부분 심각한 성적 일탈에 대한 이야기이며 그 행위자는 모두 죽는다는 사실이다.[12] 다말은 암논이 죽을 것이라고는 말하지 않지만, 이 일로 암논은 왕위 경쟁에서 탈락하게 될 것이라고 말한다. "이스라엘에서 어리석은 자 중 하나로 취급"된다는 것은 이스라엘 백성들의 조롱거리가 된다는 뜻이며, 그것은 왕위를 이어받을 자격을 상실한다는 뉘앙스를 가진다.

마지막으로 다말은 '왕에게 부탁하면 왕이 그녀를 암논에게 허락할 것'이라고 말한다. 학자들은 실제로 암논이 다말과 결혼할 수 있었는지에 대해 논쟁한다. 근친상간을 금하는 율법(레 18:9, 20:17; 신 27:22)을 근거로 들며, 그 둘의 결혼은 불가했다고 주장하는 학자들은 다말의 말을 긴박한 위험을 벗어나기 위한 거짓말로 이해한다. 하지만 당시 다윗 왕궁 안에서 그런 율법이 철저히 지켜졌는지 확실하지 않다. 유부녀와 통간한 자는 처형이라는 율법이 밧세바와 통간한 다윗에게는 지켜지지 않았음을 기억할 필요가 있다. 또한 암몬에게 있어 문제는 다말이 "처녀"였기 때문이지 "누이"였기 때문은 아니었다. 만약 이복 오누이였기 때문에 암논과 다말의 결혼이 원칙적으로 금지되었다면, 그것을 암논이 몰랐을 리가 없으며, 다말의 임기응변식의 거짓말도 의미가 없게 되는 것이다. 이 때문에 다른 학자들은 암논과 다말의 결혼이 가능했다고 주장한다. 이들은 다윗이 이방인 여자—그술의 공주 마아가—로부터 낳은 다말은 애초에 유대인으로 인정되지 않았다고 주장한다. 이스라엘 남자와 이방 여자 사이에 생산된 자녀는 유대인이 아니라는 탈무드 법은 이런 견해를 지지하는 듯하다. 또한 아브라함과 사라의 관계가 이복 오누이 사이였다는 사실(창 20:12)도 암논과 다말의 결혼이 원칙적으로 금지되지 않았을 가능성을 지지한다. 그렇다면 암논이 다말을 "사랑"했음에도 불구하고 그가 다윗에게 그녀를 아내로 달라고 요청하지 않은 것은 그녀와 결혼할 생각은 전혀 없었음을 증명해 주는 것이다.

14절

이미 욕망에 사로잡힌 암논에게 다말의 목소리가 들릴 리 없다. 그는 이미 그의 손에 붙들려 있던 다말을 "힘으로 제압하고" 그녀를 비참하게 범했다. 다말을 "힘으로 제압할" 필요가 있었던 것으로 보아 다말은 말로만 저항한 것이 아니라 온몸으로 저항한 것으로 보인다. 그녀는 "나를 비참하게 만들지 마세요"라고 부탁했지만, 암논은 그녀를 "비참하게" 만들었다. 암논이 보양식을 들고 내실까지 들어온 다말을 설득하려 했을 때는 "나와 함께" 눕자고 말했지만, 지금 암논은 "그녀를" 강제로 눕게 했다.

암논의 심경 변화 13:15-17

15 그후 암논이 그녀를 아주 큰 증오로 증오했다. 그녀를 사랑한
사랑보다 그녀를 증오한 증오가 더 컸다. 암논이 그녀에게 말했다:
"일어나 가라!"
16 그녀가 그에게 말했다:
"안 돼요! 오라버니. 나를 내치는 이 악은 당신이 내게 했던 다른
악보다 더 큽니다."[13]
그러나 그는 그녀를 들으려 하지 않았다. 17 그의 소년 즉 그의
시종을 불러 말했다:
"부디 이것을 내 앞에서 밖으로 내쳐라. 문을 잠그고 들이지 마라."

15절

다말을 범한 암논은 큰 심경의 변화를 보인다. 사랑이 "아주 큰 증오"로 바뀐 것이다. 본문에 따르면 암논이 다말에게 품었던 욕구보다 그녀에 대한 증오가 더 컸다고 말한다. 다말에 대한 암논의 사랑과 증오의 이

런 비대칭적 관계는 15절에서 "사랑"이 두 번 사용된 반면, "증오"는 네 번이나 사용된 것을 통해서도 확인할 수 있다. 또한 암논이 다말을 침대에서 내보내며 한 말 "일어나 가라"에는 어떤 배려나 애정도 찾을 수 없다. 이것은 암논이 침대로 유인하며 한 말 "와서 나와 함께 눕자, 내 누이여"와 극명한 대조를 이룬다.

사랑에서 큰 증오로의 변화를 어떻게 설명할 수 있을까? 이에 대해 유대인 철학자 할버탈은 다음과 같이 주장한다.

> 열열한 사랑에서 극심한 증오로의 180도 전환은 성폭력자가 피해자를 다루는 왜곡된 행태와 연관 있다. 성폭력자가 이전의 집착의 대상을 증오하기 시작하는 이유는 피해자가 언제든지 그를 고발할 수 있기 때문이다. 그녀의 존재가 그에게는 자신의 죄를 상기시키는 역할을 한다. 자신의 죄를 인정하고 피해자에게 적절히 보상하기를 거부하는 성폭력자의 잠재된 죄의식이 피해자에 대한 노골적 증오로 바뀌는 것이다. 증오의 형태로 나타나는 죄의식 때문에 암논이 시종을 부려 다말을 집 밖으로 내어 쫓은 것이다.[14]

16절

다말은 "일어나 가라"라고 명하는 암논에게 다시 한 번 자신의 의사를 분명히 밝힌다. "안 돼요!" 이어서 방금 자신을 강간한 암논을 "오라버니"라 부르면서[15] 가족 간의 도리를 저버리지 말 것을 요청한다. 자신을 그대로 버리지 말라고 간절히 요청한다. 처녀인 다말을 강제로 범한 것도 큰 악이지만, 자신이 범한 다말을 아무런 책임의식 없이 버리는 것은 더 큰 악이다. 왜냐하면 후자는 한 여인의 인생 전체를 망가뜨리는 일이기 때문이다. 처녀를 강제로 범하디라도 그녀가 살아갈 수 있는 대책을 마련해 주는 것이 고대 근동 사회의 관습이었다. 굳이 율법을 인용하지 않더라도 당시 고대인들의 인지상정이라는 말이다.

하지만 이번에도 암논은 다말의 지극히 합리적인 요청을 들으려 하지 않았다. 그리고 어린 시종을 소리 질러 부른 후, 다말을 집에서

"내치라"고 명한다.[16] 먼저 어린 시종에게 그런 일을 시키는 것 자체가 왕의 딸이자 자신의 이복누이에 대한 큰 모욕이다. 또한 암논은 다말을 극도로 하대하여 "이것"이라 부르는 반면, 어린 시종에 대해서는 "부디… 내쳐라"라는 경어적 어법을 사용한다. 다말에 대한 증오가 얼마나 큰 것이었는지를 단적으로 보여 주는 대목이다.

어린 시종에게 내린 암논의 명령 가운데 "내 앞에서"와 "문을 잠그고 들이지 마라"라는 대목에 주목할 필요가 있다. 이 두 표현을 통해 다말이 암논을 찾아와 괴롭히는 존재라는 인상을 받는다. 아마 다말의 처녀성을 강제로 범했지만, 그에 대한 책임을 지지 않으려는 암논에게 다말은 언제 찾아와 보상을 요구할지 모르는 성가신 존재가 되었을 것이다. 더구나 다말의 친오라비가 압살롬이라는 사실은 문을 단단히 잠가 두어야 하는 추가적 이유가 된다. 유약한 아버지 다윗은 암논에게 아무 벌도 내리지 않겠지만, 친오라비는 가만히 있지는 않을 것이기 때문이다.

암논이 다말과 결혼할 의사도 없으면서, 그녀를 겁탈한 이유는 무엇일까? 또한 겁탈한 후, 그녀를 위한 어떤 보상 조치도 없이 유기해 버린 이유는 무엇일까? 더구나 압살롬의 누이임을 알고서도 그렇게 한 이유는 무엇일까? 다말이 말했듯이 암논은 어리석은 자임이 분명하다. 그렇지 않고서는 그가 저지른 이런 일련의 고의적 잘못들을 설명할 수 없다. 하지만 암논의 어리석음은 그의 낮은 지능에서 나오는 것이 아니다. 그것은 그의 권력감에서 나온다. 그는 아버지 다윗이 밧세바를 취했을 때처럼 자신에게는 "모든 일이 가능하다"는 착각에 빠져 산 듯하다. 그는 심지어 아버지 다윗의 권력도 자신의 뜻대로 움직일 수 있다고 생각했을 가능성이 있다. 이것은 다윗이 비록 암논 계략의 적극적인 조력자는 아니었지만, 다말을 암논의 집에 "보냄"으로써 암논의 범죄에 빌미를 주었다는 사실에서 암시된다. 즉 히브리어 동사 "보내다"는 왕의 권력 행위를 상징하는 말임을 고려할 때, 암논이 다윗을 움직여 다말을 그에게 보내게 한 것은 암논이 다윗의 권력을 자신의 정치적 목적을 위해 사용할 능력이 있음을 보여 준다.

버려진 다말 13:18-20

18 그녀는 채색 두루마기를 입고 있었는데, 왕의 처녀 딸들은 그렇게
외투를 입었다. 그의 시종이 그녀를 밖으로 데려 나왔고, 못 들어오게
문을 잠갔다. 19 다말은 먼지를 잡아 머리 위에 뿌리고, 그녀가 입고
있던 채색 두루마기를 찢었다. 손을 머리에 대고 가면서 크게
울었다. 20 그녀의 오라비 압살롬이 그녀에게 말했다:
"너의 오라비, 아미논(=암논)이 너와 함께 있었느냐? 이제 내 누이여,
조용히 하라. 그는 너의 오라비다. 네 마음을 이 일에 두지 마라."
다말은 버려진 채[17] 그녀의 오라비 압살롬의 집에 머물렀다.

18절 ________

암논의 어린 시종은 다말을 밖으로 데려 나왔고, 주인의 명령대로 그녀가 다시 들어오지 못하게 문을 걸어 잠갔다. 하지만 "내치라(שלחו)"는 주인의 명령에도 불구하고 그 시종이 그녀를 "데려 나온" 것으로 보아, 어린 시종은 다말을 그렇게 폭력적 대하지는 않았던 것 같다. 하지만 암논이 아무런 보상이나 대책 없이 자신이 범한 누이를 내쳤다는 사실에는 변함이 없다.

사무엘서 저자는 암논의 명령에 대한 시종의 실천을 보고하기 전 다말의 채색 두루마기에 대해 언급한다. 그녀가 내침을 당할 때 입은 옷이 처녀 공주들이 입는 특별한 의복이었다는 내용이다. 개역개정에서 "채색옷"으로 번역된 히브리어 쿠토넷 파심(כתנת פסים)은 그 의미가 확실하지 않다. 파심(פסים)이 채색 문양을 의미하는지 아니면 손바닥과 발목까지 닿는 긴 의복을 의미하는지 논쟁 중이고, 쿠토넷 파심이 겉옷 위에 입는 외투의 일종인지 속옷 위에 입는 겉옷인지에 대해서도 논쟁 중이다. 만약 후자라면 슬픔에 못 이겨 다말이 쿠토넷 파심을 찢었을 때 그녀의 속살이 그대로 드러났을 것이다. 하지만 필자는 쿠토넷 파심을 "채색 두루마기"로 번역하며, 그것을 외투의 일종으로 이해했다. 이 옷은 왕의 처녀 딸들이 외출할 때 챙겨 입던 옷으로 그들의 신분

에 대한 가시적 상징으로 역할했을 것이다. 다말이 그런 채색 두루마리를 찢었다는 것은 단순히 슬픔의 표현이 아니라, 왕의 처녀 딸로서의 그녀의 신분이 박탈되었음을 보이는 것이다.

19-20절 ________

암논의 집에서 쫓겨난 다말은 먼지를 잡아 머리 위에 뿌리고 입고 입던 채색 두루마기를 찢었으며, 손을 머리에 대고 가면서 크게 울었다. 일반적으로 이런 행위들은 누군가가 죽었거나 나라가 망했을 때 사람들이 슬픔을 표현하는 방식이다. 강간은 다말에게 있어 사회적 살인과 다름 없다. 즉 다말은 사회의 일원으로 살아갈 미래를 완전히 박탈당한 것이다. 이에 그녀는 그녀의 "죽음"을 스스로 애도하고 있다.

한편 그녀의 애곡 행위는 매우 공개적인 것이다. 궁중의 사람들이 애통해하며 지나가는 그녀의 모습을 목격할 수 있었을 것이다. 다말은 단순히 자신의 사회적 죽음을 애통해하는 것이 아니라, 공개적으로 도움을 요청하는 것이다. 즉 암논의 범죄 행위와 자신의 억울함을 알리는 것이다. 만약 암논이 궁에서 절대적 권력을 가졌다면 다말의 이런 행위는 매우 위태로운 것이다. 암논이 그녀를 집밖으로 내쳤을 때는 그녀가 조용히 "버려진" 삶(21절 참조)을 살기를 기대했을 것이다. 만약 그녀가 그런 삶을 거부하고 암논의 죄를 고발하면, 암논으로서도 선택의 여지가 없을 것이다. 그녀의 항의는 그녀의 목숨은 물론 그녀의 집안 즉 압살롬의 목숨도 위태롭게 할 수 있는 것이다.

이에 오라비 압살롬이 그녀에게 말한다. "너의 오라비, 아미논이 너와 함께 있었느냐?" "아미논"이 "암논"을 잘못 쓴 철자라고 생각하여 대부분의 번역본은 그것을 "암논"으로 고친다. 하지만 이것이 압살롬의 직접 화법의 일부임을 고려하면, 압살롬이 일부러 자신의 형의 이름을 조금 다르게 발음했을 가능성을 배제할 수 없다. 즉 속임수로 누이를 침실로 불러들여 강간한 후 무책임하게 내친 형이 "신실함"이라는 뜻의 이름을 가진 것을 비꼬는 의미가 있다. 암논은 "아멘"과 같은 어원에서 생성된 이름이다.

한편 “너와 함께 있었느냐”는 다말을 무척 배려한 질문이다.[18] 재가 뿌려진 머리, 찢어진 의복, 얼룩진 얼굴을 한 다말을 본 압살롬은 무슨 일이 있었는지 구체적으로 물어볼 필요가 없었다. 그에게 중요한 것은 그런 몹쓸 짓을 한 사람이 그의 예상대로 암논임을 확인하는 것이다. 암논은 평소 궁의 여자들을 자주 겁탈했었을 가능성이 있다. 하지만 그가 암논임을 확인할 때에도 다말에게 그를 “너의 오라비”라 호칭한다. 다말의 공개적 항의가 다말은 물론 집안 전체에 화를 가져올 것을 염려한 압살롬은 암논과의 가족 관계를 강조함으로써 다말의 입에 재갈을 물리려 한 것이다.

> 이제 내 누이여 조용히 하라. 그는 너의 오라비다. 네 마음을 이 일에 두지 마라.

자신을 겁탈하려는 암논의 눈을 보고 그의 행위가 왜 어리석은 것인지 똑 부러지게 이야기했을 뿐 아니라, 온몸으로 암논의 폭력에 저항한 다말과 달리 압살롬은 암논의 행위를 비난하지 않을 뿐 아니라 그저 덮으려 하는 듯 보인다. 그 과정에서 피해자인 다말의 침묵과 포기를 강요한다. 오늘날의 관점에서는 도저히 용납되지 않는 조언일 것이다. 하지만 압살롬은 지금 누이의 안위를 최우선으로 생각하고 있는 것이다. 즉 누이가 당시의 사회적 조건에서 살아남을 수 있는 유일한 길을 알려주는 것이다. 압살롬은 형 암논의 정치적 힘을 잘 알고 있다. 아버지 다윗이 밧세바를 범하고도 어떤 처벌도 받지 않은 것처럼 암논을 처벌하는 것도 사실상 불가능하다. 아직 압살롬이 암논을 대적할 정치적 힘이 없다. 이 때문에 다말을 자기 집에 거둔 후 그곳에서 “버려진 채” 살도록 했다. “버려진 채(שׁממה)”의 의미는 평생 결혼하지 않고 혼자 살았다는 의미이다. 물론 압살롬이 그녀의 기본적인 필요를 채워 주었음은 말할 것도 없다.[19]

압살롬의 침묵 13:21-22

21 왕, 다윗이 이 일을 듣고, 크게 분노했다. 22 압살롬은 그 일에 대해
암논과 '잘했다 못했다' 일체[20] 말하지 않았다. 왜냐하면 압살롬은
그의 누이 다말을 비참하게 만든 암논을 미워했기 때문이다.

한편 다윗 왕은 암논이 다말을 강간하고 버렸다는 이야기를 듣고 크게 분노한다. 하지만 암논에게 어떤 꾸지람이나 형벌도 내리지 않는다. 사무엘서 저자는 "왕"이라는 말을 "다윗" 앞에 배치함으로써, 거짓말하고 누이를 욕보인 암논을 처벌하지 못한 다윗의 왕으로서의 무능력, 즉 정의와 공의를 베풀어야 할 왕으로서의 무능력을 비판하고 있다. 그러면 왜 다윗은 분노만 할 뿐 암논을 처벌하지 못했을까? 다윗 자신이 밧세바 사건으로 도덕적 권위를 상실했기 때문이라고 주장하는 견해도 있지만, 진짜 이유는 칠십인역에 들어 있는 듯하다. 칠십인역은 21절을 다음과 같이 번역한다.

> 왕 다윗이 이 모든 말을 듣고 크게 분노했다. 그러나 그의 아들 암논의 영혼을 아프게 하지는 않았다. 왜냐하면 그가 그의 첫 아들인 암논를 사랑했기 때문이다.

여기서 다윗은 공정하지 못한 아버지로 묘사된다. 자녀들 사이의 문제를 공정하게 해결해야 함에도 불구하고 다윗은 암논에 대한 편애로 자녀들 사이의 피비린내 나는 경쟁을 유발시킨다.

한편 압살롬은 암논에게 다말 사건에 대해 일체 이렇다 저렇다 언급하지 않았다. 오히려 그와 좋은 관계를 유지했던 것 같다. 그렇지 않았다면 3년 후에 그가 배설한 잔치에 암논이 참석할 리 없었을 것이다. 하지만 이런 압살롬의 행동은 암논에 대한 증오를 감추기 위한 것이다. 압살롬은 그의 누이 다말을 "비참하게 만든", 즉 다말의 미래를 송두리째 빼앗아 버린 암논을 미워했다. 하지만 암논의 현실적 힘 앞

에서 그는 침묵했으며 미래의 복수를 계획했다. 다윗이 꾸중하지도, 압살롬이 문제를 제기하지도 않자 암논은 안심하고 다말의 일을 잊어버렸을 것이다.

압살롬의 침묵이 누이의 복수를 위한 전략적 침묵이었음이 분명하지만, 누이에 대한 복수로 암논을 죽이려 한 일이 반드시 가족에 대한 충심에 기인한 것은 아니다. 암논이 누이를 강간하지 않았더라도 압살롬에게는 암논을 죽일 충분한 이유가 있었다. 암논이 없으면 자신이 왕이 될 것이기 때문이다. 만약 압살롬이 누이에 대한 복수를 자신의 대권 경쟁의 수단으로 삼았다면, 압살롬의 복수도 윤리적으로 온전한 것은 아니라 할 수 있다. 왜냐하면 그는 "복수"라는 고대인들의 덕을 자신의 정치적 목적을 위한 수단으로 삼았기 때문이다.

질문

1. 위기의 순간에 다말은 어떤 말들로 암논을 진정시키려 합니까?
2. 암논의 마음이 바뀐 것을 어떻게 이해할 수 있을까요? 다말에 대한 사랑의 감정보다 더 크게 미워하게 된 심리를 어떻게 설명할 수 있습니까?
3. 암논의 범죄에 대해 다윗은 어떻게 반응합니까? 이것이 밧세바 사건 이후의 다윗 왕의 통치 능력에 대해 시사하는 바는 무엇입니까?

묵상

암논은 다윗의 장남으로 이스라엘의 왕위를 이어받을 가장 유리한 위치에 있던 사람입니다. 그가 궁에서 맡은 역할이 정확히 무엇인지는 알 수 없으나, 상당한 지위의 관직을 가졌을 것으로 예상됩니다(삼하 8:18 참조). 또한 평소 호색을 즐겼던 것으로 판단할 때 그는 많은 친구들을 거느리며 자신의 권력과 존재감을 주변 사람들에게 떨치는 그런 인물이었을 것입니다. 하지만 이스라엘의 지도자에게 있어 성적 문란함은 절대로 용납되지 않는 죄입니다. 르우벤이 이스라엘의 장자 지파로서의 권리를 박탈당한 것도 통제되지 않는 성적 욕구 때문입니다. 암논이 압살롬의 누이 다말에 집착하게 된 것은 그의 종말의 서막이었습니다. 그는 그 후 왕위 경쟁에서 완전히 밀려나게 됩니다. 소탐대실이지요. 결혼 언약 밖에서 행해지는 성관계는 한쪽이 다른 한쪽을 수단으로 이용하는 왜곡된 인간관계의 표현인 경우가 많습니다. 그리고 타인을 욕망의 수단으로 삼는 것은 설사 그것이 상호적인 것이라 하더라도 하나님 나라의 가치가 아닙니다. 이런 유혹 때문에 하나님 나라의 축복을 상실하는 어리석음을 범해서는 안 될 것입니다.

25
압살롬의 복수

삼하 13:23-39

압살롬은 다윗의 셋째 아들이다. 그의 어머니는 그술의 공주였고, 그는 다윗이 헤브론에서 왕이 된 이후에 태어났다. 장남 암논과 둘째 길르압이 모두 다윗이 여전히 도망자일 때 광야에서 태어났다면[1] 압살롬은 진정한 의미에서 왕자로 태어난 첫 번째 아들이다. 더구나 둘째 길르압은 일찍 죽었거나 정치에 전혀 관심이 없었던 것으로 보이기 때문에 압살롬은 일찍이 왕위 계승 서열 2위가 되었다. 이런 압살롬에게 대권에 대한 야심이 없었을 리 없다. 암논만 제거한다면 압살롬이 왕위를 이어받을 가능성은 매우 높아 보인다. 이런 압살롬에게 암논을 제거할 좋은 명분이 생겼다. 그의 누이 다말이 암논에게 수치스러운 일을 당한 것이다. 아버지 다윗도 그 일에 대해 암논을 꾸짖거나 벌을 내리지 않았기 때문에, 누이의 파멸에 대한 복수의 의무가 자연스럽게 압살롬에게 지워졌다. 하지만 암논의 세력이 막강하고, 다말 사건 때문에 압살롬에 대한 경계를 늦추지 않았을 상황에서 압살롬이 선불리 움직이는 것은 너무 위험하였다. 이 때문에 압살롬은 암논에게 다말에 대해 일체 문제를 제기하지 않는다. 오히려 압살롬은 아무 일도 없었던 것처럼 암논과 좋은 관계를 유지했을 가능성이 있다. 그리고 2년이라는 세월이 흘렀다. 2년의 세월 동안 압살롬은 다말에 대한 폭력을 잊지 않았다. 암논에 대한 그의 감정도 변하지 않았다. 그리고 예루살렘에서 북쪽으로 약 20킬로미터 떨어진 바알 하솔에서 양털 깎기 축제를 할 때, 치밀하게 계획하여 암논에 대한 시해를 감행한다.

압살롬이 암논을 살해한 동기는 이중적이다. 다시 말해 누이에 대한 복수와 대권에 대한 야심이 동시에 작동한 것이다. 정치인들의 행동은 언제나 이중적인 동기에 근거한다. 대의명분이 그 하나이고, 정치적 이득이 다른 하나이다. 그러나 정치인들에게 이중적인 동기가 있다 해서 그들이 부정직한 사람은 아님을 기억할 필요가 있다. 왜냐하면 그것이 정치 행위의 본성이기 때문이다. 정치적 이득을 위해 대의를 버리는 정치가 나쁜 것이지, 대의와 정치적 이득을 동시에 챙기는 것은 숙련된 정치이다. 하지만 문제는 그리 간단하지 않다. 정치인들이 정치적 이익을 위해 대의를 이용하는 경우와 정치적 이익과 대의가 일치하는 경우를 구분할 수 없다는 것이다. 전자의 경우 대의가 조작되기도 한다. 왜냐하면 인간 삶에는 다양한 가치들이 있고 그 가치들은 언제나 정치적 명분으로 둔갑할 수 있기 때문이다. 압살롬에게 있어 대의는 "누이에 대한 복수"인데, 그것이 암논에 대한 암살을 정당화할 만큼 고귀한 가치인지에는 분명 의문이 있을 수 있다. 율법도 유부녀와 동침한 남자에 대한 처벌로 사형을 규정하지만, 처녀를 강간한 남자에 대해서는 그렇지 않기 때문이다. 이런 관점에서 압살롬의 명분은 그의 정치적 목적을 위한 수단이었을 가능성이 매우 높다. 이제 압살롬의 복수와 관련된 본문을 살펴보자.

압살롬이 왕자들을 양탈 깎기 축제에 초청함 13:23-27

23 2년의 세월(שנתים ימים)이 흘렀을 때,[2] 에브라임의 바알 하솔에서
압살롬이 양털 깎기 축제를 하면서 모든 왕자들을 초청했다.[3]

24 그리고 왕에게 나아가 말했다:
"보세요. 당신의 종이 양털 깎기 축제를 합니다. 왕과 신하들이
종과 함께 가시면 좋겠습니다."
25 왕이 압살롬에게 말했다.
"안 된다! 내 아들아. 우리 모두가 가는 것은 도무지 아니다.
너에게 짐이 되지는 않을 것이다."
압살롬이 왕에게 강하게 말했지만,[4] 왕은 가기를 원치 않았다.
다만 그를 축복하였다. 26 압살롬이 말했다:
"아니라면, 내 형 암논이 우리와 함께 가도록 해주세요."
왕이 그에게 말했다.
"왜 그가 너와 함께 가야 하느냐?"[5]
27 압살롬이 왕에게 강하게 말하자, 왕은 암논과 모든 왕자들을
압살롬과 함께 보냈다.[6]

압살롬은 누이의 복수를 위해 2년을 기다리며 준비했다. 저자가 압살롬이 복수를 위해 기다린 2년의 시간을 표현할 때 슈네 샤님(שני שנים)을 사용하지 않고 슈나타임 야밈(שנתים ימים)을 사용한 것은 흥미롭다. 후자를 직역하면 "2년(의) 날들"이다. 다시 말해 압살롬이 2년을 하루 단위로 계수하며 이 거사를 기다렸다는 뉘앙스를 풍긴다. 한편 거사 예정일은 양털 깎기 축제 기간이다. 고대 이스라엘에서 양털 깎기는 가을 수확처럼 1년에 한 번 이루어지는 축제의 시간이다. 이때 주인장은 많은 손님을 초대하여 풍성한 잔치를 연다. 나발이 다윗의 원수가 된 사건도 동일한 축제를 그 배경으로 한다(삼상 25장).[7] 잔치가 암살을 위해 기획된 수많은 역사적 예를 기억할 때 축제는 암논 시해를 위해 자연스러운 배경이 된다.

축제가 열리는 장소가 "에브라임의 바알 하솔"인 것도 암살 시도의 계획과 연결된다. 에브라임의 바알 하솔은 갈릴리 지역에 있는 유서 깊은 도시 하솔과 다른 장소다. 그것은 예루살렘에서 약 23킬로미터 떨어진 마을이다. 긴급한 상황이 생겼을 때 예루살렘에서 지원군을

보내어 수습하기에 다소 거리가 있다. 왕이나 중요한 인물이 행차하는 데에는 위험부담이 따르는 장소이다. 압살롬이 왕자들을 초대한 후 왕을 찾아간 이유도 이런 배경과 관련 있다.

> 보세요. 당신의 종(에베드)이 양털 깎기 축제를 합니다. 왕과 신하들이 종과 함께 가시면 좋겠습니다.

압살롬은 왕의 아들이지만 자신을 왕의 에베드(עבד) "종"으로 낮추어 말하며, 왕과 조정 대신들을 양털 깎기 축제에 초청한다. 흥미로운 것은 처음부터 왕을 초청할 생각이 압살롬에게 없었다는 것이다. 이것은 본 단락을 시작하는 저자의 설명에서 암시된다—"양털 깎기를 하면서 모든 왕자들을 초청했다"(23절). 그러면 왜 압살롬은 다윗 왕과 조정 대신들에게 먼저 초청장을 주는 것일까? 이것은 양털 깎기 축제가 예루살렘에서 23킬로미터 떨어진 바알 하몬에서 열린다는 사실과 연관된다. 모든 왕자들이 그곳에 행차하는 것은 분명 큰 위험을 수반하는 것이다. 조상들에게 제사를 드리는 행사라면 위험을 감수하고 왕이나 왕자들이 궁이 있는 수도를 비우고 1박 2일 혹은 2박 3일로 여행을 하는 경우가 있지만, 양털 깎기 축제를 참석하느라 온 왕자들이 궁을 떠나 다소 거리가 있는 바알 하솔에서 며칠을 묵는 여행을 하는 것이 흔한 경우는 아니다. 왕의 허락이 있어야 가능할 일이다. 하지만 압살롬은 왕자들의 참석에 대해 왕의 허락을 받기 위해 먼저 왕이 거절할 수밖에 없는 부탁을 하는 것이다. 왕자들도 참석하기 어려운 조건의 모임에 왕이 참석을 결정할 가능성은 전혀 없다.

> 안 된다! 내 아들아. 우리 모두가 가는 것은 도무지 아니다. 너에게 짐이 되지는 않을 것이다.

다윗은 분명한 거절 의사를 밝힌다. 동시에 실망하지 않도록 압살롬을 "내 아들아"라고 불러준다. 표면적인 거절 이유는 왕과 그의 많은 수행원들이 압살롬에게 경제적 부담이 될 것이라는 것이지만, 보다 깊은 이유는 왕이 해마다 열리는 한 왕자의 양털 깎기 축제에 참석하기 위해 수도를 비운다는 것이 이례적이며 위험한 일이기 때문이다. 왕과 수행원의 안전을 압살롬이 보장한다 해도, 왕이 예루살렘을 비우는 것은 혹시 있을지 모를 반란 세력에 기회를 주는 행위이기 때문이다. 압살롬의 요청은 처음부터 무리한 것이었다. 다윗이 부탁을 거절하는 것은 매우 당연한 일이다. 하지만 다윗은 다소 이상하리만큼 지나치게 정중하게 압살롬의 부탁을 거절하고 있다. 압살롬이 간절히 청했지만 안 되는 것은 안 되는 것이었다. 다윗은 거절하면서 그에게 덕담을 해준다. 즉 그는 압살롬을 축복하면서 그의 초청을 거절한다.

이제 압살롬은 왕에게 찾아온 진짜 용건을 꺼낼 수 있게 되었다. 왕은 이미 압살롬의 초청을 국가 안보라는 공적 이유가 아니라 압살롬에 대한 배려를 구실로 거절했고, 압살롬의 간곡한 부탁에도 굽히지 않았을 뿐 아니라, 양털 깎기 축제에 대한 덕담까지 전한 상태이기 때문에 이어지는 압살롬의 제안을 거절하기 힘들었을 것이다.

> 아니라면(ולא), 내 형 암논이 우리와 함께 가도록 해주세요.

암논은 다윗의 장남으로 왕위 승계 1순위의 왕자였다. 다윗이 완곡하게 초청을 거절한 상황에서 압살롬이 그를 차선책으로 초청한 것은 자연스러운 요청으로 보였을 것이다. 즉 압살롬이 먼저 무리한 요구인지 알면서도 다윗 왕을 직접 초청한 것은 결국 암논에 대한 허락을 얻어내기 위함이다. 하지만 다윗은 "왜 그가 너와 함께 가야 하느냐?"라고 반문한다. 다윗이 압살롬의 의도를 의심하고 있는 것일까? 아니면 왕위 승계 예정자가 홀로 지방으로 여행 다녀오는 것을 불안하게 여기는 것일까? 압살롬이 다윗에게 강하게 말하자, 다윗은 암논을 다른 모든 왕자들과 더불어 축제에 보낸다.[8]

이 대목에서 주목할 단어는 "보내다(שלח)"이다. 이 단어는 11장부터 왕의 권력 행위에 대한 대명사로 사용되었다. 11-12장에서 그 동사가 중요한 순간에 밧세바와 요압, 그리고 하나님을 주어로 사용되는데, 그때마다 그것은 다윗의 권력이 절대로 절대적이지 않음을 암시하는 문학적 장치로 역할했다. 암논의 강간과 압살롬의 복수에 대한 이야기를 기록한 13장에서는 다윗만이 "보내다"의 주어로 쓰이지만, 다윗의 "보냄"이 스스로의 독립된 판단에 의한 것이 아니라, 한 번은 암논의 계략에 따른 것이었고, 다른 한 번은 압살롬의 작전에 따른 것이었음에 주목할 필요가 있다. 이 모든 것은 권력자의 권력이라는 것이 끊임없이 자신의 신하들에 의해 견제되고 조정, 심지어 통제됨을 보여 준다. 권력이 절대적이라고 믿는 것은 권력자만의 착각이다. 다윗은 암논을 다른 모든 왕자들과 함께 압살롬에게 보낼 때, 자신이 독립적으로 판단하고 명령한다고 여겼을 것이다. 하지만 그것은 다윗의 착각이었다. 다윗의 "보냄"은 집안 내의 유혈 분쟁으로 이어진다.

암논이 암살됨 13:28-29

28 압살롬은 그 시종들(נערים)에게 다음과 같이 명령했다:
"정신 차려라. 암논의 기분이 포도주로 좋아졌을 때,
내가 너희들에게 '암논을 치라'고 말할 것이다. 그때 너희는 그를
죽여라. 두려워 마라. 내가 너희에게 명한 것이 아니냐?
강하고[9] 대인이[10] 되어라."
29 압살롬의 시종들은 압살롬이 명령한 대로 암논에게 행하였다.
그리고 모든 왕자들은 일어나 각자의 나귀(פרד)를 타고 도망했다.

본 단락은 암논 시해 장면을 묘사한다. 주목할 것은 시해 장면이 압살롬의 명령과 그 명령에 대한 시종들의 순종의 틀로 기록되었다는 것이다. 압살롬이 시종들에게 내린 명령이 연설의 형태로 비교적 자세히 기록되었고, 암논이 시해되는 모습은 구체적으로 묘사되지 않고 시종들이 압살롬의 명령을 그대로 순종했다는 저자의 요약 서술로 대체된다. 하지만 암논의 시해 과정은 압살롬의 연설을 통해 짐작할 수 있다.

"암논의 기분이 포도주로 좋아졌을 때"라는 말로 보아, 압살롬은 만찬 자리에서 암논을 시해한 듯하다. 만찬은 서로 신뢰하는 사람들이 나누는 것이므로 만찬 자리에서 상대방을 배반한다면 가장 큰 효과를 볼 수 있다. 이런 시해 전략은 고대 이스라엘뿐 아니라 중국에서도 많이 사용되었다. 예를 들어 유비가 형주에서 유표에 몸을 의탁하고 있을 때, 유비를 못 마땅히 여긴 유표의 장군 채모는 유비를 암살할 계획으로 연회를 열었다. 다행히 유비는 적로(的盧)를 타고 도망가지만, 본문의 암논은 끝내 압살롬의 시종들에 의해 시해당한다. 그리고 다른 왕자들은 각자의 나귀를 타고 도망했다. 나귀는 짐과 사람을 실어 나르는 데 가장 널리 사용된 동물이지만, 유비가 탄 말 적로와 달리 그리 빠르지 않다. 안전한 탈 것으로 인식되어 여자들도 많이 이용한 운송 수단이다. 각자의 나귀를 타고 예루살렘으로 귀환할 수 있었던 것은 압살롬이 다른 왕자들은 죽이려 하지 않았음을 의미한다.

그럼에도 암논의 시해를 목격했던 사람들은 압살롬이 그와 왕권을 놓고 경쟁할 수 있는 다른 형제들을 죽이려는 의도로 연회를 열었다고 판단했을 것이다. 그들은 또한 예루살렘으로부터 상당히 떨어진 곳이라 간신히 도망친 다른 왕자들도 머지않아 압살롬에게 살해당할 것이라고 확신했을 것이다. 따라서 느린 나귀를 타고 돌아가는 왕자들보다 시해 소식이 먼저 예루살렘에 도착한 것은 그리 놀랄 일이 아니다.

한편 사무엘서 저자는 암논의 시해 장면을 묘사할 때 왜 명령과 순종의 형식을 사용했을까? 즉 암논 시해에 대한 자세한 묘사보다, 시종들의 순종에 초점을 둔 이유는 무엇인가? 그 이유는 암논 시해에 대한 책임이 전적으로 압살롬에게 있음을 보이기 위한 것이다. 암논 시해는 압살롬의 뜻이 100퍼센트 반영된 것이다. 그리고 압살롬은 그 살인을 정의로운 행위라고 생각했을 가능성이 있다. 예를 들어 그가 시종들에게 명령하면서 "대인이 되라"고 말하는데, 이는 단순히 용기를 내라는 뜻이 아니다. 대인으로 번역된 히브리어 브네 하일(בני חיל)은 고대 이스라엘에서 이상적 남자를 가리키는 말이다. 문맥에 따라 부자, 군인, 덕인 등을 지칭할 수 있다. 암살을 명하면서 "대인"이 되라고 명한 것은 자신의 명령이 정의로운 명령임을 주장하는 것이다.

다윗이 암논의 죽음을 애도함 13:30-36

30 그들이 아직 귀로 중이었을 때, 다음과 같은 소식(שמעה)이
다윗에게 도달했다.
'압살롬이 모든 왕자들을 쳐서 그중 한 명도 살아남지 못했다.'
다윗이 일어나 그 옷을 찢고 땅에 누웠다. 모든 신하들도 옷을
찢은 채 서 있다. 32 그때 다윗의 형 시므아(שמעה)의 아들 요나답이
대답하여 말했다:
"내 주여, 저들이 청년들(느아림) 즉 모든 왕자들을 죽였다고 말하지
마소서. 왜냐하면 암논만이 죽었기 때문입니다. 그가 압살롬의 누이
다말을 비참히 만든 날부터 압살롬의 입에 불길함이 있었습니다.
33 이제 나의 주 왕께서는 모든 왕자가 죽었다는 말 때문에 심려하지
마십시오.[11] 암몬 혼자만이 죽었기 때문입니다."
34 압살롬은 도망갔다. 파수하던 시종이 눈을 들어 보니, 보라.
많은 사람들이 산을 돌아 이쪽으로[12] 오고 있었다. 35 요나답이
왕에게 말했다:
"보세요! 왕자들이 도착했습니다. 당신의 종이 말한 대로
되었습니다."
36 그가 말하기를 마치자, 보라, 왕자들이 도착하여 목소리를 높여
울기 시작했다. 왕과 모든 신하들도 매우 크게 울었다.

압살롬이 모든 왕자들을 죽였다는 소식이 어떻게 다윗에게 전해졌는지 분명하지 않다. 개역개정이 "소문"으로 번역하는 히브리어 슈무아(שמעה)는 입에서 입으로 전해지는 소문의 의미보다 소식의 의미에 가깝다. 다윗 왕은 정보 수집을 위해 전국에 정보원을 심어 놓았는데,[13] 다윗 왕에게 시해 소식을 전한 사람도 그중에 하나였을 것이다. 다윗이

단순히 소문에 근거해 "일어나 옷을 찢고 땅에 눕는" 등의 과격한 행동을 하지 않았을 것이다. 사울의 죽음에 대한 아멜렉인의 보고를 들었을 때에도 다윗은 그 소식이 정말 옳은가를 따져 묻지 않았던가?(삼상 1:5) 그러나 다윗이 소식을 듣자마자 그렇게 공적으로 애통을 표현한 것은 그 소식이 믿을 만한 정보원에게서 온 것이기 때문일 것이다.

이때 요나답과 다윗의 대화가 시작된다.[14] 요나답은 다말을 집으로 오게 하는 방법을 암논에게 조언한 사람이다. 바알 하솔에서 벌어진 비극이 실은 다말에 관한 요나답의 조언으로부터 시작된 것이라 할 수 있다. 이제 요나답은 자신의 조언으로 시작된 일련의 사건들에 종지부를 찍기 위해 등장한 듯하다. 다윗의 형 시므아의 아들 요나답은 다윗이 들은 잘못된 '소식(슈무아)'을 교정해 준다. 그는 암논 혼자만 죽었고 나머지 왕자들은 죽지 않았다고 말해 준다. 그러면 요나답은 어떻게 그것을 알았을까? 요나답의 정보원은 누구였을까? 이와 관련하여 요나답은 다음과 같이 말한다.

> 암논이 압살롬의 누이 다말을 비참히 만든 날부터 압살롬이 입에 불길함이 있었습니다(32절).

요나답은 평소 압살롬의 입에서 나온 불길한 말들을 기억했다. 그는 압살롬이 다말에 대한 복수를 다짐해 왔다는 사실을 인지하고 있었다. 그리고 바알 하솔에서 벌어진 일이 누이 다말에 대한 압살롬의 복수라고 판단한 요나답은 암논만이 죽었다고 확신 있게 말할 수 있었던 것이다. 그러면서 다윗에게는 "심려하지 말라"고 한다. 그런데 좀 깊이 생각해 보면, 이런 요나답의 말 속에 의심스러운 부분들이 많다. 먼저 하솔에서 벌어진 일이 다말에 대한 압살롬의 복수라는 사실과 암논을 제외한 다른 왕자들은 모두 무사하다는 사실 사이에는 아무런 필연적 관계가 없음에 주목하자. 왕위 경쟁자들을 제거하기 위해 압살롬이 누이에 대한 복수를 핑계로 암논을 포함한 모든 왕자들을 살해할 수도 있었기 때문이다. 그럼에도 요나답은 어떻게 암논만이 죽었고, 나머지 왕자들은 죽지 않았음을 그렇게 확신할 수 있었을까? 둘째, 암논만이 죽었고 나머지 왕자들은 죽지 않았으므로 심려하지 말라는 요나답의 말도 이상하다. 암논만이 죽었더라도 다윗은 "일어나 그 옷을 찢고 땅에 누웠"어야 했다. 자신의 큰아들이 아닌가? 지금 땅바닥에서 애통해하는 아버지에게 암논만 죽었으니 심려하지 말라는 것이 적절한 조언이 아니다. 그런 그의 조언을 무색케 하는 것은 왕자들이 돌아와 암논만이 죽게 되었다는 요나답의 말을 확인해 주었을 때에도 왕과 신하들은 살아남은 왕자들과 함께 암논의 죽음을 애통해했다는 사실이다. 이것은 암논의 죽음이 "요나답"에게는 심려할 일이 아니었음을 반증해 준다. 무슨 이유인지 확실치 않지만 요나답은 암논의 죽음을 정의에 의한 것으로 인식한 듯하다.

다시 처음 질문으로 돌아가보자. 요나답은 모든 왕자가 죽었다는 소식이 신뢰할만한 정보원으로부터 전해진 때에 어떻게 암논만이 죽었다는 사실을 확신할 수 있었을까? 그리고 그에게는 암논이 죽었다는 사실이 왜 심려할 일이 아니었을까? 나아가 압살롬이 다말에 대한 복수를 계획하고 있었음을 인지했음에도 불구하고 요나답이 그 사실을 암논이나 다윗에게 알리지 않았던 이유가 무엇이었을까? 압살롬이 궁에 찾아와 암논을 양털 깎기 축제에 초청했을 때, 왜 왕의 측근 모사였던 요나답은 왕에게 아무 경고도 하지 않았을까? 이 모든 것은 요나답이 암논에게 다말과 함께 있을 수 있는 방법을 알려준 것 같이 그가 압살롬에게 암논과 함께 있을 수 있는 방법을 조언한 장본인일 가능성을 시사한다. 암논이 다말을 강간하고 무책임하게 그녀를 버렸을 때, 요나답은 암논이 왕위를 이을 만한 인물이 아니라고 판단했을 것은 아닐까? 그리고 누이에 대한 복수라는 압살롬의 명분과 대권 획득이라는 정치적 목적에 동의하여 압살롬을 도왔을 가능성이 있다.

요나답은 다윗의 형 시므아의 아들로, 암논과 압살롬과는 4촌 형제 관계이다. 왕족이지만 왕위 계승 경쟁에서 자유로웠기 때문에, 왕자들과 친밀한 관계를 맺을 수 있었다. 하지만 권력에 가까이 있지만 절대로 권력을 잡을 수 없는 사람들이 흔히 그러듯이 지혜로운 요나답은 권력자들을 조정하고 통제하는 힘을 가진다. 권력자들은 자신의 정치적 목적을 위해 요나답 같은 사람들을 이용한다고 생각하지만, 실제로는 지혜로운 요나답이 자신의 정치적 목적을 위해 권력자들을 이용하는 것이다.[15] 이것은 요나답의 말에서 암시된다.

> 보세요… 당신의 종이 말한 대로 되었습니다(35절).

요나답은 다윗과의 대화를 통해 자신의 지혜를 강조한다. 잘못된 소식을 교정해 줌으로 요나답은 자신의 지혜를 다윗에게 각인시킨다. 이것은 다윗 왕국에 대한 자신의 영향력을 확고히 하기 위함이다.

하지만 왕자들이 도착하여 암논만 죽었다는 사실이 확인되었을 때 다윗은 요나답의 통찰을 칭찬하지도 그의 조언을 따르지도 않는다. 요나단은 심려하지 말라 했으나, 다윗은 생존한 왕자들과 함께 암논을 위해 크게 애통해한다. 암논의 죽음이 다말을 강간한 것에 대한 압살롬의 복수라고 말했음에도 다윗은 암논의 죽음을 "오랫동안" 애통한다(37절). 요나답과 압살롬에게 암논은 죄값을 받은 것이지만, 다윗에게 압살롬은 형을 살해한 살인범에 불과했다. 그리고 요나답이 압살롬을 도왔다면, 그도 벌을 면치 못할 것이다. 이집트인을 살해한 모세가 미디안으로 도망쳤듯이 압살롬은 어머니의 나라 그술로 도망했으며, 요나답은 이 일 이후 성경에 다시 언급되지 않는다. 압살롬이 돌아왔을 때, 다윗이 가까이 중용한 모사는 아히도벨과 후새였다.

압살롬의 망명 13:37–39

> 37 한편 압살롬은 도망하여 그술의 왕 아미훌의 아들 달매에게 갔다.
> 다윗은 오랫동안 그의 아들로 인해 슬퍼하였다. 38 한편 압살롬은
> 도망해 그술로 갔다. 그곳에서 3년 있었을 때, 39 다윗은 압살롬에
> 대한 그리움으로 쇠약해 질 정도였다.[16] 그는 죽은 암논에 대해서는
> 위로받았다.

압살롬이 암논을 죽인 동기가 순수한 복수였는지 아니면 자신의 정적을 제거하려는 목적을 가졌는지 알 수 없다. 하지만 어느 이유라도, 아버지 다윗에게 압살롬은 아들이자 유력한 왕위 계승자를 암살한 살인자에 불과했다. 압살롬이 살 수 있는 길은 다윗의 주권이 미치지 못하는 곳으로 도망하는 것이었다. 그는 망명지로 그술을 선택했는데, 이는 그의 어머니가 그 나라의 공주였다는 사실과 무관하지 않다. 다윗이 암논의 죽음을 애통해하며 그를 여전히 잊지 못하는 한 압살롬은 그곳에 머물러 있어야 했다. 그리고 다윗이 "죽은 암논에 대해 위로 받을" 때까지, 즉 다윗이 죽은 암논에 대한 미련을 완전히 떨쳐 버릴 때까지 약 3년이 걸렸다. 3년이 지나자 다윗은 오히려 압살롬에 대한 그리움으로 몸이 쇠약해질 정도가 되었다.

다윗의 압살롬에 대한 태도는 현대인들에게 납득되지 않을 수 있다. 다윗이 암논을 무척 사랑했음은 분명하다. 칠십인역은 다윗이 다말을 강간한 일에 대해서는 무척 화를 냈지만, "그를 사랑했기 때문에 암논의 영혼을 아프게 하지 않았다"(삼상 13:21, 칠십인역)고 기록한다. 그런 암논을 죽인 압살롬을 다윗이 증오한 것은 당연한 일이었다. 그런데 압살롬에 대한 다윗의 증오는 3년 만에 그에 대한 진한 그리움으로 변했다. 또한 그렇게 그리워했던 압살롬이 막상 예루살렘으로 돌아왔을 때 그는 2년 동안이나 압살롬의 얼굴을 보지 않는다. 그리움이 다시 증오로 변한 것이다. 압살롬의 반역으로 마하나임으로 피신했을 때 다윗은 다시 압살롬을 그리워하기 시작한다. 압살롬과의 전투를 앞두고 요압을 비롯한 장군들에게 압살롬을 선대하라고 당부한다. 막상 압살롬이 죽었을 때, 그는 "나의 압살롬아 나의 압살롬아"라고 외치며 슬퍼한다. 압살롬에 대한 다윗의 이런 감정의 변화는 어떻게 설명할 수 있을까? 이것은 고대 왕정에서 왕과 왕자들 사이에 흔히 목격되는 복잡한 관계의 역학으로 설명가능하다. 즉 왕에게 있어 왕자들은 왕위를 계승할 아들인 동시에 왕위에 대한 잠재적 경쟁자였다. 왕에게 아버지로서 사랑과 권력에 대한 욕망 사이의 갈등은 필연적이다.

질문

1. 압살롬이 다윗을 양털 깎기 축제에 초청했을 때, 그 초정을 거절한 표면적 이유는 무엇이며, 초청을 거절한 다윗의 속내는 무엇입니까?
2. 압살롬이 암논을 시해한 사건에 요나답이 관여하였음을 보여 주는 정황적 증거는 무엇입니까?
3. 압살롬이 암논을 죽인 이유는 무엇입니까?

묵상

암논 시해 사건의 숨은 주인공은 요나답입니다. 비록 그가 암논에게 직접 칼을 휘두른 것은 아니지만, 그의 측면 지원이 없었더라면 압살롬의 계획은 성공하기 힘들었을 것입니다. 요나답은 왕자들의 사촌 형제 중 하나로, 왕위를 위해 경쟁하는 당사자는 아니었지만 왕위 경쟁에 영향을 끼칠 만큼 왕자들과 가까운 친족이었습니다. 성경이 그를 암논의 친구로 표현한 것도 무리가 아닙니다. 암논이 다말 때문에 괴로워할 때 암논과 다말이 단둘이 만날 수 있는 방법을 일러 준 적이 있습니다. 하지만 암논이 다말을 강간하고 버렸을 때 요나답은 그가 왕위를 이을 자격이 없다고 판단합니다. 그리고 압살롬과 뜻을 같이합니다. 암논을 죽이는 일은 다말에 대한 복수가 될 뿐 아니라 압살롬의 왕위 경쟁에 도움이 될 것이기 때문입니다. 여기서 기억할 것은 요나답과 같은 지혜자가 처하기 쉬운 유혹입니다. 그것은 자신을 신뢰하는 '권력자'들의 마음을 조정하여 자신의 이익을 극대화하려는 유혹이지요. 요나답이 그런 유혹에 넘어갔는지에 대해서는 학자들 사이에 이견이 있지만 분명한 것은 사람들의 신뢰를 나의 이익을 위해 사용하는 일은 옳지 않다는 것입니다. 이런 의미에서 요나답의 이야기는 오늘날 교회의 지도자들에게도 중요한 교훈이 됩니다. 교회의 지도자들은 세속 권력자들과 친구가 될 기회가 주어질 수 있습니다. 그 기회를 자신의 영광과 이익을 위해 써서는 안 됩니다. 정치가들과의 친분을 자랑과 과시의 대상으로 삼을 것이 아니라, 그들을 통해 하나님의 통치가 이 땅에 이루어지도록 노력해야 합니다.

26
드고아의 여인과 다윗

삼하 14:1-24

암논을 살해한 압살롬은 분명 죽어야 할 죄인이다. 그도 그 사실을 인지하고 다윗의 사법적 정의가 미치지 않는 외국 땅으로 망명했다. 목숨은 유지했지만, 이스라엘에서 사회적 살인을 당한 것과 다름없다. 즉 압살롬은 더 이상 이스라엘에서 살 수 없게 되었다. 문제는 그가 다윗의 아들로 그의 유업을 이어야 할 왕자라는 사실에 있다. 비록 압살롬이 다윗의 유일한 아들은 아니지만 그만큼 자격을 갖춘 왕자도 없어 보인다. 재능 있는 왕자가 망명해 산다는 것은 이스라엘의 국익에 이익이 되지 않을 뿐 아니라, 그가 야심을 가지고 해외에서 자신의 세력을 키우면 다윗과 그의 후손에게 위협이 될 것임이 분명하다. 따라서 압살롬이 그술에 너무 오래 머무는 것은 좋지 않다. 이런 사실을 누구보다도 뼈저리게 느낀 인물이 요압이다. 그리고 압살롬을 다시 이스라엘로 데려오기 위해 계책을 세운다.

요압의 계책 14:1-3

1 스루야의 아들 요압이 왕의 마음이 압살롬에게 있음을 알았다.
2 요압이 드고아로 사람을 보내 그곳에서 지혜로운 여인을
데려왔다(ויקח). 그는 그녀에게 말했다:
"상 당한 척하라. 상복을 입고 향유를 바르지 마라. 최근 여러 날
동안 죽은 자를 위해 애곡한 여자의 모습을 하라." 3 그리고 왕에게
가서 그에게 이 말로 말하라."
요압이 그녀의 입에 할 말을 넣어 주었다.[1]

1절

요압은 왕의 마음이 압살롬에 있음을 알았다. 많은 학자들이 13장 39절에 근거해 다윗이 압살롬을 그리워했다고 해석하지만, 히브리어 원문 자체는 다윗의 마음이 압살롬을 "향해" 있는지 아니면 "반대한" 것인지에 대해 모호하다. 다윗이 죽은 암논에 대해 "위로를 받았다"(13:39)는 사실에 근거해 그가 마침내 압살롬을 용서하고 그리워했다고 주장할 수 있지만, 압살롬이 예루살렘에 돌아온 후 그를 오랫동안 만나주지 않는 것은 다윗이 정말 압살롬을 용서했는지를 의심하게 한다. 필자는 히브리어 표현상의 모호함이 저자의 의도를 반영한다고 믿는다. 다시 말해 이 시점에서 다윗의 마음은 아직 정해지지 않았다. 죽은 암논에 대한 미련은 버렸지만 여전히 다윗은 압살롬에 대한 그의 태도를 결정하지 못했다. 이런 다윗의 우유부단함은 압살롬을 외국 땅에 계속 방치하는 기제로 작용할 것이다. 이것을 인지한 요압이 움직이기 시작한다. 그는 압살롬이 외국 땅에 오래 있는 것이 이스라엘 백성에게도, 다윗 왕조에도 좋지 않다고 판단한 듯하다. 뿐만 아니라 요압은 압살롬을 다윗의 후계자로 생각한 것은 아닐까? 이것은 요압이 고용한 드고아의 여인의 말에서 분명히 드러난다.

왕이 하녀의 말을 들으셔서 나와 내 아들을 동시에 멸망시켜 *여호와의*

*유업을 잇지 못하게 할 그 사람*으로부터 구원하실 것이다(16절, 강조는 필자).

드고아의 여인에 따르면, 형제를 죽인 죄를 물어 그녀에게 하나 남은 아들을 죽이는 것은 "여호와의 유업을 잇지 못하게" 하는 일이다. 그 하나 남은 아들이 그술에서 망명 중인 압살롬에 대한 은유임을 생각할 때, 요압이 압살롬을 다윗 왕정의 유업을 이을 자로 여기고 그를 예루살렘으로 데려오려 한 것임을 알 수 있다.

그렇다면 왜 요압은 이 시점에서 압살롬을 그술에서 데려와 다윗의 후계자로 정하는 것이 중요하다고 생각했을까? 그가 후에 발생할 압살롬의 반란에 동참하지 않을 것임을 고려할 때 이런 요압의 행보는 설명이 필요하다. 이 시점의 요압은 다윗의 통치에 불만 혹은 불안을 느꼈을 가능성이 있다. 충신을 죽이고 그의 아내를 빼앗는 군주에 충성할 신하가 있을까? 집 안에서 벌어지는 불미스러운 사건을 공정하게 처리하지 못하고 동생이 형을 죽이는 사태를 초래한 우유부단한 아버지가 백성의 '아버지'가 될 수 있을까? 요압에게는 적어도 최근 몇 년 다윗이 보여준 모습은 전혀 왕답지 못한 행보였다. 그렇다고 다윗에 대한 반역을 꾀한 것은 아니지만, 좋은 후계자를 미리 정함으로 민심을 수습할 필요를 느꼈음은 분명하다. 잘 생긴 외모에 용의주도한 성격을 가진 압살롬은 요압에게 다윗의 뒤를 이을 왕으로 손색이 없어 보였을 것이다. 더구나 압살롬을 제외한 다른 형제들은 아직 어려 그런 기대를 줄 만큼 충분히 성장하지 못했다. 이 모든 것을 고려하면 요압이 압살롬을 그술에서 데려오려 한 것은 다윗의 마음이 압살롬을 "향해"(개역개정역) 있었기 때문이 결코 아니다. 오히려 히브리어 본문은 "반대해" 있었다고 번역 가능하다. 즉 이 당시 압살롬에 대한 다윗의 마음은 아직 확정되지 않았다. 하지만 다윗의 불안한 통치를 좋은 세자 책봉을 통해 안정시키려는 요압이 압살롬을 더욱 원했을 가능성이 있다.

이런 점에서 저자가 요압을 "스루야의 아들"로 부르는 것에 주목할 필요가 있다. 그 표현은 경솔하고 폭력적이지만, 한 번 목표를 정하면 절대로 포기하지 않는 요압의 성격을 암시한다.[2] 그런 요압은 압살롬에 대한 다윗의 마음을 확정 짓기 위해 치밀한 계획을 세운다. 지금 압살롬에 대한 다윗의 마음은 찬성도 반대도 아니다. 암논을 시해한 책임을 물으려는 마음과 그를 자신의 후계자로 삼아야 하는 상황 사이에 갈등하고 있다. 전자가 죽은 암논에 대한 아버지로서의 의무("피의 복수자")라면 후자는 이스라엘 백성에 대한 왕으로서의 의무이다. 흥미로운 사실은 적어도 14장에서 다윗은 언제나 "왕"으로 불린다는 것이다. 사무엘서 저자는 "다윗"이라는 이름도 "아버지"라는 표현도 사용하지 않는다. 망명에서 돌아온 압살롬과 다윗의 재회 장면에서 다윗이 왕으로 불리는 것도, 사무엘서 14장이 아버지와 아들의 감동적 화해가 아니라 다윗이 왕으로서의 자신의 의무를 영향력 있는 충신 요압의 압력에 의해 마지못해 감당하는 모습을 그리는 것임을 암시한다.

2-3절

요압은 자신의 의중을 전달해 줄 적임자를 드고아로부터 섭외한다. 드고아는 유다의 전형적인 시골 마을로 그곳에 가려면 예루살렘에서 헤브론으로 통하는 큰 길을 따라 가다가 베들레헴에서 샛길로 빠져 약 10킬로미터를 더 가야 도착할 수 있는 곳이다. 뽕나무 과수업과 유목으로 생계를 유지하는 마을이지만 이곳에서 선지자 아모스와 용사 이라(삼하 23:26)와 같은 인재들도 배출되었다. 요압이 이곳 출신을 자신의 대변인으로 선택한 것은 그곳이 베들레헴과 함께 에브라다 지역으로 불려, 다윗에게는 드고아 출신자가 고향 사람이나 다름없었기 때문이다. 즉 고향 사람의 민원은 다윗의 특별한 관심을 끌 것이다.

그가 드고아에서 데려온 사람은 "지혜로운 여인"이다. 구약 성경에서 여인이 '지혜롭다'고 평가될 때 그것은 그 여인의 언변술을 지칭하는 경우가 많기 때문에, 본문의 "지혜로운 여인"도 말 잘하는 여인의 의미로 이해되는 경우가 많다. 하지만 이런 이해는 그 여인이 철저히 요압이 써준 각본대로 연기했다는 사실과 배치된다. 심지어 어떤 학자는 '요압이 자신에게 할 말을 일러 주었다'는 여인의 고백(19절)도 요압이 일러 준 말의 일부였을 가능성을 제기한다. 이처럼 요압이 써준 각본은 매우 세밀하여 그 여자가 "지혜"를 발휘할 여지가 거의 없어 보인다. 이 때문에 필자는 "지혜로운 여인"을 일종의 직명으로 이해하는 것이 좋다는 입장이다. 앞서 궁전 모사 요나답이 "매우 지혜로운" 자로 소개된 것(13:3)처럼, 드고아의 "지혜로운 여자"라는 표현은 그녀가 드고아에서 감당한 모종의 사회적 역할을 암시한다. 그리고 그녀가 다윗에게 한 말의 성격에 비추어 볼 때, 그녀가 그 마을에서 선지자로 기능했을 가능성이 있다. 왕에게 하나님의 심판을 선포하지 않을 때 선지자들은 지역 사람들의 고충 해결사로 기능했다. 즉 지역 사람들이 병이나 우환 등의 문제로 찾아오면 선지자는 기도나 상담, 혹은 기적을 통해 그 문제를 해결해 주었다. 하나님이 다윗의 잘못을 지적하기 위해 나단 선지자를 보냈듯이 요압은 다윗의 잘못을 지적하기 위해 드고아의 "지혜로운 여인"을 보낸 것이다.[3] 나단 선지자와 드고아의 지혜로운 여인 모두 비유 이야기를 통해 왕에게 충고한다.

요압은 그 여인에게 죽은 자식 때문에 애통 중에 있는 여인처럼 행세하라고 주문한다. 그것도 오랫동안 상중에 있는 여인의 모습을 하라 말한다. 이를 위해 상을 당한 사람이 관행적으로 행하는 애곡 행위들 중 두 가지 즉 상복을 입고 향유를 바르지 말 것을 특정하여 지시한다. 상복은 그 여인이 애통 중에 있다는 사실에 대한 가장 강력한 표지가 된다. 그런데 향유를 뿌리지 말라는 지시는 다소 의외이다. 왜냐하면 향유를 바르지 않은 것은, 예를 들어, 머리에 재를 뿌리는 것보다 덜 시각적이기 때문이다. 더구나 향유는 드고아에 사는 시골 여인보다는 예루살렘에 사는 도시 여인들에게 어울리는 품목이다. 사무엘서 저자는 이를 통해 다윗의 잘못 때문에 향유를 바르지 않고 울어야 했던 두 여인을 상기시키는 듯하다. 즉 밧세바와 다말이다. 밧세바는 남편의 죽음 때문에 애통해했고 다말은 자신의 사회적 죽음 때문에 애통해했다. 압살롬과 관련된 다윗의 시련은 결국 이 두 사건에서 기인함을 암시한다.

드고아의 여인에게 상 당한 것처럼 연기하라고 주문한 후 요압은 그녀가 전할 말도 일러준다. 사무엘서 저자가 요압이 전한 그 말이 무엇이었는지 구체적으로 기록하지 않은 것은 요압이 일러준 말과 여인이 실제 다윗에게 전한 말이 정확하게 일치하기 때문일 것이다. 이것은 "그녀의 입에 할 말을 넣어 주었다"(3절)는 표현에서도 암시된다. 이후에 기록된 여인과 다윗과의 대화가 한쪽의 일방적인 선언이 아니라 역동적 대화의 형식을 취하기 때문에, 독자들은 메시지 전달에 있어 그 지혜로운 여인의 '창의성'이 발휘되었다고 생각하기 쉽지만, 요압의 메시지가 상대방의 반응까지 예상하고 그에 대한 답을 제시할 수 있음은 이미 그가 우리아의 죽음을 알리는 전령의 입에 넣어 준 말(삼하 11:19-21)을 통해서 확인할 수 있다. 즉 요압이 여인에게 전달한 메시지는 여인의 아들과 관련된 가상적 이야기에 국한된 것이 아니라, 그 이야기에 대한 다윗의 반응과 그에 대한 여인의 답을 포함한 것일 가능성이 있다. 이것은 요압의 계책을 알아차린 다윗에게 그 여자가 내놓은 답에서도 확인된다—"그가 당신의 여종에게 **모든 할 말을** 일러 주었습니다"(19절, 강조는 필자).

사무엘서 저자는 다윗과 압살롬의 재회를 요압의 정치적 의지에 다윗이 마지못해 반응한 것으로 묘사한다. 즉 다윗은 자식들 사이의 원한 감정과 왕위 계승 다툼을 중재할 지혜도 의지도 부족한 인물로 묘사된다. 그는 자식에 대한 사적 감정과 왕으로서의 공적 책무 사이에 갈등한다.

드고아의 여인 사연 14:4-7

4 그 드고아 여자는 왕에게 가서[4] 얼굴을 땅에 대고 엎드려

경배하고 말했다.

"구원하소서, 왕이여."

5 왕이 그녀에게 말했다.

"무슨 일인가?"

그녀가 말했다.

> "아이고, 저는 과부입니다. 제 남편이 죽었습니다. 6 종에게는
> 두 아들이 있는데, 그 둘이 들에서 서로 싸웠습니다(נצה). 그러나
> 그들을 떼어 놓을 사람이(נצל) 없어, 하나가 다른 하나를 때려
> 죽였습니다. 7 그리고 보소서 온 가문이 당신의 여종에 대항하여
> 일어나 말했습니다: '형제를 친 자를 내어놓아라. 우리는 그가 죽인
> 형제의 생명을 대신해 그를 죽일 것이다. 그 상속자(היורש)를 멸할
> 것이다.' 그들은 이름(שם)과 유업이 땅 위에 남지(שום)못하게 하기
> 위해, 남아 있는(נשארה) 내 숯불(גחלת)을 끄려합니다."

요압의 지시대로 드고아의 지혜로운 여자는 왕에게 찾아간다. 어떻게 시골에서 올라온 상복 입은 여자가 왕을 만날 수 있었을까? 예나 지금이나 평민이 그것도 상복 입은 여자가 왕을 알현한다는 것은 쉬운 일이 아니다. 하지만 드고아의 여인이 왕을 알현할 수 있었던 것은 고대 이스라엘의 왕이 직접 백성들의 불만을 듣고 문제를 해결해 주는 독특한 제도 때문이었다. 옛 조선의 신문고 제도처럼 억울한 백성이 왕으로부터 직접 '정의'를 구할 길이 고대 이스라엘에 존재했던 것으로 보인다. 압살롬이 반역을 꾀할 때 다윗에게 송사를 가지고 찾아가는 사람들의 마음을 훔친 일도 바로 그 제도의 존재를 암시한다.

왕 앞에서 여인은 땅에 엎드려 절한 후 간결하지만 간절하게 "구원하소서, 왕이여"라고 호소한다. 이것은 고난 중에 있는 사람이 왕 되신 하나님의 도움을 호소할 때 쓰는 표현이다(시 3:8, 6:5, 7:2, 22:22, 31:17, 54:3, 59:3, 69:2). 예사롭지 않은 외모의 여인으로부터 울려 나오는 간절한 호소에 왕은 "무슨 일이냐(מה-לך)"라고 묻는다.[5] 히브리어 마-레하(מה-לך)는 왕 앞에 나오는 자에게 왕이 용건을 묻는 표현(왕상 1:16, 삿 1:14 참조)인 동시에, 고난 중에 있는 사람에게 왕이 소원을 묻는 표현도 된다(왕하 6:28, 에 5:3 참조). 본문에서는 이 두 의미가 모두 들어 있다.

이에 대해 여인은 먼저 남편 잃은 과부로 자신을 소개한다. 이 시점에서 다윗은 여인의 상복이 남편의 죽음과 관련 있다고 생각했을 수 있지만 이어지는 그녀의 이야기는 그런 다윗의 처음 기대를 뒤집는

다. 그 여인에게는 두 아들이 있었는데, 그들이 아무도 없는 들에서 싸우다 한 아들이 다른 한 아들을 때려죽이게 된다. 그녀의 상복은 그렇게 죽은 아들을 애도하는 것이다. 여인은 왜 그 아들들이 서로 싸우게 되었는지 구체적으로 설명하지 않지만, 이후의 내용에서 "상속"의 문제가 핵심 쟁점으로 부각되는 점과 여인이 남편의 죽음을 먼저 밝힌 점을 생각하면, 아들들이 상속의 문제를 놓고 싸웠을 가능성이 있다. 그렇다면 아들의 죽음은 남편의 죽음과 시간적으로 그리 멀리 떨어지지 않았을 것이다.

여인의 고난은 남편의 죽음 그리고 곧 이어진 한 아들의 죽음으로 끝나지 않았다. 이제는 온 가문이 남은 한 명의 아들마저 죽이려 한다. 명분은 형제 살해죄에 대한 정의 실현이지만 그들의 속셈은 여인의 남편이 남긴 유산에 있다. 이것은 "우리는 그 상속자를 멸할 것"(7절) 이라는 그들의 말 속에 분명히 드러난다. 하지만 그녀의 걱정은 단순히 남편의 재산을 지키는 것이 아니라, 남편의 이름과 유업이 아들을 통해 지속되는 것이다. "유업"으로 번역된 히브리어 슈에리트(שארית)는 직역하면 "남는 것"이다. 문맥에 따라 후손이나 유산으로 번역될 수 있지만, 본래의 의미는 후손 대대로 계승되는 어떤 것을 의미한다. 여인이 다윗에게 제기하는 근본적 문제는 형제 살해에 대한 정의를 구현하는 것이 집안 자체의 몰락을 의미하는 경우 어떤 것을 우선시해야 하는가이다. 피의 복수 권리는 가문 내의 권리이다. 즉 가문 보존을 목적으로 하는 법이다. 그런데, 그 복수 권리를 행사할 때 가문이 몰락하게 되는 악순환이 생겨난다면 어떻게 해야 할까?

여인의 두 아들들에게 벌어진 일은 가인과 아벨의 이야기를 상기시킨다. 가인이 아벨을 살해했지만, 살인자는 죽지 않고 망명 보내어진다. 사람들이 자신을 죽일 것을 염려하는 가인에게 하나님은 표를 주면서 "그를 만나는 모든 사람에게서 죽음을 면하게" 하였다(창 4:15). 즉 가인과 아벨 이야기는 살인에 대한 피의 복수가 가져오는 악순환을 끊는 내용으로 끝난다. 이런 뉘앙스를 다윗이 눈치 챘다면, 가문 사람들이 과부의 하나 남은 아들을 죽이는 일을 막을 책임을 느꼈어야 한다. 하지만 문제는 간단하지 않다. 왜냐하면 살인의 죄책은 사람의 피로서만 면해질 수 있기 때문이다. 살인한 자를 용서하는 것에는 그 피에 대한 책임을 져야 하는 위험이 있다.

여인의 집안 문제는 왕위 계승을 놓고 벌어지는 다윗 집안의 갈등을 암시한다. 압살롬이 그의 형 암논을 살해한 것은 자기 누이에 대한 복수를 명분으로 했지만 실제는 왕위라는 '유산'을 차지하기 위함이었다. 즉 왕위 계승 문제 때문에 다윗의 아들 중 하나가 죽었고, 나머지 하나도 외국에 망명한 채 고국에 돌아오지 못하는 사회적 죽음에 처해 있다. 한편 압살롬에 대한 다윗의 태도는 모호하다. 암논의 살인에 죄책을 물어야 할 의무와 아들 압살롬을 통해 왕국을 이어가야 하는 의무 사이에 갈등한다.[6]

왕의 판단 14:8-11

8 왕이 그 여자에게 말했다:
"네 집으로 가라. 내가 너에 관해 명령할 것이다."
9 그 드고아 여자가 왕에게 말했습니다.
"내 주 왕이여, 잘못은 나와 내 아비의 집에 있습니다. 그리고 왕과 그 보좌는 무죄합니다."
10 왕이 말했다:
"너에게 뭐라 말하는 자는 누구든지 나에게 데려오라. 그는 더 이상 너에게 괴롭히지[7] 못할 것이다."
11 그녀가 말했다:
"왕이여 여호와 당신의 하나님을 기억하소서. 피의 복수자가 더 이상 죽이지 못하도록 하소서. 그들이 내 아들을 멸하지 못하게 하소서."
그가 말했다.
"하나님이 살아 계심으로 맹세하노니 네 아들의 머리카락 중 하나도 땅에 떨어지지 않을 것이다."

여인의 간절한 호소에 대한 왕의 대답은 다소 의외이다. "네 집으로 가라. 내가 너에 관해 명령할 것이다"는 민원에 대한 상투적 대답처럼 들린다. 다윗이 이처럼 대답한 이유는 여인의 문제가 그리 간단히 해결될 성질의 것이 아니었기 때문이다. 즉 두 형제가 유산 때문에 싸우다 한 명이 다른 한 명을 살해했다면, 살인자는 반드시 법적 심판 혹은 가문의 피의 보복을 받아야 하기 때문이다. 한편 그 여인의 호소대로 한 남자의 이름과 유업이 모두 없어지는 것도 피해야 할 일이다. 이 딜레마는 베냐민 지파가 이스라엘 형제 중 하나에 범죄했을 때, 나머지 지파들이 베냐민 지파에 대해 복수 전쟁을 벌인 일을 상기시킨다. 그 복수 전쟁의 결과 하나님의 유업 중인 하나인 베냐민 지파가 땅에서 사라질 위기에 처했고 그것은 절대로 일어나서는 안 되는 일이었기 때문에, 나머지 지파들은 베냐민 지파가 생존할 수 있는 방법을 강구했다. 즉 피의 복수 제도가 가문의 보존을 위한 제도인데, 오히려 가문의 멸망을 일으키는 복수의 악순환으로 전락할 때, 누군가가 나서서 그 악순환을 끊어야 한다.

다윗 왕은 지파나 혈연의 관습에 억매이지 않고 옳은 것을 할 수 있는 권위를 부여받았기 때문에, 그런 악순환을 끊을 수 있는 최적격의 인물이었다. 그럼에도 다윗은 살인자가 처벌되는 것을 막았을 때 자신과 자신의 집안에 돌아올 죄책을 염려한다.

이런 다윗의 염려를 인지한 여인은 그 죄책이 "나와 내 아버지 집에" 있으며, "왕과 그 보좌"는 죄책으로부터 자유로울 것이라고 선언함으로써, 좀더 호의적인 다윗의 처분을 이끌어 내는 데 성공한다. 이때 여인이 "내 아버지의 집"과 "왕의 보좌"를 굳이 언급한 것은 피의 복수의 책임이 궁극적으로 가문 안, 즉 "아버지의 집"에 속한 사람들에게 있기 때문이다. "왕의 보좌"도 왕의 가문에 대한 환유법이다. 다윗이 여인의 청을 따라 형제를 살인한 아들을 살려두면, 죽은 형제의 피 값은 왕과 그의 가문에게 돌아갈 것이라는 것이 전제된 표현이다.

여인이 죽은 아들에 대한 죄책을 자신과 그 가문이 감당할 것이라고 선언하자 다윗은 가문 사람들이 여인에게 살인자 아들을 요구하지 못하도록 하겠다고 약속한다. 하지만 여인은 그것에 만족하지 못한다. 첫째, 다윗의 약속은 "아들의 안전"을 언급하지 않는다. 가문 사람들이 그녀에게 접근하지 못하게 하겠다는 내용만을 담고 있다. 둘째, 그녀는 다윗의 약속만으로는 안심하지 못한다. 왜냐하면 다윗은 자기 아들의 안전도 지켜주지 못한 사람이다. 그녀는 다윗이 그 약속을 맹세로서 보증해 주기를 원한다. "왕이여 여호와 당신의 하나님을 기억" 하라는 여인의 호소는 곧바로 다윗의 맹세를 이끌어 낸다. "하나님의 살아 계심으로 맹세하노니 네 아들의 머리카락 중 하나도 땅에 떨어지지 않을 것이다"(11절).

이로서 여인의 1차 목적이 달성되었다. 즉 다윗으로 하여금 피의 복수 권리와 가문의 유업 보전 사이에 우선순위를 결정하도록 한 것이다. 다윗은 피의 복수를 하는 것보다 가문의 유업을 계승하는 것이 더 중요하다고 판결하였고, 그 판결을 하나님께 대한 맹세로 인준하였다. 취소할 수 없는 판결이다. 이제 여인은 진짜 전하고 싶은 메시지를 전할 준비가 되었다.

지혜로운 여인의 메시지 14:12-17

12 그 여자가 말했다:

"당신의 종으로 내 주 왕께 한 말씀 올리게 하옵소서."

왕이 말했다:

"말하라"

13 그 여자가 말했다:

"그러면 왜 당신은 하나님 백성에 대해 이같이 계획합니까(חשבתה)?

왕이 이 말을 하심으로 왕이 추방당한 자를 회복시키지 않는 것이

잘못임을 보이셨습니다. 14 우리는 참으로 죽을 것입니다. 땅에

엎질러져 다시 모을 수 없는 물처럼 말입니다. 그러나 하나님은

생명을 빼앗는 분이 아닙니다. 하나님은 추방당한 자가 계속

추방당한 상태에 있지 않도록 계획을 세우십니다(חשב מחשבות).

15 실은 백성들이 나를 두렵게 함으로 내 주 왕께 이 말을 드리러
왔습니다. 당신의 여종은 속으로 말했습니다: '내가 왕께 아뢸
것이다. 혹시 왕께서 하녀의 말을 행하실지 모른다. 16 즉 왕이
하녀의 말을 들으셔서 나와 내 아들을 동시에 멸망시켜 여호와의
유업을 잇지 못하게 할 그 사람(האיש)으로부터 구원하실 것이다.'
17 당신의 여종은 말했습니다: '내 주 왕의 말씀이 위로가[8] 될
것이다. 내 주 왕은 꼭 여호와의 천사처럼 선과 악을 아시기
때문이다.' 당신의 하나님 여호와께서 당신과 함께하시기 원합니다."

여인은 매우 공손하고 조심스럽게 두 번째 이야기를 시작한다. "당신의 종으로 내 주 왕께 한 말씀 올리게 하옵소서"(12절). 또한 매우 공손한 언어로 이야기를 마무리한다. "당신의 하나님 여호와께서 당신과 함께 하시기 원합니다"(17절). 하지만 여인의 메시지는 나단 선지자의 그것과 같이 매우 날카롭게 다윗의 마음을 파고드는 것이었다.

"그러면 왜 당신은 하나님 백성에 대해(על עם אלהים) 이같이 계획합니까?"(13절). 여인은 이야기의 초점을 갑자기 다윗에게 집중시키며, 왕이 왜 추방당한 자를 회복시키려 하지 않는지를 따져 묻는다. 그런 왕의 고집(מחשבות)은 하나님의 계획과 반대된다. "하나님은 추방당한 자가 계속 추방당한 상태에 있지 않도록 계획을 세우"기 때문이다(14절). 여기서 추방당한 자는 압살롬을 가리킴이 분명하다. 하지만 여인이 압살롬의 이름을 입에 일부러 입에 올리지 않음에 유의할 필요가 있다. 이것은 왕에 대한 두려움 때문인 동시에 왕이 스스로 깨달음에 이르게 하는 배려로도 볼 수 있다. 보다 흥미로운 것은 왕이 추방당한 자를 회복시키지 않은 것을 하나님의 백성에 "반대"(על)하는 것이라 주장하는 것이다.[9] 즉 여인에 따르면 다윗이 암논의 피에 대한 대가를 압살롬에게 찾으려 하는 것은 사익(=피의 복수)을 위해 공(=왕조의 안정)을 희생하는 잘못이라는 뜻이다. 왕위 계승 후계자인 압살롬에 사회적 살인을 가하는 것은 하나님의 유업 즉 다윗 왕조의 안정적 계승과 하나님의 백성의 안위에 해를 끼치는 행위이다.[10] 이것은 다음의 여인의 말에 분

명히 암시되어 있다.

> 왕이… 나와 내 아들을 동시에 멸망시켜 여호와의 유업을 잇지 못하게 할 그 사람(האיש)으로부터 구원하실 것이다(16절, 강조는 필자).

문맥상 이 말은 여인의 아들 문제에 관한 것이지만, 다윗이 망명한 압살롬을 데려오지 않는 것에 대한 간접적인 비난을 포함한다. 즉 압살롬을 예루살렘으로 데려오지 않는 것은 여호와의 유업(다윗 왕조)의 계승을 방해하는 것이다. 그리고 다윗이 여호와의 유업을 방해하는 바로 그 사람이다. "그 사람"으로 번역된 히브리어 하이쉬(האיש)는 다윗을 향한 나단의 말 "당신이 그 사람(האיש)입니다"를 연상시킨다. 가난한 자의 암양을 취한 부자의 행위에 대한 다윗의 판단을 근거로 나단이 우리아와 밧세바에 대한 다윗의 악행을 지적했듯이, 본문에서 드고아의 지혜로운 여인도 하나 남은 아들을 죽이려는 피의 복수자들에 대한 다윗의 판단을 근거로 압살롬에 대한 다윗의 굳은 마음이 하나님의 백성에 대한 범죄임을 지적한다—"왕이 이 말(=판결)을 하심으로써 왕이 추방당한 자를 회복시키지 않는 것이 잘못임을 보이셨습니다"(13절).

이처럼 두 번째 연설에서 지혜로운 여인이 던지는 메시지는 매우 분명하다. 그러나 여인의 말 자체는 다소 장황하며 산만하며 때로는 부자연스럽다. 예를 들어 하나님은 "생명을 빼앗는 분이 아니"라는 점을 인용하면서 인간은 결국 죽는 존재라는 것과 인간 생명을 엎질러지면 다시 주워 담을 수 없는 물에 비유한 대목은 사족에 가까워 보인다. 이것은 여인이 자신의 이야기를 하는 것이 아니라, 누군가의 사주를 받고 왕에게 정치적 메시지를 전달하고 있다는 인상을 준다. 이런 인상에 기여하는 또 한 가지는 여인이 자신의 사연에서 '왕의 추방당한 자'(압살롬을 지칭하는 일종의 암호)에 대한 이야기로 전환하는 방식이다. 그것은 다윗의 죄를 지적하는 나단의 비유를 통한 훈계를 연상시킨다. 다윗도 비슷한 느낌을 받았을 것이다. 그리고 나단의 비유 이야기가 훈계를 위해 꾸며진 것이었던 것처럼 여인의 아들 이야기도 압살롬에 대한 조언을 위해 꾸며진 것임을 직감했을 것이다. 그러나 여인은 여전히 자신의 송사가 진짜 송사인 것처럼 이야기를 지속하는데, 그 이야기 대부분이 다윗 왕의 긍휼(15-16절)과 지혜(17절)에 대한 찬양이고, 여인의 송사와 관련된 새로운 내용을 포함하지 않는다. 이 모든 것은 여인의 두 번째 연설이 전적으로 왕에 대한 훈계로 의도되었음을 암시한다. 나아가 그 여인이 지나치게 공손한 어투를 사용한다는 점은[11] 왕에게 충고하는 것이 얼마나 위험스러운 일인지를 여인 자신이 잘 인지하고 있음을 보여 준다. 무엇보다도, 여인의 다소 장황하며 산만하고 때로는 부자연스러운 연기가 모두 요압의 치밀한 각본에 의한 것이라면, 요압은 이 단계에서 여인의 거짓 송사가 다윗에게 발각되기를 기대했는지도 모르겠다.

요압의 계략이 발각됨 14:18–20

18 왕이 그 여인에게 대답하여 말했다:

"내가 너에게 물을 때 절대 내게서 어느 것도 숨기지 마라."

그 여자가 말했다.

"말씀하소서, 내 주 왕이여."

19 왕이 말했다:

"요압의 손이 이 모든 일에 너와 함께 있는가?"

그녀가 대답하여 말했다:

"당신의 생명, 내 주의 살아 계심으로 맹세합니다. 누구도 내 주 왕께서 말씀하신 것으로부터 좌로나 우로나 벗어날 수 없습니다. 참으로 당신의 종 요압이 내게 명하였고, 그가 당신의 여종에게 모든 할 말을 일러 주었습니다."[12] 20 상황을 타개하기 위해 당신의 종 요압이 이 일을 행하였습니다. 과연 나의 주는 하나님의 천사의 지혜처럼 지혜로워 이 땅의 모든 것을 아시는군요."

자신에게 송사하러 온 여인의 입에서 "왕이 추방당한 자를 회복시키지 않는 것이 잘못"이라는 말을 들은 다윗은 그녀의 배후를 의심하기 시작한다. 왕에게 왕실 내부의 일에 대해 조언을 할 정도의 사람은 선지자 아니면 요압밖에 없기 때문이다. 선지자가 예를 들어 패잔병 행색을 하고 왕을 만난 후, 왕에게 조언한 경우가 있었다. 그 경우 조언할 때 그는 자신의 신분을 밝힌 후 하나님의 말씀을 대언한다. 하지만 드고아의 여인의 경우 왕에게 압살롬에 대해 조언할 때 자신이 선지자임을 밝히지 않았다. 여전히 왕에게 송사를 청하는 과부의 행색을 놓지 않았다. 왕이 요압의 "손"을 의심한 것은 바로 이 때문일 것이다(19절).

이에 대해 여인은 주저하지 않고 왕의 말을 인정한다. 그것도 맹세까지 하면서 말이다. 이것은 여인이 왕의 의심을 예상했음을 보여주며, 요압이 써준 각본에 없는 내용이라면 불가능했을 반응이다. 즉 "참으로 당신의 종 요압이 내게 명하였고, 그가 당신의 여종에게 모든 할 말을 일러 주었습니다"도 여인의 즉흥적 솔직 고백이 아니라, 요압이 미리 써준 각본을 읽었던 것에 불과하다. 그러면 왜 요압은 여인의 조언이 자신으로부터 비롯된 것임이 밝혀지기를 원했을까? 그것은 압살롬을 데려오는 것이 요압의 강력한 뜻임이 다윗에게 알려졌을 때, 다윗이 압살롬에 대한 마음을 바꿀 가능성이 높기 때문이다. 다시 말해 다윗이 압살롬을 데려 오기로 결심한 것은 다윗이 압살롬을 그리워했기 때문이 아니라, 요압의 강력한 정치적 압력 때문이다. 이것은 요압이 아무리 여인의 입을 통해 "왕이 하녀의 말을 행하셨다"는 겸양어를 통해 포장한다 해도 변하지 않는 사실이다. 요압은 왕의 겸손과 긍휼이 압살롬의 귀환을 가능하게 했다고 말하지만, 이후에 다윗이 압살롬과 진정한 화해를 이루지 못한 점을 고려하면, 귀환 자체가 다윗의 자발적 의지에 의한 것이 아님을 알 수 있다.

요압은 "상황을 타개하기" 위해 압살롬을 데려오도록 왕에게 압력을 넣었다. 여기서 "상황"은 다윗의 일련의 도덕적 실패로 국정 운영에 대한 장악력이 떨어져 가는 상황과 압살롬 같은 유능한 왕자가 다윗과 장기적으로 적대 관계에 있는 것이 국정 안정에 악재라는 인식을 포함한다. 압살롬이 다윗의 왕위를 잇게 될지는 추후의 문제다. 그렇지만 분명한 것은 다윗의 원수가 된 압살롬이 이스라엘의 주변에서 너무 오래 망명 생활을 하는 것은 다윗 자신에게 큰 정치적 위험이 된다는 것이다. 다윗도 이것을 알았을 가능성이 있지만, 아버지로서의 의무(피의 보복자)와 왕으로서 의무 사이에 갈등하는 그의 우유부단함 때문에 이러지도 저러지도 못하던 상황이었다. 이때 요압의 "손"이 울고 싶던 다윗의 뺨을 쳤던 것이다. 다윗은 못 이기는 척 압살롬의 귀환을 허락할 수 있었다. 왕이 자신을 속인 여인과 그녀를 사주한 요압에게 화를 내지 않은 이유가 바로 여기에 있다.

압살롬의 귀환 14:21-24

21 왕이 요압에게 말했다:
"부디 보아라. 내가 그 일을 하기로 결심했다 . 가서 그 아이(נער)
압살롬을 데려 오라."
22 요압이 그 얼굴을 땅에 대고 엎드려, 경배하며 왕을 축복하며
말했다.
"오늘, 내 주 왕이 나를 기뻐하고 계심을 당신의 종이 알았습니다.
왕께서 당신의 종의[13] 말을 행하셨기 때문입니다."
23 요압이 일어나 그술로 갔다. 압살롬을 예루살렘으로 데려 왔다.[14]
24 왕이 말했다:
"그로 하여금 자기 집으로 돌아가게 하라. 그는 내 얼굴을 보지
못할 것이다. 압살롬은 자기 집으로 돌아갔고, 왕의 얼굴을 보지
못했다.[15]

요압의 노력으로 왕은 드디어 "결심"할 수 있었다. 암논의 피 값을 복수해야 하는 아버지로서의 의무가 아니라 왕조의 안정적 계승 발전을 도모해야 하는 왕으로서의 의무를 선택한 것이다. "부디 보아라. 내가 그 일을 하기로 결심했다." 히브리어 본문에는 "결심하다"라는 말이 없지만, 문맥상 그런 뉘앙스를 읽어 낼 수 있다.[16] 다윗은 요압에게 압살롬

을 데려오라 명령한다. 이에 요압은 왕 앞에 몸을 엎드려 경배하고 왕을 찬양한다. 비록 자신의 압력 때문에 왕이 압살롬을 데려오기로 명령한 것이지만, 요압은 그것을 왕의 겸손과 긍휼 때문이라고 추켜세운다. 왕이 요압을 어여삐 보셔서, 한낱 시종의 말을 행하셨다고 말한다. 요압이 나이 들면서 정치적 기술도 늘어가는 것을 볼 수 있다. 젊은 시절의 요압은 과단성과 폭력성, 높은 성취동기가 그 특징이라면, 중년의 요압은 사람을 대하는 정치적 기술을 추가로 갖추어 갔다.

요압은 직접 그술로 올라가 압살롬을 데려온다. 압살롬이 요압을 어떻게 맞이했는지, 그 둘 사이에 어떤 대화가 오고 갔는지 알 수 없다. 분명한 것은 압살롬이 요압과 함께 예루살렘에 돌아왔다는 것이다. 그리고 압살롬이 예루살렘에 돌아온 이유는 딱 하나이다. 그곳이 자신의 '사명'의 자리이기 때문이다. 즉 압살롬은 왕이 되기 위해 예루살렘으로 돌아온 것이다. 이런 압살롬의 마음을 알았을까? 아직 압살롬을 세자로 인정할 수 없다는 듯 다윗은 그술에서 돌아온 아들을 만나 주지 않는다. 압살롬은 집으로 돌아갔으며, 공적 역할에서 배제된 채 살아간다. 마치 암논에게 강간당한 다말이 압살롬의 집에서 평생 "버려진 채" 사는 것처럼, 암논을 살해한 암살롬도 그의 집에서 버려진 채 살아가게 된 것이다.

질문

1. 요압이 압살롬을 데려오기로 결심한 이유는 무엇입니까?
2. 요압이 고용한 드고아의 여인은 어떤 사람입니까?
3. 드고아의 여인이 다윗에게 말한 송사가 '피의 보복' 관습에 대해 던지는 질문은 무엇입니까?

묵상

피의 보복 관습은 본래 가정과 가족의 보존을 위해 만들어진 것입니다. 즉 가족 혹은 가문의 일원이 살해당하면 가문 사람들이 그를 죽인 살인자를 죽일 권리를 가졌습니다. 문제는 그 살인자가 가문 내부의 사람인 경우입니다. 경우에 따라 피의 보복 관습 때문에 가문 내의 가족이 멸망하게 되는 결과가 발생할 수 있습니다. 우리는 이를 통해 모든 법, 규정, 관습은 그것이 만들어진 맥락을 이해하고 적용하는 것이 중요함을 깨닫습니다. 그 제정 정신을 망각하고 문자적으로 법과 규정, 관습을 적용하면 오히려 정의를 왜곡하기 쉽습니다. 예를 들어 우리나라 헌법에는 '종교와 국가의 분리'라는 원칙이 작용합니다. 하지만 이 원칙이 종교인과 종교 단체의 사회 참여를 막는 구실로 이용될 때, 그것은 그 원칙의 제정 정신을 망각한 오용이 됩니다. 그것이 처음 미국과 유럽에서 제정될 때는 국가가 특정 종교를 지정하는 것을 금지하기 위한 것이었습니다. 종교인이나 종교 단체의 정치 참여와는 전혀 관련 없는 사안이었습니다. 모든 법의 제정 원리는 인간의 삶을 풍성하게 하는 일(human flourishing)에 있습니다. 우리가 결정하고 판단할 때도 그것이 특정 문서에 부합하는지보다 나와 내 이웃의 삶을 풍성하게 하는지가 기준이 되면 좋을 것입니다.

27
압살롬과 요압

삼하 14:25-33

그술에서 망명하던 압살롬을 예루살렘으로 데려오는 일에 역할한 요압이 예루살렘에서 가택 연금 상태였던 압살롬을 궁 안으로 들이는 일에도 중요한 역할을 한다. 하지만 이번에는 요압의 중재가 그다지 자발적이지 않았다. 압살롬이 요압의 보리밭에 불을 지른 후에야 그가 움직인다. 요압의 중재로 이루어진 다윗과 압살롬의 만남은 의외로 건조했다. 5년 만에 이루어지는 아버지와 아들 간의 상봉이지만 포옹도 눈물도 없었다. 이 장면에서 사무엘서 저자는 다윗을 "아버지"가 아닌, 일관되게, "왕"으로 부른다. 즉 다윗과 압살롬의 재회는 왕과 신하 사이의 화해였던 것이다. 이것은 다윗이 압살롬을 끝까지 왕위 계승자로 받아들이지 않았음을 의미한다.

압살롬의 외모 14:25-27

25 압살롬처럼 아름답다고 칭송이 자자한 남자는 온 이스라엘에
없었다. 발바닥으로부터 정수리까지 그에게는 흠이 없었다.

26 그의 머리를 자를 때, 그 머리털의 무게가 왕의 추로 200세겔에
이른다. (그는 해마다 연말에 즉 무척 길어졌을 때(כי כבד) 머리를
자른다.) 27 압살롬에게 아들 셋과 딸 하나가 태어났다. 그녀의
이름은 다말이었고, 보기에 아름다운 여인이었다.

25-26절 ___________

압살롬은 야심 있는 사람이었다. 이것을 단적으로 보여 주는 것이 그의 외모에 대한 설명이다. 예나 지금이나 잘생긴 외모는 이상적 지도자의 요건이다. 왕이 되기 전 사울도 "준수한(טוב)" 외모에 큰 키를 가진 청년으로 소개된다(삼상 9:2). 다윗도 왕으로 기름부음을 받기 직전, 준수한(טוב) 외모에 붉은 혈색과 아름다운 눈을 가진 소년으로 묘사된다(삼상 16:2). 사무엘서 저자의 다소 과장된 어법에 따르면 압살롬은 이스라엘에서 가장 아름다운(יפה) 남자였다. 단순히 준수하다(טוב)고 평가된 사울과 다윗의 외모와 달리 압살롬의 외모는 이스라엘에서 가장 아름다운(יפה) 것이었다. 그것도 바닥부터 머리끝까지 흠(מום) 잡을 데가 없었다. 레위기에 따르면 흠 없는 상태는 하나님께 드려지는 사람과 짐승의 상태를 가리킨다. 제물도 제사장도 모두 "흠"이 없어야 한다(레 21:21, 22:20). 압살롬은 단순히 공직에 적합한 인물이 아니라 성직에도 적합하다. 압살롬의 외모에 대한 이런 과장적 평가는 그가 다윗의 후계자가 되기에 부족함이 없음을 강조하기 위함이다.

하지만 그에게 치명적인 약점이 있다. 그것은 그가 "칭찬"에 약하다는 것이다. 이것은 사무엘서 저자가 그의 아름다움을 객관적인 사실이 아니라 대중적 의견으로 제시한 데서 암시된다. 그는 아름답다고 "칭송이 자자한(להלל)" 남자였다(25절). 즉 압살롬은 사람들의 칭송으로 완벽함을 느끼는 타입의 인물이다. 그의 통치 스타일도 대중 영합형이 될 것이다. 이런 통치 스타일의 약점은 귀가 얇다는 것이다. 그가 사람들의 의견을 좇아가다가 일을 크게 그르치게 된 것은 우연이 아니다.

그의 머리카락에 대한 언급은 이런 압살롬의 성격을 상징적으로 보여 준다. 역시 과장적 어투로 그의 머리카락의 풍성함이 묘사된

다. 그가 머리를 자르면 왕의 추로 200세겔(= 2.3킬로그램)에 달했다.[1] 머리를 1년에 한 번만 머리를 자르는 것으로 보아, 긴 머리를 휘날리며 돌아다니기를 좋아한 듯하다. 그리고 그것은 그의 외모를 더욱 돋보이게 했을 것이다. 긴 머리는 어느덧 그의 자부심이 되었다. 사람들도 그런 그의 외모를 칭찬했을 것이다. 그러나 그가 자부하는 머리카락이 후에 그가 패망한 직접적 원인이 되었다는 것은 매우 아이러니하다(삼하 18:9 참조). 이것은 사울의 큰 키에 대한 언급을 상기시킨다. 사울의 경우도 준수한 외모에 큰 키가 덧붙여지는데, "큰 키"로 번역된 히브리어 가보아(גבוה)는 "오만"으로도 번역된다(삼상 2:3 참조). 사울의 큰 키처럼 압살롬의 긴 머리는 그의 운명에 있어 운보다는 액을 상징한다.[2]

압살롬의 이상적인 외모와 인기는 그가 다윗의 실질적인 장남이라는[3] 사실과 함께 그를 가장 유력한 왕위 계승 후보로 만든다. 압살롬같이 의리 있고 용의주도하며 결단력 있는 사람이 대권에 대한 야심이 없다면 그것이 더 이상한 일일 것이다.

27절

압살롬의 본격적인 정치 활동을 서술하기 전 사무엘서 저자는 그의 자녀에 대한 기록을 공유한다. 그에게는 세 명의 아들과 다말이라 불리는 딸이 하나 있었다. 이 정보가 압살롬의 앞으로의 행보를 이해하는데 어떤 도움을 줄까? 먼저 주목할 사실은 세 명의 아들의 이름이 언급되지 않고 딸의 이름만 언급된다는 것이다. 압살롬이 후에 그를 위해 비석을 세워 줄 아들이 없다고 불평한 것(삼하 18:18)을 고려하면, 압살롬의 아들들은 일찍 죽었을 가능성이 있다. 하지만 유력한 왕위 계승자의 세 아들이 모두 일찍 자연사했을 가능성이 크지 않음을 고려할 때, 그들의 죽음은 아버지 압살롬의 정치 활동과 관련 있었을 가능성이 많다. 형 암논을 죽였을 뿐 아니라 아버지 다윗도 죽이려 했던 압살롬이 그 자녀들도 죽였을 가능성은 없을까? 왕자들은 왕에게 축복이면서 저주이다. 즉 자신의 유업을 이어갈 후계자인 동시에 자신의 권력을 빼앗을 잠재적 반역자이기도 하다.[4] 이 때문에 왕들은 권력을 유지하기 위해 가족까지 죽이는 일을 서슴지 않는다. 압살롬이 어느 시점에 아들까지 제거했다는 것이 사실이라면, 그것은 권력을 위해서는 모든 것을 수단화하는 압살롬의 어두운 면을 잘 보여 준다. 다윗이 압살롬을 자신의 후계자로 인정하지 않은 것은 바로 이런 성격 때문이다. 즉 암논에 대한 그의 살해 행위는 단회적인 것이 아니라 반복될 수 있는 것이다. 압살롬은 자신의 대권을 유지하기 위해서라면 나머지 형제들은 물론 심지어 다윗도 살해할 수 있음을 감지했던 것 같다.

한편 압살롬이 딸의 이름을 누이의 이름과 똑같이 "다말"로 지었다는 것은 그가 누이 다말을 얼마나 사랑했으며, 누이의 불행에 대한 그의 좌절이 얼마나 컸는지를 단적으로 보여 준다. 누이를 불행하게 만든 당사자 암논은 죽었지만, 다말을 암논에게 보냄으로써 범죄의 빌미를 제공하고 범죄 발생 후 아무런 조치도 취하지 않은 다윗은 여전히 건재하다. 그녀의 딸 다말에 대한 언급은 압살롬이 다윗에 반역하게 되는 사적인 이유를 암시한다.

이처럼 압살롬의 아들과 딸에 대한 언급은 이후에 다윗이 압살롬을 왕위 계승자로 책봉하지 않은 이유와, 압살롬이 다윗 왕에 반역한 이유들을 이해하는 데 도움을 준다.

요압의 밭에 불을 지르다 14:28-32

28 압살롬이 예루살렘에서 꼬박 2년을 살았지만, 왕의 얼굴은 볼 수
없었다. 29 압살롬이 요압을 왕에게 보내기 위해 전령을 보냈다.
그러나 그는 그에게 오려 하지 않았다. 또 압살롬이 다시 전령을
보냈지만 오려 하지 않았다. 30 압살롬이 종들에게 말했다:
"보라. 요압의 밭이 내 집 근처에 있다. 그곳에 그에게 속한 보리밭이
있다. 가서, 불을 질러라."
압살롬의 종들은 그 밭에 불을 질렀다. 31 요압이 일어나
압살롬에게, 그의 집으로 와서 그에게 말했다:
"왜 당신의 종들이 내게 속한 밭에 불을 놓았는가?"

32 압살롬이 요압에게 말했다:
"보라. 내가 너에게 전령을 보내어 '이리 오라! 내가 너를 왕에게
보내어 〈왜 내가 그술에서 돌아왔는가? 나에게는 그곳에 남아 있는
것이 훨씬 좋았을 것이다〉'고 전하려 했지만 너는 오지 않았다.
이제 나는 왕의 얼굴을 보아야 하겠다. 내게 죄가 있다면 그가 나를
죽여도 좋다."

압살롬이 그술에서 돌아온 지 꼬박 2년이 흘렀다. "꼬박 2년"으로 번역된 히브리어 슈나타임 야밈(שנתים ימים)은 압살롬이 다말의 복수를 위해 기다린 세월을 가리키는 숙어와 동일하다(삼하 13:23 참조). 그 표현을 직역하면 "2년의 날들"인데, 그 시간이 압살롬에게 절치부심의 세월이었음을 암시한다. 꼬박 2년 압살롬은 모든 공직에서 소외된 채 가택 연금의 상태에 살았다. 한편 다윗의 입장에서 그술에 있는 압살롬보다 예루살렘에 있는 압살롬은 덜 두려운 존재이다. 왜냐하면 가까이서 그가 정치적 야심을 노출하는지 감시할 수 있기 때문이다.

2년의 세월은 압살롬에게 다윗에 대한 모든 희망을 버리게 하기에 충분하였다. 3년간 그술에서 망명할 때는 고국에 있는 아버지 왕에 대해 혹시나 하는 일말의 희망을 가졌을 것이다. 3년간의 망명 생활이 그런 희망까지 없애지는 못했을 것이다. 압살롬이 요압과 함께 예루살렘에 돌아왔다는 사실이 그것을 증명한다. 하지만 예루살렘에서 2년은 압살롬에게 있어 다윗의 대한 모든 희망을 버리기에 충분한 기간이었다. 압살롬이 그술에 있을 때와 달리 다윗은 언제든지 마음만 먹으면 아들 압살롬을 궁으로 부를 수 있었을 것이다. 그러나 가까이 있으면서도 그를 부르지 않았다는 것은 압살롬에게 권력을 물려줄 마음이 전혀 없다는 뜻이다.

이제 마지막으로 다윗의 마음을 확인할 필요가 있다. 이를 위해 압살롬은 두 번이나 요압에게 전령을 보낸다. 그러나 요압은 두 번 모두 압살롬의 소환을 무시한다. 압살롬이 직접 다윗에게 찾아가지 않은 것으로 보아, 다윗은 압살롬의 궁 출입을 칙령을 통해 금지했을 가

능성이 있다. 즉 압살롬은 요압을 통하지 않고서는 다윗 앞에 나갈 수 없는 것이다. 한편 요압은 압살롬의 호출에 전혀 응답하지 않는다. 이때 상황 타개를 위해 다소 극단적인 방법이 동원된다. 압살롬이 가까이 있는 요압의 보리밭에 불을 지른 것이다. 이것은 삼손이 자신을 속인 블레셋 장인에 대한 분노로 블레셋인들의 밀밭에 불을 놓은 것을 연상시킨다. 이처럼 불을 놓아 주의를 끄는 사람은 매우 절박한 문제를 가진 사람인 경우가 많다. 다른 수단으로는 사람들의 관심을 얻을 수 없을 때 보통 불을 지른다. "보라. 요압의 밭이 내 집 근처에 있다"는 압살롬의 말에서 '가까이 사는' 요압이 압살롬에게 찾아오지 않은 것은 의도적인 것이었음을 확인할 수 있다.

압살롬과 삼손

이 둘은 여러 가지로 비슷하다. 먼저 긴 머리를 자랑한다. 삼손에게 긴 머리는 하나님의 특별한 선택의 표지였지만 압살롬에게 그것은 자아도취의 상징이었다. 삼손은 긴 머리를 잃게 됨으로 죽지만, 압살롬은 긴 머리 때문에 죽게 된다. 압살롬이 요압의 보리밭에 불을 지른 것은 삼손이 블레셋인들의 밀밭에 불을 지른 것을 연상시킨다. 삼손의 방화는 약속을 어긴 블레셋 장인에 대한 분노를 다른 블레셋인들에게 풀기 위한 것이었다. 밭이 불타는 것에 놀란 블레셋인들은 삼손을 속인 그 블레셋 장인의 집에 달려가 그 집을 불태워 버린다. 한편 엘리압은 두 번이나 자신의 소환을 거부한 요압의 밭에 불을 놓는데, 불을 보고 놀란 요압이 압살롬에게 달려와 그의 요청을 들어 준다. 왜 사무엘서 저자는 이 문맥에서 압살롬을 삼손과 연결시킬까? 그것은 불 지르는 행위가 결국 원하는 것을 가져다주지 못함을 암시하기 위함이다. 삼손은 그를 속인 장인의 부당함을 알리려고 밭에 불을 질렀지만, 그 일로 사랑하는 여자를 화재 가운데 잃게 된다. 압살롬도 다윗과 화해하는 기회를 얻기 원해 요압의 밭에 불을 질렀지만, 압살롬은 다윗과 화해하는 데 실패한다. 다윗과의 만남을 통해 아버지와 아들이 아니라 왕과 신하의 관계로 확정된다.

왜 압살롬은 왕에게 압살롬의 청을 전달하기 꺼려했을까? 그 이유는 그 청의 내용 때문이다. 압살롬이 다윗의 앞에 나간다는 것은 세자 즉 왕의 계승권이 있는 왕자로서의 지위를 회복함을 뜻한다. 하지만 다윗은 압살롬에게 권력이 가는 것에 원칙적으로 반대한다. 이것은 단순히 암논 사건에 대한 원한 이상이다. 본문에 명시적으로 언급되지는 않지만 다윗의 반대는 감정이 아닌 압살롬의 자질에 근거한 것으로 보인다(27절 해설 참조).

압살롬이 자신의 밭에 불을 놓았다는 소식을 들은 요압이 항의하기 위해 압살롬을 찾아온다. 압살롬은 기다렸다는 듯이 요압에게 자신이 보낸 전령에 응답하지 않은 이유를 따져 묻는다. 그리고 자신이 왕을 알현하려는 목적을 분명히 밝힌다. 압살롬은 왕에게 그술에서 돌아온 그를 세자로 복권시켜 주지 않은 이유를 물을 것이다. 그리고 왕이 자신에게 암논의 피에 대한 죄를 묻는다면 달게 받을 것이라고 말한다. 물론 이 말은 지난 2년간의 가택 연금 생활이 죽는 것만큼이나 힘들었음을 표현하는 것이다. 그제야 더 이상 피할 수 없음을 깨달은 요압은 압살롬의 말을 왕에게 전한다.

왕의 입맞춤 14:33

33 요압이 왕에게 가서 전했다. 왕은 압살롬을 불렀고, 그는 왕에게 가서 얼굴을 땅에 대고 왕 앞에 엎드렸다. 왕이 압살롬에게 입을 맞추었다.

왕이 5년 만에 압살롬과 대면한다. 다시 한 번 요압의 압력이 효력을 발휘하는 순간이다. 하지만 5년 만에 만나는 아버지와 아들의 관계 치고는 너무 건조하다. 요압은 여느 신하들 중 하나처럼 왕 앞에서 얼굴을 땅에 대고 고개도 들지 못한다. 왕의 입맞춤도 여느 신하에게 하는 형식적 인사 같다. 뜨거운 포옹이나 흐르는 눈물도 없다. 특히 주목할 만한 것은 사무엘서 저자가 이 장면에서 다윗을 철저하게 "왕"으로 지칭한다는 것이다. 의도적으로 "아버지"라는 말을 피한다. 다시 말해, 압살롬과 다윗의 재회는 왕과 신하의 만남이지 아버지와 아들의 재회는 아니었다. 다윗은 다시 한 번 요압의 청을 들어주는 척하다가 자신의 길을 갔다. 2년 전에도 압살롬을 그술에서 데려오라는 요압의 조언을 따르는 것 같았지만 압살롬을 예루살렘에 가택 연금 상태로 방치했던 것처럼, 이번에도 압살롬을 만나라는 요압의 조언을 따르는 것 같았지만, 압살롬을 왕위 계승 자격이 있는 세자가 아닌 여러 신하들 중 하나로 대우하였다.

다윗의 입맞춤을 후에 압살롬의 입맞춤과 비교하면 전자가 얼마나 형식적인 것인지를 잘 알 수 있다. 다윗 왕에 대한 반역을 결심한 압살롬은 다음과 같은 열정적인 입맞춤으로 사람들의 마음을 얻는다.

> 누군가가 그에게 큰 절하기 위해 접근하면, 그의 손을 내밀어 그를 붙잡고 그에게 입 맞추곤 했다(삼하 15:5).

마음을 담은 입맞춤이 무엇인지 잘 이해했던 압살롬은 다윗의 입맞춤이 형식적임을 누구보다 잘 이해했을 것이다. 압살롬의 마음에는 더 이상 어떤 의심이나 미련도 남지 않게 되었다. 압살롬은 다윗이 그에게 왕위를 물려줄 마음이 전혀 없음을 확신했다.

질문

1. 사무엘서 저자는 압살롬의 긴 머리카락에 대해 비교적 자세하게 언급합니다. 이로부터 알 수 있는 압살롬의 성격은 무엇입니까?
2. 예루살렘에 돌아온 지 2년이 지나도 다윗이 그를 부르지 않자 압살롬은 어떻게 행동합니까?
3. 다윗과 5년 만에 재회한 압살롬은 아버지에 대해 어떤 생각을 품었을까요?

묵상

압살롬이 다윗을 피해 3년간 그술에 머물 때보다 예루살렘 성 안에서 같이 살았던 2년이 아버지와 아들의 사이를 더 멀어지게 했습니다. 멀리 있는 압살롬을 그리워했던 다윗이 지척에 있는 압살롬을 배척한 것은 인간관계에서 흔히 목격되는 비극입니다. 이 둘의 관계를 아버지와 아들의 관계로만 본다면, 이런 상황은 매우 안타깝습니다. 하지만 이 둘은 왕과 잠재적 왕위 찬탈자의 관계에 있음을 기억해야 합니다. 즉 압살롬은 다윗으로부터 세자의 지위를 확보하지 못할 경우 다윗을 몰아내고 스스로 왕이 될 만큼 권력욕이 강한 사람이었습니다. 다윗이 이런 아들을 다루는 것은 쉽지 않았을 것입니다. 2년간 그를 부르지 않은 것은 단순한 '문제의 방치'가 아니라 그 문제가 그만큼 어려웠다는 방증입니다. 다윗이 앞으로 당하게 될 고난은 다윗 자신의 잘못에 기인한 것도 있지만, 왕조를 통한 왕위 계승의 구조에 내재한 근본적인 문제 때문이기도 합니다. 어쩌면 그것은 아주 흔한 왕조 내 권력투쟁 이야기입니다. 우리가 이런 이야기에 관심을 가지는 이유는 그것이 하나님이 주장하는 구속사의 일부이기 때문입니다. 하나님의 구원역사는 죄로 타락한 세상을 전제하기 때문에, 그분이 도구로 사용하는 사람과 제도도 세상 사람과 세상 제도와 비슷한 모습을 가질 수 있습니다. 그들의 삶을 가치 있게 만드는 것은 하나님입니다. 우리의 부족한 삶과 노력들이 하나님의 섭리 속에 있기를 우리는 믿음으로 희망할 뿐입니다.

28
압살롬의 반란

삼하 15:1-12

압살롬이 반란을 결심한 가장 큰 이유는 아버지가 자신을 합법적인 왕위 계승자로 인정해 주지 않을 것이라는 확신이다. 그가 아버지를 속이고 형 암논을 죽인 일은 다윗의 마음속에 여전히 응어리로 남아 있었다. 요압의 조언에 따라 망명 중인 압살롬을 예루살렘으로 데려왔지만, 그와 얼굴을 대면하는 데 2년이라는 세월이 걸렸고, 막상 다윗이 그를 대면할 때도 아버지와 아들과의 참된 화해는 일어나지 않았다. 다윗은 압살롬을 왕궁 관료의 하나로 복권시켰을 뿐, 왕위 계승자로서의 지위는 인정하지 않았다. 압살롬이 더 노력하면 다윗의 마음이 바뀌었을 가능성도 없어 보였다. 왜냐하면 이미 압살롬보다 20-30세 정도 어린 솔로몬이 왕위 계승자가 되었다는 소문이 돌기 시작했기 때문이다. 여디디야(여호와께 사랑받는 자)라는 이름은 아직 다윗이 솔로몬을 세자로 책봉하지 않았다 할지라도 솔로몬에 대한 다윗의 승계 의도를 충분히 전달하기 때문이다.

압살롬의 반란이 초반 성공하게 된 데에는 다음의 두 가지 서로 연관된 이유가 있다. 첫째, 당시 다윗의 내치에 대한 불만이 상당했던 것으로 보인다. 실제로 다윗의 업적은 대부분 그의 군사 원정과 건축 사업에 집중되었다. 그가 어떻게 일반 사람들의 삶을 윤택하게 만들었는지는 성경에 구체적으로 서술되지 않는다. 압살롬이 반역을 꾀하면서 백성들의 민생을 먼저 챙긴 데에는 이런 배경이 있다. 둘째, 고대 왕들의 이상적 모습은 일반 서민들의 대단히 개인적인 일까지 관심 가지고 돌보는 것이다. 즉 '마이크로 매니지' 하는 왕이 선호되었다. 규모가 있는 왕국의 왕은 그 이상대로 백성들의 생활을 실제 직접 챙기지 못했지만, 적어도 비문이나 공식 문서상에서는 왕이 백성들의 삶을 구체적으로 챙기는 모습이 기록된다. 오늘날 대통령 선거 때마다 후보자들이 재래시장을 찾아 서민 물가를 챙기고, 국수나 떡볶이 파는 노점 상인들로부터 물건을 사며 그들의 고단한 삶에 대해 관심을 가지는 연기를 하는 것과 마찬가지다. 이런 이상향은 왕의 재판 의무로 제도화된다. 다시 말해 고대의 왕들은 전쟁에 나가거나 국가의 살림을 운영하는 것은 물론, 백성들의 재판도 감당해야 했다. 소위 '삼권 분립'의 개념이 없이 왕이 모든 것을 다했다. 이 때문에 적어도 현전하는 문서들에서 백성들이 송사를 왕 앞에서 직접 말하는 것을 종종 목격하게 된다. 드고아의 여인이 다윗 앞에 서서 자신의 사연을 말할 수 있었던 것도 바로 이 때문이다. 그런데 이런 제도의 문제는 실제 현실 속에서 왕의 판결이 모든 사람을 행복하게 하지 못한다는 데에 있다. 재판에는 언제나 승자가 있으면 패자가 있게 마련이다. 패자는 재판 결과에 불만을 가질 것이며, 그 불만은 재판을 담당한 왕에게 향하게 된다. 현대 사회에서 대통령은 재판의 역할을 사법부에 일임하여, 재판 결과에 대한 백성들의 불만이 대통령에게 향하게 되지는 않지만 고대 사회에서는 달랐다. 압살롬은 다윗의 실정의 결과일 수도 있고 혹은 제도적으로 불가피한 것일 수 있는 내치에 대한 사람들의 불만을 반란의 동력으로 삼았다. 그는 오늘날 표를 구하는 정치인처럼 다소 과장된 공약을 내걸며 다윗의 표를 잠식해 간 것이다.

압살롬의 반란은 불가피한 일이었을까? "칼이 네 집에서 영영히 떠나지 않고… 네 집에서부터 네게 재앙을 일으킬 것"(삼하 12:10-11)

이라는 나단의 저주가 반드시 압살롬을 통해 성취될 필요는 없었다. 탈무드에 따르면 나단의 저주가 아들이 아닌 자신에게 불만을 품은 종들 중 하나에 의해 성취될 것이라 염려했던 다윗은 아들 압살롬에 의해 나단의 저주가 성취되는 것을 보고 안심하여, 예루살렘을 떠나면서 찬양시에 해당하는 시편 3편을 지어 불렀다고 한다(베라코트 7b).[1] 그렇다면 다름 아닌 압살롬이 다윗에 대한 나단의 저주를 성취하게 된 것은 예언의 숙명이 아니라 권력에 대한 그의 탐욕에서 비롯된 것이리라. 마치 가룟 유다의 배반이 피할 수 없는 숙명 때문이 아니라 그의 탐욕에서 비롯된 것처럼 말이다. 하나님은 압살롬의 권력욕을 '허락'하고 그것을 통해 다윗에 대한 나단의 예언을 성취하신 것이다.

압살롬이 왕의 외형을 갖춤 15:1

1 그 후(מאחרי כן)[2] 압살롬이 자기를 위해 전차와 말을 마련하였고
50명의 사람이 그 앞에서 뛰었다.

자신을 왕위 계승자로 피택해 주지 않은 다윗에게 실망한 압살롬은 스스로 왕이 되기로 결심한다. 항간에 떠도는 솔로몬에 대한 소문 즉 다윗이 솔로몬을 세자로 책봉했다는 소문은 압살롬의 결심을 더욱 확고히 한다. 먼저 그는 전차와 말을 마련한다. 즉 왕궁을 드나들 때 전차를 탔다는 뜻이다. 이것은 새내기 검사가 검찰청에 출근하면서 억대의 외제차를 타는 것과 유사하다. 그런 검사를 보고 사람들이 그가 든든한 배경을 가졌을 것이라 생각할 것이다. 하지만 압살롬이 전차와 말로 입출궁하는 것은 그가 왕의 아들이라는 사실 이상을 의미했다. 물론 전차와 말은 이스라엘 국내에서 자생적으로 생산되는 것이 아니다. 이스라엘에는 산이 많아, 말이나 전차가 유용한 무기가 되지 못한다. 따라서 전차나 말은 해외에서 만들어져 수입된다. 흥미로운 것은 사무엘이 왕의 행태에 대해 경고할 때 전차를 언급한다는 것이다(삼상 8:11). 즉 전차는 왕권의 상징인 것이다. 이방 왕들이 전차를 거느린 것은 말할 것

도 없다. 압살롬이 입출궁할 때 전차와 말을 거느렸다는 것은 단순히 그가 영향력 있고 부유한 배경을 가졌음을 보여 주는 것이 아니라 매일 자신의 '출퇴근'을 왕의 행차로 만드는 것이다. 이와 관련하여 50명의 사람들이 압살롬을 근접 거리에서 호위했다는 구절에 주목할 필요가 있다. 다윗 왕의 근위병은 30명 남짓한 것으로 추정된다(삼하 23:24, 39). 솔로몬 왕의 근위병은 60명이었다(아 3:7). 50명의 근위병은 솔로몬 왕의 60 근위병보다는 다소 적은 규모이지만, 다윗의 그것을 훨씬 뛰어 넘는 것이다.[3]

요약하면 다윗의 뒤를 이어 합법적 왕위 계승자가 되지 못할 것을 깨달은 압살롬은 왕이 되기 위한 준비로 가장 먼저 전차와 말, 그리고 50명의 근위병을 마련한다. 그는 입출궁 때에 왕의 행렬을 연출했다. 다윗도 압살롬의 이런 행위를 인지했을 가능성이 높지만, 그의 우유부단한 습성대로 압살롬을 불러 따끔히 훈계하지 않는다. 자식 문제에 있어서만은 다윗이 공평과 정의를 행하지 못했다.

압살롬이 왕의 역할을 수행함 15:2-6

2 압살롬은 아침 일찍 일어나 성문으로 통하는 길가에 서 있곤 했다.
누구든지 송사(ריב)를 가지고 재판을 위해 왕에게 들어가는 사람이
있으면 압살롬은 그를 불러 말했다:
"그대는 어느 마을 출신인가?"
그는 말했다:
"종은 이스라엘 지파 중 하나 출신입니다."
3 압살롬에 그에게 말했다:
"보라. 자네의 말은 좋고 지당하네. 그러나 자네는 왕으로부터
자네의 말을 들어주는 사람을 얻지 못할 것이오."
4 압살롬이 그에게 말했다.
"누가 나를 이 땅의 재판장(שפט)으로 삼을 것인가? 송사(ריב)를 가진
모든 사람은 내게 오라! 그러면 내가 그에게 정의(משפט)와 공의를

베풀겠다(הצדקתיו)."[4]

5 누군가가 그에게 큰절하기 위해 접근하면, 그의 손을 내밀어
그를 붙잡고 그에게 입 맞추곤 했다. 6 압살롬은 재판을 위해 왕에게
오는 모든 이스라엘에게 이렇게 행하며 압살롬은 이스라엘 사람들의
마음을 도둑질했다.

왕이 되기 위한 압살롬의 전략이 단순히 왕의 외형을 갖추는 데 머물지 않았다. 그는 다윗의 내치에 대한 대중적 불만을 이용해 자신의 지지 세력을 넓혀 갔다. 다윗의 내치에 대한 불만은 다윗 개인의 실패일 뿐 아니라 고대 왕정의 통치 이상향 때문이다. 먼저 다윗은 전쟁터에서 분명한 성공을 거두었으나, 일반 백성들의 삶의 질을 높이는 일에는 뚜렷한 성과를 내지 못한 것으로 보인다. 다윗의 업적을 기록한 삼하 5-10장도 다윗의 민생 업적에 대해 침묵한다. 요나단의 아들 므비보셋을 챙긴 것은 민생을 돌본 것이라기보다는 잠재적 왕위 경쟁자에 대한 감찰 조치에 가깝다. 다윗의 민생 업적으로 해석될 수 있는 사무엘하 9장 15절("다윗이… 모든 백성에게 정의와 공의를 베풀었다")은 너무 일반적이고 포괄적이어서, 다윗의 실제 민생 업적에 대한 어떤 정보도 주지 않는다.

둘째, 다윗의 내치에 대한 대중들의 불만은 다윗 개인만의 문제는 아니었다. 누가 그 자리에 있든지 그는 백성들의 욕설과 불만의 대상이었을 것이다. 고대 사회에서 이상적 왕은 '마이크로 매니지' 하는 왕이었다. 즉 백성들의 삶을 시시콜콜 살피며 문제를 해결해 주는 왕이 적어도 비문이나 이념 문서에서 그려지는 이상 왕의 모습이다. 이 때문에 왕이 직접 백성들의 송사를 다루는 관행이 생겼다. 얼마 전 요압이 드고아의 여인을 통해 다윗을 설득할 수 있었던 것도 바로 이 관행을 이용한 것이다. 솔로몬도 한 아이를 놓고 벌이는 두 여인의 송사를 직접 주재했다. 이런 제도의 문제는 근본적으로 왕을 백성들의 무한한 불만 속에 노출시킨다는 것이다. 재판은 언제나 제로섬 게임의 성격을 가진다. 승자가 있으면 패자가 있기 마련이다. 패자는 판결을 공평

하지 않다고 판단할 것이며, 그 판결에 책임 있는 왕에 대해 불평할 것이다. 평소에는 왕의 압도적인 권력 때문에 침묵하다가도 불만에 찬 대중들은 언제라도 새로운 '메시아'를 찾아 떠날 준비가 되어 있다. 오늘날 대통령은 행정부의 수반으로 국가 운영에 대한 책임만 질 뿐, 백성들의 송사에 대한 책임은 지지 않는다. 다시 말해 재판을 사법부에 '아웃소싱'함으로 백성들의 개인적인 원한으로부터 권력자를 지킬 수 있도록 만든 것이다.[5] 하지만 고대 사회에서 왕은 백성들의 영웅 아니면 원수가 되기 쉽다.

압살롬은 다윗이 내치에 실패했음을 인지하고, 대중들의 불만을 권력 쟁취를 위한 수단으로 삼는다. 그는 약 4년 동안 매일 똑같은 일과를 반복한다. 아침 일찍 일어나 "성문"으로 통하는 길가에 자리한다. "성문"은 고대 사회에서 송사가 벌어지는 공간이다. 오늘날의 법원과 같은 장소다. 왕정 이전의 부족 사회에서는 마을의 원로들이 성문에 앉아 사람들의 송사를 관장했지만, 왕정 이후에는 왕이 임명한 재판관들이 성문에 앉아 사람들을 맞는다. 물론 그들이 해결하지 못한 어려운 송사는 왕이 직접 듣고 판결하는 경우도 있었을 것이다. 압살롬은 성문 밖에서 송사를 위해 도시로 진입하는 사람들을 만나 한 명 한 명 포섭한다. 사무엘서 저자는 그런 포섭 장면을 대화 형식으로 보여 준다. 이 대화는 압살롬의 대중 포섭 전략을 보여주기 위해 저자에 의해 구성된 것이다. 그는 먼저 어느 마을 출신인지를 묻는다. 그리고 이스라엘 지파 중 하나에 속한 마을에서 왔다는 대답이 돌아오면, 바로 압살롬은 자신의 '복음'(3-4절)을 전한다. 만약 이것이 실제 대화라면 어느 마을 출신인지에 대한 질문에 대한 답으로 "이스라엘 지파 중 하나 출신"이라는 애매한 말 대신, 구체적인 지명("실로", "벧엘" 등)이 주어졌을 것이다. 저자가 이 구성된 대화로 의도한 것은 압살롬이 유다 지파가 아닌 이스라엘 지파를 자신의 포섭 대상으로 삼았음을 보여 주는 것이다. 실제로 다윗은 유다 지파 출신이기 때문에 자기 고향 사람들에게 유리한 정책을 편다는 오해를 받을 수 있었다. 다윗이 수도를 예루살렘으로 옮긴 부분적 이유도 이런 오해를 피하기 위한 것이다. 압살롬은 다윗 왕정의 이런 약점을 파고 든다. 따라서 송사를 가진 사람이 이스라엘 지파에 속했다면 그를 다음의 말로 그들을 포섭하려 했다.

> 보라. 자네의 말은 좋고 지당하네. 그러나 그대는 왕으로부터 자네의 말을 들어줄 사람을 얻지 못할 것이오(3절).

압살롬은 그 사람의 송사가 옳고 지당한 것이지만 그가 이스라엘 지파 출신이라는 이유로 왕의 재판을 받지 못한다고 주장한다. 물론 이런 주장은 과장된 것이거나 경우에 따라서는 완전히 거짓일 수 있다. 다시 말해 이스라엘 지파 출신일지라도 왕으로부터 공평한 재판을 받을 수 있었지만, 압살롬은 당시 제도상 불가피했던 왕에 대한 사법적 불만을 왕의 통치가 불공정하다는 주장으로 치환시킨 것이다. 왕의 사법적 판단에 대한 특정 개인의 불만과 통치의 불공정은 전혀 다른 문제이지만, 압살롬은 그 둘을 교묘하게 연결시킨다. 그리고 통치에 있어 불공정함은 통치의 정당성을 훼손하는 중대한 사안이다. 더구나 그것이 유다 지파에 대한 편애에서 비롯된 것이라면 결국 이 문제는 이스라엘 지파와 유다 지파 사이에 분열이라는 재앙적 사건으로 이어질 수 있다. 압살롬의 난이 진압된 이후에 베냐민 지파의 세바가 일어나 다시 이스라엘 지파만으로 구성된 나라를 세우려 했던 것도 민족 통합의 문제가 당시 왕에게 얼마나 중요했는가를 잘 보여 준다. 이렇게 왕의 통치 자체의 정당성에 의문을 제기한 후 압살롬은 자기 자신을 다윗에 대한 대안으로 제안한다.

> 누가 나를 이 땅의 재판장으로 삼을 것인가? 송사를 가지는 모든 사람은 내게 오라! 그러면 내가 그에게 정의와 공의를 베풀겠다(4절).

이것이 압살롬의 '복음'이다. 지금까지 이스라엘의 왕은 하나님의 기름부음을 통해 세워져 왔다. 하나님이 왕을 선택하여 세우셨다. 그러나 "누가 나를 이 땅의 재판장으로 삼을 것인가?"라는 압살롬의 질문은 다윗의 통치에 불만을 품은 사람들의 귀를 향한 것이다. 그는 그들에게 정의와 공의를 베푸는 왕이 되겠다고 말하며 대권을 향한 출사표를 던지고 있다. 그의 출사표에 언급되지 않는 것은 "하나님"이다. 그는 통치권이 하나님의 선물임을 인식하지 못한 듯하다. 이것을 단적으로 보여 주는 것이 그가 "전차와 말"을 취했다는 것이다. 병마는 하나님이 이스라엘 왕에게 금하신 목록 중 첫 번째 것이다. 하나님이 선택하여 세운 왕은 여자와 은금은 물론 말을 좋아해서는 안 된다(신 17:16). 이 세 가지는 이방의 왕이 구하는 것이다. 압살롬이 추구한 권력은 처음부터 하나님의 기름 부음이 없는 권력이었다. 물론 이 모든 것은 노골적인 반역처럼 보이지 않게 진행되고 있다. 먼저 압살롬은 자기를 "재판장"으로 불렀을 뿐 "왕"으로 선포하지 않았다. 또한 정의와 공의를 베풀겠다는 그의 말도 억울한 재판을 당한 사람들에 대한 개인적 차원의 위로처럼 들릴 수 있다. 즉 그것의 히브리어 원문(ומשפט והצדקתיו)은 "내가 억울함을 풀어주겠다" 정도로 이해될 수 있다. 사무엘서 저자는 이 두 가지 의미를 모두 담아내기 위해 문법적으로 어색한 문장을 의도적으로 구성했다.[6] 나아가 백성을 포섭한 장소도 성문 안이 아니라 성문 밖이라는 점은 그의 반-다윗 운동이 은밀하게 진행되었음을 잘 보여 준다.

대중들에게 압살롬이 매력적이었던 또 하나의 이유가 5절에 제시되어 있다. 그는 곤고한 이스라엘 사람들을 친구처럼 대해 주었다. 누군가가 그에게 큰절하기 위해 접근하면 손을 내밀어 그를 붙잡고 그에게 입맞추었다. 그의 진심 어린 입맞춤은 5년 만에 만난 아버지 다윗으로부터 받은 의례적 입맞춤과 대조되는 것이었다. 다윗의 입맞춤은 그로부터 아들의 마음을 떠나게 했지만, 압살롬의 입맞춤은 생면부지의 사람의 마음을 그에게 돌아오게 하는 것이었다. 이런 압살롬의 행보가 순수한 것이었는지 정치적 목적 달성을 위한 연기였는지 판단하기 어렵다. 어쩌면 압살롬의 입맞춤도 다말에 대한 그의 복수처럼 순수한 동시에 정치적인 것이었을 수 있다. 여하튼 압살롬은 도둑처럼 아무도 모르게 대중들의 마음을 얻고 있었다.

다윗에게 향했던 충심이 압살롬에게 옮겨지고 있었다. 여기서 기억해야 할 것은 압살롬을 지지하던 대중들은 그가 왕의 실질적 장남임을 인지했다는 것이다. 다시 말해 그들은 압살롬이 다윗의 뒤를 이어 왕이 되기를 원한 것이지 다윗의 죽음을 원한 것은 아니었다. 압살롬도 다윗으로 하여금 살아 있을 때 왕위를 물려주도록 압력을 넣고 싶었을 것이다. 고대 근동 세계에서는 왕이 생전에 왕위를 아들에게 양도하여 아들 왕과 공동 통치한 예가 종종 있었다. 압살롬은 아마 다윗에게 그것을 바랐는지도 모른다.

압살롬이 왕이 되려고 반역함 15:7-12

7 4년이[7] 지나, 압살롬이 왕에게 말했다:
"부디 제가 헤브론으로 가서 여호와께 서원한 서원을 이행하게
해주세요. 8 왜냐하면 당신의 종이 아람 통치하의 그술에 살 때,
'여호와가 나를 예루살렘으로 돌아오게 하시면, 내가 여호와를
섬기겠습니다'라고 서원했기 때문입니다.
9 왕이 그에게 "평안히(בשלום) 가라"라고 말하니, 그는 일어나
헤브론으로 갔다. 10 압살롬은 정탐꾼들을(מרגלים) 이스라엘의 모든
지파들에게 보내어 말했다:
"나팔 소리를 들으면, '압살롬이 헤브론에서 왕이 되었다'라고
말할지라."
11 예루살렘에서 이백 명의 사람들이 압살롬과 함께 갔는데,
그들은 초대받아 순수하게 간 것이다. 즉 무슨 일인지 알지 못했다.
12 또한 제사드릴 때에 압살롬이 다윗의 조언자 길로 사람 아히도벨을
그의 도시, 즉 길로로부터 모셨다.[8] 반역이 견고해짐에 따라
압살롬과 함께하는 백성들이 점점 많아졌다.

압살롬은 왕이 되기 위해 동일한 일과를 4년 동안 반복했다. 때가 무르익었다고 판단한 그는 전에 아버지 왕이 그랬던 것처럼 헤브론에서 스스로를 왕으로 선포하려 한다. 그가 헤브론에서 반역의 깃발을 올렸을 때 그 충격과 효과를 최대한으로 만들기 위해 대관식을 철저히 비밀로 한다. 먼저 그는 헤브론으로 가는 진짜 이유를 다윗에게 말하지 않는다. 그술에 살 때 약속한 서원제를 이행하기 위해 헤브론으로 간다고 거짓말한다. 헤브론은 압살롬이 태어난 곳일 뿐 아니라 그곳에는 유명한 제단이 있어 많은 사람들이 제사를 드리기 위해 그곳을 찾았다. 요세푸스에 따르면 솔로몬이 일천번제를 드린 제단이 기브온 제단이 아니라 헤브론 제단이었다. 물론 이런 요세푸스의 증언을 열왕기상의 증언보다 우선시할 필요는 없지만 분명한 것은 헤브론에 제단이 있었다는 사실인 듯하다. 따라서 서원제를 위해 헤브론으로 내려가는 것은 자연스러워 보이며, 그것에 특별한 정치적 의도가 있다고 의심할 필요는 없었다. 그럼에도 자세히 보면 압살롬의 헤브론 여행은 수상한 구석이 있다. 서원 기도는 보통 "하나님이 나에게 이것을 해주시면, 내가 하나님께 이것을 드리겠습니다"와 같은 형식을 가지는데, 하나님이 그 기도에 응답해 은혜를 베풀면 서원자는 즉시 약속한 바를 이행해야 했다. 서원자가 약속 이행을 지체하는 것은 약속 위반으로 간주될 수 있다. 압살롬은 이미 6년 전에 예루살렘에 돌아왔다. 비록 그가 하나님께 올린 소원이 단순한 예루살렘으로의 귀환 이상일 수는 있지만, 적어도 그가 왕에게 말한 내용에 따르면 그의 예루살렘 귀환이 소원의 중요 내용임을 알 수 있다. 그렇다면 그는 왜 6년간이나 서원 이행을 하지 않고 있었을까? 그리고 6년이 지난 지금 서원제를 드리는 이유는 무엇일까? 설사 그의 소원이 단순한 예루살렘으로의 귀환이 아닌 세자 지위 복권이었다 해도 문제는 여전히 남는다. 왜냐하면 그의 세자 지위는 여전히 복권되지 않아, 서원제를 드릴 의무가 없었기 때문이다. 다윗은 이런 압살롬의 이야기에서 아무런 이상함을 발견하지 못한 듯 "평안히 가라"는 말과 함께 압살롬을 헤브론으로 떠나보낸다. 다윗이 아무런 의심을 품지 않은 것은 지금까지 그가 보여준 행태와 잘 일치한다. 그는 자식 문제에 있어서는 그다지 똑 부러지지 못했다. 훈계할 때 훈계하지 못하고, 용서할 때 용서하지 못하는 우유부단하고 무능력한 아버지였다. 이것은 단순히 다윗 개인의 성향이라고 보기 힘들다. 왜냐하면 왕이 되기 전의 다윗은 겸손하고 용감하고 말에 능한 사람이었기 때문이다(삼상 16:18 참조). 특히 말에 능했다는 것은 인간관계에 매우 능숙했다는 말이다. 그는 그의 원수 사울에게서도 "너는 분명 큰일을 할 것이며 반드시 승리하리라"는 축복을 이끌어 낸다(삼상 26:25). 이런 다윗이 자식에게만은 할 말을 하지 못했다는 것이 잘 이해되지 않는다. 따라서 다윗이 자식 문제에 유독 똑 부러지지 못한 모습을 보인 것을 개인 성향이 아닌 왕조 내의 구조적인 원인으로 설명하는 것이 더 바람직하다.

다윗과 그 아들들은 하나님이 주신 왕권을 가문 안에 잘 보존할 의무를 가진다. 이런 점에서 다윗은 아들들 간의 화목을 최우선시할 수밖에 없다. 아들 간의 권력 투쟁은 자칫 모두의 멸망으로 이어질 수 있기 때문이다. 암몬을 따끔하게 훈계하지 못한 것은 이 때문일 것이다. 동시에 다윗은 자신의 권력이 너무 빨리 아들에게 넘어가는 것을 원치 않는다. 결국 넘겨야 할 권력이지만 죽을 때까지 놓고 싶어 하지 않는 것이 인간 속성이라면, 우리는 다윗이 나이 많은 압살롬 대신 그보다 20년 이상 어린 솔로몬을 세자로서 선호한 것을 이해할 수 있다. 그가 압살롬을 왕위 계승자로 인정하지 않은 배경에도 단순한 암몬 암살에 대한 잔여 감정이 아니라 권력을 너무 빨리 내어 놓아야 할 것에 대한 두려움이 있었을지도 모른다. 나아가 압살롬이 전차와 말과 근위대와 함께 출입궁하고, 사람들의 왕에 대한 불만을 연료 삼아 민심을 얻고, 급기야 서원제를 위해 헤브론으로 내려간다고 했을 때 다윗은 압살롬이 무엇을 하려는지 짐작하고 있었을지 모른다. 그러나 그가 압살롬을 처단하지 못한 것은 설사 그가 왕이 된다 해도 자신을 해하지 않을 것이라는 아버지로서의 확신이 있었을지 모른다. 실제로 압살롬이 의도했던 것도 아버지를 압박하여 왕위를 넘기게 하는 것이었지 자신의 아버지이자 건국의 아버지인 다윗을 죽이려 하지는 않았을 것이다. 이것은 반란 세력을 진압할 때에 다윗이 압살롬의 목숨만을 구하려 했던 심리와 대구를 이룬다.

압살롬이 헤브론을 반역의 성지로 삼은 이유

첫째, 헤브론은 압살롬의 고향이다. 적어도 사무엘하 3장 2절에 따르면 압살롬은 헤브론에서 태어났다. 둘째, 헤브론은 다윗이 처음 왕이 된 곳이다. 처음에는 헤브론을 중심으로 한 유다 지파의 왕으로 출발했지만 후에는 온 이스라엘의 왕이 된다. 즉 헤브론은 다윗 왕조가 시작된 성지라 할 수 있다. 그곳에서 다윗 왕조를 이어가는 것은 매우 큰 의미가 있다. 이런 의미에서 압살롬은 스스로를 반역자가 아닌 다윗의 계승자로 포장하려 했을 가능성이 높다. 셋째, 헤브론에 제단이 있었을 뿐 아니라 무엇보다도 헤브론 사람들은 수도를 예루살렘으로 이전한 후 상대적으로 다윗의 민족 통합 성책에 불만을 가졌을 수 있다. 그들은 다윗이 그들을 역차별한다고 생각했다. 압살롬의 반란이 이스라엘 지파뿐 아니라 유다 지파로부터도 압도적 지지를 받았는데, 이것은 예루살렘 정부에 대한 헤브론 사람들이 느낀 소외감을 반증한다.

한편 다윗을 속인 압살롬은 예루살렘에서 일하던 관료 200명도 속인다.[9] 그들은 압살롬과 함께 헤브론으로 갔는데, 압살롬의 반역 계획을 알지 못한 채 "순수하게 간 것이다(הלכים לתמם)." 그러면 왜 압살롬은 이들을 데려갔을까? 왕자 개인의 서원 제사에 200명의 관료단이 동행하는 것이 적절한 것이었나? 아마 그렇지 않았을 것이다. 200명 규모의 관료단은 왕의 행차에나 어울릴 법한 것이다. 압살롬은 자신을 왕으로 선포한 후 자신을 도와 행정 내각을 꾸밀 엘리트들을 섭외했던 것이다. 비록 그들은 "순수하게" 헤브론으로 내려갔지만, 막상 압살롬이 스스로를 왕으로 선포했을 때 압살롬을 도울 가능성이 높은 관료들이었다. 헤브론으로 내려간 200명의 사람들이 완전히 순수하지 못했음을 보여 주는 결정적인 단서는 "아히도벨"도 헤브론 제사에 초대되어 참석했다는 사실이다. 먼저 성경 본문은 아히도벨이 예루살렘에서 오지 않고 "길로"에서 왔음을 분명히 한다. 길로의 정확한 위치는 잘 모른다. 예루살렘 남쪽 근교, 헤브론으로 통하는 대로에 위치한 마을이라는 견해도 있고, 헤브론 남동쪽 근교라는 견해도 있다.[10] 어느 견해를 취하든 아히도벨은 다윗의 궁에 상주하는 혹은 매일 입궁하는 관료가 아니었음을 보여 준다. 바로 이 때문에 성경 저자는 아히도벨을 예루살렘의 200관료에 포함시키지 않은 것 같다. 하지만 아히도벨과 같이 유능한 모사가 다윗의 곁에 항상 있지 않았다는 사실은 의아하다. 그의 견해가 하나님께 물어 얻은 견해와 같다면(삼하 16:23 참조), 다윗은 그를 항시 옆에 두었어야 한다. 이에 대한 답은 아히도벨이 밧세바의 할아버지라는 사실과 관계있다(삼하 11:3; 23:34). 다윗으로 인해 손녀의 가정이 파괴된 것을 경험한 아히도벨은 다윗의 통치 자격에 대한 회의를 품고 의도적으로 그와 거리를 두었을 가능성이 높다(그렇다고 그가 다윗에게 조언하는 것을 그만둔 것은 아니다. 그는 여전히 "다윗의 조언자"로 소개되고 있다). 또한 그의 영민함은 압살롬의 최근 4년의 행보의 의미를 놓치지 않았을 가능성이 높다. 즉 적어도 아히도벨은 압살롬이 그를 헤브론으로 불렀을 때 무슨 일이 일어날지 예상했을지도 모른다. 나아가 그는 압살롬의 왕권을 지지할 준비가 되었다. 그리고 아히도벨 만큼은 아니더라도, 200명의 관료들도 막상 결단의 순간이 오면 압살롬을 지지할 만한 사람들이었을 것이다. 이들은 다윗의 통치에 대한 불만을 가진 왕궁 내부 세력일 수도 있고, 압살롬이 지난 세월 동안 자신의 지지 세력으로 포섭한 사람들일 수도 있다.

다윗 몰래, 심지어 자신을 지지할 만한 200명의 관료들에게도 정확히 알리지 않고 압살롬이 헤브론에서 대관식을 준비한 것은 그 일이 한 치의 오차도 허락되어서는 안 되는 중차대한 일이기 때문이다. 200명의 관료들도 막상 대관식이 벌어지면 압살롬을 지지할 가능성이 많은 사람들이지만, 그들 중 일부는 그들이 반역 계획을 사전에 알았다면 어떻게 행동할지 모르는 사람들이었다. 사람 마음은 아무도 모르기 때문에 압살롬은 신중에 신중을 기한다. 하지만 압살롬의 반란이 성공하기 위해서 단지 관료들만 설득해서는 안 된다. 대중의 광범위한 지지를 이끌어내야 한다. 이를 위해 그는 "정탐꾼"들을 이스라엘 모든 지파에게 보내어 "나팔 소리를 들으면, '압살롬이 헤브론에서 왕이 되었다'고 말할지라"라고 지시한다. 정탐꾼들로 번역된 히브리어 메라글림(מגרלים)에는 가가호호 방문한다는 뉘앙스가 들어 있다. 압살롬이 보낸 "정탐꾼"들은 적진의 동향을 살피는 그런 정탐꾼이 아니라, 사람들의 집을 일일이 방문하며 나팔 소리가 울리면 압살롬의 왕 됨을 알리고 지지를 호소하는 사람들이다. 나팔 소리는 보통 전쟁과 같은 국가 재난 사태를 경고할 때 쓰이는데, 압살롬의 정탐꾼들은 사람들에게 나팔 소리가 전쟁이 났다는 의미가 아니라 압살롬이 왕이 되었다는 의미임을 설명하는 사람들이다. 이렇게 압살롬은 헤브론에서의 대관식이 최대한의 실질적 효과를 가질 수 있도록 엘리트 관료들을 준비시킴은 물론 일반 대중의 민심까지 다독였다. 결과는 대성공이었다. 반역이 견고해짐에 따라 압살롬과 함께하는 백성들의 수가 점점 많아졌다.

마지막으로 성경 저자가 아히도벨의 소환 시점을 제사드릴 때로 특정한 사실에 주목할 필요가 있다(12절). 여기서 제사는 대관식의 일부로 드려지는 제사임에 분명하다. 하지만 왜 사무엘서 저자는 "다윗의 조언자"로 소개된 아히도벨이 제사에 맞추어 소환되었다고 증언할까? 조언자라는 직책과 제사는 그다지 밀접한 관계에 있지 않는 듯하다. 이것은 압살롬의 반역에 제사장이 참여하지 않았다는 사실을 기억할 때 비로소 이해될 수 있다. 당시 제사장 아비아달과 사독은 모두 다윗의 편에 있었다. 이 둘 이외에 다른 제사장이 없었던 것은 아니지만 그들이 아비아달과 사독의 뜻에 반해 독립적으로 다윗에 반역했을 가능성은 거의 없다. 그렇다면 헤브론에서 행해진 대관식 제사는 누가 집행했을까? 12절의 행간을 읽으면 아히도벨이 그 역할을 감당한 것처럼 보인다. 물론 아히도벨은 제사장이 아니었다.[11] 이것은 압살롬의 왕 됨이 정치적 공작의 산물이지 하나님의 기름 부음이 함께한 것이 아님을 단적으로 보여 준다. 또한 이스라엘의 주권을 향한 그의 노력이 결국 실패할 것임을 암시한다. 이런 관점에서 다윗이 헤브론으로 가는 압살롬에게 해준 다음의 말에 주목할 필요가 있다.

레흐 브샬롬(לך בשלום).

이 말은 문맥상 "평안히 가라"로 번역되지만, 좀 어색한 구석이 있는 문장이다. "평안히 가라"에 대한 보다 일반적 히브리어는 레흐 레샬롬(לשלום לך)이기 때문이다. 유대인 미드라시에 따르면 후자가 영속적 성공의 뉘앙스를 가진다면 전자는 단기적 성공의 뉘앙스만을 가진다. 레흐 브샬롬은 직역하면 "가는 길 가운데 평안해라"의 의미인 반면 레흐 레샬롬은 "평안을 목적으로 나아가라"로 직역될 수 있다. 전자는 근시적, 잠정적 평안을, 후자는 영속적이며 쟁취한 평안을 의미한다. 예를 들어 이드로가 이집트로 돌아가는 모세에게 레흐 레샬롬이라 말했는데, 모세는 성공적으로 출애굽을 이룰 수 있었다(출 4:18). 엘리도 성전하는 기도하던 한나를 축복하며 보낼 때 레흐 레샬롬(삼상 1:17)이라 말했고, 그 축복대로 한나는 사무엘을 잉태했다. 반면, 아브넬이 헤브론에서 마하나임으로 돌아가는 길에 다윗에게 들은 인사는 레흐 브샬롬이었다(삼하 3:21). 그후 아브넬은 안전하게 헤브론을 빠져나가는 듯했으나 결국 요압에게 죽임을 당한다. 본문에서 헤브론으로 떠나는 압살롬에게 레흐 레샬롬이 아닌 레흐 브샬롬이 사용된 것은 압살롬의 계획이 아브넬의 계획처럼 실패할 것임을 암시하는 것은 아닐까?

질문

1. 압살롬은 왜 반역을 결심했습니까?
2. 압살롬이 전차와 말, 50명의 수행원을 대동하고 궁을 출입한 것은 어떤 의미일까요?
3. 압살롬은 어떻게 백성들의 마음을 도둑질하였습니까?

묵상

압살롬은 용의주도하게 반란을 준비하였습니다. 특히 다윗 왕정이 가진 약점을 집요하게 파고들어 민심이 다윗으로부터 떠나도록 만들었습니다. 디윗이 자식 문제에 있어 공평을 베풀지 못해 압살롬의 반란을 키운 측면이 있지만, 압살롬이 파고든 다윗 왕국의 약점은 다윗 개인의 책임이라 보기 힘듭니다. 왜냐하면 누가 왕이 되더라도 겪게 되는 문제이기 때문입니다. 즉 왕이 재판의 직무까지 감당하는 시스템에서 백성들의 사법적 불만이 왕에게 향하는 것은 피할 수 없습니다. 국운이 융성하고 왕의 인기가 높을 때는 이것이 문제가 되지 않지만, 반대의 경우 그것은 언제나 왕의 통치에 위협 요소가 될 수 있습니다. 오늘날도 모두를 만족시키는 묘법은 없습니다. 사도 바울도 가능하다면 많은 사람과 화목하라고 말할 뿐입니다. 당선 초기에는 완벽해 보이던 대통령이 시간이 흐르면 흐를수록 언론으로부터 많은 지적과 공격에 노출되는 것도 바로 이 때문입니다. 대통령이 시간이 흐를수록 '타락'하기 때문이 아니라, 한정된 정보와 재화 안에서 내려지는 대통령의 통치 결단들이 필연적으로 불만과 적을 만들어 내기 때문입니다. 그리스도인은 대통령이 내 편이기를 기대하기보다, 정의와 공의의 편이 되기를 기도해야 할 것입니다.

29
다윗의 피난

삼하 15:13-37

압살롬의 반역으로 다윗은 사울에게 쫓기던 시절처럼 다시 "광야" 생활(23절)을 시작해야 했다. 가나안 지역의 패권 왕으로서 한때 말 하나로 천하를 호령한 다윗이 이제 도망자 신세가 되어 광야로 나간다. 하지만 이런 고난을 통해 다윗은 이전의 자신을 되찾는다. 즉 겸손하고 용맹하고 지혜로웠던 이전의 청년 다윗의 야성이 살아난다. 다윗이 압살롬을 피해 예루살렘을 떠나는 순간부터 승리를 위한 전략을 세운다. 본 장면에서 두드러지는 것은 다윗의 첩보 전략이다. 그는 피난의 혼란 속에서도 제사장들과 후새를 비밀 첩보원로 임명하여 압살롬에게 돌려보낸다. 다윗이 초반의 열세를 극복하고, 후일에 다시 예루살렘으로 돌아올 수 있었던 결정적인 원인이 바로 이 첩보원들의 성공적 활동이었다.

한편, 본 장면에서 다윗이 하나님의 뜻을 물었다는 언급은 없다. 그에게 영원한 왕조 언약을 전해 주고, 집안 내부의 환란을 예언한 나단은 압살롬의 피난 여정에서는 어떤 역할도 하지 않는다. 하나님의 뜻을 묻는 도구인 우림과 둠밈을 가진 대제사장들도 예루살렘에 돌아가 다윗과 피난길을 함께하지 않았다. 그럼에도 피난 생활 중 다윗의 행보가 하나님의 뜻을 어긴 것이라고 해석할 필요는 없다. 하나님의 뜻은 다윗이 내린 정치적 판단을 통해 발현될 수 있기 때문이다.

다윗의 피난 결정과 종들의 충성 맹세 15:13-15

13 다윗의 첩보원(המגיד)이 들어와 말했다:
"이스라엘 사람들의 마음(לב)이 압살롬을 향해 있습니다."
14 다윗이 예루살렘에서 그와 함께한 자신의 모든 종들에게 말했다:
"일어나라. 도망하자. 우리는 압살롬으로부터 안전하지(פליטה) 못할 것이다. 서둘러 가라. 그렇지 않으면, 그가 서둘러 우리를 따라잡아, 우리에게 재앙을 밀어붙여(הדיח), 도시를 칼로 도륙할 것이다."
15 왕의 종들이 왕에게 말했다:
"내 주 왕께서 선택하신 것은 무엇이나 좋습니다. 여기에 당신의 종들이 있습니다."

고대 제국의 왕들은 통치 수도 밖에서 벌어지는 일들에 대한 첩보를 수집하였다.[1] 다윗 왕도 다른 왕들처럼 지방 동향을 살피는 정보 수집 조직을 가지고 있었다. "첩보원"들은 지방에서 이상 동향이 느껴질 때마다 그것을 신속히 예루살렘에 전했을 것이다. 압살롬이 헤브론에서 반역했을 때, 첩보원이 다윗에게 "이스라엘 사람들의 마음이 압살롬을 향해 있습니다"라고 보고한다. 여기서 "이스라엘 사람들"로 번역된 히브리어 이쉬 이스라엘(איש ישראל)은 독특한 히브리어 표현이다. 사사기 18-21장에서 집중적으로 사용되는 그 표현은 레위인의 처를 강간하고 살해한 베냐민 지파를 응징하기 위해 일어난 이스라엘 지파들의 연합을 가리킨다. 사무엘서 저자가 첩보원의 보고 속에 "이스라엘 사람들"이라는 독특한 표현을 사용한 것은 이스라엘의 지파들이 압살롬을 중심으로 연합했을 뿐 아니라, 압살롬의 반란이 다윗의 간음과 살인에 대한 징계적 성격을 가지고 있음을 암시한다. 압살롬의 반란 소식을 전해들은 다윗도 밧세바 사건에 대한 나단의 저주를 떠올렸을 것이다. 나단이 말한 "너와 네 집으로부터 재앙"(삼하 12:11)이 바로 압살롬의 반란인 셈이다.

한편, 반란 소식에 대한 다윗의 반응은 좀 의외이다. 예루살렘을 수성하며 반란군에 저항하는 대신 다윗은 기약 없는 피난길을 선택한다. 비록 압살롬과 뜻을 같이하는 백성들이 대세를 이루었다 해도 그들은 오합지졸에 불과하다. 다윗의 장군들—요압, 아비새, 잇대—중 어느 하나도 압살롬의 편에 서지 않았다. 다윗의 정예 부대가 지키는 예루살렘 요새를 압살롬이 쉽게 함락할 수 없었을 것이다. 또한 압살롬의 처음 목표는 무력으로 아버지 다윗을 죽이고 왕이 되는 것은 아니었을 것이다. 이 때문에 사무엘서 저자는 첩보원의 보고 속에 쿠데타의 의미를 가진 단어 케쉐르(קשר), "반역"(왕하 11:14 참조)을 사용하지 않는다. 압살롬의 반-다윗 운동은 철저히 백성들의 민심을 얻는 '정치적 운동'이지 무력 사용을 통한 정권 전복 시도가 아니었다. 당시 다윗의 실질적 장남이었던 압살롬은 어느 정도의 민심을 얻으면 다윗에게서 왕위를 양보받을 수 있을 것이라 생각했을 것이다. 만약 다윗을 죽이고 왕위를 찬탈하려 했다면 헤브론에서 그렇게 거창한 출정식을 하고 예루살렘으로 올라오지 않았을 것이다. 무력시위의 목표는 압살롬의 왕위 계승이지, 다윗의 암살이나 다윗 왕조의 단절은 아니었다. 그럼에도 다윗이 예루살렘을 버리고 도망간 이유는 무엇일까?

그것은 아들에 대한 사랑 때문이다. 반역한 아들이지만 다윗은 예루살렘 전투에서 압살롬이 죽는 것을 원치 않았다. 후에 다윗은 마하나임에서 벌어진 마지막 전투에서도 압살롬을 살리기 위해 노력한다. 만약 이런 해석이 옳다면 다윗이 피난을 결정하며 자기 부하들에게 한 말(14절)은 압살롬을 살리기 위한 것이었다 할 수 있다.

> 일어나라. 도망하자. 우리는 압살롬으로부터 안전하지(פליטה) 못할 것이다. 서둘러 가라. 그렇지 않으면, 그가 서둘러 우리를 따라잡아, 우리에게 재앙을 밀어붙여(הדיח), 도시를 칼로 도륙할 것이다.

여기서 다윗은 압살롬에 의한 위협을 과장되게 평가한다. 예루살렘에 남아 있으면 자신과 그의 부하들("우리")이 절대로 안전하지 못할 것이라고 말한 후, 가족들("도시")도 압살롬의 칼에 도륙될 것이라 경고한다. 하지만 다윗의 군사력을 고려할 때, 또한 천혜의 요새인 예루살렘이 가지는 전략적 우위를 고려할 때 이런 다윗의 경고는 무척 과장된 것임을 알 수 있다. 이런 과장은 압살롬을 살리기 위한 것은 아니었을까? 만약 다윗이 예루살렘을 떠나지 않고 압살롬과의 교전을 선택했다면 다윗의 의지와 관계없이 압살롬이 다윗의 장수들에 의해 살해당했을 것이다. 이것은 마하나임 전투 때 압살롬을 죽이지 말라는 다윗의 명령을 어기고 요압이 그를 죽인다는 사실에서 유추할 수 있다.[2]

더욱 흥미로운 것은 군사 전략에 정통한 "왕의 종"들이 다윗의 뜻에 순종했다는 것이다. 예루살렘을 지키는 것이 전략적으로 유리함을 알고 있었던 그들은 예루살렘을 버리자는 다윗의 명령에 순종한다.

> 내 주 왕께서 선택하신 것은 무엇이나 좋습니다. 여기에 당신의 종들이 있습니다.

이 말은 단순히 상관의 지시에 대한 동의나 순종을 의미하지 않는다. 일종의 충성 맹세이다. 헤브론에서 200명의 예루살렘 관료들과 아히도벨이 압살롬에게 바쳤을 충성 맹세과 대구가 될 수 있는 것이다. 특히 "여기에 당신의 종들이 있습니다"로 번역된 히브리어 숙어 힌네 아바데카(הנה עבדיך)는 보통 여호와 하나님에 대한 전적인 헌신과 충성을 표할 때 사용되는 숙어(히네니הנני, "내가 여기 있습니다")와 같은 구조의 문장이다. 다윗의 부하들은 지금 다윗에게 인간이 다른 인간에게 제공할 수 있는 최선의 헌신과 충성을 맹세하고 있다. 비록 예루살렘을 떠나는 것이 군사 전략적으로 자살 행위에 해당하지만, 그것이 다윗이 선택한 것이라면 전적으로 따르고 지지하겠다는 말을 포함한다.

이 때문일까? 유대인들의 미드라시에 따르면 바로 이때 다윗은 다시 예루살렘으로 돌아올 수 있을 것이라는 확신을 가졌다. 그리고 시편 3편을 노래했다. 시편 3편은 "다윗이 그의 아들 압살롬을 피할 때에 지은 시"라는 표제를 가진다. 다윗이 인생의 가장 어두웠던 순간에 시편 3편과 같이 하나님의 구원을 찬양하는 시를 지을 수 있었던 이유는 바로 그의 부하들의 전적인 충성을 보았기 때문이다.

> 여호와여 나의 대적이 어찌 그리 많은지요 일어나 나를 치는 자가 많으니이다
> 여호와여 주는 나의 방패시요 나의 영광이시요 나의 머리를 드시는 자이니이다
> 천만인이 나를 에워싸 진 친다 하여도 나는 두려워 아니하리이다
> 여호와의 일어나소서 나의 하나님이여 나를 구원하소서
> 주께서 나의 모든 원수의 뺨을 치시며 악인의 이를 꺾으셨나이다
> 구원은 여호와께 있사오니 주의 복을 주의 백성에게 내리소서

다윗의 피난 행렬 15:16-23

16 왕이 궁을 나왔다. 그 모든 집이 그를 따랐다(בלגליו). 왕은 열 명의
처첩(נשים פלגשים)들을 남겨, 집을 지키도록 했다. 17 왕이 궁을 나왔다.
그 모든 백성들도 그를 따랐다(בלגליו). 그리고 벧-메르학(끝 집)에서
멈추어 섰다. 18 그의 모든 종들이 그의 곁을 지나 건넜고,[3] 모든
그렛 사람, 모든 블렛 사람, 모든 가드 사람들 즉 갓으로부터
그를 따라온(ברגלו) 600명의 사람들도 왕 앞을 지나 건넜다.
19 왕이 가드 사람 잇대에게 말했다:
"너는 왜 우리와 함께 가려느냐? 돌아가서, 새 왕과 함께 머물러라.
너는 이방인이고, 너는 너의 고향로부터 떠나 살고(גלה) 있다.
20 너는 어제 왔는데, 오늘 내가 너를 우리와 함께 가다 넘어지게
해야겠는가? 나는 내 갈 길을 가겠지만 너는 돌아가라.
너의 형제들도 돌려보내라. 은혜와 진리가 너와 함께 있을지어다."
21 잇대가 왕에게 대답하여 말했다:

"여호와의 살아 계심과 내 주 왕의 살아 계심으로 맹세합니다.
내 주, 왕께서 계신 곳에, 죽음이든 생명이든,
그곳에 당신의 종도 있을 것입니다."
22 다윗이 잇대에게 말했다:
"어서 건너라."
가드 사람 잇대와 모든 그의 사람들, 그와 함께한 모든
어린아이들이 건넜다. 23 온 땅이 큰 소리로 우는 가운데,
모든 백성이 건넜다. 왕도 기드론 강을 건넜으며,
모든 백성들도 건너 광야 길을 향해 건넜다.[4]

"왕이 궁을 나왔다"는 말이 두 번(16, 17절) 반복된다.[5] 다윗의 출성(出城)은 압살롬과의 직접 교전을 피하여 그의 목숨을 살리고, 동시에 왕위를 물리라는 압살롬의 요구에 응하지 않겠다는 의지를 표현한다. 그리고 압살롬의 요구에 다윗이 응하지 않은 것은 그의 후계자를 솔로몬으로 생각했기 때문일 가능성도 있다.[6] 왕이 궁을 나왔을 때 그는 홀로가 아니다. "그 모든 집"과 "그 모든 백성들"이 그를 따랐다. "그 모든 백성들"은 예루살렘에 살던 다윗의 신하들과 그 가족들을 말한다. "그 모든 집"은 다윗의 아들들과 아내들을 가리킨다. 다윗이 가족들 중 일부를 궁전 관리를 위해 남긴 것으로 보아 다윗은 다시 예루살렘에 돌아오리라 확신했던 것 같다("다윗이 열 명의 첩을 남긴 이유"를 참조할 것). 다윗의 "모든 집"이 다윗을 따라나섰지만 열 명의 첩이 예루살렘에 남은 것처럼, 다윗을 따라나선 "모든 백성" 중 일부도 예루살렘에 남게 된다. 이들을 다윗의 위한 첩보원이 될 것이다(24절 이하 참조).

다윗이 열 명의 첩을 남긴 이유

궁전 관리를 위해 다른 사람이 아닌 열 명의 첩들을 남긴 이유는 무엇일까? 압살롬의 여성에 대한 관대함 때문일까? 적어도 지금까지 알려진 압살롬은 여성들에게 신사적이었다. 누이 다말을 무척 아꼈을 뿐 아니라 암논 사건 후 그녀를 불쌍히 여겨 자기 집에 거두었다. 자식 관계에서도 그는 아들보다는 딸을 더 사랑한다. 압살롬에게 세 아들이

있었지만, 그는 자신을 위해 '비석'을 세워줄 아들들이 없다고 불평했다. 그의 딸의 이름 다말이 성경에 기록된 반면 아들들의 이름은 알려지지 않는 것도 흥미롭다. 압살롬에게 중요했던 것은 아들들이 아니라 딸이었음을 암시한다. 압살롬은 아버지보다 어머니와의 관계가 더 좋았을 가능성도 있다. 암논을 죽여 아버지의 분노를 샀을 때 그는 어머니의 나라로 망명한다. 이 모든 것은 가족의 여성 일원들과 유독 좋은 관계를 유지하는 압살롬의 성향을 반영한다. 다윗이 첩 열 명을 남긴 것은 압살롬이 어머니에 해당하는 다윗의 첩들을 해하지는 않을 것이라 판단했기 때문은 아닐까? 후에 압살롬이 다윗의 처첩들과 동침하게 되지만 그것은 아히도벨의 조언에 따른 것이다.

한편 다윗은 도시의 가장 끝에 위치한 집(벧메르학)에 멈추어서서 피난 가는 사람들을 사열한다. 그와 함께 고난의 길을 선택한 사람들의 안위를 염려하여 그들이 기드론 골짜기를 건너가는 모습을 안타깝게 지켜본다. 18절에 언급된 그렛 사람, 블렛 사람, 가드 사람은 모두 다윗의 블레셋 망명 시절부터 그를 섬겨온 용병이다. 그들도 환란에 빠진 주인을 버리지 않고 주인과 함께 고난의 길에 동참한다. 성경 저자가 "모든"이라는 말을 세 번이나 사용한 것은 이 이방인들의 일치된 충성을 강조하기 위함이다.

19-22절에 기록된 잇대와 다윗과의 대화는 다윗 왕에 대한 이방인들의 충성을 예증한다. 잇대는 블레셋의 가드 사람으로 다윗의 외인부대를 인솔하는 장군이었다. 다윗은 나오미가 룻에게 했듯이 그에게 돌아가라고 권면한다.

> 너는 왜 우리와 함께 가려느냐? 돌아가서, 새 왕과 함께 머물러라.[7]

이것을 잇대의 충성에 대한 시험이라 볼 필요는 없다. 나오미가 룻의 안위를 진정으로 염려했던 것처럼 다윗도 잇대를 진심으로 염려하고 있다. 잇대를 향한 다윗의 말에서 우리는 백성에 대한 다윗의 목자적 마음을 엿볼 수 있다.

> 너는 이방인이고, 너는 너의 고향으로부터 떠나 살고 있다. 너는 어제 왔는데, 오늘 내가 너를 우리와 함께 가다 넘어지게 해야 할까? 나는 내가 가려는 곳으로 간다. 돌아가라. 너와 너의 형제들도 돌려보내라. 은혜와 진리가 너와 함께 있을지어다.

다윗 왕은 백성을 수단으로 삼지 않고 그들이 최고의 삶을 살 수 있도록 도와주려 한다. 이것은 백성을 권력 유지의 수단으로 사용하는 세상 왕과 다윗이 다른 점이다. "돌아가라"는 말은 블레셋으로 돌아가라는 의미로 이해될 필요는 없다. 제2의 고향이 된 예루살렘으로 돌아가라는 의미로 이해할 수 있다. 돌아가라는 명령을 블레셋으로 돌아가라고 이해한 일부 유대인 미드라시는 다윗의 말을 다음과 같이 해석한다—"예루살렘에서 새 왕(압살롬)과 함께 머물기 원치 않으면 고향으로 돌아가라."[8] 하지만 "돌아가라"를 어떻게 해석해도 변하지 않는 것은 다윗이 백성을 수단이 아니라 목적으로 대한다는 것이다. 여기에 반응하여 잇대도 다윗에게 목숨을 다해 충성을 다할 것을 맹세한다.

> 여호와의 살아 계심과 내 주 왕의 살아 계심으로 맹세합니다. 내 주, 왕께서 계신 곳에, 죽음이든 생명이든, 그곳에 당신의 종도 있을 것입니다.

이 말은 룻이 나오미에게 했던 고백을 상기시킨다. 룻의 고백처럼 개종의 의지("어머니의 하나님이 나의 하나님이 되시리니", 룻 1:16)가 명시적이지 않지만, 룻이 나오미에게 했던 것처럼 잇대는 다윗을 죽기까지 붙좇을 것이라 말한다. 한편 "여호와의 살아 계심"으로 맹세하는 것으로 보아 잇대는 다윗과 함께 살면서 이미 개종한 것으로 보인다. 다윗은 잇대의 고백을 들은 후 "어서 건너라"고 격려했고, 그와 그의 식솔들도 기드론 강을 건넜다. 잘 나가는 사람의 친구가 되는 것은 누구나 할 수 있는 것이다. 하지만 진정한 충성은 그 대상이 어려움에 빠졌을 때 확인된다. 잇대는 맨몸으로 피난 가는 다윗을 버릴 좋은 이유(이방인이라는 이유)를 가졌지만, 고난 중에 있는 친구를 버리지 않았다. 만약 잇대가 다윗과 함께 기드론 강을 건너지 않았다면, 3천 년이 지난 지금까지 좋은 이름으로 기억되는 일은 없었을 것이다.

23절은 다윗의 피난 행렬에 대한 요약 구절이다. 큰 슬픔이 피난 행렬을 감쌌으며, 그들의 길은 "광야 길"이었다. 일부 해석가는 피난 행렬이 두 그룹이었다고 주장한다. 하나는 왕과 함께 기드론 계곡을 건너간 그룹이고, 다른 하나는 광야로 여행하는 그룹이라는 것이다. 하지만 이것은 저자가 피난 행렬에 부여한 문학적 상징을 문자적으로 오해한 것이다. 이후의 본문 어디에서도 피난 행렬이 두 그룹이라는 암시가 없다. 피난 행렬은 예루살렘 동쪽의 기드론 계곡과 올리브 산을 지나 바후림을 거쳐 요단강을 건너 마하나임으로 향한다. 이 여정은 문자적으로 "광야 길"이 아니라 "산과 계곡 길"이다. 바후림이 예루살렘과 여리고의 길목에 위치한 점을 고려하면, 다윗의 피난 행렬은 여리고로 내려가 그곳에서 요단강을 건넜을 가능성이 높다.[9] 그리고 계곡과 산길을 따라 마하나임으로 올라갔을 것이다. 그럼에도 저자가 다윗의 피난 행렬을 "광야 길"로 행한 것으로 표현한 것은 다윗의 피난 생활이 사울에게 쫓겨 광야를 돌아다니던 시절과 견줄 수 있음을 말하기 위함이다. 첫 번째 광야 생활이 하나님의 사명 때문에 발생한 것이라면, 다윗의 두 번째 광야 생활은 자신의 죄 때문에 발생한 것이다.[10]

다윗의 피난 여정

사무엘서 저자는 15장에서 17장까지 이어지는 다윗의 피난 여정을 비교적 자세히 추적한다. 예루살렘을 궁을 나온 다윗은 벧메르학에서 잠시 멈춘 후, 기드론을 건너 올리브 산을 넘고 바후림을 통과한 후 그 근처에 은신해 있다가 마침내 요단강을 건너 마하나임에 도착한다. 다윗의 행렬이 통과한 장소는 모두 작은 이야기의 배경이 된다. 벧메르학에서는 잇대의 충성을 확인하고 사독과 아비아달을 예루살렘으로 돌려보내고, 올리브 산 정상에서는 후새를 만나 아히도벨의 조언을 무력화시키는 첩자로 임명하고, 산 정상을 좀 지나자 시바가 나타나고, 바후림에서는 시므이로부터 저주를 듣고, 은신처에서 후새가 보낸 첩보를 듣고 요단강을 건넌다.

다윗이 여호와의 궤를 예루살렘에 돌려보냄 15:24-29

24 보라! 사독과 그와 함께한 모든 레위인들이 하나님의 언약궤를
나르고 있다. 모든 백성이 그 도시로부터 다 건너올 때까지 그들은
여호와의 궤를 멈춰 세웠고(יציגו), 아비아달이 올라왔다. 25 왕이
사독에게 말했다:
"여호와의 궤를 도시로 돌려놓아라. 내가 여호와의 호의를 받으면,
그분이 나를 회복시키고, 나에게 그것과 그 거처를 다시 보게 하실
것이다." 26 그러나 그분이 '나는 너를 기뻐하지 않는다'고
말씀하시면, '내가 여기 있사오니,' 그분이 그 눈에 좋은 대로
내게 행하실지라."
27 왕이 제사장 사독에게 말했다:
"너는 보지 않느냐? 조용히(בשלום) 그 도시로 돌아가라. 네 아들
아히마아스와 아비아달의 아들 여호나단, 네 두 아들들이 너희들과
함께 할지어다. 28 보라! 나는 너희들로부터 첩보(דבר...להגיד לי)가
올 때까지 들(מדבר) 나루에서 대기할 것이다.
29 이에 사독과 아비아달은 여호와의 궤를 예루살렘으로 돌려놓고,
그곳에 머물렀다.

본문은 다윗이 사독과 그의 아들 아히마아스, 그리고 아비아달과 그의 아들 여호나단("요나단", 개역개정)을 자신의 "첩보원"(하마기드המגיד 13절 참조)으로 임명하고 예루살렘에 돌려보내는 장면이다. 일견 순수 정치 전략처럼 보이는 다윗의 행보이지만 사무엘서 저자는 그것이 하나님이 주신 기도의 응답에 근거한 창의적 정치 공학임을 보여 준다.

잇대와의 대화를 포함한 이전 장면이 기드론 계곡의 초입에 선 다윗의 관점, 즉 예루살렘의 가장 끝 집(벧메르학)에 멈춘 다윗의 관점에서 묘사되었다면, 본 장면은 기드론 계곡의 끝자락 혹은 기드론 계곡의 중간에 멈추어 선 다윗 왕과 제사장들의 대화에 초점을 맞추고

있다. 다윗의 여정이 결국 여리고 근처 요단 여울을 지나간다는 사실은 다윗의 피난을 여호수아의 요단 도하 사건의 관점에서 이해하게 만든다. 이런 관점에서 보면 피난 행렬이 다 기드론 강을 건너갈 때까지 제사장들이 여호와의 궤를 멈춰 세웠다는 언급은 매우 흥미롭다. 이것은 여호수아의 무리가 요단강을 건널 때 제사장들이 강 중앙에 여호와의 궤를 들고 멈춰 선 장면을 연상시킨다. 이 두 장면의 차이는 후자의 경우 요단강을 건너는 것이 하나님의 확실한 뜻이었지만, 전자의 경우 예루살렘을 뒤로 하고 기드론을 건너는 것이 정말 하나님의 뜻인지 분명하지 않았다는 것이다. 우리는 이미 다윗이 예루살렘을 버리기로 결정할 때 하나님께 신탁을 구하지 않았음을 지적했다.

하지만 기드론 강을 건너면서 다윗이 제사장과 언약궤를 통해 하나님의 뜻을 물었을 가능성이 있다. 단 성경 저자는 그 신탁의 과정을 다윗과 제사장들의 대화 속에 감추어 놓았다. 다윗이 하나님의 신탁을 구했음을 명시적으로 밝히지 않은 것은 다윗의 정치적 측면을 부각시키는 사무엘하의 큰 문학적 전략과 일치한다. 다시 말해 사무엘하에서는 하나님의 뜻을 이루는 다윗의 행동들은 그의 정치적 지혜의 산물로 제시된다. 도망자 다윗의 순종을 강조하는 사무엘상에서는 그가 하나님께 신탁을 구하는 장면이 많이 보이지만, 왕 다윗의 행보를 묘사하는 사무엘하는 그의 정치적 지혜에 집중한다. 하지만 본문의 경우처럼 사무엘서 저자는 다윗의 순수 정치 공학적 결정처럼 보이는 일 뒤에 다윗이 하나님과 소통했음을 암시하는 증거들을 숨겨 놓는다.

본문의 표면적 줄거리는 다윗이 사독과 아비아달을 포함한 제사장들을 자신의 첩보원으로 임명한 후 예루살렘으로 되돌려 보내는 것이다. 전쟁의 승리에 가장 중요한 것이 첩보라는 점을 고려하면 다윗의 행위는 매우 훌륭한 군사 전략이라 생각된다. 다윗이 이런 첩보 전략을 펼 수 있었던 것은 그가 제사장을 포함한 그의 심복들에게 얻은 충성심 때문이었음은 말할 필요도 없다. 그런데 24절의 "아비아달이 올라왔다"는 대목과 25-26절에서 다윗이 한 말, 그리고 27절에 "너는 보지 않느냐"("너는 선견자가 아니냐?", 개역개정)라는 말은 다윗이 이 시점에서 제사장들을 통해 하나님의 뜻을 물었다는 문학적 실마리가 된다.

먼저 24절에 "아비아달이 올라왔다"는 말은 그 의미뿐 아니라 그것의 문법적 기능에 있어서 학자들의 논쟁이 된다. 이것은 현대 번역본들이 그 문장을 상이하게 번역했다는 사실에 의해 증명된다.

> 보라 사독과 그와 함께한 모든 레위 사람도 하나님의 언약궤를 메어다가 하나님의 궤를 내려놓고 아비아달도 올라와서 모든 백성이 성에서 나오기를 기다리도다(개역개정)

> 그리고 아비아들이 올라왔다 보라 사독도 하나님의 언약궤를 가지고 모든 레위인들과 함께 왔다 그리고 그들은 백성들이 모두 도시를 빠져 나올 때까지 하나님의 궤를 내려놓았다(ESV)

> 사독도 그곳에 있었다 그리고 그와 함께한 모든 레위인들은 하나님의 언약궤를 나르고 있었다. 그들은 하나님의 궤를 내려놓았다 그리고 모든 백성들이 도시를 다 떠날 때까지 아비아달은 제사를 올렸다(NIV)

> 그때 사독은 하나님의 언약궤를 가지고 레위인들과 함께 나타났다 그들은 모든 백성들이 도시에서 다 행군해 나올 때까지 하나님의 궤를 내려놓았다 아비아달도 올라왔다(JPS)

"아비아달이 올라왔다"는 구문을 히브리어 문장의 원래 어순에 위치시키면, 문장 전체의 의미가 매우 산만해져 잘 전달되지 않는다. 개역개정역에서는 백성이 모두 건너올 때까지 궤가 멈추어 섰다는 뉘앙스가 잘 포착되지 않는다. 이 때문에 "아비아달이 올라왔다"를 문장의 처음으로 옮기거나(ESV), 마지막에 위치시킨다(JPS). 그래야 백성이 기드론 강을 다 건널 때까지 언약궤가 멈추어 섰다는 의미가 분명해지기 때문이다. "아비아달이 올라왔다"의 또 하나의 문제는 그 구절의 의미인데, "올라왔다"는 말이 문맥상 적당하지 않다. 지금 피난 행렬의 움직임을 표현하는 유일한 동사는 아바르(עבר) "건너다"였다. 피난 행렬은 지금 이스라엘의 동쪽 계곡인 기드론 계곡을 건너고 있다. 그런데 아비아달에 대해 "건넜다"는 말 대신, "올라왔다"는 말을 사용한 의도가 무엇일까? 히브리어 원문 상에서 제사장들이 궤를 멈추어 세운 일 바로 다음에 아비아달이 "올라왔다"는 말이 이어지는 점(개역개정 참조)에 착안하여 새국제역(NIV)은 그것을 "아비아달이 제사를 올렸다"는 의미로 이해한다. 유대인들의 미드라시 해석은 새국제역에서 한 걸음 더 나아가 아비아달의 제사는 신탁을 위한 것이었다고 주장한다. 아비아달의 제사 후 우림과 둠밈으로 다윗을 위해 신탁을 받아 준 제사장은 사독이다.[11] 24-27절까지 이어지는 다윗과 사독 간의 대화는 내용면에서는 첩보 수집에 관한 지시에 해당하지만, 형식 구조면에서 신탁의 대화를 연상시킨다. 27절에서 다윗이 제사장 사독을 향하여 너는 "선견자가 아니냐"(개역개정)라고 말한 것도 이런 관점에서 이해될 수 있다.

본문의 표면적 의미는 다윗이 사독과 아비아달, 그리고 그들의 아들들을 자신의 첩보원으로 임명하는 것이다. 하나님의 뜻을 물었다는 명시적 언급은 없다. "너는 선견자가 아니냐"는 히브리어 구문도(הרואה אתה) 필자가 번역한 대로 "너는 보지 않느냐"로, 좀더 의역하면 "내 말 알지?" 정도로 번역될 수 있다. 하지만 다윗이 하나님께 신탁을 구했다는 실마리가 본문의 형식 구조 속에 숨어 있다. 우림과 둠밈을 통한 제사장 신탁에서 질문과 답은 모두 예/아니요 혹은 이거/저것의 이원적 형태를 띤다. 24절에서 다윗이 사독에게 한 말이 바로 이런 이원적 구조를 가진다.

> 내가 여호와의 호의를 받으면… 그러나 그분이 '나는 너를 기뻐하지 않는다'고 말씀하시면…

다윗은 신탁을 통해 하나님이 그를 기뻐하는지 안 하는지, 그가 다시 왕권을 회복하고 예루살렘으로 돌아올 수 있을지 없을지 물었을 가능성이 있다. 이에 대한 사독의 대답이 본문에 명시적으로 기록되지 않왔지만, 다윗이 "여호와의 궤를 도시로 돌려놓아라"고 명령한 것으로 보아, 하나님이 자신의 왕권을 회복시킬 것이라는 긍정적 응답을 받았던 것으로 추정된다. 다시 말해 다윗의 피난 생활은 압살롬에 대한 그의 연민과 왕권에 대한 의지가 복합적으로 작용한 것이지만, 동시에 하나님의 뜻을 묻고 행한 신앙의 결과이기도 하다. 다윗의 믿음은 하나님이 그를 기뻐하지 않는다는 신탁이 나왔을 때의 다윗의 반응에서 가장 잘 드러난다.

> 그분이 '나는 너를 기뻐하지 않는다'고 말씀하시면, '내가 여기 있사오니,' 그분이 그 눈에 좋은 대로 내게 행하실지라(26절).

히브리어 힌네니(הנני), "내가 여기 있사오니"는 하나님에 대한 전적인 헌신과 충성을 표현하는 숙어이다. 이삭을 바치라고 명령할 하나님께 아브라함은 힌네니("내가 여기 있습니다")라고 말했고, 가시떨기 나무에 나타난 하나님께 모세도 힌네니("내가 여기 있습니다")라고 말했다. 아브라함과 모세의 힌네니는 이삭을 바치라는 명령과 이집트에 가서 이스라엘을 구원하라는 사명을 받기 전에 그들이 하나님께 올린 헌신의 고백이다. 즉 아브라함과 모세는 하나님이 처음 나타나셨을 때 이미 그분이 주실 명령과 사명을 믿음으로 받아들였던 것이다. 다윗의 믿음도 이들에 버금간다. 그는 하나님이 자기에게 선을 행하기를 바라는 대신 하나님이 "그분의 눈에 좋은 대로 행하시기"를 기도했다. 다시 말해 하나님이 내 편이 되어 주기를 바라기보다 하나님이 하나님 되시기를 소원하는 믿음을 가졌던 것이다.[12]

이 모든 구조적 실마리에도 불구하고 다윗이 제사장을 통해 하나님의 뜻을 물어보았다는 내용이 명시적이지 않다는 것은 분명하다. 다윗이 제사장들을 궤와 함께 예루살렘으로 돌려보내는 장면은 분명 다윗이 압살롬과의 권력 다툼에서 승리하려는 군사 전략의 일부다. 다윗은 "나는 너희들로부터 첩보가 올 때까지 광야의 나루에서 대기할 것이다"라고 말한다.

다윗이 후새를 압살롬에게 돌려보냄 15:30-37

30 한편 다윗은 올리브 산의 경사로를 올랐다.[13] 점점 크게 울며
머리를 가린 채 그는 맨발로 걸어간다. 그와 함께한 모든 백성도
각자 그 머리를 가렸고 점점 크게 울며 올리브 산의 경사로를
올랐다. 31 그리고 다윗에게 '아히도벨이 압살롬과 함께 반역에
가담해 있다'는 보고가 들어왔다.[14] 그래서 다윗이 말했다:
"여호와여, 아히도벨의 조언을 어리석은 것이 되게
하옵소서(סכל-נא)"[15]
32 다윗이 하나님께 자주 예배하던 산 정상에 도착했을 때 마침
아렉 사람 후새가 그를 맞는다.[16] 그런데 그의 겉옷은 찢어져 있고,
그의 머리 위에 흙이 있다. 33 다윗이 그에게 말했다:
"네가 나와 함께 건너간다면, "너는 내게 짐(משא)이 될 것이다.
34 그러나 네가 도시로 돌아가, 압살롬에게 '왕이여, 저는 당신의
종이 될 것입니다. 저는 전부터 줄곧 당신 아버지의 종이었지만 이제
당신의 종입니다'라고 말한다면 너는 나를 위해 아히도벨의 조언을
무력하게 만들 것이다. 35 제사장 사독과 아비아달이 그곳에서 너와
함께 있지 않느냐? 왕의 궁에서 네가 듣는 모든 것을 제사장 사독과
아비아달에게 말하라. 36 보라. 그곳에 그들의 두 아들, 즉 사독의
아들 아히마아스와 아비아달의 아들 여호나단이[17] 그들과 함께
있다. 너는 그들 편에 네가 들은 모든 말을 나에게 알려라.[18]"
37 다윗의 친구 후새가 예루살렘에 들어갔을 때 압살롬도
예루살렘에 막 들어오고 있었다.

다윗의 피난 행렬은 기드론 계곡을 건너 올리브 산을 올라간다. 그곳을 넘어 바후림과 여리고를 거쳐 요단강으로 내려가려는 것이다. 비록 다윗이 예루살렘으로 돌아가게 될 것임을 의심하지 않았지만, 얼마나 오래 그리고 얼마나 멀리 도망가야 하는지 아직 잘 모른다. 다윗의 피난 행렬은 큰 소리로 울며 머리를 가린 채 지나간다. "머리를 가렸다"는

말의 정확한 의미는 확실하지 않다. 머리를 손으로 가린 것일 수도 있고(삼하 13:19 참조) 아니면 머리에 특별한 무언가를 썼을 수도 있고, 심지어 머리에 재를 뒤집어 쓴 모양을 가리키는 표현일 수도 있다. 분명한 것은 그것은 슬픔 혹은 수치의 표현이라는 것이다. 특히 맨발로 걷는 것은 전쟁 포로들이 외국으로 끌려가는 모습을 연상시킨다(사 20:2-4 참조). 압살롬의 반역이 다윗의 죄에 대한 하나님의 심판이라면, 다윗과 그 백성이 피난하는 모습은 약 400년 후에 범죄한 유대 민족이 바빌로니아로 유배 가는 장면을 예언하는 듯하다. 피로에 슬픔도 잦아질 만도 한데, 산을 높이 오르면 오를수록 피난민들의 울음소리가 더 커진다.

다윗의 피난 행렬이 올리브 산의 정상에 접근했을 때 암울한 소식이 날아든다. 다윗의 가장 유능한 모사가인 아히도벨이 반역자 압살롬의 편이 되었다는 소식이다. 전쟁에서 첩보의 중요성을 잘 아는 다윗이기에 그 소식은 특히 낙담스러운 것이었다. 이때 다윗은 하나님께 기도한다: "여호와여, 아히도벨의 조언을 어리석은 것이 되게 하옵소서(סכל-נא)" 다윗은 원수의 편이 된 아히도벨이 더 이상 지혜로운 조언을 내지 못하도록 기도한 것이다. 시편 55편 12-16절은 아히도벨이 압살롬의 반역에 참여했다는 소식을 들은 다윗의 심경을 잘 표현하는 듯하다.[19]

> 나를 책망하는 자는 원수가 아니라 원수일진대 내가 참았으리라 나를 대하여 자기를 높이는 자는 나를 미워하는 자가 아니라 미워하는 자일진대 내가 그를 피하여 숨었으리라 그는 곧 너로다 나의 동료, 나의 친구요 나의 가까운 친우로다
> 우리가 같이 재미있게 의논하며 무리와 함께 하여 하나님의 집 안에서 다녔도다
> 사망이 갑자기 그들에게 임하여 산 채로 스올에 내려갈지어다 이는 악독이 그들의 거처에 있고 그들 가운데에 있음이로다 나는 하나님께 부르짖으리니 여호와께서 나를 구원하시리로다

하지만 다윗은 기도만 하고 끝나지 않았다. 하나님께 기도한 내용이 실제로 성취되도록 적극적으로 '정치한다'. 다시 말해 아히도벨의 조언을 어리석은 것이 되게 해 달라고 기도했음에도 아히도벨의 조언을 무력화시킬 정치적 수단을 사용하는 데 주저하지 않는다. 아히도벨에 관해 기도하자마자 올리브 산에서,[20] 그것도 그가 예루살렘을 내려다보며 기도했던 바로 그 장소에서, 후새를 만났을 때 다윗은 그를 기도의 응답으로 생각했을지 모른다. 후새가 예루살렘에서 건너온 피난 행렬의 일부였는지 아니면 다른 곳에서 다윗을 만나기 위해서 올리브 산으로 왔는지 확실하지 않다. 하지만 그가 본문에 등장하는 방식(הנה לקראתו חושי)과 16장에서 시바가 본문에 등장하는 방식(הנה צבא לקראתו)이 거의 동일한 것으로 판단할 때, 후새도 시바처럼 피난 가는 다윗 왕을 만나러 일부러 그곳에 찾아갔을 가능성이 있다.[21] 이것은 후새의 출현을 더욱 하나님의 도움처럼 보이게 만들었을 것이다. 다윗은 올리브 산 정상에서 만난 아렉 사람[22] 후새를 그의 비밀 요원으로 임명하고 예루살렘으로 돌려보낸다. 후새에게 아히도벨의 조언을 무력하게 만드는 것과 궁의 상황을 다윗이 심어놓은 제사장 첩보원들에게 전달하는 임무를 맡겼다.

후새에 대해서는 알려진 바가 거의 없다. 그가 베냐민 지파에 속한 아렉 사람이라는 것과 다윗의 모사라는 사실이 전부이다. 그를 따라다니는 "다윗의 친구(רעה דיד)" 혹은 "왕의 친구(המלך רעה)"라는 별칭은 왕의 최고 모사를 가리키는 관직명일 가능성이 있다.[23] 솔로몬의 관료들을 소개하는 열왕기상 4장 2-6절에도 "왕의 친구"가 제사장, 서기관, 군사령관, 지방 두령, 궁내 대신, 노동 감독관 등과 함께 소개된다. 후새가 언제부터 다윗의 "친구" 즉 최고 모사가 되었는지는 분명하지 않지만 아히도벨이 압살롬의 반역에 참여할 때 일 가능성이 높다. 유대인의 미드라시 해석에 따르면 후새는 압살롬의 반역으로 자살을 생각하는 다윗을 단념시킨 일이 있다. 하나님의 기름 부음 받은 자신이 아들에게 살해된다면 하나님의 이름이 훼손될 것을 염려하면 다윗은 자살하기로 결심했지만 후새가 다음과 같은 논리로 다윗의 자살을 막는

다—'다윗이 압살롬에게 살해당하더라도 하나님의 이름은 손상되지 않는다.'

> 후새가 "왜 압살롬의 어머니와 결혼했습니까?"라고 물을 때, 다윗은 다음과 같이 대답했다. "압살롬의 여인은 매우 아름다웠다. 자비로운 하나님이 아름다운 여인과 결혼하는 것을 허락했다." 후새가 다윗에게 대답했다. "그러나 왕은 아름다운 여인에 관한 성경 구절 다음에 "완고하고 반역하는 아들을 가진 사람"에 관한 구절(신 21:18)이 있다는 것은 모르셨나 봅니다." 아름다운 여인과 반역하는 아들에 관한 구절이 가깝다는 사실로부터 다음과 같은 사실이 유추됩니다. "아름다운 여자와 결혼하는 사람은 완고하고 반역하는 아들을 낳는다." 그러므로 압살롬이 왕을 죽인다 해도, 하나님의 이름이 훼손되지는 않습니다. 왜냐하면 사람들은 압살롬의 행위를 그의 어머니의 아름다움의 탓으로 돌릴 테니까요
> (탈무드 산헤드린 107a)

이런 유대인의 미드라시에 따르면 후새의 달변에 매료당한 다윗은 그를 더욱 신뢰하게 되었고, 그에게 가장 중요한 순간에 가장 중요한 임무를 맡긴다. 즉 예루살렘으로 돌아가 압살롬에게 거짓으로 항복하여 다윗을 위한 간첩 임무를 수행하도록 명령한다.

주목할 것은 다윗이 아히도벨에 관해 하나님께 간구한 내용과 다윗이 후새에게 명령한 내용이 정확히 일치하지 않는다는 것이다. 다윗은 아히도벨의 조언이 어리석은 것이 되게 해달라고 기도했다. 본래 아히도벨의 조언은 하나님께 직접 물어 받은 것처럼 지혜롭다는 평을 받았는데, 다윗은 그런 아히도벨의 조언이 어리석은 것이 되도록 기도한 것이다. 다시 말해 지금까지 정답만 제시했던 아히도벨이 오답만을 내놓도록 하나님의 개입을 간구한 것이다. 반면 후새에게는 "아히도벨의 조언을 무력하게 만들라"고 지시한다. 물론 하나님과 달리 후새에게는 아히도벨의 조언 자체를 어리석게 할 능력은 없었을 것이다. 후새가 할 수 있는 최선의 것은 아히도벨의 지혜로운 조언이 채택되지 않도

록 방해하는 일이다. 여기서 중요한 것은 다윗이 아히도벨의 지혜가 기적처럼 신비한 방법으로 없어질 것이라 생각하지 않았다는 것이다. 이 때문에 기도와는 별도로 비밀 모사 후새를 통해 아히도벨의 조언을 무력화하려 했던 것이다. 즉 당시 가능한 전략적 선택지를 적극 활용했던 것이다 다윗이 하나님께 간구한 내용과 그가 후새에게 지시한 전략은 그 내용에 있어 다소 차이가 있지만 모두 다윗의 승리라는 동일한 목적을 위한 것이다. 나중에 다윗의 전략이 옳았음이 증명된다. 아히도벨의 조언은 변함없이 지혜로운 것이었고(삼하 16:23 참조), 후새가 속임수로 아히도벨의 조언을 무력화시키지 않았다면 다윗은 큰 낭패를 보았을 것이기 때문이다. 다윗이 승리를 위한 정치적 전략들을 펼칠 수 있었던 것은 그의 승리가 하나님의 뜻임을 확신했을 뿐 아니라 인간의 정치 행위를 통해 하나님의 역사가 창발될 수 있음을 믿었기 때문이다.

질문

1. 다윗이 예루살렘을 버리고 피난길을 선택한 이유는 무엇입니까?
2. 잇대가 다윗을 따르는 장면과 룻이 나오미를 따르는 장면을 비교해 보세요.
3. 하나님의 역사가 인간의 정치 행위를 통해 창발될 수 있음을 보여주는 예를 들어 보세요.

묵상

어려울 때의 친구가 진짜 친구라는 말이 있습니다. 압살롬에 쫓겨 피난하는 다윗도 뼈저리게 느꼈을 것입니다. 기약 없이 떠나는 광야 길에 적지 않는 백성들이 동참합니다. 상황에 따라 다윗을 쉽게 떠날 수 있었던 외국인 용병들도 다윗을 떠나지 않습니다. 그리고 새롭게 충성을 맹세합니다. 백성들의 충심을 본 다윗은 다시 예루살렘으로 돌아올 수 있을 것이라 확신했다는 말이 지나친 말이 아닌 듯합니다. 백성이 있는 한 왕은 절대로 망하지 않기 때문입니다. 그리스도를 통한 하나님의 나라도 충성된 백성들의 역할이 무척 큽니다. 오늘날 기독교와 교회는 많은 비난과 도전에 직면해 있습니다. 압살롬의 반란이 다윗의 죄에 대한 심판의 성격이 있었던 것처럼 현재 교회가 당하는 어려움도 인간의 잘못 때문일 수는 있습니다. 하지만 신앙을 버리거나 교회를 떠나는 것이 대안이 될 수 없습니다. 그리스도를 사랑하는 백성들이 교회를 다시 세우는 일을 해야 합니다. 왜냐하면 교회는 우리와 우리 자녀들이 정체성을 세우며 믿음의 삶을 일구는 현장이기 때문입니다. 교회는 하나님의 통치가 세상에 전달되는 통로이기 때문입니다.

30
시바와 시므이

삼하 16:1-14

사무엘하 16장에는 다윗의 피난 행렬이 올리브 산을 넘어 요단강 근처에 이를 때까지 발생한 일들이 먼저 서술된 후 그것들과 동시간에 예루살렘에서 발생한 사건이 이어서 기록되어 있다. 흥미로운 것은 다른 장소에서 동시적으로 발생한 사건들 사이에 의미적 연관이 발견된다는 사실이다. 예를 들어 올리브 산에서 시바가 다윗을 만나는 장면은 예루살렘에서 후새가 압살롬을 맞는 장면과 동시적이며 '거짓말'이라는 공통 분모를 가진다. 즉 다윗이 므비보셋에 대한 시바의 모함을 받아들인 것처럼 압살롬은 다윗의 첩자 후새의 거짓 충성을 받아들인다. 또한 시므이가 피난 가는 다윗을 저주한 것과 압살롬이 다윗의 첩들과 동침한 사건은 동시적이며 모두 다윗의 죄에 대한 인과응보적 성격을 가진다.

사무엘서 저자는 이런 대칭적 서술을 통해 한 본문의 모호성을 다른 본문을 통해 해소시킨다. 예를 들어, 시바의 말의 진위를 가릴 시간이 없었던 다윗은 그의 말을 그대로 받아들이지만 독자들은 거짓된 후새의 충성 맹세에 근거해 시바의 말도 거짓임을 추정할 수 있다.

다윗을 살인마 왕위 찬탈자로 부른 후 압살롬의 반란을 다윗의 죄에 대한 형벌로 규정한 시므이의 저주도 일견 어불성설처럼 들리지만, 압살롬이 다윗의 첩들과 동침한 사건이 밧세바에 관한 다윗의 죄에서 기인한다는 점에 근거해 독자들은 시므이의 말의 진위를 다시 한 번 생각하게 만든다. 실제로 다윗이 사울을 살해하지는 않았지만, 왕권 강화를 위해 그 후손들의 멸절에 간접적으로 관여한 것은 사실이다(삼하 21장 참조). 다윗이 시므이의 저주를 하나님의 꾸지람으로 받아들인 것은 이것을 잘 보여 준다. 다윗이 왕이 된 이후 마음이 가장 낮아진 진 순간은 시므이에게 온갖 저주를 들으며 예루살렘에서 도망칠 때이다. 하지만 그때부터 다윗은 보좌에 편안히 앉아만 있던 안일함을 버리고 야전 사령관처럼 다시 뛰어 다니기 시작한다. 우리가 알던 다윗이 돌아온 것이다.

시바가 므비보셋의 유산을 차지함 16:1-4

1 다윗이 산 정상을 지나자마자, 보라! 므비보셋의 종인 시바가 그를
맞으러 나왔다. 안장을 갖춘 한 쌍의 당나귀와 그 위에 실린
200개의 빵, 100송이의 건포도, 100개의 '여름(קיץ),' 포도주
한 부대를 가져왔다. 2 왕이 시바에게 말했다.
"너에게 있는 이것들이 무엇이냐?"
시바가 말했다.
"당나귀들은 '왕의 집'이 타고 가기 위한 것이고, 빵과[1] '여름'은
시종들의 식량이며, 포도주는 광야에서 지친 자를 위함입니다."
3 왕이 말했다.
"그런데,[2] 네 주인의 아들은 어디에 있느냐?"
시바가 왕에게 말했다.
"보십시오. 그는 '이스라엘의 집이 내 아비의 왕국을 내게 회복시킬
때가 지금이다'라고 생각하고(אמר) 예루살렘에 남아 있습니다."
4 왕이 시바에게 말했다.

"보라. 므비보셋에 속한 모든 것이 이제 네 것이다!

시바가 말했다.

"엎드립니다! 내 주 왕이여, 성은이 망극하옵나이다."[3]

예루살렘을 벗어나는 도중에 다윗은 적어도 세 번 멈추어 서야 했다. 그는 장군 잇대, 제사장 사독과 아비아달, 그리고 모사 후새와 차례대로 면담하고, 앞으로 있을 압살롬과의 전투에 요긴할 것으로 판단한 장군 잇대는 동행시키고, 제사장과 후새는 예루살렘으로 돌려보내어 첩보 및 교란 작전을 수행하게 한다. 비록 즉흥적인 만남과 결정처럼 보이지만 이것들은 예루살렘을 떠나기로 결심한 순간 다윗이 이미 마음속에 계획한 것이었는지 모른다. 이 만남들이 기드론 계곡의 초입에 한 번, 계곡을 건너서 한 번, 그리고 예루살렘의 모습을 마지막으로 조망할 수 있는 올리브 산 정상에서 한 번 발생했다는 점은 다윗과 잇대, 제사장들, 후새와의 만남이 결코 즉흥적이거나 우연에 의한 것이 아님을 보여 준다. 편안한 왕궁 의자에 앉아서 명령하던 관료 왕 다윗으로부터 광야를 누비는 야전 사령관 다윗으로 돌아온 것이다. 하지만 올리브 산을 지나자마자 다윗은 예상치 못한 인물과 맞닥뜨린다. 므비보셋의 종 시바가 그를 만나려고 기다리고 있었던 것이다. 놀라게도 시바는 왕의 가족들("왕의 집")이 타고 갈 수 있는 안장을 갖춘 한 쌍의 말과 왕의 집안 시종들이 먹을 200개의 빵과 100개의 건포도, 100개의 '여름(קיץ)'(아래 설명을 참조), 그리고 피난 중 지쳐 쓰러질 사람들이 마실 포도주 한 부대를 선물로 가져왔다.

다윗은 시바의 세세한 마음 씀씀이에 감동했다. 급하게 피난을 나오느라 맨발로 걸어 나온 다윗과 그 가족에게 한 쌍의 말은 큰 도움이 되었을 것이다. 비록 다윗의 가족들이 모두 타기에 부족하지만, 한 쌍의 말은 시바가 최선을 다해 변통해 온 것이었음에 틀림없다. 다윗도 그것을 매우 고마워한 것 같다. 또한 시바는 다윗의 종들에게 마음을 썼다. 그는 종들이 먹을 야전 식량들, 즉 빵과 건포도, 그리고 '여름(קיץ)'을 준비해 왔다. 학자들 사이에 '여름(קיץ)'이 무엇인지에 대한 논쟁이 있다. 일부 학자는 메론과 여름 과일이라 생각하지만, 보다 정확한 해석은 여름에 말린 과일이다.[4] 구체적으로는 "말린 무화과 열매"일 가능성이 있다. 아비가엘이 광야를 방황하던 다윗의 무리에게 제공한 것도 건포도와 무화과 뭉치(רבלים)였다. 나아가 다윗에 대한 시바의 정성은 여행 중 지쳐 있을 이름 모를 누군가에게까지 미친다. 그를 위해 포도주 한 부대를 준비했다. 이런 시바의 선물에서 우리는 친절과 배려의 모범을 본다.

하지만 시바의 이런 친절이 진정으로 다윗을 향한 충심에서 비롯된 것이었을까 의심도 생긴다. 먼저 사무엘서 저자가 시바를 "다윗의 종"이라고 부르지 않고 "므비보셋의 종"으로 부르고 있음에 주목할 필요가 있다(1절). 이것은 다윗이 시바를 불렀을 때 시바가 "당신의 종입니다"(삼하 9:2. 11절도 참조)라고 대답한 사실을 생각하면 더욱 흥미롭다. 즉 시바는 스스로를 다윗의 종이라고 주장함에도 사무엘서 저자는 시바를 사울 가문의 시종, 즉 므비보셋의 종이라고 말한다(삼하 9:9, 12). 심지어 다윗도 시바를 언제나 사울의 종 혹은 므비보셋의 종으로 부른다(삼하 9:9-10). 둘째, 이처럼 시바는 사울 집안을 섬기는 종이었음에도 불구하고, 다윗이 왕이 되어 주인 사울의 집이 몰락했을 때 주인을 배반하고 주인의 소유를 불법 점유하였다. 즉 그는 자신의 이득에 따라 행동하는 간신이었다. 다윗에 대한 친절도 변치 않는 충심에서 우러나온 것이 아니라, 다윗이 압살롬과의 내전에서 승리할 것이라는 그의 정치적 판단에서 나왔을 가능성이 높다.

시바가 간신이라는 결정적인 증거는 그의 거짓말이다. 다윗이 그의 주인 므비보셋의 행방을 물었을 때, 그는 므비보셋이 압살롬처럼 왕에게 반역의 마음을 품었다고 거짓말한다. 하지만 절름발이 므비보셋이 예루살렘에 남아 있었던 이유는 그의 종 시바가 그를 버렸기 때문이다. 므비보셋이 다윗에게 반역했을 가능성이 매우 낮은 이유는 첫째, 그는 절름발이였고 둘째, 압살롬의 왕위 등극은 사울 왕국의 회복과 전혀 관계없었던 운동이기 때문이다. 비록 압살롬의 반란이 북방 이스라엘 지파들의 지지를 얻었지만, 압살롬이 절름발이 므비보셋을 왕으로 세우거나 그의 아들 미가(삼하 9:12)를 왕으로 세워 사울 왕국을 복원시키려 했을 가능성은 전혀 없다. 압살롬은 스스로 왕이 되기 위해 아버지에 반역한 사람이다.

그럼에도 다윗이 시바의 말을 액면 그대로 받아들인 것은 다윗이 처한 상황이 얼마나 다급하고 힘들었는지 보여 준다. 그렇게 어려운 처지의 다윗에게 정성스러운 선물들을 들고 찾아온 시바가 다윗의 신뢰를 얻은 것은 당연한 일이다. 다윗은 그가 무슨 말을 해도 믿고 싶었을 것이다. 어차피 예루살렘으로 돌아가 므비보셋을 심문할 수 없었으므로 시바의 말을 믿을 수밖에 없는 상황이기도 했다. 하지만 자기에게 친절한 사람에게 신뢰를 주는 것과 제3자—이 경우 므비보셋—에 대한 그의 비난을 근거 없이 받아들이는 것은 전혀 다른 문제다. 더구나 다윗이 혐의에 대한 추정만으로 얼마 전 므비보셋에게 돌려주었던 사울의 유업을 그의 종 시바에게 넘겨 줄 필요가 있었을까 의문은 남는다. 므비보셋에 대한 선대가 여호와의 이름으로 맺은 맹세에 따른 것이었다면 좀더 신중할 필요가 없었을까?

탈무드 샤바트 편(56ab)에 이 문제에 대한 랍비들의 논쟁이 기록되어 있다. 다윗의 행위를 변호하는 랍비 사무엘은 다윗이 시바의 증언만으로 므비보셋에 대한 혐의를 확정한 것은 아니라고 주장한다. 하지만 그 주장에 대한 증거는 제시하지 못한다. 반면 랍비 유다는 다윗이 므비보셋의 이야기를 듣지 않고 시바의 말만 믿고 유업을 모두 넘긴 것은 잘못라고 지적한다. 필자는 랍비 유다의 견해를 지지한다. 성경은 거짓 증거의 죄를 살인이나 간음보다 심각하게 다루는데, 그 이유는 고대 재판의 원시성 때문이다. 오늘날은 범법 행위가 발생하면 경찰이 증거를 수집하고 검사가 범죄인을 기소하는 논리를 구성하지만, 옛날에는 그 모든 것을 피해자가 직접 해야 했다. 따라서 고대 법정에서 가장 다루기 어려운 사건이 거짓 증언이다. 왜냐하면 거짓 증거 재판은 종종 구체적 물증 없이 원고와 피고의 증언에 의해서만 판결이 내려져야 하기 때문이다. 거짓 증언과 관련된 재판에서 억울한 피해자들이 가장 많이 나오는 것은 당연한 것이다. 따라서 유대인들 가운데 거짓 증언에 대한 벌은 하나님이 직접 처벌한다는 인식이 퍼졌다. 유대인들은 거짓 증거를 한 사람과 거짓 증거를 그냥 수용한 사람을 동일하게 처벌한다. 다윗이 므비보셋에 관한 시바의 고소를 당사자의 이야기를 듣지 않고 수용한 것은 하나님의 율법에 어긋나는 것이다. 후에 다윗은 자신의 잘못을 깨닫고 시바에게 준 기업의 반을 므비보셋에게 돌려주지만, 유대 랍비들에 따르면, 이스라엘이 후에 남북으로 이분된 것이 바로 이 때문이다.

시므이가 다윗을 저주함 16:5-8

5 잠시 후 다윗 왕이 바후림에 도착했을 때, 보라! 그곳으로부터
사울 집의 문중 출신의 어떤 사람이 나아온다. 그의 이름은 게라의
아들 시므이다. 그는 나오면서 계속 다윗을 저주한다. 6 심지어
다윗과 다윗 왕의 모든 종들을 향해 돌을 던졌다. 모든 백성들과
모든 용사들은 그의 좌우에 있었다. 7 시므이는 다음과 같이 말하며
다윗을 저주했다:
"가거라, 가거라. 살인마야(איש הדמים)! 불량배야(איש הבליעל)!
8 여호와께서 네가 왕위를 찬탈한[5] 사울 집의 모든 피를 너 위에게
돌리셨도다! 여호와가 왕국을 네 아들, 압살롬의 손에 주셨도다.
보아라 너는 살인마이기에 지금 네 재앙 가운데 있는 거다!"[6]

바후림은 예루살렘에서 여리고로 통하는 길목에 있는 도시로 올리브산에서 북서쪽으로 4킬로미터 지점에 위치한다.[7] 이곳을 지날 때 다윗은 또 예기치 않는 인물과 맞닥뜨린다. 그는 사울의 먼 친척인 게라의 아들 시므이다. 방금 전 사울의 종 시바는 피난 가는 다윗에게 귀중한 선물을 주었지만, 사울의 친척 시므이는 돌을 던지며 다윗을 저주한다. 시므이가 다윗을 저주하면서 돌을 던졌다는 사실로 판단할 때 다윗의 피난 행렬은 죄수의 유배를 연상시킬 정도로 처량한 것이었다. 군대의 이동처럼 위엄 있는 것이었다면 일개 민간인이 다윗 왕의 행렬을 향해

여러 번 돌을 던져 도발하지 못했을 것이다. 마치 다윗과 그의 신하들의 몸에 쇠사슬에 매여 있는 것처럼 시므이는 그들을 욕하며 도발한다. 다윗이 힘이 강할 때는 잠잠하던 사회 불만 세력이 다윗이 예루살렘을 버리고 도망가는 신세가 되자 스멀스멀 머리를 들기 시작한 것이다. 하지만 시므이의 불만은 다윗의 정책에 대한 것이 아니다. 이런 점에서 그는 압살롬을 지지하는 대다수의 이스라엘인들과 구별된다. 후자는 다윗의 내치에 대한 불만 때문에 압살롬을 지지했다. 하지만 다윗에 대한 시므이의 불만은 보다 근본적이었다. 즉 그의 불만은 "불량배" 다윗이 사울과 그 후손들을 죽이고 왕위를 빼앗았다는 데 있다. 여기서 "불량배"로 번역된 히브리어 이쉬 블리야알(איש בליעל)은[8] 가치 없는 사람으로 직역될 수 있다. 이스라엘 사회에서 가장 도덕적으로 이상적인 사람이 "왕"이라면 도덕적으로 가장 밑바닥에 있는 사람들은 "불량배"라 칭했다(욥 34:18 참조). 즉 왕의 대극점에 있는 인물이 불량배이다. 이처럼 시므이는 다윗을 왕이 될 자격이 전혀 없는 사람으로 폄하한다. 그리고 그런 무자격자가 "사울의 집의 모든 피"를 통해 왕이 되었다고 주장한다. 이 때문에 시므이는 다윗을 "피흘림의 사람(איש דמים)" 즉 살인마라고 비난한다.

하지만 이런 시므이의 주장은 적어도 사무엘서 저자의 입장과 큰 차이를 보인다. 사무엘서의 기록에 따르면 다윗은 사울과 그의 아들들, 심지어 사울의 삼촌 아브넬의 죽음과 아무 관련이 없다. 오히려 사울과 요나단, 아브넬이 차례로 죽었을 때 애가를 지어 슬퍼했으며, 이스보셋을 죽인 장군들을 처단했다. 그러나 시므이의 주장은 개인의 의견을 넘어서 당시 사울을 지지하는 사람들의 공통적인 견해였을 가능성이 높다.[9] 그리고 그들의 의견을 한갓 망상으로 치부할 수 없는 이유는 다윗에게는 사울과 그 후손들을 죽일 동기가 충분했으며 왕이 직접 손에 피를 묻히지 않았다 해서 특정 살인에 책임이 없는 것은 아니기 때문이다. 권력자는 늘 대리인을 통해 일한다. 그것이 권력의 속성이다. 대리인을 통해 일하기 때문에 궁극적으로 책임에서 벗어날 길이 언제나 확보된다. 더구나 행정과 사법, 군사를 왕이 통괄하는 제도에서 왕이 저지른 범죄를 제대로 수사하기 불가능하기 때문에 어떤 범죄가 왕의 이득이 될 때 그것이 우연인지 아니면 왕이 시킨 일인지를 판별하는 것은 불가능하다. 예를 들어 사무엘서 저자에 따르면 아브넬을 죽인 사람은 그에게 개인적인 원한을 가진 요압이지만, 다윗도 아브넬의 죽음을 통해 이득을 보았다. 즉 아브넬의 죽음은 사울의 잔존 왕국의 붕괴를 가속화시켰다. 따라서 다윗이 아브넬을 죽인 요압에 대해서는 어떤 처벌도 내리지 않았다는 사실은 아브넬의 죽음 뒤에 다윗의 암묵적 지시가 있었다는 의심을 불러일으키기에 충분하다. 다윗은 왕이 된 이후에도 사울의 후손들을 가만두지 않았다. 3년 기근이 발생했을 때 사울의 일곱 아들들을 기브온 사람들에게 넘겨주어 죽게 하였다. 므비보셋이 살아남은 것은 그가 절대로 왕이 될 수 없는 절름발이였기 때문일 것이다. 하지만 므비보셋도 왕궁 안에서 왕의 감시 가운데 살아야 했다. 이 모든 것은 시므이의 주장이 많은 사람들의 공감을 이끌어 낼 만큼 충분한 이유가 있음을 보여 준다. 시므이에 따르면 다윗의 죄에 대한 하나님의 형벌은 다윗이 자기 아들에 의해 왕위를 강탈당하고 궁극적으로 아들에 의해 죽게 되는 것이다. 이것은 사위 다윗이 장인 사울과 그 아들들을 죽이고 왕위를 강탈한 것에 대한 인과응보일 것이다.

시므이의 저주에 대한 다윗의 반응 16:9-14

9 스루야의 아들 아비새가 왕에게 말했다.
"왜 이 죽은 개가 내 주 왕을 저주합니까? 내가 건너가 그의 머리를
제거하겠습니다."
10 왕이 말했다.
"나와 너희와 무슨 상관이냐? 스루야의 아들들아! 그가 저주하는
이유는 여호와가 그에게 '다윗을 저주하라'고 말했기 때문인데,
누가 '왜 너는 그런 일을 하느냐'고 말할 수 있겠느냐?"
11 다윗이 아비새와 그의 모든 종들에게 말했다.

"보아라! 내 몸속에서 나온 내 아들이 내 생명을 빼앗으려
하는데(מבקש), 하물며, 베냐민 사람이랴? 여호와께서 그에게
말씀한 대로 계속 저주하도록 그를 두어라. 12 혹시 여호와가
내 눈물/고통을[10] 보시고 여호와께서 오늘 그의 저주 대신
축복을(טובה) 내게 돌리실지 모른다."
13 다윗과 그의 사람들은 길을 갔다. 한편 시므이는 다윗과
나란히(לעמתו) 산 바위로 진행하며 저주를 계속했다. 다윗에게(לעמתו)
돌을 던졌고 발로 먼지를 일으켰다(ועפר בעפר). 14 왕과 그와 함께한
모든 백성이 지쳐서 도착했다.[11] 그리고 그곳에서 쉬었다.

아비새는 다윗이 왕이 되기 전부터 목숨을 바쳐 충성한 장군이다. 그가 장수로서 명성을 처음 얻은 것은 창 하나로 삼십 명의 적들을 제압했을 때이다(삼하 23:18). 그때 그는 삼십 용사의 우두머리가 되었다. 그 후 지친 다윗을 죽이려 한 블레셋 거인 이스비브놉을 쳐서[12] 죽인 일도 있다(삼하 21:15-17). 시므이의 저주에 스루야의 아들 아비새가 발끈하여 말한다—"왜 이 죽은 개가 내 주 왕을 저주합니까? 내가 건너가 그의 머리를 제거하겠습니다"(9절). 다윗에 대한 강한 충성심과 스루야의 아들 특유의 다혈질 성격이 결합된 말이다. 고대 이스라엘에서 개는 애완용이 아니라 들개를 지칭한다. 돌아다니며 버려진 음식이나 죽은 고기를 먹으며(신 23:18 참조) 대낮 한길에서 부끄럼 없이 암수가 교접한다. 이 때문에 욕설에 개가 자주 등장한다. 여자 문제로 자기를 질타하는 이스보셋 왕에게 아브넬은 "내가 유대의 개 머리입니까?"라고 말했다(삼하 3:8). 무기로 달랑 막대기를 들고 오는 다윗에게 모욕감을 느낀 골리앗은 "내가 개더냐?"라고 반문한다. 다윗은 사울의 무자비한 체포 작전을 멈추라고 말하면서 자신을 "죽은 개"에 비유한다(삼상 24:14). 요나단의 아들 므비보셋도 다윗 왕 앞에서 자신을 "죽은 개"로 낮춘다(삼하 9:8). 따라서 개의 먹이가 되거나 개에게 모욕을 당하는 것보다 더 큰 저주나 수치는 없는 것이다(왕상 21:18-19). 아비새는 죽은 개 같은 시므이에게 왕이 욕을 듣는 것을 참을 수 없었다. 그래서 당장 "건너가" 그의

머리를 베어 오겠다고 자청한다.[13] 그러나 다윗은 시므이를 죽이겠다고 말하는 아비새를 강하게 말린다.

> 나와 너희와 무슨 상관이냐? 스루야의 아들들아! 그가 저주하는 이유는 여호와가 그에게 '다윗을 저주하라'고 말했기 때문인데, 누가 '왜 너는 그런 일을 하느냐'고 말할 수 있겠느냐?(10절)

"나와 너희와 무슨 상관이냐, 스루야의 아들들아?"는 문맥상 어색하게 들린다. 이 때문에 유대교출판협회(JPS) 번역 성경에서는 "그것이 너희와 무슨 상관이냐, 스루야의 아들들아?"라고 고쳐 번역한다. 하지만 히브리어 원문(מה לי ולכם)은 분명 "나와 너희와 무슨 상관이냐"로 번역되어야 한다. 이것은 다음의 두 가지로 이해될 수 있다. 첫째, 사무엘하 19장 22절이 암시하는 것처럼 그것은 "나와 너희와 무슨 상관이기에 오늘 나의 대적이 되려고 하느냐?"의 축약 어법일 수 있다.[14] 이것은 다윗이 시므이의 저주를 하나님의 쓴소리라고 생각했음을 보여 준다. 하나님이 시므이를 통해 다윗에게 말씀하는데 아비새가 그런 시므이를 죽인다면 아비새는 다윗을 방해하는 대적이 되는 셈이다. 둘째, "(그 일이) 나와 너희와 무슨 상관이냐?"는 시므이의 저주를 다윗("나")이나 스루야의 아들들("너희")이 막아서는 안된다는 뜻으로 이해될 수 있다. 시므이의 저주가 하나님의 명령에 따른 것이라면 다윗도 아비새도 아니 어느 누구도 그에게 "왜 너는 그런 일을 하느냐?"고 말해서는 안 될 것이다. 여하튼 시므이의 저주 속에서 하나님의 음성을 들은 다윗은 아비새의 월권적 행위를 꾸짖고 있다.

아비새의 월권적 발언을 제지한 후 다윗은 아비새와 "그의 모든 종들에게" 다시 한 번 시므이를 건드리지 말 것을 못 박는다. "그의 모든 종들"(11절)은 아비새의 작전 지휘를 받는 종들을 의미할 수도 있다. 다윗이 아비새뿐 아니라 그의 종들에게 경고한 것은 아비새의 의중이 암묵적으로 그의 부하들에 의해 실행되는 것을 차단하기 위함이다. 즉 아비새의 부하 중 하나가 주인의 의중을 따라 주인의 명시적 명령 없이 시므이를 죽이는 것을 방지하기 위함이다. 다윗의 발언은 다음과 같다.

> 보아라! 내 몸 속에서 나온 아들이 내 생명을 빼앗으려 하는데, 하물며 베냐민 사람이랴? 여호와께서 그에게 말씀하신 대로 계속 저주하도록 그를 두어라. 혹시 여호와가 내 눈물(עיני)/형벌(עוני)/고통(עניי)을 보시고 여호와께서 오늘 그의 저주 대신 축복을 내게 돌리실지 모른다(11-12절).

다윗은 시므이의 저주에 대해 체념적 태도를 취하고 있다. 이것은 지금의 고난이 다윗 자신의 죄 때문이라는 시므이의 기본 주장에 동의하기 때문이다. 비록 다윗이 시므이의 주장처럼 사울의 집을 죽이고 왕권을 빼앗은 것은 아니지만, 압살롬의 반역은 다윗의 집안 내부의 우환의 일환이고, 그것은 밧세바 사건에 대한 나단 선지자의 저주에 따른 것이다. 물론 그 우환이 꼭 압살롬의 반란을 통해 성취될 필요는 없었지만 압살롬의 반란 또한 아버지로서 다윗의 지속적 실패 때문이기에 다윗은 말을 아낀다. 다만 다윗이 희망하는 것은 하나님이 다윗의 "눈물/고통"을 보시고 그날의 저주를 상쇄할 만한 축복을 내리시는 것이다. "눈물/고통"으로 번역된 히브리어의 자음 본문은 "형벌"로 번역되지만, 이 의미는 문맥상 어색하다. 왜냐하면 '하나님이 보셨으면' 하고 다윗이 바라는 것은 시므이의 저주로 인한 다윗의 고통과 눈물이지 다윗의 죄에 대한 형벌(=압살롬의 반란으로 인한 다윗의 피난)이 아니기 때문이다. 12절에서 다윗은 하나님께 시므이의 저주를 눈물로서 감내하는 자신을 불쌍히 보시고 시므이의 저주를 축복으로 바꾸도록 염원하고 있다. 따라서 마소라 모음 표기에 기초하여 본문을 에이니(עיני) "눈물"로 읽거나 본문을 훼손된 것으로 간주하고 그것을 오니이(עניי)로 고쳐 "고통"으로 번역하는 것이 적절해 보인다.

시므이의 저주와 상관없이 "다윗과 그의 사람들은" 그들의 "길을 갔다"(13절).[15] 시므이의 저주가 다윗의 무리에 성취되지 않을 것이라는 점은 그 둘 사이의 물리적 거리를 통해 형상화된다. 시므이는 다윗과 일정한 거리를 두고 있다. "나란히"(13절) 진행했지만 그 둘은 서로 만나지 않는다(9절의 "건너가"에 대한 해설 참조). 시므이가 던진 돌이나 발로 일으킨 먼지도 다윗에게 미치지 않는다. 시므이의 저주는 매섭고 아픈 것이었고 그가 던진 돌과 일으킨 먼지도 요란했지만, 다윗과 그의 함께한 백성은 무사히 도착지에 도착했다. 그리고 지친 그들은 "그곳에서 쉬었다"(14절). 저자는 다윗의 피난 행렬이 쉼을 위해 멈춘 지점("그곳")을 의도적으로 알려주지 않는다. 왜냐하면 다윗과 그 무리의 은신처는 이후 이야기 전개에 중요한 모티브가 되기 때문이다.

시므이의 저주는 정말 용서되었을까

다윗이 시므이의 저주를 하나님의 말씀으로 받아들였다고 해서 다윗을 저주한 시므이의 행위가 정당화되는 것은 아니다. 적어도 사무엘서 저자에게 시므이의 죄는 다윗이 하나님의 기름 부은 자라는 사실을 고려할 때 더욱 심각해진다(삼하 19:21). 후에 시므이가 잘못을 인정하고 용서를 구할 때 다윗이 그를 살려 두지만, 이것은 다윗의 정치적 고려에 의한 것일 뿐이다. 즉 압살롬의 반란으로 국론이 분열된 상태에서 시므이와 같은 사울의 친척이 다윗의 충복이 되는 것은 다윗에게 매우 큰 정치적인 자산이 된다. 하지만 다윗은 시므이의 정치적 유용성이 사라질 때 그를 죽이라고 명령한다(왕상 1:8-9). 즉 시므이는 천수를 누리지 못하고 폭력적인 죽임을 당한다. 시므이의 결말이 이같은 것은 단순히 정치적 상황의 변화에 기인한 것이 아니라, 그가 하나님의 기름 부은 받은 자를 저주했기 때문은 아닐까? 기름 부음을 받은 자에 대한 터부는 다윗이 처음 가졌다. 일부 학자들은 그것이 다윗 자신에 대한 반역을 경계하기 위한 정치적 포석이라고 말하지만 이 문제를 그리스도 목적적 관점에서 이해하면, 사무엘서에서 기름 부음 자를 죽이거나 저주하는 자가 반드시 죽었다는 사실은 신약의 교회 공동체에 가장 중요한 것은 예수 그리스도에 대한 태도와 고백임을 암시하는 것은 아닐까? 기름 부음 받은 자에 대한 터부를 목사를 비판하거나 적대시하는 일에 대한 금기로 이해할 필요는 없다.

질문

1. 왜 다윗은 므비보셋에 대한 시바의 말을 액면 그대로 받아들였을까요?
2. 다윗에 대한 시므이의 비난은 무엇입니까? 그 비난이 정당한 것인지 평가해 보세요.
3. 다윗이 시므이의 비난을 반박하지 않은 이유는 무엇입니까?

묵상

사람들은 믿고 싶은 것을 믿는 경향이 있습니다. 증거에 근거한 지식을 추구하기보다 자신이 창조한 거품의 세계에 머물기를 좋아합니다. 예를 들어 많은 기독교인들에게 지구의 나이가 6,000년이라는 주장이 거부감 없이 받아들여집니다. 그 이유는 그런 믿음이 현재 거하는 거품의 세계를 터뜨리지 않기 때문입니다. 하지만 아무도 거품 속에서 세상을 살 수 없습니다. 지구의 나이가 몇 년이든 일반인들의 삶은 그다지 달라지지 않겠지만, 증거에 근거한 지식이 아닌 믿음은 우리를 심각한 문제에 빠지게 할 수 있습니다. 시바는 어려움에 처한 다윗에게 배려 깊은 선물들을 가져왔습니다. 다윗에게 시바는 너무 좋은 친구이며, 다윗이 그런 친구의 말을 믿는 것은 당연해 보입니다. 그러나 친구의 말이라도 그것이 누군가를 고소하는 것이라면, 섣불리 믿기 보다는 증거를 통해 확인할 필요가 있습니다. 후에 예루살렘에 돌아와서 므비보셋의 설명을 듣고 시바의 거짓말이 확실히 드러났음에도 다윗은 시바를 꾸짖지 않고 사울의 유업의 반을 그대로 소유하도록 허락합니다. 랍비들은 이런 다윗의 잘못을 매우 심각한 것으로 여겨 르호보암 때에 이스라엘이 분단된 이유가 다윗이 사울의 유업을 둘로 나눈 일에서 찾습니다. 오늘을 사는 우리도 다윗과 같은 우를 범하기 쉽습니다. 우리를 선대하는 사람이 늘 진리를 말하는 것은 아니며, 우리가 익숙한 이야기가 늘 사실은 아님을 인식할 때, 우리의 잘못으로 인한 세상의 고통이 줄어들 것입니다.

31
아히도벨과 후새

삼하 16:15-17:14

이스라엘 최고의 두 모사가 지혜 대결을 벌인다. 제갈량과 사마의의 대결과 유사한 지략 대결이 아히도벨과 후새 사이에 벌어진다. 아히도벨은 그의 조언이 하나님께 받은 신탁에 비견될 정도로 이미 권위를 인정받은 모사이다. 후새가 아히도벨과 일대일로 붙는다면 이길 확률이 크지 않다. 하지만 이 대결은 엄밀한 의미에서의 지략 대결이 아니라, 누가 압살롬의 마음을 사는지의 대결이다. 압살롬의 마음을 사는 것은 단지 전술에 대한 능통함으로 되는 것이 아니다. 압살롬이라는 인물 됨을 정확히 파악하여 그의 지지를 얻을 수 있는 논리를 펴는 것이 중요하다. 후새는 이 점에서 아히도벨을 앞선다. 아히도벨은 다윗의 멸망이라는 목표를 이룰 수 있는 가장 정확한 방법을 조언하지만, 후새는 압살롬의 허영심과 불안감을 자극하여 아히도벨의 좋은 조언을 받아들이지 못하게 한다.

압살롬이 후새를 받아들이다 16:15-19

15 한편 압살롬과 모든 백성 즉 이스라엘 사람들은 예루살렘에
도착했다. 아히도벨도 그와 함께 있다. 16 다윗의 친구 아렉 사람
후새는 압살롬에게 찾아가 압살롬에게 말했다.
"왕이여 오래 사소서, 왕이여 오래 사소서"
17 압살롬이 후새에게 말했다.
"이것이 너의 친구에 대한 친절인가? 왜 너는 네 친구와 함께
가지 않았는가?"
18 후새가 압살롬에게 말했다.
"가지 않은 이유는 여호와와 이 백성, 그리고 모든 이스라엘
사람들이 선택한 자를 제가 지지하며[1] 그와 함께 머물 것이기
때문이다. 19 더구나(והשנית), 그의 아들 곁이 아니면 참으로 제가
누구를 위해 섬기겠습니까? 내가 당신의 아버지를 곁에서 섬겼던
것처럼, 저는 당신 곁에 있을 것입니다."

15절

다윗의 피난 행렬이 바후림을 지나 요단강 근처에 은신했을 때 압살롬은 그를 지지하는 "모든 백성"과 함께 예루살렘에 들어왔다. "모든 백성"과 "이스라엘 사람들"이 동격으로 병치된 것으로 보아, 압살롬의 반란은 유다를 포함한 온 이스라엘의 지지를 얻은 것으로 보인다. 하지만 앞으로 있을 다윗과 내전에서 승리하는 데 가장 중요한 자산은 아히도벨의 지혜이다.

예루살렘에 먼저 와 있던 후새는 압살롬에게 찾아가 그의 신복이 되려 한다. 후새가 '왕이여 만세'를 두 번 외치며 새 왕에 대한 예를 갖추자, 압살롬은 "이것이 너의 친구에 대한 친절인가? 왜 너는 네 친구와 함께 가지 않았는가?"라고 질문한다. 다윗을 가리켜 "너의 친구"라고 부른 이유는 후새가 '왕의 친구'라는 벼슬을 가졌음을 인지하고 비꼬는 것이다.[2] 아히도벨의 경우 압살롬이 직접 자신의 모사가 되

어 달라고 요청하였다. 이는 압살롬이 밧세바의 할아버지 아히도벨에게 다윗을 배반할 충분한 사연이 있다고 판단했기 때문이다. 하지만 후새가 다윗을 배반한 것은 놀라운 일이다. 압살롬은 후새의 항복을 내심 반기면서도 그의 동기를 궁금해했을 것이다. 후새가 압살롬의 마음을 얻기 위해서는 그 궁금증을 만족스럽게 풀어주지 않으면 안 된다.

이에 후새는 압살롬의 허영심을 만족시킨 대답을 한다. 먼저 압살롬이 다윗의 선택을 받지 못해 상처를 받았음을 알고, 그는 압살롬을 "여호와와 이 백성, 그리고 모든 이스라엘 사람들이 선택한 자"라고 부른다. 이때 "이 백성"과 "모든 이스라엘 사람들"은 동격이 아니다. 전자는 압살롬과 예루살렘에 함께 거주하는 그의 부하들이고, 후자는 유다를 포함한 모든 이스라엘 사람들을 지칭한다. 실제로 압살롬은 방금 유다 지파의 정치적 수도 헤브론에서 왕이 된 후 예루살렘에 들어왔다. 이렇게 후새는 다윗에게 받은 압살롬의 상처(인정 욕구)를 보듬으면서 이야기를 시작한다. 그리고 후새 자신도 압살롬을 "지지하며 그와 함께 머물" 것이라고, 즉 충성하겠다고 말한다. 나아가 후새는 자신이 다윗을 배반했다는 압살롬의 은근한 비난에 정면으로 반박한다.

> 더구나(והשנית), 그의 아들 곁이 아니면 참으로 제가 누구를 위해 섬기겠습니까? 내가 당신의 아버지를 곁에서 섬겼던 것처럼, 저는 당신 곁에 있을 것입니다.

후새는 압살롬이 다윗의 아들("그의 아들", "당신의 아버지")임을 강조하면서 압살롬에게 충성을 맹세한 것이 절대로 다윗 왕가에 반역한 것이 아님을 지적한다. 한번 배반한 사람은 계속 배반한다는 편견을 의식하는 듯이, 후새는 자신이 절대로 배반자가 아님을 강조하고 있다. 동시에 그는 압살롬의 쿠데타가 큰 그림에서 다윗 왕조에 대한 불충도 아님을 말하는 것이다. 왜냐하면 압살롬 자신이 "다윗의 후손"에 해당하기 때문이다. 이런 후새의 고백은 압살롬의 마음에 쏙 들었을 것이다. 실제로 압살롬도 자신이 다윗 왕의 적법한 후계자이며, 자기가 지금 예루살렘의 왕이 된 일이 하나님과 백성의 선택에 의한 것이라 믿었을 가능성이 높다. 이렇게 후새는 압살롬의 신뢰를 샀다. 한편, 후새가 압살롬의 신뢰를 얻는 과정이 비교적 자세히 서술된 이유는 압살롬이 헤브론이 아닌 예루살렘에서 합류한 다윗의 사람들에 대해 의심의 끈을 놓지 않았기 때문이다. 똑같이 피난하던 길에서 돌아와 예루살렘에서 압살롬을 맞은 제사장들도 그의 신뢰를 100퍼센트 얻지 못했던 것으로 보인다. 이에 대한 추가적 해설은 아래 17장 15-17절에 대한 해설을 참조하라.

한편 사무엘서 저자는 후새와 압살롬과의 대화를 구성하면서 후새가 압살롬을 배반할 것임을 암시하는 실마리를 두 가지 심어놓았다. 첫째, 후새는 '압살롬'을 왕이라 고백할 수 있는 부분에서 그러하지 않았다. "왕이여 오래 사소서"라는 말 대신 그는 "압살롬 왕이여 오래 사소서"라고 말할 수 있었다. 아도니야가 반란했을 지지자들은 "아노니야 왕이여 오래 사소서"(왕상 1:25)이라고 말했다. 밧세바가 다윗을 알현할 때 "다윗 왕이여 오래 사소서"라고 말했다(왕상 1:31). 심지어 솔로몬이 왕이 되었을 때도 지지자들은 "솔로몬 왕이여 오래 사소서"라고 말했다(왕상 1:43). 이상의 용법으로 판단할 때, 후새가 "왕이여 만세"를 말할 때 압살롬의 이름을 올리지 않은 것은 후새의 배반을 암시하기 위한 사무엘서 저자의 문학적 전략인 것 같다. 둘째, 후새의 마지막 말의 비대칭 구조에 주목하라.

> 내가 당신의 아버지를 곁에서 섬겼던 것처럼, 저는 당신 곁에 있을 것입니다.

후새는 "내가 당신의 아버지를 곁에서 섬겼던 것처럼, 저는 당신을 곁에서 섬기겠습니다"라고 말할 수 있었을 것이다. 하지만 그는 "섬기겠다"는 말을 생략한다. 이것도 사무엘서 저자가 후새의 배반을 암시하기 위해 그의 말을 문학적으로 편집한 결과인 듯하다.

아히도벨의 첫 번째 조언: 압살롬이 다윗의 첩들과 동침함 16:20-23

20 압살롬이 아히도벨에게 말했다.
"우리가 무엇을 해야겠느냐? 조언들 해보아라"[3]
21 아히도벨이 압살롬에게 말했다.
"궁전을 지키도록 남겨둔 당신 아버지의 첩들과 잠자리
하십시오(בוא אל). 그러면, 모든 이스라엘이 당신이 당신 아버지와
원수 되었음을 듣게 될 것입니다. 당신과 함께한 모든 이들의 손이
강해질 것입니다."
22 사람들은 압살롬을 위해 지붕 위에 장막을 세웠다. 압살롬은
모든 이스라엘이 보는 앞에서 아버지의 첩들과 잠자리했다.
23 그 당시 아히도벨이 조언했던 조언은 '하나님께 구하여 얻은 것'과[4]
같았다. 다윗과 압살롬에게 아히도벨의 조언은 그러하였다.

본 단락은 압살롬이 아버지 다윗의 첩들과 동침한 사건을 보고한다. 다윗은 예루살렘을 떠날 때 왕궁을 관리하도록 열 명의 첩들을 남겨 두었다(삼하 15:16). 다윗은 압살롬의 반란이 다윗의 왕권 자체에 대한 반대가 아님을 알았기 때문이다. 압살롬의 의도가 그를 죽이고 왕이 되는 것이 아니라 왕위를 물려주도록 그를 압박하는 것이라 생각했다. 다시 말해 그는 압살롬이 왕의 첩과 동침함으로 아버지 다윗과 원수가 될 것이라고는 생각하지 못했을 것이다.[5] 하지만 다윗이 계산하지 못한 것은 아히도벨의 존재이다. 그는 다윗의 왕권 자체에 반대할 충분한 이유가 있었으며, 다윗의 몰락을 실현시킬 지혜도 갖춘 매우 위험한 인물이었다.

압살롬은 전략 회의에서 아히도벨에게 "우리가 무엇을 해야 하느냐? 조언들 해보아라"라고 말한다. 분명 아히도벨에게 말하는 것으로 보고되는데, 그의 명령은 여러 사람을 대상으로 한 형태이다. 이것은 다윗의 질문이 한 무리의 모사들에게 전해진 것임을 암시한다. 아

히도벨은 모사들의 수장으로, 그의 대답은 모사들의 합의된 의견을 대표한다.[6] 아히도벨이 압살롬에게 전한 조언은 다윗이 남긴 열 명의 첩과 관계하는 것이다. 아히도벨은 그 이유를 다음과 같이 설명한다.

> 그러면, 모든 이스라엘이 당신이 당신 아버지와 원수 되었음을 듣게 될 것입니다. 당신과 함께한 모든 이들의 손이 강해질 것입니다.

아히도벨이 주장하는 것처럼, 압살롬과 다윗이 원수가 되면 압살롬의 지지자들의 사기가 높아지는 이유는 무엇일까? 이 질문에 답하기 전 먼저 생각해야 할 것은 적어도 사람들의 눈에 압살롬과 다윗은 아직 서로를 죽이려 하는 원수처럼 보이지 않는다는 사실이다. 앞서 여러 차례 논의한 것처럼 압살롬의 의도는 다윗을 죽이고 왕이 되려는 것이 아니라, 왕권을 넘겨주도록 다윗을 압박하는 것이었다. 압살롬도 다윗 왕조의 적법한 왕이 되고 싶은 것이다. 다윗도 마찬가지다. 다윗도 반역한 압살롬을 죽이고 싶지는 않다. 다윗이 압살롬을 죽이면, 다른 형제들은 자기들도 다윗에 의해 죽을지도 모른다는 생각을 하게 될 것이다. 이런 아버지-아들 간 불신은 다윗이 안정적으로 통치를 마무리하고 평화적으로 권력을 이행하는 데 큰 장애물이 된다. 압살롬과 다윗과의 관계가 애매하게 남는 것을 가장 두려워하는 사람들이 압살롬의 반란을 지지한 신하들이다. 그들의 가장 두려워하는 것은 압살롬과 다윗이 화해하는 것이다. 다윗이 아들인 압살롬은 용서하겠지만, 자신에게 반역한 일반 신하들은 압살롬과는 매우 다르게 처분할 것이기 때문이다. 그들은 압살롬과 다윗의 관계가 나빠져서 절대 화해할 수 없는 지경에 이르기를 원한다. 이 점을 너무 잘 알고 있었던 아히도벨은 압살롬에게 다윗의 첩들과 동침하라고 말한 것이다. 이렇게 압살롬과 다윗이 원수가 되면, 압살롬을 지지하는 사람들은 더욱 충성스럽게 일할 것이다.

아히도벨의 조언대로 압살롬은 아버지의 첩들과 관계했다. 그것도 "지붕" 위에 펼쳐진 장막에서 그것도 "모든 이스라엘이 보는 앞에서" 아버지의 첩들을 범했다. 이 두 표현 모두 다윗이 밧세바를 범한 사건을 연상시킨다. 다윗의 끔찍한 범죄는 지붕 위를 거닐다가 밧세바의 목욕하는 모습을 본 것에서 시작되었으며, 나단이 심판한 대로 다윗은 은밀하게 우리아의 아내 밧세바를 범했지만, 다윗의 첩들은 "온 이스라엘 앞에서 백주에" 압살롬에 의해 범해진다. 이런 인과응보적 끈을 더욱 치밀하게 만든 요소는 다윗의 첩과 동침하라 주문한 아히도벨이 밧세바의 할아버지라는 사실이다. 이것은 다윗의 고난이 단순히 예언의 불가항력적인 성취가 아니라, 다윗의 악행이 만들어낸 '업보'임을 보여 준다.

사무엘서 저자는 23절에서 이야기를 잠시 중단하고 아히도벨의 지혜에 대한 보충 설명을 제공한다. 아히도벨의 조언이 하나님께 얻은 신탁과 같다는 말은 그것이 매우 권위 있고 효과적이라는 뜻이다. 22절의 내용과 연결하여 해석하면, 다윗의 첩들과 동침하라는 아히도벨의 조언이 효과적이어서 압살롬의 신하들을 사기를 높이는 데 크게 기여했음을 짐작할 수 있다.[7] 아히도벨의 지혜에 관한 다음의 '사족'은 이후의 이야기 전개를 이해하는 데 중요하다.

다윗과 압살롬에게 아히도벨의 조언은 그러하였다(23절).

이 말은 아히도벨이 압살롬의 신하가 되었을 때도 그의 조언은 이전처럼 권위 있고 효과적이라는 뜻이다. 이 구절을 읽는 독자들의 마음에는 그런 아히도벨의 조언을 후새가 어떻게 무력화시킬 수 있을까라는 질문이 발생한다. 아히도벨의 조언이 하나님께 받은 신탁과 같다면 절대로 후새는 일대일로 아히도벨을 이길 수 없다. 하나님의 말씀처럼 여겨지던 아히도벨의 조언이 후새를 통해 무력화된 것은 그 둘의 경쟁이 군사 전략에 대한 것이 아니라 압살롬의 마음에 대한 것이기 때문이다. 보다 나은 군사 전략을 낸 쪽이 이기는 것이 아니라, 압살롬의 마음을 얻는 쪽이 이기는 것이다. 이런 의미에서 후새의 승리는 궁극적으로 하나님의 개입하심의 결과라 할 수 있다. 왜냐하면 하나님만이 인간의 마음을 움직일 수 있기 때문이다.

아히도벨의 두 번째 조언: 다윗을 당장 공격할 것 17:1-4

1 아히도벨이 압살롬에게 말했다:
"청하오니(נא), 제가 1만 2천 명의 사람을 뽑아 오늘 밤 출발해(ואקומה)
다윗을 추격하겠습니다. 2 그가 피곤하고 힘이 풀린 상태일 때
공격하려(אבוא עליו) 합니다. 제가 그를 기습 공격하면 그와 함께한
모든 백성들이 도망할 것입니다. 저는 왕만 죽이고(והכיתי)
3 모든 백성들을 당신에게 돌아오게 할 것입니다. 모두가 당신이
죽이려는(מבקש) 그 사람으로부터 돌아설 때 모든 백성은 평안할
것입니다."
4 그 말이 압살롬이 보기에 그리고 이스라엘의 모든 장로들이
보기에 옳았다.

아히도벨의 첫 번째 조언의 경우와 달리 여기서 압살롬이 질문하는 장면은 생략되어 있다. 그러나 "우리가 무엇을 해야겠느냐? 조언들 해보아라"(16:20 참조)라는 압살롬의 질문에 대한 답으로 1절을 이해해도 좋을 것이다.[8]

아히도벨은 선택된 정예 병력을 꾸려 당장 출발하여, 다윗이 여행의 피로에서 아직 회복되지 못했을 때 그를 기습 공격할 것을 제안한다. 이 작전을 위해 선택된 병력 수가 1만 2,000명이다. 현대 군대의 기준으로도 그리 작은 수가 아닌데, 고대 이스라엘의 인구 수를 고려하면 엄청나게 많은 병력이다. 더구나 기습 공격 작전을 위해 당장 오늘밤 출발하기 위해 선택된 정예 부대의 숫자로는 비현실적으로 크다. 하지만 "천"에 해당하는 히브리어 엘레프(אלף)가 군대 부대의 단위를[9] 가리킬 수 있다는 주장을 받아들인다면 우리는 1만 2,000명 대신 12소대로 이해할 수 있을 것이다. 그리고 12소대는 기습 공격 작전 수행을 위

해 신속하게 출발하는 병력 수로 적절해 보인다. 이 병력 규모는 이후 후새가 제안할 "바닷가의 모래처럼 많은" 병력과 대조된다.

아히도벨이 제안한 기습 공격의 범위도 후새의 공격 작전에 비해 매우 제한적이다. 즉 다윗이 숨어 들어간 도시 전체를 몰살시켜야 한다는 후새와 달리, 아히도벨은 다윗 왕만을 제거하고 나머지 백성들은 압살롬에게 항복하도록 회유할 것이다. "왕만 죽이고 모든 백성들을 당신에게 돌아오게 할 것입니다"라고 아히도벨이 단언한 대로, 다윗이 죽으면 백성들은 다윗의 아들인 압살롬에게 자연스럽게 항복하게 될 것이다. 아히도벨의 제안에서 특히 흥미로운 것은 아히도벨 자신이 기습 공격을 직접 이끌겠다고 자원한 것이다. 아히도벨의 진정성은 정중한 그의 말투("청하오니")에서 엿보인다. 반면 후새는 참전을 자원하지 않았고, 압살롬 왕이 직접 전투에 군대를 끌고 나가야 한다고 말한다. 아무도 스스로를 자살과 다름없는 작전에 밀어 넣지는 않을 것이기 때문에, 자신이 직접 작전을 지휘하겠다는 아히도벨의 제안은 성공가능성이 높은 작전임을 짐작할 수 있다. 이 작전이 다윗 왕의 목숨만을 목적으로 한다는 점도 아히도벨이 작전에 직접 참여하기 원했던 또 하나의 이유였을 수 있다. "저는 왕만 죽이고…"(2절, 밑줄은 필자의 강조). 그럼에도 불구하고 아히도벨은 다윗을 죽이는 일이 압살롬을 위한 것임을 분명히 할 뿐 아니라("당신이 죽이려는 그 사람[=다윗]"), 백성들에게 샬롬(שלום) "평안"은 가져오는 일임을 강조한다(3절).

4절은 아히도벨의 조언에 대한 압살롬과 장로들의 반응을 기록한다. "그 말이 압살롬이 보기에 그리고 이스라엘의 모든 장로들이 보기에 옳았다." 일견 긍정적으로 보이는 이 반응은 불길한 복선이 된다. 히브리어 숙어 "~가 보기에 옳다"는 일반적으로 하나님의 말씀과 반대되는 인간의 의견에 사용되기 때문이다. 아히도벨의 조언이 압살롬과 장로들이 "보기에 옳았다"는 말은 그들에게 아히도벨의 조언이 개인의 의견처럼 취급됨을 의미한다. 즉 아히도벨의 조언이 하나님의 말씀에 비기는 권위를 잃어버렸음을 보여 준다. 이렇게 4절은 압살롬이 아히도벨의 조언을 다른 조언과 비교하여 판단할 수 있는 가능성을 열어 놓는다. 그리고 우리는 바로 다음 절(아래 5절)에서 아히도벨의 조언과 비교할 다른 조언을 구하는 압살롬과 만난다.

후새가 아히도벨의 조언을 무력화시킴 17:5-14

5 압살롬이 말했다:
"부디 아렉 사람 후새도 부르라. 정말 그의 입에서 무엇이 나오는지
들어보자."
6 후새가 압살롬을 알현했을 때 압살롬이 그에게 이렇게(לאמר)
말했다:
"아히도벨이 이렇게 말했다(דבר). "우리가 그의 말을 실행해야
하느냐? 아니라면, 네가 말해 보아라(דבר)."
7 후새가 압살롬에게 말했다:
"아히도벨이 제안한 조언(עצה)이 이번에는 좋지 않습니다.
8 후새가 말했다:
"왕도 잘 아시다시피 왕의 아버지와 그의 부하(אנשיו)들은
용사(גברים)입니다. 더구나 그들은 지금 새끼를 잃은 들의 곰같이
독을 품었습니다(מרי נפש). 그리고 당신의 아버지는 전쟁에 능한
사람이어서, 백성들과 함께 밤을 보내지 않을 것이다. 9 틀림없이(הנה)
그는 이미 땅굴 속이나 여러 은신처 중 하나에 몸을 숨겼습니다.
이런 상황에서 그가 아군을[10] 먼저 공격한다면[11] 그것을 듣는
사람들은(השמע עמע) '압살롬을 따르는 군사들 중에 큰 패배가
있었다'고 말할 것입니다. 10 그러면 비록 사자의 심장을 가진
전사(בן חיל)이지만 그[아히도벨]도 틀림없이 두려움에 녹을
것입니다. 왜냐하면 모든 이스라엘이 인정하는 것처럼 왕의
아버지는 위대한 용사(גבור)이며, 그와 함께한 자들도 전사(בני חיל)
이기 때문입니다. 11 따라서 저는 이렇게 조언합니다. 단에서
브엘세바까지 모든 이스라엘이 바닷가의 모래처럼 많이 왕을 위해
모이고 모이도록 하세요. 그들을 이끌고 왕께서 직접(פניך) 전쟁(קרב)에

나가세요.[12] 12 그때 우리는 그곳에서 흔히 발견되는 은신처 중
하나로 갈 것입니다. 그리고 우리는 이슬이 땅에 떨어지는 것같이
그를 덮칠 것입니다. 그는 물론, 그와 함께한 사람들은 한 사람도
살아남지 못할 것입니다. 13 만약 그가 도시로 후퇴하면(יאסף), 모든
이스라엘 사람들이 그 도시에 줄을 두를 것이며(והשימו), 우리는 그것을
강으로 끌고 가 그곳에[13] 조약돌도 발견되지 않도록 할 것입니다.
14 압살롬과 모든 이스라엘 사람들이 말했다:
"아렉 사람, 후새의 조언이 아히도벨의 조언보다 더 좋다."
여호와께서 압살롬에게 재앙을 내리기 위해 아히도벨의 좋은
조언이 채택되지 않도록 정하셨다(צוה).

무슨 이유인지 모르지만 압살롬은 아렉 사람 후새의 조언을 듣기 위해 그를 소환한다. 잠시 후 후새가 압살롬과 대신들이 있는 왕의 집무실로 들어온다("압살롬을 알현했을בוא 때"). 그때 압살롬이 후새에게 아히도벨의 조언이 무엇이었는지 설명할 필요가 있었던 점("아히도벨이 이렇게 말했다")으로 미루어, 후새는 작전 회의에 참석하지 않았던 것으로 보인다. 그렇다면 압살롬이 갑자기 어전 회의에 들어오지도 않는 후새의 조언이 궁금해진 이유가 무엇일까? 그것은 '다윗의 친구'로 불리는 후새가 다윗에 대한 가장 믿을 만한 첩보원이었기 때문일 것이다. 그는 가장 최근까지 다윗과 함께 있지 않았는가? 압살롬은 아히도벨의 계획이 성공 가능한 것인지가 궁금했던 것이다:

> 우리가 그의 말을 실행해야 하느냐? 그렇지 않다면 후새의 계략도 듣고자 한다: "네가 말해 보아라."

후새는 이것을 하나님이 내리신 기회라 여겼을 것이다. 왕은 그를 소환하여 아히도벨의 계략을 시행하는 데 필요한 다윗에 관한 첩보 수집에 그치지 않고, 아히도벨의 계략을 대신할 후새의 계략도 청취하기 원한다. 이것은 다윗이 명령한 대로 아히도벨의 조언을 무력화할 수 있는

절호의 기회임에 틀림없다. 후새는 먼저 왕을 향하여 "아히도벨이 제안한 조언이 이번에는 좋지 않습니다"라고 말한다. 그리고 왕과 어전 회의에 참석한 모든 사람들을 향하여 그 이유와 자기 자신의 대안을 설명하기 시작한다. 흥미로운 것은 왕은 아히도벨의 조언을 하나님께 구하여 얻은 말씀(דבר האלהים)을 연상시키는 다바르(דבר) "말"로 표현했는데 후새는 그것을 에짜(עצה) "조언"이라 표현한다. 그럼으로써 후새는 아히도벨의 조언을 왕과 장로들 앞에서 상대화시킨다. 이제 아히도벨의 입에서 나오는 것은 한갓 사람의 조언에 불과하다.

8-10절에서 후새가 아히도벨의 조언이 성공하지 못할 이유에 대해 설명하고 있다면, 11-13절은 후새가 직접 제안하는 계략이다. 후새에 따르면 아히도벨의 계획이 성공하지 못하는 결정적인 이유는 다윗이 어디에 몸을 숨기고 있는지 아무도 모르기 때문이다.

> 당신의 아버지는 전쟁에 능한 사람이어서… 틀림없이 그는 이미 땅굴 속이나 그 외 은신처 중 하나에 몸을 숨겼습니다.

아히도벨의 작전은 다윗만을 정밀 타격하는 것인데 예상한 은신처에 다윗이 없다면 그 작전은 실패할 수밖에 없다. 은신처에 있는 다윗이 아히도벨의 군대를 선제공격한다면, 그래서 첫 교전에서 아군 중 일부가 쓰러진다면, 그 소식을 듣는 사람들은 "압살롬을 따르는 군사들 중에 큰 패배가 있었다"고 전할 것이다. 다시 말해 초반 접전의 패배가 사람들의 입에 회자될 때 크게 과장되어 다윗 군대의 사기를 크게 고양시킬 것이라는 뜻이다. 이것은 아히도벨처럼 사자의 심장을 가진 전사도 두려움에 빠뜨리기에 충분하다. 두려움에 빠진 군대는 새끼를 잃은 들의 곰같이 독을 품은 다윗의 용사들을 이길 수 없다. 이처럼 아히도벨의 작전에 대한 후새의 평가는 다윗과 그 용사들에 대한 구체적 첩보에 근거한 것으로 매우 합리적으로 들린다.

"혹 무리 중에 몇이 먼저 엎드러지면"(9절, 개역개정)

히브리어 문장 키느폴 바헴 바트힐라(כנפל בהם בתחלה)은 해석하기 어렵다. 문맥상 가능한 해석 두 가지는 개역개정이 암시하는 것처럼 '첫 번째 교전에서 압살롬의 군대의 일부가 패배하면'이라는 의미이다. 또 하나는 필자가 번역한 것처럼 '(다윗이) 압살롬의 군대를 기습 선제공격하면'이라는 의미이다. 후새의 이야기를 온전히 이해하기 위해서는 그 두 의미를 모두 넣어 읽는 것이 필요하다. 다시 말해 다윗이 은신해 있다가 갑자기 압살롬의 군대를 선제 기습공격하여 압살롬의 군인들이 엎드려지면, 다윗의 초반 승리가 사람들의 입소문을 타면서 과장되어 다윗의 부하들의 사기를 고양시키는 반면, 압살롬 군대의 사기는 떨어뜨릴 것이라는 말이다.

이제 후새는 자신의 계략을 들려준다. "저는 이렇게 조언합니다"(11절). 그는 전국에 총동원령을 내릴 것을 요청한다. 그리고 모래의 바다처럼 많은 "이스라엘"을 이끌고 왕이 친히 전쟁에 나가기를 제안한다. 이슬이 땅을 덮듯이 압도적인 인원의 군사로 다윗이 숨을 만한 은신처들을 모두 수색해야 한다는 것이다. 목표는 다윗은 물론 그와 함께 한 사람도 모두 죽이는 것이다. 그의 이런 의도는 다소 과장적 수사를 통해 강조된다. 다윗이 어떤 도시로 숨어 들어가면, 그 도시를 밧줄로 묶어 강으로 끌고 가 빠뜨려 버릴 것이라고 말한다. 그 도시가 본래 잇던 자리에는 사람은 고사하고 조약돌 하나 발견되지 않을 것이다. 다윗을 돕는 누구든지 모두 죽이라는 조언이다.

후새의 계략은 젊은 왕 압살롬의 허영과 증오에 기름을 붓는다. 아버지의 왕위를 이어받아 하나님의 백성 전체를 섬기기보다, 아버지를 죽이고 자기에게 순종하지 않는 백성들을 죽이고 군림하는 왕이 되라 말한다. 하지만 후새의 계략은 다윗이 요단강을 건너 도망할 시간을 벌어 줄 것이며, 압살롬은 다윗을 추격하는 작전 도중 사망할 위험에 노출된다. 아히도벨의 조언이 르호보암의 장로들의 조언을 연상시키는 것처럼 후새의 조언은 르호보암의 젊은이들의 조언을 연상시킨다.

질문

1. 압살롬은 헤브론이 아니라 예루살렘에서 그를 맞은 다윗의 신하들을 경계하였습니다. 후새는 어떻게 압살롬의 경계를 풀고 그의 신뢰를 얻을 수 있었습니까?
2. 압살롬이 다윗의 첩들과 동침하는 것이 그에게 충성하는 신하들의 사기를 높인 이유는 무엇입니까?
3. 압살롬이 아히도벨의 기습 공격 작전에 대한 의견을 물었을 때, 후새는 어떻게 대답합니까? 아히도벨의 계략이 성공하지 못할 이유와 후새의 대안의 내용을 설명해 봅시다.

묵상

아히도벨의 계략을 무력화시킬 때 중요한 것은 압살롬의 마음을 얻는 일입니다. 문제는 아히도벨의 조언이 압살롬과 조정 대신 사이에 하나님께 얻은 신탁의 권위를 가진다는 것입니다. 하나님의 말씀의 대언자를 누가 감당할 수 있겠습니까? 후새의 계략이 압살롬의 계략보다 압살롬과 조정대신에게 더 좋게 판단될 수 있었던 근본적인 이유는 하나님이 압살롬과 조정대신들의 마음을 준비시켰기 때문입니다. 어느 순간 아히도벨의 조언이 그들에게 하나님의 말씀이 아니라 인간의 의견으로 들리기 시작합니다. 그때 후새가 등장해 압살롬과 그의 대신들의 허영심을 채우는 계략을 내놓습니다. 이것이 아히도벨의 지혜로운 조언이 채택되지 않게 된 경위입니다. 비록 후새는 거짓말을 한 것이지만, 거짓말에 속은 책임은 압살롬의 허영심에 있습니다. 모든 하나님의 백성의 왕이 되려는 대신, 자신을 지지하는 백성들만의 왕이 되려 한 압살롬은 이스라엘의 왕이 될 자격이 없습니다. 사상자 수를 최소화하는 전략 대신, 몰살 전략, 즉 자신에 반대한 사람들이 밟은 돌까지도 없애려 한 압살롬은 이스라엘의 왕이 될 자격이 없습니다.

32
마하나임에 도착한 다윗

삼하 17:15-30

본문은 압살롬과 내전의 과정에서 다윗의 가장 위험했던 순간을 묘사한다. 아히도벨의 조언이 채택되었거나 후새의 메시지를 전하는 아히마아스와 여호야다가 바후림에서 체포되었다면 다윗 일행은 요단을 건너기 전에 모두 죽었을 것이다. 이런 위험한 순간마다 다윗을 제 목숨처럼 보살핀 손길들이 있었다. 다윗을 도운 손길 중에 이름이 알려지지 않는 두 여인이 포함되어 있다. 한때 다윗이 여자를 쾌락의 도구로 사용했고 그로 인해 지금의 어려움까지 왔지만, 결정적인 순간에 다윗을 도운 것도 여인들이라는 것은 아이러니다. 이들의 도움으로 요단을 건너 마하나임에 이른 다윗은 길르앗 사람들의 환영을 받는다. 절망의 순간에 하나님이 보내주신 도움의 손길들은 다윗이 전열을 재정비하여 반격의 기회를 마련하는 데 큰 도움을 주었다.

후새가 제사장들에게 소식을 전함 17:15-17

15 후새가 제사장 사독과 아비아달에게 말했다:

"아히도벨이 이렇게 저렇게 압살롬과 이스라엘 장로들을
조언했는데, 내가 이렇게 저렇게 맞조언했다. 16 이제 서둘러 사람을
보내어 다윗에게 다음과 같이 전해라: '오늘 밤 광야 나루에서[1]
밤을 보내지 말고, 강을 완전히 건너라. 그렇지 않으면 왕 그리고
그와 함께한 백성 모두가 멸절될지도 모른다.'"[2]
17 한편 여호나단과 아히마아스는 엔 로겔에 대기해(עמדים) 있었다.
그들이 도시로 들어오는 것이 목격되어서는 안되었기 때문에
여종(שפחה)이 밖으로 나와서 그들에게 전하면, 그들이 가서
다윗 왕에게 말하기로 되어 있었다.

다윗 왕이 기드론 계곡을 건너면서 싸둔 계략이 이제 본격적으로 작동하기 시작한다. 다윗은 제사장 사독과 아비아달과 그의 아들들을 예루살렘으로 보내면서 그들이 "알리는 소식"(삼하 15:28)을 기다리겠다고 말했었다. 또한 후새를 첩자로 압살롬에게 보내면서 다음과 같이 말했었다.

> 네가 왕의 궁중에서 무엇을 듣든지 사독과 아비아달 두 제사장에게 알리라 그들의 두 아들 곧 사독의 아들 아히마아스와 아비아달의 아들 요나단이… 너희가 듣는 모든 것을 그들 편에 내게 소식을 알릴지니라(삼하 15:35-36)

이제 다윗의 계략대로 후새가 첩보 메시지를 제사장 사독과 아비아들에게 전달한다(1절). 그 내용은 아히도벨의 조언을 후새가 무력화했으며, 왕이 마음을 바꾸어 기습 공격 부대를 꾸려 보내기 전 "오늘 밤… 강을 완전히 건너라"는 것이다. 이때 후새는 아히도벨의 조언이 가져다 줄 위험을 과장한다. 아히도벨은 다윗만을 죽이고 나머지는 살려둘 것을 조언했지만 후새는 "왕 그리고 그와 함께 한 백성 모두가 멸절될지도 모른다"(16절)고 말한다. 하지만 이런 과장은 다윗의 즉각적 이동을 촉구하기 위한 것으로 이해될 수 있다.

17절은 소식이 예루살렘에서 다윗의 은신처까지 어떻게 도달했는지를 설명한다. 먼저 예루살렘 남쪽 근교인 엔 로겔(수 18:16 참조)에서 아비아달의 아들 여호나단과 사독의 아들 아히마아스가 대기하고 있다가 예루살렘에서 여종을 통해 소식이 오면, 그 두 제사장은 직접 그것을 다윗에게 전달하게 되어 있었다. 17절에 쓰인 히브리어 동사들의 형태는 이것이 한번이 아니라 반복적으로 작동되는 비밀 통신 체계임을 암시한다.[3] 분명하지 않은 것은 여호나단과 아히마아스가 "그 도시로 들어오는 것이 목격되어서는 안 되었다"는 말의 의미이다. 그들은 그들의 아버지들과 달리, 압살롬 왕에게 항복하지 않았는가? 그래서 엔 로겔에 은신해 있었던 것일까? 이런 견해의 문제는 다윗이 사독과 아비아달의 아들들에게도 예루살렘으로 돌아가라 명했다는 사실이다. 그 아들들이 다윗의 명을 어기고 독자적으로 행동했다고 상상하기 힘들다. 그렇다면 그들이 엔 로겔에 대기해 있었고 그 도시로 들어오는 것이 눈에 띄어서는 안 되었던 이유는 무엇일까? 이 질문에 답해줄 결정적 실마리는 없다. 필자는 여호나단과 아히마아스의 근무지가 엔 로겔이었을 것으로 추정한다. 후에 아도니야가 그곳에서 왕이 된 것으로 보아 엔 로겔에 제단이 있었을 가능성이 있다. 엔 로겔은 힌놈 계곡과 기드론 계곡이 만나는 교통의 요지로, 그곳으로부터 기드론 계곡을 건너 북쪽으로 혹은 남쪽 광야를 통해 사해 바다로 이동할 수 있기 때문에, 그곳에서 근무하는 제사장들은 특별 감시의 대상이 되었을 가능성도 있다. 또한 압살롬이 첩보 누설을 우려해 예루살렘을 드나드는 사람들을 일일이 통제했을 가능성도 있다. 엔 로겔의 제사장들이 특별 감시의 대상이 되었던 이유는 그들이 예루살렘을 들락거리며 얻은 첩보가 쉽게 다윗에게 전달될 수 있었기 때문이다. 이것은 제사장들에 대한 압살롬의 불신과도 연결된다. 그가 헤브론에서 왕이 될 때 제사장을 부르지 않은 것은 이를 단적으로 보여 준다. 따라서 다윗을 따라나선 제사장들이 돌아와 항복했을 때 압살롬은 그들에 대한 의심을 완전히 거두지 않았을 것이다. 이것은 후새가 압살롬의 신뢰를 얻는 과정이 자세히 묘사된 것과 대조적으로 제사장이 압살롬에게 받아들여지는 장면은 생략되어 있다는 점에서 확인된다.

이런 상황에서 예루살렘에서 근무한 제사장 사독과 아비아달은 압살롬의 의심을 피해 엔 로겔에 있는 아들들에게 첩보를 전할 묘안을 생각해 냈다. 그것은 엔 로겔에 그 이름이 암시하는 대로 사람들이 모여 빨래하는 샘이 있었다는 사실과 관계있다. 즉 그들은 여종을 통해 엔 로겔에 있는 아들들과 소통했다. 여종은 빨래를 핑계로 다윗의 성 근교에 위치한 엔 로겔에 의심받지 않고 자유로이 왕래할 수 있었을 것이다. 당시 예루살렘은 축구장 열 개 정도 크기에 불과했으며, 성 안에 물은 없었다. 여기서 꼭 짚고 넘어가야 할 것은 다윗과 압살롬의 권력 투쟁의 가장 중요한 국면에서 "여자"가 핵심적 역할 혹은 영웅적 역할을 한다는 것이다. 그리고 이름조차 남기지 않은 이 여인들이 없었다면 다윗은 압살롬의 손에 죽었을 것이다.[4] 다윗이 사울에게 쫓길 때도 미갈과 아비가일의 역할이 중요했음을 생각하면 다윗과 여자의 관계는 다음과 같은 패턴을 형성하는 듯하다. 다윗이 낮아졌을 때, 여자들이 구원자들로 등장하는 반면, 권력을 차지한 다윗은 여자들을 한갓 도구로 사용하는 경향이 있었다. 왕이 된 다윗은 정략결혼은 물론, 한갓 욕정에 따라 우리아를 죽이고 그의 아내 벳세바를 강탈했다. 심지어 자신의 딸 다말의 불행도 자신의 정치적 편의를 위해 모른 척했다. 이런 패턴은 타락한 세계에서의 남녀 관계의 현실을 잘 보여 준다. 여자가 영웅으로 등장하는 때는 남자 중심의 권력 질서가 무너진 소위 '위기의 시대'이며, 남자 중심의 질서가 확립된 '안정의 시대'에는 여자가 착취의 대상이 되기 쉽다.

여호나단과 아히마아스를 숨겨준 여인 17:18-20

18 그러나 시종(נער)하나가 그들을 목격하고 압살롬에게 전했다.
그 둘은 서둘러 가서 바후림에 있던 어떤 남자(איש)의 집으로
들어갔다. 뜰에 우물이 있어 그들은 그 안으로 내려갔다.
19 그 여자는(האשה)은 덮개를 취하여 우물의 입구 위에 펼쳤다.

그 위에 보리 알곡(רפות)을 흩뜨렸다(ותשטח). 감쪽같았다.

20 압살롬의 종들이 그 여인에게, 그 집으로 들어와서 말했다:

"아히마아스와 여호나단이 어디에 있느냐?"

그녀가 그들에게 말했다.

"미갈 여울목(מיכל המים) 방향으로 갔습니다."

그들은 수색했으나 발견하지 못하고 예루살렘으로 돌아갔다.

17절이 반복되는 첩보 전달의 과정을 보여 준 것이라면, 18절은 후새가 다윗의 안위에 결정적인 첩보를 전달하는 한 사건에 초점을 맞춘다. 이것은 17절에 사용된 동사들이 반복과 습관을 나타내는 형태를 가지는 반면 18절의 동사들은 단회적인 사건을 나타내는 형태라는 점을 통해서도 확인된다. 아히도벨의 조언을 무력화하고 다윗을 위한 시간을 번 후새가 다윗에게 소식을 전하려 했을 때 지금까지 잘 작동하던 첩보 전달 체계가 문제에 봉착한다. 압살롬에 부하에 의해 발각된 것이다. 18절에서 압살롬의 시종이 목격한 "그들"은 근무지를 이탈하여 바후림으로 향하는 제사장 아히마하스와 여호나단이다. 제사장이 근무지를 이탈하는 것도 의심스러운데 그들은 다윗이 도주한 길을 따라갔다. 이를 본 시종이 반역 행위임을 인지하고 압살롬에게 즉시 보고한 것은 놀랄 일이 아니다.

한편 압살롬 무리의 추격을 눈치 챈 아히마아스와 여호나단은 걸음을 재촉하여 바후림에 있는 어떤 남자의 집으로 들어간다. 압살롬의 종들은 말을 타고 추격을 했을 가능성이 높기 때문에(삼하 15:1 참조) 걸어서 이동하던 제사장들을 바후림에서 따라잡은 것이다.[5] 한편 제사장들은 추격대를 따돌릴 수 없음을 알고 무작정 바후림의 어떤 남자의 집으로 들어간 것이다. 그런데 문제는 사울의 집안 사람 시므이가 바후림에 거주한 것에서 짐작할 수 있듯이, 바후림은 사울의 집안에 충성도 높은 사람들이 모여 살던 마을이다. 그들이 다윗의 첩자에게 호의적일 리 없다. 그럼에도 아히마아스와 여호나단이 어떤 사람의 집으로 들어간 것은 그만큼 추격이 바짝 붙었다는 뜻일 것이다. 그러나 그들이 들어간 집의 주인이 그들을 도울 것이라는 보장은 전혀 없었다.

이때 하나님의 도우심이 있었다. 그 집의 여주인이 그들을 우물 속에 내리고 덮개를 우물 입구 위에 펼쳐 놓고 그 위에 보리 알곡을 흩뿌려 놓았다. 그 여인의 위장이 얼마나 완벽했는지, 사무엘서 저자는 "감쪽같았다(לא נודע דבר)"라고 말한다. 여인의 호의는 여기서 끝나지 않았다. 압살롬의 종들이 그 집으로 들어와 여인에게 다윗의 첩자들의 행방을 물었을 때, 그는 "미갈 여울목 방향으로 갔습니다"라고 거짓말한다. 그들을 보지 못했다고 말했다면 압살롬의 종들은 그들이 바후림 어딘가에 숨어 있을 것이라 생각하고 그들이 다시 나타날 때까지 잠복했을 가능성이 있다. 하지만 그들이 마을을 떠나 미갈 여울목 방향으로 갔다고 말하면, 압살롬의 종들은 그 방향으로 추격해 갈 것이다. 그리고 그들을 그곳에서 발견하지 못할 경우 추격을 포기할 가능성이 높다. 설사 그들이 여인이 거짓말한 것을 의심하여 돌아와 다시 추격한다 해도 이미 많은 시간이 흘러 아히마아스와 여호나단을 잡는 것은 더욱 어려워졌을 것이다. 실제 압살롬의 종들은 후에 쫓는 것을 중단하고 예루살렘으로 돌아간다.

본 장면이 라합의 이야기를 연상시키기 때문에, 그 전형 장면에 익숙한 독자들은 그 여인의 호의를 당연한 것으로 받아들일 수 있다. 하지만 아히마아스와 여호나단은 절대 그러지 않았을 것이다. 왜냐하면 자기 집에 찾아온 적의 첩자나 적의 장수를 도와주는 척하다 죽여버리는 경우가 있기 때문이다. 대표적인 예로 가나안 장군 시스라가 자기 집에 숨어들어 왔을 때 그를 도와주는 척하다가 머리에 정을 박아 죽인 야엘을 들 수 있다. 따라서 아히마아스와 여호나단의 입장에서는 그 여자의 호의를 특별하게 생각하지 않을 수 없었을 것이다. 하지만 흥미로운 것은 라합의 이야기와 달리, 그 여인에게 어떤 보상이 약속되거나 주어지지 않는다는 것이다. 그 이유는 라합의 믿음이 강조되는 라합 이야기와 달리 본 이야기에서는 첩자 제사장들에 대한 하나님의 도우심이 강조되기 때문이다. 즉 아히도벨의 조언을 어리석게 해

달라는 다윗의 기도가 응답되기 위해서는 후새의 첩보가 다윗에게 전달되어야 했기 때문이다. 이런 차이에도 불구하고 라합 이야기와 본 장면의 공통점은 여주인공들이 숨겨준 편이 궁극적으로 승리한다는 것이다. 이스라엘이 가나안에 대해 승리한 것처럼, 다윗이 압살롬에 대해 승리한다.

이 장면의 전체적인 줄거리는 비교적 분명함에도 불구하고 몇 가지 세부사항은 여전히 설명하기 힘들다. 예를 들어, 아히마아스와 여호나단을 도운 여자의 남편 역할은 무엇이었을까? 성경 저자가 "어떤 남자의 집"에 들어갔다고 기록한 것으로 보아, 아히마아스와 여호나단을 도운 여자는 그 남자의 아내였을 것이다. 그러면 당시 남편은 어떤 역할을 했을까? 분명한 것은 그가 아내를 적어도 방해하지는 않았다는 것이다. 왜냐하면 남편이 적극적으로 반대했다면 아내가 적의 첩자를 돕는 것은 불가능했기 때문이다.[6] 또 한 가지의 질문은 "미갈 여울목"에 관한 것이다. "여울목"은 요단강을 걸어서 건널 만큼 수심이 얕은 곳을 지칭할 것이다. 하지만 "미갈 여울목"의 정확한 위치는 오늘날 알 수 없다. 더 정확히 말하면 "미갈"이라는 말은 실제 여울목의 이름처럼 들리지 않는다. 오히려 사울에 쫓기는 다윗을 창문으로 달아내려 살려 준 다윗 아내의 이름을 연상시킨다. 본 장면에서 여인이 압살롬의 종들에게 거짓말하여 다윗의 첩자들의 도주를 도와 준 것은 미갈이 거짓말로 다윗이 도망갈 시간을 벌어 준 일을 상기시킨다.

다윗의 구원과 아히도벨의 죽음 17:21-23

21 그들이 떠난 후 아히마아스와 여호나단은 우물에서 올라와,
다윗 왕에게 가서 전했다. 그들이 다윗에게 말했다:
"일어나 서둘러 여울목(המים)을 건너가소서. 아히도벨이 당신에
대해 이렇게 조언했습니다."
22 다윗과 그와 함께한 모든 백성이 일어나 요단강을 건넜다.
동이 틀 때까지 요단강을 건너지 않은 사람이 한 사람도 없었다.

23 한편 아히도벨은 자신의 조언이 실행되지 않음을 보고,
당나귀에 안장을 갖추고, 일어나 자기 집으로, 자기 고향으로 갔다.
그는 자기 집을 정리하고(ויצו אל ביתו) 목을 매어 죽었다. 그리고
자기 조상들(אביו)의 무덤에 장사되었다.

"그들이 떠난 후"(17절)는 압살롬의 무리가 예루살렘으로 돌아간 후를 가리키지 않는다. 그것은 우물 속에 숨어 있는 제사장은 물론 그 여인도 확인할 수 없는 사실이다. 여인이 확인할 수 있는 사실은 압살롬의 종들이 그녀의 집에서 떠나 그녀가 말한 미갈 여울목을 향해 갔다는 것뿐이다. 따라서 "그들이 떠난 후"라는 말은 그들이 미갈 여울목을 향해 떠난 후를 의미한다. 그렇다면 아히마아스와 여호나단이 우물에서 올라온 시점도 압살롬의 종들이 미갈 여울목으로 향한 후일 것이다. 그들이 혼자 우물에서 올라올 수 없었을 것이기 때문에 그 여인이 안전한 때에 밧줄을 내려 그들을 우물에서 올린 후 길을 가게 했을 것이다. 즉 그 여인의 역할은 제사장들을 숨겨 주는 것에 국한된 것이 아니라 그들을 안전하게 다윗에게 보내는 일도 포함한다. 미갈 여울목을 수색하려 간 사람들이 거짓말임을 알고 다시 추격을 시작해도 이미 아히마아스와 여호나단이 멀리 도망간 후일 것이다.[7]

아히마아스와 여호나단이 다윗에게 실제 보고한 내용(21절)은 후새가 전령에게 준 메시지(16절)보다 간결하지만 후새의 의도는 정확히 전달되었다. 즉 당장 그날 밤 요단강을 건너지 않으면, 아히도벨의 계략대로 다윗과 그의 백성들이 멸절당할 수도 있다는 내용이다. 이에 다윗과 그의 백성들은 지체 없이 도하를 시작했고 그 덕분에 다음 날 동이 트기 전까지 요단강을 모두 건널 수 있었다. 이로써 아히도벨의 조언을 어리석게 해달라는 다윗의 기도가 응답되고, 아히도벨의 조언을 무력화시키는 다윗의 전략도 대성공을 거두게 되었다.

한편 아히도벨은 자신의 조언이 실행되지 않자, 목을 매어 자살한다. 우발적인 자살이 아님을 보여 주는 것은 그가 안장을 갖춘 당나귀를 타고 자기 고향 길로(גלה)로 돌아가 자기 집을 정리한 후 목을

맸다는 사실이다. 자기 집을 정리했다는 것은 물리적 청소를 의미하는 것이 아니라, 유산과 같이 자기가 죽은 후의 발생할 여러 문제를 미리 정리해 두었다는 의미이다. 고향 집에서 죽은 것은 가족이 그의 시신을 거두어 조상의 무덤에 묻일 수 있도록 하기 위함이다. 고대인들에게 죽어 조상의 무덤에 묻히는 것은 오늘날 기독교인들에게 죽어 천국 가는 것에 비견될 수 있다. 이처럼 아히도벨은 후새의 조언이 채택되자 자살을 결심하고 그것을 실행하기 위해 자살 이후의 상황까지 용의주도하게 준비한 것이다. 이런 점에서 아히도벨에게 있어 자살은 감정이나 지성의 불균형 상태(상한 자존심 혹은 수치감)에서 발생한 불행한 사건이 아니라, 자신의 삶을 명예롭게 끝내는 가장 좋은 방법이라는 계산에서 발생한 사건이다.

유대인들에게는 자살하면 지옥 간다는 개념이 없었다. 사울도 명예로운 죽음을 위해 자살을 선택했고, 유대인의 미드라시에 따르면 다윗도 압살롬의 난에 하나님의 명예를 지키기 위해 스스로 목숨을 끊으려 했다. 아히도벨도 자살이 자신의 생을 마감하는 가장 좋은 방법이라는 결론에 도달한 듯하다. 그렇다면 아히도벨은 왜 그렇게 생각했을까? 이에 대한 답은 아히도벨이 현재의 상황들을 통해 미래의 일을 예측하는 혜안의 사람이었다는 사실에서 찾아야 한다. 후새의 조언이 채택되었을 때 그는 압살롬이 다윗을 죽일 수 있는 절호의 기회뿐 아니라 다윗을 이길 수 있는 유일한 기회를 놓쳤음을 깨달았다. 비록 그가 압살롬을 도운 동기가 100퍼센트 순수한 것은 아니었지만[8] 그럼에도 그는 다윗 왕보다 압살롬이 더 좋은 통치자라는 확신 가운데 그의 권력 투쟁을 도왔다. 하지만 요단강을 건너기 전에 다윗을 죽이는 데 실패한 이상, 머지않아 다윗의 나라가 도래할 것임은 명약관화이다. 다윗이 돌아왔을 때 반란한 무리들에 대한 처벌은 불가피하다. 아히도벨은 다윗에게 체포되어 범죄자로 처형되는 것보다 자살을 통해 압살롬의 충신으로 기억되는 길을 택한 듯하다. 더 큰 그림에서 보면 아히도벨의 죽음은 사무엘하에서 다윗을 저주하거나 대적하는 사람은 결국 죽음을 경험한다는 것과 연결될 수 있다. 그가 시므이와 같은 사울의 친척이든지 여부스의 장님과 절름발이이든지 아히도벨과 같은 당대 최고의 학자이든지 상관없이 말이다.

마하나임에 도착한 다윗 17:24-29

24 다윗이 마하나임에 도착하려 할 때 압살롬은 그와 함께한 모든
이스라엘 사람들과 함께 요단강을 건넜다. 25 그때 이미 압살롬은
요압 대신 이미 아마사를 군대 대장으로 세운 상태다. (아마사는
이스르엘 사람 이드라라 이름하는 자의 아들이다; 이드라는
나하스의 딸, 요압의 어머니인 스루야의 자매, 아비갈과 동침하여
아마사를 낳았다.) 26 이스라엘과 압살롬은 길르앗 땅에 진을 쳤다.
27 다윗이 마하나임에 도착했을 때, 암몬의 랍바 출신, 나하스의
아들 소비와 로드발 출신 암미엘의 아들 마길, 그리고 로글림 출신
길르앗 사람 바르실래가 28 침상과 대야와 질그릇, 밀과 보리와
곡물 가루와 말린 곡물(קלי), 콩과 팥과 말린 곡물(קלי), 29 꿀과 버터,
양와 소를[9] 가져와 다윗과 그와 함께한 백성들이 식사할 수 있도록
했다. 그들은 '백성들이 광야에서 허기와 목마름으로 지쳤을 것'이라
생각했기 때문이다.

다윗이 반역자들과 맞서기 위한 작전 본부로 선택한 도시는 마하나임이다. 마하나임은 "두 진영"이라는 의미로 하란에서 돌아온 야곱이 그의 형 에서를 만나기 위해 무리를 두 진영으로 나눈 사건에서 그 이름이 유래하였다. 마하나임의 구체적인 위치는 현재 알려져 있지 않지만, 길르앗 지역에 있는 얍복강(현대명 와디 제르카)의 북쪽에 위치한 것으로 추정된다. 마하나임은 가장 가까운 요단강 여울에서 약 17킬로미터 동쪽에 위치하며, 예루살렘에서도 직선거리로 60여 킬로미터 떨어져 있어 임시 정부를 안정적으로 운영하기에 적합한 장소이다.

다윗의 행렬이 마하나임에 도착하려 할 때 압살롬의 군대가 요단강을 건넜다. 압살롬의 추격이 늦어진 것으로 보아, 압살롬이 후새

의 조언대로 전국에서 군대를 총동원하여 다윗을 추격하기 시작했음을 알 수 있다. 다윗의 지친 일행들이 여리고 방향으로 요단을 건너 마하나임까지 도착하려면 적어도 사흘이 걸렸을 텐데, 그 시간 동안 압살롬의 군대는 겨우 요단강을 건넜을 뿐이기 때문이다.

압살롬이 총동원된 군대로 다윗을 쫓았음을 보여 주는 보다 확실한 증거는 그가 아마사를 군대 장관으로 세웠다는 것이다. 성경 저자는 "요압 대신 아마사를" 군대 장관으로 세웠다고 말하지만, 이것은 이후의 사건에 대한 복선을 주기 위한 문학적 전략일 뿐이다. 요압은 한 번도 압살롬을 왕으로 섬긴 적이 없다. 따라서 압살롬에게는 요압을 대체할 장군이 필요했던 것은 아니다. 다만 사무엘서 저자는 "요압 대신 아마사"라는 말을 함으로써 후에 발생할 요압과 아마사 간의 경쟁 관계를 미리 보여 주려 한 것이다.

그러면 왜 압살롬은 아마사를 선택했을까? 그 이유는 성경 저자가 제시하는 아마사의 족보에 암시되어 있다. 아마사는 요압과 사촌에 해당한다. 다시 말해 유다 지파 사람이다. 유다 지파 사람인 아마사가 압살롬의 군대 장관이 되었다는 것은 유다 지파의 상당수가 다윗을 배반하고 압살롬의 왕권을 지지했음을 보여 준다. 압살롬이 헤브론에서 왕이 된 것은 단지 상징적인 행위만은 아니었다. 실제 예루살렘에 수도의 지위를 내어 준 헤브론이 다윗의 통치에 불만을 품고 압살롬의 왕위 계승을 지지했을 가능성이 높다. 아마사의 족보에서 또 한 가지 주목할 것은 그가 나하스의 손자라는 사실이다. 유대인 미드라시에 따르면 암몬 왕 나하스는 모압에서 암몬으로 피난한 이새의 아내를 거두어 들여 아이를 낳았다. 이것은 왜 다윗의 여동생인 아비가엘이 나하스의 딸이 되는지를 설명해 준다(삼하 10:1-4에 대한 해설 참조). 여하튼 아비새의 외가가 이방인의 피를 가졌다는 점은 그를 압살롬과 더 가깝게 했을지 모른다. 왜냐하면 압살롬도 외할아버지와 어머니가 이방 사람이었기 때문이다.

26절에 따르면 아마사를 군사령관으로 한 압살롬의 군대는 길르앗에 진을 쳤다. 길르앗은 본래 사울 가문에 충성스러웠던 지역이다. 길르앗의 야베스인들과 사울 집안의 긴밀한 관계는 그 역사가 사사시대까지 거슬러 올라간다. 하지만 다윗이 헤브론에서 유다의 왕이 된 이후로는 길르앗 지방의 민심에 변화가 일어나기 시작했다. 다윗은 유다의 왕이 된 후 가장 먼저 길르앗 야베스 사람들을 자신의 편으로 포섭했다. 최근에는 사울의 마지막 후손 므비보셋을 숨겨둔 로드발 출신 마길도 다윗을 지지하게 되었다. 이처럼 길르앗 사람들의 민심이 다윗에게 호의적으로 변한 상태에서 압살롬이 길르앗 지역에서 다윗과 싸우게 된 것은 다윗에게 전세가 유리할 것임을 암시한다.

27-29절은 길르앗의 유지들이 마하나임에 임시 정부를 꾸린 다윗을 전폭적으로 지지함을 보여 준다. 다윗이 마하나임에 도착하자, 지역의 유지들이 다윗에게 선물을 가져왔다. 로드발 출신 암미엘의 아들 마길은 최근까지 사울의 마지막 후손 므비보셋을 보살펴 왔던 사람이다. 그가 피난 온 다윗에게 선물을 들고 찾아온 것은 최근 길르앗 지방의 민심의 향배를 단적으로 보여 준다. 로글림 출신 길르앗 사람 바르실래도 찾아왔다. 그는 매우 나이가 많은 지역의 원로이다(삼하 19:32 참조). 어떤 학자들은 그의 이름이 "철 세공의 아들"이라는 점을 들어, 그가 지역의 철광산을 운영했고 다윗에게 찾아온 것도 철 사업의 이권을 지키기 위한 것이라고 주장하지만 지나친 억측처럼 보인다. 다윗을 찾아온 또 하나의 인물은 나하스의 아들 소비이다. 그가 랍바에 사는 것으로 보아 그는 암몬 왕 나하스의 아들 하눈의 형제인 듯하다. 다윗은 암몬을 정복하여 속국을 만들었다(삼하12:26-31 참조). 압살롬이 반역하여 예루살렘을 점령했지만, 암몬 왕 하눈은 그것을 독립의 기회로 삼지 않고, 다윗에 대한 충성을 표시하는 기회로 삼았다. 길르앗의 이스라엘 사람들뿐 아니라, 이처럼 암몬 왕까지 피난 중인 다윗을 지지했다는 것은 이후의 권력 투쟁에서 다윗이 거둘 승리에 대한 전조가 된다.

이들이 가져온 품목들은 크게 세 가지로 구성된다. 침상과 그릇과 곡물과 버터와 치즈, 그리고 고기이다. 이들은 허기와 목마름에 지친 백성들을 위해 이른바 '풀 서비스'를 한 것이다. 곡물과 고기, 버터와 치즈 등 여행에 지친 몸을 회복시킬 보양 식단을 준비했다. 또한 음식만을 가져온 것이 아니라, 편히 앉아서 먹을 침상과 그릇들도 함께 가져왔다. 다윗과 그 백성들은 그냥 다 차려놓은 밥상을 받기만 하면 되는 것이었다. 사무엘서 저자가 소비와 마길, 바르실래가 가져온 구체적 품목들을 일일이 나열한 것은 다윗에 대한 그들의 충심을 강조하기 위함이다. 심지어 사무엘서 저자는 중복이 의심이 되는 품목들도 나열하는데, 예를 들어 "말린 곡물(קָלִי)"이 두 번 언급된다.[10] 이것을 사본 필사자의 오류로 볼 수 있지만, 오히려 이 세 사람이 가져온 물건 중 중복된 것이 있음을 보이기 위해 의도적으로 반복한 것일 수 있다. 어차피 저자는 품목들을 나열하면서 어떤 사람이 어떤 품목을 가져 왔는지 밝히지 않는다.

다윗이 마하나임에 임시 정부를 차리게 된 근본적 원인이 압살롬의 반란이고, 그것은 다윗 자신의 죄가 잉태한 고난이지만, 다윗은 이 고난을 통해 다시 한 번 하나님의 은혜를 체험한다. 북방 지파 사람들은 물론 많은 유다 사람들도 다윗을 버린 이 절망적인 상황에서도 다윗을 지지하는 충성된 사람들을 통해 그는 아직 하나님이 그를 버리지 않았음을 확신했을 것이다. 길르앗 사람들이 다윗을 지지하는 상황에서 전투는 다윗에게 유리할 수밖에 없다. 다윗과 그의 정예 부대는 길르앗 산지를 잘 아는 사람들의 도움을 받아 작전을 수행하지만, 압살롬은 요단 서쪽에서 건너온 경험 없는 병사들과 낯선 지형에서 다윗과 맞서야 한다. 더구나 압살롬 곁에는 더 이상 아히도벨 같은 노련한 모사가 없다. 후새는 이미 다윗에게 돌아간 상태이다.

질문

1. 후새의 메시지가 다윗까지 전달되는 데 도움을 준 무명의 두 여인들의 역할을 설명해 봅시다.
2. 아히도벨이 자살한 이유는 무엇입니까?
3. 압살롬이 후새의 조언대로 이스라엘 백성을 총동원하여 다윗을 쫓기 시작했음을 보여 주는 증거들은 무엇입니까?

묵상

거의 온 나라가 압살롬에게 넘어갔습니다. 북방 지파는 물론 유다 지파까지 압살롬을 지지합니다. 백성이 없는 왕이 무슨 왕입니까? 도망가는 다윗의 자괴감은 이루 말할 수 없었을 것입니다. 자신의 죄를 되뇌어 보지만, 하나님의 회초리가 너무 아픕니다. 인제 이 회초리가 사라질까요? 다윗이 자살을 결심했다는 유대인 미드라시가 그저 황당한 이야기로만 들리지 않는 이유입니다. 하지만 다윗이 어둠의 시간을 견딘 것은 정의와 진리를 수호하는 소수의 무리들 덕분입니다. 하나님 나라는 다수결 원칙이 아니라 정의와 진리의 원칙에 섭니다. 다수결 원칙이라면 다윗은 왕위를 압살롬에게 양보했어야 합니다. 하지만 하나님이 그것을 허락하지 않으셨습니다. 압살롬은 정의와 진리보다 자기 자신에 매료되어 있는 왕이었습니다. 그는 하나님의 통치를 대리할 수 없습니다. 다윗이 이 어둠을 견뎌야 하는 이유가 여기에 있습니다. 그는 하나님이 선택한 솔로몬에게 왕위를 넘겨주어야 합니다. 한국 교회의 현실은 압살롬에 쫓기는 다윗과 같습니다. 자신의 죄가 초래한 고난이지만 가해지는 회초리가 너무 아픕니다. 하지만 소리 지르는 저들의 목소리가 진리는 아닙니다. 한국 교회가 들어야 할 것은 성경에 새겨져 있는 하나님의 세미한 음성입니다. 하나님의 정의와 진리가 무엇인지 진중하게 공부하고 그것을 후속 세대에게 전달해야 할 의무가 오늘 우리에게 있습니다.

33
압살롬의 최후

삼하 18:1-18

마하나임 근처 길르앗 산지에서 다윗의 군대와 압살롬과의 전투가 벌어진다. 길르앗 지역 주민의 도움으로 지형지물의 이점을 살린 전략을 펼친 다윗의 군대가 전투를 유리하게 이끈다. 하지만 시간은 병력 수에서 크게 앞서는 압살롬의 편이다. 전쟁이 오래 갈수록 수적 열세의 다윗의 군대는 불리하다. 이런 상황에서 압살롬을 살려 두라는 다윗의 명령은 자살 명령과 같다. 왜냐하면 압살롬을 죽여 빠른 시간 내에 전쟁을 끝내지 않으면 다윗의 무리 전체가 몰살될 것이기 때문이다. 이 때문에 요압은 다윗의 명령을 어기고 압살롬을 죽이기로 결심한다. 아버지와 왕의 역할 사이에 갈등하는 다윗 대신 요압이 전투 현장에서 왕국을 위한 결단을 내린다. 압살롬의 최후에 대한 성경 저자의 서술은 그의 죽음이 그의 오만과 허영에 대한 심판임을 암시한다.

다윗이 요압에게 부탁함 18:1-5

1 다윗은 그와 함께한 백성들(העם)을 점호한 후 그들 위에 천부장과
백부장을 임명했다. 2 다윗은 백성들의 삼분의 일은 요압의 손에,
삼분의 일은 요압의 형제 스루야의 아들 아비새의 손에, 그리고
삼분의 일은 가드 사람 잇대의 손에 보냈다. 왕이 백성들에게 말했다:
"나도 반드시 너희와 함께 출정할 것이다."
3 백성들이 말했다:
"출정해서는 안 됩니다. 우리가 열심히 도망친다 해도 그들은
그것에(אלינו) 신경 쓰지 않을 것입니다.[1] 설사 우리 중 반이 죽더라도
그들은 그것에(אלינו) 신경 쓰지 않을 것입니다. 그러나 당신은[2]
만 명의 우리와 같습니다. 따라서(ועתה) 당신은 성에 계시면서
전투를 지원하시는 것이 좋습니다."
4 왕이 그들에게 "너희들 소견에 좋은 것을 내가 하겠다"고 말하며
왕은 성문 곁에서 대기했고 모든 백성이 소대와 대대별로 출정했다.
5 왕이 요압과 아비새와 잇대에게 명령하며 말했다:
"나를 위해 내 아이 압살롬에게 부드럽게 하라(לאט).[3]"
왕이 압살롬의 일에 대해 모든 장교들에게 내린 명령을 모든
백성이 듣고 있었다.

다윗과 압살롬의 결전이 시작되었다. 압살롬의 군대는 "바닷가의 모래와 같은" 병력 수(삼하 17:11)를 자랑한다. 후새의 조언대로 압살롬은 단에서 브엘세바까지 전국으로부터 싸울 수 있는 백성을 총동원했다. 한편 다윗 군대의 장점은 조직력이다. 본문의 1-2절은 다윗의 군대가 얼마나 잘 조직되었는지를 보여 준다. 다윗의 군대에는 명령 위계가 분명하다. 일반 사병(="백성") 위에 백부장과 천부장과 같은 중간 장교들이 있고, 그들 위의 요압, 아비새, 잇대와 같은 장군이 전체 군대를 삼분하여 지휘하고 있다. "모든 백성이 소대와 대대별로 출정했다"(4절)는 기록도 군대의 탄탄한 조직력을 확인해 준다. 또한 다윗의 부하들은 잘 훈

련되고 전쟁 경험이 풍부한 정예병이기도 하다. 스루야의 아들 요압, 아비새는 다윗이 사울에게 쫓기던 시절부터 다윗과 함께 광야를 누비며 전투 경험을 쌓았고, 잇대는 다윗이 블레셋의 용병으로 생활할 때에 다윗을 도와 약탈 전쟁을 수행한 장수이다. 이처럼 다윗의 군대는 비록 숫자에 있어 열세였으나, 조직력과 전투력에 있어 압살롬의 군대를 능가한다. 여기에 전투가 길르앗 산지에서 벌어진다는 것도 다윗의 군대에 유리한 점이다. 왜냐하면 다윗은 지형에 익숙한 길르앗 사람들의 지지를 얻어 압살롬과 대결하기 때문이다.

조직력, 전투력, 길르앗의 산지 등은 다윗이 압살롬의 군대와 대결해 이길 수 있는 유리한 조건이다. 하지만 곧 벌어진 전투에서 다윗의 군대를 위협하는 한 가지 위험 요소가 있다. 그것은 다름 아닌 다윗 자신이다. 본문에서 다윗은 사울에게 쫓길 때의 야전적 인물이 아니다. 오히려 왕궁에서 죄를 지을 때의 다윗과 가깝다. 그는 전투에 직접 나가지 않는다. "나도 반드시 너희와 함께 출정할 것이다"는 말이 말뿐인 것처럼 들리는 이유는 "너희와 함께"라는 표현 때문이다. 다윗은 전투에서 백성들을 "앞서" 나가는 대신 백성들과 "함께" 가겠다고 말한다. 본래 왕은 전투에서 백성들을 이끄는 자다. 그는 언제나 백성들 앞서 행한다. 하지만 다윗이 백성들과 "함께" 나가겠다고 말한 것은 이 전쟁에 임하는 다윗의 태도를 단적으로 보여 준다. 그는 압살롬과의 대면 전쟁에 소극적이다. 다윗은 백성들이 성 안에 남아 있으라고 청했을 때 지체하지 않고 그것을 수용하며, "너희들 소견에 좋은 것을 내가 하겠다"고 말한다. 전쟁할 때 하나님께 물어 행하던 다윗의 모습은 어디에도 없다. 또한 성에 계시면서 지원 업무를 맡아 달라는 백성들의 요청에도 불구하고, 이후의 이야기에서 분명해지듯이 다윗은 전쟁에 전혀 참여하지 않는다. 과거에 성문에 앉아 아벡 전투의 결과를 기다린 뚱뚱한 엘리처럼 성에 남아서 전쟁의 결과를 보고받은 것이 그가 한 일의 전부이다.

한편 3절에 기록된 백성들의 만류의 변은 전쟁의 본질을 정확히 꿰뚫는 것이다. "당신은 만 명의 우리와 같습니다." 이 말은 다윗에게 일당백의 전투력이 있다는 뜻이 아니다. 다윗은 전쟁터에서는 늙은 장수에 불과하다. 압살롬과 내전에서는 다윗의 생사가 승패를 가르는 기준이라는 뜻이다. 이 때문에 백성들은 적들이 도망치는 "우리"에 관심이 없다고 덧붙인다. 적들의 목적은 오로지 다윗 왕이다. 왜냐하면 전쟁의 목적 자체가 왕권을 놓고 벌이는 것이기 때문이다. "우리 중 반이 죽더라도" 적들이 크게 기뻐하지 않는 것은 당연하다. 장기에서 왕을 제거해야 승부가 나는 것처럼 이 전쟁도 왕을 제거하는 쪽이 승리하는 것이다. 백성들은 이 사실을 잘 알았기 때문에 "출정해서는 안 됩니다… 왕은 성에 계시면서 전투를 지원하는 것이 좋습니다"라고 말한다.

전쟁의 본질을 정확히 꿰뚫고 있는 백성들과 대조적으로 다윗은 전쟁을 어렵게 만드는 지시를 세 장군에게 내린다.

> 나를 위해 내 아이 압살롬에게 부드럽게 하라(5절).

"부드럽게 하라"는 다윗의 말(לאט)은 죽이지 말고 지켜 달라는 의미다. 다윗은 세 장군에게 명령하는 형식을 취했지만 실은 모든 백성의 귀를 향하여 말하고 있다. 사무엘서 저자는 이것을 다음과 같이 확인해 준다—"왕이 압살롬의 일에 대해 모든 장교들에게 내린 명령을 모든 백성이 듣고 있었다"(5절). 이 모든 것은 나무에 걸린 압살롬을 죽이지 않은 병사가 자신의 행위를 요압에게 정당화하면서 자신이 이해한 다윗의 지시 사항을 인용한 대목에서 분명해진다.

> 누구든지 내 아이 압살롬을 지켜 달라(12절).

"누구든지"라는 말은 다윗의 지시가 세 장군에게만 내려진 명령이 아님을 보여 주고, "지켜 달라"는 것은 압살롬의 목숨을 보존해 달라는 의미이다. 이처럼 다윗이 압살롬을 죽이지 말 것을 세 장군들에게 명령하면서 모든 백성도 그것을 들을 수 있도록 허락한 이유는 백성들이 우발적으로 혹은 잘 모르고 압살롬을 죽이는 일이 없도록 하기 위함이다. 동시에 장군들이 딴 마음을 품고 압살롬을 죽이지 못하도록 일반 병사들을 그들의 감시자로 세우는 의미도 포함한다.

문제는 이런 다윗의 지시가 전쟁의 성격과 어울리지 않는 전략이라는 것이다. 백성들이 이해한 바처럼 이 전쟁은 장기 경기처럼 상대의 우두머리가 죽어야 끝나는 것이다. 장군들이 압살롬을 죽이려는 것은 당연한 일이다. 더구나 압살롬을 죽이면 그를 따르던 일반 이스라엘 병사들의 희생을 최소화하여 전쟁 후의 통합을 도모하는 데 유리하다. 반면 압살롬을 죽이지 말라는 명령을 수행하려면, 전쟁은 장기전이 되기 쉽고, 아군과 적군의 일반 병사들의 희생만 늘어날 뿐이다. 더구나 다윗이 전쟁터가 아니라 후방의 마하나임에서 대기했기 때문에 압살롬도 승리하려면 산지 전투 이후에 마하나임 성을 취해야 하는 것이다. 어느 한쪽이 승리하더라도 그 전쟁으로 다윗 왕조 자체가 멸절하는 결과로 이어질 수 있다. 이런 의미에서 압살롬에 관한 다윗의 명령은 장군들에게 자살 명령처럼 들렸을 것이다.

일부 학자들은 이것을 다윗이 임금으로서의 의무와 아버지로서의 의무가 상충될 때, 후자를 선택한 결과로 설명한다. 하지만 더 깊이 들여다보면 문제의 본질은 다윗 개인의 도덕적 한계가 아니라 권력을 지키기 위해 무엇이든지 저지르게 만드는 정치권력의 중독성이다. 만약 권력자가 자신의 권력을 지키기 위해 아들을 죽여야 한다면 어떻게 행동할까? 이 질문은 다윗에게만 해당되는 것이 아니다. 모든 왕조에서 발생할 수 있는 상황이다. 아버지가 죽어야 왕이 될 수 있는 아들은 왕이 되기까지 오랜 세월을 기다려야 한다. 아버지가 너무 오래 살면, 왕이 되지 못하고 죽는 수도 있다. 이때 일부 아들들은 아버지가 돌아가실 때까지 기다리지 못한다. 그러면 왕권을 놓고 왕과 왕자 사이의 피비린내 나는 싸움이 벌어진다. 압살롬의 반란은 바로 이런 예에 해당한다. 이런 내전의 상황에서 왕권을 순순히 내놓는 아버지는 없다. 권력자는 본능적으로 권력을 움켜쥔다. 죽기 전까지 왕 노릇하는 것이 하늘의 순리라는 의식도 그런 권력에 대한 집착을 정당화해 준다. 권력을 놓지 않으려는 왕은 불가피하게 반역한 아들을 죽여야 한다. 압살롬을 지켜달라는 다윗의 명령은 아들을 죽여야 하는 아버지의 복잡한 심경을 표현한 것일 뿐, 다윗의 권력의 포기 선언이 아니다. 아무리 권력이 좋지만, 권력을 위해 아들을 죽이는 것이 절대 쉬운 것은 아니다. 하지만 아이러니한 것은 아들에 대한 연민과 사랑이 아무리 커도, 권력에 대한 집착을 이기지는 못한다는 것이다. 민심이 완전히 아들에게 넘어간 상황에서도 다윗은 압살롬에게 권력을 내어주지 않는다. 이것은 압살롬에게 왕이 될 자격이 부족해서가 아니다. 다윗이 아직 살아 있기 때문이다. 후계자가 어떤 아들이 되든 간에 다윗은 죽을 때에야 비로소 그에게 권력을 넘겨 줄 것이다. 죽어야만 권력을 내려놓는 것이 인간의 본능이다. 솔로몬이 다윗이 여전히 건강하게 살아 있을 때 왕이 되려 했다면, 그도 압살롬과 같은 운명을 맞았을 것이다.

사무엘서 저자가 친-다윗 성향을 가졌다는 학자들의 주장이 옳다면, 백성들이 다윗의 참전을 만류했다는 설정은 다윗이 압살롬의 죽음에 책임이 없음을 보여 주기 위한 것으로 이해된다. 이것은 다윗이 사울의 죽음에 어떤 책임도 없음을 보이기 위해 사무엘서 저자가 블레셋 장군들에 의해 다윗이 길보아 전투에서 배제되는 상황을 묘사한 것과 유사하다. 하지만 권력자들은 꼭 현장에 있어야만 살인할 수 있는 것은 아니다. 권력자들은 언제나 '대리인'을 통해 자신의 뜻을 실현시키기 때문에, 현장에 없었다는 점을 증명했다고 해서 그들이 자동적으로 면책되는 것은 아니다. 압살롬이 죽는 현장에 다윗은 없었다. 하지만 다윗의 부하 중 하나가 그를 죽였고, 압살롬의 죽음으로 다윗의 권력이 유지되었다. 다윗은 압살롬을 아들로서 아꼈지만, 반란한 그에게 권력을 넘겨 줄 생각은 추호도 없었다. 따라서 많은 학자들은, 요압의 독자적 행동으로 기록된 사건이지만 현대 정치 공학적 관점에서 다윗이 그 일에 관여되지 않았다고 단정할 수 없다고 주장한다. 다윗이 압살롬에 관해 내린 명령을 온 백성이 들었다고 서술한 것도 다윗에 대한 변증의 일환일 수 있다.

한편 유대인들의 정통적 해석에 따르면 다윗이 압살롬을 지켜 달라고 말한 것은 그의 반란이 자신의 죄 때문에 발생했다는 다윗의 자책 때문이다. 반역하는 아들에게 회초리를 들어야 하지만, 아들이 삐뚤어진 것이 아버지의 사랑을 못 받은 탓이라면, 매를 드는 아버지의 손에 제대로 된 힘이 들어갈 수 없을 것이다.

다윗 군대의 승리 18:6-8

6 백성이 전쟁터로(השדה) 출정하여[4] 이스라엘을 맞았다. 전쟁은
에브라임의 숲에서 벌어졌다. 7 그곳에서 이스라엘 백성이 다윗의
종들에게 맞아 쓰러졌다(וינגפו). 그날 그곳에서 큰 살육(מגפה)이 있었다.
2만 명이 죽었다. 8 그리고 전쟁은 그곳에서 온 땅으로 퍼져 나갔다.
그날에 검이 죽인(אכלה) 백성보다 숲이 죽인 백성이 더 많았다.

본 단락은 다윗과 압살롬 군대 간의 전투를 요약한다. 이것은 압살롬의 죽음에 대한 서술을 위한 배경 설명에 해당한다. "숲이 죽인 백성" 중에 압살롬이 포함되어 있다.

다윗의 군대가 이스라엘을 치기 위해 전쟁터로 나갔다. "에브라임 숲"에서 벌어진 전투에서 "이스라엘 백성이 다윗의 종들에게 맞아 쓰러졌다"(7절). 여기서 압살롬의 병사는 "이스라엘 백성"으로, 다윗의 병사는 "다윗의 종"으로 불리는데, 이것은 정예 부대로 구성된 다윗의 군대와 달리, 압살롬은 얼마 전 징병되어 기초 훈련을 마친 병사들로 전투에 임했음을 보여 준다. 이 전투에서 약 2만 명의 "이스라엘 백성"들이 "다윗의 종"들에 죽임을 당한다. 사무엘서 저자는 그것을 "큰 살육"이라 표현한다. 하지만 2만 명의 사상자가 발생했다고 전쟁이 끝난 것은 아니다. 이 전쟁은 왕이 죽을 때 비로소 끝난다.

에브라임 숲

다윗과 압살롬이 모두 길르앗 지역에 있는데 전쟁이 "에브라임" 숲에서 벌어졌다는 기록은 다소 이상하다. 길르앗 지역에 정착한 지파는 므낫세 반지파, 갓, 르우벤 지파이며,

에브라임의 땅은 전부 요단 서편 지역에 있기 때문이다. 이 문제를 해결하기 위해 제안된 방법은 크게 세 가지다. 첫째, "에브라임 숲(יער אפרים)"은 에브라임 지역에 있는 숲을 가리키는 보통 명사가 아니라 길르앗 지역의 특정 숲을 가리키는 고유 명사이다. 하지만 이 제안의 문제는 왜 요단 동편의 숲이 에브라임이라는 이름을 가지게 되었는지 분명하지 않다는 것이다. 둘째, 유대인의 미드라시에 따르면 여호수아가 지파들에게 땅을 분배할 때 요단 동편에 있는 숲에서는 누구나 가축을 칠 수 있다고 허락했는데 마하나임 남쪽의 산지는 에브라임 사람들이 자주 강을 건너와 양을 친 장소였기 때문에 "에브라임 숲"으로 불렸다. 셋째, 현대 학자들은 칠십인역 루키안 개정역에 따라 "에브라임 숲" 대신 "마하나임 숲"으로 본문을 수정한다.

2만 명이 죽었지만, 8절에 따르면, 전투는 에브라임 산지를 넘어 "온 땅" 즉 길르앗 산지 전역으로 확대되어 갔다. 압살롬이 이끄는 백성들의 대부분은 요단 서편에서 넘어온 사람들이기 때문에 길르앗의 숲에 익숙하지 않았을 것이다. 전투와 도주를 반복해야 하는 상황에서 일부는 숲에서 사고로 죽었겠지만, 다윗의 군대는 숲의 지형을 이용한 작전으로 압살롬의 군대를 쉽게 괴멸시켜 갔다. 예를 들어 길옆으로 나란히 자란 나무들을 미리 베어 놓고 그 길로 압살롬의 병사들이 지날 때 나무를 밀어 넘어뜨리거나, 숲의 일부에 불을 놓거나 고립시켜 죽이는 작전 등을 실행했을 가능성이 높다. "그날에 검이 죽인 백성보다 숲이 죽인 백성이 더 많았다"라는 말은 숲의 지형을 이용한 전략이 크게 성공했음을 의미한다. 물론 "숲이 죽인 백성"에 대한 언급은 머리카락이 나무에 걸려 죽게 된 압살롬의 최후에 대한 복선도 된다.

압살롬의 최후 18:9-17

9 압살롬은 다윗의 종들과 우연히 맞닥뜨렸다: 압살롬은 나귀(פרד)를
타고 있었다. 그 나귀가 큰 상수리나무의 가지들(שובך) 아래로
진입했을 때, 그의 머리가 상수리나무에 단단히 걸렸다(ויחזק). 그는

하늘과 땅 사이에 매달렸다(ויתל).[5] 그가 타고 있던 당나귀가 계속
지나갔기 때문이다. 10 한 사람이 그것을 보고 요압에게 보고하여
말했다:

"보소서 내가 압살롬이 상수리나무에 매달린 것(תלוי)을
보았습니다."

11 요압이 그에게 보고하는 사람(המגיד)에게 말했다:

"그렇게 네가 보았으면서 왜 그 자리에서 바로[6] 그를 쳐 죽이지
않았느냐? 그랬다면 너에게 은 열 냥과 띠 한 벌을 하사했을 터인데."

12 그 사람이 요압에게 말했다:

"내가 내 손 위에 은 천 개를 들고 있어도, 나는 내 손으로 왕의
아들을 해하지 않을 것입니다. 왜냐하면 우리가 듣는 데서 당신과
아비새 그리고 잇대에게 '누구든지[7] 내 아이, 압살롬을 지켜 달라'고
왕께서 명령했기 때문입니다. 13 혹(או) 왕의 명령을 어겨 행하면(שקר
עשיתי), 그것은 제 목숨을 거는 일입니다. 왜냐하면 어떤 것도
왕으로부터 감출 수 없기 때문입니다. 그리고 당신도 나와 거리를
둘 것입니다."

14 요압이 말했다:

"나는 네 앞에서 이렇게 시간을 낭비하지(כן אחילה) 않을 것이다."
그는 세 개의 막대기(שבטים)을 손에 집어 들고 그것들로 상수리나무
속에(לב) 아직 살아 있는 압살롬의 가슴(לב)을 찔렀다(תקע).

15 그러고 요압의 무기를 드는 열 명의 소년들(נערים)이 둘러싼 후
압살롬을 쳐서 그를 죽였다. 16 요압은 나팔을 불었고(תקע) 백성들은
이스라엘을 쫓는 일에서 돌아섰다. 요압이 백성들을 철수시킨(חשך)
것이다. 17 그들은 압살롬을 취하여 그를 숲 속 큰 구덩이에 던졌고,
그 위에 매우 큰 돌 무더기를 세웠다. 한편 모든 이스라엘은 각자
자기 장막(אהל)으로 도망했다.

9절

본문은 숲이 압살롬을 어떻게 죽였는지 설명한다. 숲의 지형을 활용한

다윗의 작전에 희생당한 많은 이스라엘 군인들과 달리, 숲이 압살롬을 죽인 방식은 순수한 우연처럼 보인다. 압살롬은 왕의 품위에 맞게 나귀를 타고 있었다. 나귀가 큰 상수리나무 아래로 지나갈 때 나무 가지에 압살롬의 머리카락이 걸리게 된다. 하지만 나귀는 그 주인을 남겨둔 채 그 상수리나무를 지나가게 된다. 상수리나무로 번역된 히브리어 엘라(אלה)는 높이 10미터에 이르는 나무로 '팔레스타인의 피스타치오'로 불린다. 계란 모양의 잎을 가지며, 너트류의 열매를 맺는 이 나무는 가지들이 아래로 갈수록 머리카락을 연상시키듯 복잡하게 엉켜 형성된다. 이 때문에 이 나무 가지에 뿔이 걸려 양들이 꼼짝 못하게 되는 일이 종종 있었다(창 22:13). 본문에서 특이한 것은 상수리나무 가지들에 걸린 것이 양이 아니라 사람이라는 것이다.

압살롬의 긴 머리는 양의 뿔처럼 그의 자랑이었다. 하지만 자기가 자랑 삼던 머리는 그의 마지막을 불러 왔다. 압살롬의 머리가 나무에 걸려 "하늘과 땅 사이에 매달렸을" 때 왜 그는 칼로 머리를 끊고 빠져나오지 않았을까? 그에게는 그럴 만한 충분한 시간이 있었다. 그를 최초 발견한 요압의 부하가 그를 해하지 않고 돌아갔기 때문이다. 유대인들은 이 질문에 은유적으로 대답한다. 미드라시에 따르면 압살롬이 매달려 아래 "땅"을 보니 지옥문이 열려 있었다. 칼로 머리를 끊으면 지옥에 떨어질 것을 두려워했기 때문에 압살롬은 나무에 계속 매달려 있었다는 이야기가 있다. 하지만 현실적으로 머리카락이 압살롬의 자랑이었음을 고려하면, 자신의 목숨이 위태로운 상황에도 자신의 자랑인 머리카락을 지키려고 한 것은 아닐까? 다시 말해 바나나를 잡은 손을 펴지 않아 덫에서 빠져나오지 못하는 원숭이같이 욕심에 끌려 자멸한 것이다. 또한 우리는 나귀가 주인을 버린 채 나무를 지나갔다는 서술에서도 은유적 의미를 읽을 수 있다. 왕권의 상징인 나귀가 압살롬을 놓아두고 떠나갈 때, 그의 대권의 희망도 그를 놓고 떠나버린 것이다.

10-12절

요압의 부하 중 하나가 압살롬이 상수리나무에 달려 있다고 보고하자 요압은 왜 압살롬을 바로 쳐 죽이지 않았느냐고 추궁한다. 그리고 은 열 냥과 띠 하나를 보상으로 제안하면서 그를 죽일 것을 권한다. 요압은 왜 자신의 부하가 압살롬을 죽이기 원했을까? 이에 대한 답은 그 부하가 압살롬을 죽이지 않은 이유를 설명할 때 분명해진다.

요압의 부하는 상수리나무에 매달린 압살롬을 죽이지 않은 이유를 세 가지로 설명한다. 첫째, 압살롬은 하나님이 기름 부은 왕의 아들이다. "나는 내 손으로 왕의 아들을 해하지 않을 것입니다"(10절). 압살롬에게 기름 부음을 받은 자에 대한 금기가 적용될 수 있다는 의미다. 기름 부음을 받은 자를 죽이면 다윗 왕에게 사형당할 수 있다(삼하 1:14-15 참조). 둘째, 모든 백성이 듣는 가운데 다윗은 자기 아이 압살롬을 지켜 달라고 명령했다. 비록 그 명령은 요압, 아비새, 잇대에게 내려진 것이지만, 그 명령을 들은 모든 사람이 지켜야 했다. 요압의 부하가 이해한 왕의 명령("누구든지 내 아이, 압살롬을 지켜 달라")은 다윗이 실제 내린 명령("나를 위해 내 아이 압살롬에게 부드럽게 하라")과 조금 다르지만, 다윗의 명령이 모든 백성에게 내려진 것임("누구든지"에 주목할 것)을 보다 잘 드러낸다. 왕명을 받은 신하가 왕명을 어길 수는 없는 노릇이다. 셋째, 그 부하가 요압의 뜻을 따라 압살롬을 죽였다면 그것은 자살행위나 다름없다. "그것은 제 목숨을 거는 일입니다"(13절).[8] 왜냐하면 왕이 그 사실을 알게 되었을 때 요압은 자신의 부하를 변호해 주지 않을 것이기 때문이다. "당신도 나와 거리를 둘 것입니다"(13절).

요압도 압살롬을 죽이는 것이 왕명을 명시적으로 어기는 것임을 알았다. 하지만 그는 압살롬을 죽이지 말라는 명령이 왕의 직무에 충실한 명령도 아님도 깨달았다. 요압의 판단에, 다윗은 감정에 치우쳐 공과 사를 혼동하고 잘못된 명령을 내린 것이다. 다윗의 명령대로 압살롬이 계속 살아 있게 되면 그만큼 전쟁은 길어지고 아군의 피해가 크게 늘어날 것이다. 수적으로 절대적 열세에 놓인 다윗의 군대에게 장기전은 곧 패배를 의미한다. 또한 이 전쟁은 왕이 죽어야 끝나는 전쟁이다. 하늘 아래 두 왕이 있을 수 없기 때문이다. 따라서 압살롬을 죽이지 말라는 것은 아들("아이 נער")에 대한 연민 때문에 그를 위해 목숨을 바치는 모든 백성들을 배반하는 것이다 요압은 다윗의 명령을 따를 수 없었다. 관점에 따라서 요압은 충신일 수 있다. 간신이었다면 왕이 어떤 명령을 내리든지, 그것이 왕과 국가를 위태롭게 하는 명령일지라도 수행했을 것이다. 하지만 충신은 왕의 깊은 뜻 즉 하늘의 뜻을 헤아려 그 뜻을 행하는 자이다. 요압은 다윗 왕의 깊은 뜻이 죽을 때까지 권력을 유지하는 것임을 알았다. 이를 위해서는 아들 압살롬의 죽음이 불가피하다. 하지만 아들을 죽이는 아버지가 되고 싶지 않았기에 "내 아이 압살롬을 지켜 달라"고 말했을 뿐이다.

왕이 진짜 원하는 것을 수행하기 위해 요압은 왕의 명시적 명령을 어겨야 한다. 하지만 이것은 위험한 일이다. 항명에 대한 직접적 책임을 지기 싫었던 요압은 압살롬을 최초 발견하고 보고한 무명의 사병에게 은 열 냥과 띠 한 벌을 약속하면서 그를 죽이라고 은밀히 제안한다. 하지만 그 사병은 요압의 마음을 훤히 꿰뚫고 보고 있다. 저자가 그를 종종 "첩보원"으로 번역되는 하마기드(המגיד, "보고하는 사람", 11절)로 부른 것은 그의 영민함을 암시하는 것 같다. 영민했던 그는 은 천 냥을 준다 해도 압살롬을 죽이지 않겠다고 말한다. "그것은 제 목숨을 거는 일입니다"(13절). 뿐만 아니라 요압도 어차피 그를 변호해 주지 않을 것임을 잘 알고 있다. 자기 주인을 위해 불법을 저지르면 그가 자기를 지켜 줄 것이라고 믿는 사람이 오늘날에도 얼마나 많은가!

띠 한 벌의 가치

일반 병사에게 현찰("은")만큼 탐나는 것이 킬트, 즉 허리띠이다. 고대 이스라엘에서는 직물이 귀했다. 요압의 부하에게 "띠 한 벌"은 오늘날 서민에게 명품 시계나 핸드백 정도의 의미를 가졌을 것이다. 실제로 여리고 지역에서 발견된 "병사의 동굴"에서 커다란 포장용 천과 옷감, 그리고 좁다란 띠가 발견되었다고 한다. 이 띠는 길이 2미터, 너비 20센티미터의 직사각형 모양이며 아마(linen)로 만들어졌다.

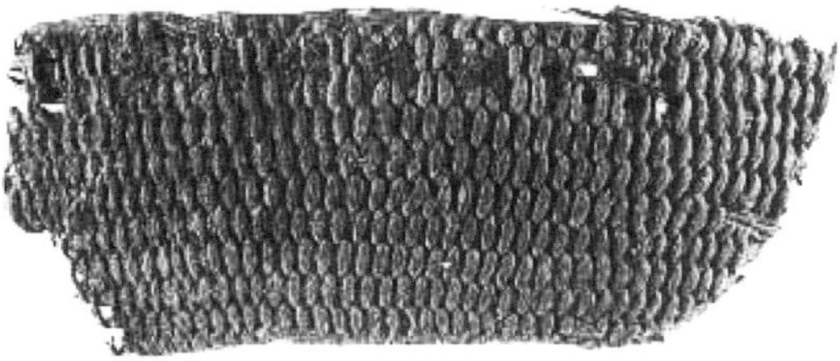

【그림 8】 여리고 '병사의 동굴'에서 발견된 띠

14-17절

사병을 설득할 수 없음을 깨달은 요압은 "나는 네 앞에서 이렇게 시간을 낭비하지 않을 것이다"(14절)고 말하고 자신이 직접 압살롬이 매달려 있는 나무로 간다. 현장에 도착한 압살롬은 세 개의 "막대기"를 가지고 압살롬의 가슴을 찔렀다. 개역개정은 여기서 "막대기"로 번역된 히브리어 세베트(שבט)를 "작은 창"으로 번역하지만 추측일 뿐이다. "화살"로도 번역하는 학자도 있다. 하지만 히브리어 세베트는 막대기를 의미한다. 문맥상 압살롬의 가슴에 박혀야 하기 때문에 막대기에 뾰족한 촉이 박힌 무기로 이해하여 창이나 화살로 번역한 것이다. 하지만 필자는 "막대기"가 저자의 의도에 보다 부합하는 번역이라 생각한다. 먼저 그것이 창이나 활이라면 사무엘서 저자는 그에 합당한 히브리어를 사용했을 것이다. 그리고 실제 창이나 활이 세 개나 압살롬의 심장을 꿰뚫었다면 그는 그 자리에서 죽었을 것이다. 그렇지 않았더라도 그의 죽음의 결정적 원인은 심장에 박힌 세 개의 창이라는 것을 부정할 수 없었을 것이다. 그러나 요압은 지금 압살롬을 죽인 장본인이 되기를 원치 않는다. 왜냐하면 그것은 다윗의 명령을 어기는 일이기 때문이다. 그는 책임을 무명의 부하들에게 돌리려 한다. 그가 "막대기" 세 개로 압살롬의 심장을 세게 찌른 것은 바로 이 때문일 것이다. 막대기라도 강한 힘으로 타격하면 몸에 박힐 수 있다. 아브넬은 창의 뭉툭한 뒷부분을 아사헬의 복부에 찔러 넣은 바 있다. 그러나 요압의 뭉툭한 막대기가 압살롬을 즉사시키지는 못할 것이다. 요압도 그것을 예측하고 막대를 사용한 것으로 보인다. 그리고 압살롬을 죽인 책임을 열 명의 어린 병사들에게 돌리기 위해 살짝 옆으로 비킨다. 요압이 옆으로 비켜서자 그의 무기 드는 열 명의 병사들이 압살롬을 둘러싼 후 칼로 쳐 죽였다.

이렇게 하여 요압은 다윗 왕이 진짜 원하는 바를 이루어 주었다. 일부 학자들은 다윗이 공개적으로는 압살롬을 지켜 달라고 했지만 요압에게 비밀 지령을 내려 그를 죽이라고 말했다 한다. 그러나 어디까지나 추측일 뿐이다. 분명한 것은 다윗 왕이 권력을 지키기 위해서는 압살롬을 죽여야 했고 그 일을 요압이 대신해 주었다는 것이다. 요압도 왕의 명시적인 명령을 어기는 것은 위험하다고 판단했지만 왕과 나라의 보존을 위한 일이라 여기고 압살롬을 죽였나. 흥미로운 깃은 다윗이 압살롬의 죽음에 대해 누구의 책임도 묻지 않는다는 것이다. 누군가 왕의 명령을 어겼지만 누구도 제대로 처벌받지 않았다. 반란이 모두 진압된 후 다윗이 요압 대신 아마사를 군대 장관에 임명하지만, 그것은 요압에 대한 징계의 성격보다 유다 지파의 민심을 수습하기 위한 전략이었다. 요압은 여전히 장군으로 군을 이끌었다.

유대인들은 압살롬의 죽음을 인과응보로 이해했다. 즉 압살롬의 죄에 대한 하나님의 심판으로 이해했다. 압살롬의 죽음에 대해 탈무드(소타 9b)는 다음과 같은 유명한 설명을 담고 있다—"압살롬은 머리를 자랑으로 생각했으므로, 머리가 나무에 걸리게 되었다. 그의 아버지의 첩 열 명과 동침한 것 때문에 열 개의 창에 찔렸다(삼하 18:15). 또한 그는 불법적으로 세 마음(레브לב)을 훔쳤기 때문에[9] 그의 가슴(레브לב)에 세 개의 화살이 박히게 되었다(삼하 18:14)".

한편 압살롬이 죽자마자 요압은 나팔을 불어 전쟁을 끝냈다(16절). 이것은 이 전쟁이 처음부터 장기 경기처럼 왕이 죽어야 끝나는 것이었음을 확인해 준다. 요압은 도주하는 이스라엘 백성들을 쫓지 않고, 자기 병사들을 철수시켰다. 그리고 압살롬의 시체를 거두어 숲 속 큰 구덩이에 던진 후, 그 위에 돌무더기를 쌓았다. 매장 방식에 있어 그리고 매장된 장소에 있어 왕자 혹은 왕이라는 신분에 전혀 어울리지 않는 장례였다. 왕족에 대한 예우를 갖추려 했다면 시체를 거두어 예루살렘으로 가져왔어야 한다. 그리고 왕들이 묻히는 무덤에 장사했어야 했다. 하지만 요압은 숲 속의 구덩이에 묻어 버렸다. 비석 하나 세워 주지 않았다. 세월이 흐르면 그것이 누구의 무덤인지도 모를 것이며, 더 흐르면 그것이 무덤이었다는 사실조차 잊힐 것이다. 시체를 토막 내어 개에게 던져 주지 않았을 뿐 압살롬의 시체는 역적의 시체 취급을 받은 것이다. 자신의 최후를 예상했는지 압살롬은 살아 있을 때 자신의 비석을 예루살렘 내 왕의 무덤에 세웠다.

"한편 모든 이스라엘은 각자 자기 장막(אהל)으로 도망했다"(17절). 압살롬이 죽자 그가 모병한 백성들은 뿔뿔이 흩어졌다. "각기 장막으로 도망했다"는 표현은 앞서 총동원을 가리키는 "단부터 브엘세바까지… 당신께로 모으고"(삼하 17:11)라는 표현의 정반대의 의미다. 즉 징집된 군인들이 각자 일상으로 복귀했다는 의미이다.[10] 동시에 이 표현은 이스라엘 백성들의 다윗 왕조에 대한 지지 철회를 의미할 수도 있다. 베냐민 사람 세바가 반란하며 내세운 구호가 "각자 자기 장막으로 돌아가라"(삼하 20:22)였고, 여로보암도 "각자 자기 장막으로"(왕상 12:16)를 구호로 다윗 왕조에 맞서 일어났다. 따라서 모든 이스라엘이 각자 자기 장막으로 도망했다는 말은 다윗의 승리를 표현하는 동시에 그가 앞으로 해결해야 할 과제를 암시한다. 이제부터 다윗은 분열된 국론을 회복시키는 일에 최선을 다해야 한다. 다윗의 시므이에 대한 처분, 므비보셋에 대한 처분, 아비새에 대한 처분, 요압에 대한 처분 등은 모두 이런 관점에서 이해될 수 있다.

압살롬의 기념석 18:18

18 과거 살아 있었을 때 '나에게는 내 이름을 세상에 기억시켜 줄
아들이 없다'고 생각한 압살롬은 자신을 위해 선 돌(מצבת)을
가져다(לקח) 왕의 계곡에 설치했었다. 그는 그의 이름을 따서
그 선 돌을 명명하였다. 그래서 그것의 이름은 오늘날까지

'압살롬의 기념석(ㄱ)'이라 불린다.

사무엘서 저자는 압살롬의 죽음에 대한 기록을 마무리하면서 그가 세운 기념비를 언급한다. 이것은 그의 시체가 변변한 비석도 없이 길르앗의 어느 숲의 구덩이 속에 던져진 사실과 대비를 이룬다. 비록 시신은 없지만 "왕의 계곡" 즉 왕들의 무덤에 압살롬의 비석이 있다는 것은 다소 위안이 된다.[11] 적어도 사무엘하를 처음 읽었던 사람들은 '압살롬의 기념석'을 직접 볼 수 있었을 것이다—"그것의 이름은 오늘날까지 '압살롬의 기념석(ㄱ)'이라 불린다."

18절에서 흥미로운 것은 압살롬이 "나에게는 내 이름을 세상에 기억시켜 줄 아들이 없다"고 말한 대목이다. 이 말은 두 가지 질문을 불러일으킨다. 첫째, 압살롬에게는 세 명의 아들이 있었다는 기록(삼하 14:27)과 이 말이 어떻게 조화될까? 둘째, 당시 아들에게 기대되는 효행이 무엇이었을까? 첫 번째 질문에는 몇 가지 대답이 가능하다. 아들들이 일찍 죽었을 가능성이 그것이다. 하지만 한 명도 아니고 세 명이 모두 어린 나이에 자연사했다는 것은 이해하기 힘들다. 또 하나는 압살롬은 "나에게 내 뒤를 이을 만한 훌륭한 아들이 없다"고 말했다(소타 10b)는 탈무드의 기록이다. 하지만 자신을 뒤를 이을 훌륭한 아들만이 아버지의 비석을 세우는 것은 아님을 생각하면 이 대답도 만족스럽지 못하다. 그렇다면 혹시 자기 아들들을 못마땅하게 여긴 압살롬이 그들을 제거한 것은 아닐까? 그리고 자신도 다윗에게 제거될 것을 예상하고 자기 비석을 미리 왕의 계곡에 세워둔 것은 아닐까? 물론 이것은 어디까지나 추측일 뿐이다.

고대 이스라엘에서 효행의 의미는 무엇인가? 고대 가나안 사람들의 문서를 보면 아들이 아버지에게 해야 할 효행이 무엇이었는지 알 수 있다. 예를 들어 아버지를 비난하는 사람을 보았을 때 아들이 가서 그의 입을 막는다든가, 비오는 날 아버지 집 지붕에 물이 세면, 지붕을 고쳐 준다는 내용이 담겨 있다. 그 중 압살롬의 예와 관련해 흥미로운 구절은 아들이 아버지를 위해 석비를 세운다는 내용이다. 실은 이

의무가 가장 중요한 의무로 간주된다. 이것은 압살롬이 자신에게 아들이 없음을 한탄하고 스스로를 위해 비석을 세운 사건을 연상시킨다.

【그림 9】 파나무와 석비. 바르라카브가 이 석비를 그의 아버지, 바르쭈르의 아들, 사말의 왕을 위해 세웠다.

질문

1. 길르앗 전투에서 수적으로 열세였던 다윗이 승리할 수 있었던 요인은 무엇입니까?
2. 다윗은 왜 압살롬을 죽이지 말라고 명령했습니까? 요압이 그런 명령에 따르지 않은 이유는 무엇입니까?
3. 압살롬을 죽이면 보상하겠다는 요압의 제안을 그의 부하가 뿌리친 이유는 무엇입니까?

묵상

압살롬에 대한 다윗의 태도는 다소 혼란스럽습니다. 이는 압살롬이 다윗의 아들인 동시에 역모자였기 때문입니다. 아무리 큰 죄를 지었더라도 아버지가 아들을 죽이는 일은 쉬운 일이 아닙니다. 다윗이 압살롬을 죽이지 말라고 명령한 여러 이유들을 생각할 수 있지만, 분명한 것은 다윗도 권력을 끝까지 놓으려 하지 않았다는 사실입니다. 압살롬이 그의 아들이며, 이스라엘의 민심도 압살롬을 지지하는 판국에 다윗이 압살롬에게 왕위를 양도하지 않은 사실은 권력에 대한 다윗의 의지를 보여 줍니다. 권력에 대한 의지는 모든 인간의 욕망이라는 점에서 우리도 그것으로부터 자유로울 수 없습니다. 다윗이 압살롬에게 권력을 넘겨주었다면 구속 역사는 지금과 많이 달라졌을 것입니다. 다윗이 오늘날까지 기억되는 이유는 그가 그의 대적과 끝까지 싸워 이겼다는 데 있습니다. 결과론적 해석이지만 압살롬은 하나님의 통치의 통로가 되지 못할 사람이었습니다. 하나님은 다윗이 압살롬에게 왕권을 넘겨주는 것을 원치 않았습니다. 다만 문제는 권력에 대한 의지가 우리 행동의 무의식적인 동기가 된다는 것입니다. 사랑과 섬김, 정의와 공의를 추구한다고 말하지만, 돌이켜 보면 돈과 권력과 명예를 얻고 지키기 위해 이웃을 수단화한 것에 불과한 경우가 많습니다. 따라서 권력에 대한 욕망이 우리를 삼키지 않도록 막으려면 지식이 필요합니다. 지식이 없는 백성은 망합니다. 하나님이 우리를 심판하실 때 선한 의도나 진정성을 보시지 않습니다. 진리의 편이었는지가 중요합니다. 다윗과 압살롬의 내전에서 다윗 편에 서 있는 것이 중요했던 것처럼 말입니다. 이를 위해 겸손하게 말씀을 공부하는 것이 필요합니다. 오늘날 가장 중요한 영성과 예배는 성경 공부를 통한 진리 연습이 아닐까 생각합니다.

34
"압살롬아, 내 아들아!"

삼하 18:19-19:8

압살롬의 죽음으로 다윗은 왕권을 되찾게 되었다. 하지만 다윗은 기뻐할 수 없었다. 아들 압살롬의 죽음 앞에 흘린 그의 눈물은 세상 모든 아버지가 흘릴 눈물이었다. 압살롬 때문에 고난을 겪는다 생각했는데, 막상 압살롬이 죽었을 때 다윗은 행복하지 않았다. 권력을 지키기 위해 아들의 목숨을 그 대가로 지불했기 때문이다. 다윗이 찾은 왕권은 이전과 같은 강력한 것이 아니었다. 아버지와 왕의 의무 사이에 갈등하던 다윗은 내전 중 여러 차례 치명적인 전략적 실수를 범함으로 그의 권위를 많이 상실했다. 실제로 요압의 독립적인 판단과 행동이 없었더라면 다윗은 압살롬의 무리에 의해 죽임을 당했거나, 자기 백성에게서 버림받았을 것이다.

아히마아스가 전령이 되기 위해 요압을 조르다 18:19-23a

19 사독의 아들 아히마아스가 다음과 같이 말했다.

"제가 달려가서 왕에게 '여호와께서 그를 원수들의 손에서
구원하셨다(שפט)' 는 소식(בשורה)을 전하도록 허락해 주소서."
20 요압이 그에게 말했다:
"오늘은 네가 좋은 소식(בשורה)을 전하는 사람이 안 될 것이다. 다른
날 너는 좋은 소식(בשורה)을 전하라. 하지만 오늘은 너는 좋은 소식
(בשורה)을 전할 수 없다. 왜냐하면[1] 왕의 아들이 죽었기 때문이다."
21 요압이 구스인에게 "가서 왕에게 네가 본 것을 전하라"고 말하자,
구스인은 요압에게 절하고 달려갔다. 22 사독의 아들 아히마아스는
계속해서 요압에게 말했다:
"무슨 일이 있어도(יהי מה), 저도 구스인을 따라 달려가도록
허락하소서."
요압이 말했다.
"내 아들아 왜 이렇게 너는 달려가려 하느냐? 너에게는 '상 받을
소식'(בשורה מצאת)이 없다."
23a "무슨 일이 있어도 제가 달려가겠습니다." "달려가라."

사독의 아들 아히마아스는 후새의 메시지를 직접 다윗에게 전한 사람이다. 그 덕분에 다윗은 아히도벨의 계략으로부터 요단강을 무사히 건넜고, 이후 내전에서 유리한 고지도 차지하게 된다. 바로 그 아히마아스가 다윗에게 최종 승리를 알리는 전령이 되려고 한 것은 어쩌면 당연해 보인다. 좀 이상한 것은 아비아달의 아들 여호나단의 부재이다. 여호나단은 아히마아스와 함께 목숨을 걸고 후새의 메시지를 다윗에게 전한 또 한 명의 전령이지만, 본 장면에서 우리는 그를 볼 수 없다. 이것이 압살롬의 난 때에 사독과 함께 다윗을 섬겼던 아비아달이 후에 발생할 아도니야의 난 때에는 다윗을 배반할 것에 대한 복선은 아닐까?

아히마아스가 전하려 한 소식은 "여호와께서 그를 원수들의 손에서 구원하셨다(שפט)"(19절)는 것이다. 여기서 "구원하셨다"로 번역된 히브리어 샤파트(שפט)는 "판결을 내리다"로 직역되는데, 이것은 아히마아스가 들려주려 한 소식이 압살롬의 죽음이나 이스라엘 군대의 승

리가 아닌, 다윗에 대한 하나님의 판결임을 암시한다. 압살롬이 반란했을 때 시므이와 같은 사람들은 그것을 다윗의 죄에 대한 하나님의 심판으로 여겼다. 다윗이 살인하고 남의 것을 빼앗아 왕위를 얻은 것처럼 그도 왕위를 빼앗기고 살해당하게 될 것이라고 숙덕거렸다. 나단의 저주를 기억했던 다윗도 그 재앙을 밧세바 사건에 대한 하나님의 심판이라 생각했을 가능성은 충분하지만, 그렇다고 다윗이 살인하고 왕위를 빼앗았다는 세간의 비난을 인정한 것은 아니다. 압살롬을 통한 하나님의 심판을 묵묵히 참아낸 다윗이지만, 그의 통치 정당성에 대한 세간의 비난은 반드시 교정되어야 했다. 아히마아스가 바로 이 일을 하려 한다. 그는 압살롬 쿠데타의 최종 실패를 전하면서 그것을 다윗에 대한 하나님의 신원(伸冤, vindication)으로 이해했다. 즉 하나님이 다윗의 억울함을 풀어 주신 것이었다. 이런 점에서 아히마아스가 전하려 한 소식이 "기쁜 소식"이라는 뉘앙스를 가진다는 사실을 기억할 필요가 있다. 히브리어 베소라(בשורה)는 많은 경우 기쁜 소식을 의미한다.

그렇다면 요압이 아히마아스를 말린 이유는 무엇일까? 그것은 아히마아스가 다윗에게 전할 소식이 "좋은 소식(בשורה)"은 아니라는 요압의 판단 때문이다(20절). 아히마아스가 전할 승전보에는 필연적으로 다윗의 아들이 죽었다는 내용이 포함될 것이다. 요압은 전에 다윗에게 좋은 소식을 전한다고 믿었던 전령들이 오히려 죽임을 당한 것을 여러 번 목격했다. 아히마아스를 "아들"처럼 아낀 요압은 그가 위험한 처지에 빠지는 것을 원치 않았다. 실은 다윗이 압살롬의 사망 소식에 어떻게 반응할지는 요압도 모른다. 그래서 "다음 날 좋은 소식을 전하라"는 말로 아히마아스를 달래고 구스인을 전령으로 임명한다. 구스인은 본래 이집트인 특히 얼굴이 검은 남쪽 누비아인을 지칭하는 말인데, 그가 다윗의 군대에서 전령의 역할을 감당할 정도의 위치에 있다는 것은 의외이다. 이 때문에 구스인이 얼굴색이 검은 이스라엘인으로 이해되기도 하는데, 요압이 다윗에게 나쁜 소식을 전하는 전령으로 외국인을 일부러 선택했을 가능성을 배제할 수 없다. 또한 이집트인들이 아말렉의 용병으로 고용된 것(삼상 30:11)을 고려하면 다윗의 군대에 이집트 용병이 있었다는 것이 전혀 불가능한 일도 아니다.

요압은 그 이방인 전령에게 "왕에게 가서 네가 본 것을 전하라"고 말한다. 여기서 주목할 것은 두 가지다. 첫째, 요압이 그에게 "소식(베소라)을 전하라"는 말을 하지 않은 것이다. 히브리어 베소라가 좋은 소식의 뉘앙스를 가짐을 고려할 때, 요압은 그 구스인이 전하는 소식이 '좋은' 소식이 안 될 것임을 암묵적으로 표현한 것이다. 둘째, "네가 본 것을 전하라"고 말함으로써 요압은 전령에게 특정 메시지를 주지 않는다. 우리아의 사망 소식을 보고할 때 요압이 전령에게 메시지 내용을 매우 자세하게 설명한 것과 대조된다. 이것은 구스인의 메시지에 대한 다윗의 반응이 무엇이든 간에 그 책임을 순전히 전령의 입에 돌리려는 의도인 듯하다. 아울러 그 구스인은 압살롬이 죽게 되는 과정을 보지 못했을 가능성이 있다. 그가 구덩이에 던져진 압살롬의 시체만을 보았다면 그는 왕에게 압살롬을 '누가' 죽였는지 말할 수 없을 것이다. 이처럼 간단해 보이는 명령 안에 요압의 복잡한 계산이 반영되었음은 흥미롭다. 한편 요압이 구스인을 전령으로 보내자마자 아히마아스는 다시 요압을 찾아가 조른다.

> 무슨 일이 있어도, 저도 구스인을 따라 달려가도록 허락하소서.

얼핏 보면 이 요구는 불합리하다. 왜냐하면 그는 새로운 소식이 없는 상태에서 두 번째 전령("구스인을 따라"에 주목할 것)으로 자원했기 때문이다. 이 때문에 요압도 그 요구를 거절한다. "내 아들아, 너는 왜 이렇게 달려가려 하느냐?" 아히마아스의 동기가 보상에 있다고 여긴 요압은 "너에게 상 받을 소식이 없다"고 덧붙인다. 하지만 아히마아스는 세 번째로 요구한다. "무슨 일이 있어도 제가 달려가겠습니다." 이에 요압도 허락한다. "달려가라!" 사무엘서 저자는 이 대목에서 귀찮다는 듯이 화자를 밝히지도 않고 '대사'만을 나열한다(23절). 이것은 아히마아스와 요압의 실랑이가 집요하게 계속되었음을 암시한다. 아히마아스의 세 번째 요구에 요압이 허락하는 것으로 기록되지만, 여기서 숫자 삼은 상징에 불과하고 실제로는 요압이 허락할 때까지 아히마아스가 졸랐을 가능성이 있다. 그럼 왜 그는 전령이 이미 떠났음에도 집요하게 요압을 조르는 걸까?

파수꾼이 두 명의 전령이 시간차를 두고 달려오고 있다고 다윗에게 보고한다면, 다윗은 첫 번째가 아니라 두 번째 전령이 가장 최근의, 더 자세한 소식을 가지고 있다고 생각할 것이다. 일반적으로 말해 전쟁 결과를 전달할 때 우선순위는 '승패'이고 그다음이 '생사'이다. 이것은 사무엘상 4장의 아벨 전투 결과에 대한 전령의 보고에서도 두드러진다.

> 소식을 전하는 자가 대답하여 이르되 이스라엘이 블레셋 사람들 앞에서 도망하였고 백성 중에는 큰 살륙이 있었고 당신의 두 아들 홉니와 비느하스도 죽임을 당하였고 하나님의 궤는 빼앗겼나이다(삼상 4:17)

블레셋이 이스라엘을 이겼다는 보고가 먼저 이루어지고, 제사장의 아들 홉니와 비느하스가 죽었다는 말이 뒤를 따른다. 따라서 요압이 두 명의 전령을 시간차를 두고 보냈다면, 그것은 첫 번째 전령을 보낸 후 더 자세하고 새로운 보고거리가 생겼기 때문일 것이다. 이렇게 생각한 다윗은 두 번째 전령이 압살롬의 '생사'에 대한 소식을 가지고 있다고 생각할 가능성이 높다. 아히마아스는 이 점을 노린 것이다. 그가 구스인을 앞질러 도착한다면 다윗에게 전쟁의 '승패'만을 전할 수 있다. 그 뒤에 또 한 명의 전령이 달려오고 있음을 안 다윗은 그에게 압살롬의 '생사'에 대해 추궁하지 않을 것이다. 아히마아스는 다윗에게 위로가 되는 좋은 소식만을 전할 수 있게 되는 것이다. 이 때문에 아히마아스는 요압이 구스인을 먼저 보내자 두 번째 전령으로 가겠다고 더욱 간절히 요청하였다.

접근하는 전령에 관한 다윗과 파수병의 대화 18:23b-27

23b 아히마아스는 평지 길(דרך הככר)을[2] 달려, 그 구스인을 앞질렀다.
24 다윗이 두 성문 사이에 앉아 있는 동안 파수병은 성문의 지붕으로
갔다. 성벽 쪽으로 가서 눈을 들어 보니, 보라 어떤 사람이 혼자 달려
오고 있다. 25 그 파수병이 소리 질러 왕에게 고하니, 왕이 말했다:
"혼자라면 그의 입에 소식이 있을 것이다."[3]
그가 점점 가까이 왔을 때 26 파수병이 또 한 사람이 달려오는 것을
보았다. 그 파수병은 성문을 향해[4] 소리 질러 말했다.
"보소서 또 한 사람이 홀로 달려오고 있습니다."
왕이 말했다:
"틀림없이 이자도 소식을 가져오는 자다."
27 파수병이 말했다:
"제가 보건데 첫 번째 사람의 달리는 모양(מרוצה)이 사독의 아들
아히마아스의 달리는 모양과 같습니다."
왕이 말했다:
"이는 좋은 사람이다. 그는 좋은 소식을 가지고 오고 있음에
틀림없다."[5]

"평지 길"은 요단 계곡 길을 의미한다. 다소 돌아가는 길이지만, 길르앗 산길보다 더 빨리 마하나임에 도달할 수 있는 길이다. 아히마아스는 이 평지 길을 달려 구스인을 앞질렀다.

한편 다윗은 두 성문 사이에 앉아 전장의 소식을 기다린다. 이런 다윗의 모습은 길가에 의자를 놓고 전장의 소식을 기다리던 엘리를 연상시킨다. 엘리처럼 다윗도 아들의 전사 소식을 접할 것이다. 다윗의 파수병이 그의 눈을 대신하여 지붕 위에서 전령의 출현을 지켜보았다.

파수병은 성문의 지붕으로 갔다. 성벽 쪽으로 가서

눈을 들어 보니(24절).

이 구절은 다윗이 목욕하는 밧세바를 보는 장면을 연상시킨다. “지붕(גג)”과 “가다(הלך)” 그리고 “보다(ראה)” 등의 어휘가 양쪽 장면에 모두 사용된다. 지붕(גג)을 거닐다(הלך)가 밧세바를 본(ראה) 다윗은 성문의 지붕을 거니는 파수꾼을 통해 압살롬의 사망 소식을 전하는 전령을 보게 될 것이다. 이러한 문학적 연관은 압살롬으로 인한 다윗의 온갖 고통이 밧세바 사건에 대한 하나님의 심판이었음을 암시한다.

파수병이 다윗에게 고한 정확한 내용은 알 수 없으나, “보라 어떤 사람이 혼자 달려오고 있다”(24절)는 내용이었을 것이다. 왕도 그가 “혼자라면” 소식을 가지고 있을 것이라고 대답한다. 신속함이 생명이었던 전령은 보통 혼자 움직인다는 사실을 염두에 둔 말이다. 이렇게 보통 전령은 홀로 여행하지만 전령의 메시지가 긴박하여 즉각적 행동이 필요한 경우, 복수의 전령을 보내기도 한다. 한 명이 죽더라도 다른 사람을 통해 메시지가 전달되도록 하기 위함이다. 이전에 후새의 메시지를 전할 때 아히마아스와 여호나단이 함께 달려갔던 것을 기억하라. 이 때문에 파수꾼이 또 하나의 전령이 달려오고 있다고 보고 했을 때 다윗 왕은 분명 마음에 불안을 느꼈을 것이다. 시간차를 두지 않고 두 명의 전령이 온다는 것은 그들의 메시지가 긴박한 것이라는 뜻이고, 정황상 산지 전투에서 패배했고 다윗이 급한 피해야 한다는 내용일 수도 있기 때문이다. 파수꾼도 사태의 심각성을 느꼈는지, 이전처럼 “왕에게” 고하는 것이 아니라 “성문을 향해” 소리쳤다. 하지만 왕은 애써 태연하게 “틀림없이 이자도 소식을 가져오는 자다”라고 대답한다. 그럼에도 불구하고 요압이 두 명의 전령을 그렇게 큰 시간차를 두지 않고 보내는 것은 분명 예사로운 일은 아니다. 그때 파수병은 왕을 안심시켜 줄 정보 하나를 덧붙인다. 첫 번째 전령이 사독의 아들 아히마아스라는 것이다. 이에 왕은 “이는 좋은 사람이다. 그는 좋은 소식을 가지고 오고 있음에 틀림없다”고 말한다. 이 말은 두 명의 전령이 거의 연속적으로 도착하는 것이 좀 이례적이나, 좋은 소식을 전하는 아히마아스가 첫 번째 전령인 것으로 보아 그를 바짝 따르는 두 번째 전령도 좋은 소식을 전할 것이라는 뜻이다. 무슨 격변이 발생하기에는 그 두 전령의 출발 시간의 차이가 너무 적다.

하지만 다윗의 말을 잘 분석하면 좀더 깊은 의미를 읽어 낼 수 있다. 그는 사람의 좋고 나쁨과 그가 전하는 소식의 좋고 나쁨을 연결시킨다. 이것은 좋은 소식을 전하는 사람이 좋은 사람이면, 나쁜 소식을 전하는 사람은 나쁜 사람이라고 생각으로 이어질 수 있다. 따라서 다윗은 좋은 소식을 전하는 사람에게는 보상을, 나쁜 소식을 전하는 전령에게는 벌을 내릴 가능성이 있다.[6] 앞으로의 이야기에서 관전 포인트는 다윗이 압살롬의 죽음을 전한 전령을 벌하는가, 나아가 압살롬을 죽인 사람이 누구인지를 추궁할 것인가의 여부다. 그에게 나쁜 소식을 전한 전령을 처벌하지도 않고 압살롬을 죽인 책임자를 찾아 벌하지 않는다면 그것은 다윗이 압살롬의 죽음에 대해 가지는 냉철하고 정치적인 태도를 암시하는 것이다.

압살롬 반란의 초반에 후새의 메시지를 전하는 두 명의 전령으로 아히마아스와 여호나단이 쓰임을 받았다. 이제 압살롬의 반란의 끝을 알리는 일에도 두 명의 전령이 사용된다. 그 중 하나는 아히마아스이지만, 나머지 하나는 여호나단이 아니라 무명의 이방인이었다. 전자의 경우 아히마아스와 여호나단이 동시에 여행했지만, 후자의 경우 두 전령이 시간차를 두고 갈라져 여행했다. 더구나 아히마아스는 후발 주자였으나 선발 주자를 앞질러 다윗에게 승리의 기쁜 소식을 전하는 첫 번째 전령이 되었다. 후발 주자인 구스인은 다윗에게 나쁜 소식을 전하는 주인공이 되었다. 이 두 '전령' 사건을 문학적으로 비교해 읽는 독자들은 당연히 후자의 경우 여호나단의 자리에 구스인이 들어 있다고 여길 것이다. 이 모든 것은 처음에 동역했던 두 대제사장—사독과 아비아달—이 후에는 서로 갈라질 것을 암시하는 것은 아닐까? 비록 사독(아히마아스의 아버지) 가문이 후발 주자였지만, 대제사장직 경쟁에서 선발 주자 아비아달 가문을 앞서는 상황을 예견하는 본문은 아닐까? 이후에 다윗이 죽기 직전 발생한 또 한 번의 난에서 사독은 다윗을 지지하고, 아비아달은 반란자 아도니야를 지지한다. 솔로몬 때부터는 사독 계열의 제사장들이 대제사장직을 독점하게 된다.

아히마아스와 구스인의 보고 18:28–32

28 아히마아스는 소리 질러 왕에게 "문안드립니다(שלום)"라고
인사하며 얼굴을 땅에 대고 왕에게 절한 후 말했다.
"왕의 하나님 여호와가 찬양받으시기를! 그분은 내 주 왕에게
손을 든 사람들을 우리들의 손에 넘기셨습니다."
29 왕이 말했다:
"내 아이 압살롬은 무사하지(שלום)?"
아히마아스가 말했다:
"내가 큰 소요(ההמון הגדול)를 보았을 때 왕의 종 요압이 당신의 종을
보냈습니다.[7] 그래서 저는 아는 바가 없습니다."
30 왕이 말했다:
"비켜서 여기에 자리해 있어라(התיצב כה)"
그는 비켜 대기했다. 31 바로 그때(הנה) 구스인이 왔다. 그 구스인이
말했다:
"내 주 왕이여 소식을 받으소서. 참으로 여호와께서 오늘 당신에
대적해 일어난 모든 자(כל הקמים עליך)들의[8] 손에서 당신을
구원하셨습니다(שפט)."[9]
32 왕이 구스인에게 말했다:
"내 아이(נער) 압살롬은 무사한가(השלום)?"[10]
구스인이 말했다:
"내 주 왕의 원수들과 당신에 대적해 일어난 모든 자들(כל אשר קמו על)
이 그 아이처럼(נער) 해(לרעה)를 입기 바랍니다."

좋은 소식을 전하는 아히마아스의 흥분은 그의 목소리의 크기에서 확인된다. 그는 "소리 질러(ויקרא)(28절)" 왕에게 문안했다. 얼굴을 땅에 대고

절한 후 그는 다음과 같이 전쟁의 결과를 알린다.

> 왕의 하나님 여호와가 찬양받으시기를! 그분은 내 주 왕에게 손을 든 사람들을 우리들의 손에 넘기셨습니다(סגר).

"넘기셨습니다"로 번역된 히브리어 동사 시가르(סגר)는 사무엘서에서만 사용되는 독특한 형태(피엘 어간)로, 사울에 대한 다윗의 승리, 골리앗에 대한 다윗의 승리 등 다윗의 원수에 대한 다윗의 승리를 나타내는 데에만 사용되었다.[11] 이 메시지는 아히마아스가 원래 생각한 내용과 다른 것이다. 아히마아스는 요압에게 다음과 같이 말한 적이 있다: "제가 달려가서 왕에게 '여호와께서 그를 원수들의 손에서 구원하셨다(שפט)'는 소식을 전하도록 허락해 주소서"(19절). 앞서 설명한 것처럼 "그를 원수들의 손에서 구원하셨다"는 말은 다윗에 대한 하나님의 신원을 의미한다. 이것은 실제 아히마아스가 다윗에게 전한 메시지와 조금 다르다. 왜 아히마아스는 처음 계획과 다른 메시지를 전했을까? 왜 다윗의 '신원(שפט)'(vindication)에 관한 메시지를 원수에 대한 '승리(סגר)'(deliverance)에 대한 메시지로 바꾸었을까? 아히마아스가 처음 제안한 메시지는 요압이 구스인을 전령으로 보낼 것을 모르던 때의 메시지다. 하지만 요압이 구스인을 전령으로 보냄으로써 자신은 짧은 간격으로 이어지는 두 전령 중 먼저 도착한 전령의 자격으로 소식을 전할 것을 알게 된 그는 달라진 상황에 맞게 메시지를 바꾸어야 했다. 즉 그는 유일한 전령이 아닌 첫 번째 전령의 임무에 맞추어, 전승 소식을 경건의 어조에 담아 객관적으로 표현했던 것이다. 그는 하나님의 심판에 대한 어휘(שפט)가 다윗의 아들 압살롬에게 적용되는 것을 의도적으로 피했던 것이다.

아히마아스의 승리 보고를 들은 다윗은 압살롬에 대해 묻는다. 좋은 사람 아히마아스가 압살롬에 관한 좋은 소식을 전할 것이라는 기대를 가지고 "내 아이 압살롬은 무사하지(שלום)?"라고 묻는다.[12] 다윗의 이 질문은 자신의 확신을 확인하는 것에 가깝다. 즉 다윗은 장군들에게 특별히 부탁한 압살롬이 무사할 것이라 믿고 던진 질문인 것이다. 이것은 다윗이 구스인에게 한 질문과 대조된다— "내 아이(נער) 압살롬은 무사한가(השלום)?"[13] 이것은 의혹이나 의심 가운데 걱정되어 묻는 질문이다. 한편 압살롬에 대한 다윗의 질문에 아히마아스는 다음과 같이 대답한다.

> 내가 큰 소요(ההמון הגדול)를 보았을 때 왕의 종 요압이 당신의 종을 보냈습니다.[14] 그래서 저는 아는 바가 없습니다.

즉 그가 본 것은 "큰 소요"가 전부다. 구체적으로 그것이 무엇에 관한 것인지 전혀 알지 못한다고 답한다. 소요로 번역된 히브리어 하몬(המון)은 사무엘서에서 하나님이 적진에 일으킨 소요(삼상 14:16, 19)를 지칭한다.[15] 아히마아스가 목격한 것은 하나님이 이루시는 승리의 역사뿐이라고 말한 것이다. 구체적으로 누가 죽고 누가 생존했는지 자신은 알지 못한다는 뜻이다. 하지만 이 말은 거짓말이다. 그는 압살롬의 운명에 대해 정확히 알고 있었다(삼하 18:20 참조). 하지만 그는 다윗에게 나쁜 소식을 전하는 일을 뒤에 올 또 하나의 전령에게 넘기려 한다. 그가 유일한 전령이었다면 그가 압살롬의 생사 여부를 모르는 것이 전령으로서 흠이 될 수 있지만, 그를 보낸 요압에게도 흠이 될 수 있지만, 그 뒤에 바짝 따라오는 전령이 그 생사 여부를 알려준다면 문제 없다. 아히마아스는 정확히 이것을 계산하여 왕에게 대답한 것이다. 왕도 뒤에 전령이 오는 것을 알고, 아히마아스를 더 이상 추궁하지 않고("비켜서 여기에 자리해 있어라", 30절), 구스인을 맞이한다. 구스인은 도착하여 말한다.

> 내 주 왕이여 소식을 받으소서. 참으로 여호와께서 오늘 당신에 대적해 일어난 모든 자(כל הקמים עליך)들의[16] 손에서 당신을 구원하셨습니다(שפט).

구스인의 보고 내용은 요압의 명령과 큰 차이가 있다. 요압은 그에게 "본 것을 말하라"고 지시했지 "소식을 전하라"고 말하지 않았다. 하지만 그 구스인은 "소식을 받으소서"라는 말로 보고를 시작한다. 마치 요압이 어떤 메시지를 그의 입에 넣어 준 것처럼 말이다. 또한 아히마아스가 처음 계획했던 그 메시지를 도용하여 전한다. 즉 다윗의 승리를 다윗에 대한 하나님의 신원(과 적들에 대한 하나님의 심판)의 관점에서 말한다. 다만 "원수"라는 추상적 개념 대신 반란군, 즉 "당신에 대적해 일어난 모든 자들"이라는 구체적 표현을 사용한다. 이것은 구스가 자신이 두 번째 전령임을 몰랐다고 가정하면 잘 이해된다.[17] 그는 아히마아스가 유일한 전령으로 승전보를 전할 때 사용하려 했던 그 메시지를 사용하는 것이다. 단순한 승리가 아니라, 그 승리의 의미까지 설명하려는 시도이다.

하지만 이미 아히마아스의 보고를 받은 다윗은 압살롬의 안부만이 걱정스럽다. 요압이 두 명의 전령을 보냈다면 두번째 전령이 압살롬의 안부에 대한 소식을 자세히 알고 있을 것이라 기대했을 것이다. 나아가 요압이 전승의 소식과 압살롬의 안부에 대한 소식을 분리하여 전하려 했다면, 그것은 압살롬의 신상에 대한 불길한 예고가 아닌가 걱정스러워진 다윗은 "내 아이 압살롬은 무사한가?"라고 질문한다. 아히마아스에게는 확인하듯이 "내 아이 압살롬은 무사하지?"라고 말한 것과 대조적이다. 이 질문에 대한 구스인의 대답은 혼란스럽다. 개역개정역의 번역은 구스인이 압살롬의 운명에 대해 명확하게 대답하지 않고 얼버무렸다는 인상을 준다.

> 내 주 왕의 원수와 일어나서(קמו על) 왕을 대적하는(לרעה) 자들은 다 그 청년과 같이 되기를 원하나이다 하니(개역개정)

다윗은 "그 청년"의 운명에 대해 물었는데 구스인은 왕의 원수와 대적들이 그 청년의 운명처럼 되기를 원한다고 대답한 것이다. 만약 구스인이 압살롬의 신상에 대한 다윗의 질문에 의도적으로 대답하지 않은 것이라면, 이후 다윗의 반응을 이해하기 어렵다. 다윗은 그 구스인의 대답을 듣고 압살롬의 죽음을 애도하기 시작하기 때문이다. 따라서 필자는 개역개정역과 다른 번역을 제안한다.

> 내 주 왕의 원수들과 당신에 대적해 일어난 모든 자들(כל אשר קמו על)이 그 아이처럼(נער) 재앙(לרעה)을 입기 바랍니다.

개역개정은 레라아(לרעה) "재앙"을 카무 알(קמו על) "~에 대해 봉기하다"와 함께 읽은 번역이다. 하지만 카무 알이 레라아와 짝으로 쓰인 예는 구약 성경에 없다. 카무 알만으로도 "대적하여 일어나다"는 의미를 표현할 수 있다. 필자의 제안처럼 레라아를 동사 하야(היה) "되다"와 짝이 되게 읽으면 "해를 입다, 재앙을 입다"의 의미로 번역 가능하다. 필자의 번역에 따르면 그 구스인은 다윗에게 압살롬의 운명에 대해 분명하게 말한다. 압살롬은 "재앙을 입었다!" 물론 여기서 "재앙"은 다름 아닌 전사(戰死)에 대한 우회적 표현이다. 다윗이 이 대답을 듣자마자 압살롬의 죽음을 애도한 것은 당연한 일이다.

우리는 31절에서 구스인 전령이 다윗의 승리를 하나님의 심판(שפט) 개념과 연결시켰음을 보았다. 여기 32절에서 그 구스인은 압살롬을 왕의 원수와 왕을 대적하여 일어나는 사람들과 동일시한다. 이것은 압살롬의 죽음이 다윗의 원수 대적에 대한 하나님의 심판이라는 뉘앙스를 전한다. 압살롬이 왕의 아들임을 생각 못했을까? 그는 압살롬에 대한 다윗의 부탁을 듣지 못했을까? 왜 구스인은 눈치 없이 다윗 앞에서 그 아들의 죽음을 함부로 평가했을까? 이 질문에 대한 답은 그가 이방인이라는 사실과 관련 있는 듯 보인다. 종종 성경에서 이방인은 이스라엘 고유의 관습에 크게 구애 받지 않는 것으로 그려진다. 에돔 사람 도엑이 제사장들을 마구 죽인 것과 아말렉 전령이 사울을 죽였다고 당당히 밝힌 것이 그 예다. 여기에서 구스인도 이스라엘 왕자에 대한 예우는 물론 이스라엘 왕의 감정에 대한 존중이 부족해 보인다. 다윗은 그 이방인 전령을 어떻게 처리할까?

압살롬의 죽음을 애도하는 다윗 18:33-19:8

33 왕은 격앙되어(וירגז) 성문의 탑 방(עליה)으로 올라가 울었다.

가면서(בלכתו) 다음과 같이 말했다:
"내 아들아, 압살롬아, 내 아들아, 내 아들아, 압살롬아. 누가 너
대신 나, 나를 죽게 할 수 있을까? 압살롬아, 내 아들아, 내 아들아."
19:1 요압에게 다음과 같이 보고되었다:
"보소서 왕이 울고 있습니다."
그가 압살롬의 죽음을 인하여 애곡(ויתאבל)하니[18] 2 승리한 그날이 온
백성에게 초상날(אבל)이 되었다. 왜냐하면 그날 왕이 아들로 인해
괴로워한다는 소식을 백성들이 들었기 때문이다. 3 전쟁에서 도망하여
수치당한 사람들이 도둑처럼 귀환하듯이 백성들은 승리한 그날
도시에 도둑처럼 들어왔다. 4 왕이 자신의 얼굴을 감싸고(לאט),
"내 아들, 압살롬아, 압살롬아, 내 아들아, 내 아들아" 하며 왕이
큰 소리로 부르짖고 있을 때, 5 요압이 집에(הביתה) 있는 왕에게
찾아가 말했다:
"왕은 오늘 왕의 생명, 왕의 아들과 딸들의 생명, 왕의 아내의 생명,
왕의 첩들의 생명을 구원한 모든 종들의 얼굴을 오늘 부끄럽게
하셨습니다. 6 왕께서는 왕을 미워하는 자들을 사랑하고, 왕을
사랑하는 자들을 미워하시는 겁니다. 왕에게 장군들과 종들은
존재하지 않는 사람들이라고 오늘 선포하신 겁니다. 제가 이제야
깨닫는 것은 왕께서 오늘 압살롬이 살고 우리 모두가 죽었으면 하고
바란다는 것입니다. 그래야 왕의 눈에 합당할 것일 테니까요!
7 이제 일어나 나가서 종들의 마음에 말하십시오.[19] 내가 여호와께
맹세하건데, 왕이 나가지 않으면[20] 오늘 밤 한 사람도 당신에게 남아
있지 않을 것입니다.[21] 이것은 어릴 적부터 지금까지 당신에게 미친
어느 재앙보다 더 재앙적일 것입니다.
8 왕이 일어나[22] 성문에 앉았고—온 백성에게 '보라. 왕이 성문에
앉을 것이다'라고 공지했었다(הגידו)—온 백성이 왕을 알현했다. 한편
이스라엘은 각자 자기 장막으로 이미 도망했다.

압살롬이 죽었다는 소식을 들은 왕은 감정이 격앙된다. "격앙되었다"로

번역된 히브리어 라가즈(רגז)는 도굴을 경고하는 무덤 비문에 등장하는 단어로 "깨우다, 자극하다"로도 번역된다(사 14:9 참조). 누구든지 무덤에 잠자는 주인을 "격앙시키면" 그 무덤 주인의 저주에서 자유롭지 못하듯이, 이스라엘이 불순종으로 하나님을 "격앙시키면" 이스라엘도 그분의 저주에서 자유롭지 못하다(겔 16:43 참조). 이처럼 다윗이 격앙되었다는 구절을 읽는 독자들은 그를 격앙시킨 자들에 대한 다윗의 보복을 예상하게 되어 있다. 나쁜 소식으로 다윗을 격앙시킨 전령이나 압살롬을 죽인 책임자를 벌하는 내용이 뒤따를 것이라고 예상한다. 하지만 본문은 그런 예상을 뒤집는다. 아들의 죽음을 애도한 후 다윗은 그 구스인을 벌하지도, 압살롬을 죽인 요압을 훈계하지도 않는다. 오히려 요압이 다윗을 훈계하는 내용과 다윗이 요압의 훈계를 따라 구스인을 포함한 모든 백성을 위로하는 장면으로 끝난다. 이것은 압살롬을 지켜 달라는 다윗의 공개 명령이 얼마나 진정성이 있는 것이었는지를 의심하게 한다. 즉 그 명령이 권력을 지키기 위해 아들을 죽여야 하는 아버지의 안타까움의 표현이지, 다윗의 냉철한 정치적 입장은 아니라는 것이다.

그러나 압살롬의 죽음을 슬퍼하는 다윗의 진정성을 의심할 필요는 없다. 다윗은 탑 방으로 울며 올라가며 "내 아들아, 압살롬아"라고 외치며 슬퍼한다. 다윗은 아들을 반복해 부르는 것 외에 슬픔을 표현할 다른 말을 찾지 못한다. 이것은 슬픔의 감정이 극단에 달한 사람들에게서 흔히 관찰되는 것이다. 언어도단의 상태이다. 다윗이 힘을 다해 내뱉은 문장은 요셉을 잃은 야곱이 한 말을 연상시킨다. 자식을 잃은 부모들은 모두 자식을 따라 죽기를 원할 정도로 비통해한다. 스올이 일방통행의 길임을 잘 알던 야곱은 요셉을 따라 스올에 내려가겠다고 말했지만, 다윗은 메소포타미아 신화의 주인공 두무지처럼 압살롬을 스올에서 끌어 올리고 자신이 압살롬을 대신해 스올에 내려가겠다고 말한다—"누가 너 대신 나, 나를 죽게 할 수 있을까?" 탑 방으로 올라가며 다윗이 통곡하는 소리를 들은 사람들이 요압에게 고하지만 요압은 듣고 침묵한다. 자식을 잃은 아버지가 슬픔을 표현할 시공간을 허락한 것이다.

하지만 압살롬의 죽음에 대한 다윗의 애도가 너무 커서 탑 방에서의 통곡이 다윗 궁 안에서의 통곡으로 이어졌으며, 왕의 슬픔이 모든 백성에게까지 알려지게 된다. 이에 따라 승리의 그날이 초상날처럼 되고, 전쟁에서 목숨을 바쳐 싸워 승리한 군인들이 패잔병처럼 예루살렘에 도둑처럼 몰래 들어오는 상황이 된다. 그때 요압이 움직인다. 요압이 입궐했을 때에도 다윗은 얼굴을 감싸고 아들 압살롬의 이름을 반복해 말할 뿐이다. 요압은 아들에 대한 왕의 사랑 때문에 다윗이 왕국을 잃게 될 것이라고 경고한다. 이것은 다윗이 처한 딜레마를 정확히 표현한 말이다. 다윗의 집안은 하나님의 통치를 실현할 '왕조'를 이 땅에 이어갈 의무를 가졌다. 하지만 이 의무를 위협하는 것도 다윗 집안이다. 권력에 대한 욕심이 때로는 왕과 왕자, 때로는 왕자들 사이의 싸움으로 이어진다. 이런 상황에서 다윗은 아버지로서의 의무와 왕으로서의 의무 사이에 갈등하는 경우가 많다. 권력을 유지하기 위해 다윗 왕은 아들 압살롬을 죽여야 한다. 하지만 아들의 죽음 앞에서 여지없이 무너지는 아버지의 마음도 피할 수 없다. 다윗의 슬픔이 적절히 자제되어야 함에도 불구하고 일정한 선을 넘자 요압이 "집에 있는 왕에게 찾아가(5절)," 자칫하면 왕국을 잃을 것이라고 경고한 것이다. 여기서 "집"은 궁전이 아니라 마하나임에서 다윗의 숙소로 사용된 구조물일 것이다.

> 이제 일어나 나가서, 종들의 마음에 말하십시오. 내가 여호와께 맹세하건데, 왕이 나가지 않으면, 오늘 밤 한 사람도 당신에게 남아 있지 않을 것입니다. 이것은 어릴 적부터 지금까지 당신에게 미친 어느 재앙보다 더 재앙적일 것입니다(7절).

"종들의 마음에 말하라"는 것은 백성들을 달래고 설득하라는 뜻이다. 그렇지 않으면 "어릴 적부터" 지금까지 다윗에게 미친 어느 재앙보다 더 큰 재앙을 만나게 될 것이라고 경고한다. "어릴 적"이 구체적으로 언제를 지칭하는지는 확언할 수 없지만, 다윗이 처음 왕으로 기름 부음 받은 때일 가능성이 있다. 다시 말해 다윗이 공생애를 시작한 이래 가장 큰 재앙이 될 것이라는 뜻이다. 요압의 충언에 다윗은 마음을 추스른 듯하다. 요압의 말대로 백성에게 연설하기로 정했다. 요압은 이 사실을 백성들에게 공지로 알리고, 백성들은 왕의 말을 듣기 위해 마하나임의 성문으로 모였다. 그리고 그곳에서 모든 백성들이 왕을 뵈었다. 궁이 따로 없었던 마하나임에서 왕이 온 백성 앞에 연설할 수 있던 유일한 곳은 탑 구조물이 구비된 성문이었을 것이다. 또한 연설의 목적이 승전한 백성들을 치하하기 위함임을 고려하면 개선(凱旋)의 상징인 성문에서 다윗이 연설하는 것은 매우 적절하다. 백성들의 민심을 다잡는 다윗의 연설과 함께 압살롬의 반란은 공식적으로 끝난다. 사무엘서 저자도 "이스라엘은 각자 자기 장막으로 이미 도망했다"라는 언급으로 압살롬과 다윗의 내전 에피소드를 마무리한다.

본 단락에서 분명해진 것은 약화된 다윗의 왕권이다. 다윗은 아버지와 왕의 의무 사이에 갈등하다 내전의 중요한 시점에 치명적 실수들을 행한다. 한 번은 압살롬을 죽이지 말라고 명한 것이고, 다른 한 번은 압살롬에 대한 지나친 통곡으로 그를 위해 목숨 바친 백성들을 모두 소외시켜 버린 것이다. 그때마다 요압이 독립적으로 행동하지 않았으면 다윗의 무리는 압살롬에 의해 멸절당했을 것이다. 요압이 다윗의 명령을 어기고 그를 꾸짖기도 했지만, 다윗이 요압을 벌하지 않는 것은 요압의 결단이 없었다면 자신의 안위가 위태로웠을 것이라는 판단 때문이다. 그러나 분명한 것은 다윗의 권위는 더 이상 이전과 같지 않다는 것이다.

질문

1. 아히마아스가 구스인 전령을 앞질러 다윗에게 도착한 이유는 무엇입니까?
2. 압살롬의 죽음에 대한 다윗의 이중적 입장을 보여 주는 실마리는 무엇입니까?
3. 요압은 압살롬의 죽음을 슬퍼하는 다윗을 어떤 말로 경고합니까?

묵상

압살롬의 반란 사건은 다윗의 인생에 있어 큰 오점에 해당합니다. 후대의 유대인 전통에서 이 일에 대해 침묵하는 것도 이해할 만합니다. 그 이야기는 구속사라기보다 세속 정치사에 가깝기 때문입니다. 하지만 그 이야기가 성경에 고스란히 기록되었다는 것은 하나님의 구속 역사가 기적들이나 영웅적 행위로만 채워지는 것이 아님을 상기시킵니다. 지도자의 죄와 실수 그리고 하나님 백성들 사이의 갈등 등도 구속사의 일부가 될 수 있습니다. 오늘 우리가 겪는 삶 속에 하나님의 기적이나 신앙 영웅들이 없더라도, 우리의 삶이 하나님이 이끄시는 구속사의 일부임을 기억해야 합니다. 악이 승리하는 것처럼 보이는 현실이지만, 결국 정의와 진리가 이 땅에 서게 될 것을 믿고 나가야 합니다. 하나님 통치 실현을 위한 우리의 노력이 완벽할 필요는 없습니다. 다윗처럼 실수하고, 갈등하고, 약해질 수 있습니다. 하지만 우리를 인도하시는 하나님을 기억하고 선한 싸움에 지치지 말아야 할 것입니다.

35
왕의 귀환

삼하 19:9-42

압살롬이 죽은 후 다윗의 왕권이 즉각 회복된 것은 아니다. 또한 회복된 다윗의 왕권도 온전하지 않았다. 본문은 다윗이 예루살렘으로 귀환하는 과정을 통해 다윗 왕의 약화된 정국 장악력을 잘 보여 준다. 압살롬의 반란은 이스라엘 내의 뿌리 깊은 파당 대립을 더욱 노골화시켰다. 이 분열의 질병은 솔로몬이 잠시 봉합했지만 그 후 다시 노골화되어 항구적인 남북 분열을 맞이했다.

유다가 다윗을 영접함 19:9-15

9 이스라엘 모든 지파들 가운데 모든 백성들이 서로 다투며 말했다:
"왕께서 우리 원수들의 손아귀에서 우리를 건지셨다(הצילנו). 그리고
블레셋의 손아귀로부터 우리를 해방시킨 것(מלטנו)도 바로 그분이다."
"그러나 이제 그는 압살롬 때문에 이 땅으로부터 피난한(ברח) 상태
다." 10 "우리가 우리 위에 기름 부은 압살롬이 전쟁에서 죽었다."
"그런데 왜 너희들은 그 왕을 다시 모셔 올 일에 조용히 있느냐?"

11 온 이스라엘의 말이 숙소(בית)에 있는 왕에게 도달했다.[1] 왕 다윗이
제사장 사독과 아비아달에게 사람을 보내어 말했다(שלח...לאמר):
"유다의 장로들을 설득해 말하라(דבר...לאמר): '(이스라엘 사람들은
왕을 모셔오려 하는데,) 왜 너희들은 왕을 그의 궁에 다시 모시는 데
지체하는가? 12 너희들은 내 형제들이다. 내 뼈이며 내 살이 너희들
이다. 그런데 왜 너희들은 왕을 다시 모시는데 지체하는가?'
13 아마사에게 말할지어다: '너도 내 뼈와 내 살이 아닌가? 네가 요압
대신에 항상 내 앞에서 군대 장군이 되지 않으면, 하나님이 나를
벌하시고, 더욱 벌하실 것이다.'"
14 이렇게 그는 모든 유대 사람들의 마음을 한 사람의 마음처럼
움직였다(ויט). 그들은 왕에게 전갈을 보냈다:
"왕과 왕의 모든 종들은 돌아오소서."
15 왕이 귀로에 올라 요단강에 이르렀다. 유다 사람들은 길갈로 나와[2]
강으로 내려가[3] 왕을 맞아 왕이 요단강을 건너게 하였다.

압살롬이 죽자 각자의 고향으로 돌아간 이스라엘 사람들 사이에 논쟁이 일어났다. 그 논쟁은 다윗을 다시 왕으로 받아들일 것인지에 대한 것이다. 9절에 "서로 다투며"로 번역된 히브리어 나돈(נדון)은 그 논쟁이 매우 치열한 것이었음을 암시한다.[4] 이 단어는 북방 열 지파 사이의 관계에만 적용되는 것이 아니라, 그들과 유다와의 관계에도 적용된다. 사무엘하 19장의 마지막 단락은 이스라엘과 유다 사이의 강경한 말싸움을 다룬다(아래 43절 참조).

온 이스라엘의 지파 사이에서 벌어진 논쟁의 대강이 9-10절에 기록되어 있다. 그곳에는 서로 반대되는 입장들이 병치되어 있다. 사무엘상 9장에서 물 긷는 소녀들의 다양한 대답들이 한 사람의 대답인 것으로 제시되었듯이 여기도 서로 상반되는 논점들이 하나의 것인 양 제시되어 있다.[5] 논점에 맞게 내용을 다시 분류하면 다음과 같다.

영접 찬성파: 다윗 왕께서 우리 원수들의 손아귀에서 우리를 건지셨다.

> 나아가 블레셋의 손아귀로부터 우리를 해방시킨 것도 바로 그분이다.
>
> 영접 반대파: 하지만 그는 압살롬 때문에 이 땅에서 도망가지 않았느냐? 또한 우리는 압살롬을 왕으로 기름 부었다.
>
> 영접 찬성파: 하지만 압살롬은 죽었다. 이제 가만히 있지 말고 왕을 모셔 와야 한다.

이 논쟁에서 유추할 수 있는 것은 북방 열 지파가 압살롬을 왕으로 기름 부었다는 것이다. 즉 그들에게 압살롬은 반란군 지도자가 아니라 왕이 된 것이다. 동시에 다윗은 폐위된 것이다. 바로 여기에 그들의 고민이 있다. 적어도 그들에게는 압살롬 왕이 죽었다고 자동적으로 다윗이 왕이 되는 것은 아니다. 다윗의 복권은 이스라엘 지파들의 추대가 있어야 한다. 이것을 성경 저자는 "가만히 있지 말고 왕을 모셔 와야 한다"라고 표현하고 있다.

이처럼 이스라엘의 온 지파 가운데 다윗의 복권에 대한 논쟁이 있었지만 그 논쟁이 영접 찬성파의 주장으로 끝나는 것으로 보아 찬성파의 입장이 온 이스라엘의 공식 입장으로 채택된 듯하다. 그리고 11절에 따르면 "온 이스라엘의 말이 숙소에 있는 왕에게 도달했다". 즉 이스라엘 지파들이 다윗을 다시 왕으로 받아들인다는 소식이 마하나임의 숙소에 있는 다윗에게 전달된 것이다. 개역개정은 이 부분을 다윗이 사독과 아비아달을 통해 유다 장로들에게 전한 메시지의 일부로 번역하는데, 그 이유는 그 소식이 다윗의 메시지 중간에 삽입되어 있기 때문이다. 하지만 그 소식은 다윗이 제사장들에게 유다 지파 설득을 명령하기 전에 다윗에게 전해진 것으로 이해해야 문맥이 자연스럽게 흐른다. 물론 다윗이 유다 장로들의 지지를 촉구하기 위해 북장 지파들의 지지 결정을 언급했을 가능성은 충분하다. 분명한 것은 처음에 헤브론에서 왕이 되었을 때처럼 다윗은 압살롬의 반란 후 왕으로 복권되는 장면에서도 협상과 설득의 기술을 보여 준다는 것이다. 전에는 유다 지파의 지지를 먼저 끌어낸 후 이스라엘의 지지를 얻었으나, 지금은 이스라엘의 지지를 지렛대 삼아서 유다 지파의 지지를 이끌어 내려 하고 있다.

다윗이 유다 지파를 설득하기 위해 제사장들을 보낸 것은 압살롬과 내전을 치르는 과정에서 제사장들이 담당한 역할과 잘 어울린다. 사독과 아비아달 그리고 그 아들들은 내전의 초기부터 전령의 역할을 훌륭히 수행했다. 후새의 비밀 메시지와 압살롬의 부고 소식을 다윗에게 전달한 제사장들이 이제는 다윗을 대신해 유다 지파를 설득하는 일을 맡은 것이다. 다윗의 메시지는 먼저 유다 장로들을 향한다. 유다 장로들이 다윗을 다시 왕으로 모시도록 '설득'되어야 할 필요가 있었던 것으로 보아, 대다수의 유다 지파도 내전에서 압살롬을 지지했던 것으로 보인다. 압살롬이 유다 지파의 수도 헤브론에서 왕이 되었다(삼하 15:10)는 사실은 이를 잘 증명해 준다. 비록 압살롬이 죽었지만 유다 지파들은 다윗을 왕으로 모셔야 하는지 대해 아직 결정하지 못하고 있다. 이때 다윗은 북방 지파들의 지지 소식을 전하며 그들을 압박한다. "(이스라엘 사람들은 왕을 모셔오려 하는데,) 왜 너희들은 왕을 그의 궁에 다시 모시는데 지체하는가?" 또한 유다 지파가 다윗의 골육임을 상기시킨다. "너희들은 내 형제들이다. 내 뼈이며 내 살이 너희들이다." 다윗을 처음 왕으로 추대하려 했을 때, 북방 지파들이 "우리는 왕의 한 골육"입니다(삼하 5:1)라고 말한 것으로 보아, '골육' 언어는 종종 과장되어 사용되었음이 분명하다. 그럼에도 불구하고 다윗이 유다 지파라는 사실을 고려하면, 그의 '골육' 연설이 유다 장로들에게 정치적인 수사로만 들리지는 않았으리라.

다윗은 아마사에 대한 메시지도 전달한다. 아마사는 다윗의 누이 아비가엘의 아들로, 문자 그대로 다윗의 골육이다. 하지만 그는 다른 '골육'들처럼 압살롬의 반란 때 다윗을 배반하였을 뿐 아니라 압살롬의 군대 장관으로까지 봉직한 인물이다. 다윗은 이런 아마사를 "요압 대신에(תחת יואב)" 자신의 군대 장관으로 임명한다. 다윗이 이렇게 한 가장 큰 이유는 유다 지파를 회유하기 위함이다. 유다 지파의 군사 지도자격인 아마사를 포섭함으로써 유다 장로들을 압박하는 전략이다. 아마사에게는 "왕을 그의 궁에 모시는 일"을 언급하지 않는 것은 그 결정이 유다 장로들의 권한이지 군인들이 내릴 결정은 아니기 때문이다. 한편 다윗이 아마사에게 그런 중책을 맡긴 이유는 복합적인 것이었다. 아마사가 다윗의 조카라는 사실은 차치하고라도 한때 그가 다윗에게 크게 충성했던 인물이라는 사실을 기억할 필요가 있다. 다음은 아마사가 다윗이 아직 왕이 되지 않았을 때 했던 말이다.

> 다윗이여 우리가 당신에게 속하였습니다
>
> 이새의 아들이여, 우리가 당신과 함께 있겠습니다
>
> 평안하소서, 평안하소서
>
> 당신을 돕는 자에게 평안이 있을지어다
>
> 당신의 하나님이 당신을 도우십니다(대상 12:18)

또한 사무엘서 저자는 다윗과 압살롬 사이의 마지막 대결(삼상 18장)에서도 아마사를 전혀 언급하지 않는다. 다윗의 장군들인 요압, 아비새, 잇대는 언급되지만 압살롬의 장수 아마사는 전투에 참여하지 않는 것처럼 전혀 언급되지 않는다. 이것은 이후에 있을 다윗과 아마사 사이의 관계 회복의 복선으로 의도된 것이다.

아마사가 다윗의 군대 장관이 된 배경에는 "요압"도 있다. 성경 저자는 아마사가 요압의 직위를 대체했음을 분명히 한다. 어떤 의미에서 요압은 강등된 것이다. 이것은 그가 반란군 진압에 공을 세운 장군이라는 점을 고려하면 매우 이례적이다. 우리는 요압과 다윗 사이의 미묘한 긴장 관계를 여러 차례 관찰해 왔다. 먼저 그가 다윗의 허락 없이 아브넬을 죽인 것을 기억하라. 그때 다윗은 요압을 저주했을 뿐 아니라, 그가 너무 "강성(קשה)"이라고 불만을 표했다(삼하 3:39). 요압은 강성이었을 뿐 아니라 술수에 능한 정치적 인물이었다. 그는 부하들의 신뢰를 잃지 않기 위해 우리아에 관한 다윗의 명령을 변개하여 수행했을 뿐 아니라, 다윗과 압살롬 사이의 적대 관계가 왕조 안정에 위험이 될 것을 염려하여 드고아의 여인을 독자적으로 고용하여 그 둘을 화해시킨다. 하지만 이런 계략 많은 강성 장군 요압이 다윗에게 점점 위협으로 느껴지는 사건들이 발생한다. 다윗이 죽이지 말 것을 명시적으로 명령한 압살롬을 죽였을 뿐 아니라, 아들의 죽음에 슬퍼하고 있는 다윗을 모진 말로 훈계하였다. 다윗은 아마 대안이 있다면 요압을 교체하고 싶었을 것이다. 이런 배경에서 아마사를 군대 장관으로 임명한 것이다. 요압이 특별한 저항 없이 그 결정을 수용한 것으로 보아, 압살롬의 죽음 이후 상황이 녹록지 않았던 것으로 보인다. 즉 다윗이 다시 예루살렘으로 돌아가기 위해서는 유다 지파의 지지가 절대적으로 필요했고, 그 지지를 이끌어 낼 수 있는 핵심 인물이 아마사였던 것이다.

14절은 주어가 표시되지 않아 그 의미가 모호하다. 저자가 일부러 문장을 모호하게 구성한 듯하다.

> 이렇게 그는 모든 유대 사람들의 마음을 한 사람의 마음처럼 움직였다 (ויט). 그들은 왕에게 전갈을 보냈다: '왕과 모든 왕의 종들은 돌아오소서.'

유다 사람의 마음을 하나로 모은 사람이 누굴까? 두 가지 가능성이 있다. 먼저 "아마사"일 가능성이다. 즉 다윗의 군대 장관으로 임명된 아마사는 유다 사람들이 일심으로 다윗을 지지하게 만드는 데 성공한다. 이 때문에 세바가 반란을 일으켰을 때 다윗은 다시 한 번 유다 사람들을 총동원하는 데 아마사의 도움을 요청한다(삼하 20:4). 만약 아마사가 유다인들의 마음을 하나로 모은 사람이라면, "왕과 모든 왕의 종들은 돌아오소서"라는 메시지를 다윗에게 보낸 사람은 사독과 아비아달일 것이다. 그 제사장들은 다윗의 메시지를 가지고 유다 장로들에게 갔고, 그들이 얻어 온 답이 바로 그것이다. 두 번째 가능성은 유다 사람의 마음을 하나로 모은 사람이 다윗일 가능성이다. 그 경우 왕위 귀환을 전한 사람들은 유다 장로들일 것이다. 이런 관점에서 14절을 의역하면 다음과 같다—"이렇게 하여 다윗은 유다 사람들의 다양한 이견들을 하나로 통합하였다. 그 결과 그들은 '왕과 왕의 부하들이여, 돌아오소서'라는 메시지와 함께 왕을 초청하였다." 두 견해 모두 가능하지만, 필자의 번역은 첫 번째 견해를 지지한다. 아마사의 역할에 더 큰 비중을 두는 첫 번째 견해는 세바의 난 때 아마사의 역할을 예견하는 장점을 가진다.

15절은 다윗이 유다 사람들의 영접을 받으며 요단강을 건너는 모습을 그린다. 다윗은 돌아와도 좋다는 전갈을 받자마자 마하나임의 숙소를 떠나 요단강에 도착한다. 유다 사람들은 길갈로 나와 왕을 맞이한다. 길갈은 이전에 사울이 왕으로 기름부음을 받은 장소이다. 다윗이 복권되는 의식을 행하기에 매우 적합한 곳이다. 길갈에 도착한 유다 사람은 왕의 도하를 돕기 위해 강가로 내려간다. 그리고 왕이 강을 건너는 것을 도왔다. 이어지는 이야기에서 분명해지는 것처럼 왕의 가족들과 왕의 군사들보다 가장 먼저 다윗이 강을 건넌다. 나머지 사람들이 강을 건너는 데에는 이스라엘 지파 사람들이 도움을 주지만, 왕을 모시고 강을 건넌 공적은 유다 사람들에게 돌아가게 된다. 아래 40-43절에서 이스라엘 지파들이 유다 사람들에게 따지는 문제도 바로 이것이다.

시므이와 시바가 다윗을 영접함 19:16-23

16 베냐민 사람 바후림 출신 게라의 아들 시므이도 서둘러, 유다
사람들과 함께 다윗 왕을 맞으러 내려갔다. 17 천 명의 베냐민 출신
사람들이 시므이와 함께했다. 사울 집안의 종 시바와 그와 함께한
그의 아들 15명과 그의 종 20명도 요단강에 있는 왕 앞으로 서둘러
갔다. 18 그들은 여울목을 건너[6] 왕의 가족들(בית)이 강을 건너도록
도움으로 왕의 눈에(בעיניו) 드는 일을 했다.
한편 게라의 아들 시므이는 왕이 요단강을 건널 때 그 앞에 털썩
엎드리며(נפל) 19 왕에게 말했다:
"내 주께서는 저의 죄를 생각하지 마소서. 내 주 왕께서 예루살렘에
서 나갔던 날에 당신의 종이 지은 죄를 기억하지 마소서. 왕께서는
그것을 마음에 두지 마소서. 20 종은 '내가 죄지었음'을 압니다.
보세요. 오늘 저는 요셉의 모든 집의 첫번째로 도착해 내 주 왕을
맞기 위해 내려 왔습니다." 21 스루야의 아들 아비새가 대답하여

말했다:

"이 일로 시므이가 사형당하지 않는다구요? 그는 여호와의
기름 부은 자를 저주했습니다(קלל)."

22 다윗이 말했다:

"스루야의 아들들아, 너희들과 내가 무슨 관계인가? 너희들은
오늘 나의 대적자(שטן)가 되려느냐? 오늘 이스라엘에서 한 사람도
처형당하지 않을 것이다.[7] 오늘 내가 이스라엘의 왕임을 내가
모르겠느냐?"

23 왕이 시므이에게 "너는 죽지 않을 것이다"라고 말하고 왕이
그에게 맹세했다.

다윗을 다시 왕으로 영접하여 그의 도하를 도운 사람들 중에 시므이를 비롯한 베냐민 사람들 1천 명도 있었다. 1천이라는 숫자는 왕을 영접하기 위해 나온 사람 수로는 비교적 적은 수에 속한다. 다윗이 여호와의 궤를 예루살렘에 모시기 위해 보낸 사절단의 규모가 3만 명이었다. 아히도벨이 다윗을 따라잡기 위해 급하게 꾸린 추격조의 숫자도 1만 2,000명이었다. 더구나 온 이스라엘 지파가 격렬한 논쟁 끝에 다윗을 다시 왕으로 영접하기로 결정했다는 것이 사실이라면(위의 9절 참조), 다윗을 맞으러 베냐민 사람 1천 명만이 나왔다는 것은 설명이 필요하다. 먼저 다윗이 이스라엘 사람들에게 알리지 않고 유다 사람들과 약속하여 요단강을 건넜을 가능성이 있다. 다윗이 예루살렘에 도착했을 때 모든 이스라엘 사람들이 찾아와 "몰래" 강을 건넜다고 불평하는 이유가 여기에 있다(아래 41절 참조). 그렇다면 다윗을 맞으러 나온 1,000명의 베냐민 사람들은 북방 지파들을 대표한 선발대라기보다는 시므이를 지지하는 사람들일 가능성이 높다. 시므이가 "오늘 저는 요셉의 모든 집의 첫 번째로 도착해 내 주 왕을 맞기 위해 내려왔습니다"(20절)라고 말했지만, 그것은 자신의 정치적 가치를 과장하여 표현한 것이다. 그래야만 다윗의 용서를 받을 가능성이 높기 때문이다. 그렇다면 다윗은 왜 이스라엘 사람들이 아닌 유다 사람들의 영접을 선호했을까? 왜

절대 다수인 이스라엘 지파보다 소수인 유다 지파의 왕이 먼저 되려 했을까? 사무엘서 저자는 이에 대한 명확한 답을 주지는 않는다. 하지만 이후의 정국이 국론의 분열 정국임을 고려하면, 다윗이 자신을 "한 마음"으로 지지하는 유다 지파를 "서로 다투며" 다윗을 지지하는 이스라엘 지파보다 선호한 듯하다. 분열 정국에서는 자신을 확실히 지지할 수 있는 아군을 정하는 것이 생존에 유리하기 때문이다.

시므이가 1천 명의 지지자들과 함께 요단강에 나타난 것은 다윗의 요단강 도하를 돕고 그를 왕으로 영접한 주체는 유다 지파 사람들이라는 사실을 바꾸지 않는다. 다윗이 얼마전 자신을 모욕적으로 저주한 시므이를 용서한 것은 이후의 다윗의 정국 운영의 어려움을 단적으로 보여 준다. 다윗은 정국의 안정을 위해 시므이를 필요로 했다. 시므이의 정치적 중요성은 그에 대한 사무엘서 저자의 장황한 소개에 암시된다. 그는 "베냐민 사람 바후림 출신 게라의 아들"이다(16절). 시므이는 단순히 베냐민을 넘어 '라헬의 후손'들—요셉, 베냐민, 므낫세, 에브라임—의 이익을 대변한 지도자인 듯하다. 즉 유다와 대립하는 북방 지파들에 큰 영향력을 가진 사람이다. 그가 "요셉의 모든 집의 첫 번째"라고 주장한 것이 그리 큰 과장이 아닐 수 있다. 또한 그가 거느린 1,000명의 베냐민 지지자들도 그의 정치적 중요성을 잘 보여 준다. 그 1,000명의 지지자들 가운데 사울의 종 시바도 포함된 듯하다. 시바는 시므이와 반대로 어려움에 처한 다윗에게 나귀와 음식을 제공하였다. 이번에도 온 집안—15명의 아들과 20명의 종—을 대동하여 자기 일처럼 다윗을 도왔다. 다윗의 가족들이 도하하는 것을 돕는 등 다윗의 눈에 드는 일들을 했다. 사무엘서 저자가 시바의 이야기를 시므이와 다윗의 관계 회복 이야기에 삽입한 것은 시바를 시므이의 정치적 가치의 예로 제시하기 위함이다. 즉 시므이를 거두면 시바와 같은 충신도 함께 얻게 된다는 메시지를 주기 위함이다. 따라서 다윗은 자신의 앞에 털썩 엎드려 "제가 잘못했습니다"라며 공개 사죄하고 "요셉의 모든 집"을 대표하여 충성을 맹세하는 시므이를 그냥 무시할 수 없었다.

그때 스루야의 아들 아비새가 왕에게 조언한다. 공개 사죄하고 충성을 맹세한다고 하여 그를 살려 두어서는 안 된다고 말한다. "그는 여호와의 기름 부은 자를 저주했습니다." 아비새는 충성스럽지만 폭력적이고 과격한 스루야의 아들들의 대표적 인물이다. 요압이 정치적이라면, 아비새는 정치를 모르는 군인이다. 때때로 요압에게 이용당하지만, 다윗 왕에 대한 충성심은 변하지 않는다. 아비새의 성격상 다윗 왕을 모욕한 시므이는 살려 둘 수 없다. 이때 아비새가 다윗을 설득하기 위해 생각한 것이 여호와의 기름 부은 자에 대한 터부이다. 다윗은 여호와의 기름 부은 자를 절대 죽이지 않았을 뿐 아니라, 여호와의 기름 부은 자를 죽인 자는 사형에 처했다. 비록 시므이가 여호와의 기름 부은 자를 죽인 일은 없지만, 아비새가 보기에 그를 저주한 것도 마찬가지로 심각한 범죄이다. 따라서 아비새는 다윗에게 정의를 위해 시므이가 처형되어야 한다고 주장한다. 하지만 다윗은 아비새의 요구가 자기 의로 정의를 왜곡한 것임을 잘 알고 있다.

다윗의 다음과 같이 대답한다. "스루야의 아들들아, 너희들과 내가 무슨 관계인가? 너희들은 오늘 나의 대적자(שטן)가 되려느냐? 오늘 이스라엘에서 한 사람도 처형당하지 않을 것이다. 오늘 내가 이스라엘의 왕임을 내가 모르겠느냐?" 다윗의 대답은 아비새만이 아니라 요압도 염두에 둔 것이다. 이것은 그가 "스루야의 아들들아"라는 복수 명사를 사용한 데에서 암시된다. 요압과 아비새의 과격성 때문에 그들의 충성 행위가 점점 다윗을 대적하는 행위처럼 되어 간다. 따라서 다윗은 더 이상 스루야의 아들들과 상관하기 원치 않는다. 나아가 아비새가 "정의"를 운운하며 다윗에게 시므이의 처형을 요구할 때는 다윗이 왕인 것을 잊어버린 듯하다. 이 때문에 다윗은 자신의 주권을 풍자적으로 강조한다. "오늘 내가 이스라엘의 왕임을 내가 모르겠느냐?" 실제로 그날은 다윗이 왕의 지위를 회복한 날이다. 그리고 전통적으로 새 왕은 대대적인 사면을 통해 자신의 왕위 등극을 알린다.[8] "오늘 이스라엘에서 한 명도 처형당하지 않을 것이다"라는 선언은 시므이에 대한 사면에 적용될 뿐 아니라 스루야의 아들들에게 다윗의 주권을 교육하는 의미가 있다.

앞서 시바가 시므이를 따라 다윗 왕을 맞으러 왔음을 살폈다. 즉 시므이의 일행 가운데 시바가 끼어 있었다는 사실은 시므이의 정치적 가치를 높이는 효과를 가진다. 그렇다면 시바가 다윗을 맞으러 나온 개인적 동기는 없었을까? 있었다면 무엇일까? 우선 그는 다윗이 피난 갈 때 그에게 베푼 친절과 므비보셋에 대한 거짓말로, 그의 주인의 유업을 가로챈 적이 있다. 따라서 다윗이 예루살렘으로 돌아가면 자신의 거짓말이 탄로 날 것임을 예상했을 것이다. 그가 "서둘러" 다윗을 맞으러 요단강가로 나온 것(17절)은 므비보셋의 반역에 대한 추가적 증언을 제시하기 위함일 수 있다. 그리고 다윗의 가족들의 도하를 친히 도운 것도 다윗의 눈에 드는 일을 함으로써 그의 증언에 대한 신뢰도를 높이기 위함은 아닐까? 결국 시므이의 1천 지지자의 일행으로, 므비보셋에 대한 자신의 고소를 뒷받침해 줄 추가적 증인들과 함께 찾아온 시바는 다윗이 보기에 므비보셋의 반대 증언을 무력화시키기에 충분한 존재감을 지녔을 것이다.

므비보셋이 다윗을 영접함 19:24-30

24 한편 사울의 '아들' 므비보셋은 왕을 맞기 위해 내려왔다. 그는
왕이 피난 간 날로부터 무사 귀환한 날까지 그의 발을 씻지(עשה)
않았고,[9] 구레나룻을 다듬지(עשה) 않았으며, 그의 의복도 빨지(כבש)
않았다. 25 그가 예루살렘에서 왕을 맞기 위해 왔을 때,[10] 왕이
그에게 말했다:
"므비보셋아! 너는 왜 나와 함께 가지 않았느냐?"
26 므비보셋이 말했다:
"내 주 왕이여! 내 종이 나를 속였습니다. 당신의 종은 '나귀에
안장을 지우고 그 위에 올라타 왕과 함께 가야지'라고
생각했었습니다. 당신의 종은 절름발이이기[11] 때문입니다.
27 그러나 그가 내 주 왕께 당신의 종에 대해 비방하였습니다(וירגל).
내 주 왕은 하나님의 천사와 같사오니 당신의 눈에 선한 일을

행하소서. 28 내 아버지의 온 집이 내 주 왕에게 '죽어 마땅한 사람들
뿐(אנשי מות)이었습니다. 그런데 당신은 종을 당신의 식탁에서 먹는
자들의 하나로 만드셨습니다. 저에게 더 이상(עוד) 무슨 변명(צדקה)가
있겠습니까? 왕에게 부르짖을 것이 더 이상 뭐가 있겠습니까?"
29 왕이 그에게 말했다:
"너는 왜 여전히(עוד) 네 이야기를 하느냐? 나는 '너와 시바가
밭을 나누라'고 말하느니라."[12]
30 므비보셋이 왕에게 말했다:
"내 주 왕께서 무사히 그의 집으로 돌아오셨으니, 그가 모든 것을
가지도록 하십시오!"

본문은 요나단의 아들, 사울의 손자 므비보셋이 자신에 대한 오해를 풀기 위해 다윗 왕을 알현하는 장면을 기록한다. 흥미로운 것은 다윗의 판결이 솔로몬의 판결을 연상시킨다는 것이다. 즉 실물 증거가 없이 상충하는 증언만으로 판단해야 하는 사안에서 다윗은 솔로몬처럼 피고와 원고가 분쟁물을 반으로 나누어 가지라고 판결한다. 하지만 솔로몬과 달리, 다윗은 그 판결에 대한 한쪽의 반응에 근거해 추가적이며 최종적인 판결은 내리지 않는다. 이것은 다윗의 판결이 솔로몬의 판결처럼 지혜로운 것이 아님을 암시할 뿐 아니라, 상충하는 이해관계를 주장하는 사람들을 중재하는 능력이 다윗에게 결여되어 있음을 보여 준다. 이것은 밧세바 사건 이후 다윗 통치의 특징과 잘 부합한다.

므비보셋과 다윗의 만남이 어디에서 이루어졌는지는 확실하지 않다. 유다 사람들과 일부 이스라엘인들(시므이와 시바)이 다윗을 맞은 곳이 길갈 근처의 요단강가였으며, 바로 이어지는 바르실래가 다윗을 배웅하는 이야기의 공간적 배경도 같은 요단강가라는 점을 생각하면, 므비보셋과 다윗의 만남도 요단강가일 가능성이 있다. 이 경우 25절의 히브리어 예루샬라임(ירושלם)은 "예루살렘에서"가 아닌 "예루살렘으로부터"로 번역되어야 한다. 하지만 이 번역의 독특성은 차치하고라도, 정작 본문에 므비보셋이 다윗을 알현한 장소를 요단 강가로 특정해 주는

실마리가 없다는 점을 상기할 필요가 있다. 더구나 이어지는 바르실래 이야기는 히브리어 구문상 다윗과 므비보셋 사건보다 이전에 발생한 사건으로 파악된다.[13] 혹은 사무엘서 저자는 왕의 귀환에 대한 다양한 사람들—유다 사람들, 시므이와 시바, 므비보셋, 바르실래—의 반응을 시간 순이 아니라 주제 순으로 제시하고 있다고 주장할 수 있다. 뿐만 아니라, 므비보셋이 절음발이였고 도움 없이 혼자 힘으로 이동이 용이하지 않다는 점을 고려하면 그가 홀로 길갈까지 여행해 왔을 가능성은 없어 보인다. 이 모든 것은 므비보셋과 다윗과의 만남이 "예루살렘에서" 발생했을 가능성을 열어둔다. 필자의 번역은 이 가능성에 기초한 것이다—"그가 예루살렘에서 왕을 맞으러 왔을 때, 왕이 그에게 말했다"(25절).[14] 절름발이 므비보셋은 아무도 데려가 주는 사람이 없어 예루살렘에 남았고, 임금에 대한 그리움으로 "그는 왕이 피난 간 날로부터 무사 귀환한 날까지 그의 발을 씻지(עשה) 않았고, 구레나룻을 다듬지(עשה) 않았으며, 그의 의복도 빨지(כבש) 않았다"(24절). 그리고 임금이 온다는 소식을 듣고, 예루살렘의 '동구 밖'에 해당하는 기드론 계곡까지 "내려가" 왕을 맞은 듯하다(24절). 므비보셋이 어떻게 그곳까지 내려갔는지 알 수 없으나, 이 해석은 절름발이인 그가 왕을 맞이하기 위해 길갈까지 내려갔다는 기존의 해석보다는 훨씬 설득력이 높다.

예루살렘으로 귀환한 자신을 찾아온 므비보셋에게 왕은 그렇게 친절하지 않다. 그를 보자마자 "므비보셋아! 너는 왜 나와 함께 가지 않았느냐?"(25절)라고 묻는가 하면, 그가 대답을 다 끝내기도 전에 "너는 왜 여전히 네 이야기만 하느냐?"(29절)라며 핀잔을 준다. 왕의 이런 반응의 배경에는 시바가 있다. 그는 다윗이 피난 나갈 때, 그리고 귀환할 때 다윗과 그 가족을 도우면서 왕의 마음을 샀다. 특히 다윗이 귀환할 때 그는 자신의 거짓말을 뒷받침해 줄 거짓 증인들을 함께 데려왔을 가능성도 있다. 이것은 물질 증거가 없이 상반되는 증언에만 의존해야 하는 상황에서 다윗이 시바의 말을 믿을 수밖에 없는 이유가 된다. 더구나 왕으로 귀환한 다윗을 찾아온 므비보셋의 모습은 큰 슬픔을 당한 자의 모습이다. 마치 왕의 귀환이 그에게는 큰 재앙이라도 된 듯 그는 빨지 않은 옷에, 덥수룩한 수염을 하고, 냄새 나는 몸을 이끌고 왕에 찾아 온 것이다. 우리는 사무엘서 저자의 설명(24절)을 통해 므비보셋이 피난 간 임금을 그리워하는 마음으로 그리했음을 알지만, 다윗 왕의 입장에서는 충분히 오해할 수 있었다. 다윗은 므비보셋을 보자마자 시바의 말이 옳았다고 판단했을지 모른다. 하지만 므비보셋은 사태의 진상을 설득력 있게 왕에게 아뢴다.

> 내 주 왕이여! 내 종이 나를 속였습니다. 당신의 종은 '나귀에 안장을 지
> 우고 그 위에 올라타 왕과 함께 가야지'라고 생각했었습니다. 당신의 종
> 은 절름발이이기 때문입니다. 27 그러나 그가 내 주 왕께 당신의 종에 대
> 해 비방하였습니다(וירגל). 내 주 왕은 하나님의 천사와 같사오니 당신의
> 눈에 선한 일을 행하소서. 28 내 아버지의 온 집이 내 주 왕에게 '죽어 마
> 땅한 사람들뿐(אנשי מות)이었습니다. 그런데 당신은 종을 당신의 식탁에
> 서 먹는 자들의 하나로 만드셨습니다. 저에게 더 이상(עוד) 무슨 변명
> (צדקה)가 있겠습니까? 왕에게 부르짖을 것이 더 이상 뭐가 있겠습니까?

먼저 주목할 것은 이 짧은 연설에서 므비보셋이 "내 주 왕"과 "당신의 종"이라는 호칭을 각각 네 번이나 사용한다는 것이다. 즉 논리와 별도로, 그의 말은 왕에 대한 진정 어린 존경심으로 가득하다. 한편 그의 논리의 핵심은 그의 종 시바가 자신도 속이고 왕도 속였다는 것이다. 므비보셋에 따르면 그는 절름발이여서 걸을 수 없지만 나귀를 타고서라도 왕과 함께 가려고 생각했다. 하지만 그의 종 시바는 므비보셋에게 오지 않았다. 오히려 그의 나귀를 가지고 다윗에게 찾아가 므비보셋이 반역한 것처럼 거짓말했다는 것이다. 므비보셋은 여기서 더 나아가 시바가 그렇게 한 동기까지 고할 수 있었을 것이다. 하지만 그는 그렇게 하지 않고 다윗 왕의 판단에 자신의 처분을 맡기겠다고 말한다. 이때 므비보셋은 다윗을 하나님의 천사에 비유하는데, 이것은 드고아의 여인이 한 말을 상기시킨다—"내 주 왕께서 하나님의 사자같이 선과 악을 분간하십니다"(삼하 14:17). 끝으로 므비보셋은 그에게 베푼 다윗 왕의

은혜를 언급하면서,[15] 어떤 변명도 어떤 요구도 하지 않겠다고 말한다. 개역개정이 "공의"로 번역한 히브리어 츠다카(צדקה)는 문맥상 "변명"으로 옮기는 것이 좋다. 왜냐하면 므비모셋의 말은 "내가 공의롭다, 옳다"는 주장을 하지 않겠다는 뜻이기 때문이다. 요약하면 므비보셋은 자신의 충심이 오해된 것을 바로잡는 것에 집중하고 있을 뿐, 자신의 종 시바의 악한 동기를 비난하지도, 다윗이 시바에게 준 자신의 유업을 돌려 달라고 요구하지도 않고 있다.

하지만 아무리 진리를 말해도 이미 왜곡된 마음을 바꿀 수는 없다. 다윗에게 므비보셋의 말은 여전히 "너의 말", 즉 한 쪽의 말일 뿐이다. 증언만으로 진리를 파악하는 것이 쉽지 않지만 다윗은 그 어려운 일을 할 준비가 되어 있지 않다. 시바의 뇌물과 시바가 세웠을지 모르는 거짓 증인들, 그리고 시바 뒤에 있는 시므이의 정치적 영향력 등이 이미 망한 왕조의 절름발이 후손의 충심보다 다윗에게 더 중요했던 것이다. 그래서 정의로운 판결이 아니라 정치적인 판결을 내린다. "너와 시바가 밭을 나누라." 만약 므비보셋의 말대로 시바가 그의 주인과 왕을 속여, 주인의 유업을 가로챈 것이라면, 시바가 유업의 반을 차지하는 것은 공의롭지 못한 것이다. 한편 시바의 말대로 므비보셋이 왕에 반역했다면, 그는 유업의 반을 얻기는커녕 처형당해야 한다. 어느 면으로 보아도 다윗의 판단은 공의롭지 않다. 철저히 정치적인 판단이다.

주의 깊은 독자들은 다윗의 판단이 솔로몬의 판단과 유사함을 알아차렸을 것이다. 솔로몬도 증언에만 의존해야 하는 사건에서 다윗처럼 일견 터무니없는 판결을 내린다—"산 아이를 둘로 나누어 반은 이 여자에게 주고 반은 저 여자에게 주라"(왕상 3:25). 나아가 이 판단들에 대한 피고의 반응도 유사하다. 므비보셋은 "내 주 왕께서 무사히 돌아오셨으니, 그가 모든 것을 가지도록 하십시오"라고 말하며, 왕에 대한 자신의 충심이 진실임을 입증한 것처럼, 아이의 진짜 어머니는 "내 주여 산 아이를 그에게 주시고 아무쪼록 죽이지 마옵소서"(왕상 3:26)라고 말하며, 아이에 대한 사랑이 진실임을 입증했다. 이처럼 솔로몬의 이야기의 관점에서 현재 다윗의 판결을 볼 때 가장 큰 반전은 마지막에 다윗이 아무런 추가적 판결을 내리지 않는다는 것이다. 솔로몬은 진짜 엄마의 사랑을 보고, 아이를 나누라는 판결을 철회하고 아이를 그녀에게 돌려주었지만, 다윗은 므비보셋의 임금에 대한 충심을 보고도 밭을 나누라는 판결을 철회하지 않았다. 이것은 다윗의 판결이 정치적인 이유에서 내려진, 정의롭지 못한 것임을 단적으로 보여 준다. 탈무드의 샤바트 편에 다윗의 이 선고로 나라가 반으로 갈라지게 되었다는 주장이 나온다. 유대인들 사이에서도 다윗의 판단은 부정적으로 평가된다.

다윗이 시바와 므비보셋의 갈등 문제를 제대로 봉합하지 못한 것은 압살롬 반란 이후의 다윗의 국정 운영이 순탄하지 못할 것임을 암시한다. 압살롬 반란 이후 이스라엘은 더욱 분열된 나라가 된다. 이해관계가 극렬히 대립하지만, 왕 다윗은 남과 북을 중재하는 데 무기력하다. 다윗은 더 이상 백성들에게 "정의와 공의를 행하는" 왕이 아니다(왕하 8:15 참조).

바르실래가 다윗을 배웅함 19:31-40

31 한편 길르앗 사람 바르실래가 로글림으로부터 내려왔었다.
그리고 왕과 함께 요단강을 건너며 왕을 요단강에서[16] 배웅하였다
(לשלחו).[17] 32 바르실래는 80세로 매우 나이가 많았다. 그는 매우
부자였기 때문에, 마하나임에서 왕이 머무를 때, 왕을 공궤했던
(כלכל) 인물이다. 33 왕이 바르실래에게 말했다:
"당신은 나와 함께 건너가십시다. 내가 당신을 공궤하겠소.
예루살렘에서 나와 함께 있소."
34 바르실래가 왕에게 말했다:
"제가 살 연수(ימי שני חיי)가 얼마나 되길래, 내가 왕과 함께
예루살렘으로 가겠습니까? 35 저는 지금 80세입니다. 당신의 종이
먹을 것과 마실 것을[18] 맛본들, 남녀 가수의 소리를 들은 들, 좋은
것과 나쁜 것을 분별할 수 있겠습니까? 종이 왜 내 주 왕에게 짐이

되어야 합니까? 36 종은 왕과 함께 요단을 잠시 건너려 할 뿐인데,
어째서 왕께서 저에게 이런 은총을 베푸시려 합니까? 37 당신의 종은
돌아가게 하소서. 저는 저의 아비와 어미의 무덤이 있는 제 마을에서
죽으렵니다. 여기에 당신의 종 김함이 있습니다. 그가 내 주 왕과
함께 건너갈 것입니다. 왕의 눈에 좋은 대로 그에게 행하십시오.
38 왕이 말했다:
"나와 함께 김함이 요단강을 건널 것이오. 나는 그에게 당신의 눈에
좋은 대로 행할 것이고, 그대가 내게 원하는(תבחר עלי) 그것을 그대를
위해 해 줄 것이오."
39 모든 백성이 요단강을 건넜다. 물론 왕도 건넜다. 왕이
바르실래에게 입맞추며 그를 축복하였다. 바르실래는 자기 처소로
돌아갔다. 40 왕은 길갈로 건너갔고 김함도 그와 함께 건너갔다.
유다의 모든 백성과 이스라엘 백성의 절반이 왕을 모셔왔다(ויעברו).[19]

사무엘서 저자가 다윗 왕의 귀환을 서술하면서 마지막으로 소개하는 인물은 바르실래이다. 이 순서는 시간에 따른 것이 아니라 주제에 따른 것이다. 즉 저자는 왕의 귀환에 대해 이스라엘과 유다 사이에 논쟁과 경쟁이 있음을 암시하면서 왕의 귀환 이야기를 시작한 후, 유다 사람들의 다윗 영접, 일부 이스라엘 사람들(시므온과 1,000명의 베냐민 사람들)의 영접, 그리고 바르실래의 다윗 배웅 순으로 이야기를 진행한다. 이것은 압살롬이 죽은 이후의 정국이 이스라엘과 유다의 분열과 갈등의 국면으로 진행되며, 귀환한 다윗 왕의 가장 큰 과업은 분열과 갈등을 봉합하는 것임을 암시한다. 여기에서 바르실래가 다윗과 함께 요단강을 건너 예루살렘으로 가지 않는 사건은 다윗이 그 과업에 성공적이 못할 것을 암시한다.

바르실래는 "길르앗 사람"이고 그가 살던 마을의 이름은 "로글림"이다. 지금까지 다윗을 맞았던 사람들이 유다 사람 아니면 이스라엘 사람이었음을 생각하면, 길르앗 사람 바르실래는 그 두 그룹에 속하지 않는 중립적인 인물을 상징함을 알 수 있다. 유다 사람과 이스라

엘 사람들이 강의 서편에서 왕을 맞이했다면, 바르실래는 왕을 배웅하고 강의 동편에 남는다. 다윗이 간절히 바르실래를 예루살렘으로 데려가려 했던 이유는 단순히 그가 받은 은혜를 갚기 위해서가 아니다. 유다와 이스라엘로 찢어진 국가에 바르실래와 같은 중립적 인재가 필요했기 때문일 것이다.

사무엘서 저자는 바르실래가 부자였다고 증언한다. 무엇으로 부자가 되었는지는 확실하지 않다. 그의 이름이 "철의 남자"를 의미하므로, 어떤 학자들은 그가 금속 광산을 운영했다고 추측하고, 그의 마을 로글림이 "직물공"이라는 의미이므로, 다른 학자들은 그가 직물 산업으로 돈을 벌었다고 추정하기도 한다. 그가 무슨 사업을 했는지 확실하지 않지만, 다윗이 마하나임에 있는 동안 그에게 필요 문자를 풍성히 공급한 것으로 보아, 상당한 재력가였음을 확실하다. 하지만 다윗이 그에게 예루살렘으로 가자고 제안한 것은 단순히 그의 재력 때문이 아니다. 또한 그가 베푼 은혜를 갚기 위해서도 아니다. 그것은 바르실래가 야심 없는 중립적 인물이기 때문이다. 유다와 이스라엘 지파 사이의 분열의 골이 깊은 현 정국을 치유할 수 있는 적임자라고 판단되었기 때문이다.

바르실래에게 야심이 없다는 사실은 그가 다윗의 '영입 제안'을 거절한 것에서 분명히 드러난다. 다윗은 바르실래에게 그의 생활을 책임 질 테니 함께 요단강을 건너가자고 말한다. 표면적으로 다윗의 제안은 바르실래가 그에게 베푼 친절에 대한 보답의 형식을 가진다. 바르실래도 그렇게 응답한다. "종이 왜 내 주 왕에게 짐이 되어야 합니까? … 왕께서 저에게 이런 은총을 베푸시려 합니까?" 그리고 바르실래는 자신의 연로함을 들며 다윗의 호의를 거절한다. "당신의 종이 먹을 것과 마실 것을 맛본들, 남녀 가수의 소리를 들은들, 좋은 것과 나쁜 것을 분별할 수 있겠습니까?" 하지만 이것은 다윗의 수사에 바르실래도 수사적으로 대답한 것이다. 수사 너머에 있는 다윗의 의도는 바르실래에게 자신의 국정 운영의 파트너가 되어 달라고 요청하는 것이다. 또한 바르실래의 대답을 잘 보면, 그도 다윗의 의도를 정확히 읽고 그에 맞추어 대답하고 있음을 알 수 있다. "좋은 것과 나쁜 것을 분별할 수" 없다는 말은 단지 음식과 공연에 대한 것이 아니라, 국가 운영에 대한 것을 포함한다. 그는 다윗이 기대하는 정국 운영 능력이 자신에게 없음을 말하고 있다. 이런 다윗과 바르실래의 대화를 통해 우리는 바르실래가 다윗 왕과 정반대의 인물임을 확인할 수 있다. 다윗은 권력을 추구한 삶을 살았고, 죽어야 그것을 놓을 만큼 권력에 집착하지만, 바르실래는 자신이 80세임을 들며 권력을 멀리한다. 그가 다윗의 제의를 거절하고 권력의 중심인 예루살렘으로부터 멀리 떨어진 고향에 돌아가기를 원한 것은 권력에 집착하는 사람이 아님을 단적으로 보여 준다. 즉 그는 언제 은퇴해야 하는지를 아는 사람이다. 인간은 누구나 권력을 탐한다. 문제는 대부분의 사람이 권력을 놓아야 할 때 놓는 용기와 지혜가 없다는 것이다. 대부분의 사람은 죽어야 권력을 놓게 된다. 다윗처럼 권력을 위해 심지어 아들도 죽인다. 야심이 없는 사람이 통치해야 한다는 말이 있듯이 바르실래가 다윗의 통치를 도왔다면 그가 말년에 경험한 정국의 혼란은 피할 수 있었을지도 모른다.

결국 바르실래의 배웅을 받으며 다윗과 그의 모든 백성이 요단강을 건넜다. 왕은 바르실래에게 입 맞추며 그를 축복하고 돌려보냈다. 다윗의 피난살이가 궁극적으로 압살롬에 대한 다윗의 형식적인 화해의 입맞춤에서 시작되었다고 한다면, 그 피난살이를 끝낸 것은 바르실래의 입맞춤이다. 다윗은 바르실래를 무한히 신뢰했던 것으로 보인다. 그는 바르실래의 부탁과 명령에 그대로 순종하고, 바르실래가 다윗에 대해 선택하는 것은 무엇이든지 따르겠다고 말한다. 다윗은 바르실래가 의탁한 김함을 데리고 길갈로 건너간다. 많은 주석가들이 지적하듯이 김함은 바르실래의 아들이었을 가능성이 높다. 이것은 다윗이 그의 아들 솔로몬에게 바르실래의 아들들을 중용하라고 조언한 사실에서 암시된다. 비록 성경에는 바르실래의 아들 김함의 활약이 전혀 소개되어 있지 않지만, 다윗의 그런 유언으로 판단할 때, 김함이 다윗의 통치에 어느 정도 도움을 주었던 것으로 보인다.

김함과 함께 길갈로 건너온 다윗은 그곳에서 유다 사람들과 절반의 이스라엘 사람들에[20] 의해 왕으로 재추대된다. 길갈은 사울의 왕권이 재확인된 곳이기 때문에 다윗이 왕으로 재추대되기에 적합한 장소이다. 주목할 것은 사무엘서 저자가 다윗이 다시 왕으로 추대되는 것을 동사 아바르(עבר) "건너다"를 사용해 표현한다는 것이다—"유다의 모든 백성과 이스라엘 백성의 절반이 왕을 모셔왔다(ויעברו)"(40절, 41절도 참조). "왕을 모셔왔다"는 말은 왕으로 추대했다는 뜻인데, 그 말의 히브리어 원문은 아바르 즉 "건너다"라는 의미다. 이 동사는 경계를 전제한 개념이다. 사무엘서 저자가 다윗의 왕위 회복을 "건너게 하는" 행위 즉 경계를 넘는 행위로 규정한 것은 앞으로의 다윗 통치가 분열된 유다와 이스라엘을 통합하는 과제를 가질 것임을 암시하는 것은 아닐까?

이스라엘과 유다의 갈등 19:41-43

41 보라 모든 이스라엘 사람들이 왕에게 와서 말했다:
"우리의 형제, 유다 사람들이 어째서 당신을 몰래 데려왔습니까?
왜 왕과 왕의 집, 다윗의 모든 신하들로 하여금 몰래 요단강을
건너게 했습니까?"
42 모든 유다 사람들이 이스라엘 사람들에게 대답하였다:
"왕이 우리와(עלי) 가깝습니다; 왜 당신은 이 일에 대해 이렇게
화가 나 있습니까? 우리가 왕에게서 얻어먹습니까? 그가 우리를
위해 선물을[21] 주셨나요?"
43 이스라엘 사람들이 유다 사람들에게 대답해 말했다:
"왕에게 우리의(לי) 지분(יד)이 열 있다. '다윗'에 있어서 우리는
너희보다 우선이다. 그런데 왜 너희는 우리를 무시하였는가? 우리의
왕을 다시 모시자고 우리가 먼저 말하지 않았는가?"
그러나 유다 사람들의 말이 이스라엘 사람들의 말보다 강했다.

왕의 귀환 이야기가 이스라엘 지파들 내의 열띤 논쟁으로 시작한 것처럼, 그 마무리가 이스라엘 지파와 유다 지파 사이의 논쟁이라는 점은

흥미롭다. 이것은 왕의 귀환 이야기의 핵심과 관계하는데, 그 핵심은 압살롬 반란이 진압된 이후 여전히 분열되어 있는 다윗 왕국의 모습이다. 밧세바 사건 이후 나락으로 떨어지는 다윗 왕국에는 '브레이크'가 없어 보인다. 압살롬의 난을 진압했지만, 다윗 왕국은 이전의 이상에서 점점 멀어져 간다. 다윗에게는 그 분열을 봉합할 능력이 없다.

본문에 묘사된 다툼은 요단 강가 길갈에서 벌어졌다. 귀환한 다윗 왕에게 "모든 이스라엘 사람들"이 찾아온다. 우리는 9-11절에서 이스라엘 사람들이 다윗의 귀환을 공동체적으로 결정했음을 들었다. 그들이 다윗을 찾아온 것은 다윗의 귀환에 반대한 것이 아니라, 귀환의 방식에 불만을 표하기 위함이다. 그리고 그들의 불만은 다윗을 향한 것이 아니라 유다 사람들을 향한 것이다. 그들은 유다 사람들이 도둑처럼 다윗의 왕권을 몰래 복권 시켰다고 주장한다. 실제로 다윗이 요단강 도하를 도운 사람들은 거의 모두 유다 지파였다. 1,000명 정도의 베냐민 사람들이 있었지만, 그들은 이스라엘 사람들의 극히 일부에 불과하다. 다윗을 영접한 베냐민 사람들도 이스라엘 지파의 대표라기보다는 시므이와 시바와 같이 다윗에게 특별한 용무가 있었던 사람들이다. 이런 점에서 비록 "절반의 이스라엘"이 다윗을 영접했다는 사무엘서 저자의 주장에도 불구하고, 본문의 이스라엘 사람들의 주장처럼 북방 지파들이 다윗이 왕권 복원 과정에서 철저히 소외되었을 가능성이 크다.

이런 정당한 문제제기에 대해 다윗은 어떻게 대답할까? 흥미롭게도 다윗은 어떤 대답도 하지 않는다. 대신 유다 사람들이 이스라엘 사람들에게 직접 대답함으로 그들과 이스라엘 사람들 사이의 직접 논쟁이 성사된다. 이것은 다윗이 분쟁하는 당사자들을 중재할 능력이 없음을 다시 한 번 보여 준다. 서로 싸우는 남과 북 앞에서 다윗은 무기력하다.

42-43절은 유다와 이스라엘 사이의 논쟁을 대화 형식으로 정리한다. 이때 저자는 1인칭 단수 대명사를 사용해 유다 지파 전체와 이스라엘 지파 전체를 가리킨다. 그것을 "나"로 직역하면 어색하기 때문에 필자는 "우리"로 번역하였지만, 저자의 의도는 유다와 이스라엘 지

파의 싸움을 서로 상충하는 이해관계를 가지는 개인 간의 싸움에 은유하는 것이다. 이 두 개인은 마치 돈 많은 어른을 서로 모시려는 친척처럼 싸운다. 유다는 자신이 가장 왕과 가까운 피붙이임을 상기시키면서 다른 친척들에게 알리지 않고 왕을 데려온 것을 정당화한다. 그리고 그 일로 어떤 물질적 이득을 보거나 보상을 받지 않았다고 말한다. 오히려 왕위 귀환에 동의한 이스라엘이 그렇게 화를 내는 이유를 따져 묻는다. 한편 이스라엘은 유다가 왕을 모셔 온 일 자체를 문제 삼지는 않는다. 다만 그들에게 알리지 않고 유다가 왕을 도둑처럼 몰래 모셔온 것이 그들을 무시하는 처사라는 불만을 표한다. 나아가 이스라엘은 다윗 왕국에 가장 큰 지분을 가지고 있음을 상기시킨다. 유다가 왕의 친족이지만 왕국에 가장 큰 지분을 가진 것은 이스라엘이다. 지분의 크기에 비례하는 대접을 하는 것이 정의일 것이다. 이처럼 이스라엘은 유다의 행위가 친족 다윗에 대한 선의의 배려가 아니라, 형제들의 정당한 몫을 빼앗는 반칙 행위라고 주장한다.

이렇게 열띤 논쟁이 벌어지는데도 정작 다윗의 목소리는 없다. 자녀들 간의 분쟁을 공의롭게 중재하지 못했던 다윗은 지파들 사이의 분쟁도 중재할 능력이 없다 즉 다윗 왕국에는 공의롭게 판단해 줄 재판장이 없는 것이다.[22] 이런 상황에서 목소리 큰 편이 이긴다는 것은 주지의 사실이다—"유다 사람들의 말이 이스라엘 사람들의 말보다 강했다." 유다 사람들의 말이 강했다는 것은 그들의 논리가 우월했다는 의미가 아니다. 대화가 기존의 힘의 역학을 바꾸지 못했다는 것이다. 이미 유다 사람들은 주도적으로 왕을 모셔왔고 왕국의 권력도 유다 중심으로 재편되었을 가능성이 있다. 이스라엘 사람들이 와서 불평했지만 이미 잡은 권력을 유다가 놓을 리가 없다. 이스라엘 사람들의 말이 논리적으로 옳더라도 유다 사람들은 여전히 자신의 입장을 우길 것이다. 이 때문에 다윗 왕정에 대한 압도적 지분을 가진 이스라엘이 국정 운영에서 소외되는 불합리한 일이 발생한다. 하지만 역사는 이런 상태가 오래갈 수 없음을 잘 증거한다. 곧 베냐민 사람 세바를 중심으로 이스라엘의 탈-다윗 왕국 운동이 발생한다.

질문

1. 다윗 왕이 자신을 저주했던 시므이를 용서한 이유는 무엇입니까?
2. 시바와 므비보셋이 사울의 유업을 나누어 갖도록 한 다윗의 판결을 평가해 봅시다.
3. 다윗은 왜 바르실래를 예루살렘으로 데려가려 했을까요?

묵상

다윗의 인생을 왕이 되기 전과 왕이 된 후로 나누면 전반과 후반 모두 "광야 생활"이라는 공통점을 가집니다. 왕이 되기 전 다윗은 사울을 피해 광야 생활을 했지만, 다윗 왕은 압살롬을 피해 도망 다녀야 했습니다. 전자는 하나님의 사명을 이루기 위한 고난이었지만, 후자는 다윗의 죄로 인한 고난이었습니다. 이전의 광야 생활은 다윗에게 다양한 통치자의 덕목들을 갖추게 했지만, 압살롬에 쫓기는 기간 동안 다윗은 왕으로서 능력과 권위를 조금씩 상실해 갑니다. 압살롬의 반란을 진압하고 광야에서 예루살렘으로 돌아왔을 때 다윗은 분열된 백성을 중재할 능력을 완전히 잃은 것 같습니다. 왕에게 가장 중요한 덕목은 정의와 공의로 분쟁을 조정하는 능력인데, 다윗은 이 일에 철저히 실패합니다. 분열된 백성, 싸우는 지파들 사이에 피스메이커가 되지 못합니다. 하지만 다윗이 실패한 자리에서 그의 후손은 성공할 것입니다. 솔로몬은 그 이름이 암시하는 것처럼 다시 이스라엘에 평화를 가져올 것입니다. 하지만 그의 성공도 제한적입니다. 다윗 왕조의 한계는 종말의 다윗의 후손인 예수 그리스도를 고대하게 합니다. 다윗과 그 후손들이 실패한 자리에서 그리스도는 성공할 것입니다. 우리의 소망은 온전하신 주 예수님입니다. 예수님의 말씀과 사역이 갈기갈기 찢어진 한국 사회에 평화를 가져오기를 기도합시다.

36
세바의 반란

삼하 20:1-25

이전 단락은 다윗을 왕으로 복권시키고 영접한 유다 사람들과 그 과정에서 소외된 많은 이스라엘 사람이 논쟁하는 장면이었다. 이스라엘 사람들이 다윗에게 불평을 토로했지만 다윗도 그들을 유대 사람들과 화해시키지 못했다.[1] 압살롬의 반란 이후 새롭게 시작된 다윗 왕국에서 유다 사람들은 일종의 특권 백성이 되었고, 이를 인구의 대부분을 차지하는 이스라엘 형제들과 나누려 하지 않았다. 대화와 토론으로 문제가 해결되지 않고, 다윗도 중재자로 역할을 다하지 못하자, 세바를 중심으로 한 반란이 일어난다. 압살롬의 반란과 달리 이것은 다윗 왕조 내부의 권력 분쟁이 아니라, 백성들의 반 다윗 왕조 운동이다.

세바의 반란 20:1-3

1 그리고 마침 그곳에 불량배(איש בליעל)로 불리는(נקרא)[2] 사람이
있었는데, 그의 이름은 세바, 비그리의 아들,
베냐민 사람(איש ימיני)이었다. 그는 양각 나팔을 불며 말했다:

"다윗에게서 우리의 몫은 없다. 이새의 아들에게서 우리의 유업은
없다. 이스라엘아 각자 자기 장막으로!"
2 모든 이스라엘 사람들이 다윗을 따르는데서 돌아서(ויעל)
비그리의 아들을 따르게 되었다. 반면 유다 사람들은 '요단강에서
예루살렘까지' 그들의 왕을 붙좇았다. 3 다윗이 그의 예루살렘
궁으로 도착했을 때 그 왕은 궁전을 지키도록 남긴(הניח) 열 명의
첩들을 잡아 연금용 가택(בית משמרת)에 두었다. 그들을 공궤했지만,
그들과 잠자리를 하지 않았다. 그녀들은 죽을 때까지
감금되어(צררות) 과부로 살았다.[3]

1절의 "그곳에"는 길갈 근처의 요단 강가에서 벌어진 유다 지파와 이스라엘 지파 사이의 대토론의 현장을 가리킨다. 아마 세바도 그 현장에서 같이 토론을 벌이던 사람들 중 하나였을 것이다. 사무엘서 저자는 세바를 다양한 이름으로 부른다. 먼저 그를 "불량배"로 부른다. 이스라엘 사회에서 이상형을 이쉬 하일(בן חיל) "군자, 부자, 용사"으로 말한다면, 그것에 정반대되는 인물이 이쉬 블리야알(איש בליעל) "불량배"이다. 형제를 배려하지 않는 분열과 이기심의 사람들(삼상 30:22), 약자를 무시하고 돌보지 않는 사람(삼상 25:25), 정당한 권위를 인정하지 않는 사람들(삼상 10:27), 종교와 율법을 이용해 사익을 취하려는 사람들(삼상 2:12, 신 15:9), 하나님을 버리고 우상을 섬기자고 선동하는 사람들(신 13:14)이 불량배로 불린다. 사무엘서 저자가 세바를 불량배로 부르는 것은 나발을 "완고하고 행실이 악한 자"로 정의함으로 시작하는 나발 이야기(삼상 25장)를 연상시킨다. 일종의 문학적 인격 살인(character assassination)으로 시작하는 두 이야기는 다음의 공통점을 가진다. 즉 다윗을 홀대한 나발이 정의로운 역사의 편이 아닌 것처럼 다윗 왕을 거부한 세바의 행위도 정의로운 행위가 아니다.

세바는 베냐민 사람으로 소개된다. 여기서 "베냐민 사람"으로 번역된 히브리어 표현 이쉬 야미니(איש ימיני)는 매우 독특한 것으로 사울과 세바 그리고 모르드개에 대해서만 사용된 표현이다. 모르드개가 사

울이 실패한 역사적 사명—아말렉에 대한 심판—을 완수하는 것과 대조적으로 세바는 사울과 그 후손들처럼 다윗 왕조에 대한 하나님의 뜻을 온몸으로 거부하는 인물로 그려진다. 그는 양각 나팔을 불며 이스라엘 백성들을 선동한다.

> 다윗에게서 우리의 몫은 없다. 이새의 아들에게서 우리의 유업은 없다.
>
> 이스라엘아 각자 자기 장막으로!

이 말은 이후 이스라엘 역사에서 이스라엘의 분립주의자들 사이에 단골 구호가 된다(왕상 12:16). 세바는 다윗을 '왕'으로 부르기를 거부한다. 그에게 다윗은 "이새의 아들"일 뿐이다. 19장의 마지막 일화에서 이스라엘 사람들이 다윗 왕에 대해 불만을 밝히면서 사용한 다음의 수사와 구분된다—"왕에게 우리의 지분이 10이 있다. 다윗에 있어서 우리는 너희보다 우선이다"(삼하 19:43). 이들은 적어도 다윗을 '왕'으로 지칭하고 있음을 확인할 수 있다. 둘째, 세바는 다윗 왕에게 열에 해당하는 지분이 있다고 주장한 동료 이스라엘인들과 반대로, 다윗에게 어떤 지분나 유업이 없다고 주장한다. 즉 다윗과 어떤 언약 관계가 없다는 주장이다. 셋째, 따라서 세바는 "이스라엘아, 각자 자기 장막으로"라고 외치며, 다윗에 대한 어떤 세금도 부역도 거부하라고 선동한다.[4]

세바의 선동은 성공적이었다. 사무엘서 저자는 "비그리의 아들"을 따르는 무리를 "모든 이스라엘 사람들"로 표현하고, 다윗을 따르는 유다 사람들을 "요단강에서 예루살렘까지"라는 범위로 국한한다. 물론 그것의 표면적 의미는 유다 인들이 길갈 근처 요단강에서부터 예루살렘까지 다윗 왕을 호위했다는 의미이지만, "요단강에서 예루살렘까지"라는 표현은 "단에서 브엘세바"라는 표현과 대조된다. 세바의 난으로 다윗의 통치 영역이 매우 축소되었음을 암시하는 말이다. 이런 초기의 성공에도 불구하고 세바가 자신을 길갈에서 '왕'으로 선포하지 않는 이유는 무엇일까? 사무엘서 저자는 그가 왕이 되었다고 기록하지 않는 것을 보아, 세바는 (압살롬과는 달리) 아마 길갈에서 왕으로 기름 부음 받지 못했을 것이다. 그리고 그가 왕이 되지 못한 이유는 "비그리의 아들을 따르게 되었다"(2절)이라는 표현에 숨어 있다. 비그리는 사람 이름이라기보다는 부족 이름에 가깝다. "비그리의 아들"이라는 표현은 "비그리 부족에 속한 사람"이라는 의미다.[5] 비그리 부족은 베냐민 지파에서도 정치적으로 힘이 없는 변방 지파였을 가능성이 있다. 길갈에 모인 온 이스라엘 사람들이 세바를 그 자리에서 왕으로 세우지 않은 것은 그가 "비그리의 아들" 즉 비주류 부족 출신이기 때문은 아닐까? 나아가 그가 반란의 동력이 점점 떨어져 실패하게 된 이유도 그를 왕으로 밀어줄 정치적 기반이 없었기 때문은 아닐까?

한편, 예루살렘에 도착한 다윗은 그가 궁에 남긴 열 명의 첩들을 가택 연금에 처한다. 그리고 그들에게 음식과 생활의 필요를 공급하였지만, 그들과 잠자리를 하지 않는다. 그리고 첩들은 죽을 때까지 생과부로 살아야 했다. 다윗이 첩들에 대해 한 일이 세바의 난을 서술하는 중간에 삽입된 이유는 무엇일까? 그것은 다윗이 첩들에게 한 일이 압살롬의 반란과 세바의 난 이후 다윗이 열 지파의 지분을 가진 이스라엘 백성들에게 할 일을 상징하기 때문이다. 즉 다윗은 형식적으로 그의 '지킴의 영역'(בית משמרת)에 남아 있는 북이스라엘에게 여전히 치안과 국방, 사법 행정적 지원을 제공하지만, 그가 열 명의 첩을 사랑하지 않은 것처럼 이스라엘 지파 백성들을 형제처럼 돌보아 주지 않을 것이다. 이것은 다윗이 이전처럼 온 백성에게 '사랑받는' 임금이 더 이상 아니라는 의미이며, 그가 나이 들어 힘이 약해졌을 때, 또 한 번의 반란에 직면할 가능성을 높여 준다.

그러면 다윗이 첩들을 가택 연금에 처하고, 그들과 동침하지 않는 것은 정당한 일이었을까? 다윗은 개인적으로 남의 아내를 취하는 것을 꺼리지 않았다. 법적으로도 왕은 이전 왕의 하렘을 이어받는 것이 문제가 되지 않는다. 다시 말해 압살롬이 왕으로 기름 부음을 받았다면 이전 왕의 하렘을 이어 받는 것이 합당하고, 다시 다윗이 압살롬에게서 왕위를 되찾았을 때 빼앗긴 하렘을 회복하는 것도 흠이 되지 않는다. 일부 유대인 해석가들은 다윗이 밧세바 사건을 회개하고, 여자를 멀리하는 금욕의 삶을 살았다고 해석하지만, 다윗이 열 명의 첩을 취하지 않은 것은 정치적인 메시지를 담은 정치적 행위였다. 즉 다윗은 압살롬을 왕으로 인정하지 않은 것이다. 일반인과 성관계한 여자들은 절대로 왕의 여자가 될 수 없다는 관례에 따라, 다윗은 압살롬과 관계한 여인들을 자신의 여자로 받아들이지 않은 것이다. 여자들에 대한 증오 때문이 아니다. 즉 다윗은 첩들을 가택 연금시키고 그들과 잠자리를 하지 않음으로, 압살롬이 한때 왕이었다는 사실을 공식적으로 부정하기 원했던 것이다. 그럼으로써 이스라엘 역사에서 압살롬은 왕이 된 역적이 아니라 다윗에게 반항한 아들로 기억되는 것이다.

아마사와 아비새 20:4-7

4 다윗이 아마사에게 말했다:
"사흘 동안 유다 사람들을 나를 위해 소집하라. 그리고 여기에
대기하라."
5 아마사가 나가서 유다를 소집하였고, 다윗이 정한 날짜가 되어도
오지 않았다.[6] 6 그래서 다윗이 아비새에게 말했다:
"이제 비그리의 아들 세바는 압살롬보다 우리에게 더 재앙적이다.
너는(אתה) 네 주인의 종들을 데리고 그를 추격하라. 그렇지 않으면
그는 요새 도시들을 찾아 우리의 눈을 피할 것이다(והציל)."[7]
7 요압의 사람들, 그렛 사람들과 블렛 사람들, 그리고 모든 용사들이
그를 찾아나섰다. 그들은 예루살렘에서 나와 비그리의 아들
세바를 추격하였다.

세바의 난을 진압하기 위해 다윗은 얼마 전 요압을 밀어내고 군대 장관이 된 아마사를 부른다. 그에게 사흘 안에 유다 사람들을 동원하여 예루살렘에 대기하라고 명령한다. 동원 범위가 유다 지역에 국한되기 때문에 사흘은 충분한 기간이었다. 하지만 아마사는 다윗이 정한 날짜가 되어도 예루살렘에 나타나지 않았다. 다급해진 다윗은 아비새에게

세바를 추격할 것을 명령한다. 다윗이 요압을 부르지 않는 것은 의도적인 듯하다. 그리고 다윗은 압살롬의 죽음에 요압이 있다고 의심했을 가능성도 충분하다. 이것은 다윗이 세바의 난을 "압살롬보다 더 재앙적"인 것으로 말한 것에서 짐작할 수 있다. 여기서 다윗은 분명 세바의 난이 주는 위험을 과장적으로 평가하고 있으며, 압살롬의 난은 과소평가하고 있다. 이런 평가는 압살롬에 대한 다윗의 사랑 때문이다. 다윗은 압살롬을 죽인 요압을 믿을 준비가 되어 있지 않다. 아비새에게 명령할 때도 아타 "너"라는 인칭대명사를 강조를 위한 주어로 사용하는데, 이 강조의 뒤에는 "요압이 아니라 너"라는 의미가 배어 있다.

"그렇지 않으면 그는 요새 도시를 찾아 우리의 눈을 피할 것이다"라는 다윗의 말이 예언이 되어 세바는 벧마아가의 아벨이라는 요새 도시에 숨어들게 될 것이다. 다윗의 말이 성취된 이유는 이후에 벌어지는 어떤 사건—즉 요압이 아마사를 기브온에서 죽인 사건—때문에 세바에 대한 추격이 지체되었기 때문이다.

아비새가 이끄는 부대는 "요압의 사람들, 그렛 사람들과 블렛 사람들, 그리고 모든 용사들"로 구성되었다. 이들은 외국 용병을 포함한 다윗의 최정예 부대를 지칭한다. 유다 사병들을 모집하기 위해 떠난 아마사가 예루살렘에 돌아오지 않자, 다윗은 예루살렘에 상주하는 자신의 상비군을 보낸 것이다. 여기서 가장 흥미로운 표현은 "요압의 사람들"이라는 표현이다. 다윗은 아비새에게 "네 주인의 종들"을 데리고 추격하라고 명령했는데, 사무엘서 저자는 그것을 "요압의 사람들"이라는 말로 바꾸었다. "요압의 사람들"이라는 표현은 요압이 이끄는 특수부대의 의미일 것이다. 하지만 요압이 다윗의 종이라는 점을 생각하면, 요압이 이끄는 부대도 "다윗의 사람들"로 불리는 것이 옳다. 이 표현은 "네 주인의 종들"이라는 표현들과 좋은 대구가 되었을 것이다. 하지만 사무엘서 저자는 의도적으로 "요압의 사람들"이라는 표현을 사용함으로써, 세바를 추격하는 작업의 실질적 리더가 아비새가 아니라 요압임을 암시한다.

한편 아마사는 왜 정한 날까지 예루살렘에 돌아오지 않았을까? 이후에 그는 기브온에 출현한다. 유다 사람들을 모병하려 했다면 예루살렘 남쪽에 있어야 할 그가 기브온에 있었다는 것은 무슨 의미일까? 아마사가 다윗을 반역할 이유는 거의 없어 보인다. 압살롬과 요압의 전투에서 그가 한 역할이 전혀 없었던 것으로 보아, 아마사는 압살롬을 그렇게 적극적으로 도운 것 같지 않다. 삼촌 다윗이 그를 군대 장관으로 임명한 것도 며칠 전의 일이다. 세바의 난을 진압하라는 명령은 그의 첫 번째 임무였을 가능성이 높다. 아마사가 다윗을 배반할 이유는 전혀 없다. 그러면 그가 예루살렘이 아닌 기브온에 나타난 것은 요압의 계략에 의한 것일 가능성이 있다. 즉 요압이 그에게 따로 전령을 보내 군대를 이끌고 예루살렘이 아닌 기브온에서 왕의 정예 부대와 합류하자는 메시지를 보낸 것은 아닐까? 이전에 요압이 본국으로 돌아가는 아브넬을 거짓말으로 유인하여 헤브론으로 데리고 온 후 암살한 것처럼 말이다.

아마사가 살해됨 20:8–14

8 그들이 기브온에 있는 큰 돌 근처에 있었을 때, 아마사가 그들 앞에
왔다. 그때 요압은 겉옷(מד)을 입고 칼 집에 담긴 검 띠를 허리에
동여매었다. 그는 (아마사를 맞으러) 나오며 검 집을 떨어뜨렸다.[8]
9 요압이 아마사에게 "내 형제여, 그대는 평안한가?"라고 말하며
요압의 오른손(יד ימין)이 아사마의 수염을 잡은 채, 그에게 입 맞춘다.
10 아마사는 요압의 왼손에 있던 검에 주의를 기울이지 않았다.
그때 요압은 검으로 그의 배를(חמש) 찔렀고, 그의 내장이 땅에
쏟아졌다. 요압은 다시 찌르지 않았는데 그가 이미 죽었기
때문이다. 한편 요압과 그의 형제 아비새는 비그리의 아들 세바를
추격 중이었다. 11 요압의 시종들 중 한 사람(איש)이 아마사의 시체
곁에 서서 말했다:
"요압이 좋은 사람은 누구든지, 다윗을 위하는 자는 누구든지,
요압을 따르라!"

> 12 아마사가 길 한 가운데 피 범벅으로 있을 때 그 사람(האיש)은
> 모든 사람들이 멍하니 서 있는 것을 보고, 아마사의 시체를 길에서
> 밭으로 옮겼다. 그 곁을 지나는 사람들이 보고 멈추어 서자, 그는
> 그 위에 옷을 덮었다. 13 그가 시체를 길에서 치웠을 때(הגה), 모든
> 사람들이 요압을 따라 비그리의 아들 세바에 대한 추격을
> 재개하였다(עבר...לרדף). 14 한편 세바는 모든 이스라엘 지파 영토를
> 통과해 벧마아가의 아벨에 이르렀다. 모든 비그리 사람들도[9]
> 세력을 모아[10] 그를 따라 그곳에 들어갔다.

아비새와 요압이 이끄는 정예 부대는 기브온에 있는 "큰 돌" 곁에서 대기한다. 그때 아마사가 그들 앞에 나타났다. 기브온의 "큰 돌"은 사전에 정해진 다윗의 정예 부대와 아마사 군대의 접선 장소인 듯하다. 큰 돌은 아마사가 별도의 메시지를 받고 예루살렘이 아닌 기브아로 왔다는 정황적 증거가 된다. 한편 "기브온에 있는 큰 돌"은 세 가지 사건을 연상시킨다. 하나는 삼하 2장에 기록된 기브온 전투이다. 기브온의 우물가에서 벌어진 대리전으로 시작된 전투에서 요압의 동생 아사헬이 아브넬에게 죽임 당한다. 요압은 이에 대한 복수로 아브넬을 다윗 몰래 암살한다. 또 한 가지는 삼상 6장에 기록된 벧세메스 사람들 5만 70명이 죽은 사건이다. 벧세메스로 돌아온 언약궤가 여호수아의 밭 '큰 돌' 위에 놓인 후, 그것을 본 많은 사람들이 죽은 것이다. "큰 돌"과 관련된 또 하나의 사건은 사울이 동물을 피 채로 먹는 병사들을 위해 큰 돌을 구하여 임시 제단으로 삼아 동물을 그 위에서 죽인 것이다. 큰 돌이 살인이나 죽음의 배경으로 사용된 것을 고려할 때 아마사와 요압의 접선 장소인 큰 돌은 그들의 조우가 피 흘림으로 끝날 것임을 암시한다.

요압이 아마사를 죽인 방식은 전형적인 거짓과 배신의 암살이다. 아마사가 요압을 신뢰하고 자신의 수염을 잡힌 것은 그가 같은 임금을 섬기는 동료이기 때문일 뿐 아니라, 요압이 그를 그곳으로 불러낸 장본인이기 때문이다. 입을 맞추는 자세는 언제나 비밀 메시지를 전할 좋은 기회가 된다. 요압은 암살을 위해 검을 허벅지가 아닌 허리에

찼다(삿 3:16 참조). 또한 요압은 의심을 피하기 위해 검 집에 담긴 검을 옷 아래가 아닌 옷 위에 찼다. 암살 장면을 설명하는 8-10절의 히브리어는 번역하기 난해하지만, 다음과 같이 암살 장면이 재구성될 수 있을 것이다. 요압은 아마사에게 나아갈 때 일부러 칼집을 떨어뜨린다. 이제 칼은 사람을 벨 준비가 된 상태로 요압의 허리에 둘러져 있다. 요압이 "내 형제여, 평안한가"라고 인사하면서 오른손으로 아사마의 수염을 잡았을 때, 아마사는 어떤 의심도 하지 못했을 것이다. 요압이 공격하려 했다면 왼손으로 수염을 잡았을 것이기 때문이다. 설사, 공격할 의도가 있었다 해도 칼이 허벅지가 아닌 허리에 있었기 때문에, 손을 부자연스럽게 굽히지 않고는 빼서 휘두를 수 없었을 것이다. 이 때문에 아마사는 요압의 왼손에 혹은 왼쪽에 있는 검에 그다지 주의를 기울이지 않았다. 하지만 그때 요압은 아마사의 복부를 칼로 찔렀다. 내장이 밖으로 나온 아마사는 즉사했다. 성경 저자는 두 번 찌를 필요가 없었다고 말했다. 이것은 요압의 칼 솜씨를 말하는 것이 아니라, 그가 이 암살을 치밀하게 계획하고 연습했음을 보여 준다. 그러면 어떻게 요압이 아마사를 칼로 찌를 수 있었을까? 어떻게 오른손잡이가 인사하는 자세를 흐트러트리지 않으면서 허리에 있던 칼을 왼손으로 뽑아 휘두를 수 있었을까? 요세푸스는 칼집이 떨어진 것이 아니라 칼이 떨어진 것이라고 말하면서, 요압이 떨어진 칼을 줍는 척하면서 아마사의 배를 찔렀다고 주장한다. 즉 10절의 "요압의 오른손에 있던 검"이 요압이 주워 올린 검을 지칭한다는 것이다. 하지만 필자는 요압이 허리에서 칼을 뽑지 않고, 단지 칼끝을 아마사 방향으로 들어 올려 찔렀을 것이라 생각한다. 허벅지가 아닌 허리에 칼을 찬 것은 바로 그 이유이다. 또한 이스라엘의 검은 그리 길지 않았다. 우리의 단검에 가까웠다. 따라서 근접거리에서 사용하기 안성맞춤인 무기인 것이다. 검을 뽑지 않고 돌려 찌르는 방식은 암살할 때 의심스러운 왼손의 움직임을 최소한이 되게 했을 것이다. 여하튼 요압의 단검은 아마사의 호메스, "복부"를 찔렀는데, 이것은 아브넬의 암살을 연상시킨다. 이전에 거짓 전령을 통해 아브넬을 헤브론으로 소환한 후 비밀 메시지를 전하는 척하다가 "복부"를 찔러 죽였던 것처럼, 요압은 지금 거짓 전령을 통해 아마사를 기브온으로 오게 한 후, 형제의 인사를 나누는 척하다가 "복부"를 찔러 죽인 것이다. 아브넬의 암살에 대해 다윗이 전혀 몰랐던 것처럼, 아마사의 암살에 대해서도 다윗은 몰랐을 것이다. 또한 다윗은 두 경우 모두에서 요압의 법적 책임을 묻지 않는다.

【그림 10】 암살당하는 아마사

아마사의 암살 이후 저자는 요압이 세바 추격의 실질적 대장임을 처음으로 밝힌다—"요압과 그의 형제 아비새는 비그리의 아들 세바를 추격 중이었다"(10절). 아마사가 없는 지금 요압은 실질적으로 다윗의 군대 장관의 역할을 감당한다. 하지만 요압이 아마사가 모병해 온 군대를 장악하는 것이 그리 쉬운 일은 아니었다. 살해당한 아마사를 보고 멍하니 서 있는 병사들의 마음을 다잡기 위해 요압의 시종 중 하나가 외친다—"요압이 좋은 사람은 누구든지, 다윗을 위하는 자는 누구든지, 요압을 따르라!"(11절). 그는 의도적으로 요압과 다윗이 한편임을 강조한다. 이것은 얼마 전 다윗이 요압을 강등시킨 것을 염두에 둔 것이다. 그리고 요압을 따르는 것이 다윗을 위하는 것이라고 말한다. 여기서 명시적으로 말하지 않지만, 아마사가 반역자라는 뉘앙스가 그 시종의 구호에서 느껴진다. 아마 요압은 이후 자신의 행위를 정당화하기 위해 아마사가 반역자라는 '프레임'을 사용할 것이다. 일단 아마사가 다윗의 명령대로 군인들을 몰고 예루살렘에 오지 않은 것은 반란 행위로 해석될 수 있다. 아마사가 죽었으니 요압의 '프레임'을 반증할 수 있는 인물도 사라진 것이다.

그 시종은 사람들이 서서 움직이려 하지 않자 아마사의 시체를 길에서 밭쪽으로 치웠다. 아마사의 시체에서 흘러나온 피들이 흥건히 도로를 적시자, 사람들이 피를 밟고 걸어가기를 꺼렸기 때문이다. 하지만 시체를 길에서 치운 후에도 사람들은 지나가다가 밭에 버려진 시체를 보기 위해 멈추어 서자, 요압의 시종은 그 시체를 옷으로 덮는다. 이 모든 것은 죽은 아마사에 대한 예우가 아니라 병사들의 떨어진 사기를 다잡고, 지체된 세바에 대한 추격을 재개하기 위한 것이다. 요압의 시종이 아마사의 시체를 처리하는 방식은 역적의 시체를 처리하는 방식에 지나지 않다. "그가 시체를 길에서 치웠을 때, 모든 사람들이 요압을 따라 비그리의 아들 세바에 대한 추격을 재개하였다."(13절)

하지만 세바는 이미 모든 이스라엘 지파 영토를 통과해 벧마아가의 아벨로 은신해 들어갔다. 그의 부족 비그리 사람들도 세바를 따라 아벨에 집결했다. 세바가 "모든 이스라엘 지파 영토를 통과"했다는 구절(14절)의 의미는 두 가지로 해석될 수 있다. 하나는 단순히 도망다녔다는 의미를 과장한 것이다. 둘째는 세바가 모든 이스라엘을 돌며 자신에 대한 지지를 호소했을 가능성도 있다. 아직 왕으로 인정받지 못한 세바는 각 지파를 돌아다니며 일종의 '선거 운동'을 했을 가능성이 있다. 다윗이 기약한 사흘이 지나도 아마사가 나타나지 않자 아비새를 대장으로 한 추격대를 서둘러 보낸 것은 바로 이런 세바의 '선거 운동'을 막기 위한 것이었다. 하지만 이후의 사건 진행으로 볼 때 세바가 이스라엘 지파의 지지를 얻지 못한 것 같다. 세바가 요새 도시를 찾아 그곳에 은신했을 때 그 소식이 다윗 진영에 퍼진 것이 그 단적인 증거이다.

벧마아가의 아벨의 정확한 위치는 알기 힘들다. 하지만 단 근처 혹은 바산과 접경한 마을로 추정된다. 이것은 벧마아가의 왕이 벧르홉의 아람 왕의 영향 아래 있었다는 사실에서 유추가능하다. "파수대"를 의미하는 미스바가 비슷한 지형의 이스라엘 내 여러 지명으로 사용되는 것처럼 "통곡"을 의미하는 아벨도[11] 어떤 비극적 사건이 발생한 여러 지명으로 사용될 수 있다. 본문의 아벨은 벧마아가와 가까운 아벨로, 외벽과 내벽으로 요새화된 성읍이다. 벧아마가가 외국과의 접경 지역이라면, 벧마아가의 아벨이 요새 도시였던 것은 놀랄 일이 아니다.

아벨의 지혜로운 여인과 요압 20:15-22

15 요압과 그를 따르는 사람들은 벧마아가의 아벨에 도착해 그를
포위했다. 그들은 그 성 곁에 인공 구릉을 쌓아 올려 그것이 외벽과
(בחל) 함께 서게 했다. 요압과 함께 한 모든 백성들은 내벽(חומה)를
파괴해 넘어뜨리려 하고 있었다. 16 그때 한 지혜로운 여인이 성
안으로부터 외친다:

"들으라, 들으라. 부디 요압에게 '여기 가까이 오세요. 당신에게 할 말이 있습니다'고 말하라."

17 그가 가까이 오자 그녀가 말했다:

"당신이 요압입니까?"

그가 말했다:

"나다."

그녀가 그에게 말했다:

"당신 여종의 말을 들으세요."

그가 말했다.

"나는 듣고 있다."

18 그녀가 다음과 같이 말했다:

"자고로 '그들이 아벨 (사람들)에게 물을 것이다. 그러면 그들의
문제가 해결된다'라고 전해져 옵니다. 19 저는 이스라엘의 평화롭고
충성된 자 중 하나입니다. 당신이 이스라엘에서 어머니와 같은 도시를

죽이려 하는군요. 왜 당신은 여호와의 유업을 삼키려 합니까?"
20 요압이 대답하여 말했다:
"내가 삼키다니, 내가 멸망시킨다니, 가당치 않다. 가당치 않다.
21 그 일이 그런 것이 아니다. 왜냐하면 에브라임 산지 출신의
한 사람, 그의 이름은 비그리의 아들 세바인데, 그가 왕에 반대해,
다윗에 반대해 손을 들었느니라. 너희들은 그 자만 넘겨주어라.
그러면 내가 도시로부터 떠날 것이다.
그 여자가 요압에게 말했다:
"보세요. 그의 머리가 성벽을 통해 당신에게 던져질 겁니다."
22 그 여자가 지혜로 모든 백성들에게 나아가자, 그들이 비그리의
아들 세바의 머리를 베어 요압에게 던졌다. 요압이 양각 나팔을 불자
그들은 그 도시로부터 흩어져서, 각자 자기 장막으로 갔다.
반면 요압은 예루살렘으로 왕에게 돌아갔다.

요압과 그의 군대가 어떻게 아벨에 은신한 세바의 행방을 알게 되었는지는 확실하지 않다. 하지만 이것은 세바가 이스라엘 지파들 가운데 완전한 지지를 얻지 못했음을 암시한다. 아벨에 도착한 요압의 군대는 도시를 포위한다. 하지만 이것은 시간을 두고 성의 사람과 물자의 출입을 통제하여 곤궁에 몰린 적으로부터 자발적 항복을 받아내는 포위 작전이 아니다. 오히려 적극적으로 성벽을 공략하여 함락하는 공성 작전이었다. 이를 위해 요압은 외벽과 이어지는 인공 구릉을 쌓아 올렸다. 인공 구릉을 통해 외벽을 넘고 내벽까지 진행한 군인들은 요압과 그의 군인들은 내벽을 파괴해 넘어뜨리려 한다. 곧 성벽이 무너져 모두 죽게 되었다고 생각한 한 지혜로운 여인이 요압과 협상을 시도한다.

이 지혜로운 여인은 누구인가? 그녀는 무슨 자격으로 적장 요압과 일대일 협상을 제안하는가? 먼저 유대인의 전통적인 견해부터 살펴보자. 유대인 미드라시에 따르면, 그 지혜로운 여인은 아셀의 딸 세라이다. 세라는 야곱에게 요셉이 살아 있다고 알려줌으로 영생을 얻은 여인이다. 이런 유대인 전설이 생겨난 것은 아셀의 딸 세라가 야곱과 함께

애굽에 정착한 사람들 중 하나로 성경에 언급되는 동시에(창 46:17), 그로부터 약 400년 후 모세와 같이 출애굽하여 이스라엘 땅으로 들어갈 때까지 살아 있는 사람으로 성경에 언급되기 때문이다(민 26:46). 하지만 아셀의 딸 세라가 아벨에서 요압과 협상한 지혜로운 여인이라는 것은 경건한 상상에 불과하다. 보다 합리적인 추측은 그 여인이 아벨의 '여선지자'일 가능성이다. 이것은 그녀가 성 사람들의 대변자를 자처했다는 사실 이외에도 요압에게 건넨 말의 일부가 그녀의 선지자 '직업'을 암시한다. 그녀는 "그들이 아벨에서 물을 것(שאל ב)이다. 그러면 그들의 문제가 해결된다"(18절)라고 말한다. 그녀가 사용한 히브리어 표현 샤알 베(שאל ב)는 하나님의 신탁을 구할 때 자주 사용하는 숙어이다. (우리는 요압의 부탁으로 다윗을 설득한 지혜로운 드고아의 여인의 화술을 통해 그녀도 여선지자였을 가능성을 논의했다. 삼하 14장 설명 참조). 또한 아벨의 여인이 요압과 예비적으로 주고받은 대화—특히 여인이 지속해서 "들으라"라고 말하고 요압은 "듣고 있다"고 대답한 대목—를 통해 우리는 요압과 협상을 시도한 그녀가 선지자였음을 추정할 수 있다.

그녀가 요압에게 한 말(18-19절)의 논지는 학자들 사이에 논쟁거리이지만 다음과 같이 재구성될 수 있다. 첫째, 아벨의 여인은 요압이 대화를 시도하지 않고 공성 작전을 편 것에 대해 비판한다. 이를 위해 아벨 사람들이 옛부터 지혜로운 사람들로 알려져 있음을 이야기한다—"자고로 '그들이 아벨 사람들에게 물을 것이다. 그러면 그들의 문제가 해결된다'라고 전해져 옵니다"(18절). 그럼에도 요압이 아벨 사람들과 문제 해결을 위한 대화를 시도하지 않은 것은 지혜롭지 못할 뿐 아니라 율법도 어긴 것이다. 신명기 20장에 기록된 교전 수칙에 따르면 이스라엘 군대는 성을 공격하기 전에 먼저 화친을 제안해야 한다. 물론 이것은 이방 도시에 대한 공격에 해당하지만, 유대인 해석가들은 '선화친 후공성'의 원칙이 이스라엘의 도시에 대한 공격에도 적용되어야 한다는 것에 합의한다. 이에 따르면 요압이 아벨 사람들과 대화도 시도하지 않고 공성 작전을 펀 것은 율법을 어긴 것이다.

둘째, 아벨의 여인은 자신을 이스라엘 백성들의 대표로 소개한다. 그들로부터 협상의 권한을 위임받은 것처럼 말한다. 필자는 다음의 구절이 뜻하는 바가 바로 그것이라 생각한다.

> 저는 이스라엘의 평화롭고 충성된 자 중 하나입니다(19절).

이 구절은 해석하기 매우 까다롭다. 어떤 학자들은 이 말을 다윗 왕에 대한 충성 맹세로 이해한다. 그러나 휘트에 따르면 이 본문이 훼손 본문 즉 오기가 아니면, 여인의 북이스라엘 방언을 그대로 반영한 것이다. "평화롭고", "충성된" 자로 번역된 두 히브리어는 모두 희귀한 수동 어간이다. 휘트는 수동 어간을 즐겨 사용하는 여인의 특유 어법을 지적하면서, "저는 이스라엘의 평화롭고 충성된 자"라는 말을 이스라엘의 대표로 요압과의 협상을 위임받은 자의 의미로 해석한다.[12] 휘트의 주장을 받아들이면, 여인은 아벨 사람들만의 대표가 아니라 세바의 선동에 넘어가 "각자 자기 장막으로" 돌아간 모든 이스라엘 사람들의 대표로서 요압과 협상하는 셈이다. 압살롬의 반란 때 요압의 착각은 압살롬이 죽으면 반란의 세력이 모두 없어질 것이라는 것이었다. 하지만 압살롬의 죽음 이후, 반란의 기운은 더욱 강해져 세바의 난이 발생한 것이다. 만약 여인이 이스라엘 전체를 대표하는 협상 파트너라면 요압은 세바의 난의 근본 원인을 치유할 수 있는 기회를 아벨의 여인을 통해 얻은 것이다.

셋째, 아벨의 지혜로운 여인은 세바를 죽이기 위해 모든 다른 희생을 감수하는 것이 얼마나 어리석은 일인지를 지적한다.

> 당신이 이스라엘에서 어머니와 같은 도시를 죽이려 하는 군요. 왜 당신은 여호와의 유업을 삼키려 합니까?(19절).

거시적 관점에서 이것은 사사 시대에 레위인의 첩에 대한 복수 때문에 이스라엘의 지파 하나가 지상에서 없어질 뻔했던 일을 상기시킨다. 즉 요압이 하려는 일은 여호와의 유업을 멸하는 것이다. 하나님이 왕을 주시고 구속사를 이어 가시는 가장 큰 목적이 '자기 백성'을 가지시기 위함인데, 세바라는 불량배 하나를 죽이기 위해 여호와의 유업인 아벨 백성을 죽이는 것은 옳지 않다. 비록 세바를 죽이는 일이 다윗 왕조의 유지와 번영에 중요한 일일 수 있지만, 그것이 하나님의 보다 큰 목적을 방해하는 방식으로 이루어지지 않도록 유의해야 한다. 한편 요압이 파괴하려는 아벨은 이스라엘에서 "어머니와 같은 도시"다. "어머니와 같은 도시"로 번역된 히브리어 이르 브엠(עִיר וְאֵם)는 "도시 그리고 어머니"로 직역된다. 이 표현의 정확한 의미는 잘 모른다. 어떤 학자들은 그것을 규모를 갖춘 큰 도시로 이해한다. 고대 이스라엘인들이 큰 도시 주변의 위성 도시들을 "딸(בַּת)" 도시라 부른 것에 착안한 번역이다. 아벨은 북방 접경을 수호하는 중요한 성곽 도시라는 의미에서 분명 "어머니와 같은 도시"라 불릴 수 있다. 다른 학자들은 히브리어 이르 브엠을 말 그대로 "도시 즉 어머니"로 이해한다. 알터는 성경에서 도시가 종종 어머니로 은유됨을 지적하면서 그 지혜로운 여인이 아벨을 어머니에 은유하고 있다고 주장한다.[13] 무력으로 아벨을 함락하고 그 안의 사람들을 세바와 함께 모두 죽이는 것은 이스라엘의 어머니를 죽이는 것과 같다. 이것은 다른 가족 구성원들의 복수를 일으킬 것이다. 어머니 도시 아벨을 파괴하면 세바의 난은 진압되겠지만, 제2, 제3의 세바의 난이 계속해서 일어날 것이다.

요압은 이와 같은 여인의 비난에 강한 부정으로 대답한다—"내가 삼키려 한다니, 내가 멸망시키려 한다니, 가당치 않다. 가당치 않다!"(20절). 그리고 "그 일이 그런 것이 아니다"고 말하며 대화를 시도한다.

> 에브라임 산지 출신의 한 사람, 그의 이름은 비그리의 아들 세바인데,
>
> 그가 왕에 반대에 다윗에 반대해 손을 들었느니라(21절).

요압이 세바를 설명하면서 "에브라임 산지 출신"이라고 말한 대목은 다소 이상하다. 왜냐하면 세바는 베냐민 사람으로 알려져 있기 때문

이다. 에브라임 산지의 일부가 베냐민 영토에 속했을 가능성이 있지만(삼상 9:4절 참조), 세바의 반란을 설명하면서 그가 베냐민 사람이라는 사실보다 에브라임 산지 출신이라는 사실을 언급한 것은 설명이 필요하다. 이것은 세바의 반란이 유다 왕국에 대한 에브라임 왕국의 독립의 성격을 가짐을 암시한다. 후에 북이스라엘을 건국하는 여로보암이 바로 에브라임 지파 출신이다(왕상 11:26). 이 때문에 요압이 세바가 단순히 왕에 반대한 것이 아니라 "다윗에 반대해" 반역했다고 말한 것이다. 지혜로운 여인의 뜻을 이해한 요압은 "너희들은 그자만 넘겨주어라. 그러면 내가 도시로부터 떠날 것이다"(21절)라고 말한다. 그는 세바를 잡기 위해 이스라엘의 도시와 어머니를 죽이는 일은 하지 않을 것이라 말하는 것이다.

아벨의 여자는 세바의 머리를 넘겨주겠다고 약속한 후, "지혜로 모든 백성들에게 나아갔다"(22절). 여인이 어떤 말로 백성들을 설득했는지는 알 수 없다. 하지만 추측건대 그녀는 이전에 사울이 다윗을 잡기 위해 그가 은신한 십 마을을 포위한다는 소문이 돌았을 때 십 마을 사람들이 다윗을 사울에게 넘겨주려 한 일을 언급했을 수 있다. 대를 위해 소를 희생시키는 것이 절대적 진리는 아니지만, 그 '소'가 세바와 같은 불량배일 경우, 그것은 진리가 된다. 그리고 불량배 하나를 위해 기꺼이 죽을 사람은 아벨에 많지 않았을 것이다. 그녀의 말에 설득된 아벨 사람들이 세바의 머리를 베어 성 밖으로 던지자, 요압은 양각나팔을 불어 유다 병사들을 그 자리에서 징집 해제했다. 즉 병사들은 각자 자기 장막으로 돌아갔다.

왜 아벨 사람들은 세바를 생포하여 넘겨주지 않고 그를 직접 처형했을까? 생포하는 것이 용이하지 않았을 가능성이 있다. 혹은 일부 사람들은 생포된 세바가 공모자들의 이름을 댈 것을 두려워했을 수도 있다. 하지만 아벨 사람들이 그를 직접 죽인 가장 중요한 이유는 세바가 단순히 왕에 반역한 사람이 아니라, 다윗에 반역한 사람이기 때문이다. 왕에 반대한 사람은 역모죄로 왕에 의해 처형되지만 다윗에 반대한 사람은 하나님의 통치에도 반대한 것이 되어서 누구나 그를 즉결 처형할 수 있었다는 랍비들의 견해가 옳다면, 아벨 사람들이 세바를 직접 죽인 것은 세바의 범죄가 단순한 역모가 아니라 다윗을 통한 하나님 나라에 대한 반대였음을 시사하는 것이다.

세바의 난을 성공적으로 진압한 요압은 “왕에게 예루살렘으로 돌아왔다”(22절). 다윗과 요압의 관계가 회복되었음을 암시한다. 비록 아마사를 죽인 일 등 왕 앞에 설명할 일이 없지 않았지만, 큰 공을 세운 요압은 무난히 군대 장군의 직위를 회복한 것 같다. 이전에는 왕의 명령을 어겨 왕의 신임을 잃었던 요압이 이번에는 자신의 뜻을 굽히고 지혜로운 여인의 조언을 따랐다. 스루야의 아들 요압이 처음으로 폭력과 파괴가 아닌 대화와 협상의 방식으로 임무를 수행한 것이다.[14] 그 결과 세바의 난을 진압했을 뿐 아니라 민심을 다윗 왕에게 돌아오게 하는 공도 세웠고 다윗 왕과의 관계도 회복되었다.

다윗의 관료들 20:23-26

23 요압은 이스라엘의 모든 군대를 지휘했고, 여호야다의 아들
브나야는 그렛과 블렛 사람들을 지휘했으며 24 아도람은 부역
노동자들을 지휘했고 아히룻의 아들 여호사밧은 기록관이었고,
25 스와는[15] 서기관, 사독과 아비아달은 제사장이었다.
26 또한 야일 사람 이라는 다윗의 판관(כהן)이었다.

다윗의 관료들이 여기에 소개되는 가장 큰 이유는 요압의 복권과 관련 있다. 압살롬의 난이 진압된 후 군대 장군 자리를 아마사에게 내어 주었으나, 요압은 세바의 난을 통해 그 자리를 다시 회복했다. 아마사가 다윗의 명을 어긴 것이 요압의 궤휼에 따른 것이라면, 요압은 자신의 정치적 야망 때문에 아마사를 살해한 것이다. 하지만 아마사가 죽은 이상 요압의 궤휼을 증명을 방법이 없어진 상태에서 다윗이 세바의 난을 성공적으로 진압한 요압을 이전 직위에 복직시키지 않을 이유가 없었다. 아마사의 억울한 죽음이 묻힌 것도 정의와 공의를 베푸는 다윗

의 능력이 상당히 떨어져 있음을 시사한다.

사무엘하 8장 16-18절에 소개된 관료들의 명단과 비교했을 때 가장 눈에 띄는 변화는 다윗의 아들들이 감당한 '판관' 자리를 야일 사람 이라가 대체했다는 것이다. 이것은 압살롬의 난 이후 다윗이 자신의 아들들이 너무 어린 나이에 중역을 맡지 않도록 노력한 결과이다. 왕자들이 일찍부터 높은 자리에 앉으면 너무 일찍 '왕'이 되려는 욕망이 생길 수 있음을 압살롬의 반란을 통해 깨달은 것이다.

질문

1. 세바의 난은 무엇입니까?
2. 아벨의 지혜로운 여인에 따르면 아벨을 파괴하여 세바를 죽이려는 요압의 계획이 왜 잘못된 것입니까?
3. 다윗이 요압에게 아마사의 문제를 묻지 않은 이유는 무엇입니까?

묵상

세바의 난이 성공할 수 없었던 가장 큰 이유는 세바가 불량배라는 사실에 있습니다. 압살롬 반란 이후의 국론 분열이 심각했고 다윗 왕이 공평한 중재자의 역할을 수행하지 못한 잘못을 빌미가 되어 시작된 반란이 세바의 난입니다. 세바의 반란 자체는 다윗 왕의 실정에 대한 것이므로 이스라엘 지파의 입장에서는 '정당한 운동'이었을 것입니다. 하지만 그 운동을 이끈 사람은 '불량배'였습니다. 정당한 권위를 인정하지 않고, 다윗을 통한 하나님 나라를 인정하지 않으며, 오로지 왕이 되고자 하는 욕망에 사로잡힌 불량배였습니다. 그의 반란이 초반의 무서운 기세에도 불구하고 시간이 흐르면서 사람들의 지지를 잃어간 것은 당연합니다. 아무리 좋은 명분이라도 그 명분을 이끌고 가는 사람이 불량배라면 그 운동은 실패합니다. 또한 세바의 난은 이 땅의 하나님 나라의 한계를 고려하지 않은 운동이기에 실패했습니다. 그들은 인간 다윗, 부족한 다윗도 하나님이 선택한 왕이라는 사실을 망각한 반-다윗 운동입니다. 다윗의 부족함과 잘못으로 이스라엘 지파들이 소외감을 느꼈지만, 그렇다고 그것이 하나님에 대한 다윗의 선택을 취소할 만큼의 잘못은 아님을 깨닫지 못했습니다. 세바는 다윗의 실정을 나라의 국운이 달린 문제인 양 과장해서 문제 삼는 우를 범한 것입니다. 이 땅에서 진행되는 하나님 나라는 '거품 속에 존재하는 나라'가 아닙니다. 나와 같은 죄인들에 의해 이끌어지는 나라입니다. 이 땅의 하나님 나라 운동도 그것을 고려할 때 성공할 수 있습니다.

4

다윗과 하나님 나라

사무엘하 21-24장은 사무엘서 전체의 결론에 해당한다. 이 결론 부분에서 저자는 세 가지 다른 장르의 글을 교차 대구 구조로 배치한다(내러티브-목록-시-목록-내러티브). 결론의 시작과 마지막을 장식하는 내러티브는 다윗의 통치 기간 중 발생한 사건 중 사무엘하의 결론이 되기에 적합한 일화들을 저자가 선별한 것이다. 그 일화들은 다윗 왕정의 한계를 보여 줌으로써 독자들이 하나님의 더 온전한 통치를 기대하게 만든다. 교차 대구 구조의 중심에 자리한 다윗의 시는 사무엘상 2장의 한나의 시와 수미상관을 이루어 "하나님의 통치"라는 사무엘서 전체의 주제를 잘 드러낸다. 일부 학자들이 "부록(appendix)"이라고 부르는 21-24장은 지금까지 서술된 다윗의 통치에 대한 결론으로 보는 것이 더욱 적절하다. 다윗 왕국이 이스라엘의 조상들에게 약속된 하나님의 통치를 대표했지만, 그것은 어디까지나 모형 혹은 그림자에 불과하다. 다윗 왕국은 그리스도 예수 안에서 성취될 하나님의 나라를 가리키는 역할을 한다.

내러티브 (21:1-14): 다윗 왕정의 한계와 하나님의 통치

목록 (21:15-22): 거인을 물리친 다윗의 용사들

시 (22:1-23:7): 하나님의 구원과 통치

목록 (21:8-38): 다윗의 용사들

내러티브 (24:1-25): 다윗 왕정의 한계와 하나님의 통치

37
다윗과 사울의 화해

삼하 21:1-22

다윗이 사울이나 그 후손들을 죽이고 왕이 된 것은 아니지만, 사울 집안과의 관계는 다윗의 통치 내내 껄끄러웠다. 이것을 단적으로 보여 주는 것은 압살롬의 반란으로 피난 가던 다윗에 대한 시므이의 저주이다. 사울을 죽이고 왕이 된 살인자라는 그의 저주는 당시 많은 사람들의 의견을 반영한 듯하다. 압살롬의 반란을 진압하고 다시 왕이 되어 귀환한 다윗은 시므이를 용서하지만 압살롬의 반란으로 더욱 나빠진 국론의 분열을 생각하면 시므이에 대한 용서는 진정한 용서라기보다 정치적 필요가 컸다고 할 수 있다. 이것은 다윗이 죽기 전에 솔로몬에게 시므이를 죽이라고 유언한 점에서 확실해진다. 이 모든 것은 다윗과 사울의 집안 사이에, 나아가 유다 지파와 요셉 지파 사이에 온전한 평화가 이루어지지 않았음을 보여 준다. 하나님 나라는 열두 지파가 정의와 생명을 위해 연합할 때 이 땅에 성취되는 것인데, 지파들 간의 반목과 갈등은 이 땅에 하나님의 통치를 이루는 데 가장 큰 걸림돌이다. 본문은 바로 이런 뿌리 깊은 분열과 갈등의 문제를 다룬다. 사무엘서 저자가 유다 지파와 요셉 지파의 갈등이 표면화된 세바의 난을 기술한 후, 다윗과 사울의 집안 사이의 갈등의 문제를 다룬 것은 다윗 통치의 한계를 보여 주고, 하나님의 통치가 서로 다른 지파, 민족, 국가들 간의 용서와 이해, 그리고 평화에 있음을 보여주기 위함이다.

3년 기근과 다윗의 간구 21:1a

> 1a 다윗이 통치하던 시절에 삼 년 동안이나 해마다 기근이 발생하자, 다윗은 여호와의 얼굴을 구하였다(ויבקש).

본 이야기의 시간적 배경은 분명하지 않다. 다윗의 통치 기간 중 언제 발생한 사건인지 정확히 알 수 없다. 본 이야기가 사무엘서의 결론으로 의도되었기 때문에 저자가 일부러 그 시점을 특정하지 않음으로 역사적 세부 사항보다는 이야기의 주제에 집중하도록 한 것 같다.

시간적 배경보다 중요한 것은 "기근"이라는 사회 정치적 배경이다. 이스라엘은 정기적으로 기근을 겪은 나라다. 건기와 우기가 뚜렷한 기후 때문이기도 하지만, 적어도 다윗 때까지 이스라엘에는 강력한 중앙 정부가 없어 가뭄이나 역병과 같은 재해를 대비한 국가적 대책—관개 농법 혹은 곡식 저장소—이 전무하였다. 한 해만 가뭄이 들어도 많은 사람들이 굶어 죽을 위기에 처했다. 그런데 3년이나 연속해 가뭄이 들었다면 그것은 단순한 자연 재해를 넘어 국가를 위태롭게 하는 재앙에 해당한다. 실제로 가뭄이나 지진 혹은 역병은 한 국가를 무너뜨리는 중요한 요인이 되곤 한다. 이 때문에 다윗은 이런 상황에서 왕이 마땅히 해야 할 일을 한다. 다윗은 "여호와의 얼굴을 구하였다".

여호와의 얼굴을 구했다는 말은 전통적으로 우림과 둠밈을 통해 기근의 원인을 여호와께 물어 보았다는 뜻으로 이해된다. 이런 이해에 근거해 유대인들은 '왜 다윗이 삼 년이나 기다린 후에 하나님께 물어보았는지'를 묻고 그에 대한 다양한 대답들을 내놓는다. 중세 유대인 주석가 킴히에 따르면 가뭄 첫해에는 다윗이 그것을 우연으로 여겨 하나님께 물어 보지 않았고, 두 번째 해 가뭄은 미가가 단에 설치한 우상을 파괴하지 않은 탓으로 여겨 그 우상을 파괴한다. 하지만 가뭄이 세 해째 지속되자 그때서야 우림과 둠밈을 통해 하나님께 물었다고 주장한다.[1] 물론 이런 킴히의 주장은 상상력으로 성경 구절의 행간을 읽는 전형적인 유대 미드라시에 해당하는 것으로 역사적 개연성은 떨어진다. 그럼에도 "여호와의 얼굴을 구하였다"는 구절이 신탁을 의미한다면, 여전히 왜 기근 3년 째가 되어야 여호와께 물었을까 의문이 여전히 남는다.

하지만 필자는 "여호와의 얼굴을 구하였다"가 신탁과 그다지 관련이 없다고 믿는다. 구약 성경에서 그 표현이 사용된 문맥들을 살펴보면 신탁의 문맥이 아니라, 하나님의 은혜와 자비를 간구하는 문맥이다. 예를 들어 호세아 5장 15절을 보자.

> 그들이 그 죄를 뉘우치고 내 얼굴을 구하기까지 내가 내 곳으로 돌아가리라 그들이 고난 받을 때에 나를 간절히 구하리라

여기서 "내 얼굴을 구한다"는 것은 하나님께 궁금한 것을 묻는 신탁의 의미일 수 없다. 회개한 후 하나님의 은혜와 자비를 구한다는 뜻이다. 시편 27편 8절, 잠언 29장 26절, 열왕기하 7장 14절에서도 여호와의 얼굴을 구하는 행위는 신탁과 관계없고, 하나님의 은혜를 구하는 행위이다. 만약 신탁을 표현하기 원했다면 사무엘서 저자는 이전에 자주 사용한 숙어 샤알 베아도니이(שאל ביהוה) "여호와께 묻다"를 사용했을 것이다.

그렇다면 본문이 의미하는 것은 3년 동안 기근이 지속되자 다윗이 여호와의 자비와 은혜를 구했다는 내용이다. 특히 비를 내려달라고 간구했을 것이다. 기근이 든 첫해부터 다윗은 기근의 원인을 하나님께 물어보았을 가능성이 높다. 기근이 다윗의 통치 중 어느 때에 발생한 것인지는 모르지만 다윗은 하나님께 물어 행하는 것이 천성이 된 왕이기 때문이다. 하지만 무슨 이유인지 확실하지 않지만 하나님이 응답하지 않았을 수 있다. 마치 블레셋과의 전투를 앞둔 사울이 하나

님께 꿈, 우림, 선지자 등의 다양한 방식으로 신탁을 구했지만 하나님이 그에게 침묵하셨던 것과 같다. 그리고 이어지는 이야기의 핵심은 왜 하나님이 다윗의 신탁에 응답하지 않으시고, 그가 여호와의 얼굴을 구할 때 자비도 베풀지 않았는지에 관한 것이다.

다윗이 사울의 후손들을 죽게 함 21:1b-3

1b 여호와께서 말씀하셨다:
"사울 때문이다, 그 살인 가문 때문이다. 그가 기브온[2] 사람들을
죽였기 때문이다."
2 왕이 기브온 사람들을 불러 그들에게 말했다:
"그러니까, 기브온 사람들은 이스라엘 자손(בני ישראל)의 일부가
아니라 에모리 텟줄(יתר האמרי)의 일부이다. 이스라엘 사람들이
그들에게 맹세하였으나(נשבעו) 사울은 이스라엘과 유다 사람들에
대한 열심(קנאתו)을 때문에 그들을 끊어 버리려 하였다."
3 다윗이 기브온 사람들에게 말했다:
"내가 너희를 위해 무엇을 할까? 너희가 여호와의 유업을 축복할
수 있도록 내가 무엇으로 속죄할까?"
4 기브온 사람들이 그에게 말했다:
"사울과 그 집에게 받을 은이나 금이 없다. 이스라엘 중 우리가
죽여야 할 사람도 없다."
다윗이 말했다:
"너희들이 무엇을 말하든지 내가 너희를 위해 할 것이다."
5 그러자 그들이 왕에게 말했다:
"우리를 멸망시키고 우리를 파괴한(דמה) 그자 때문에, 우리는
전멸되어[3] 이스라엘의 어떤 지역에도 자리하지 못했습니다.
그 자손 중 일곱 남자들을 우리에게 주세요. 우리는 여호와의
선택된 자(בחיר) 사울의 기브아에서 여호와를 위해 그들을 매달
것입니다(והוקענום)."

6 왕이 말했다:

"내가 책임지고(אני) 그들을 넘겨 줄 것이다."

7 그러나 왕은 사울의 아들 요나단과 다윗 사이, 그들 사이에 맺어진
여호와의 아들 므비보셋 맹세(שבעה) 때문에 사울의 아들 요나단의
아들 므비보셋을 살려 주었다(ויחמל).

적어도 개역개정역을 포함한 현대 성경에서 1절 후반부의 여호와의 말씀은 그분의 얼굴을 구한 다윗에게 주어진 응답이다. 이 때문에 많은 해석가들이 "여호와의 얼굴을 구하였다"는 것을 신탁을 구하는 행위로 이해한 것이다. 하지만 필자는 조금 다른 해석을 제안한다. 이를 위해 먼저 "여호와께서 말씀하셨다"가 "다윗은 여호와의 얼굴을 구했다"와 대구를 이루는 구절이 아님을 이해할 필요가 있다. 나중에 분명해지지만 "여호와의 얼굴을 구하는 행위"에 대한 응답은 14절의 "땅에 대한 다윗의 기도에 응답하셨다"는 표현에서 주어진다. 반면 1절 후반부의 여호와의 말씀은 통치자 다윗의 인간적 한계를 설명하는 새로운 단락의 시작임을 이해할 필요가 있다. 마소라 본문도 "하나님이 말씀하셨다"라는 구절을 새로운 단락의 시작으로 표기하고 있다.[4]

만약 다윗이 하나님의 얼굴을 구한 일과 바로 이어지는 여호와의 말씀 사이에 직접적 연결이 없다면, 즉 여호와의 말씀이 새로운 단락의 시작이라면, 사무엘서 저자가 여호와의 말씀이 주어진 대상을 특정하지 않은 이유를 새삼 이해할 수 있다. 여호와의 말씀이 다윗의 신탁 질문에 따른 대답이라면 사무엘서 저자가 "다윗에게" 혹은 "그에게"라는 구절을 생략한 것은 다소 이상하다. 왜냐하면 사무엘서 저자는 일반적으로 신탁 말씀이 누구에게 주어진 것인지를 밝혀왔기 때문이다(삼하 2:1, 5:2, 5:19 참조). 또한 그 여호와의 말씀이 다윗에게 주어진 신탁이라면 언약 파괴의 죄를 지은 사울의 후손들이 정당하게 모두 처벌받은 후에도 기근이 끝나지 않고 반년이나 계속된 것도 설명되지 않는다. 기근의 원인에 대한 다윗의 질문에 하나님이 사울의 죄 때문이라고 대답했다면 그 말씀대로 죄인을 처벌한 후에도 기근이 끝나지 않은

것은 분명 이상하다. 이 모든 것은 "여호와께서 말씀하셨다"고 시작하는 단락(1b-7)이 다윗이 하나님의 말씀을 따라 이스라엘의 기근을 해결하는 과정을 설명하는 내용이 아니라, 통치자 다윗의 한계에 관한 내용, 즉 기근이라는 민족 위기 시에 다윗이 하나님의 말씀을 정치적 도구로 삼아 자신의 정치적인 이익을 챙긴 과정을 설명하는 내용임을 보여 준다. 하나님의 통치와 관련한 교훈은 이런 다윗의 정치적 행위에 대한 리스바의 반응과 다윗의 깨달음을 통해 주어진다.

이런 관점에서 1절 후반부의 여호와의 말씀은 사울이 엔게디 동굴에 용변을 보기 위해 들어왔을 때 다윗의 부하들이 다윗에게 한 말을 연상시킨다. 당시 사울을 죽이기 원했던 다윗의 부하들은 다윗에게 자신들의 소원을 여호와의 말씀으로 포장하여 전달한다—"여호와께서 당신에게 '…내가 원수를 네 손에 넘기리니 네 생각에 좋은 대로 그에게 행하라'고 말씀하십니다"(삼상 24:4). 물론 하나님이 다윗의 부하들에게 그렇게 말한 적이 없다. 다윗의 부하들은 사울의 죽음이라는 정치적 목적을 달성하기 위해 다윗에게 있지도 않는 하나님의 말씀을 인용한 듯하다. 이렇듯 고대 이스라엘 사람들도 오늘날의 우리처럼 자신들의 정치적 목적을 이루기 위해 종종 자기 생각을 하나님의 뜻으로 포장했다. 이 일에 다윗도 예외는 아니다. 물론 현재의 본문에서 "여호와께서 말씀하셨다"는 부분은 사무엘서 저자의 관점으로 제시되지만 사무엘서 저자가 종종 직접 화법을 "~가 말했다"라는 도입구 없이 인용함을 고려하면(삼하 18:23 참조), "여호와께서 말씀하셨다"를 포함한 1절 후반부 전체가 다윗이 이스라엘 백성들에게 뿌린 정치적 전단일 가능성을 배제할 수는 없다. 즉 하나님의 권위를 빌려 다윗은 사울과 그 가문에 3년 기근의 책임을 묻는 것이다. 현 본문에서 여호와의 말씀이 다윗의 직접 화법 속에 명시적으로 들어가 있지 않은 까닭은 다윗을 지나치게 정치적으로 그리는 이 부분을 불편해한 후대 편집자의 수정 때문일 것이다. 그렇다면 다음의 신탁 내용은 기근 원인에 대한 하나님의 응답이 아니라, 다윗 스스로의 종교적 확신을 객관적 신탁 말씀으로 둔갑시켜 말한 내용이거나 아니면 국가 재난 상황을 이용해 자신의 정적들을 제거하기 위해 의도적으로 꾸며낸 정치 전단의 내용일 것이다.

> 사울 때문이다. 그 살인 가문 때문이다. 그가 기브온 사람들을 죽였기 때문이다.

필자는 이 세 문장이 한 가지 이유를 지시한다고 믿는다. 다시 말해 다윗에 따르면 기근의 원인은 사울이 기브온 사람들과의 화친 맹세(수 9:15-27 참조)를 어기고 그들을 죽였기 때문이다.[5] 현대 성서 학자들은 사울이 기브온 사람들을 핍박하거나 죽였다는 역사적 증거가 없다고 믿지만 유대 미드라시 전통은 성경에서 그 증거들을 찾아내려 했다. 그중 흥미로운 주장은 사울이 놉의 제사장들을 모두 처형한 날 기브온 사람들도 함께 죽였다는 것이다. 여호수아서에 따르면 기브온 사람들이 이스라엘의 영주권을 얻는 대신 "여호와의 제단"을 위해 나무를 패며 물 긷는 자로 살 것을 요구받았는데, 놉 성소에도 제사장들을 섬기던 일곱 명의 기브온 사람들이 있었다는 것이다. 그리고 놉 성소가 사울에 의해 진멸당할 때 그들도 함께 죽었다는 것이다(팔레스타인 탈무드, 키두쉰 42b). 기브온 사람들이 다윗에게 복수를 위해 사울의 후손 일곱 명을 요구한 것도 이 때문이라는 주장이다. 이 주장의 가장 큰 문제는 다른 유대 미드라시와 마찬가지로 성경 안에서 직접적인 증거를 찾을 수 없다는 것이다. 기브온 사람들이 제단 봉사자였기 때문에 사울의 제사장 학살 때 함께 죽었을 것이라는 추정만 가능하다. 하지만 그때 죽은 기브온인이 일곱 명이었기 때문에, 다윗에게 일곱 명을 요구했다는 것은 받아들이기 힘들다.

기브온인들에 대한 사울의 핍박의 또 하나의 실마리는 사무엘하 4장 3절에 있다—"일찍이 브에롯 주민들이 깃다임으로 도망하여 오늘까지 거기에 정착하였더라." 브에롯은 기브온 사람들이 살던 도시 중 하나였다(수 9:17 참조). 그런데 브에롯 주민들이 자기 마을에서 살지 못하고 깃다임으로 도망해야 하는 이유가 있었다면 그것은 사울의 핍박 때문은 아닐까? 만약 그렇다면 그것은 사울이 하나님의 이름으로 한 맹세를 어긴 셈이다. 하지만 이런 주장의 문제도 성경 본문 자체는 브에롯 주민들이 도망한 원인으로 사울을 언급하지 않는다는 것이다.

한편 신에게 한 맹세를 어기는 일은 매우 중대한 범죄로 인식되었고, 왕실이 그 같은 범죄를 저질렀다면 그것은 국가적 재앙을 가져온다고 고대인들은 생각하였다. 히타이트의 왕 무르실리가 나라 전체에 퍼지는 역병의 원인을 물었을 때 돌아온 신탁은, 그의 아버지 숩필릴리우마가 투트할리야에 대한 맹세를 어기고 그를 천시한 까닭이라는 것이다. 이처럼 왕이 신의 이름으로 맺은 맹세를 깰 때 국가적 재앙이 일어난다는 것이 고대인들의 믿음이었다. 사울이 하나님의 이름으로 기브온과 맺은 맹세를 어긴 것이 역사적 사실이라면, 삼 년 기근이라는 국가적 재앙은 다윗에게 사울 집안을 숙청할 거부할 수 없는 기회가 되었을 것이다. 기근의 원인이 사울 집안이 여호와의 이름으로 한 맹세를 어겼기 때문이라는 주장은 당시 경건한 유대인들에게 상당히 공감을 얻었을 것이기 때문이다.

여호와의 이름으로 맺어진 맹세에 대한 다윗의 존중과 열심이 정치적인 편의에 의한 것이라는 정황적 증거로 다윗이 사울의 후손을 죽음에 넘겨줌으로서 다른 하나님의 맹세를 어겨야 했다는 사실을 들 수 있다. 한 맹세를 어긴 사람을 벌하기 위해 다른 맹세를 어긴다면, 그 처벌이 정치적 편의에 의한 것이라고 생각할 수밖에 없다. 예를 들어 다윗은 하나님의 이름으로 요나단과 한 맹세를 어겼다(삼상 20:42 참조). 다윗의 맹세는 요나단의 집에 대한 것이다—"네[다윗의] 인자함을 내[요나단의] 집에서 영원히 끊어 버리지 말라"(삼상 20:15). 이것을 좁게 해석하면 다윗의 맹세는 요나단과 그 후손들에게만 해당하지만 요나단의 의도는 다윗이 왕이 되었을 때 자신을 포함한 집안사람들 모두에게 자비를 베풀어 달라는 뜻이었을 것이다. 왕위를 찬탈한 왕이 이전 왕조 사람들을 살려두는 것이 정치적으로 어려운 일이었기 때문에 요나단은 여호와의 이름으로 다윗에게 그것을 맹세시켰다. 다윗이 그 맹세를 넓게 해석하여 사울의 다른 후손들도 살려 주었어야 할 또 하나의 이유는 기브온 사람들이 다윗에게 한 말 "여호와의 선택된 자 사울" 속에 암시된다. 사울은 다윗의 가장 큰 대적이었지만, 다윗은 도망자 시절에도 그가 하나님이 기름 부은 왕이라는 이유로 그를 죽이지 않았다. 다윗이 사울의 왕위를 찬탈한 것이 아니라 기름 부음으로 왕이 된 것이라면 왕이 된 지금 사울의 자녀들을 죽일 이유는 더더욱 없다. 이미 사울의 집안은 거의 몰락했기 때문이다. 요나단과의 맹세를 넓게 해석해서 그들을 용서하는 것이 대인의 면모가 아니었을까? 하지만 다윗이 좁게 해석된 요나단과의 맹세를 지켰을 것이라는 보장도 없다. 요나단의 아들 므비보셋은 가장 마지막까지 다윗이 그 행방을 파악하지 못할 정도로 요단 동편 시골 마을에 숨어 살았다. 그를 찾았을 때 다윗은 그가 절름발이인 것을 알고 죽이지 않았지만, 여전히 그를 자신의 궁에 두고 감시하면서 정치적 선전 도구로 이용하였다. 만약 사울의 후손들을 처단했던 3년 기근 때에 다윗이 므비보셋의 행방을 알았고 므비보셋이 절름발이가 아니었다면, 그때도 그가 요나단과의 맹세를 운운하면서 므비보셋을 살려주었을지 의문이다. 이 모든 것은 다윗이 자신의 정치적 이익을 위해서는 하나님의 이름으로 한 맹세를 기꺼이 어길 준비가 되어 있었으며, 여호와의 맹세를 어긴 사울의 집안을 처단한다는 명분은 그의 정치적 이익을 위한 허울일 가능성을 보여 준다.

본 단락에 기록된 다윗과 기브온 사람들 사이의 대화를 보면, 첫째, 기브온 사람들이 사울의 후손에 대한 복수에 그다지 관심이 없었음을 알 수 있다. 둘째, 그럼에도 다윗은 기브온 사람들로부터 자신이 원하는 답을 의도적으로 도출하려 하고 있음을 알 수 있다. 이를 위해 다윗은 기브온 사람들에게 기근의 원인을 설명할 때 사울의 민족주의 정책에 대한 반감을 자극한다.

> 그러니까, 기브온 사람들은 이스라엘 자손(בני ישראל)의 일부가 아니라 에모리 탯줄(יתר האמרי)의 일부이다. 이스라엘 사람들이 그들에게 맹세하였으나(נשבעו) 사울은 이스라엘과 유다 사람들에 대한 열심(קנאתו) 때문에 그들을 끊어 버리려 하였다.

기브온 사람들이 아모리 탯줄의 일부라는 말은 그들이 진멸되어야 했던 가나안 사람이라는 뜻이다.[6] 하지만 기브온 사람들이 지금까지 이스라엘과 함께 살고 있는 것은 이스라엘 사람들이 그들에게 한 "맹세" 때문이다. 다윗은 그 맹세를 어긴 것이 사울의 민족주의 정책임을 강조한다. 사울이 건국한 나라는 산지에 흩어진 지파들로 구성된 매우 유약한 나라였다. 힘이 약한 나라가 살아남는 데 가장 중요한 것이 분명한 정체성을 확립하는 것임은 주지의 사실이다. 즉 '우리'가 '그들'과 어떻게 다른지를 끊임없이 상기하는 것이다. 그들을 단결시키는 가장 좋은 것이 오경의 내러티브다. 이 내러티브에 따르면 이스라엘은 야곱의 열두 아들의 후손들로 구성된 단일 민족이다. "이스라엘과 유다 사람들에 대한 열심"이라는 말은 이런 단일 민족적 정체성에 대한 사울의 열심을 의미하는 듯하다. 정체성을 강조할 때 반드시 발생하는 부산물은 이방인에 대한 차별과 핍박이다. 사울은 자기 왕국을 이스라엘과 유다 사람들로만 구성된 순혈 국가로 만들려는 열심 때문에 이방인들을 핍박한 것으로 보인다. 사울이 기브온 사람들을 죽이고 몰아낸 것도 바로 이런 배경 때문이다. 하지만 다윗은 기브온 사람들에 대한 사울의 정책을 과장적으로 묘사한다—"그들을 끊어 버리려 하였다." 만약 사울의 목표가 기브온 사람들에 대한 진멸이라면, 기브온 사람들이 다윗 시대까지 살아있을 리 없고 기브온의 이민자들이 이스보셋 왕의 신임 장군으로 활약하지도 않았을 것이다. 하지만 다윗은 사울의 민족우선주의 정책을 기브온 말살 정책으로 과장하고, 자신의 이방인 포용 정책과 대조한다. 다윗 왕국은 사울의 그것과 달리 이스라엘의 율법과 신앙에 동의하고 순종하는 사람들은 인종에 관계없이 모두 '멤버'로 받아들였다.[7]

이처럼 사울에 대한 기브온인들의 반감을 상기시킨 다윗은 "내가 너희를 위해 무엇을 할까… 내가 무엇으로 속죄할까"라고 말한다. 다윗의 의도는 "속죄"라는 말 속에 들어 있는 피흘림 혹은 희생의 개념을 파악하고, 기브온 사람들이 사울의 후손들을 속죄물로 달라고 요청하는 것이다. 하지만 기브온 사람들은 다윗이 원하는 답을 주지 않았다—"사울과 그 집에게 받을 은이나 금이 없다. 이스라엘 중 우리가 죽여 할 사람도 없다"(3절). 기브온 사람들은 국가에 의해 엄청난 탄압을 받은 피해자임에도 보상이나 복수를 원하지 않는 듯한 대답을 내놓는다. 이런 대답은 기브온이 이스라엘 내에서 제한적 권리만을 가진 '을'의 위치에 있다는 사실로 설명할 수 있다. 이스라엘 안에서 그들의 사회적 역할은 성소에 물을 긷고, 나무를 해주는 일에 제한되어 있다. 노예 노동자와 유사하다. 고대 사회에서 '노예'들이 억울하게 죽는 일은 흔했다. 그들은 피지배 시민으로서 '정의'를 요구하기 보다는 그냥 현재의 삶을 유지하고 넘어가는 것을 원했던 것 같다. 더구나 이방인이었던 그들에게는 여호와의 이름으로 한 맹세를 어긴 죄가 그리 심각한 죄가 아닐 수도 있다. 하지만 다윗은 "너희들이 무엇을 말하든지 내가 너희를 위해 할 것이다"라고 말하며 다시 한 번 자신의 원하는 대답을 얻어내려 한다. 그리고 마침내 기브온 사람들이 다윗의 의중을 정확히 읽고 다음과 같이 요구한다.

> 우리를 멸망시키고 우리를 파괴한(דמה) 그자 때문에, 우리는 말살되어 이스라엘의 어떤 지역에도 자리하지 못했습니다. 그 자손 중 일곱 남자들을 우리에게 주세요. 우리는 여호와의 선택된 자(בחיר) 사울의 기브아에서 여호와를 위해 그들을 매달 것입니다(והוקענום).

여기서 기브온 사람들은 먼저 사울의 민족 순혈주의 정책을 과장한 다윗의 입장을 정확히 반영하여, 사울의 정책을 민족에 대한 "멸망", "파괴", "말살"로 규정한다. 그리고 사울의 자손 중 일곱 남자를 요구하는데, 이 부분이 흥미롭다. 왜 하필 일곱 명을 요구했을까? 아마 이것은 당시 다윗이 알고 있는 사울의 생존 후손들이 일곱 명이었기 때문일 가능성이 있다. 실제로 사울이 아히노암에게서 낳은 3남 2녀의 자녀들의 후손을 조사하면, 7이라는 숫자는 다윗이 왕이 된 후에 살아 있었을 후손 중 다윗에게 그 행방이 파악된 사람들의 수와 대체로 일치한다. 이것도 다윗이 기근이라는 국가적 위기를 이용해 정치적 이득을 챙기고 있음을 암시한다.

기브온의 요구대로 사울의 후손을 넘겨 준 것도 다윗의 정치 계략을 드러낸다. 다윗은 기근의 원인을 분명 여호와의 맹세를 어긴 죄로 특정했다. 이것은 사람에 대한 죄인 동시에 하나님에 대한 죄이며, 후자가 그 중요성에서 앞서기 때문에, 왕이 그 형벌을 집행해야만 했다. 하지만 다윗이 사울의 후손을 이방인 기브온 사람들에게 넘겨 주어, 나무에 매달아 죽게 한 것은 기브온 사람들을 "피의 복수자"로 간주한 것이다. 형제들을 죽인 살인자에 대한 복수권을 가진 기브온 사람들이 사적으로 사울을 죽인 것이다. 그렇다면 다윗은 사울의 죄를 무엇이라 생각했는가 질문이 생긴다. 하나님에 대한 범죄라면 왕이 주도권을 가지고 형을 집행해야 했고, 단순한 살인죄라고 여기면 기브온 사람들의 피의 복수권을 인정해야 했다. 하지만 다윗은 하나님에 대한 범죄라고 단죄한 후, 처벌은 일반 살인 사건처럼 기브온 사람들에게 그의 처형을 일임했다. 일종의 사적 처형을 허용한 것이다. 비록 그들이 "여호와를 위해" 사울의 후손들을 매달겠다고 말했지만, 그것은 다윗의 (혹은 독자의) 귀를 위한 수사에 불과하다. 정치적 수사들을 걷어내면 남는 것은 다윗이 사울의 후손들을 직접 죽이는 것이 '사람들 보기에 좋지 않기' 때문에, 사울에게 원한이 있는 기브온 사람들의 손을 빌어 죽인 것이다. 다윗이 이런 식으로 사람을 죽인 것은 처음이 아니다. 우리아를 죽일 때도 이스라엘과 전쟁하는 암몬 사람들의 손을 빌려 죽였다.

다윗은 므비보셋을 살려준다. 그 이유는 그가 여호와의 이름으로 요나단에게 한 맹세 때문이라는 것이다. 하지만 앞에서 이미 논의했듯이 다윗이 므비보셋을 살려준 이유는 요나단과의 언약 때문이 아니라 므비보셋의 행방을 몰랐기 때문일 것이다. 므비보셋은 길르앗 지방 마길의 집에 꽁꽁 숨어 있었다. 나중에 그의 행방을 알았을 때 다윗은 그가 절름발이라는 말을 듣고는 궁 안에 두어 감시하는 것으로 므비보셋에 대한 전략을 바꾼 것일 가능성이 높다.

이상의 내용을 종합하면 다윗은 기근의 원인을 사울의 집안에 돌리고, 그것을 기회로 사울의 후손들을 모두 숙청하려 했다. 다윗의 주장대로 사울의 범죄가 여호와에 대한 범죄라면 재판권이 왕에게 있음에도 그는 마치 그의 범죄가 피의 숙청권의 문제인 것처럼 기브온 사람들에게 사울 집안의 처형을 맡긴다. 이것은 다윗이 기근을 자신의 정적 제거의 도구로 삼았음을 보여 준다. 기근 자체는 인간이 어떻게 할 수 없는 것이다. 이것도 시도하고 저것도 시도하지만 안 되었다고 누구도 왕을 비난하지 않을 것이다. 즉 사울의 후손을 죽였지만 기근이 해소되지 않았다고 해서 왕이 비난받지는 않을 것이다. 실제로 사울의 후손들이 모두 처형당한 후에도 비는 내리지 않는다. 이것은 기근의 원인이 사울의 집안의 언약 배반 행위 때문이라는 주장이 정말 여호와의 말씀이었는지 의구심을 가지게 한다.

여기서 다윗이 여호와의 얼굴을 구했을 때 하나님이 그에게 자비를 베풀지 않은 이유를 새롭게 추정할 수 있다. 그것은 사울 집안의 죄 때문이 아니다. 오히려 다윗이 사울 집안에 대해 여전히 품은 감정의 응어리 때문이다. 다윗은 마음속에서 사울의 집안과 온전히 화해하지 못했다. 여전히 다윗의 마음속에 사울에 대한 증오와 그 집안에 대한 경계심이 남아 있었다. 다윗은 전적으로 사울을 용서하지도 그와 화해하지도 못했다. 그가 죽었지만, 그의 집안마저 죽이기를 원했다. 이 문제가 중요한 이유는 결국 다윗의 후손들이 반대 지파들과 화평하는 능력이 없었기 때문에 나라를 둘로 분열시키기 때문이다. 하나님이 기근을 주신 것이 바로 다윗의 이런 마음을 치유하기 위함이 아니었을까? 하나님 나라의 지도자는 반대하는 형제들을 품는 능력을 구비해야 한다.

사울의 집안과 화해한 다윗 21:8-14

8 왕은 아야의 딸 리스바가 사울에게 낳아준 그녀의 두 아들
알모니와 므비보셋과 사울의 딸 메랍이[8] 므홀랏 사람 바르실래의
아들 아드리엘에게 낳아준 그녀의 다섯 아들을 취하여 9 기브온
사람들의 손에 넘겨 주었다. 그들은 여호와 앞에서 그 산에서

그들을 매달아 죽였다. 일곱 명(עבעתים)이 함께 쓰러졌다. 그들이
살해된 때는 첫 번째 수확, 즉 보리 수확이 시작되던 때였다.
10 수확이 시작될 때부터 하늘에서 물이 그들 위에 쏟아질 때까지
아야의 딸 리스바는 베옷을 취하여 바위 산 위에 펼쳐 낮에는
하늘의 새가 그들 위에 앉지(לנוח) 못하게 하고, 밤에는 들의 짐승이
그들 위에 덮치지 못하게 했다.[9]
11 사울의 첩이자 아야의 딸인 리스바가 한 일이 다윗에게
보고되었다. 다윗은 가서 사울의 유골과 그의 아들 요나단의 유골을
길르앗 야베스 사람들(בעל)로부터 취하였다. (이전에 블레셋 사람들이
길보아에서 사울을 죽인 날 그 유골들을 벳산의 광장에 매달아
놓았는데, 길르앗 야베스 사람들이 그 유골들을 그곳으로부터
훔쳐 왔었다.) 13 그리고 그곳에서 사울의 유골과 그의 아들 요나단의
유골을 가져온 후 매달아 죽인 사람들의 뼈를 모았다. 14 사울과 그의
아들 요나단의 유골을 베냐민의 땅 셀라, 사울의 아버지 기스의
무덤 안에 묻게 했다. 왕이 명령한 모든 것이 행해졌을 때,
그 후에야 하나님은 땅에 관한 다윗의 기도에 응답하셨다(ויעתר).

이 이야기의 다소 의외의 결론은 의외의 주인공인 사울의 첩 리스바에 의해 매개된다. 리스바는 자신의 두 아들 알모니와 므비보셋이 메랍의 다섯 아들과 함께 기브온 사람들에 의해 처형당하자 시체를 거두어 약 6개월 동안 산속에서 베옷으로 만든 간이 천막 아래에서 그 시체들을 지켰다. 아들들의 시체를 거두어 매장하지 않은 것은 어머니라도 왕의 명령이 없이는 죄수의 시체를 거둘 수 없었기 때문이다. 어머니 리스바는 보리 수확이 시작되는 4월부터 우기가 시작되는 10월까지 산에서 시체와 함께 생활한 것이다. 이는 시체들이 새나 들짐승에게 훼손당하는 것을 막기 위한 의도도 있었지만 억울하게 죽은 아들의 죽음을 항의하고 왕에게 시체를 거둘 수 있도록 호소하기 위함이다. 죽은 아들의 시체를 놓고 하늘을 향해 우는 어머니보다 더 강력한 것은 세상에 없을 것이다.

【그림 11】 미켈란젤로의 조각상, 피에타

리스바가 한 일이 다윗에게 보고되자 다윗은 그 일곱 명의 유골뿐 아니라 길르앗 야베스에 묻힌 사울과 요나단의 유골을 거두어 사울의 조상 무덤에 정식으로 매장하도록 명령했다. 여기서 주목할 것은 다윗이 사울과 요나단이 죽었을 때 그들을 위해 애가를 짓고 그들의 장례를 국장으로 성대히 치러 주었지만, 정작 그들의 유골을 기브아의 조상 무덤에 매장해 주지 않았다는 사실이다. 이것은 애가를 지은 것과 옷을 찢고 운 것이 정치적 보여 주기에 불과한 측면이 있음을 보여 준다. 왜냐하면 죽은 자에 대한 장례에서 가장 중요한 것은 시신과 뼈를 수습하여 조상의 무덤에 안치하는 것이기 때문이다. 사울과 요나단이 죽었을 때 다윗이 아직 그럴만한 정치적 힘이 없었다 하더라도 왕이 된 후에도 사울과 요나단의 유골을 요단 동편 땅에 방치한 것은 변명의 여지가 없다. 이것은 다윗이 왕이 된 후에도 여전히 사울의 집안과 마음속에서 화해하지 못했음을 보여 준다. 사울의 집안은 언제나 자신과 자기 집안을 위협할 존재라고 생각했을 가능성이 있다. 삼 년 기근을 빌미로 사울의 일곱 후손들을 죽인 것도 이런 두려움 때문이었다. 다윗이 왕이었지만, 여전히 우리와 똑같은 부족함 많은 사람임을 보여 준다. 그의 통치에도 그의 연약함이 반영되어 있다.

아들들의 주검을 놓고 우는 어머니 리스바가 이런 다윗 왕을 움직인 것이다.[10] 다윗은 기브온 사람들에 의해 처형된 사람들의 시신을 수습하게 하고, 사울과 요나단의 유골도 고향에 매장해 줌으로써 진정으로 사울의 집안과 화해하게 된다. 그리고 바로 그때 "하나님은 땅에 대한 다윗의 기도에 응답하셨다". 다윗이 여호와의 얼굴을 구했지만 기근은 여전히 지속되었다. 다윗이 사울의 죄를 심판한다고 했지만, 기근은 끝나지 않았다. 하지만 다윗이 사울의 집안과 진정으로 화해할 때 기근이 끝나고 축복의 비가 내리기 시작한 것이다. 하나님의 통치의 지상 대리인이었던 다윗 왕조는 결코 온전하지 않았다. 본문은 다윗 왕조의 한계를 보여 줌으로 하나님 백성에게 신정한 평화를 가져올 왕을 기대하게 한다.

블레셋의 거인을 이긴 다윗의 종들 21:15-22

15 이스라엘과 블레셋이 여전히 전쟁 중이었을 때 다윗과 그의
종들이 그와 함께 내려가 블레셋과 싸우다가 다윗이 지쳤다.
16 한편 거인(הרפא)의 자손들 중 하나인 이스비가 곱에 있었다.[11]
그의 창의 무게는 청동 300근이며, 그는 새 칼을[12] 차고 다윗을
죽이겠다고 말했다. 17 스루야의 아들 아비새가 그를 도우러 와서 그
블레셋인을 쳐 죽였다. 그때 다윗의 사람들은 그를 위해 다음과
같이 맹세했다: "왕은 더 이상 우리와 함께 전쟁에 나와서
이스라엘의 등불을 꺼트리지 마십시오." 18 그 후, 곱에서 블레셋과
전쟁이 있었을 때, 그때 후사 사람 십브개는 거인(הרפה)의 자녀들
중 하나인 삽을 쳐 죽였다. 19 곱에서 블레셋과 전쟁이 있었을 때
라흐미 가문 야레 오르김의 아들 엘하난이 가드 사람 골리앗을 쳐
죽였다. 그의 창 자루는 베틀 채(עץ) 같았다. 20 곱에서 전쟁이
있었을 때, 어떤 싸움꾼이 있었다. 그의 손가락과 발가락이 각각
여섯 개, 모두 스물네 개였고 그도 역시 거인의 자녀였다. 21 그가

이스라엘을 능멸했을 때, 다윗의 형 시므아의 아들 요나단이 그를
쳐 죽였다. 22 이 네 사람들은 가드에 살던 거인의 자녀들이다.
그들이 다윗의 손에 그리고 그의 종들의 손에 쓰러졌다.

본 단락에서 "거인"으로 번역된 히브리어 원문은 라파(רפא)이다. 탈무드(소타 43b)에 따르면 라파는 오르바의 다른 이름이며, 오르바는 나오미를 떠난 후 네 번 슬피 울어 그 보상으로 거인 네 명의 어머니가 된다. 하지만 개역개정이 라파를 "거인"으로 번역하는 이유는 조금 다르다. 그 이유는 거인족 르바임(신 3:11)과 라파를 동족어로 이해했기 때문이다. 하지만 르바임과 라파는 이승에서 활동하는 죽은 자의 영혼을 의미할 수도 있다. 거인이든 죽은 자의 영혼이든 이것은 블레셋의 네 장수에 대한 고대인들의 공포심을 잘 반영하는 것이다. 하지만 그들 모두는 용맹한 다윗의 종들의 손에 그들은 모두 쓰러진다.

본문은 전형적인 도입들로 네 개의 간단한 에피소드로 시작한다.

이스라엘과 블레셋이 여전히 전쟁 중이었을 때(15절): 이스비

그 후, 곱에서 블레셋과 전쟁이 있었을 때(18절): 삽

곱에서 블레셋과 전쟁이 있었을 때(19절): 골리앗

곱에서 전쟁이 있었을 때(20절): 어떤 싸움꾼

네 편의 전투 에피소드의 배경은 곱에서 벌어진 블레셋과 전쟁이다. 예루살렘을 정복한 직후 벌어진 두 번의 전투에서 다윗이 블레셋을 완전 토벌하였음을 생각하면, 본문에 기록된 전투들은 그보다 훨씬 전에 벌어진 것이다. 에피소드를 거듭하면서 저자는 도입부에 중복되는 구절을 하나씩 생략한다.[13] 이런 유기적 도입 방식은 네 명의 블레셋 장수 이야기가 하나의 문학적 단위임을 암시한다.

15-17절

다윗이 블레셋과 전투 중 지쳐 무리에서 뒤로 쳐졌을 때, 이스비가 다윗을 죽이겠다고 덤볐다. 이스비의 무기는 창과 칼이었고 그의 창 무게는 청동 300근이었다. 이것은 청동으로 된 살의 무게를 가리키는 것일 것이다. 이스비가 옐리드 하라파 "거인," 혹은 "죽은 영혼"의 후손으로 불리는 것처럼 청동 300근은 문학적 과장법이 분명하다. 흥미로운 것은 "그가 새 칼을 차고 다윗을 죽이겠다고 말한" 대목이다.[14] 정황상 새 칼은 왕의 하사품일 가능성이 높고, 왕에게 칼을 선물 받은 이스비는 적장인 다윗의 목을 누구보다 원했을 것이다. 지쳐 뒤로 처진 다윗의 목에 그의 칼을 꽂아 넣으려는 순간, 다윗의 여동생 스루야의 아들 아비새가 다윗을 도우러 왔다. 그리고 그 블레셋 장수를 넘어뜨렸다. 하지만 참으로 위험한 순간이었다. 이 경험으로부터 "왕은 더 이상 우리와 함께 전쟁에 나와서 이스라엘의 등불을 꺼트리지 마십시오"라는 맹세가 생겨난다. "이스라엘의 등불"은 왕위에 대한 은유일 것이다(왕상 11:36 참조). 이 전투가 다윗이 아직 왕이 되지 않았을 때라면 이때 다윗의 종들은 다윗이 왕이 될 것이라고 확신했음을 알 수 있다.

18절

블레셋의 장수 삽을 죽인 십브개에 대해서는 알려진 것이 전혀 없고, 후사는 유다의 후손이라는 점 이외에 알려진 것이 없다.

19절

이 구절은 골리앗을 죽인 사람이 누구인지 학자들 사이에 큰 논쟁을 불러일으켰다. 이 구절에 따르면 골리앗을 죽인 사람이 다윗이 아니라 엘하난이기 때문이다. 개역개정역은 엘하난이 죽인 블레셋 장수의 이름을 "골리앗의 아우 라흐미"로 고쳐 적고 있기 때문에 이런 문제를 발생시키지 않는다. 하지만 사무엘서의 히브리어 본문은 분명 엘하난이 "골리앗"을 죽였다고 기록하며, 그 기록은 단순 오기가 아니다. 물론 엘하난이 죽인 골리앗과 다윗이 죽인 골리앗이 동명이인일 수도 있을 것이다. 하지만 학자들은 엘하난이 죽인 골리앗과 다윗의 죽인 골리앗이 동일 인물일 가능성을 더 높게 산다. 왜냐하면 고대 장수들은 자신만의 특징에 기초한 별명을 가지는데, 이름이 겹칠 수는 있어도 별명까지 겹치는 경우는 아주 드물기 때문이다. 다시 말해 베틀 채 같은 창 자루를 가진 골리앗은 한 명뿐이라는 것이다. 더구나 그 두 골리앗은 모두 "가드 사람"으로 소개된다. 한 마을에서 같은 이름과 같은 무기를 쓰는 장수가 두 명이 있을 가능성은 거의 없다. 따라서 대부분의 학자들은 골리앗은 한 인물이며, 본 절과 사무엘상 17장의 내용이 서로 모순된다고 생각한다. 심지어 역대기 저자도 그에 동의하여 내용을 편집한 듯하다. 역대기 저자는 엘하난이 죽인 사람을 골리앗의 동생 라흐미라고 적는다. 본 절을 사무엘상 17장보다 더 역사적인 것으로 이해하는 학자들은 엘하난이라는 무명용사의 업적을 다윗이 왕이 된 후 자신을 미화하는 과정에서 가로챘다고 주장한다. 즉 다윗과 골리앗의 싸움에 대한 내러티브는 다윗이 부하의 업적을 자신의 것인 양 꾸민 것이다. 이런 주장의 근거는 '유비'이다. 즉 일반적으로 왕들이 그렇게 한다는 것이다. 하지만 일반론에 근거해 특수 사례를 판단하는 일은 늘 위험하다. 즉 일반적 세속 역사에서 왕이 정치적 이유로 타인의 업적을 가로채는 일이 자주 있다고 해서 다윗도 그랬을 것이라 주장하는 것은 오류다. 나아가 역대상 20장 5절이 원문이고 본 절이 그에 대한 오기일 가능성도 있다.[15] 그렇다면 엘하난이 죽인 장수는 골리앗이 아니라 골리앗의 아우 라흐미인 셈이다.[16]

20-22절

개역개정이 "거인"으로 번역하는 히브리어 이쉬 마딘(איש מדין)은 직역하면 "싸움꾼"(20절)이다. 개역개정역은 그 히브리어를 "거인"을 의미하는 히브리어 이쉬 미다(איש מדה)에 대한 오기로 이해한 것이다. 지금까지 언급된 블레셋 장수가 이름으로 소개된 것과 대조적으로 네 번째 블레셋 장수는 이름 없이 "싸움꾼"으로만 소개된다. 그는 손가락과 발가락이 각각 여섯 개, 모두 스물네 개였다. 이 장수의 주특기는 이스라엘에 대한 "능멸"이다. 이스라엘에 대한 "능멸"은 골리앗의 장기로 묘사된 행위이다(삼상 17:10, 25, 26, 36, 45). 그는 시므아의 아들 요나단에 의해 죽임을 당한다. 시므아는 다윗의 세 번째 아들(대상 2:13)로 사무엘상 17장 13절은 그를 "삼마"로 소개한다. 앞서 요나답이 시므아의 아들로 소개된 바 있어 일부 학자들은 "요나단"(21절)을 "요나답"으로 고쳐 읽기를 선호한다. 이런 해석이 옳다면 요나답은 젊은 때는 다윗의 용사로 섬기다가 후에 다윗의 궁에서 모사로 일했을 가능성이 높다. 본 단락에 소개된 네 명의 블레셋 장수는 모두 가드 출신이다. 이 구절 때문에 거인 혹은 전설적인 용사가 많다는 가드의 명성이 생겼다. 하지만 가드의 사총사도 다윗과 그의 종들의 용맹 앞에서 모두 무너졌다.

질문

1. 사울이 기브온 사람들을 핍박한 성경의 증거들을 설명해 봅시다.
2. 다윗이 3년 기근과 사울 가문의 죄를 연결시킨 이유는 무엇입니까?
3. 다윗이 사울의 집안과 화해하지 못했음을 보여 주는 증거들은 무엇입니까?
4. 3년 기근을 끝낸 다윗의 행위는 무엇입니까?

묵상

다윗은 이스라엘 왕 중 가장 모범적인 왕으로 추앙됩니다. 그러나 다윗은 자신을 반대하는 사람들을 온전히 포용하지 못했습니다. 사울을 위해 애곡하고 그의 후손들을 돌보았지만 마음속으로는 증오와 불신이 여전히 있었습니다. 3년 기근이 사울의 언약 파기 때문이라 하더라도 사울의 후손에 대한 다윗의 굳은 마음이 기근을 끝내지 못하고 더 오래 지속시켰습니다. 하나님의 얼굴을 구했지만, 하나님은 다윗이 사울의 집안을 진정으로 용서할 때까지 응답하지 않으셨습니다. 아들의 죽음을 슬퍼하는 어머니 리스바의 이야기를 듣고 사울의 집안과 화해하게 되었을 때, 그 땅에 다시 비가 오게 되었습니다. 우리는 다윗이 왕이 되었기 때문에, 사울 집안에 대한 다윗의 적대감이 정당한 것, 심지어 하나님의 지지를 받는 것이라고 착각하기 쉽습니다. 하지만 다윗이 사울을 이기는 은혜를 받았다는 사실이 다윗의 적대감을 정당화하지 않습니다.

38
다윗의 노래

삼하 22:1-23:7

사무엘서의 내러티브가 다윗의 노래로 마무리되는 것은 특별한 일이 아니다. 성경의 내러티브 저자들은 이야기의 주제를 요약한 노래를 내러티브 말미에 배치하여 강한 인상의 결말을 만들기 좋아한다. 창세기에서 야곱의 열두 아들들의 축복과 저주를 담은 운문이 이야기의 말미(49장)에 등장하고, 신명기도 모세의 노래(32장)로 마무리된다. 책의 결말이 아니더라도 중요한 역사적 사건을 묘사한 후 그것을 운문의 형태로 다시 요약하는 일도 성경 내러티브에서 자주 발견된다. 드보라의 승리에 대한 내러티브가 그 승리를 찬양하는 운문과 병치된 것과 홍해 사건에 대한 내러티브가 그 구원에 대한 찬양인 미리암의 노래와 병치된 것이 그 예이다. 또한 사무엘상에서 한나가 아들을 얻은 이야기가 그에 대한 한나의 찬양시와 병치된 것도 마찬가지다.

한편, 사무엘하 22장에 수록된 다윗의 노래는 사무엘상 2장의 한나의 노래와 주제적 대구를 이룬다. 한나가 '킹메이커'의 어머니로 경험한 하나님의 구원과 주권을 노래했다면, 다윗의 노래도 여호와의 구원과 통치를 그 주제로 한다. 또한 한나의 노래가 기름 부은 자에 대한 축복으로 끝나는 것처럼 다윗의 노래도 왕을 위해 영원한 은혜를 간구하는 일로 마무리된다.

다윗의 노래는 사무엘하 21-24장에서 관찰되는 교차 대구 구조에서 그 중심축을 형성한다(4부 소개 글 참조). 특히 21장과 24장에 수록된 두 개의 내러티브가 다윗 왕정의 한계를 노래한다면, 다윗의 노래는 다윗 왕정의 한계를 넘어서는 하나님의 구원과 정의로운 통치에 대해 이야기 한다. 이를 통해 성경 독자들은 다윗 왕정이 앞으로 도래할 하나님 나라의 그림자에 불과함을 깨닫게 된다. 다윗의 노래는 다음의 구조로 분석된다.

I. 구원자 여호와 (22:2-20)
   a. 구원자 여호와 (2-3)
   b. 고통의 소리를 들으시는 여호와 (4-7)
   c. 하늘에서 내려오는 여호와 (8-16)
   d. 원수들로부터 건지시는 여호와 (17-20)

II. 공의로운 통치자 여호와 (22:21-51)
   a. 행위대로 갚으시는 여호와 (21-28)
   b. 원수를 이기게 하시는 여호와 (29-43)
   c. 다윗을 높이시는 여호와 (44-51)
   d. 다윗과 언약하시는 여호와 (23:1-7)

다윗의 찬양 22:1

1 여호와가 모든 원수들의 손아귀, 사울의 손아귀로부터 그를
구원하신 날, 다윗이 여호와에게 이 노래 말을 불렀다(וידבר).
2 그는 말했다(ויאמר).

다윗의 노래는 시편 18편의 표제와 내용에 있어 거의 동일하다. 그 둘

의 차이는 일부 어휘적 변이에 국한되어 있다. 이 노래(שירה)는 여호와께서 다윗을 원수들로부터, 특히 사울의 위협으로부터 구원한 날, 다윗이 여호와께 올린 찬양이다. 다윗의 노래가 찬양하는 여호와의 구원은 사무엘서의 핵심 주제—하나님이 목동 다윗을 왕으로 세우시고, 그에게 영원한 왕조를 약속하신 것—에 해당한다.

구원자 여호와 22:2–3

여호와는 나의 바위이시고
나의 요새시며 나를 건지시는 분이다(מפלטי לי).
3 내 반석의 하나님,
내가 그분께 피합니다.
나의 방패, 내 구원의 뿔
나의 망대, 내 피난처
나의 구원자여, 나를 폭력에서 구원하소서.

이 시의 전반부의 주제는 구원의 하나님이다. 고통 중에 외치는 다윗의 소리를 들으시고 하늘에서 친히 내려오시어 다윗을 그의 원수에게서 구원하신 그 여호와가 찬양을 받는다. 다윗은 다양한 고지(高地) 은유를 통해 구원의 하나님을 노래한다. 이것은 다윗 왕국이 가나안의 고지에 위치했고, 적과 전쟁에서 교전할 때 '높은 곳'이 가지는 전략적 우위를 배경으로 한 것이다. 즉 다윗은 산 위, 높은 바위 위가 주는 안전함을 통해 하나님의 구원을 상상했다. "바위", "요새", "반석", "망대", "피난처" 등이 모두 이 고지 은유에 해당한다. 특히 이 시의 후반부에서 "반석(צור)"은 하나님의 이름처럼 상용된다(32절, 47절; 삼하 23:3 참조). 원수들이 쫓아올 때, 피해야 할 곳이 바로 산 위, 바위 높은 곳이다. "방패" 은유는 고지 은유가 주는 메시지—보호와 안전—를 구체적으로 전달해준다. 이 시의 전반부의 초점은 다윗을 원수의 폭력에서 건져 그를 안전한 곳으로 이끄시는 분이다.

이런 관점에서 "구원의 뿔"은 다른 은유들과 구별된다. 뿔은 양이나 소의 뿔을 지칭하면 그것은 일종의 공격용 무기다. 고지 은유들이 모두 원수의 폭력을 막아내는 방어적 이미지라면 "구원의 뿔"은 공격용 이미지이다. 그것은 원수들에 대한 공격을 다루는 시의 후반부의 복선이 된다.

부르짖는 소리를 들으시는 여호와 22:4-7

4 찬송 받으실 여호와를 내가 부릅니다.
내 원수들로부터 구원받게 하소서.
5 죽음의 파도가 나를 두르고,
불량한 강물이 나를 놀라게 합니다.
6 스올의 줄이 나를 얽매고,
죽음의 덫이 내 앞에 있습니다.
7 내가 괴로울 때에 여호와를 부릅니다(אקרא).
나의 하나님께 외칩니다(אקרא).
그 성전에서 내 목소리를 들으시고
내 절규가 그의 귀 속에 있습니다.

다윗만큼 고난을 받은 사람도 없을 것이다. 하나님께 선택받은 왕이지만 실제 왕이 되기까지 오랜 세월 광야에서 원수들에 쫓기며 연단받았다. 다윗은 고난을 "파도"와 "강물"에 비유한다(5절). 히브리 시 전통에서 인생의 고난이 종종 '익사당하는 사람'의 처지에 비유된다(시 42:7 참조).[1] 이것을 문자 그대로 이해하여 다윗이 물에 빠질 뻔했다고 주장해서는 안 될 것이다. 또한 다윗의 고난이 "줄"과 "덫"에 비유된다. 이것은 다윗이 자신을 사냥꾼의 올무에 걸린 동물에 빗댄 것이다. 물에 빠진 처지이든 올무에 걸린 처지이든 그 공통점은 죽음이 바로 곁에 있다는 사실이다. "죽음(מות)", "불량(בליעל)", "스올(שאול)"은 모두 추상 명사가 아니라 의인화된 구체 개념이다. 고대 근동 신화에서 "죽음"과 "스올"은 신의 이름이며, 사무엘서에서 여러 사람들이 "불량자"로 불린다. 다윗에게 고난은 왕위 등극 과정에서 받은 고난들이며, 구체적으로는 원수 사울로 인한 고난이다.

고난 중에 있는 다윗이 의지하는 분은 여호와이다. 그는 "찬송받으실" 분이다. 또한 그분은 "성전에" 계신 분이다. 고대 근동 신들 중 신전을 봉헌받은 신은 그 도시의 통치 신이다. 성전에 계신 여호와는 통치하는 왕인 셈이다. 사람들은 그에게 송사를 가져와 그의 판단을 기다린다. 비록 다윗 때에 이스라엘에 아직 성전이 건축되지 않았지만 다윗은 여호와가 "(하늘) 성전에 계신" 신, 즉 통치하는 하나님임을 고백하고 있다.

하늘에서 내려오시는 여호와 22:8-16

8 땅이 요동하고 흔들리며,
하늘의 기초가[2] 떨며,
요동하니 그분이 진노하심이다.
9 그 코로부터 연기가 오르며
그 입에서 나온 불이 사르며,
그로부터 나온 유황돌이 타도다.
10 그가 하늘을 기울여 내려오시니
그의 발아래 검은 구름이[3] 있도다.
11 그룹을 타고 나시고
바람 날개 위에 나타나신다.
12 그는 흑암을 주변에 보호막처럼(סכות) 두시니
물 덩이와 먼지 구름이로다.
13 그 앞에 밝음이 있고,
불붙은 유황돌이 탄다.
14 여호와께서 하늘에서 소리를 발하시고,
지존자가 그 음성을 내시도다.

15 화살을 보내어 그들을 흩어시고
번개로 그들을 혼란케 하신다.
16 여호와의 꾸짖음으로,
그 콧바람의 날숨으로
물길이 나타나고
세상의 기초가 드러난다.

본 단락은 하나님이 선택한 다윗의 "절규"(7절)를 듣고 하늘에서 지상으로 내려오는 모습을 시로 형상화한다. 이때 하나님의 감정은 "진노하심"이다. 시인 다윗은 그 진노하심을 신화적 이미지를 사용하여 표현한다. 당시 근동 세계의 일부였던 이스라엘은 주변 신화와 세계관에 대해 익숙했고, 그것이 그들의 문학적 표현에 영향을 주었다. 그분의 진노하심에 땅과 하늘이 흔들린다. 그의 코에서 연기가 오르며, 입에서 불과 유황돌이 나온다. 이 신화소(神話素)들은 지진과 화산 현상에서 영감을 받았을 가능성이 있다.

의인 다윗이 핍박받는 것에 분노가 일어 여호와가 하늘 보좌를 떠나 이 땅으로 내려오신다. 내려오실 때 하늘을 기울여 구름을 타고 오신다(10절). 이것은 바알의 이동 수단을 연상시킨다. 바알은 "구름을 타는 자"라는 별명을 가진 신이다. 흥미로운 것은 10절에서 하나님의 발아래 있는 것이 단순한 구름(עבים)이 아니라 홍수와 번개를 머금은 "검은 구름(ערפל)"이라는 사실이다. 여호와의 지상 임재가 다윗의 원수에 대한 심판의 임재임을 암시한다.

성경에서는 "구름"이 종종 천사들의 보호 임재와 연결되고, 하나님이 "구름을 타고 오시는" 심상은 많은 천사들의 호위를 받으며 지상에 내려오는 것으로 이해된다. "그룹을 타고 나시고"라는 구절에도 비슷한 개념이 들어 있다. 그룹은 고대 근동에서 사람의 얼굴에 새의 날개를 달고 사자의 몸통을 가진 신화적 동물로 주로 신전을 지키는 역할을 하는 동물이다. 성경에서는 천사의 한 종류로, 추방된 인류로부터 에덴을 지키는 역할과 지성소 안의 언약궤를 보호하는 역할을 한다.

12절 이하는 여호와의 지상 강림이 심판을 위한 것임을 잘 보여 준다. 그가 탄 "검은 구름"이 12절에서는 그를 보호막처럼 두른다. 그를 두른 "흑암"은 많은 물을 머금은 구름이다. 먹구름에 비 이외에도 번개가 들어 있듯이 시인 다윗은 "그 앞에 밝음이 있고 불 붙는 유황돌이 타고" 있다고 노래한다(13절). 이제 다윗의 원수들을 흩어 버릴 준비가 다 되었다. 지존자로도 불리는 여호와께서 하늘에서 소리(=천둥)을 발하시고, 벼락을 화살처럼 내리시니, 다윗의 적들이 사방으로 흩어진다. 이제 여호와께서 콧바람(=꾸지람의 바람)을 내시니 홍수가 세상을 덮친다(16절). "물길이 나타나고 세상의 기초가 드러난다"(16절)는 말은 세상의 물이 말라 없어진다는 뜻이 아니라, 물이 있어야 할 자리에 있지 않고 높은 육지까지 올라온다는 말이다. 이것은 홍수에 대한 문학적 표현이다.

원수에게서 나를 건지시는 여호와 22:17-20

17 그분은 높은 곳에서 천사를 보내시어, 나를 잡으시며
많은 물로부터 나를 건지신다.
18 그분은 나를 강한 내 원수에게서
나보다 힘 센 내 대적에게서(משנאי) 구원하시도다.
19 그들이 내 재앙의 날에 나를 대면하나
여호와께서 나의 의지할 바 되신다.
20 그분은 나를 먼 곳으로 데려가시고
나를 기뻐하시니 나를 거두어 가신다.

하나님은 "많은 물로부터 나[다윗]를 건지신다." 앞서 설명한 대로 다윗이 실제로 홍수에 빠졌다는 의미가 아니라, 다윗의 고난과 역경이 물에 비유된 것이다. 하나님이 천사를[4] 보내어 다윗을 모세와 같이 물에서 잡아 건져 내신다. "건지신다"로 번역된 히브리어 동사는 모세 이름의 어원에 해당한다. 모세를 물에서 건지시어 이스라엘의 지도자로 삼

은 것처럼 하나님이 다윗을 건지신 목적도 그를 이스라엘의 왕으로 삼기 위함이다.

17절이 구원을 물에서 건져 냄의 이미지로 표현하였다면, 20절은 다윗을 물에서 가장 "먼 곳", 즉 산 위, 바위 위의 높은 곳으로 데려가는 이미지로 표현한다. 앞서 시인 다윗이 하나님을 고지 은유—바위, 요새, 반석, 망대, 피난처—로 표현한 것을 기억하라. 하지만 그 "높은 곳"에서 천사가 파송된 것을 볼 때(17절), 그곳은 단순히 산이나 바위 높은 곳이 아니다. 그곳은 하나님이 계시는 하늘 성전이다. 다윗의 구원은 궁극적으로 하늘 높은 곳에서 이루어진다.

다윗의 어려움은 그보다 강한 "원수" 때문이다. 다윗의 파멸을 구하는 그의 대적들 때문이다. 그들은 다윗이 멸망을 자신들의 눈으로 목도하기 원하지만, 여호와를 의지하는 다윗은 그런 수치를 당하지 않을 것이다. 왜냐하면 하나님이 그를 원수들로부터 구원하셔서 안전한 높은 곳으로 올리실 것이기 때문이다.

공의로운 통치자 여호와 22:21-28

21 여호와는 내 의를 따라 내게 행하시고
내 손의 순결함을 따라 내게 갚으신다.
22 참으로 나는 여호와의 도를 지켰으며,
내 하나님을 떠나 악을 행하지 않았다.
23 그분의 모든 계명은 내 앞에 있고
그의 모든 율법들로부터 나는 떠나지 않았다.
24 나는 그에게 온전하였고,
죄 짓지 않도록 스스로 경계하였다.
25 내 의를 따라 여호와께서 갚으시고,
내 순결함을 따라, 그의 눈 앞에 있다.
26 경건한 자에게는 경건한 자가 되시고,
온전한 용사에게는 온전한 자가 되소서.

27 순결한 자에게 순결한 자가 되고
패역한 자에게 고약한 자가 되소서.
28 고통의 백성을 구원하시고
주님의 눈이 교만한 자에게 있어 그들을 낮아지게 하소서.

21절부터 시의 주제가 '구원의 여호와'로부터 '공의로운 통치자 여호와'로 바뀐다. 시의 전반부가 하나님의 구원에 초점을 맞추었다면, 후반부는 그분의 정의로운 통치에 초점이 있다. 그리고 그 정의로운 통치의 통로인 다윗 왕조가 부각된다.

21-25절은 하나님의 정의로운 통치의 통로로 역할 할 다윗 왕이 자신의 순결과 의를 주장한다. 그는 "여호와의 도를 지켰으며" 그의 "하나님을 떠나 악을 행하지 않았다". 계명과 율법을 지켰으며, 죄를 짓지 않도록 조심하였으며, 하나님 앞에 온전히 행하였다. 이것은 다윗이 왕이 된 후의 행보를 묘사한 사무엘하보다는 고난당할 때의 다윗을 묘사한 사무엘상에 더 잘 어울린다. 이방 왕들처럼 아내를 많이 두고, 침략 전쟁을 행했으며, 사울의 후손들을 죽게 했을 뿐 아니라, 우리아를 죽이고 그의 아내를 빼앗고, 권력을 두고 자식들과 싸운 다윗의 모습과 너무 대조된다. 다윗이 이 시를 지을 때는 아직 그의 손이 비교적 순결했을 때인가? 아니면 다윗이 주장하는 '의'는 그의 행위와 관련이 없는 것인가? 그것도 아니면 다윗의 시 중 이 부분은 사무엘서 저자가 다윗 왕조의 정당성을 주장하기 위하여 미화한 것인가? 확실한 것은 다윗의 의는 그가 하나님의 공의로운 통치를 대행하는 데 필수적이라는 것이다.

26-28절은 하나님의 공의로운 통치를 노래한다. 그분은 모든 사람을 그의 행위대로 판단하신다. 그에게 선한 자에게 선을 행하시고, 악한 자에게 재앙을 내리신다(26-27절). 복을 내리실 때는 언제나 풍성하게 주시고, 벌을 내리실 때는 조금도 타협함이 없다(28절). 하지만 절대로 하지 않는 것은 의인이 고난을 당하고, 악인이 구원받는 일이다. 왜냐하면 그렇게 하는 하나님은 공의의 하나님이 될 수 없기 때문이다.

그리고 하나님 나라는 정의의 나라다. 사랑과 자비는 정의와 모순되는 것이 아니지만, 패역한 자가 순결한 자 취급을 받는 것은 정의와 대극 개념이다.[5] 이 부분은 "다윗이 모든 백성에게 정의와 공의를 행했다"는 사무엘하 8장 15절을 연상시킨다.

원수를 이기게 하시는 여호와 22:29-43

29 여호와여, 당신은 내 등불입니다
여호와께서 내 흑암을 밝히소서.
30 당신으로 인해 나는 군대에게 달려가고
내 하나님으로 인해 벽을 뛰어넘겠습니다.
31 그 하나님(האל), 그분의 길은 온전합니다.
여호와의 말씀은 진실되며,
그에게 피하는 모든 자들에게
방패가 됩니다.
32 여호와를 빼면 누가 하나님이며(אל),
우리 하나님을 빼면 누가 반석(צור)입니까?
33 그 하나님이 내게 힘을 주시고[6]
내 길을 온전케 하셨습니다.
34 내 발을 노루와 같게 하시고
나를 꼿꼿이[7] 서게 하신다.
35 내 손에게 전쟁을 가르치셔서
내 팔이 청동 활을 굽게 하소서.
36 내게 당신의 구원의 방패를 주시고
당신의 온유함으로 나를 크게 하소서.
37 내 아래 발걸음을 넓히셔서
내 발목이 넘어지지 않게 하소서.
38 내 원수를 쫓아 그들을 멸망시키게 하소서.
그들을 완전히 멸할 때까지 돌아오지 않을 것입니다.

39 나는 그들을 끝내고 분쇄했습니다.
그들은 일어나지 못하고
내 발 아래 넘어졌습니다.
40 주님은 내게 전쟁 할 힘을 주셨습니다.
나를 대적해 일어나는 자들을 내 아래에 굴복시켰습니다.
41 주께서 나에게 내 원수들의 목덜미를 주셔서
내가 내 대적들을 멸절하게 하셨다.
42 그들이 구원을 구하나 구원자가 없고,
여호와께 구하지만, 그분이 대답하지 않았다.
43 나는 땅 먼지처럼 그들을 분쇄할 것이고,
거리의 진흙처럼 그들을 부수고 밟을 것이다.

하나님의 구원을 노래한 이 시의 전반부는 다윗을 원수의 폭력으로부터 건지는 것, 재앙을 피하게 하는 것에 초점을 두었다면, 공의로운 통치자 여호와와 그의 대리 통치자 다윗을 노래하는 시의 후반부는 하나님의 대리 통치자인 다윗이 악인들을 멸하는 내용을 강조한다. 이를 단적으로 보여 주는 것이 34절이다—"내 발을 노루와 같게 하시고, 나를 높은 곳에 서게 하신다." 시의 전반부에서는 하나님이 다윗을 들어올려 높은 곳에 두시지만, 후반부에서는 다윗의 발을 노루 같게 하사 다윗이 그의 발로 도약하여 높은 곳에 올라올 수 있게 만드신다.

다윗은 하나님을 "내 등불"이라고 말한다. 다윗이 전쟁에 참여했다가 블레셋 장수 이스비("이스비브놉", 개역개정)에게 죽을 뻔했을 때, 그의 부하들이 "왕은 더 이상 우리와 함께 전쟁에 나와서 이스라엘의 등불을 꺼트리지 마십시오"라고 말한 적이 있다. 이때 "등불"은 왕권을 의미했다(21장 17절 해설 참조). 다윗의 부하에게 이스라엘 사람들의 등불은 다윗이었지만, 다윗에게 "내 등불"은 여호와인 것이다. 다시 말해 이스라엘의 궁극적 왕권은 여호와에게 있다는 뜻이다. 다윗이 내는 등빛은 하나님의 등빛을 반사하는 것이다. 하나님의 등불 없는 다윗은 "흑암"일 뿐이다.

하나님의 빛을 받은 다윗은 원수를 제압함으로써 혼돈의 세상에 질서를 가져온다. 하나님은 다윗이 그 일을 할 수 있도록, 필요한 용기와 신체적 힘, 그리고 무기 등을 주신다. 먼저 다윗은 일당백의 용사가 된다. "당신으로 인해 나는 군대에게 달려갑니다"(30절 전반부). 그는 적의 수가 많다고 그들을 두려워하지 않는다. 하나님 때문에 "벽도 뛰어넘을 수" 있다(30절 후반부). 이때 사용된 히브리어는 노루나 사슴 같은 동물들의 도약을 가리키는 것이다. 이것은 34절 전반부의 내용과 잘 연결된다. 하나님이 다윗의 발을 노루와 같게 하셔서, 벽을 뛰어넘는 것이다. 이렇듯 하나님은 다윗에게 전쟁에 필요한 용기와 힘을 주실 뿐 아니라(33절, 40절 참조), 다윗에게 전쟁을 가르치시고 "청동 활"(35절)과 뚫리지 않는 방패("구원의 방패", 36절)도 주시며, 다윗의 빌걸음을 보호하사 넘어지지 않고(37절) 원수들을 완전히 멸망시키게 하신다(38-39절). 본 단락은 승리의 완전함을 표현하는 은유들을 포함한다. 예를 들어 "원수들의 목덜미"를 다윗에게 주셨다(41절). 43절은 다윗의 원수들이 "땅 먼지"와 "거리의 진흙"처럼 철저히 분쇄되어 이전의 모습을 완전히 잃게 된 상황을 노래한다.

하나님의 도우심은 단순히 '자기 편들기'가 아니다. 그가 다윗을 도운 것은 공의의 행위이다. 다윗의 하나님 "여호와의 말씀은 진실되며", "그분의 길은 온전하다"(31절). 하나님의 도움을 받는 다윗은 하나님을 닮게 된다. "그 하나님이 내게 힘을 주심으로, 내 길을 온전케 하셨습니다"(33절). "내게 당신의 구원의 방패를 주시고, 당신의 온유함으로 나를 크게 하소서." 이 때문에 다윗의 적들이 하나님께 도움을 구해도 그분은 그들에게 응답하지 않으신다. "그들이 구원을 구하나 구원자가 없고, 여호와께 구하지만, 그분이 대답하지 않는다"(42절).

다윗을 높이시는 하나님 22:44-51

44 주님은 나를 내 백성의 송사로부터 구원하셨고,
나를 열방들의 우두머리가 되게 지키시며,

내가 알지 못하는 백성들이 나를 섬깁니다.

45 외계 자손들이 나에게 기어 나오며,

귀를 기울여(לשמוע אזן) 내게 순종합니다.

46 외계 자손들이 시들며

그들의 요새에서 후퇴합니다.[8]

47 여호와가 살아 계심으로 맹세하며, 내 바위가 축복을 받을지어다.

나의 구원의 바위, 내 하나님이[9] 높임을 받을지어다.

48 그 하나님이 내게 복수를 허락하시고,

백성들을 내 아래로 내리신다.

49 나를 내 원수들로부터 나오게 하시며,

나를 대적해 일어나는 자보다 나를 높이시며

폭력의 사람으로부터 나를 구원하시니

50 그러므로 내가 여호와를 열방 가운데 찬양하며

주님의 이름을 노래하리이다.

51 그의 왕에게 구원의 망대 되시며(מגדול)

그의 기름 부은 자에게 은혜를 베푸소서.

다윗과 그 후손에게 영원히!

44절의 "내 백성의 송사"는 사울 집안과의 왕위 다툼을 의미한다. 사울 집안과의 다툼은 다윗이 왕이 된 후에도 다양한 형태로 지속된다. 하지만 하나님은 다윗의 왕위를 보존하셨다. 뿐만 아니라 다윗을 "열방의 우두머리"로 등극시킨다. 다윗이 알지 못하는 이방인("외계 자손들")들도 다윗 앞에 나와 굽실거리며, 그의 말에 순종한다(45절). 기운이 빠져 다윗에게 대적하지 못한다(46절). 설사 대적하여 나오는 원수들이 있더라도 하나님은 언제나 다윗을 그들보다 강하게 하신다(49절). 이것은 다윗의 제국 건설을 묘사한 사무엘하 8장의 내용과 대체로 일치하는 것이다. 어떤 이방인들(하맛)은 다윗 왕에게 자발적으로 복속했으며, 어떤 왕들(아말렉)은 도망했으며, 싸우려 덤벼든 왕(아람, 암몬)은 다윗의 힘 앞에 제압당했다. 다윗은 목동이었던 자신이 이스라엘의 왕이 되고, 나아가 열방의 우두머리가 된 것이 하나님 때문임을 잘 알고 있다. 그분께 합당한 찬양을 올린다. "여호와의 살아 계심으로 맹세합니다. 내 바위가 축복을 받을 지어다. 나의 구원의 바위, 내 하나님이 높음을 받을지어다"(47절). "그러므로 내가 여호와를 열방 가운데 찬양하며, 주님의 이름을 노래하리이다"(49절).

다윗의 시의 마지막 절에서 처음으로 "다윗"의 이름으로 언급된다. 하나님의 통치의 통로가 되도록 기름 부음 받은 사람이 다윗이다. 하나님의 통치의 지속은 다윗과 그 후손에게 달려 있다. 지금까지 다윗이 자신을 1인칭 "나"로 부르다가 갑자기 자신을 3인칭으로 칭한 것은 이 부분에서 사무엘서 저자의 편집이 가미되었음을 짐작케 한다. 뿐만 아니라 "다윗의 후손"이 언급된 것도 의도적으로 보인다. 이 다윗의 시는 다윗 통치의 한계를 보여 주는 두 개의 이야기 사이에 위치해 있는데, 이것은 다윗의 통치가 하나님의 통치의 통로일 뿐이라는 사실, 나아가 그림자라는 사실을 보이기 위함이다. 그리고 하나님의 통치는 다윗의 후손의 보존, 즉 다윗의 후손에 대한 하나님의 은혜와 밀접히 연관되어 있다.

다윗에게 언약하신 하나님 23:1-7

1 그리고 이것은 다윗의 마지막 말이다.
이새의 아들 다윗의 선포다.
높이 올려진 남자,
야곱의 하나님이 기름 부은 자
이스라엘의 노래 잘하는 자의 선포다.
2 여호와의 영이 내 안에서 말씀하셨다.
그의 말씀이 내 혀 위에 있다.
3 이스라엘 하나님이 말씀하셨다.
이스라엘의 바위가 이야기하셨다:
"의로운 인류를 다스리는 자

하나님에 대한 경외로 다스리는 자여,
4 그는 올라오는 태양의 아침 빛 같을 것이다.
어둠이 아니라 빛의 아침이며,
풀을 땅에서 나오게 하는 비 같을 것이다."
5 하나님(אל)과 함께 하는 내 집은 그렇지 아니한가?
그는 영원한 언약을 내게 하셨고,
모든 일이 정돈되어 안전하다.
나의 모든 구원(ישעי)과 모든 소망(חפץ)을
그분이 형통하게 하지 않으랴?
6 불량자들은 손에 잡히지 않아
모두 버려지는 가시와 같다.
7 그것에 접근하려면,
철이나 창의 나무로 무장해야(ימלא) 한다.
그 자리에서 불로 계속 태워질 것이다.

다윗의 마지막 말로 제목 붙여진 이 짧은 시는 22장에 기록된 다윗의 노래의 적절한 결말이 될 수 있다. 왜냐하면 이 짧은 시는 다윗 언약을 상기시키기 때문이다. 다윗의 후손에 대한 언급으로 끝나는 다윗의 시가 이 다윗의 유언과 자연스럽게 연결되는 것도 바로 이 때문이다.

이전의 다윗의 노래에서 다윗이 시인이었다면,[10] 이 마지막 말에서 다윗은 예언자의 모습으로 나타난다. 1절의 "선포"로 번역된 히브리어 느움(נאום)은 예언의 말씀에 특화된 어휘이다. 2절의 "여호와의 영"은 예언자의 가장 중요한 특징이다. 3절에서는 하나님의 예언 말씀이 직접 인용된다.

1절

다윗이 네 개의 칭호—"이새의 아들", "높이 올려진 남자", "야곱의 하나님이 기름 부은 자", "이스라엘의 노래 잘하는 자"—로 소개된다. 이 중 가장 흥미로운 칭호는 마지막의 "이스라엘의 노래 잘하는 자"이다. 이 말의 표면적 뜻은 노랫말을 잘 만드는 자라는 의미일 것이다. 하지만 음악과 예언의 밀접한 관계를 생각하면 다윗이 예언자라는 주장을 포함할 수 있다.

2-3절

하나님의 영에 사로잡힌 다윗이 말한 예언 말씀이다. 3절에서 "이스라엘의 바위가 이야기 하셨다"는 대목이 흥미로운데, 그 이유는 "바위"가 하나님으로 인격화되었기 때문이다. 이것은 하나님이 "바위"로 은유되는 것과는 다른 수사이다. 앞선 다윗의 노래에서도 "바위"가 하나님으로 인격화된 적이 있다. "내 바위가 축복을 받을 지어다"(22:47).

예언 말씀의 초점은 하나님의 통치를 이 땅에 가져올 왕에 대한 축복이다. "그는 올라오는 태양의 아침 빛 같을 것이다!"(4절). 잠언 4장 18절에서 의인의 길이 아침의 태양 빛에 비유된다. 아침의 태양 빛이 정오가 될 때까지 지속적으로 밝아지는 것처럼, 왕의 앞 길도 그러할 것이다. 또한 "풀을 땅에서 올라오게 하는 비 같이" 왕의 통치가 백성들에게 생명을 가져다 줄 것이다(4절). 하지만 이런 축복을 받는 왕은 다음의 조건을 충족시켜야 한다. 먼저 하나님을 경외해야 한다. 또한 인류를 공의로 다스려야 한다. 하나님을 경외한다는 것은 '신앙인'이어야 한다는 것만을 뜻하지 않는다. 하나님에 대한 경외는 '내 이웃을 내 몸과 같이' 사랑하는 것을 포함한다. 인류를 공의로 다스린다는 조건도 그 방점이 '인류'에 있다. 이스라엘의 왕은 '인류'를 품는 왕이지, 자기 백성만을 편애하는 왕이 아니다. 후자는 '공의'가 아니다. 하나님의 통치를 구현하는 이스라엘의 왕은 모든 사람들의 왕이다!

예언자 다윗은 하나님의 말씀을 선포한 후, 그 예언이 자신의 집에 적용된다고 힘주어 말한다. "하나님과 함께하는 내 집이 그렇지 아니한가?" 그리고 하나님과 맺은 언약을 인용하며, 모든 것이 이미 결정된 일이라고 말한다. 그리고 하나님이 언약을 지키실 것을 확신한다. "나의 모든 구원과 모든 소망을 그분이 형통하게 하지 않으랴?"

6-7절에서 다윗은 자신의 통치에 도전하는 자를 "불량자"로

규정하고, 그들이 가시나무처럼 모두 버려지고, 불태워질 것이라 예언한다.

지금까지 살핀 것처럼 다윗의 유언은 다윗의 후손에 대한 희망을 노래한다. 하나님의 통치는 '다윗의 후손'을 통해 더욱 더 온전히 성취될 것이다. 하지만 고대 이스라엘 역사의 결말을 아는 독자들에게 "다윗의 후손"은 문자적인 의미에서 다윗의 후손일 수 없다. 왜냐하면 유다 왕국은 이미 망했고, 다윗의 후손이 더 이상 왕이 아니다. 이것은 하나님의 나라는 영적인 다윗의 후손에 의해 회복될 것임을 강하게 시사한다.

질문

1. 하나님에 대한 고지 은유는 무엇입니까?
2. 하나님은 구름을 타시는 분이라는 신화소에 담긴 내용은 무엇입니까?
3. 하나님이 다윗과 이스라엘을 도우신 것이 그분이 다윗의 편이기 때문입니까? 아니라면 왜 하나님이 다윗과 이스라엘을 도우실까요?

묵상

이스라엘의 왕은 인류에 축복을 가져옵니다. 그는 온 인류를 창조하신 하나님의 통치를 대리하는 사람이기 때문입니다. 이스라엘의 왕은 의를 행하는 사람의 보호자가 됩니다. 하지만 악인들은 그 행위대로 갚으십니다. 의를 행하는 사람은 모두 하나님의 선한 통치를 받은 영적 이스라엘이 됩니다. 따라서 의롭게 사는 것이 중요합니다. 성도라는 명목만으로 하나님의 축복을 기대할 수 없습니다. 하나님의 뜻을 따라 사는 사람이 성도이기 때문입니다.

39
다윗의 용사들

삼하 23:8-39

본 장은 다윗의 용사들, 즉 다윗을 위해 전쟁터에서 용맹스럽게 목숨 바쳐 싸운 군인들의 명단을 수록한다. 모두 36명의 이름이 소속 족속과 함께 나열되어 있다.[1] 먼저 다윗의 용사들 중 가장 용맹한 '세 명'에 대한 일화가 간단히 소개된 후, '삼십 명'의 용사들의 이름이 특별한 일화 없이 소개된다. 역대상 11장에도 다윗의 용사들의 명단이 수록되어 있는데, 다음의 몇 가지는 그 두 명단 사이의 주목할 만한 차이들이다. 먼저 수록된 용사들의 숫자가 역대상 11장에는 46명인 반면, 본문에서는 36명이라는 점이 눈에 띈다. 또한 그 두 명단에 모두 수록된 용사들 가운데 이름과 소속에서 있어 서로 일치하지 않는 예들이 있다. 하지만 그 두 명단 사이의 가장 큰 차이는 그 명단이 등장하는 문맥에 있다. 역대상 11장의 명단은 다윗의 대관식이 서술된 직후 주어진다. 즉 다윗이 왕으로 통치를 시작할 때가 그 명단의 배경이다. 뿐만 아니라 역대상 11장에 수록된 다윗의 용사 46명은 훨씬 더 많은 용사들의 일부이다. 역대상 12장은 다윗을 도운 용사들의 이름을 추가적으로 나열할 뿐 아니라, 용사들을 도운 병사들의 숫자도 지파별로 나열한다. 반면 사무엘하 23장에 수록된 명단은 다윗을 원수들의 손아귀에서 건지신 하나님을 찬양하는 시 다음에 수록되어 있으며, 사무엘하 이야기의 결론으로 주어진 것이다. 유대인 주석가 아브라바넬은 역대상 11장의 명단과 사무엘하 23장의 명단 사이이 다른 이유를 다음과 같은 취지로 설명한다. 역대서에 수록된 다윗의 용사들은 다윗의 대관식에 참여해 충성을 선언한 인원들이다. 반면 사무엘하 23장에 수록된 용사들은 끝까지 다윗에게 변함없이 충성한, 어떤 어려움이 있어도 다윗을 떠나지 않고, 다윗의 뜻을 거역하지 않은 사람들이다. 전자의 수가 많은 것은 당연하다. 만약 이런 아브라바넬의 설명을 받아들이면 사무엘하 23장에 기록된 용사들은 단순히 용기 있는 장수들이 아니라 다윗에게 끝까지 충성했던 용사들인 셈이다. 이런 관점에서 요압이 이 명단에 포함되지 않은 것은 시사하는 바가 매우 크다.

세 용사 23:8-17

8 다음은 다윗에 속한 용사들(גיברים)의 이름이다. 다그몬 사람
요셉밧세벳은 세 사람의 우두머리였다.[2] 그는 한번에 팔백 명에게
창을 휘둘러[3] 치명상을 입혔다. 9 다음은 아호히 사람, 도도의 아들
엘르아살이다. 다윗과 함께 있던 세 명의 용사 가운데 하나이다.
그들이 블레셋 사람들을 도전하자, 블레셋 인들이 전쟁하기 위해
그곳에 모였는데, 이스라엘 사람들이 후퇴했다(ויעל). 10 그때 그가
일어나 그의 손이 지칠 때까지 블레셋 사람들을 쳤다. 그의 손이
검에 붙었고 여호와가 그날 큰 구원을 이루셨다. 백성들은 그를 따라
돌아가 전리품을 취하였다(לפשט). 11 그다음은 하랄 사람 아게의
아들 삼마다. 블레셋 사람들이 레히에(לחיה) 모였다. 그곳에
녹두나무가 가득한 밭 한 필지가 있었다. 백성들은 이미
블레셋으로부터 도망하였다. 12 그는 그 밭 필지 한 가운데에
자리해서 그것을 블레셋 사람에게서 지켜냈다. 그는 블레셋
사람들을 쳤고 여호와께서 큰 구원을 이루셨다.

13 곡식 벨 때에[4] 30명 대장 중 세 사람이 내려가 아둘람 굴에 있는
다윗에게 들어왔다. 블레셋 사람의 무리(חיה)는 르바임 골짜기에
진을 치고 있다. 14 그때 다윗은 요새에 있었고, 블레셋의 군단은
베들레헴에 있었다. 15 다윗이 목말라하며 "누가 베들레헴 성문
안에 있는 우물물을 나에게 마시게 하겠는가?"라고 말했을 때,
16 세 명의 용사가 블레셋 진영을 깨고 들어가 베들레헴 성문 안에
있는 우물물을 길어서 다윗에게 들고 왔다. 그러나 다윗은 그것을
마시려 하지 않고, 그것을 여호와를 위해 관제로 바쳤다. 17 또한
"내가 이 일을 하는 것은 절대로 안 될 일입니다. 자기 목숨을 걸고
간 사람들의 피가 아닙니까?"라고 말하며 그것을 마시려 하지
않았다. 이것이 세 명의 용사가 한 일이다.

첫 번째로 소개된 용사는 다그몬 사람(תחכמני) 요셉밧세벳(ישב בשבת)이다. 이 사람은 역대상 11장 10절에 기록된 학몬 사람(חכמני)의 아들 야소브암(ישבעם)과 동일 인물이다.[5] 유대 전통에서는 이것을 이름이 아니라 별명으로 이해하여 "지혜자들의 모임에 앉은 자" 혹은 "지혜로운 백성들 가운데 앉은 자"로 이해한다.[6] 하지만 다윗의 용사의 명단에 다윗의 이름이 포함되는 것은 이치에 맞지 않으며 요압이 "지혜자들의 회의에 앉은 자"라는 별명을 가지는 것도 어울리지 않는다. 다윗의 용사들 가운데 요압의 이름이 누락된 것은 의도적인 것으로 보인다. 따라서 요셉밧세벳은 다윗이나 요압에 대한 별칭이 아닌 순수한 이름으로 보는 것이 더 합리적이다. 역대상 12:1-6절에 따르면 요셉밧세벳(=야소브암)은 다윗이 시글락에 머무를 때 다윗의 부하가 되었으며, 해마다 첫째 달에 2만 4천 명을 이끌고 전쟁을 나갔다(대상 27:2). 본문에 따르면 그는 "세 사람의 우두머리(ראש השלשי)"였다. "세 사람(השלשי)"이 무엇을 의미하는지 정확히 알 수 없다. 하지만 본문에서 "세 사람"에 속한 용사가 세 명 이상 등장하며, 그중 두 명은 "세 사람의 우두머리"로 소개된 것으로 보아, 그 세 용사가 다윗의 삼십 용사들 중에서도 최고 엘리트 트리오 소대를 가리키는 용어일 가능성이 있다. 또한 이 트리오 소대는 적어도

두 개 존재했던 것으로 보인다. 8절 후반부에서 요셉밧세벳의 무용이 신화적 스케일로 소개된다. 그가 창을 한 번 휘둘렀더니 800명이 죽었다! 역대상 11장 10절에 기록된 사상자 수는 300명이지만, 역대기 메시지도 사무엘하 본문의 그것과 크게 다르지 않다.[7] 요셉밧세벳의 무용을 설명할 때 흥미로운 것은 적이 누구였는지 밝히지 않고, 여호와의 도우심에 대한 언급도 없다는 사실이다.

"세 사람"의 둘째 용사는 엘르아살이다. 그는 블레셋과의 전투에서 공을 세웠다. 세 용사가 능멸의 언어로 블레셋 사람들을 도발하자, 그들은 전쟁하러 나왔다. 여기서 "능멸"로 번역된 히브리어(חרף)는 골리앗이 이스라엘을 향하여 퍼부은 조롱과 도발을 가리킬 때도 사용된 어휘다. 블레셋 사람들이 전쟁 진을 갖추자 백성들은 두려움에 사로잡혀 후퇴한다. "후퇴했다"로 번역된 히브리어(עלה)는 교전을 피해 평야에서 고지로 "올라갔다"는 뉘앙스를 가진다. 백성들이 무서워 후퇴했을 때 엘르아살이 일어나 신화적 스케일의 승리를 거둔다. 그는 검을 든 손이 더 이상 움직여지지 않을 때까지 도륙을 계속했다. 사무엘서 저자는 여호와가 그를 통해 큰 승리를 거두었다고 설명한다. 산으로 피했던 백성들은 전투가 끝나자 내려와 전리품을 취함으로써 여호와의 승리의 기쁨에 동참했다.

"세 사람"의 셋째 용사는 삼마이다. 그의 무용담 역시 블레셋과의 전투를 배경으로 한다. 블레셋이 레히에 모였다.[8] 레히는 삼손이 블레셋을 당나귀 턱뼈로 무찌른 곳이다. 엘르아살의 전투가 세 용사의 도발로 시작된 것이라면, 삼마의 전투는 블레셋의 약탈 침략을 막아내기 위한 것이었다. 레히에는 녹두나무가 가득한 밭이 있었는데 블레셋은 이것을 약탈하기 위해 침략해 올라온다. 백성들이 두려워 도망했으나, 삼마는 홀로 서서 블레셋 사람들에게서 그 밭을 지켜냈다. 사무엘서 저자는 이번 승리도 여호와께서 이루신 큰 구원으로 설명한다.[9]

지금까지는 세 용사의 이름을 소개하고, 그들을 유명하게 만든 무용담을 짧게 서술했다면, 13-17절은 그들이 어떻게 "세 사람", 즉 다윗의 엘리트 용사의 반열에 들게 되었는지를 보여 주는 중요한 일화를 담고 있다. 앞선 일화들이 세 용사의 신화적 전투 능력을 보여주었다면 이 일화는 다윗에 대한 그들의 충성을 부각시킨다. 즉 그들이 "세 사람"의 영예를 얻은 것은 남다른 다윗에 대한 충성 때문이었다. 이것은 본 일화의 주인공이 아비새, 브나야, 요압이 아님을 암시한다. 우리는 스루야의 아들들이 다윗을 매우 힘들게 했음을 잘 알고 있다. 이 외에도 세 용사가 다윗에게 물을 길어 온 이야기가 아비새, 브나야, 요압이 아닌 요셉밧세벳, 엘르아살, 삼마에 관한 것임을 보여 주는 정확적 증거로 그 일화의 배경이 블레셋과의 전투인 사실을 들 수 있다. 먼저 서술된 엘르아살과 삼마의 무용담도 블레셋과의 전투를 배경으로 한다. 반면 사무엘서에서 스루야의 아들들 아비새와 요압은 언제나 다윗이 사울과 대적하는 문맥에 등장한다. 따라서 우리는 물 긷는 일화의 주인공을 언급된 익명의 "세 사람"이 요셉밧세바, 엘르아살, 삼마임을 추정할 수 있다. 그렇다면 사무엘서 저자가 주인공들의 이름을 정확히 밝히지 않은 이유는 도대체 무엇일까? 그것은 '여호와의 말씀'을 위해 목숨을 바친 사람들의 일화를 말할 때, 주인공의 이름을 밝히지 않는 유대인 전통(탈무드 〈바바 캄마〉 61a) 때문일 수 있다. 이 전통은 사람들이 일부러 순교하는 것을 방지하기 위해 생겨났다 한다. 만약 이것이 사실이라면, 사무엘서 저자는 '다윗'과 '하나님의 말씀'에 거의 동일한 중요성을 부여한 것이다.[10] 그리고 이것은 다윗이 오실 메시아에 대한 모형이라는 사실을 이해하면 쉽게 납득할 수 있다.

"30명의 대장 중 세 사람"(13절)이라는 표현에서 알 수 있듯이 "세 사람(שלשה)"은 다윗의 "삼십 용사(שלשים)"의 일부이다. 사무엘서 저자가 모두 36명의 용사들의 이름을 기록하기 때문에, 삼십 용사와 세 명의 용사를 따로 구분하는 경향이 있으나, 그럴 필요는 없다. 다윗은 자신의 경호 부대의 병력을 30명으로 일정하게 유지했지만 아사헬이나 우리아와 같은 장군처럼 전쟁에서 죽는 경우가 있을 때마다 새로운 용사를 충원해야 했을 것이기 때문에 다윗의 "삼십 용사" 출신의 총수는 30명이 훨씬 넘는 것은 당연하다.[11] "세 사람"은 다윗의 "삼십 용사" 안에서도 최고 엘리트 '트리오' 소대들을 지칭했을 가능성이 있다.[12] 이 트리오 부대는 전투 능력뿐 아니라 다윗에 대한 충성도가 누구보다도 높았던 사람들이다.

세 용사가 다윗의 해갈을 위해 목숨을 걸고 적진 안에 들어가 물을 길어 왔을 때 다윗이 그 용사들의 행위에 감동받아 그 물을 마시지 않고 땅에 버려 버렸다는 이야기는 매우 선명하고 전형적인 메시지를 담고 있다. 삼국지에서 조자룡이 유비의 부인들과 아들을 구하기 위해 혈연단신으로 적진에 들어가, 온갖 위기를 벗어나 아들을 구하여 왔을 때, 유비가 그 아들을 땅에 던져 버리고 조자룡을 위로했다는 일화가 있다. 다윗이 세 용사의 목숨 값인 그 물을 버린 것도 자비로운 통치자의 이미지를 강화시키는 전형적인 이야기 요소이다. 한편 이야기의 내용을 살펴보면, 먼저 시간적 배경이 "곡식을 벨 때"라는 것은 블레셋이 이스라엘을 약탈하기 위해 침공하기 매우 좋은 때였음을 암시한다. 또한 "곡식을 벨 때"라는 것은 다윗의 갈증도 어느 정도 설명한다. 이때는 건기의 끝자락으로 물이 귀한 때였기 때문이다. 한편 다윗이 아둘람 굴에 있었던 때는 사울이 아직 왕으로 다스리던 때이므로, 블레셋이 베들레헴을 점령하고 그 북쪽에 위치한 르바임 골짜기에 진을 쳤다면, 그것은 다윗과의 전투가 아니라 사울과 전투에 대비한 것임에 틀림없다. 아둘람에 모인 다윗의 무리는 블레셋이 보기에 아직 어떤 위협도 되지 않는 도적떼에 불과했을 것이다. 바로 이 상황이 다윗의 세 용사가 들키지 않고 블레셋의 진중에 들어가 물을 성공적으로 물을 가져올 수 있었던 이유를 설명한다. 블레셋의 관심은 북쪽 르바임 골짜기에 대치중인 사울의 군대이지 동쪽 광야에서 오는 소수의 가난한 도적떼가 아니다. 그럼에도 불구하고 세 명의 용사가 블레셋의 진영을 깨고 들어가 우물을 길러 왔다는 것은 매우 놀라운 업적이다. 다윗이 말한 것처럼 그들이 길어 온 물은 그들의 목숨 값이다. 다윗은 그것을 마시지 않고 땅에 부어 버렸다. 본문에 기록되지 않았지만, 유비처럼 다윗도 물을 길어 온 용사들에게 그들이 다윗에게는 가뭄의 물보다 더 소중하다고 말해 주었을 것이다.

아비새와 브나야 23:18-23

18 스루야의 아들 요압의 동생 아비새도 세 사람의 우두머리였다. 그
는 그의 활을 삼백 명에게 휘둘러 치명상을 입혔다. 그리고 세
사람에 이름을 올렸다. 19 그는 세 용사 가운데 가장 존경을 받아
그들의 지도자(שר)가 되었지만, 첫째 세 용사에는 미치지 못했다.
20 여호야다의 아들 브나야는 갑스엘 출신 용사이자[13] 많은 업적의
사람(רב פעלים)이었다. 그는 모압의 아리엘 두 명을 쳤다. 그는 눈
오는 날에 내려가 구덩이 안의 사자를 죽였다. 21 그리고 그는 이집트
사람을 쳤다. 그 이집트인은 잘 생겼으며(אשר מראה) 그의 손에는 창이
있었다. 브나야는 그에게 막대기를 가지고 내려가 그 이집트인의
손에서 창을 빼앗고 그 창으로 그를 죽였다. 22 여호야다의 아들
브나야는 이 일을 하고, 세 용사 가운데 이름을 올렸다. 그는 삼십
용사 가운데 가장 존경을 받았으나, 세 용사에 미치지 못했다.
다윗은 그를 그의 경호원으로 삼았다.

본문은 요셉밧세벳, 엘르아살, 삼마로 구성된 첫째 "세 사람"과 구별되는 둘째 "세 사람"에 관한 본문이다. 역대상 11장 21절은 "세 사람"의 반열에도 "첫째"와 "둘째"가 있음(개역개정역 참조)을 보여 준다. 스루야의 아들 아비새는 둘째 세 용사의 우두머리였다. 사무엘서 저자가 그를 "요압의 동생"이라고 부르는 것은 다윗의 용사들 명단에 다윗의 군대장관 요압의 이름이 없다는 사실을 상기시키기 위함이다. 어떤 주석가들은 요압이 너무 잘 알려져서 이름을 언급하지 않았다고도 말하지만, 요압의 이름이 누락된 이유는 그가 정치에 지나치게 개입하여 아브넬, 압살롬, 아마사 등을 죽이는 등 다윗에게 불충했기 때문일 것이다. 이것은 다윗의 용사들이 단순히 잘 싸우는 군인이 아니라 다윗에 충성하는 군인임을 보여 준다. 한편, 요압의 동생 아비새의 무용담은 요셉밧세벳의 그것과 매우 유사하다.[14] 그가 한 번 휘두른 창에 300명이 쓰러져 죽었다. 그는 세 사람의 반열에 올랐을 뿐 아니라 그중 가장 존경받

는 지도자, 즉 우두머리가 되었다. 하지만 저자는 첫째 세 용사에는 미치지 못했다고 말한다.

둘째 세 사람의 두 번째 용사는 여호야다의 아들 브나야다. 그는 다윗 아래서 블렛 사람과 그렛 사람의 지휘관이 되었고(삼하 20:23), 후에 아도니야의 반란 때 솔로몬을 지지하고 아도니야를 처단하는 업적을 세움으로써(왕상 2:25) 솔로몬 아래서 요압을 대신해 군대장관이 된다(왕상 2:35). 본문은 그런 브나야가 어떻게 자신의 용맹을 처음 알렸는지를 설명해 준다. 그는 유다의 최남단, 에돔 접경 지역의 도시(수 15:21)인 갑스엘 출신의 용사로, 많은 업적을 남긴 사람으로 기억된다. "많은 업적의 사람"이라는 별칭에 걸맞게 사무엘서 저자는 그의 무용을 세 가지나 소개한다. 먼저 그는 "모압의 아리엘 두 명을 쳤다"(21절). "아리엘"이 모압인의 이름이라면 "두 명을 쳤다"의 의미가 성립되지 않으므로 개역개정역은 칠십인역을 따라 "아리엘"을 "아리엘의 아들"로 고쳐 번역한다. 유대인 주석가 게르손은 "모압의 아리엘"을 모압에 있는 요새로 이해한다. 게르숌에 따르면 브나야는 모압의 요새 두 곳을 공격한 것이다.[15] 둘째, 브나야는 눈 오는 날 구덩이 안에 내려가 사자를 죽였다. 지금도 아프리카의 수렵 채취 부족에서 용사로 인정받으려면 사자 사냥에 성공해야 한다는 말이 있다. 성경의 삼손도 사자를 죽여 자신의 용맹을 인정받았음을 고려할 때, 사자와 싸워 이기는 것이 용사의 상징이었음을 알 수 있다. 구덩이에서 사자와 싸우는 것은 절대적 힘에서 밀리는 사람에게 불리하다. 왜냐하면 움직일 공간이 부족하기 때문이다. 18세기 유대인 주석가 메쭈다 다비드에 따르면 눈 오는 추운 날은 사자에게 더 유리한 환경이다.[16] 이처럼 브나야는 사자를 이겼을 뿐 아니라, 그것도 악조건에서 그리하였다. 셋째, 그는 "막대기"로 잘생긴 이집트인의[17] 손에서 "창"을 빼앗고 그 창으로 그를 죽였다. 이것은 다윗의 업적을 연상시킨다. 다윗도 막대기로 블레셋인에게 내리가 그의 칼을 빼앗아 그 칼로 그를 죽였다. 더구나 역대기 저자는 그 이집트인의 키가 "다섯 규빗"의 "거인"이며 그의 창이 "베틀채" 같았다고 서술함으로서 다윗이 골리앗을 무찌른 이야기와의 연결을 더욱 확고히 한다. 이것은 다윗이 골리앗을 무찌른 이야기가 정말 역사적인 것인가에 대한 논쟁을 다시 일으킨다. 앞서 21장 19절에서 우리는 베틀채 같은 창을 가진 골리앗을 죽인 엘하난을 만났다. 브나야가 죽인 이집트 거인도 베틀채 같은 창을 가졌다는 점에서 그 무기가 다윗이 죽인 골리앗의 전유물은 아님이 분명하지만, 그럼에도 불구하고 기억해야 할 것은 신화에서 나올 법한 무기들을 휘두르는 외국 거인을 무찌르는 것이 당시 널리 유행하던 용사들의 무용담이었다는 사실이다.

브나야은 이처럼 여러 업적들 때문에 둘째 삼십 용사 가운데서도 "가장 존경을 받는" 세 용사의 반열에 오를 수 있었으나, 첫째 세 용사의 반열에는 미치지 못했다. 하지만 다윗은 그를 자신의 근접 경호원으로 삼았다. 첫째 "세 사람"와 둘째 "세 사람"을 구분하는 것은 무엇일까? 그것은 전투 능력보다는 다윗에 대한 충성도였을 것이다. 첫째 세 용사들은 각자의 무용담을 가지고 있을 뿐 아니라, 다윗을 위해 목숨을 걸고 함께 적진에 들어가 물을 길어 온 바가 있다. 한편 둘째 용사들은 전쟁에서 공을 세웠지만 다윗에 대한 충성도를 증명할 일화들이 없다. 더욱이 세 번째 멤버가 언급되지 않은 것으로 보아 그는 다윗을 배신한 용사일 가능성이 있다. 따라서 필자는 둘째 세 용사 중 언급되지 않는 그 사람이 요압이 아닐까 생각한다. 요압은 다윗의 뜻을 여러 번 어기며 다윗을 근심하게 했다. 그는 자신의 정치적 이득을 위해 아브넬, 압살롬, 아마사 등 다윗이 아끼던 신하들을 암살하였다. 39절에서 저자는 용사의 숫자를 37명으로 보고하는데, 실제로 그가 나열한 이름은 36개인 것은 저자가 일부러 둘째 "세 사람"의 하나였던 요압의 이름을 누락했기 때문이 아닐까?

다윗의 삼십 용사들 23:24-39

24 요압의 동생 아사헬(עשהאל)은 삼십 용사 가운데 하나였다.
베들레헴 출신 도도의 아들 엘하난, 25 하롯[18] 사람 삼마[19], 하롯
사람 엘리가, 26 발디 사람 헬레스, 드고아 사람 익게스의 아들이라,

27 아나돗 사람 아비에셀과 후사 사람 므분내, 28 아호아 사람 살몬과
느도바 사람 마하래, 29 느도바 사람 바아나의 아들 헬렙과 베냐민
사람들의 기브아 출신 리배의 아들 잇대, 30 비라돈 사람 브나야와
가아스 시냇가에 사는 힛대, 31 아르바 사람 아비알본, 바르훔 사람
아스마웻, 32 사알본 사람 엘리아바와 야센의 아들 요나단, 33 하랄
사람 삼마, 아랄 사람 사랄의 아들 아히암, 34 마아가의 사람[20],
아하스배의 아들 엘리벨렛, 길로 사람 아히도벨의 아들 엘리암,
35 갈멜 사람 헤스래, 아랍 사람 바아래, 36 소바 사람 나단의 아들
이갈, 갓 사람 바니, 37 암몬 사람 셀렉과 스루야의 아들 요압의
무기 드는 브에롯 사람 나하래, 38 이델 사람 이라와 이델 사람 가렙,
39 헷 사람 우리아, 모두 삼십칠 명이다.

본문은 "세 사람"의 반열에 들지는 못했지만, 다윗의 30용사에 이름을 올린 군인들의 명단을 기록한다. 기억해야 할 것은 다윗이 자신의 친위부대의 병력 수를 30으로 유지했다는 사실이다. 따라서 어떤 용사가 죽으면 다른 용사로 다시 충원되었기 때문에 다윗의 30용사의 명단은 결국 30명보다 많은 용사들의 이름을 포함하게 된다.[21]

여기 나열된 다윗의 30용사들에 대해서는 그들의 이름과 출신 족속 혹은 출신 마을 정도만 알 수 있고, 그 외의 사항은 전혀 모른다. 요압의 동생 아사헬은 다윗이 헤브론을 수도로 한 신생국의 왕이었을 때, 마하나임 왕국의 장군인 아브넬과 교전하다가 사망한 스루야의 아들 중 하나이다. 드고아 사람 익게스의 아들 이라(עִירָא)는 다윗의 대신(大臣) 야일 사람 이라와 동일 인물일 가능성이 있다(삼하 20:26). 엘리암의 무용담은 전혀 알려져 있지 않지만, 그의 아버지 아히도벨은 친히 군사를 이끌고 도망 중인 다윗을 치려 하였다(삼하 17:1). 기브아 출신 리배의 아들 잇대는 다윗이 압살롬에서 피난할 때 그를 도운 가드 사람 잇대(삼하 15:19-23)와는 다른 용사이다. 후자는 다윗의 삼십 용사가 아니었지만, 압살롬의 반란 때 보여준 충성심 때문에 다윗에 눈에 띄어 (비록 일시적인 것이지만) 요압과 아비새와 더불어 다윗 군대의 3분의 1을

지휘하게 된다. 가드 사람이 잇대가 30용사에 들지 못한 것은 그가 이방인이었기 때문은 아니다. 30용사 가운데는 이방인들도 포함되어 있었다. 암몬 사람 셀렉과 브에롯 사람 나하래, 헷 사람 우리아가 그 대표적 예이다. 특히 우리아는 다윗이 자신의 아내를 범했음을 알았지만 끝까지 다윗에게 충성한 용사 중에 용사였다.

사무엘서 저자는 다윗의 용사 명단을 마무리하면서 모두 37명이라고 말한다. 그러나 실제 이름이 언급된 용사의 수는 36명이다. 나머지 한 명은 요압인 듯하다. 그리고 그 요압은 아비새와 브나야와 더불어 둘째 "세 사람"의 반열에 있었던 것으로 보인다. 저자가 요압의 이름을 의도적으로 생략했음을 보여 주는 정황은 둘째 "세 사람"을 설명하는 대목에서 두 명의 용사만이 언급된다는 사실이다. 요압이 용맹했지만 다윗의 뜻을 여러 번 거스른 것이 사무엘서 저자로 하여금 그의 이름을 다윗의 용사들 명단에서 빼도록 만들었다.

질문

1. 요압이 다윗의 용사들 명단에 언급되지 않은 이유는 무엇이라고 생각합니까?
2. 다윗이 부하들이 적진에서 길어 온 물을 마시지 않고 땅에 버림으로써 부하들에게 주고자 했던 메시지는 무엇이었을까요?
3. 하나님 나라 공동체는 일이나 업적보다 사람이 중심이라는 말의 의미를 새겨 봅시다.

묵상

다윗이 왕이 되기까지 충성된 용사들의 도움이 있었습니다. 다윗이 왕 되는 것은 하나님의 뜻이었지만 충성된 용사들이 없었더라면 그 뜻을 이룰 수 없었을 것입니다. 다윗도 사람들을 귀중히 여겼습니다. 그들을 목적을 위한 수단으로 보지 않고, 그들을 진심으로 대했습니다. 사무엘서의 결론 부분에 그들의 이름이 일일이 나열된 것은 다윗 왕국이 업적 중심이 아닌 사람 중심의 공동체였음을 단적으로 보여 줍니다. 하나님의 뜻을 이루는 공동체는 사람을 소중히 생각해야 합니다. 이런저런 사업을 위해 사람이 수단으로 소모되는 것이 아니라, 자기의 개성을 살려 새로운 것을 열기 위해 함께 일하는 것 자체가 하나님의 뜻이자 사업임을 기억합시다.

40
다윗의 인구조사

삼하 24:1-25

이스라엘의 왕정 성립에 대한 이야기를 마무리하면서 사무엘하 저자가 마지막으로 선택한 다윗 일화는 구속사의 예언적 메시지를 담고 있다. 본 일화에서 인간 다윗의 통치가 이상적이라는 기대는 그도 죄의 문제로 부서진 인간이라는 사실과 다윗 왕에게는 하나님의 진노 아래 놓인 백성들을 살릴 능력이 없다는 사실에 의해 무너져 버린다. 대안으로 제시된 것이 고통 받는 백성에 대한 하나님의 자비하심과 희생제물을 통해 백성들을 구원하시겠다는 약속이다. 결국 다윗의 나라는 하나님 나라에 대한 그림자일 뿐이며, 다윗을 통한 구원은 그리스도를 통해 이루실 구원의 전주에 불과하다.

다윗의 인구조사 24:1-9

1 여호와의 진노가 다시 이스라엘에 대해 불타서,
그들과 적이 되도록(בהם) 다윗을 꾀어 다음과 같이 말하게 하였다:
"가서 이스라엘과 유다를 계수하라."

2 왕이 그와 함께한 군대 장군 요압(שר החיל)에게 말했다:
"부디, 브엘세바에서 단까지 이스라엘의 모든 지파들 가운데 돌아
다녀라(שוט־נא). 내가 백성들의 수를 알 수 있도록 백성들을 점호하라."
3 요압이 왕에게 말했다.
"당신의 하나님 여호와께서 백성들을 두 배(כהם), 두 배, 이렇게 백
번(מאה פעמים)이나 늘려 주셔서 내 주 왕께서 직접 눈으로 그것을 볼
것입니다. 그런데 내 주 왕께서는 왜 이런 일을 소망하십니까(חפץ)?"
4 하지만 왕의 말이 요압과 군대의 대장들에게 완강했고(ויחזק),
요압과 군대의 대장들은 이스라엘 백성들을 점호하기 위해 왕
앞에서 물러났다(ויצא). 5 그들은 요단강을 건너 계곡(נחל) 한 가운데
있는 도시의 남쪽 아로엘에 진을 쳤고, 갓으로[1] 그다음 야셀로
나아갔다. 6 그리고 길르앗에 들어가 닷딤홋시 땅으로 나아갔다.
그리고 다냐안으로 들어가 시돈으로 돌아갔다. 7 그리고 두로
요새와 모든 히위와 가나안 도시들로 들어와서 유다의 네게브
방향 브엘세바로 나갔다. 8 그들이 모든 땅을 돌아다니고 구 개월
이십 일 만에 예루살렘에 들어왔다. 9 요압이 점호된 백성의 총수를[2]
왕에게 건넸다. 이스라엘은 칼을 뺄 수 있는 용사(איש חיל)가
팔십만 명이었고 유다는 오십만 명이었다.

1절 ___________

본문은 다윗이 그의 군대 장군 요압을 시켜 이스라엘과 유다의 성인 남자 인구를 조사한 내용을 담고 있다. 고대의 인구 조사는 언제나 징집을 위한 것, 즉 "칼을 뺄 수 있는 용사"(9절) 전쟁 가능한 남자의 수를 파악하는 것이 목적이었지만 1절에는 그런 목적이 명시되어 있지 않다. 그 대신 인구 조사를 촉발한 배경으로 여호와의 진노가 언급된다.

> 여호와의 진노가 다시 이스라엘에 대해 불타서(1절).

"다시"라는 말은 여호와의 진노가 불탄 것이 이번이 처음이 아님을 암

시한다. 그렇다면 사무엘서 저자가 염두에 둔 첫 번째 이스라엘에 대한 진노는 무슨 사건을 염두에 둔 것일까? 사무엘서 21-24장이 하나의 문학 단위—사무엘서 전체의 결론—라면 그 질문에 대한 답을 21-24장 안에서 구하는 것이 옳다. 그렇다면 사울 집안에 대한 다윗의 원한 때문에 촉발된 3년 기근(21장 참조)을 1절의 "다시"라는 말이 암시하는 이스라엘에 대한 첫 번째 "하나님의 진노"라 말할 수 있다. 그렇다면 본 장의 시작에 언급된 "이스라엘에 대한" 분노는 도대체 이스라엘이 무슨 죄를 염두에 둔 것일까? 분명한 것은 그것이 다윗의 인구 조사 때문은 아니라는 사실이다. 오히려 인구 조사는 하나님이 분노한 결과이다. 주석가들이 그 분노의 다양한 원인들을 제안했는데, 그중 가장 흥미로운 것은 유대인 주석가 람반의 제안으로, 람반은 당시 이스라엘 백성들이 성전을 짓는 일에 관심이 없었기 때문에 하나님이 그들에게 진노했다고 주장한다. 본 이야기가 예루살렘 성전 터에 제단을 세우는 것으로 끝난다는 점은 이 제안의 장점이 된다. 하지만 단점은 그 제단이 인구 조사의 죄에 대한 처벌(사흘간의 역병)을 없애는 것일 뿐, 다윗으로 하여금 인구 조사를 하게끔 만든 근본 원인을 밝혀 주지는 않는다. 하나님이 무엇 때문에 화가 나서 다윗으로 하여금 인구 조사를 하게끔 만들었는가? 필자의 견해로는 사무엘서 저자는 하나님이 분노한 원인을 의도적으로 밝히지 않고 있다. 그 의도는 다윗과 같은 인간 통치자가 대면해야 할 세상은 '신의 분노로 가득한 세상'임을 암시하기 위한 것이다. 특별히 왕이나 백성이 무슨 죄를 저질렀기 때문이 아니라, 인간의 타락한 삶의 실존이 하나님의 진노 아래 놓인 상태라는 것이다. 이것을 이해한 역대서 저자는 다윗을 인구 조사하게끔 꼬드긴 주체를 "하나님의 분노"에서 "사탄"으로 바꾸어 버린다(대상 21:1). 인간이 겪는 고통은 때로는 너무 커서 그것이 선하신 하나님에게서 온 것인지 아니면 악한 사탄의 역사인지 구분할 수 없는 경우가 있다. 만약 이런 진노 상태를 인간 실존의 항수로 인정하면, 그 다음 인류에게 중요한 질문은 누가 그 진노의 상태에서 백성을 구원할 수 있을 것인가라는 문제이다. 인간은 신의 저주로부터 스스로를 구원하기 위해 왕—현대적인 용어로 바꾸면 과학, 경제, 정치 등의 문명—을 세우지만, 그 왕은 인류를 구원하는 일에 실패한다. 본 장에 주는 메시지 중 가장 중요한 것이 바로 이 문제와 관련된 것이다.

분노한 하나님이 다윗에게 "가서 이스라엘과 유다를 계수하라"고 명령하는데, 이것은 매우 중요한 신학적 문제를 유발시킨다. 인구 조사의 명령을 받은 요압이 다윗에게 한 말 "그런데 내 주 왕께서는 왜 이런 일을 소망하십니까?"와 인구 조사가 끝난 후 다윗이 하나님께 한 고백 "내가 한 일에서 크게 죄를 지었습니다"는 인구 조사가 죄임을 분명히 한다. 문제는 하나님이 그 죄를 짓게 했다는 것이다. 하나님이 죄를 짓게 하시는 분인가? 이 질문에 불편함을 느끼는 사람들은 이 이야기의 역대상 버전을 선호할 것이다. 즉 "하나님이 아니라 사탄이 다윗에게 죄의 충동을 준 거야"라고 말할 것이다. 하지만 죄의 기원 혹은 악의 기원을 사탄에게 돌리는 것은 고대 이스라엘인들에게는 낯설다. 다신교 신학에서는 인간의 악을 악한 신들의 탓으로 돌릴 수 있었지만, 유일신 사상을 가진 유대인은 그럴 수 없었다. 그러면 하나님이 다윗에게 인구 조사의 죄를 명하신 것을 어떻게 이해할 수 있을까? 먼저 하나님의 주권과 인간의 자율에 대한 유대적 해법을 적용할 수 있다. 유대인들에 따르면 성경에서 하나님이 어떤 사건의 원인으로 특정될 때, 그것이 반드시 하나님과 그 사건 사이의 '직접적' 인과 관계를 의미하지는 않는다. 그것은 일반적 인과 관계로 설명될 수 있다. 하나님과 인간 역사 사이의 일반적 인과 관계에 따르면 인간의 자율이나 책임과 "하나님의 섭리적 주권"의 개념이 공존 가능하다. 따라서 하나님이 인구 조사를 하도록 다윗을 "꾀었다" 혹은 "부추겼다" 해서 다윗의 자율과 책임이 없어지고, 하나님이 다윗의 죄에 대한 직접적 책임을 져야 하는 것은 아니다. 둘째, 그럼에도 불구하고 사무엘서 저자는 하나님을 죄의 '저자'(author)로 만드는 듯한 오해를 방지하기 위해 다윗을 "부추긴" 주체를 하나님 자신이 아니라 하나님의 분노로 설정한다. 다시 말해 "꾀다" 혹은 "부추기다"로 번역될 수 있는 히브리어 바야세트의 문법적 주어는 "하나님의 분노"이다. 독자들 중에는 그것이 무슨 큰 차이가 있느냐고 항변할 수 있지만, 성경 내러티브에서는 이런 미묘한 문체적 차이가 때로는 큰 의미를 내포하는 경우가 많다. 필자가 보기에 사무엘서 저자가 다윗에게 인구 조사를 시킨 주체를 "하나님"이 아닌 "하나님의 분노"로 설정한 것은 앞서 설명한 신학적 난제를 완화시키기 위한 것이다. 뿐만 아니라 하나님의 분노가 다윗을 부추긴 목적이 다윗과 그 백성을 적으로 만들기 위함임을 고려하면,[3] 역대서 저자가 그 분노를 "사탄"으로 대체한 이유를 이해할 법도 하다. 왜냐하면 사탄의 사역은 하나님과 이스라엘, 메시아와 그 백성 사이의 관계를 파괴하는 것이 그 본질이기 때문이다.

"가서 이스라엘과 유다를 계수하라"가 누가 누구에게 한 말인지에 대한 이견이 있을 수 있다. 개역개정역은 그것을 하나님이 다윗에게 한 말씀으로 이해하지만, 필자의 번역은 그것을 다윗의 명령으로 이해한 것이다. 더 정확히 말하면 다윗이 요압에게 내린 명령을 요약한 것이다. 이런 의견 차이는 히브리어 레모르(לאמר)에 대한 분석의 차이에서 발생한다. 필자는 그것을 동사 수트(סות) "부추기다"에 걸리는 것으로 이해하여, "~을 말하도록 충동하다"로 번역한 것이고, 개역개정은 그것을 동사 수트와 병치된 또 하나의 동사로 이해하여, "부추기며 말했다"고 번역한 것이다.

2-4절

고대 사회에서 인구 조사는 대개 징집을 목적으로 한다는 사실을 증명이라도 하듯, 다윗은 인구 조사의 임무를 군인들에게 맡긴다. 그의 군대 장관 요압에게 전국의 모든 지파들을 순회하며[4] 백성들의 수를 파악한 후 그 결과를 보고하라고 지시한다. 이에 대한 요압의 대답은 매우 흥미롭다. 요압은 다윗의 지시가 부당한 것인 양 "내 주 왕께서는 왜 이런 일을 소망하십니까?"라고 말한다. 일종의 항명이다. 함께 있던 대장들도 요압과 뜻을 같이 했지만, 왕의 말이 더 완강하여, 인구 조사를 위한 9개월 남짓의 그들의 여정이 시작된다. 그렇다면 왜 요압은 왕의 인구 조사를 못마땅하게 생각했을까? 요압은 그 이유를 다음과 같이 설명한다.

> 당신의 하나님 여호와께서 백성들을 두 배(כהם), 두 배, 이렇게 백 번(מאה פעמים)이나 늘려 주셔서 내 주 왕께서 직접 눈으로 그것을 볼 것입니다.

먼저 번역의 문제를 짚고 넘어가자. 개역개정을 비롯한 대부분의 번역 성경에서 "백 배"로 번역된 히브리어 메아 프아밈은 성경에서 한 번도 "백 배"의 의미로 사용된 적이 없다. 그것은 "백 번"을 의미한다. 본문에서 그 말은 앞에 나오는 카헴 베카헴 "두 배, 또 두 배"와 함께 쓰여, 하나님이 이스라엘의 군대를 두 배로 만드시기를 백 번이라도 하실 것을 뜻한다. 엄밀하게 계산하면 2의 100승에 해당하는 숫자로, 개역개정역이 말하는 "100배" 보다 훨씬 큰 천문학적 수가 된다. 이 과장법을 통해 요압은 전쟁이 사람의 수에 있지 않음을 암시하고 있다. "여호와의 이김은 사람이 많고 적음에 달리지 아니하다"는 말(삼상 14:6)처럼 지금까지 이스라엘 군대는 수 때문에 이긴 적이 없다. 다윗도 적은 수로 사울의 군대를 무찔러 왕이 된 것이 아닌가! 하지만 요압이 이와 같은 신학적 이유만으로 인구 조사에 반대하지는 않았을 것이다. 요압은 군인이었기 때문에 전쟁에는 싸울 병사가 필요함을 잘 알고 있다. 그리고 인구 조사는 군대를 모으는 일에 있어 필수적 과정이다. 요압이 반대한 것은 특별한 이유 없는 인구 조사이다. 본문상 외적의 침입이 임박했다는 암시는 전혀 없다. 더구나 인구 조사는 징집 즉 부역과 관계하기 때문에 늘 백성들에게 부담을 준다. 불필요한 인구 조사는 백성들의 불만을 가중시켜, 나라의 안정에 방해가 된다. 그런데 다윗은 갑자기 요압에게 인구 조사를 명령한 것이다. 따라서 신학적 이유로도 정치적 이유로도 다윗이 지시한 인구 조사는 요압을 비롯한 대장들에게 못마땅한 것이었음에 틀림없다. 하지만 다윗의 입장("말")은 완강했다. 진노한 하나님이 다윗의 마음을 바로처럼 굳게 하신 듯하다. 이에 요압과 대장들은 왕의 명을 받들고 인구 조사를 위해 길을 떠난다.

고대 아시리아의 인구 조사

인구 조사는 국가 권력과 함께 시작되었다. 배급 경제 시대에는 신전이나 왕실이 나누어 주어야 할 식량의 양을 계산하기 위해 인구 조사가 실시되었고, 원시 시장 경제 시대에는 세금 징수나 부역과 군역 대상자를 파악하기 위한 인구 조사가 실시되었다. 다음은 하란 지역에 살던 아다드-두리 가정의 인구 조사 기록이다.

아다드-두리, 농부

나슈크-딜리리, 그의 사춘기 아들

한 명의 아내; 모두 3인 가족.

30필지의 땅, 그중 15필지를 경작함

과수원 한 개

소 한 마리

하란 행정 구역 안의 아리주 영지.[5]

이 기록에 따르면 인구 조사 때 가족 관계와 재산 정도가 파악됨을 알 수 있다. 아내가 한 명인 것으로 보아 하란에서는 일부일부처제제를 실시한 것으로 추정된다. 아들의 나이 정도를 표기하는 것으로 보아, 인구 조사를 통해 징집 대상을 파악했던 것으로 보인다.

5-9절

요압이 이끄는 인구 조사단은 먼저 동쪽으로 이동한다. 요단강 건너 '갓 계곡'의 한 가운데 도시들의 남쪽에 위치한 아로엘에 진을 친 후 야셀 지역으로 나아간다. 그리고 북상하여 길르앗 지역에 들어가서 '닷딤 훗시' 땅에 도착한 후 서쪽으로 방향을 틀어 갈리리 북쪽의 단을 거쳐 시돈으로 돌아간다. 그 다음 남하하여 두로로, 더 남하하여 히위와 가나안 도시들로 들어가, 유다의 네게브 쪽으로 돌아 브엘세바에 이르는 여정이다. 전 국토를 시계 반대 방향으로 도는 여정으로 9개월 20일에 걸친 대장전이었다.

"갓 계곡"은 갓과 르우벤 영토의 경계를 가리킨다. 르우벤 땅에 속한 아로엘은 요단 동편의 이스라엘 영토 중 최남단 도시에 해당한다. 모압과 접경한 이 도시는 자주 영토 분쟁의 대상이 되곤 했다. 인구 조사가 바로 아로엘로부터 시작된 것이다. 야셀은 암몬의 수도 랍바에서 동쪽으로 7킬로미터 정도 거리에 위치한 도시로, 갓 지파 영토에 해당한다. 거기서 더 북상하여 길르앗을 거쳐 도착한 도시 닷딤홋시는 전혀 알려지지 않는 도시다. 칠십인역 루키안 개정역은 이것을 "히타이트의 땅, 가데스로"라고 번역하는데, 이 번역이 옳다면 인구 조사단은 길르앗에서 왕의 도로를 따라 북쪽으로 올라가 다마스쿠스를 거쳐 단으로 가는 경로 대신, 길르앗에서 동쪽으로 요단강을 건너 이스르엘 계곡길을 따라 북쪽으로 올라가는 경로를 택한 듯하다. 한편 개역개정이 "다나얀"으로 번역한 히브리어 다나 야안(דנה יען)은 "단과 이욘"으로 고쳐 번역하는 것이 좋을 듯하다. 다냐안이라는 지명이 존재하지 않을 뿐아니라, 이욘은 단에서 시돈에 이른 길목에 위치한 도시이기 때문이다. 시돈은 지중해 연안에 위치한 항구 도시다. 후에 아합이 시돈의 공주와 결혼할 정도로 이스라엘과는 오랫동안 친선 관계를 유지한다. 시돈에서 해안을 따라 내려오면 또 하나의 항구 두로를 만나는데 두로왕 히람은 다윗의 궁전과 솔로몬의 신전 건축을 지원한 것으로 유명하다. "두로 요새"는 두로 항 바로 앞에 위치한 작은 섬을 가리킨다. 그 섬 전체가 높은 벽으로 둘러싸여 있는 요새로 알렉산더 대왕도 그 요새를 점령하는데 많은 애를 먹었을 정도이다. 그 외 "히위와 가나안 도시들"이 구체적으로 어디를 지칭하는지는 확실하지 않으나, 인구 조사단이 해안 도로를 따라 내려와 네게브를 통해 브엘세바에 이르는 여정을 취한 것으로 보인다.

다윗에게 보고된 인구수는 이스라엘 80만 명, 유다 50만 명인데, 이것은 역대상 21장 5절에 제시된 이스라엘 110만 명, 유다 47만 명과 크게 차이가 있다. 특히 이스라엘 용사의 숫자에 있어 30만 명의 차이를 보인다. 사무엘서나 역대서 저자 모두 이스라엘과 유다의 숫자를 분리해서 보고하기 때문에, 사무엘서의 숫자는 북 이스라엘만 계수한 것이고, 역대서의 숫자는 "온 이스라엘"의 숫자라고 말하는 것은 설득력이 없다. 유다를 제외했을 때, 북 이스라엘과 온 이스라엘이 어떻게 다른지를 설명할 수 없기 때문이다. 더구나 일부 지파의 누락이 언급된 곳은 역대서이다. 역대상 21장 6절에 따르면 요압이 다윗의 명령을 마뜩치 않게 여겨 베냐민과 레위 지파의 수를 누락했고 그 결과 얻은 숫자가 이스라엘 110만 명이다. 누락된 숫자를 채워 넣으면, 사무엘서와 역대서 사이의 숫자 차이는 훨씬 커지게 되는 것이다.[6] 따라서 보다 설득력 있는 답은 중세 유대인 주석가 라쉬의 것이다. 라쉬에 따르면 사무엘서에서 요압이 보고한 80만 명의 숫자는 왕실이 이미 파악하고 있는 약 30만의 사람들을 제외한 것이다. 이들은 모두 "이스라엘 자손의 모든 가문의 우두머리와 천부장과 백부장과 왕을 섬기는 기타 관원들"(대상 27:1)로 일년에 한 달씩 예루살렘에 와서 왕실을 행정적으로 지원하던 사람들이다. 이들의 숫자는 지파당 2만 4,000으로 열두 지파를 모두 합치면 28만 8,000명으로 요압의 인구 조사와 별도로 왕실이 이미 파악하고 있었을 가능성이 높다. 이들을 80만 명과 합치면 대략 110만 명에 근접한다.

역병의 창궐 24:10–15

10 백성들의 수를 센 후, 다윗의 마음이 그를 찔렀다(ויך).
다윗이 여호와께 말했다:
"내가 한 일에서 크게 죄를 지었습니다. 이제 여호와여! 종의 죄를
사하여 주소서(העבר-נא). 제가 매우 어리석게 행동했습니다."
11 다윗이 아침에 일어났다. 여호와의 말씀이 다윗의 선견자인
선지자 갓에게 임하였으니 가라사대:
12 "가서 다윗에게 선포하라. '여호와가 이같이 말씀하신다.
세 가지를 너 위에 올린다(נטל). 그중 하나를 네가 선택하면
내가 너에게(לך) 시행할 것이다.'"

13 갓이 다윗에게 가서 그에게 전하여 말했다:
“칠 년 동안 당신의 땅에 기근이 드는 것 혹은 석 달 동안 당신이
적들, 즉 당신을 쫓는 자 앞에서 도망가는 것, 아니면 당신의 땅에
사흘 동안 역병(דבר)이 도는 것 중 하나를 선택하십시오. 제가 나를
보내신 분께 가지고 돌아갈 말(דבר)이 무엇인지 확실하게 결정하기
바랍니다.”
14 다윗이 갓에게 대답했다(ויאמר):
“짐이 무척 괴롭다. 부디 우리가 여호와의 손에 떨어지게 하라.
왜냐하면 그분의 자비가 크기 때문이다. 나는 사람의 손에 절대
떨어지지 않으리라.”
15 여호와께서 그 아침부터 정한 때까지 이스라엘에 역병을 주셨다.
단에서 브엘세바까지 죽은 백성들이 칠만 명이었다.

백성들의 수를 보고받은 다윗에게 즉시 후회가 밀려왔다. “다윗의 마음이 그를 찔렀다.” 이 표현은 그가 사울의 옷자락을 칼로 벤 후 느낀 후회에 대해서도 사용된 것이다(삼상 24:5). 즉 하나님의 뜻에 반하는 일을 한 후 밀려오는 죄책감을 표현한다. 다윗은 즉시 하나님께 회개한다. 이 시점에서 인구 조사가 하나님이 다윗을 격동하여 벌인 일이라는 점을 굳이 기억할 필요는 없다. 사무엘서 저자는 여기서 악의 기원이라는 신학적 문제를 논의하려는 것이 아니다. 저자는 악은 피할 수 없는 인간 실존의 상수로 인정한 후 그 악에 대해 왕이 어떻게 행동해야 하는지를 논의하려는 것이다. 재앙을 유발한 하나님의 분노가 아니라, 백성을 죽게 하는 그 재앙에 다윗이 어떻게 반응하는지에 사무엘서 저자의 관심이 있다.

다윗은 자신의 어리석음을 고백하고, 죄를 사하여 달라고 기도한다. 다윗이 기도할 때 하나님의 말씀이 선지자 갓에게 임한다. 그는 11절에서 다윗의 호제(חזה) “선견자”로 소개되는데, 이것은 하나님의 말씀이 밤의 환상으로 갓에게 임했음을 암시한다.[7] 또한 다윗의 회개와 거의 동시에 예언의 말씀이 갓에게 임했다면[8] 다윗이 밤에 하나님

께 회개의 기도를 올렸다고 추정할 수 있다. 그리고 이것은 "다윗이 아침에 일어났다"(11절)라는 말에 의해 확인된다. 문법상 그 문장은 "갓이 다윗에게 가서 그에게 전하여 말했다"(12절)는 내용과 연결된다. 그 사이에 있는 문장 "여호와의 말씀이… 갓에게 임했다"는 것은 문법상 대과거로 해석될 수 있다. 다시 말해 다윗의 회개와 갓의 신탁은 밤에 이루어졌고, 갓이 다윗에게 찾아가 예언을 전한 것은 그다음 날 아침이다. 한편 성경 저자는 하나님이 갓 선지자에게 주신 말씀의 일부를 갓 선지자가 다윗에게 전한 말씀에 넣어 모두 구성한다. 다음을 비교하라.

> 선지자가 여호와께 받은 말씀: "가서 다윗에게 선포하라. '여호와가 이같이 말씀하신다. 세 가지를 너 위에 올린다(נטל). 그중 하나를 네가 선택하면 내가 너에게(לך) 시행할 것이다.'"

> 선지자가 다윗에게 전한 말씀: "칠 년 동안 왕의 땅에 기근, 혹은 석 달 동안 당신이 적들, 즉 당신을 쫓는 자 앞에서 도망가는 것, 아니면 당신의 땅에 사흘 동안 역병(דבר)이 도는 것 중 하나를 선택하십시오. 제가 나를 보내신 분께 가지고 돌아갈 말(דבר)이 무엇인지 확실하게 결정하기 바랍니다."

선지자가 여호와께 받은 말씀에서는 여호와가 다윗에게 제안한 "세 가지" 재앙이 무엇인지 구체적으로 밝혀지지 않는다. 하지만 선지자가 다윗에게 예언할 때는 그는 그 세 가지를 7년 기근, 석 달 전쟁, 삼 일 역병으로 구체화한다. 자신의 받은 하나님의 말씀을 구체적으로 해석하는 것도 선지자의 기능이지만, 본문의 경우 그 말씀과 해석 사이의 차이가 너무 커 보인다. 선지자가 전한 세 가지 재앙들이 선지자의 해석에 따른 것이라고 보기 어렵다. 따라서 사무엘서 저자가 여호와의 말씀을 일부는 하나님의 직접 화법의 일부로, 나머지 일부는 선지자의 직접 화법의 일부로 나누어 구성했다고 보는 것이 더 적합하다. 그 이유는 이야기의 초점이 선지자가 얼마나 충실한 말씀의 대언자인지가 아니기 때문이다. 성경 내러티브에서 '받은 하나님의 말씀'과 '전한 하나님의 말씀' 사이의 미묘한 차이가 중요한 함의를 가지는 경우가 종종 있다. 예를 들어 하와가 하나님께 받은 명령과 하와가 뱀에게 전한 하나님의 명령 사이의 미묘한 차이는 하와가 그다지 말씀에 충실한 사람이 아님을 보여 준다. 본문에서 사무엘서 저자의 초점은 다윗이 왕으로서 어떤 선택을 할 것인지, 다윗이 백성을 구원하는 이상적인 왕이 될 수 있는지 등에 있다.

다윗은 하나님이 주시는 세 가지 무거운 짐 중 하나를 선택해야 한다. 이것이 "세 가지를 너 위에 올린다"라는 말의 뉘앙스다. "올리다"로 번역된 히브리어 노텔(נוטל)은 무거운 짐을 올려놓는다는 의미를 가진다. 더구나 그 단어가 이사야 63장 9절에서 여호와께서 그의 백성을 업어 나르는 이미지에 사용되었음을 고려하면, 다윗이 무엇을 선택하든지 그것은 그의 백성을 최대한 살리는 방안이 되어야 한다. 백성을 생명으로 이끌기 위해 짐을 지는 것이 이스라엘 왕의 직무이기도 하다. 하나님이 제안한 세 가지 재앙은 7년 기근과 석 달 전쟁, 그리고 사흘간의 역병이다.[9] 여기서 말하는 7년 기근은 역대서에 기록된 3년 기근과 모순된다. 하지만 본 사건이 사무엘하 21장에 기록된 3년 기근 후 1년 만에 발생한 것이라는 킴히의 주장을 받아들이면 그 둘 사이의 모순은 사라진다. 다시 말해 다윗이 3년 기근을 형벌로 선택하면 기존의 3년 기근에 여전히 힘든 기근 후 1년을 더해 이스라엘은 총 7년 동안 기근을 겪게 되는 셈이 된다.

선지자의 말씀을 들은 다윗은 "짐이 무척 괴롭다"라고 말한다. 이 말은 세 개 중 어느 것 하나 쉬운 것이 없다는 뜻일 것이다. 하지만 다윗의 선택은 사흘간의 역병이었다.[10] "우리가 여호와의 손에 떨어지게 하라"에서 "여호와의 손"은 역병을 가리키는 고대 이스라엘인들의 숙어이다. 여호와의 궤로 인해 블레셋 사람들이 역병으로 죽어 가는 상황을 표현할 때 성경 저자는 "여호와의 손이 아스돗 사람에게 엄중히 더하사"라고 말한다(삼상 5:6). 또한 그 말은 다윗이 왜 기근이나 전쟁이 아닌 역병을 선택했는지도 설명해 준다. 전쟁이나 기근에서 죽는 것은 모두 사람의 손 때문이다. 증오의 손과 인색한 손이 전쟁이나 기근 상황에서 이웃을 죽게 한다. 전쟁이나 기근에서 생존 확률이 가장 높은 사람은 권력자와 부자이다. 하지만 역병은 누구에게나 동일하다. 출애굽 때 죽음의 사자가 바로의 첫아들과 외양간 소의 첫 새끼를 구분하지 않았던 것처럼 역병의 사자도 왕과 신하를 구분하지 않을 것이다. 인간들의 탐욕과 폭력은 그 끝이 없지만 다윗이 말하듯이 "그분의 자비가 크다." 다윗의 판단에는 7년의 기근, 석 달의 전쟁, 사흘간의 역병 모두 이스라엘 전체의 멸망을 가져올 수 있는 종말적 재앙이지만, 그중에 백성들이 살 수 있는 확률이 가장 높은 것이 사흘간의 역병이다. 기간이 짧기 때문이 아니라, 역병 가운데는 하나님의 자비에 의지할 수 있기 때문이다. 다윗이 역병을 선택한 것은 그것이 백성들이 사는 길이기 때문이다. 하나님의 손이 재앙이 되기도 하지만 그 안에 자비도 있기 때문이다. 따라서 다윗은 "나는 사람의 손에 절대 떨어지지 않으리라"라고 덧붙인다.

다윗이 선택한 대로 "여호와께서 그 아침부터 정한 때까지 이스라엘에 역병을 주셨다." 다윗이 아침에 일어나 하나님의 말씀을 받았다는 사실을 기억하라(11절). 그런데 "정한 때까지"는 무엇을 의미하는가? 가장 자연스러운 해석은 "사흘"일 것이다. 하지만 사무엘서 저자가 "사흘"이라는 말 대신 "(하나님이) 정한 때"라는 말을 사용한 것은 여호와의 자비하심에 대한 다윗의 기대대로 사흘보다 일찍 역병 재앙이 끝날 것임을 암시하는 것은 아닐까? 그분의 분노가 이 모든 일을 시작했다면, 이 모든 것을 끝내는 것은 그분의 자비하심인 것이다. 역병이 얼마나 지속되었는지는 알 수 없지만, 그 범위는 전국적이었고 역병이 지속되는 동안 7만 명이 죽었다. (그 원인이 무엇이든 간에) 다윗의 죄로 인해 7만 명의 백성들이 죽은 것이다. 이것이 다윗 통치의 한계이자, 이 세상에서 인간 통치의 한계이다. 다윗과 같이 하나님의 마음에 합한 왕의 통치도 그러한데, 히틀러 같은 독재자가 왕으로 다스린다면 오죽 더할까? 7만 명이 아니라 온 나라가 멸망했을 것이다. 하지만 다윗과 같은 선왕의 통치도 적지 않은 수의 백성들에게는 죽음과 고통의 경험이 된다. 인간 통치의 한계이다.

역병을 멈추게 한 제단 24:16-18, 25

16 여호와의 사자가 예루살렘을 파괴하기 위해 그의 손을
뻗었다(וישלח). 그러자 여호와께서 그 재앙에 대하여 후회하시고
많은 백성을 멸망시킨(המשחית) 그 사자에게 말했다:
"이제 충분하다(רב עתה). 네 손을 내리라(הרף)."
그때 여호와의 사자는 여부스 사람 아리우나(האורנה)의 타작 마당에
근처에(עם) 있었다. 17 다윗이 백성을 치는 사자를[11] 보았을 때
다윗이 여호와에게 말했다. 이르기를:
"보세요 죄를 지은 것은 접니다. 패역한 것도 접니다(העויתי).
이들은 양입니다 그들이 무엇을 했습니까? 부디 당신의 손이 나를,
그리고 내 아버지의 집을 치시기를 바랍니다."
18 그날 갓이 다윗에게 찾아와 말했다:
"올라가 여부스인 아리우나(ארניה)의 타작 마당에 여호와를 위해
제단을 세우라."
25 다윗은 그곳에(שם) 여호와를 위한 제단을 짓고 번제와
화목제를 올렸다. 그러자 여호와께서 땅에 관한 기도에 응답하셔서,
재앙(מגפה)이 이스라엘로부터 갖아졌다(ותעצר)."

인간의 희망은 하나님의 자비하심에 있다. 자비하시기 때문에 그분은 후회를 부끄러워하지 않으신다. 한 번 선언했지만, 자신의 선언을 바꾸시기를 주저하지 않으신다. 자신의 말대로 고집하는 것보다 사랑과 생명이 그에게 더 중요하다. 여호와의 사자가 예루살렘을 파괴하려고 손을 뻗었을 때, 여호와께서 "재앙에 대하여 후회하시고" 재앙의 사자에게 명하신다. "이제 충분하다", "예루살렘은 치지 마라", "네 손을 내리라"라고 명령하신다.

하나님의 이 명령은 그분의 주권적 사랑에 의한 것이지만, 그

분의 사랑이 대가 없이 주어지는 것은 아니다. 그 대가를 암시하는 말이 이것이다—"그때 여호와의 사자는 여부스 사람 아리우나의 타작 마당 근처에 있었다." 하나님이 "이제 충분하다, 네 손을 내리라"고 말씀하시는 시점에 여호와의 사자는 후에 솔로몬의 성전이 세워질 그 장소에 있었다. 하나님의 사랑은 성전의 제단에서 드려질 제물의 희생에 근거한 것이다. 이런 점에서 흥미로운 사실은 역병을 가져온 죽음의 사자의 별명 하마슈히트(המשחית)가 출애굽 당시 열 번째 재앙을 가져오는 죽음의 사자를 묘사하는 데도 사용되었다(출 12:13)는 것이다. "역병"으로 번역된 히브리어 마게파(מגפה)도 열 번째 재앙을 표현하는 네게프(נגף)와 동일한 히브리어 어원을 가진다. 그 사자가 양의 피를 바른 집을 뛰어넘었듯이, 아리우나의 타작 마당에서, 양의 피가 뿌려질 미래의 제단 앞에서 역병의 사자가 멸망의 손을 거둔 것이다.

일부 학자들은 17절의 회개 고백이 역병을 거두라는 하나님의 명령보다 먼저 발생했다고 주장하지만, 적어도 사무엘서 저자는 하나님의 은혜가 먼저 있고, 다윗의 회개 고백이 이어진 것으로 보고한다. "백성을 치는 사자"(=역병의 사자)가 아리우나의 타작 마당 근처에 있는 것을 보았을 때, 다윗은 다시 한 번 자신의 죄를 고백한다. 물론 이때 다윗은 하나님이 이미 그 사자에게 손을 거두라고 명령했다는 사실은 모르는 상태이다. 다윗의 두 번째 죄 고백은 첫 번째의 그것과 세 가지 면에서 차별된다. 첫째, 죄 고백에서 자신과 백성을 구분하고, 전적으로 패역과 죄가 자신에게 있음을 고백한다. 둘째, 하나님의 손, 즉 역병이 자신과 자신의 가문만을 치기를 간구함으로써 하나님의 "양" 백성을 살리려 한다. 여기서 다윗은 양을 위하여 자신의 목숨을 내어주는 목자의 모습에 근접한다. 물론 다윗이 패역한 죄인이기 때문에 예수님과 같은 목자는 아니지만, 백성을 살리려는 다윗의 모습에서 참된 목자의 그림자를 보기에는 충분하다. 흥미롭게도 쿰란 사본(4QSam^{1})에 기록된 다윗의 죄 고백에는 "저는 목자입니다. (목자인) 제가 악을 행했습니다(אנכי הרעה הרעתי)"라고 되어 있다. 셋째, 두 번째 고백에서 다윗은 자신의 죄를 사해 달라고 요구하지 않는다. 대신 자신과 자신의 가문에게 모든 형벌이 미치도록 간구한다. 아이러니한 것은 첫 번째 죄의 고백에서 다윗은 죄 사함를 구하지만, 하나님은 그에게 용서 대신 벌을 주었는데, 두 번째 죄의 고백에서는 다윗이 용서가 아니라 형벌을 구하지만, 하나님은 다윗과 그 백성 모두가 살 수 있는 길을 열어 주신다는 것이다. 다윗이 백성들을 위해 죽기로 결심할 때 모두가 살게 되었다.

"그날" 갓 선지자가 다윗을 다시 찾아온다(18절). "그날"이 어느 날인지 확실하지 않지만, 이 구절에 근거해 일부 주석가들은 아침부터 시작한 역병이 하루가 채 가기 전에 끝났다고 생각한다. 왜냐하면 역병이 "그날 아침"에 시작되었기 때문이다(15절). 다윗을 찾아온 갓 선지자는 "올라가 아리우나의 타작 마당에 여호와를 위해 제단을 세우라"고 명령한다(18절). 다윗이 "그곳에" 제단을 짓고 번제와 화목제를 올리자 재앙이 이스라엘로부터 없어진다(25절). 희생 제물을 드렸을 때 죽음의 역병이 멈추었다는 것은 하나님의 용서와 자비가 거저 주어지는 것이 아님을 분명히 보여 준다. 생명만이 생명을 대체할 수 있다. 제단에서 죽는 양과 소는 예수 그리스도의 죽음을 예표한다. 하나님의 용서의 사랑은 죄에 대한 그분의 진노를 짊어지고 죽은 예수님을 통해 우리에게 주어진다. 다윗이 비록 좋은 왕이었지만 그도 타락한 인간이었으며 그의 실정은 많은 사람들에게 죽음과 고통을 가져다주었다. 하지만 예수님을 통한 하나님의 통치는 다윗의 통치와 다를 것이다. 우리는 다윗 왕국의 한계를 보면서 예수님 나라를 기대하게 된다.

지금까지 필자는 의도적으로 18절과 25절을 붙여 해설하였다. 왜냐하면 그 둘이 명령과 순종의 구조로 연결되어 있기 때문이다. 하지만, 사무엘서 저자는 18절과 25절 사이에 짧지만 인상적인 일화를 삽입한다. 여부스인 아리우나에 관한 것이다. 역병을 없애는 것은 분초를 다투는 일이고, 그 일을 위해서는 제단을 쌓는 일이 중요함에도 불구하고[12] 사무엘서 저자는 중간에 다윗이 아리우나로부터 타작 마당을 구입하는 일화를 삽입한다. 이것은 이야기의 속도를 늦추고 독자들의 주의를 역병의 문제에서 제단의 문제로 전환하는 효과를 낸다.

다윗과 아리우나 25:19–24

19 다윗이 하나님께서 명령한 대로, 갓의 말대로 그곳에
올라갔을 때, 20 아리우나가 멀리서 내려다보니 왕과 그 종들이
그에게 건너오는 것이 보였다. 아리우나가 마중 나와 얼굴을
땅에 대고 절했다. 21 아리우나가 말했다:
"내 주 왕께서 왜 종에게 오셨습니까?"
다윗이 대답했다:
"그대로부터 타작 마당을 구입하여 여호와를 위한 제단을 짓기 위해
서라네. 그러면 재앙(מגפה)이 백성들에게서 잦아질 것이네(ותעצר)."
22 아리우나가 다윗에게 말했다:
"내 주 왕께서 그 눈에 좋은 것을 취하여 올리시기 바랍니다.[13]
번제를 위한 소와 나무로 쓸 타작 기구와 소 장비들을[14] 보세요.
23 왕이시여,[15] 아리우나가 모든 것을 왕께 드립니다!"
아리우나가 왕에게 덧붙였다:
"당신의 하나님 여호와께서 당신을 기뻐하시기를 원합니다."
24 왕이 아리우나에게 말했다:
"아니다. 나는 반드시 너로부터 값을 주고 구입할 것이다.
여호와 내 하나님께 공짜의 번제를 올리지 않을 것이다."
다윗은 타작 마당과 소를 50세겔의 은으로 구입하였다.

아리우나의 타작 마당은 지금의 성전 산에 위치했다. 이 때문에 다윗이 그곳으로 가는 동작이 "올라가다"라는 동사로 표현된다(19절). 아리우나는 여부스 사람으로 소개된다. 그의 이름도 이스라엘의 이름처럼 들리지 않는다.[16] 다윗이 여부스인들의 도시 예루살렘을 정복했을 때 그들의 토지를 몰수하거나 사람들을 추방하지 않고 그들로부터 조공만 거두어들인 것 같다. 일부 여부스인들은 다윗의 군대에 용병이 되기도 했을 것이다. 아리우나의 집의 위치와 그가 다윗에게 베풀었던 관대함의 크기를 고려할 때 그는 여부스 사람들 가운데 꽤 지위가 높은 사

람이었던 것으로 보인다. 23절을 어떻게 읽느냐에 따라 아리우나가 여부스인들의 "왕"으로 이해될 수도 있다. 어떤 학자들은 아리우나의 집이 여부스의 신들을 모신 신전이었다고 주장하기도 한다.[17]

다윗 왕과 아리우나 사이의 일화는 다윗이 값을 주고 타작 마당과 번제에 쓸 소를 구입하였다는 것이다. 비록 아리우나가 "내 주 왕께서 그 눈에 좋은 것을 취하여 올리시기 바랍니다"라고 말하며, 제단과 번제에 필요한 땅과 제물과 나무 등 모든 것을 봉헌했음에도 불구하고,[18] 다윗은 "여호와 내 하나님께 공짜의 번제를 올리지 않을 것이다"고 말하며, 은 50세겔로 그것들을 구입한 후 번제를 올렸다. 이 이야기가 18절과 25절 사이, 즉 갓 선지자의 명령과 다윗의 순종 사이에 삽입된 이유가 무엇일까? 왜 다윗이 아리우나의 타작 마당과 제물을 값을 주고 지불했다는 사실이 중요한가? 다음의 몇 가지 이유를 생각할 수 있다.

먼저, 소유권의 영구적 이전을 확정하기 위해서이다. 아리우나가 이방인이었기 때문에 다윗은 돈을 지불하고 그로부터 땅의 영구적 소유권을 가져올 수 있었다. 이스라엘인들의 땅은 여호수아의 정복 당시 하나님이 각 지파, 족속, 가문에게 영원한 유업으로 주신 것이다. 따라서 일시적으로 그 사용권이 이전될 수는 있어도 소유권 이전은 원칙적으로 불가능하다. 하지만 이방인이었던 아리우나의 땅은 다르다. 구입을 통해 소유권이 완전히 다윗에게 이전 가능하다. 다윗에 대한 존경과 역병 퇴치라는 대의에 동참하는 의미로 아리우나가 다윗에게 자기 땅을 봉헌했지만("왕이시여, 아리우나가 모든 것을 왕께 드립니다!", 22절), 다윗은 구입을 통해 소유권 이전을 확실히 해두는 것이 좋다고 판단했을 가능성이 있다. 왜냐하면 이스라엘 법에 다르면 왕이라도 그 신민의 토지를 함부로 빼앗을 수 없기 때문이다(대상 21:24 참조). 이와 관련해 아브라함이 사라의 매장지를 값을 주고 구입한 일화(창 23장)를 기억할 필요가 있다. 당시 그가 '거저 드린다'고 제안한 히타이트 사람 에브론의 호의를 거절하고 당시 거래가로 그의 밭과 굴을 구입한 것은 소유권의 영구적 이전을 고려한 것이기도 하지만, 사람들의 일반적 한계와 죄성을 고려한 것이다. 사람들은 변심하기 쉬우며 시간이 흐르면 기억도 희미해진다. 아브라함이 당시 상거래 절차와 가격에 맞게 부동산을 구입한 것은 훗날의 분쟁을 방지하기 위한 의미도 있었다.

둘째, 다윗이 값을 지불하고 아리우나로부터 땅 소유권을 영구적으로 이전 받았다는 사실은 그 땅이 후에 솔로몬의 성전터가 된다는 의미에서 매우 중요하다. 이야기의 문맥상 타작 마당에 여호와를 위해 제단을 세우라는 명령은 역병을 달래기 위한 임시 제단을 쌓으라는 의미였을 것이다. 다윗이 아리우나의 타작 기구와 소 장비들로 제단을 쌓았다는 것은 그것이 간이 제단이었음을 잘 보여 준다. 이는 당시 예루살렘에는 여호와를 위한 제단이 아직 없었음을 암시한다. 성전을 짓기 전 솔로몬이 기브온에서 왕실 제사를 드린 것을 고려하면, 다윗이 아리우나의 타작 마당에 세운 제단은 그 후 제도화된 성소로 발전하지 못했던 것 같다. 하지만 "그곳에"(25절) 역병을 멈추게 한 제단이 쌓아졌다는 기억은 후에 그곳에 하나님의 은혜를 구하는 항구적인 제단이 세워지게 하는 좋은 이유가 되었을 것이다. 마치 야곱의 여행 중에 쌓은 임시 제단이 이후에 벧엘 성소의 창립 근거가 된 것과 마찬가지다.

비록 성전을 짓지는 못했지만 다윗은 성전 건축을 위한 부지를 매입했고 성전의 기능에 대한 비전(왕상 8:28-30)을[19] 제시한 왕이 되었다. 다윗의 인구 조사로 촉발된 삼일 간의 역병은 이스라엘의 구원에 제단이 필수적임을 가르쳐 주는 계기가 되었다. 그리고 그 제단과 제단 부지를 값을 지불하고 구입한 왕이 다윗이었다. 이런 의미에서 다윗의 통치는 완성된 하나님 나라가 아니라, 그것에 대한 예표적 성격을 가진다. 다윗을 통한 하나님의 통치는 참된 성전인 예수님을 중심으로 하는 하나님의 나라에서 온전히 성취될 것이다.

다윗은 아리우나에게 얼마를 지불했나

24절에 따르면 다윗은 은 50세겔로 타작 마당과 소를 구입했지만, 역대기 21장 25절에 따르면 다윗이 지불한 금액이 금 600세겔이었다. 금액 차이가 상당하기 때문에 설명이 필요하다. 다양한 제안들이 있지만, 가장 설득력 있는 것은 은 50세겔은 "소와 나무로 쓸 타작 기구와 소 장비"들에 대한 가격이며, 금 600세겔은 타작 마당을 포함한 가격이라는 견해이다. 이 견해는 탈무드에 처음 소개되어 있다(탈무드 제바힘 116b). 아울러 탈무드는 600세겔의 금이 열두 지파로부터 50세겔씩 각출된 금액을 말하며, 그 금액에 성전 터의 구입에 이스라엘 열두 지파가 모두 협력했다는 의미를 부여한다.

질문

1. 다윗이 세 가지 재앙 중 사흘간 지속될 역병을 택한 이유는 무엇입니까?
2. 다윗이 아리우나의 호의를 거절하고 굳이 값을 지불하고 땅와 제단, 제물을 구입한 이유는 무엇입니까?
3. 하나님의 나라가 하나님의 분노 혹은 저주라는 인간 실존을 상수로 하여 이 땅에 세워진다는 의미는 무엇일까요?

묵상

하나님의 나라는 그분의 자비와 사랑을 기초로 세워집니다. 우리가 하나님 앞에 담대하게 죄를 인정하고 하나님의 형벌의 손에 우리를 의탁할 수 있는 것은 그분이 자비로운 하나님이기 때문입니다. 요즘 우리는 하나님의 자비에 대한 믿음을 잃어버린 것 같습니다. 우리는 하나님의 손에 우리 자신을 의탁하기보다는 스스로에게 사면을 선포하는 유혹에 빠지기 쉽습니다. "잘못했습니다. 용서해 주세요"라는 기도보다 "잘못했습니다. 하나님의 손에 의탁합니다"라는 기도가 더 필요한 때가 아닌가 생각합니다.

참고 문헌

성경

Biblia Hebraica Stuttgartensia

4QSama

Septuaginta. Stuttgart: Württembergische Bibelanstalt, 1971, c1935.

사전

Brown F., Driver, S. R., and Briggs, Charles A. Gesenius. *Hebrew and English Lexicon with an Appendix Containing the Biblical Aramaic*. Peabody, Mass.: Hendrickson Publishers, 1979.

Köhler, Ludwig and Baumgartner Walter. *The Hebrew and Aramaic Lexicon of the Old Testament*. Leiden: Brill, 2001.

Ben Yehuda, Eliezer. *A Complete Dictionary of Ancient and Modern Hebrew*. New York: Thomas Yoseloff, 1960.

David J. A. Clines ed. *The Dictionary of Classical Hebrew* (Logos Bible Version).

B. K. Waltke and M. O'Connor. *An Introduction to Biblical Hebrew Syntax*. Winona Lake, Ind.; Eisenbrauns, 1990.

지도

Pritchard, James ed. *Collins Atlas of the Bible*. HarperCollins, 2003.

Currid & Barret. *ESV Bible Atlas*. Crossway, 2010.

주석서

Alter, Robert. *The David Story: A Translation with Commentary of 1 and 2 Samuel*. New York: W.W. Norton, 1999.

Bar-Efrat, Shimo. *Das Zweite Buch Samuel: Ein Narratologisch-Philologischer Kommentar. Beiträge Zur Wissenschaft Vom Alten und Neuen Testament*. Stuttgart: Kohlhammer, 2009.

Birch, Bruce C. "The First and Second Books of Samuel: Introduction, Commentary, and Reflections." In *The New Interpreter's Bible, vol. 2*. Nashville: Abingdon Press, 1995-2002.

Brueggemann Walter. *First and Second Samuel. Interpretation*. Louisville, Ky.: John Knox Press, 1990.

Caquot, André, and Philippe de Robert. *Les livres de Samuel. Commentaire de l'Ancien Testament*. Genève: Labor et Fides, 1994.

Cartledge, Tony W. *1 & 2 Samuel*. Smyth & Helwys Bible Commentary. Macon, Ga.: Smyth & Helwys Pub., 2001.

Dhorme, Paul P. *Les livres de Samuel*. Paris: V. Lecoffre, 1910.

Driver, S. R. *Notes on the Hebrew Text and the Topography of the Books of Samuel*. Oxford: Clarendon press, 1960.

Gordon, Robert P. *I & II Samuel: A Commentary. Library of Biblical Interpretation*. Grand Rapids, Mich.: Regency Reference Library, 1988, c1986.

Hertzberg, Hans Wilhelm. *I & II Samuel, a Commentary*. [Translated by J. S. Bowden]. The Old Testament Library. Philadelphia: Westminster Press, 1964.

A. A. Anderson, *2 Samuel*. Word Biblical Commentary. Dallas, TX: Word Books, 1989.

McCarter, P. Kyle. *2 Samuel: A New Translation*. The Anchor Bible. Garden City, N.Y.: Doubleday, 1984.

Rosenberg, Rabbi A. J. Prophets-Neviim: *Samuel II*. Judaica Press, 1986.

Smith, Henry P. *A Critical and Exegetical Commentary on the Books of*

Samuel. The International Critical Commentary. New York: C. Scribner's sons, 1929.

Woodhouse, John. *2 Samuel*. Crossway, 2015.

김회권. 『하나님 나라 신학으로 읽는 사무엘하』, 서울: 복있는 사람. 2009.

송병현. 『사무엘하』 엑스포지멘터리. 서울: 국제제자훈련원, 2012.

기타 참고서

존 콜린스. 『히브리성서 개론』 유연희 옮김. 서울: 한국기독교연구소, 2011.

제임스 쿠걸. 『구약 성경 개론』김구원, 강신일 역. 서울: CLC, 2011.

브루스 월트키. 『구약 신학』 김귀탁 옮김. 서울: 부흥과 개혁사, 2012.

롱맨 & 딜라드. 『최신 구약 개론』 박철현 옮김. 서울: 크리스찬다이제스트, 2009.

프로반, 롱, 롱맨 III. 『이스라엘의 성경적 역사』 김구원 옮김. 서울: CLC, 2013.

리차드 S. 히스. 『이스라엘의 종교』 김구원 옮김. 서울: CLC, 2008.

마르크 반 드 미에룹. 『고대 근동 역사』 김구원 옮김. 서울: CLC, 2010.

Baden, Joel. *The Historical David: The Real Life of an Invented Hero*. (Kindle Edition)

Brenner, A. ed. *A Feminist Companion to Samuel and Kings*. Sheffield: Sheffield Academic Press, 1994.

Halbertal and Holmes, *The Beginning of Politics: Power in the Biblical Book of Samuel*. Princetone: Princeton University Press, 2017.

Philip J. King and Lawrence, E. Stager. *Life in Biblical Israel*. Louisville, KY: Westminster John Knox Press, 2002.

Simon, Uriel. *Reading Prophetic Narratives*. Bloomington: Indiana University Press, 1997.

주

서론

1. 이 외에도 사무엘상과 사무엘하가 본래 한 권의 책이었음을 보여 주는 정황적 증거들이 많다. 먼저 쿰란에서 발견된 사해 사본을 보면 사무엘상과 사무엘하가 하나의 두루마리에 기록되었음을 알 수 있다. 모든 현대 번역 성경의 원전으로 사용되는 마소라 사본을 정리한 학자들도 사무엘상 28장 24절에 대한 노트에서 그것이 '사무엘서'의 한가운데 구절임을 밝힐 뿐 아니라, 사무엘하의 마지막 구절에 대한 노트에서는 사무엘상, 사무엘하의 전체 절수를 밝히고 있다. 즉 마소라 학자들도 하나의 책으로 간주한 것이다. 사무엘서를 상하로 나눈 전통은 히브리어 성경이 그리스어로 번역되는 과정에서 생겨났다.
2. 골리앗을 무찌른 시점이 요나단 25세, 다윗이 15세 정도라는 가정에서 계산된 숫자이다.
3. 압살롬이 예루살렘에 입성해 제일 먼저 한 일이 다윗이 남기고 간 첩들과 동침한 것이다. 이전 왕의 하렘을 '접수'하는 행위이다.
4. 성경 저자는 사울의 손자들을 죽인 이유를 사울의 언약 위반 행위로 돌리고 있다(삼하 21장). 또한 므비보셋을 죽이지 않고 가택 연금 상태에 둔 것을 요나단에 대한 우정 때문이라고 말한다(삼하 9장). 하지만 므비보셋은 어려서부터 신체적 장애를 가졌기 때문에, 다윗 왕에게 전혀 위협이 되지 않았다.

1부 다윗이 이스라엘의 왕이 되다

1 정의로운 왕

1. 히브리어 구문 "다윗이 아말렉을 치고 돌아와 있었다(ודוד שב מהכות את־העמלק)"는 대과거 구문으로 선행하는 사울의 죽음과 동시적인 사건임을 나타낸다.
2. 아말렉 진멸은 하나님이 명하셨지만 사울이 온전히 순종하지 못한 명령이다. 그로 인해 사울은 하나님께 결정적으로 버림받게 되었다. 사울이 죽는 그 순간 다윗은 사울이 실패한 그 명령을 수행하고 있었던 것이다.

3. 맥켄지는 사무엘서를 "저자의 의도와 다르게" 읽는 전략을 취한다. 즉 다윗을 변호하려는 사무엘서 저자의 의도와 반대로, 다윗의 죄를 입증하려 한다. 이를 위해 그가 사용하는 원리가 쿠이보노의 원리이다. Steven L. McKenzie, *King David: A Biography* (Oxford, UK: Oxford University Press, 2000), 45.
4. Woodhouse, 29.
5. 구약 성경에 나타난 부활의 모티브에 대한 연구로 다음의 책을 추천한다. Warren A. Gage, *Return from Emmaus: The Resurrection Theme in Scripture* (Ft. Lauderdale, FL: Logos Bible Software, 2011).
6. 히브리어에는 부정관사가 없다. 부정관사는 정관사의 부재(不在)에 의해 암시된다. 따라서 "어떤 사람"은 이쉬(איש)로 표현되었다.
7. 고대 이스라엘인들에 있어 이민은 곧 배교에 해당했다. 유다 땅에서 블레셋 땅으로 이민하는 것은 곧 블레셋 땅을 관할하는 신을 받아들이는 것이다. 따라서 다윗이 블레셋으로 도망갔을 때 사울이 그를 더 이상 추적하지 않은 것은 블레셋 땅까지 그의 통치 관할이 미치지 못하기 때문이 아니라, 사람들의 마음속에서 다윗은 우상 숭배자가 되었고 그것은 다윗은 이스라엘 왕이 될 수 없는 조건으로 충분했기 때문이다.
8. 히브리어 하암(העם). 사무엘서에서 이 단어는 이스라엘 군대 전체를 지칭하는 말로 자주 사용된다(2:26; 10:13).
9. 전령은 전쟁에 패하여 도망했음을 뜻하는 히브리어 누스(נוס)가 아니라 전투 근무지를 이탈했음을 의미하는 히브리어 말라트(מלט)를 사용하고 있다. 이것은 이어지는 보고에서 그가 이스라엘 군인들이 패전하여 흩어졌다고 말할 때 '누스'를 사용한 점에서 확인된다.
10. 이 질문은 구약 성경에서 딱 두 번만 사용되는데 다른 한 번은 엘리가 아벡 전투의 결과를 전령에게 묻는 사무엘상 4장 16절이다.
11. 엘리의 경우 이런 이중적 의미가 이야기 전개에 매우 중요했는데, 그 이유는 아벡 전투는 엘리 가문에 대한 예언 말씀이 성취되는 전투였기 때문이다. 이에 대한 자세한 주석은 졸저《사무엘상》126쪽을 참조할 것.
12. 전령이 다윗의 첫 번째 질문 '에이 미제 타보'도 이중적 의미를 가짐에 주목하라.

13. 히브리어 원문은 탈영과 전쟁 패퇴를 동시에 의미할 수 있는 표현인 누스 민-하밀르하마(נוס מן המלחמה)이다. 전치사 민(מן)이 아니라 브(ב)가 사용되었다면 분명히 전쟁 패퇴만을 의미했을 것이다.
14. 전령은 이스라엘의 패배를 다음과 같이 표현한다. 나스 이스라엘 리프네 플리슈팀(נס ישראל לפני פלשתים). 탈영의 뉘앙스를 넣으려 했다면 전치사 리프네(לפני) 대신에 밀리프네(מלפני)를 사용했을 것이다.
15. "큰 고통"으로 번역된 히브리어 사바츠(שבץ)의 정확한 의미는 알 수 없다. 이 말은 구약 성경에 단 한 번 등장하며 랍비 문헌에서는 전혀 사용되지 않는 단어다. 따라서 "큰 고통"은 추측에 의한 번역이다. 학자들은 "어지러움", "경련", "고통", "사망 전의 근육 이완", "뇌출혈" 등 다양한 번역을 제안한다. 하지만 샤바츠가 죽음보다 더 두려운 것이라는 점에서, "고통"이 적절한 듯하다. "목숨이 아직 네게 완전히 있으므로"로 번역된 히브리어 원문(כי כל עוד נפשי בי)도 해석하기 어렵기는 마찬가지다. 많은 학자들은 콜-오드(כל עוד)를 생략할 것을 제안하지만, 그 말이 치명상을 입은 사울에 의한 것이라는 점을 고려하면 문장 자체가 혼란스러운 허사들을 가지고 있는 것이 납득될 수 있다.
16. 사울이 자신을 왕으로 기름 부은 선지자 사무엘을 마지막으로 만나기 위해 엔돌의 무당을 찾아간 것도 이 때문이다(삼상 28:5-6 참조).
17. 성경에서 모순되어 보이는 부분들을 조화시킴으로써 말씀의 통일성을 유지하려는 동기.
18. 일부 학자들은 궁사들이 보통 병거를 타고 이동했으며, 길보아 산에서도 병거가 다닐 만한 길이 있을 수 있으므로, 전령의 진술 중 이 부분을 거짓말로 볼 확증은 없다고 주장한다. 물론 그들이 이야기하는 것처럼 확증은 없지만, 전령의 말의 일반적 의미를 생각했을 때 그 말의 신빙성에 대한 의심은 충분히 가질 수 있다. 내러티브 저자가 의도한 바도 전령의 말을 '합리적 의심'이 가능하도록 만드는 것이었을 것이다.
19. 왕을 죽이는 것이 죽을죄임을 전령이 인지했다는 것을 전제로 한 해설이다.
20. 지금까지 전령은 의도적으로 자신의 신분을 감추어 왔다. "너는 어디서 오느냐?"라는 다윗의 첫 질문에 그는 자신의 출신을 밝힐 기회를 얻었으나

지나쳤고, 사울의 죽음을 목격하게 된 경위를 설명할 때 자신이 어떤 자격으로 전쟁에 참여하게 되었는지도 "우연히 길보아 산에 있게 되었다"고 말함으로써 밝히지 않았다.

2 참된 애통자

1. 히브리어 구약 성경을 예수님 시대의 아람어로 번역한 성경.
2. 세페르 하시르(ספר השיר) "노래의 책"에서 요드(י)와 쉰(ש)의 위치만 바꾸면 세페르 하야샤르(ספר הישר) "의인 열전"이 된다.
3. 보통 "높은 곳", "산"으로 번역되는 바마(במה)의 본래의 의미는 "몸통"이다. 이 말이 전치사 알(על)과 함께 쓰이면 그것의 의미는 "꼿꼿이 서서"가 된다. McCarter, *II Samuel*, 68.
4. 개역개정 "제물 낼 밭."
5. Alter, *The Story of David*, 22.
6. McCarter, *II Samuel*, 75-76 참조.
7. 비슷한 예로 에훗이 뚱뚱한 모압 왕 에글론을 죽인 일을 들 수 있다. 에글론이 "송아지"를 뜻함을 고려하면 에훗이 에글론을 암살한 것은 하나님께 살진 송아지를 드린 행위로 이해될 수 있다.
8. Woodhouse, *2 Samuel*, 62.
9. 시작과 끝에 동일한 모티브의 어구를 배치하는 수사법.

3 순종의 왕

1. 히브리어 바예히 아하레 켄(ויהי אחרי כן)은 시간의 경과와 함께 장면의 전환을 암시하는 구절이다.
2. Baden, *Historical David*, 97.
3. Baden, *Historical David*, 98.
4. 사무엘하 2장 1-2절에 "올라가다"는 동사가 다섯 번이나 반복된다. 시글락은 유다 광야(=평지)에 위치하는 반면 헤브론은 유다 고원지대에 위치하기 때문에 "올라가다"라는 어법이 자연스럽다. 그러나 그것은 다윗이 헤브론으로 가는 여정이 왕위에 오르는 길임을 암시한다.
5. 성경 저자는 다윗의 질문에서 의도적으로 방향의 전치사 라메드(ל) 대신

에 정착의 뉘앙스를 가진 전치사 베이트(ב)를 사용함으로 이를 잘 드러낸다 (Alter, 202).

6. 베이든은 다윗이 사울의 아내 아히노암을 취함으로 사울에 대한 쿠데타를 시도했다고 주장한다.
7. 야곱은 세겜의 아버지 하몰로부터 은 100냥으로 세겜 땅 한 필지를 샀다(창 33:19). 이는 거주를 위한 것이었다. 그곳에 제단을 쌓고 엘엘로헤이스라엘로 불렀으나, 곧 디나 사건으로 벧엘로 이주하게 되며 결과적으로 그 땅을 버렸다.
8. Baden, *Historical David*, 97-98.
9. 이것은 "다윗이 여호와 앞에 번제와 화목제를 드렸다"(삼하 6:17)라는 기록에 근거해 다윗이 제사장을 거치지 않고 직접 제사를 드렸다고 생각할 필요가 없는 것과 같다.
10. "유다 사람들이… 다윗을… 왕으로 기름 부었다"(4a)는 구절은 정치에서 백성들의 뜻이 곧 하나님의 뜻이고 하나님의 뜻이 곧 백성의 뜻임을 보여 준다. 왕이 될 것이라는 하나님의 예언을 받았어도 다윗이 민심을 얻지 못했다면 그는 결코 왕이 될 수 없었을 것이다. 그리고 블레셋의 용병이 된 다윗으로부터 민심이 떠나지 않은 것은 하나님이 하신 일이다.
11. 이 숫자는 출애굽한 이스라엘인들의 수에 비해 턱없이 낮은 것이다. 고고학자들이 성경의 숫자에 문학적 과장이 있다고 생각하고, 당시의 마을 수, 규모, 농업 생산력, 다른 비슷한 지역의 인구 등을 고려해 인구수를 추정한 것이다. 고고학자들의 추정치가 절대적으로 옳은 것은 아니지만, 성경의 숫자를 또한 문자적으로 받아들이는 것도 옳지 않다. 분명한 것은 당시 유다 지역의 인구는 '왕정'을 이룰 만큼 많지 않았을 것이라는 점이다.

4 이스보셋 왕국의 성립

1. 사울의 군대에 쫓기던 다윗을 위로하고 용기를 주기 위해 요나단이 그를 유대 광야로 찾아갔을 때 성경 본문은 요나단이 "그[다윗]의 손을 강하게 했다"라고 표현한다(삼상 23:16).
2. 블레셋 장교가 여호와의 궤가 이스라엘 진영에 들어왔다는 소문에 사기를 잃은 군사들을 격려하면서 "용사가 되라"로 말한다. 이것은 힘을 내어 싸우

자는 뜻이다(삼상 4:9).

3. 사울의 아들이 몇 명이었는지는 분명하지 않다. 분명한 것은 정실 아내 아히노암에게서 낳은 아들 여러 명과 첩 리스바에게서 낳은 두 명이 구분된다는 사실이다. 전자는 요나단, 이스위, 말기수아, 아비나답, 이스보셋(에스바알)을 포함하며(삼상 14:49; 삼하 2:8-10; 대상 8:33; 9:39), 후자는 알모니와 므비보셋을 포함한다(삼하 21:8). 사울의 아들 므비보셋은 요나단의 다리 저는 아들 므비보셋과 다른 인물이다.
4. 이것은 사무엘서 저자가 에스바알이라는 본명 대신(대상 8:33) 이스보셋이라는 가명을 쓴 것에서도 드러난다. 사무엘서 저자는 '여호와의 사람'을 의미하는 에스바알 대신 '수치스러운 아들'을 의미하는 이스보셋이라는 이름을 사용한다. 히브리어 바알은 가나안의 풍우신을 가리키기도 하지만, 자주 '주인'의 의미로 여호와 하나님을 지칭하기도 했다.
5. Robert A. Coughenour, "A Search for Mahanaim," Bulletin of the American Schools of Oriental Research 273 (1989): 57-66.
6. 만약 2년을 문학적 상징으로 이해한다면 그것은 사울의 통치 기간 2년과 연결된다. 사무엘상 13장 1절에 따르면 사울은 한 살에 왕이 되어 2년 동안 다스렸다. 2년은 왕이 다스릴 수 있는 가장 짧은 기간을 상징할 수 있다. 사울과 그의 아들의 통치에 이렇게 짧은 통치 기간이 부여된 것은 그들의 왕국이 구속사적으로 그다지 의미가 크지 않음을 보여 준다.
7. 어떤 점에서 아브넬은 제2인자로서 국가를 운영하는 탁월한 능력을 가졌다. 아브넬에게는 제대로 된 주인이 없어 자신이 수렴청정하였지만, 그에게 제대로 된 주인이 있었다면 요셉과 같은 인물이 되었을 가능성이 있다.

5 남북 대립

1. "놀게 하자"로 번역된 히브리어 이사하쿠(ישחקו)는 "이삭(ישחק)"의 이름을 연상시킨다. 이 둘은 같은 히브리어 어근에서 파생된 단어일 뿐 아니라, 하나님의 말씀을 농담으로 여겨 웃은 것이 심각한 저주로 이어진 것처럼 마치 놀이로 시작한 전쟁이 무고한 생명이 많이 희생되는 결과로 이어진다.
2. 아브넬이 아사헬에게 "네가 아사헬인가?"라고 물었을 때 아사헬이 히네니(הנני)("내가 여기 있습니다")라고 대답하지 않고 아노키(אנכי)("나다")라고 대답

한다. 전자는 종이 주인에게 하는 대답이고, 후자는 장군이 적장에게 하는 굴기의 자기 선언이다

3. 아가서에서도 매력적인 신랑이 산과 언덕을 넘어 달려오는 들노루에 비유된다(아 2:9). 다윗도 사울과 요나단을 위한 애가에서 요나단을 쯔비 즉 노루에 비유했다(삼하 1:19).
4. 일반 병사들이 전투에서 약탈하는 단골 물품 가운데 의복과 장신구 등이 있다. 사울과 요나단을 위해 지은 애가에서 다윗은 이스라엘의 여인들이 사울의 군대를 인하여 얻게 된 의복과 장신구등을 언급한다(삼하 1:24). 드보라도 가나안 장군 시세라의 귀환을 기다리는 여인들이 그들의 남자들이 전쟁터에서 의복을 가져올 것을 기대하는 장면을 그린다(삿 5:30)
5. 성경 저자는 아브넬의 부하를 지칭할 때 "졸개, 아이들"을 의미하는 에베드(עבד)뿐 아니라 "남자, 장정"을 의미하는 이쉬(איש)(아래 21절)도 사용한다. 여기서 이쉬 대신에 에베드를 사용한 것은 의도적인 것으로 보인다.
6. 이들은 아브들가 죽은 장소에 나중에 도착한다. 23절 후반부를 참조할 것.
7. 기브온에서 마하나임까지의 실제 여행 거리는 80킬로미터 이상이고, 유대 군인들은 베들레헴에 들려 장례식을 하고 40킬로미터 떨어진 헤브론까지 내려가야 했다. 하루 밤에 여행하기가 쉽지 않은 거리다. 일부학자들은 직선 거리를 염두에 두고 하룻밤에 여행할 수 있는 거리라고 주장하지만, 고대인들의 도로에 근거한 실제 여행 거리는 하룻밤에 여행하기 힘든 거리임이 분명하다. 우리는 여기서 성경 저자가 전쟁 현장에서 빨리 벗어나고 싶은 마음을 통해 전쟁의 참혹성, 무의미성을 표현하기 위해 그들의 귀향을 하룻밤의 사건으로 묘사했을 가능성을 배제해서는 안 된다. 실제로 여러 날 벌어진 사건을 하루에 벌어진 일처럼 그리는 텔레스코핑(telescoping) 기법이 고대 역사가들에 의해 자주 사용되었다.
8. 아래 28절을 참고하라. 휴전 협상 후 요압의 군인들은 "이스라엘의 뒤"를 쫓지 않았다고 기록된다.
9. 요압의 군대가 선점한 우위는 아사헬의 죽음으로 아브넬 군대에게 넘어가는 듯했으나, 본문은 그 둘의 전투가 무승부에 가까웠음을 이야기한다. 이것은 이스보셋의 북이스라엘과 다윗의 남유다가 공존한 시기 벌어졌던 잦은 국지전들이 한쪽의 일방적인 승리가 아니라 승패를 교환해가는 대등한 국면

을 형성했음을 보여 준다

10. 맥카터, 97
11. 개역개정에서 "비드론"으로 번역된 히브리어 하비트론은 고유명사가 아니다. 정관사 '하'가 이를 잘 보여 준다. 더구나 "비드론"으로 알려진 지명도 없다. 비트론은 "가르다, 쪼개다"의 의미를 가진 어근에서 파생된 것으로 그것이 지형을 가리킨다면 "계곡길" 정도로 번역될 수 있다.
12. 구약을 해석할 때 신약의 복음 사건과 연결시키는 일이 언제나 환영받는 것은 아니다. 이 부분도 마찬가지다. 인간 정치적 노력의 실패를 상징하는 아사헬이 베들레헴에 매장된 사건에서 예루살렘에서 태어날 메시아를 연상하는 것은 억측일 수 있다. 하지만 예수님이 구약의 성취임을 믿는 기독교인이라면 이런 시도가 의미는 있다.

6 아브넬과 이스보셋의 대립

1. 구약 성경의 내러티브 장르에 익숙하지 않은 독자들에게 이런 식의 설명이 생경할 수 있다. 즉 본문상의 미묘한 변화들이 그런 큰 의미를 담아낸다는 사실을 믿기 어렵다. 하지만 바로 구약 성경의 이야기 장르에서 저자가 자신의 메시지를 심는 방식이 본문 언어상에 다양한 변화를 만드는 것이다. 이 때문에 학자들은 구약 성경 내러티브의 문체적 특징 중 하나를 "섬세기교적"이라고 표현한다. 프로반 외 2인, 《이스라엘의 성경적 역사》, 197쪽 참조.
2. 보다 자세한 내용은 Baden, *Historical David*, 188 이하 참조.
3. 다윗이 아비가엘을 취한 후 얼마나 오랫동안 도망 생활을 했는지 확실히 알 수 없다. 최소 2년이라 말한 것은 다윗이 아비가엘을 아내로 맞은 때는 1년 4개월 지속된 블레셋 망명 생활 이전이기 때문이다. 또한 아비가엘 사건이 다윗의 광야 생활 중반쯤 발생했다면 아비가엘은 5~7년 정도를 광야에서 다윗과 함께 도망 다녔을 것이다.
4. 사울의 가족에 대한 최초의 언급은 사무엘상 14장 49절에 나온다. 비록 사울이 취한 모든 여자와 사울이 낳은 모든 자녀들이 언급되지 않지만, 그곳에는 가장 중요한 아내 아히노암과 그녀로부터 얻은 세 아들(요나단, 이스위, 말기수아)과 두 딸(메랍과 미갈)이 언급된다. 사울 아들들의 명단은 사무엘상 31장 2절에 다시 등장한다. 그 문맥은 사울 가문의 몰락이다. 사울과 그의 세

아들이 길보아 전투에서 모두 전사했음을 보고하는 과정에서 세 왕자의 이름이 언급된다. 문제는 사무엘상 14장 49절의 명단과 사무엘상 31장 2절의 명단이 일치하지 않는다는 것이다. 전자에서 두 번째로 언급된 이스위가 후자에서는 다른 이름 아비나답으로 대체된다. 이 둘은 동일인일까 다른 사람일까? 동일인물이라면 성경 저자는 왜 이스위라는 이름을 아비나답으로 대체해 버렸을까? 다른 사람이라면 이스위의 운명은 어떻게 된 것인가? 일부 학자들은 이스위가 이후에 사울의 왕권을 이어받은 이스보셋과 동일인물이라고 주장한다. 충분히 가능한 이야기다. 더구나 이스위가 "여호와의 사람"을 의미한다면 이스보셋의 본명인 이스바알의 의미 "주님의 사람"('바알'은 주인을 뜻함)과도 잘 연결된다. 그럼에도 사무엘상 31장 2절의 문맥이 사울 가문의 온전한 몰락이라는 점 그리고 사무엘하 3장에서 사울의 뒤를 이어 왕이 된 이스보셋이 유명한 아브넬과 대조적 인물 즉 전혀 알려지지 않은 인물로 의도되었다는 점을 고려하면, 이스보셋이 아히노암이 낳은 아들 중 하나일 가능성은 적어 보인다. 그렇다면 이스보셋은 사울의 첩 리스바의 아들이었을 가능성은 없는가? 만약 그렇다면 아브넬이 사울의 첩 리스바와 동침했을 때 꼭두각시 왕에 불과한 이스보셋이 아브넬과 대립한 점이 보다 잘 이해된다. 아브넬이 비록 실질적 통치자였지만 스스로 왕이 되려하지 않음을 누구보다도 잘 알았던 이스보셋이 단순히 사울의 첩과 동침한 것으로 최고의 장군 아브넬과 대립하지는 않았을 것이다. 물론 사무엘하 21장에 언급된 리스바의 두 아들에는 이스보셋은 없다. 그러나 그 이유는 그 당시 이스보셋은 이미 죽었기 때문일 것이다. 삼하 21장에서 리스바의 두 아들이 언급된 문맥은 사울의 언약 위반에 대한 죄를 물어 다윗이 그들을 기브온 사람들에게 넘겨주는 것이었다.

7 다윗과 아브넬의 협상

1. 이런 점에서 요압이 아브넬을 죽인 것은 압살롬이 암논을 죽인 것과 유사하다. 요압과 압살롬 모두 가족에 대한 복수를 명분으로 내세웠지만, 실은 자기의 정적을 살해한 것이다.
2. Alter, *The Story of David*, 211.

8 아브넬의 죽음

1. 본문은 전령이 누구인지 밝히지 않지만, 이후에 다윗이 요압을 저주할 때 아비새의 이름을 함께 언급하는 것으로 보아, 아브넬을 헤브론에서 호송해 온 전령이 아비새일 가능성이 있다.
2. 성경 저자는 다윗의 범죄를 은폐하려 했는가? 성경 저자는 아브넬이 헤브론에 내려와 다윗과 언약을 맺고 다시 돌아가는 길에 요압에게 살해당하는 장면을 묘사하면서 그 살해 사건에 대한 다윗의 책임이 전혀 없음을 강조하고 있다. 성경 저자는 다윗이 아브넬을 떠나보낼 때 그가 무사했다는 말을 세 번이나 반복한다(21, 22, 23절). 요압이 피의 보복권을 아브넬에게 행사했다는 내용도 두 번이나 반복된다(27, 30절). 또한 요압이 피의 보복권을 행사한 것이라면 요압에 대한 저주는 정당하지 않음에도 성경 저자는 다윗의 저주까지 기록한다. 이 때문에 사무엘상 16장부터 사무엘하 5장까지를 다윗의 변증서로 이해하는 학자들 중 일부는 다윗이 아브넬의 암살을 요압에게 직접 지시했다고 주장한다. 하지만 다윗이 피 흘림 없이 하나님의 뜻대로 왕이 되었음을 주장하기 위해 성경 저자가 다윗의 "깨끗함"을 애써 강조하는 것이라는 주장이다. 즉 일부 학자들에 따르면 다윗의 왕 됨이 하나님의 전적인 뜻에 따른 것임을 보여 줄 목적으로 성경 저자는 다윗이 다른 왕위 찬탈자들처럼 유혈 쿠데타로 왕위에 오른 사실을 은폐했다는 것이다. 이런 주장의 근거는 고대 근동에서 작성된 비슷한 이야기들이다. 소위 왕궁 변증기를 남긴 왕들은 대체로 왕위 찬탈자들이다. 왕의 아들이 아닌 평민이 왕이 됐을 때 자신의 왕위 등극을 세상과 후대에 변호할 필요가 있었다. 대체로 학자들은 사무엘상 16장에서 사무엘하 5장까지의 내용을 바로 이런 변증서의 관점에서 이해한다. 그러나 사무엘서를 왕궁 변증기로 이해한다고 해서 반드시 그 내용이 꾸며진 것으로 볼 필요는 없다. 오히려 일반적 왕위 찬탈자의 예들은 그렇지 않았던 다윗의 경우를 의심의 눈으로 보게 했을 것이며, 바로 그 때문에 다윗에게 있어 왕궁 변증서가 필요했을 것이다. 당시도 지금도 다윗이 사람들을 많이 죽이고 왕위에 올랐다고 보는 견해들이 존재한다. 다윗의 경우 왕위 변증기는 그런 견해들을 수정하기 위한 것이지, 다른 일반적 왕증 변증기처럼 왕위 찬탈의 사실을 은폐하기 위한 것이 아니었다.
3. 재미있는 것은 이 맹세가 블레셋과의 전투에서 사울이 자신의 군대에 부과

시킨 금식 맹세를 연상시킨다는 것이다—"저녁때까지 내가 내 원수들에게 복수할 때까지 음식을 먹는 자는 저주를 받을지어다." 다윗의 금식과 사울의 금식은 분명 그 문맥이 다르다. 하나는 애통이고 다른 하나는 전투이다. 또한 다윗의 금식은 일종의 정치적 행위인 반면, 사울의 금식은 주술적 행위이다. 다윗의 금식 맹세는 지켜졌고, 사울의 금식 맹세는 요나단에 의해 파기되었다.

4. 요압이 아브넬을 죽여 동생 아사헬에 대한 복수를 한 것은 부당한 것이라 할 수 없지만, 다윗을 방문하고 돌아가는 외교 사절을 다윗의 신하가 다윗 몰래 암살한 것은 분명 불법적인 것이다.

9 하나님 나라의 가치

1. 사울이 자기 아들을 "바알의 사람"으로 지은 이유는 그 당시 바알이 가나안의 신이 아니라 "주님"의 의미로 사용되었기 때문일 것이다. 즉 에스보셋은 "바알 신의 사람"이라는 뜻이 아니라 "주님의 사람"이라는 뜻이 된다. 이런 의미에서 에스바알은 매우 경건한 이름이었다.
2. (וירפו ידיו)"그의 손들이 떨어졌고"
3. 이스보셋과 레갑과 바아나는 주종 관계이므로 후자가 "종(עבדים)" 혹은 "시종(נערים)"으로 불려야 함에도 불구하고 아나쉼(אנשים) "사람"으로 불린 것에 주목하자. 다윗을 측근에서 섬기는 다윗의 정예 병력이 "그의 사람들"(삼하 5:6)로 불리는 것에 비추어 생각하면, 그것은 레갑과 바아나가 이스보셋에게 얼마나 큰 신뢰를 얻은 자였는지를 짐작할 수 있다.
4. ESV는 "Ish-bosheth, Saul's son"으로 번역한다.
5. 칠십인역은 1절의 해당 구절을 "므비보셋, 사울의 아들"로 번역한다. 이때 "아들"은 부자관계가 아니라 할아버지와 손자의 관계를 지칭한다. 히브리어 벤은 "아들"의 의미뿐 아니라 "손자" 나아가 "후손"을 가리킬 수도 있다.
6. 이것은 3장에서 이스보셋의 왕국이라는 말 대신 "사울의 집"이라는 말을 사용한 것을 연상시킨다. 사무엘서 저자는 이를 통해 이스보셋의 정통성에 의문을 제기한다.
7. 일부 학자들은 다윗이 결국 므비보셋을 기브온 사람들의 복수의 손에 넘겨주었다고 주장한다. 즉 다윗이 기브온 사람들에게 내어 준 리스바의 아들 므

비보셋이 실은 요나단의 아들 므비보셋과 동일인이라고 주장한다(Baden, 저자). 하지만 이것은 기브온 사람들에 의해 살해당한 므비보셋과 절름발이 므비보셋을 구분하려는 사무엘서 저자의 의도에 위배되는 해석이다. 사무엘서 저자는 전자를 사울의 첩 리스바의 아들, 후자를 요나단의 아들로 구분한다.

8. 본문을 살펴보면 6절은 7절이 말해주지 않는 것을, 7절은 6절이 말해주지 않는 내용들을 전해 준다. 아마 사무엘서 저자는 이스보셋의 암살을 다룬 사료들에서 이 두 상이한 구절을 발견한 후 그 중 하나를 선택하는 대신 그 둘을 모두 보존한 것 같다.
9. 신정 정치 체제에서 벌어지는 특수한 상황을 오늘 우리의 '일반은총'적 상황에 적용해서는 안 된다. 여리고 정복 때, 이스라엘이 원주민들을 죽이고, 삶의 터전을 빼앗은 일은 신정 정치 체제에서 단회적으로 발생한 것으로 오늘날 반복될 수 있는 사건으로 이해해서는 안 된다.

10 이스라엘의 왕이 된 다윗

1. McCarter는 아예 모음을 다시 찍어 "대표자"의 의미를 부여한다(시브테이 → 쇼브테이).
2. 이스라엘의 사회 구조는 가족 관계가 확대된 것이다. 야곱의 열두 아들이 이스라엘 열두 지파의 조상이다. 이스라엘을 지파의 관점에서 생각하면 모든 이스라엘 백성들은 형제인 셈이다.
3. 골육관계는 종종 친밀함에 대한 은유로 사용된다. 아담이 하와를 자신의 뼈 중에 뼈요 살 중에 살이라고 말한 것(창 2:23)도 친밀함을 강조한 것이다. 하와가 아담의 갈비뼈로 창조되었다는 사실도 하와와 아담이 누릴 친밀한 관계를 상징한다.
4. 히네누와 히네니의 차이는 대명사에 있다. 전자는 "우리가 여기 있습니다"로 번역될 수 있고 후자는 "내가 여기 있습니다"로 번역될 수 있다. 그러나 그 차이가 그것의 관용적 의미에는 영향을 주지 않는다.
5. 히브리어 문장은 어디에서 끊어 읽느냐에 따라 의미가 달라질 수 있는데 이것이 그 예이다. 히네누에서 끊어 읽으면 "우리가 여기 있습니다. 당신의 뼈와 당신의 살이 바로 우리입니다"로 번역되고, "당신의 뼈"(아츠메카עצמך)에서

끊어 읽으면 "보세요. 우리는 당신의 뼈이며, 당신의 살이 바로 우리입니다"로 번역된다.

6. 히브리어 나기드는 "말하다" 혹은 "앞서다"를 의미하는 어근(נגד)에서 파생된 말로 수동의 의미를 가진다. 따라서 나기드는 "듣는 자(=순종하는 자)" 혹은 "앞에 있는 자(=솔선수범하는 자)"를 의미한다.
7. 물론 '민심'이 언제나 천심은 아니다. 사울이 용변을 보기 위해 동굴에 들어왔을 때, 다윗의 부하들은 모두 하나님이 주신 기회라고 여겨 다윗에게 사울을 죽이라고 권유한다. 그러나 다윗은 부하들의 뜻을 따르지 않았다.

2부 다윗 왕의 통치

11 예루살렘의 정복

1. "왕이 되다"와 "통치하다"는 모두 동일한 히브리어 동사 말라크(מלך)로 표현된다.
2. 다윗이 헤브론에서 유다 왕이 되었을 때가 30세였다(삼하 5:4). 다윗이 그로부터 7년 6개월 후(37.5세)에 온 이스라엘의 왕이 되는데, 그때 이스보셋의 나이가 42세이다(삼하 2:10). 따라서 다윗과 이스보셋의 나이 차이는 최소 5년이다. 요나단이 사울의 장남이고 이스보셋은 사울의 4남(대상 9:39)이라면 요나단과 이스보셋의 나이 차이도 최소 5년일 것이다. 그러면 다윗과 요나단의 나이 차이는 최소 10년이다. 다윗이 골리앗을 무찌를 때 요나단이 사울 군대의 장군이었음을 고려하여 최소 20세였다고 가정하면 다윗의 나이는 10세에 불과했다. 이 경우 다윗은 기름부음을 받은 후 약 20년 후에 왕이 된 것이다. 하지만 이스보셋이 사울의 차남일 가능성도 있다(사무엘상 14장 49절의 이스위가 이스보셋과 동일인물이라고 가정할 때). 그렇다면 요나단과 나이 차이가 거의 없을 수도 있다. 그러면 다윗이 골리앗을 무찔렀을 때의 나이가 14세 정도가 된다. 그러면 다윗이 기름부음을 받은 후 최종적으로 왕이 될 때까지 16년이 걸린 것이다.
3. 기대 수명은 건강한 사람들의 평균 수명을 말한다. 질병이나 사고로 죽는 사

람까지 통계에 포함하는 평균 수명보다 조금 높다. 일반적으로 기대 수명은 평균 수명보다 10년 정도 높다. 당시의 평균 수명은 40년 정도였음을 고려하면, 기대 수명을 50세라 말해도 무리가 없을 듯하다.

4. 비록 5장에 기록된 내용들이 고대근동 왕정의 외형적 형식들이지만, 그렇다고 사무엘서 저자가 그 형식들을 갖추어가는 다윗을 하나님의 함께하심의 대상으로 만드는 것을 막지 않는다. 어차피 이스라엘의 왕정은 그 철학은 하나님 나라의 신학에 근거하지만, 그것의 형식은 주변국의 형식을 따를 수밖에 없다. 외적으로 보았을 때 다윗 왕정은 고대 근동의 왕정과 그다지 다르지 않았을 것이다.
5. 사무엘서 저자는 '시온 요새'를 친절하게 '다윗의 도시'라고 설명해 준다. 9절에 다윗이 그 요새를 '다윗의 도시'로 개명했다는 설명이 나오는 것으로 보아, "즉 다윗의 도시"라는 말은 후대 서기관의 노트가 본문으로 들어온 예인 듯하다. 마이클 피쉬배인의 《성경 내적인 해석》에서 "서기관적 해석"을 참고하라.
6. 쿠걸, 711-712.
7. 사무엘하에서 이것은 7장과 24장에 분명히 암시된다.
8. 여부스인들은 맹인을 다리 저는 자보다 먼저 언급하고, 8절 후반부의 유래 설화적 언급에서도 마찬가지다. 하지만 다윗의 진격 명령에서는 다리 저는 자가 맹인보다 먼저 언급된다. 더구나 다윗의 진격 명령에는 그 둘이 "다윗이 마음으로 싫어하는 자들"로 부연 설명된다. 일부 학자들은 여기에 다리 저는 자 므비보셋에 대한 다윗의 증오가 간접적으로 드러났다고 주장한다. 사무엘서 저자는 다윗을 요나단과의 언약에 충실했던 사람으로 그리려 했기 때문에 다윗이 요나단의 아들 므비보셋을 선대했다는 내용을 기술하지만, 다윗이 므비보셋의 종 시바의 말만 듣고 그의 땅을 몰수한 점, 또한 기브온 사람들에게 동명이인이지만 비슷한 나이였을 사울의 아들 "므비보셋"을 죽게 한 점 등을 들며, 역사적 다윗에게 므비보셋이 골칫거리였을 가능성을 제안한다.
9. "다리 저는 자와 맹인을 공격하라"라는 취지의 번역들은 히브리어 동사 나가(nāgaʿ)가 한 번은 "도달하다"로 다른 한 번은 "공격하다"로 쓰이며, 후자의 경우 에트-하피스힘 베에트-하이브림을 목적어로 가진다고 전제한 것이다.

하지만 그 히브리어 동사는 직접 목적어 편사 에트와 함께 사용되지 않는다. 마소라 본문은 훼손 본문인 듯하다.

12 궁전 건축, 하렘, 블레셋 정복

1. 중요한 것은 그 아들들의 명단이 이후에 전개될 사무엘하 이야기의 복선이 된다는 것이다. 그 명단에 언급된 아들들인 암논, 압살롬, 아도니야를 둘러싸고 벌어지는 이야기들이 사무엘하 후반부의 내용들을 형성한다.
2. 다윗이 예루살렘에 남긴 10명의 여자도 "첩 아내"로 표현된다(삼하 15:16).
3. 17절에 전쟁 소식을 들은 다윗이 궁에서 "요새로 내려갔다"는 표현에서 우리는 다윗의 궁전이 여부스 사람들의 사용하던 요새보다 높은 지대에 지어졌음을 알 수 있다.
4. 구약 성경에서 르바임은 아브라임 시대에 가나안에서 살던 '거인 족속'과 연관되기도 한다(창 14:5). 모압인들은 이 거인들을 "에밈"으로 불렀고, 암몬인들은 이들을 "삼숨밈"으로 불렀다(신 2:11, 20). 바산의 거인 왕 옥도 르바임 족속 중의 하나였다(신 3:11).
5. 이후에 그려지는 다윗의 전투에서 신탁은 아무런 역할도 하지 않는다.
6. 사무엘서 저자는 사울을 하나님의 계시로부터 철저히 단절된 존재로 그린다. "사울이 블레셋의 진을 보고 두려워하여…여호와께 물었으나, 여호와께서는 꿈으로도, 우림으로도, 선지자로도 대답하지 않으셨다"(삼하 28:5-6). 반면 다윗에게는 하나님의 뜻을 구하는 통로가 늘 마련되어 있었다. 아비아달이 에봇을 들고 다윗을 수행했고(삼상 22:20 참고), 선지자들(갓과 나단)이 필요할 때마다 나타나 다윗에게 조언하였다(삼상 22:5). 그리고 하나님의 특별한 인도를 받는 다윗의 장점을 부각시키기 위해 사무엘서 저자는 다윗이 신탁을 구하는 장면을 마치 다윗과 하나님 사이의 직접 대화인 것처럼 묘사한다. 이 때문에 후대에 다윗을 선지자로 간주하는 유대 전통이 생겨났다(행 2:29-31 참조).
7. 이것을 문자적으로 이해하면 다윗이 물을 막았다 한꺼번에 흘려보내는 전술을 사용했다는 의미일 것이다. 함무라비가 즉위 38년에 "홍수로 에쉬눈나를 물리쳤다"는 기록이 있는 것처럼 고대 전쟁에서 물길을 사용한 군사 전략은 매우 잘 알려진 것이다.

8. 이것은 사무엘의 에벤에셀의 승리가 장로들이 왕을 요구한 배경이 되었고, 하나님이 선택하신 왕이 다윗이었다는 사실로부터도 분명해진다.
9. "가져갔다"고 번역된 히브리어 나사(נשא)가 "태우다"로 번역될 수 있다는 주장은 잘못된 것이다. 왜냐하면 나사가 "태우다"의 의미로 사용된 것은 중세 히브리어에서이기 때문이다.
10. 18절과 22절에서 블레셋인들이 르바임 골짜기에 진쳤다는 말이 반복된다.
11. 삼하 2:8-9에 따르면 이스보셋의 통치 영역이 이스르엘, 에브라임, 베냐민을 포함한 것으로 기록되지만, 그가 끝까지 수도를 요단 동편 마하나임에 유지했던 것으로보아 그 지역의 실질 통치자는 블레셋이었던 것 같다. 블레셋은 길보아 전투 이후 요단 서편의 이스라엘의 영토를 점령하였다. 블레셋을 이스라엘의 영토에서 몰아내어, 이스라엘 영토를 길보아 전투 이전으로 회복시킨 것이 다윗이었다.

13 웃사의 죽음

1. 언약궤가 예루살렘에 안치되기 전에 머물렀던 곳들이 모두 북 이스라엘의 도시들(길갈, 벧엘, 실로)이었다. 이 때문에 학자들은 언약궤가 북방 지파들을 대표하는 종교 상징물이라고 주장한다. Anchor Bible, "Ark of the Covenant"를 보라.
2. BC 586년 바빌론의 군대가 성전에서 탈취한 물품들의 목록에서 언약궤가 언급되지 않은 것으로 보아, 당시 언약궤는 예루살렘 성전에 없었던 것으로 여겨진다. 그러나 언약궤가 언제 왜 성전에서 사라지게 되었는지는 확실히 알 수 없다. 분명한 것은 솔로몬 이후 역사에서 언약궤가 다시는 언급되지 않는다는 사실이다.
3. 여기서 "백성"으로 번역된 히브리어 암('am)은 문맥에 따라 '군사들' 혹은 '군대'의 의미로도 쓰인다(출 14:6; 민 20:20; 21:23; 31:32; 신 2:32; 3:1; 20:1; 수 8:1; 10:7; 11:4; 삿 7:1; 9:32; 11:20; 20:26; 삼상 4:3; 13:5; 15:4; 23:8; 26:5; 삼하 1:4; 2:26; 10:13‖1 C 19:14; 2 S 11:7; 18:2; 20:15; 왕상 16:15; 왕하 8:21; 겔 17:15; 26:7).
4. 성경에 나온 숫자를 문자적으로 해석하면 여호와의 궤는 블레셋 사람들에 의해 탈취된 후 약 70년 만에 예루살렘의 성소에 안치된다. 궤가 블레셋에 약 7개월간 머물고(삼상 6:1), 기럇여아림에서 약 20년간을 더 머문다(삼

상 7:2). 사울의 통치 40년 동안(행 13:21), 궤가 계속 기럇여아림에 있다가 다윗이 왕이 된 후 얼마 되지 않아 예루살렘에 옮겼다고 한다면 약 70년의 햇수가 나올 수 있다. 하지만 사울의 통치 40년은 지나치게 크다. 삼상 13장의 전쟁이 일어날 때(사울 왕 나이 32세 혹은 42세)에 요나단이 20세였다면 그 때 다윗은 10세 소년에 불과했다. 다윗이 30세에 왕이 되었으므로, 사울의 통치는 20년 남짓할 수밖에 없다. 그렇다면 궤가 성소를 떠나 방황한 시기도 50년이 되는 것이다.

5. 궤가 블레셋 땅에 머물던 7개월은 차치하고서라도 50년간 머무른 기럇여아림도 가나안인들의 도시였다.
6. 사무엘하 5장 1절의 "모든 지파"는 "모든 지파의 대표들"을 의미한다. 모든 지파 사람들이 헤브론에 모일 수 없었음은 차치하고라도, "모든 지파"가 5:3의 "이스라엘의 모든 장로들"과 대구를 이룬다는 점에서도 확인된다.
7. 바후림은 삼하 3장에서 지명으로 언급된 적이 있다. 미갈의 남편이 떠나가는 미갈을 슬퍼하며 바후림까지 울며 따라왔다는 내용이 다윗의 정치적 행보가 부정적인 관점에서 묘사된 것이라며, 3만 명의 바후림으로 시작하는 본문에 기록된 다윗의 정치적 행보도 부정적인 뉘앙스를 가지는 것은 아닐까?
8. 마소라 본문 '미바알레 예후다'는 훼손 본문처럼 보인다. 마소라들의 강세를 액면 그대로 읽으면 '바알레 예후다'는 지명이 아니라 "유다의 주인들"을 의미하는 말이다. 물론 이 말의 정확한 의미는 알기 어렵다.
9. 사무엘상 14장 8절에 언급된 "하나님의 궤"는 에봇에 대한 오기인 듯하다. 칠십인역에서는 "에봇"으로 표기된다.
10. 하나님이 자신의 형상을 만들지 말라고 명령하신 이유는 이스라엘의 종교에서 보이는 우상이 신이 아니라 말씀이 곧 하나님이시기 때문이다(신 4-5장 참조).
11. 연약궤는 이방의 우상들처럼 신전의 가장 깊숙한 '지성소'에 보관된다.
12. "여호와"는 신성사문자에 '아도나이'의 모음을 붙여 생긴 말로, 실제 하나님의 이름과는 거리가 있다.
13. 사무엘상 4장에서 블레셋인들이 여호와의 궤를 전리품으로 취할 당시는 특별히 그들에게 재앙이 임하지 않았는데, 이것은 그 궤의 소개될 때 "이름

으로 불린다"는 언급이 없는 것과 문학적으로 관련 있을 수 있다.

14. 사무엘상 7장 1절에 따르면 아비나답의 아들로 언약궤의 보존을 책임진 사람은 엘리에셀이다. 아마 웃사와 아효는 엘리에셀의 아들, 즉 아비나답의 손자일 가능성이 높다. 보통 아들로 번역되는 히브리어 "벤" 은 아버지와 아들 관계뿐 아니라 직계의 남자 후손들을 모두 지칭하는 말이다. 더구나 이때가 아비나답의 아들 엘리에셀이 궤를 맡은 지 최소 50년이 지난 후라는 사실은 아비나답의 "아들"이 실은 손자를 의미함을 암시한다.
15. 히브리어 임 아론 하엘로힘(עם ארון האלהים)을 직역하면 "궤와 함께"이다.
16. 이 모든 불확실성에도 불구하고 문맥을 통해 우리는 아비나답의 '아들' 웃사가 여호와의 진노를 사서 죽게 되었다고 판단할 수 있다. 이에 대한 단적인 근거는 웃사가 죽은 위치이다. 앞서 우리는 4절의 후반부가 여호와의 궤 곁에 서 있는 사람을 웃사로 특정하지는 않았지만 3절과 비교하면 그것이 웃사였음을 살핀 바 있다. 또한 죽은 사람이 여호와의 궤 곁에 서있던 사람임을 특정한 7절에 근거해 우리는 아비나답의 장남 웃사가 죽었음을 확신할 수 있다.
17. 역대상 본문에서 하나가 생략되어 있고, 칠십인역에서도 하나가 생략되어 있다.

14 여호와의 궤가 예루살렘에 안치됨

1. 그렇다면 무엇이 궤를 죽음의 사자에서 복의 근원으로 바꾸어 놓았는가? 오벳에돔에 있던 3개월간 무슨 일이 벌어진 걸까? 본문은 이 질문에 대해 답하지 않는다. 구속사적 관점으로 볼 때 한 가지 흥미로운 것은 '죽음 모티브'와 '3'이라는 숫자가 함께 등장해 새로운 생명의 역사로 이어진다는 것이다. 웃사의 죽음이 있었지만, 3개월 만에 죽음의 궤가 복의 근원으로 변한 것이다.
2. 칠십인역에도 "여섯 걸음"에 대한 언급이 빠져 있다. 사무엘하 6장 13절에 대한 칠십인역을 보면 동물 제물이 외에 일곱 명의 가수(chorós)가 언급된다.
3. 히브리어 원문에 "내려다보다"의 목적어가 없다. 그 동사가 궤의 도착을 묘사하는 동사와 같은 형태(qātal)임을 고려하면, 미갈의 시선은 먼저 궤의 행렬 전체에 있다가 후에 다윗에게 집중된 듯하다.

4. 미갈과 다윗이 처음으로 대화한다. 이전에 미갈이 다윗에게 '달아나라'라는 말을 한 적은 있으나 다윗의 대답은 기록되지 않았다. "위엄 있다"로 번역된 히브리어는 "영광"의 뉘앙스를 가진 니크바드(נכבד)이다. 일터에 따르면 궤가 빼앗았겼을 때 떠나간 영광이 지금 궤의 귀환과 함께 다시 돌아오는 것인데, 미갈은 그것을 풍자적으로 다윗에게 사용한다(일터, 233).
5. 사무엘상 3장 3절이 암시하는 것처럼 여호와의 궤는 하나님'의 신탁을 받는 도구로도 활용되었다.

15 다윗 언약

1. 후에 솔로몬에게 성전 건축을 허락하신 것은 마치 이스라엘에 왕정을 허락실 때처럼 "성전" 개념에 대한 상당한 수정을 가한 후의 일이다.
2. 단순히 주의를 환기시키는 힌네와 달리 르에는 이성적 사고를 촉구한다.
3. 예리아(יריעה)는 이동식 주거 장막의 구성하는 천을 의미한다. 여기서 예리아가 제유법으로 사용되어 '장막'을 의미한다.
4. '마음'으로 번역된 히브리어 레브(לב)는 지성을 의미한다. 따라서 왕의 '마음에 있는 일'은 '왕이 계획하는 일'의 의미에 가깝다.
5. 신전은 건물 하나이고, 궁전은 다양한 용도의 건물들로 구성되기 때문에 신전보다 궁전을 짓는 데 더 많은 시간이 걸렸다.
6. 신도 인간처럼 거할 집이 필요하다. 신은 인간이 지어준 신전에서 살기 때문에, 사람들이 왕을 보려면 궁전에 가야 하는 것처럼 신을 보려면 신전에 가야 한다고 생각했다. 그곳에 안치된 우상은 신의 상징이 아니라 신 곧 그 자신이라 해도 과언이 아니다. 제사장들은 그 신을 모시는 하인들이다. 오늘날 교회는 사람들이 오는 것을 장려하지만, 옛날 신전에는 사람들이 오는 것을 제한했다. 마치 청와대가 일반인들의 출입을 제한하는 것과 같다. 특별한 날에만 제한적으로 일반인의 알현이 허용된다.
7. 예를 들어 사무엘하 1장 2절에 사용된 힌네("보라")는 사울의 진영에서 다윗에게 오는 어떤 전령에게 독자들의 주위를 환기시키는 기능을 한다. 이때 독자는 그 전령에 대한 저자의 묘사를 관찰하면 된다. 혹은 힌네가 사울의 진영에서 오는 전령을 다윗의 시점으로 보여 준다고 말할 수도 있다. 이 경우 독자들의 시점은 다윗의 시점과 일치하게 된다. 다윗과 마찬가지로 독자들

도 지금 멀리서 오는 전령을 바라보고 있다. 요약하면, 성경 저자가 힌네라는 말을 쓰면, 그것은 어떤 대상에 주위를 환기하는 것이고, 독자는 그 다음에 나오는 사실을 관찰하면 된다.

8. "왕의 마음에 있는 것을 무엇이든지 어서 하세요. 여호와께서 함께하십니다"라는 말은 사무엘이 사울에게 준 최초의 명령을 연상시킨다—"이 표징들이 당신에게 나타나면 당신의 손에 닿는 것은 무엇이든 하세요. 하나님이 당신과 함께하십니다"(삼상 10:7). 이것은 사무엘서 저자가 다윗의 행적을 사울과 비교하여 보여 주기 위해 의도한 것이다. 나단의 명령은 다윗이 듣고 싶어 한 내용이었지만 거짓된 것이고, 사무엘의 명령은 사울이 순종하기 매우 어려운 것이었지만 참된 것이었다. 사울은 사무엘을 통한 여호와의 말씀에 불순종하여 멸망을 자초하지만, 다윗의 경우 하나님이 개입하셔서 나단의 인간적 예언을 교정해 주신다.
9. 하나님은 '정적'인 신이 아닌 "미트할레크", 즉 움직여 역사하는 신", "오헬"과 "미슈칸"은 백성들이 거하는 거처이다(대상 17:5-6 참조). 창조 이야기에 신전 짓는 내용이 누락됨.
10. 마소라 모음은 "이스라엘의 지파들 중 하나"라는 번역을 지지하지만, 마소라 자음은 "이스라엘의 지파 지도자들 중 하나"로도 번역될 수 있다.
11. 이제로 번역된 히브리어 베아타(ועתא)는 주제를 전환할 때 쓰이는 유대인 어법이다.
12. 여호수아가 인용한 말씀은 "여호와의 종 모세의 명령"으로 지칭되지만, 그것이 아브라함의 언약과 연결되었다는 것은 설명할 필요가 없다.
13. "아버지들과 함께 누울 것이며"(12절)라는 표현은 "스올에 내려간다"는 말처럼 죽음을 가리키지만, 후자가 폭력과 비극의 죽음을 암시한다면, 전자는 축복과 평안의 죽음을 말할 때 자주 사용된다.
14. 행위수행적 발언이란 상황이나 상태의 변화를 발생시키는 발언을 의미한다. 판사가 피고인에게 "유죄"라고 선포함으로써, 피고인의 신분을 죄인 신분으로 만들어 버리는 것을 그 예로 들 수 있다. 히브리어에서는 주로 완료형으로 이 뉘앙스가 표현되는데 "선포한다"로 번역된 히브리어 히기드가 완료형 동사이다.
15. 하나님은 절대로 약속을 어기지 않는 분이기 때문에 굳이 행위수행적 발

화를 사용하지 않아도 됨에도 다윗 왕조에 대한 약속을 행위수행적 발화에 묶은 것은 그만큼 약속의 내용이 중요하다는 방증일 것이다.

16. 헤세드는 언약 관계를 전제로 한 상호적 의무를 지칭한다. 이것을 "충심" 혹은 "의리"로 번역할 수도 있다.
17. 물론 고대 근동에서 '신의 아들'이라는 표현은 왕을 지칭한다. 이스라엘 왕들의 대관식에서 제사장이 하나님을 대신하여 왕에게 "너는 내 사랑하는 아들이다. 오늘 내가 너를 낳았도다"(시 2:7)라고 선포한 것은 잘 알려진 사실이다.

16 다윗의 감사 기도

1. 한나의 기도는 열 절, 요나의 기도도 열 절이지만, 다윗의 기도는 열두 절이다.
2. 기도의 기본적인 자세는 손을 들고 서는 것이다. 여기서 다윗은 "앉아서" 기도한다. 이 기도 자세의 의미는 확실하지 않다. 성경의 인물이 "하나님 앞에 앉아서 말했다"고 표현된 경우도 다윗의 경우가 유일하다. 이것과 가장 가까운 예는 에스겔서 14장 1절과 20장 1절이다. 에스겔서에서는 이스라엘의 장로들이 에스겔에게 찾아와 그 앞에 앉아 하나님의 말씀을 받는다.
3. 히브리어 원문에서는 2인칭 대명사이다. 우리말 2인칭 대명사에는 극존칭이 없기 때문에 다윗이 하나님을 2인칭 대명사로 지칭할 때 "주"를 사용했다.
4. 히브리어 테바베르(תדבר)는 직역하면 "말씀하셨다"이다.
5. 히브리어 원문에서는 동사 "알게 하다"(להודיע)의 목적어가 생략되어 있다. 문맥상 앞에 나오는 "주의 마음"과 "주의 말씀"이 목적어이다.
6. 다윗은 기도문에서 자신을 일인칭 "나"로 지칭한다. 하지만 여기서는 자신을 "다윗"으로 부른다. 하나님의 은혜는 사람의 법을 초월할 정도로 놀라운 것이기 때문에, 인간에 불과한 "다윗이" 그것에 보탤 것이 없다고 말하는 것이다.
7. 히브리어 원문에서 동사 "알게 하다"의 목적어가 생략되어 있다. 개역개정역은 목적으로 생략한 채 번역한다—"주의 종에게 알게 하셨나이다." 해석가들이 목적어를 채워야 하는데, 21절에서 목적어가 될 수 있는 명사는 세 가

지다. 하나는 가장 가까운 명사 "큰일"이고 나머지는 "주의 말씀"과 "주의 마음"이다. 이 중 문맥상 가장 어울리는 것은 후자이다. 왜냐하면 "큰 일"은 다윗을 왕으로 만드신 것을 지칭한다. 다윗은 이미 그 일을 알고 있다. 중요한 것은 하나님이 그 큰일을 행하신 것이 다윗에게 어떤 교훈이었는가이다.

8. '교정가능한' 마음은 왕에게 기대되는 특출한 재능—전쟁 능력, 대인 기술, 학문적 두뇌 등—과는 성격이 좀 다르다. 하나님이 다윗을 선택한 것은 그런 재능 때문이 아니다.
9. 사울이 버림받은 사건들에서 두드러지는 사울의 성격은 회개를 모르는 완고한 마음이다. 사울은 사무엘이 "내 귀에 들려오는 이 양의 소리는… 어찌됨이니까(삼상 15:14)"라며 죄를 지적했을 때 그는 자신의 죄를 부하들에게 돌리며 변명하였다. 반면 다윗은 나단 선지자가 그의 죄를 지적했을 때 즉시 회개한다(삼하 12:13).
10. 마소라 본문 베콜콜(בכל)을 케콜(ככל)로 바꾸어 읽은 번역이다.
11. 마소라 본문은 '그를 위해'.
12. 마소라 본문은 '너희들을 위해'.
13. 칠십인역은 이것을 생략하지만, 마소라 본문은 반복한다.
14. 이처럼 언약의 시작이 철저히 하나님의 일방적인 위대하심에 근거하지만, 그 관계의 지속은 이스라엘의 반응에 영향을 받는다. 이것은 언약이 성경에서 자주 결혼 관계에 비유되는 것을 통해 이해할 수 있다. 즉 그 관계가 지속되기 위해서는 이스라엘이 언약적 의무를 감당해야 하는 것이다. 그 의무를 쉽게 말하면 율법에 순종하는 삶이다. 이스라엘이 율법에 순종하지 않으면, 언약 관계가 파기되는 것이다.
15. 호칭이 '내 주 여호와여'에서 '여호와 하나님이여'로 바뀐다.
16. 히브리어 원문 "아도나이(יהוה) 쯔바오트(צבאות) 엘로힘(אלהים) 알-이스라엘(על ישראל)"을 직역하면 "만군의 여호와 하나님이 이스라엘 위에 있습니다"이다. 여기서 전치사 알은 통치의 뉘앙스를 가진다.
17. 히브리어 직역, "종의 귀를 여시고".
18. 이 모든 것은 다윗이 하나님이 나단을 통해 하신 언약의 본질을 정확히 이해하고 있음을 보여 준다. 하나님이 자신을 왕으로 삼으셨을 뿐 아니라 그 후손들의 왕권도 보장하신 이유를 다윗은 정확히 이해하고 있었다. 다윗

은 '다윗의 후손'이 하나님의 나라와 백성의 산파 역할을 할 것임을 이해했다.

19. 우리 근현대사에서 논쟁의 여지없는 명성을 누리는 사람을 찾기 힘들어 예를 미국인으로 든 점을 이해하라.

17 다윗 제국의 형식: 정복 전쟁

1. 직역하면 "토라에는 선후가 없다"는 뜻이다.
2. 11-12절에 나열된 다윗이 정복한 나라들의 명단을 보면 사무엘상 8장 이후에 다윗과 전쟁했다고 기록된 나라들 이외에도 아말렉이 포함되어 있다. 다윗과 아말렉 사이의 최종 전투는 사무엘상 30장에 기록되어 있다. 이것은 8장이 다윗의 정복 활동을 시간적 순서로 나열한 것이 아님을 잘 보여 준다.
3. https://en.wikipedia.org/wiki/Merneptah_Stele 2018년 10월 19일, 오후 3시 접속 기준.
4. 사 1:26, 렘 16:16 참고.
5. 유대인들의 전설에 따르면 이삭이 기근을 피해 블레셋 땅으로 내려갔을 때(창 26장) 블레셋 왕 아비멜렉과 상호 불가침 조약을 맺었다. 그때 언약의 증표로 야곱이 아비멜렉에게 준 것이 나귀의 굴레였다고 한다. 이 전설에 따르면 다윗이 블레셋을 친 후 그들에게서 빼앗은 "일 규빗 길이의 굴레"가 바로 야곱이 준 언약의 징표였다고 한다. Pirke de Rabbi Eliezer, 36장 참조.
6. 다윗의 부모에 대한 모압 왕실의 처우에 대해서는 이견이 존재한다. 일부 유대 미드라시에서는 모압 왕이 다윗의 부모를 학대하였다고 말한다. 이런 해석을 적용하면, 다윗이 모압을 정복한 후 행한 조치가 매우 잔인한 복수 행위라고 볼 수도 있다.
7. 여기서 "힘"으로 번역된 히브리어 야드(יד)는 "지계석" 혹은 "석비"로도 번역 가능하다. 왕이 새로운 곳으로 원정을 갔을 때 자신의 업적을 기리기 위해 세우는 돌이다. 히브리어 야드가 이런 의미로 쓰인 구절로 사무엘상 15장 12절, 사무엘하 18장 18절, 역대상 18장 3절을 들 수 있다.
8. 히브리어 아람(ארם)은 여성 동사를 취하는 것으로 보아 '족속'이나 '민족'의 뉘앙스를 가짐을 알 수 있다.
9. 창세기 10장 22-23절에 따르면 노아의 손자이자 셈의 아들이 아람이다. 하

지만 학자들은 창세기 10장의 족보가 아람이 고대 근동에서 세력을 확장해 가던 제2천년기 후반에 작성된 것으로 창세기 22장 21절에 기록된 족보보다 후대의 것으로 여긴다. 그리고 이 주장은 아람 민족이 메소포타미아 상류에서 발원한 유목 민족이라는 고고학적 증거와도 일치한다. 창세기 22장 21절에 따르면 그무엘의 아들 아람은 이스라엘의 조상 야곱과는 6촌 형제이다. 야곱은 인생의 상당 기간을 하란의 라반의 집에서 보냈는데, 하란은 바로 아람 사람들이 처음 발원한 곳이다. 성경은 라반을 "아람 사람"이라 부른다(창 31:20). 후에 이스라엘 사람들이 자신들을 본래 떠도는 아람인(신 26:5)이라고 고백한 것도 바로 이런 배경 때문일 것이다.

10. 엄밀하게 말하면 에모리 출신이다. 적어도 성경 전통에서는 주전 2000년대 초에 고대 전통으로 이동한 에모리 민족을 아람 민족과 동일시한다.
11. 이때 X는 건국 조상의 이름이다.
12. 사무엘하 10장 6절의 "벧르홉"은 직역하면 "르홉의 집"이다. 그 구절에서 벧르홉은 소바와 평행법으로 사용되었다. 그 둘의 관계는 이스라엘 혹은 유다가 다윗의 집과 가지는 관계와 같다. 즉 이스라엘이나 유다가 다윗의 집으로 불리는 것처럼 소바도 르홉의 집으로 불릴 수 있는 것이다.
13. 하닷에셀의 의미는 "하닷이 나의 도움이다"이다. 하닷은 가나안 폭풍우의 신이다.
14. 하맛 왕국이 아람인들이 세운 왕국이었는지 확실하지 않다. 당시 시리아 팔레스타인에는 아람 왕국들 이외에 히타이트의 잔존 세력들이 왕국을 건설하였기 때문에, 하맛을 그 히타이트 왕국들 중 하나라고 추정할 수 있을 것이다. 하맛 왕 도이와 다윗이 매우 친근한 사이였던 사실은 다윗이 헷 사람 즉 히타이트 사람을 용병으로 고용했던 상황과 관계있을 수 있다.
15. 다윗의 군사적 업적을 요약하는 사무엘하 8장에서 소바 왕 하닷에셀의 이름만이 언급되었다. 하맛 왕 도이는 다윗에게 자발적으로 항복한 왕이기 때문에 예외로 하고, 다윗이 무찌른 여러 민족의 왕 가운데 하닷에셀만이 이름으로 언급되었다는 것은 그가 당시 다윗과 함께 지역의 패권을 놓고 다투었다는 간접적 증거가 아닐까?
16. 도이와 하닷에셀이 서로에 대해 이쉬 밀르하못(איש מלחמות)("전쟁의 사람")이었는데, 이 표현은 성경에서 단 두 문맥에서만 등장한다. 도이와 하닷에셀

의 관계를 가리키는 문맥과 하나님이 다윗에게 성전 건축을 허락하지 않는 문맥(대상 28:3)에서다.

17. 물론 성전(聖戰)을 행할 때 가하는 파괴의 범위가 시대와 장소에 따라 조금씩 달라지지만, 다윗이 하닷에셀의 기병과 보병을 포획했다는 사실은 그것이 성전이 아님을 잘 보여 준다.
18. "다윗의 종"이 다윗의 정예 부대에 속한 장수들을 의미하는 것을 참조하라.
19. "방패"로 번역된 히브리어 셀레트(שלט)가 정확히 무슨 의미인지는 잘 모른다. 대안적 의미로는 "화살" 혹은 화살을 넣는 "전통"이 있다.
20. 마소라 본문은 "아람인"으로 되어 있으나, 다른 히브리 사본에는 "에돔인"으로 되어 있다. 전쟁한 장소가 소금 계곡 즉 사해 근방인 것으로 보아 "에돔인"이 보다 정확한 본문인 듯하다. 열왕기하 14장 7절, 역대상 18장 11-12절, 시편 60편의 표제를 참조할 것.

18 다윗과 므비보셋

1. 물론 사울의 후손이 모두 죽었다고 여겨지는 상황에서 미갈의 남편 다윗이 사울의 사위의 자격으로 그의 기업을 관리한 것은 불가피한 것일 수는 있다.
2. 히브리어 완료 동사(נתתי)의 사용은 이 문장이 수행적 선언(performative speech)임을 암시한다.
3. 칠십인역에 따른 번역이다. 마소라 본문은 다음과 같다. "므비보셋은 왕의 아들 중 하나처럼 내 식탁에서 먹고 있습니다."
4. 이런 해석이 불편한 학자들은 10절의 "네 주인의 아들에게 식량이 되어 그가 먹을 것이오"에서 "네 주인의 아들"을 므비보셋이 아닌 그의 아들 미가로 이해한다. 다시 말해 시바가 땅을 경작한 소산물은 므비보셋의 어린 아들 미가를 부양하는 데 사용된다는 주장이다. 이런 주장은 저자가 12절에서 므비보셋의 아들 미가를 소개하면서 므비보셋의 종으로서의 시바와 그 가문의 역할을 강조한 것과 잘 조화된다. 하지만 다윗이 시바에게 직접 내린 지시(10절)에서 세 번 언급되는 "네 주인의 아들"이 모두 므비보셋을 지칭한다는 점에서 유독 두 번째 언급만을 미가로 이해하는 것에는 좀 무리가 있다.
5. 이런 해석이 옳다면 왜 저자는 미가의 존재를 언급하면서, "시바의 모든 거

주자는 므비보셋의 종이었다"는 말을 할까? 이 말은 시바의 아들과 종들이 모두 므비보셋에 충성하는 사람들임을 뜻하는 듯하다. 그렇다면 이것은 시바가 므비보셋의 어린 아들 미가를 잘 부양할 것임을 암시하는 것은 아닌가? 하지만 다윗의 의도와 저자의 관점은 다를 수 있다.

19 하닷에셀을 완전 정복한 다윗

1. 영주들이 왕에게 한 말에서는 2인칭 대명사를 모두 왕으로 번역했다.
2. 랍비 탄후마의 미드라시에 따르면, 다윗이 아버지와 어머니 그리고 형제들 중 일부를 모압 왕에 의탁하였으나, 모압 왕이 그들을 죽이려 하였다 그 중 한 명만이 살아남아 암몬 왕 나하스에게 피난했다. 나하스는 그를 잘 영접해 주었다고 한다. 다윗이 나하스에게 갚아야 할 은혜가 바로 이것이었다. https://www.sefaria.org/Midrash_Tanchuma_Buber%2C_Vayera.25?lang=bi 2018년 10월 25일 접속 기준. 이 미드라시는 다윗의 어머니가 모압에서 암몬으로 이동하여 나하스의 아들을 낳았을 가능성을 열어 둔다.
3. 1부 9장 '하나님 나라의 가치'의 각주 6을 참조.
4. 마드베(מדוה)가 마드(מד)와 동의라면, 그것은 특히 제사장이나 군인들이 입는 옷을 지칭했다고 말할 수 있다(레 6:3, 삼상 17:38; 18:4). 참고, Alter, *The Story of David*, 245.
5. 여리고는 암몬의 수도 랍바에서 예루살렘으로 가는 길목에 위치한 도시이다.
6. 칠십인역은 히브리어 이쉬 토브(איש טוב)를 고유명사로 이해하였다.
7. 마아가는 그술과 함께 지금의 골란 지역에 위치했던 작은 왕국이며, 돕은 길르앗 북쪽 지역에 위치했을 것으로 추정되는 마을이다. 특히 돕은 사사 입다가 사병을 거느리며 활동한 지역이었다.
8. 히브리어 프네 하밀하마(פני המלחמה), "전쟁의 얼굴".
9. 이 표현은 메소포타미아 유프라테스 강의 동쪽 지역을 이르는 말이다.
10. 히브리어 레호쉬아(להושיע), "구원하는 것".
11. 마아가의 왕은 아람 용병 전체의 사령관은 아니었던 것 같다. 단지 그는 1,000명으로 구성된 병거 부대의 인솔자였다.
12. Anchor Bible Dictionary, Helam 참조.

13. 예를 들어 8장은 다윗이 사로잡은 병력수를 기록하는 반면, 10장에서는 다윗이 죽인 병력수가 기록되어 있다.

3부 다윗과 그 자녀들

20 다윗의 밧세바

1. 히브리어 자음 본문(המלאכים)은 "전령들"로 번역된다. 하지만 마소라 학자들은 이것을 "왕(המלכים)"으로 읽었다. 필자의 해석은 마소라 모음에 근거한 것이다.
2. 히브리어 원문에는 "그의 부하들" 다음에 "그와 함께(עמו)"라는 표현이 첨가되어 있다. 후자의 "그"는 요압이지만, 전자의 "그"가 누구인지는 모호하다. 이스라엘의 상비 부대가 에베드 다비드(עבד דוד)("다윗의 부하들")로 불리기 때문에(참고 삼하 5:6) 다윗이 전쟁터에 보낸 "그의 부하들"도 이들을 가리킬 가능성이 높지만, "그의 부하들"이라는 표현이 11장에서 여러 번 "요압"과 병치되어 사용되므로('요압과 그의 부하들'), 대명사 "그"가 "요압"을 지칭하는 것으로 이해될 수도 있다. 저자는 그 표현이 가지는 모호함을 이용해, 다윗이 자신을 절대 권력자로 생각하지만 그것이 착각에 불과함을 말하려는 듯하다. 실제로 11절에서 다윗의 종 우리아는 요압을 가리켜 "내 주인"이라 표현한다.
3. 랍바는 오늘날 요르단의 수도 암만을 지칭하는 것으로 주전 13세기경부터 암몬의 정치적 수도 기능을 담당한 것으로 보인다.
4. 히브리어 원문, "앉아 있었다".
5. 암몬과의 전투에서 다윗은 랍바를 정복하고 암몬 왕의 왕관을 빼앗았으며, 암몬인들을 강제 노역에 복속시켰다(삼하 12:30-31). 즉 다윗의 권세가 "암몬인들을 전멸시켰다"는 1절의 내용은 이후에 성취될 역사와 대체로 일치한다.
6. 사무엘하 5장 17절 참조. 예루살렘에 블레셋이 침공해 왔을 때, 다윗은 자신의 궁에서 방어 요새로 "내려갔다"는 언급이 있다.

7. 밀로는 경사면에 건물을 짓기 위한 테라스 구조물이다.
8. 히브리어 르에트 하에레브(לעת הערב)은 구약 성경에서 단 한 번만 등장하는 표현이다. 이 독특한 표현을 통해 저자는 "저녁때에"라는 말을 강조하고 있다.
9. 이 단계에서 저자는 밧세바가 생리로 인한 부정함에서 정결하게 되었다는 사실을 밝히지 않는다. 단지 '저녁 때'라는 시간적 배경을 통해 그 사실을 암시할 뿐이다. 그리고 다윗과 잠자리를 하는 문맥에서 생리로 인한 부정함이었음이 분명해진다.
10. 아히도벨은 다윗 시대 최고의 모사였다. "아히도벨이 베푸는 계략은 사람이 하나님께 물어서 받은 말씀과 같은 것이라"(삼하 16:23). 그는 압살롬의 만란 때, 압살롬의 편에 섰다. 다윗이 예루살렘으로부터 피난 갔을 때, 아히도벨은 압살롬에게 자신이 군대를 이끌고 다윗과 싸우겠다고 자원하기도 했다.
11. BHS 본문 비평 장치에 따르면 적어도 두 개의 히브리어 사본이 "그녀와 함께"를 생략하고 있다.
12. 이에 따르면 밧세바는 아도니야의 반란으로 황태자로서의 솔로몬의 지위가 위태로워지자, 나단과 함께 다윗을 설득하여 솔로몬을 서둘러 왕으로 세운다. 일부 학자들은 그 때까지 황태자로서의 솔로몬의 지위가 확정적이지 않았다고 주장하면, 밧세바의 주연, 나단 조연의 연극에 고령으로 판단력이 흐려진 다윗이 속아 아도니야 대신 솔로몬을 왕으로 인정했다고 주장한다. 이런 설명에 따르면 밧세바는 자신의 정치적 이익을 위해 매우 치밀하고 과단성 있게 행동하는 여자였던 셈이다.
13. 물론 왕비가 되어 수십 년을 지낸 밧세바가 이전의 그녀와 전혀 다른 사람으로 바뀌었을 가능성도 있다.
14. 실제로 이 표현(שכב אתה)은 암논이 다말을 강간하는 장면에서 사용된다(삼하 13:14).
15. 남자 군인의 경우 진영에서 밤에 몽정했을 때 하루 동안 부정하며, 해가 진 후 목욕을 해야 정결케 되어 진영에 복구할 수 있다(레 23:9-11 참조).
16. 5절에서는 "임신"한(하라) 밧세바가 사람을 "보내"(샬라흐), 다윗에게 그 사실을 "알린" 것(나가드, 아마르)이 모두 밧세바를 주어로 한 동사들에 의해 표현된다.

17. 밧세바가 다윗에게 알리지 않고 그 '문제'를 홀로 해결할 수 있었을까? 남편에게 사실대로 말하는 것은 어떠했을까? 강간이었다면 여자의 잘못이라고 우리아에게 버림받았을까? 이스라엘의 법은 강간당한 여자를 무조건 비난하지는 않는다. 상황에 따라, 여자의 죄 없음이 선포되기도 함을 생각하면 밧세바가 남편에게 자신의 피해 사실을 알리지 않고 다윗에게 그 사실을 알렸다는 것은 무슨 뜻일까?
18. 마소라 본문(הרה אנכי)에 따른 번역이다. 하지만 칠십인역에서 밧세바가 자신을 "전데요"라고 밝힌 후 임신 사실을 알린다—"전데요(Ἐγώ εἰμι). 저 임신했어요(ἐν γαστρὶ ἔχω)".
19. 자신을 강제로 범하려는 암논에게 다말이 한 말을 참조하라. "이런 일은 이스라엘에서 마땅히 행하지 못할 것입니다"(삼하 13:12).
20. 고대 그리스어 '에고 에이미'가 자기가 누구인지 밝히는 문맥에서 사용된 예를 보려면 마태복음 14장 27절과 요한복음 6장 20절을 참조하라.
21. 혹은 저자가 다윗의 관심이 딴 데 있음을 보이기 위해 우리아의 대답을 생략했을 수 있다.
22. 문맥상 군이 야영할 때 사용하는 장막을 지칭하지만, 저자는 나뭇가지로 대충 지어 만든 집을 의미하는 수콧(סכות)이라는 단어를 사용하였다. 이 단어를 지명으로 이해하는 학자들도 더러 있다.
23. 히브리어 바아니 아보. 인칭대명사 "나"가 강조적 용법으로 사용된다.
24. Škr의 피엘동사: Is 51:7, 술 취하게 하여 무엇인가를 하게 하는 동작(합 2:15).
25. 학자들은 "~의 살아 계심으로"라는 말을 맹세 공식(oath formula)이라 부른다. 왜냐하면 구약 성경에서 맹세는 언제나 이 전형구(典型句)로 시작하기 때문이다.
26. "전능자 증후군"은 돈, 권력, 지위 등의 특권을 가진 사람이 그것이 없는 타인들의 연약함을 빌미로 그들을 자신의 욕망의 도구화하는 것을 의미한다. 심리학이나 정치학에서 확립된 학술 용어는 아니지만, 신문 지상에서 종종 만나는 단어이다. 참고 https://punchng.com/the-almighty-syndrome

21 우리아의 죽음

1. 세겜에서 북쪽으로 15킬로미터 떨어진 마을이다.
2. 우리아의 사망 소식을 알리는 과정에서 다윗이 요압과 전령 사이의 권력의 역학 관계에 대한 기본 통찰은 Halbertal & Holmes, The Beginning of Politics, 89-96에 기대고 있다.
3. 재미있는 것은 전령은 요압의 이런 지시에 순종하지 않는다. 왜 요압은 그렇게 명령했고, 전령은 그 명령에 그대로 따르지 않았는가?
4. 예를 들어 역대서 저자는 다윗과 밧세바 사건을 기록하지 않는다.

22 나단을 통한 하나님의 심판

1. 직역하면 "살렸다." 하야(ḥāyah)동사의 비슷한 용법에 관해서는 이사야 7장 21절을 참조하라.
2. 성경에서는 선지자가 비유로 왕에게 말할 때마다 책망을 목적으로 한다(삿 9장 참조). 하지만 이스라엘에서 선지자와 왕의 독특한 관계를 고려할 때, 선지자가 하나님의 통치에 대해 왕과 만나 토론했을 가능성을 배제할 수 없다.
3. 히브리어 구문에서 하야 동사의 완료형이 사용된다. 이것은 우리나라의 문맥에서 "옛날 옛적에"로 시작하는 것은 이야기가 역사가 아닌 주로 꾸며낸 이야기에 대한 실마리가 되는 것과 유사하다.
4. 2절의 "양과 소들"은 가축 일반을 지칭하는 수사법('환유법')일 가능성도 있다. 즉 그 부자는 욥처럼 양과 소, 낙타, 당나귀 등 온갖 가축들을 소유했다.
5. 사무엘서 저자는 3절 후반부에서 어린 암양을 주어로 한 동사를 다섯 개나 사용한다—"자라다[gdl]" "먹다['kl]" "마시다[šth]" "눕다[škb]" "이다[hyh]." 이것도 그 암양이 단순한 가축이 아니라 가족의 일부였음을 암시한다.
6. 나단은 그를 "방랑객"이라 부름으로써, 그 부자와 아무런 관련이 없음을 강조한다.
7. 기르던 소가 길가는 사람을 들이받아 죽이면 주인이 그 벌로 사형에 처해지기도 한다.
8. "사망의 아들" 맥카터에 따르면 이 말은 죽이겠다는 말이 아니라, 행동의 특징을 묘사하는 것이다. "friend of hell" = 개망나니. 그러나 삼상 20:31-32에서 사울이 다윗을 가르쳐, "사망의 아들"이라 했을 때, 요나단이 "그가 왜

죽어야 합니까"라고 대답한 것을 근거로 전통적 해석 즉 "죽어 마땅한 사람"으로 해석한다. WBC, 162. 그러나 그 표현에는 이중적 의미가 모두 들어 있다.

9. 혹은 "아끼지 않았으니". 히브리어 하말(ḥāmal)에는 두 가지 의미가 있다. (1) "아까워하다, 남기다." (2) "불쌍히 여기다."

10. 히브리어 1인칭 대명사가 강조적으로 사용되고 있다.
11. 히브리어 하말은 "불쌍히 여기다" 외에 "아까워하다"라는 뜻도 있기 때문에, 로-하말을 "(가난한 자의 어린 암양)을 아까워하지 않았기에"라고 번역하기도 한다.
12. 부정가능성(plausible deniability)는 정치학의 전문 용어로, 권력자가 복잡한 명령 체계를 통해 범죄 책임에서 벗어나는 메카니즘을 이르는 말이다. 참고 https://en.wikipedia.org/wiki/Plausible_deniabilit 이 개념을 다윗과 밧세바 사건에 적용한 학자는 핼버텔(Halbertal)과 홈스(Holmes)이다. 참고 The Beginning of Politics, 49 et passim.
13. 학자들은 이것(코 아마르 + 신명[kōh 'āmar + YHWH])을 메신저 공식(messenger formula)이라 부른다.

23 다윗의 회개와 솔로몬의 탄생

1. 히브리어 전치사 'el이 사용되었다. 전치사 l가 메시지의 대상에 초점을 둔 것이라면, 전치사 'el은 대화의 상대에 초점이 있다. 다시 말해 후자는 말하는 내용 뿐 아니라 말하는 상대에 집중하게 한다.
2. 히브리어 "당신의." 나단의 직접 화법 부분에서 "왕"으로 번역된 것은 모두 히브리어 2인칭 대명사를 의역한 것이다.
3. 히브리어 원문, "여호와의 원수들".
4. 그렇다면 다윗의 회개의 내용에는 문제가 없는가? 다윗이 "여호와께" 범죄했다고 말했는데 그것은 무슨 뜻인가? 시편 51편에서처럼 그것을 "여호와께만" 범죄했다는 뜻으로 이해해야 하는가? 분명한 것은 다윗이 우리아와 그의 가족에게 사죄도 보상도 하지 않았다는 것이다. 밧세바를 아내로 취한 것이 죽은 남편에 대한 보상이 되려면, 밧세바가 다윗의 아내 되는 것을 원

했어야 한다.

5. 시편 51편이 정말 다윗이 나단 앞에서 한 것이지는 확실하지 않지만, 일부 학자들은 다음의 몇 가지를 볼 때 다윗이 회개하고 나단이 여호와의 사죄를 선포하는 장면이 솔로몬이라는 선왕이 다윗과 밧세바 사이에서 태어났다는 역사적 아이러니를 설명하기 위해 후대에 꾸며진 것이라는 의심을 가진다. 첫째, 다윗의 고백이 너무 짧고, 나단의 응답이 너무 즉각적이다. 다윗의 고백에서도 우리아에 대한 미안한 마음을 찾을 수 없다. 그는 "여호와께" 죄를 지었다고 말한다. 이것은 우리아에 대해 회개할 의도가 없음을 보여 준다. 둘째, 첫아이의 죽음에 관한 에피소드가 지나치게 장황하다. 특별한 도덕적 교훈도 없다. 이 에피소드의 효과는 밧세바가 다윗과 얻은 첫 번째 아이가 죽었고, 솔로몬은 그 후에 태어난 아들이라는 사실을 독자들의 머릿속에 남기는 것 이외는 없는 듯하다. 즉 두 번째 아들 솔로몬이 우리아의 아들일 가능성이 전혀 없음을 에둘러 보여 준다. 셋째, 다윗의 회개와 첫아이 죽음에 관한 에피소드가 없더라도 다윗과 밧세바 사건은 자연스러운 이야기 전개를 보인다. 즉 다윗이 우리아를 살해하고 밧세바를 취했고, 그에 대한 나단의 저주는 다윗의 회개 여부와 관계없이 그대로 성취된다. 다윗 자신도 밧세바 일로 신상에 어떤 처벌도 받지 않는다. 넷째, 회개와 직접적 결과로서 주어진 예언은 첫아들의 죽음에 관한 것이다. 나단은 다윗의 죽음을 예언하지 않았음에도, 회개한 다윗에게 죽지 않을 것이라고 한 것은, 회개와 용서 에피소드가 결국 다윗과 밧세바 사이에 태어난 첫아들이 죽었음을 말하기 위해 의도적으로 삽입되었다고 말할 수 있는 대목이다. 회개 에피소드는 솔로몬의 비범성을 다소 설명해 줄 수 있고(그는 적어도 회개한 다윗에 의해 잉태된 아들임), 우리아가 죽은 후 그리고 (우리아의 생존 시 잉태된) 첫 번째 아들이 죽은 후 잉태되어 태어난 솔로몬은 절대로 우리아의 아들일 수 없다. 밧세바 이야기는 결국 솔로몬이 다윗의 아들임을 확증해 주는 에피소드이다.
6. 이것은 다윗의 회개 때문에 발생한 형벌의 취소가 아니다. 나단은 다윗이 곧 죽을 것이라는 내용으로 예언한 바 없다.
7. 비슷한 우회법의 예로 사무엘상 25장 22절을 참조하라. 여기서는 '다윗의 원수들'에 대한 저주가 '다윗'에 대한 저주의 우회법으로 사용되었다. 또한 사무엘상 3장 13절의 메칼를림 라헴(מקללים להם)에 대한 필자의 해설을 참조

하라. "여호와를 저주하다"의 다른 방식의 우회법은 욥기에 증거되는 것처럼 동사를 "축복하다"로 바꾸는 것이다.

8. 모든 살인, 강도, 간음이 하나님을 저버리는 범죄와 동일시되는 것은 아니다. 다윗의 경우 자신의 권력을 백성을 불쌍히 여기는 데 사용하지 않은 것이 본질적 문제일 수 있다. 이것은 나단의 비유 속 부자에 대한 다윗 자신의 심판을 통해 유추할 수 있다("그가 불쌍히 여기지 않았으니", 12:6). 구약성경에서 사회적 약자에 대한 범죄는 종종 하나님 자신에 대한 범죄로 이해되는데 만약에 범죄자가 왕이라면 그 죄질은 더욱 무거워진다.
9. 히브리어 나가프(nāgap)는 여호와를 주어로 주로 사용되는 동사로 심판의 뉘앙스를 지닌다(참고 출 7:27; 삼상 26:10).
10. 히브리어 나아르(naʿar)가 갓난애의 의미로 쓰인 또 다른 예로 사무엘상 4장 21절을 참조하라.
11. 히브리어 직역, "하나님을 찾았다".
12. 칠십인역, "베옷을 입고".
13. 본문에서는 독특하게 니팔 형으로 사용되었다.
14. '여호와께 사랑받는 자.'
15. "이드라가 나하스의 딸 아비갈과 동침하여 그를 낳았으며"(삼하 17:25)에서 "동침하다"로 번역된 히브리어는 "들어가다"로 직역된다. 라헬이 자신의 여종 빌하를 야곱에게 주면서 "빌하에게로 들어가라"(창 30:3)고 말하는데, 이것은 성관계를 맺으라는 의미이다. 창세기 16장 4절, 룻기 4장 13절도 참조하라.
16. 직역하면 "벽돌 틀을 통과시켰다"이다.
17. 고대의 도시들은 윗 도시와 아랫 도시로 구성된 경우가 많았다. 이 때문에 성경의 도시명이 명사의 중수형인 경우가 종종 있다(예, 예루살렘). 아랫 도시에는 물을 저장할 수 있는 저수 시스템이 구비되어 있어 주로 평민들이 살았고, 윗도시에는 공공건물들이 즐비하며, 주로 관료들이 살았던 것으로 여겨진다.
18. 성경 내러티브에서 이런 예는 얼마든지 있다. 대표적 예는 하나님이 하와에게 명령한 내용과 그녀가 실제 이해한 명령 사이의 미묘한 차이는 매우 중요한 결과로 이어진다. 하와가 하나님의 명령을 어떻게 이해했는지는 그녀

와 뱀 사이의 대화 가운데 드러난다(창 3:2-3).

19. 본 단락을 통해 오해하지 말 것은 다윗이 그 후 암몬 도시들을 직할 통치한 것은 아니라는 사실이다. 아마 그들은 다윗의 조공국이 되었을 것이다. 그리고 암몬인들의 일부만이 포로로 잡혀 노역에 동원되었을 것이다.

24 암논과 다말

1. 사울이 죽은 후 다윗이 헤브론으로 올라가는 장면에서(2:1), 나단을 통한 언약 체결 이후 다윗의 군사적 업적을 나열하는 장면으로 이동할 때(8:1), 므비보셋에 대한 다윗의 선대를 설명한 후 암몬과의 전쟁을 묘사할 때(10:1), 블레셋과의 전쟁 에피소드를 나열할 때(21:18)도 동일한 히브리어 표현이 사용되었다.
2. 이새의 세 번째 아들로, 삼마(삼상 16:9; 대상 2:13 참조)로도 불린다.
3. 히브리어 דַּל. 초췌함, 마름 (창 41:19). 고민 때문에 잘 먹지 못한 것 같다. 이후에 먹을 것을 만들어 오라는 내용과 잘 이어 보자.
4. "보양식"과 "보양식을 요리하다"로 번역된 브리야와 바라는 동일한 어근에서 파생된 단어들이다. 이것은 평상시의 음식을 지칭하는 단어가 아니라, 병자나 지친 사람이 먹고 힘을 얻는 음식을 지칭하는 듯하다(참고 삼하 3:35).
5. 칠십인역, "그들의 손으로부터".
6. 사무엘하 23장 21절에 대한 일부 칠십인역 코덱스 사본과 시리아 역본에 따르면 가드의 육손 거인을 죽인 삼마의 아들이 "요나답"이다. 이 해석이 옳다면 요나답은 모사인 동시에 군인인 셈이다. 그리고 전쟁이 잦은 고대 사회에서 모사가 군인의 역할을 한 것은 놀랄 일이 아니다. 개역개정은 마소라 본문을 따라 이를 "요나단"으로 번역한다.
7. 왜 "두 개"의 심장 보양식을 요구했는지도 분명하지는 않다. 암논은 다말의 심장과 자신의 심장이 통하기를 원했을 수 있다.
8. "놓았다"는 번역은 히브리어 ותצק를 칼(마소라 본문)이 아닌 히필로 여겨 번역한 것이다.
9. 네 단어로 된 히브리어 원문. 보이 쉬크비 임미 아호티(bôʾî šikbî ʿimmî ʾăḥôtî). 모두 모음 "이"로 끝난다. 바 이프랏이 관찰한 것처럼 처음 두 단어의 끝 모음은 2인칭 여성 단수 어미임으로 다말을 지칭하고, 마지막 두 단의 끝 모음은

1인칭 공성 단수의 어미임으로 문맥상 암논을 지칭한다. 이 말을 통해 암논은 우선 다말의 동의를 얻어 합의된 성관계를 하기 위해 매우 공을 들임을 알 수 있다. 특히 처음과 끝 단어("자…, 내 누이여")는 암논의 제안을 매우 부드러운 어조로 만들어 준다.

10. 상황의 긴박성을 생각할 때, 다말의 이 말을 통해, 다말이 암논에게 시집갈 마음이 있었다고 추정하는 것은 옳지 않다.
11. '그녀와 함께 누웠다'라는 표현 대신, '그녀를 뉘였다'라는 표현을 사용.
12. 창세기 34장 7절, 신명기 22장 21절, 사사기 19장 23절, 20장 6절, 20절, 예레미야 29장 23절 참조.
13. 히브리어 본문은 훼손 본문이어서, 칠십인역을 따라 번역함.
14. 핼버탤, 108-109.
15. 이 해석은 칠십인역 본문에 근거한 것임.
16. 본문에서 히브리어 샬라흐(שלח) "보내다"의 강조형피엘형이 사용되고 있다.
17. 히브리어, 쇼메마.
18. "함께하다"가 성관계에 대한 우회적 표현임을 주장하는 학자들은 창세기 39장 10절을 그 근거로 제시한다.
19. 20절에 사용된 가족 관계 용어에 대해 바-이브랏의 관찰은 매우 흥미롭다. 그는 20절에서 오라비와 누이가 다음과 같은 패턴으로 사용된다고 관찰한다: "그녀의 오라비(=압살롬)" A : "너의 오라비(=암논)" B : "내 누이(=다말)" C : ""너의 오라비(=암논)" B : "그녀의 오라비(=압살롬)" A. 이런 의도적 배치는 다음과 같이 해석될 수 있다고 한다. 본문에 묘사된 사건의 중심에 다말이 있으며, 암논이 다말을 양쪽에서 욱여싸며 멸망시킨 것처럼, 앞으로의 이야기에서 압살롬이 암논을 욱여싸서 멸망시킬 것이다. Bar-Efrat, 134.
20. 히브리어, "나쁜 일이든 좋은 일이든."

25 압살롬의 복수

1. 이에 대한 해설은 삼하 2장의 해설을 참조하라.
2. לשנתים ימים
3. 압살롬의 목표는 암논인데, 그만 초대한다면, 의심을 받을 것이다. 그래서 다윗은 왕과 모든 왕자들을 초대하는 형식을 취한다.

4. 히브리어는 "분노나 폭력"을 갑자기 표출하다의 의미인 פרץ 인데, 이것은 "조르다, 간청하다"의 פצר 와 좋은 언어유희를 이룬다. 아마 다윗에게 압살롬의 간청은 협박처럼 들렸나보다.
5. 암논은 압살롬을 의심하고 있었을까? 적어도 다윗이 압살롬과 대화도 하지 않는 사이임을 알았을 것이다.
6. 압살롬은 암논을 요청했는데, 다윗은 다른 왕자들도 보낸다.
7. 나발이 양치기 축제 잔치 중에 암살당한 것은 아니지만, 나발의 죽음이 잔치와 연관되었다는 사실은 흥미롭다. 이것은 잔치를 암살의 현장으로 삼은 수많은 사건들을 연상시킨다.
8. 다윗에게 압살롬의 의도에 대한 의심이 있었다 해도 그것은 후자의 설득에 의해 해소될 만큼 크지 않은 것이었다. 암논의 안전에 대한 불안은 다른 모든 왕자들을 함께 보냄으로써 없애려 한다.
9. 수 1:6 참조.
10. 브네 하일(בני חיל). 고대 이스라엘에서 이상적 남자를 지칭하는 말이다. 문맥에 따라 부자, 군인, 덕인 등을 지칭할 수 있다. 블레셋인들이었다면 "대인"이라는 말 대신 "대장부(אנשים)"라는 말을 사용했을 것이다. 삼상 4:9 참조.
11. 겁탈당한 다말에게 압살롬이 한 말.
12. 아하라브(אחריו) "그의 뒤로"
13. 사울의 경우도 정보 수집을 위해 도엑을 놉에 심어 놓았다.
14. 요나답은 시므아(שמעה)의 아들(삼하 13:2)인데, 그의 아버지의 이름과 다윗이 들은 "소식(שמעה)"은 모음은 다르지만 동일한 히브리어 자음으로 되어 있다. 소식을 계기로 시므아의 아들과 다윗이 대화하기 시작하는 것이다.
15. 요나답을 왕위 경쟁의 리그에 들지 못하지만 그 경쟁에 영향을 끼칠 만큼 왕에 가까운 친족의 관점에서 해석한 것으로 핼버탤탈과 홈스의 책을 참조하라. Halbertal and Holmes, *The Beginning of Politics*, 104.
16. 칠십인역에 근거한 번역이다. 히브리어 본문은 "압살롬을 추격하는 것을 멈추었다."로도 해석 가능하다.

26 드고아의 여인과 다윗

1. 히브리어 직역: "요압이 그녀의 입술에 그 말씀들을 두었다."

2. 또 다른 스루야의 아들인 아비새와 아브넬 사이의 전투 장면(삼하 2장)에 대한 필자의 해설을 참고하라.
3. 그 여자가 상을 당한 여인으로 행세한 것은 이스라엘 선지자들이 통상적으로 사용하는 메시지 전달 방식이다. 선지자들은 법정 판결의 형식으로 심판을 선포할 수도 있지만, 비유를 사용해 말할 수도 있고, 심지어 오늘날 행위 예술가들처럼 일종의 퍼포먼스로 메시지를 전하기도 했다.
4. 다른 히브리어 사본(ותבא)에 근거한 번역이다. 마소라 사본(ותאמר)은 "그녀가 말했다"로 번역된다.
5. 창 21:17, 수 15:18, 삿 1:14, 18:3, 23, 24, 왕상 1:16, 19:9, 13, 왕하 6:28, 요 1:6, 에 5:3,
6. 압살롬이 유일한 아들은 아니었지만 당시 가장 유력한 왕위 계승 후보였을 것이다.
7. 히브리어 원문 "접근하지"
8. 본래 히브리어 메누하(מנוחה)는 추상적 의미가 아니라 쉴 곳이라는 장소적 의미다. 이런 점에서 그 단어는 하나님의 유업인 이스라엘의 땅을 연상시킨다. "쉴 땅(מנוחה)"과 "유업(נחלה)"이 평행법으로 상용된 신명기 12장 9절을 참조하라.
9. 전치사 알(על)은 다윗의 마음에 "압살롬에게" 있었다는 구절(14:1)에서도 사용된 것으로 문맥에 따라 찬성과 반대를 모두 의미할 수 있다.
10. 집회서(24:12)를 저작한 벤 시라에 따르면 여호와의 백성은 곧 하나님의 유업이다.
11. 15-16절에서 지혜로운 여인은 왕 앞에서 자신을 지칭할 때 "여종(שפחה)"이라는 말 대신 "하녀(אמה)"라는 말을 새롭게 사용한다.
12. Polzin은 이것도 요압이 여인의 입에둔 말의 일부라고 생각한다. 즉 요압은 왕이 자기가 뒤에 있음을 알기 원했다.
13. MT의 자음 본문은 "그의 종".
14. 요압이 직접 가서 압살롬을 데려옴. 압살롬을 데려오는 데 요압의 적극적 역할이 돋보이는 부분이다.
15. 다윗과 압살롬을 화해시키려했던 요압의 계획은 전반의 성공만을 거둠.
16. 히브리어 문장을 직역하면 "내가 그 일을 했다(עשיתי את הדבר הזה)"이다. 특이

하게도 문맥상 미래 시제가 필요한 부분에 과거 시제에 가까운 완료형이 사용되었다. 이것은 압살롬을 데려 오는 일에 대한 다윗의 굳은 결심을 보여 준다. 즉 다윗에게 이제 압살롬을 데려오는 일은 이미 발생한 과거의 일이나 다름없다.

27 압살롬과 요압

1. 당시 왕의 세겔이 얼마나 큰지 확실히는 알 수 없지만, 일반 세겔의 무게 즉 11.50그램으로 계산하면 200세겔은 2.3킬로그램에 해당한다.
2. 다윗의 외모를 설명하면서 "아름다운 눈"이 강조된 것은 정반대의 효과를 지닌다. 이스라엘인들에게 "눈"은 내면의 창이다. 눈이 아름다운 사람은 소위 '진국'이다.
3. 암논은 이미 살해되었고, 아비가엘에게서 태어난 다윗의 둘째 아들 길리압은 이야기에 전혀 등장하지 않은 것으로 보아 일찍 죽었거나 정치에 전혀 뜻을 두지 않은 한량이었던 것으로 보인다.
4. 암논의 죽음과 압살롬의 죽음에 다윗의 손이 작용했다는 일부 학자들의 주장에 바른 이런 생각이 깔려 있다.
5. 비록 압살롬의 가족 관계가 암논이 누이 다말을 강간한 사건 이후에 언급되지만, 압살롬이 딸의 이름을 지은 시점을 강간 사건 이후라 주장할 필요는 없다.

28 압살롬의 반란

1. 다윗의 이런 생각의 이면에는 반란한 아들은 반란한 종보다 다윗에게 더 관대할 것이라는 기대가 있다. 적어도 아들이 반란의 주동자라면 다윗을 죽이지는 않을 것이라는 기대이다.
2. 사무엘서 저자는 "그 후(אחרי כן)"라는 말에 전치사 민(מן)을 첨가함으로써 소위 14장과 15장의 사이의 '작용-반작용'의 관계를 강조하고 있다.
3. 이들은 달리며 왕이 탄 전차와 말을 호위하였다. 탈무드의 산헤드린(21b)에 따르면 이들은 빨리 달리기 위해 비장과 발바닥 살을 제거했다고 한다. 이런 해석이 생기는 이유는 옛날 왕의 최측근 무사들은 맨 발로 뛰며 왕을 호위했기 때문이다. 천리마를 탔고 다녔던 관우의 무기 드는 병사는 천리마처

럼 빨리 뛰어야 했기 때문에, 그 병사의 뒤꿈치에 날개가 생겼다는 이야기도 있다.

4. 삼하 8:15 “다윗은 정의와 공의를 베푸었다(עשה משפט וצדקה).” 삼하 15:4 “정의 그리고 그에게 공의를 행하다! (ומשפט והצדקתיו)”
5. Halbertal & Holmes, The Beginning of Politics, 126-127 참조할 것.
6. 베미슈파트 베이쯔다크티브(ומשפט והצדקתיו)는 “그리고 정의, 그리고 내가 그에게 공의를 베풀겠다”로 직역될 수 있다.
7. 마소라 본문은 “40년이 지나”로 되어 있음. 40년의 세월은 역사적 사실로 맞추기 힘들다. 칠십인역 루키안 개정역에는 “4년”으로 나온다.
8. 마소라 본문은 “보냈다.” 칠십인역 따르면 “(사람을) 보냈다” 다음에 “(이히도벨을) 불렀다“는 말이 첨가되어 있다.
9. 예루살렘은 일종의 행정 신도시다. 본래 여부스인들이 살던 도시였다. 따라서 다윗과 함께 그곳에 들어와 살게된 이스라엘인들은 대부분 관료들일 가능성이 높다. 오늘날 세종시에 많은 공무원들이 사는 것과 비교하라.
10. 전자는 고고학자 아미하이 마자르의 견해이고, 후자는 여호수아 15장 51절에 근거한 추정이다.
11. 역대기 저자는 아히도벨이 자살한 후, 아히도벨의 후임으로 “브나야의 아들 여호야다와 아비아달”이 다윗의 조언자로 임명되었다고 기록한다(대상 27:34). 흥미로운 사실은 여호야다와 아비아달 모두 제사장이라는 것이다. 즉 이들은 제사장이면서 다윗의 조언자의 역할을 했다. 역대기 저자는 아히도벨도 두가지 역할을 동시에 수행했을 가능성을 열어둔다. 그럼에도 불구하고 아히도벨이 레위 지파에 속했다는 증거는 없다.

29 다윗의 피난

1. 페르시아 제국은 인도에서 그리스에 이르는 엄청난 영토를 다스렸다. 따라서 지방의 동향을 살피는 일이 무엇보다도 중요했는데, 페르시아 제국의 도로와 우편 시스템은 지방에서 수집된 정보가 중앙에 신속히 전달되는 것을 도왔다.
2. 하지만 다른 의견도 있다. 예를 들어, 일부 유대인 해석에 따르면, 다윗이 도시를 버린 것은 도시에서의 전투를 피해 사상자를 최소한으로 만들기 위해

서이다. 다른 유대인들은 압살롬의 반란이 자신의 죄 때문임을 직감한 다윗이 죄의 현장인 예루살렘에서 형벌을 받으면 그만큼 더 강한 형벌이 올 것임을 예상하고 예루살렘을 떠났다고 주장한다.

3. 히브리어 동사 아바(עבר)가 "건너다"와 "지나다"의 의미를 모두 가진다. 18절에 쓰인 두번의 용례에서는 "지나다"의 의미가 주되지만, 건너다의 의미도 포함하기 때문에, "지나 건너다"로 번역했다.
4. 히브리어 על פני דרך את המדבר는 의미가 불분명하다.
5. 히브리어 원문에는 "궁"이라는 말은 없다.
6. 이미 우리는 솔로몬에게 하나님이 지어준 이름 여디디야가 다윗의 이름의 변형임을 살펴보았다. 이것은 솔로몬이 다윗의 후계자가 될 것이 하나님의 뜻임을 다윗과 밧세바, 나단이 직감하게 만들었을 것이다.
7. 히브리어 원문에는 "새"가 없다. 하지만 문맥상 "새 왕"으로 번역 가능하다. 유대 출판 협회(JPS)에서 번역된 구약 성경을 참조하라.
8. https://www.sefaria.org/Rashi_on_II_Samuel.15.19?lang=bi.
9. 피난 행렬이 기드론 계곡을 다 건널 때까지 여호와의 궤가 멈추어 섰다는 언급도 여호수아가 여리고를 정복하기 위해 요단강을 건넌 상황을 연상시킨다. 비록 건넌 강은 다르지만 모두 여리고를 거친다는 점이 공통적이다.
10. 이것은 "광야"에 대한 문학적 의미이다. 하지만 광야의 지정학적 의미도 있다. 고대 이스라엘인들은 세계를 3개의 구역으로 나누었다. 도시, 도시 주변의 논밭, 그리고 광야. 첫번째 두 구역은 인간이 거주하는 영역인 반면 세번째 영역은 짐승이 거주하는 영역이다. 따라서 반드시 건조하여 나무가 없는 지역만을 광야라고 말하지 않고, 인간이 문명을 이루고 거주하는 지역 이외의 지역을 모두 "광야"라고 할 수 있다.
11. 라쉬의 해석을 참조하라: https://www.sefaria.org/Rashi_on_II_Samuel.15.24?lang=bi 어떤 해석가들에 따르면, 아비아달이 신탁을 시도했으나 응답이 오지 않자, 사독이 다시 신탁을 시도하여 응답을 얻었다. 이 때문에 아비아달은 대제사장직에서 물러나게 된다. 사무엘상 2장 35절에 기록된 예언 즉 하나님을 위한 "충실한 제사장"에 대한 예언이 본문에서 성취되었다고 주장한다.
12. 다윗은 언약궤를 인간적 수단을 위한 도구로 사용해서는 안 됨을 잘 알았

을 것이다. 이전에 이스라엘은 언약궤를 전쟁터에 가져왔지만, 큰 패배를 경험했고, 다윗도 언약궤를 자신의 왕권 강화를 위한 수단으로 삼으려 했을 때, 자신의 신복 웃사를 잃게 되는 경험을 했다.

13. 압살롬이 예루살렘 산에 올라온 시점과 다윗이 기드론 골짜기를 건너 올리브 산에 오른 시점이 거의 동시적일 가능성이 있다.

14. 히브리어를 수동의 형태로 고쳐 읽음(הוגד). 이것은 아히도벨이 압살롬과 예루살렘에 나타났을 때 명확해 졌을 것이다. 13절의 "첩보원들(הגמיד)"

15. 히브리어 사켈(סכל)은 어리석게 하다의 의미. 기도의 내용은 여호와가 아히도벨의 조언을 어리석게 하라는 것임. 즉 아히도벨의 조언을 따랐을 때, 압살롬이 실패하게 되는 시나리오를 기대하고 기도함. 하지만, 다윗은 이 기도 후에 그 기도가 응답되는 방식을 스스로 결정함. 후새를 통해, 아히도벨의 조언을 어리석게 보이도록 만듦. 기도하고 가만히 있는 것이 아니라, 정치적으로 공작함.

16. 히브리어 구문은 우연의 뉘앙스. 기도의 응답?

17. 사무엘하에서는 일관되게 "여호나단"으로 이름이 표기되지만, 왕상 1:42,43에서는 "요나단"으로 표기된다.

18. 이 문장에서 2인칭 단수 "너"로 번역된 본문은 마소라 사본에서 모두 2인칭 복수 "너희들"로 되어 있다.

19. 참조 Tate, Psalms 51-100, 55.

20. 올리브 산 정상에서 다윗은 정기적으로 기도한 이유는 그곳에서 예루살렘 성전터가 잘 내려다 보이기 때문일 것이다. 다윗은 비록 성전을 건축하지 못했지만, 성전터 부지를 은 오십세겔로 구입하였다. 삼하 24:24 참조.

21. 후새가 슬픔을 표현하는 방식도 피난 행렬의 그것과 다소 다르다. 후새는 옷을 찢고, 머리에 먼지를 뒤집어 썼으나, 피난 행렬은 큰 소리로 울며 머리를 가렸다.

22. "아렉"은 베냐민 지파에 속한 가문의 이름이다. "아렉 사람"으로 지칭된 유일한 인물이 후새이기 때문에, 아렉 가문에 대한 자세한 내용은 알 수 없다. 여호수아 16장 2절에 근거해 학자들은 아렉 가문의 영토가 벧엘의 남서쪽에 위치했다고 추정한다.

23. 맥카터는 "왕의 친구"가 이집트 왕궁에서 사용된 존칭이었으나, 후에 왕의

비밀 모사를 가리키는 직명이 되었다고 주장한다. 맥카터 372.

30 시바와 시므이

1. 마소라 학자들은 והלחם으로 읽으라고 제안. 자음 본문은 ולהלחם임.
2. 히브리어 접속사ו.
3. 히브리어 문장을 직역하면 "내 주, 왕이여, 제가 당신의 눈에 은혜를 입기 원합니다."
4. Ben Yehudah, *Dictionary and Thesaurus of the Hebrew Language*의 קיץ 참조.
5. 히브리어를 직역하면 "그 대신 왕이 된"
6. 혹은 "보아라, 이는 네 악 때문이다. 너는 살인마다."
7. 예레미야의 고향 아나돗 근처로 추정된다.
8. 레위인을 첩을 윤간하고 살인한 기브아 사람들과 하나님의 것을 도적질하고 성전에서 일하는 여인과 동침한 엘리의 아들들, 다윗 왕에 반역한 세바 등이 "불량배"로 불린다.
9. 많은 학자들은 시므이의 견해가 역사적 다윗에 더 가까울 것이라 추정한다.
10. 이것은 자음 본문(בעוני)이 마소라 모음이 제안하는 본문(בעיני)보다 더 우월한 몇 안되는 예이다. 마소라 모음에 따라 읽으면 "여호와가 나의 눈을 보시고"가 된다.
11. 히브리어 본문은 의도적으로 다윗이 도착한 곳을 알려주지 않는다. 하지만 70인역은 다윗이 "요단강"에 도착했다고 기록한다.
12. 개역개정역은 "이스비브놉." 이 이름에 대한 설명은 아래 삼하 21:16에 대한 해설을 참조하라.
13. "건너가"라는 말은 저주하는 시므이와 피난하는 다윗 사이의 물리적 거리를 지칭하는 말이다(아래 13절의 "나란히"에 해설도 참조하라). 이 물리적 거리 때문에 시므이가 던지는 돌은 다윗에게 도달하지 못한다. 동시에 "건너가"라는 말은 시므이의 저주와 다윗의 운명 사이의 거리를 상징한다. 즉 시므이의 저주가 다윗에게 성취되지 않을 것이다.
14. 시므이의 이런 열심은 실은 왕을 위한 것 같지만 월권의 위험이 있는 것이다. 삼하 19:22의 "내가 오늘 이스라엘의 왕이 된 것을 내가 알지 못하리요"

를 참조하라.

15. 이것은 다윗이 아비새에게 "그것이 나와 너희와 무슨 상관이냐?"고 한 말을 연상시킨다.

31 아히도벨과 후새

1. 마소라 본문의 부정어 로(לא)를 전치사+대명접미사인 로(לו)로 바꾸어 읽었다.
2. 아히도벨이 왕의 모사, 후새를 왕의 벗이라고 칭하는 역대상 27:33도 참조하라. 하지만 왕의 친구의 정확한 역할에 대해서는 잘 모른다.
3. 복수형 명령(הבו)에 주의.
4. 히브리어 이슈알 비드바르 하엘로힘(ישאל בדבר האלהים)은 "하나님의 말씀으로 묻는다"로 직역될 수 있지만, 신탁을 표현하는 표준 표현은 "하나님께 묻다" שאל + ב + אלהים이다.
5. 한 가지 이유를 더 들자면, 압살롬은 아버지 다윗과 큰 형 암논이 권력으로 여자를 취하는 것을 못마땅하게 생각했다. 자신에게 힘이 있다는 이유로 남의 여자를 취하는 것을 옳다고 여기지 않았을 가능성이 있다. 다윗도 그런 압살롬의 성향을 알고, 첩 열 명을 남기기로 한 것은 아닐까?
6. 여기에 후새는 없었을 것으로 여겨진다. 아래 17:5-6절의 해설을 보라.
7. 23절의 "그 당시"라는 말에 유의하라. 이 말은 다윗의 첩과 동침하라는 아히도벨의 조언을 가리키는 말이다. 아히도벨의 하나님께 구하여 얻은 말씀 같았다는 설명은 그의 조언이 선지자의 예언을 성취했음을 의미하는 것이다.
8. 이것은 압살롬의 첫번째 조언을 도입하는 구절과 1절에서 아히도벨의 조언을 도입하는 구절이 동일한 구문으로 된 것을 통해 확인할 수 있다: "아히도벨이 압살롬에게 말했다."
9. 물론 우리는 이 부대가 소대, 중대, 대대 중 어느 단위인지 알지 못하고, 더구나 그 부대가 몇 명으로 구성되어 있는지도 알지 못한다.
10. 칠십인역 루키안 개정역에 근거한 번역이다. 루키안 개정역은 마소라 본문 바헴(בהם) "그들" 대신 바암(בעם) "백성들"에 상응하는 톤 라온을 가진다. "백성들"은 자주 병력을 지칭할 때 사용된다.
11. 혹은 아군 중 일부가 쓰러진다면.

12. 히브리어 원문(פניך הלכים בקרב)을 직역하면 "왕의 얼굴이 (전쟁터로) 갑니다." 이것은 이스라엘의 군의 선두에 서서 행군하시는 하나님을 가리키는 숙어이다(출 33:14 "내 얼굴이 가리라".
13. 즉 도시가 있던 자리에서.

32 마하나임에 도착한 다윗

1. 삼하 15:28에 따라 수정한 번역.
2. 히브리어 동사 예불라(יבלע)는 상황을 나타내는 비인칭 주어를 가진다. 의미상 주어는 전치사 라메드(ל)로 표기되어 있다.
3. 그것들은 모두 와우 연계형 완료형으로 반복의 뉘앙스를 나타낸다.
4. 다윗이 사울에게 쫓길 때도 마찬가지였다. 미갈은 다윗을 창문으로 내려 사울로부터 도망치게 했으며, 아비가엘은 다윗의 불필요한 살인을 막음으로 그가 왕이 되는 장애물을 제거했다.
5. 바후림은 예루살렘에서 북동쪽으로 직선 거리로 3~4킬로밖에 떨어지지 않은 곳이다. 밤길이고 계곡과 산 길을 돌아가는 것을 고려하더라도 그다지 먼 거리가 아니다.
6. 필자가 구두로 전해들은 유대인들의 해석 중 하나에 따르면 당시 아히마아스와 여호나단이 들어간 집은 다름아닌 다윗을 저주한 시므이의 집이었다. 그들은 시므이에게 다윗이 그를 죽이겠다는 아비새를 말렸음을 알리면서 도움을 요청했다. 이에 시므이는 아내가 그들을 돕는 것을 방해하지 않았다. 물론 후에 시므이가 다윗에게 찾아와 용서를 구했을 때, 다윗이 그를 용서할 수 있었던 것도 바로 그가 다윗의 첩자를 살려주었기 때문이다.
7. 이런 점에서 본 이야기는 라합 이야기와 다르다. 라합 이야기에서는 정탐꾼들이 산에서 사흘 동안 숨어 있다가 추격하는 사람들이 돌아간 후 자기 길을 가게 된다.
8. 그가 밧세바의 조부였음을 기억하라.
9. 히브리어 쉬포트 바카르(שפות פקר)의 의미는 확실하지 않다. 개역개정의 "치즈"도 추정에 불과하다. 필자는 양과 대구가 되는 구절로 이해하여 "소"로 번역했다.
10. 개역개정역은 동일한 단어가 두 번 언급되었기 때문에 한 번은 "볶은 곡식"

으로 다른 한 번은 "볶은 녹두"로 번역하지만, 다르게 번역할 언어학적 근거는 전혀 없다.

33 압살롬의 최후

1. 히브리어 구문(שים לב)을 직역하면, "마음을 두지 않을 것이다"이다.
2. 히브리어 아타(עתה) "이제, 지금"을 아타(אתה) "당신, 너"로 고쳐 읽음.
3. 히브리어 레아트(לאט)를 직역하면 "살살, 부드럽게"이다.
4. 히브리어 원문을 직역하면 "들로 나가"이다. 개역 개정의 번역은 이를 잘 반역한다. 하지만 "들"은 도시와 구분되는 공간으로 보통 전쟁이 발생하는 곳이라는 점에서 "들로 나가"라는 표현은 전쟁터로 나갔다는 말로 의역될 수 있다. 실제 전투가 산지에서 벌어진 것으로 보아, 저자가 "들러 나가"라는 표현을 전쟁터로 출정했다는 의미로 사용했을 가능성이 높다. 이를 증명해 주는 것은 "이스라엘을 맞았다"는 말이다. 다윗의 군대는 압살롬의 군대를 들에서 맞지 않았다. 산지에서 접전이 벌어진 것이다.
5. 마소라 본문은 바유탄(ויתן)이다.
6. 히브리어 샴 아르짜(שם ארצה)를 "그 자리에서 바로"로 번역했다.
7. 히브리어 원문은 미(מי) "누구든지."
8. 개역개정역은 히브리어 자음 본문에 따라 "내가 만일 거역하여 그의 생명을 해하였더라면"으로 번역하지만, 마소라 모음은 필자의 번역을 지지한다: "제가 왕이 명령을 어겨 행하면 그것은 제 목숨을 거는 일입니다."
9. "마음을 훔쳤다"는 말은 속였다는 것이고, "세 마음"은 다윗, 왕궁 관료들, 그리고 모든 이스라엘을 뜻한다.
10. "돌아갔다"는 말 대신 "도망했다"는 동사를 쓴 것은 그들의 패전을 상징한다.
11. 후에 압살롬의 시체를 거두어 왕의 계곡에 다시 매장했다는 유대인 해석도 있다(킴히).

34 "압살롬아, 내 아들아!"

1. 히브리어 원문 키-에(כי ע)는 훼손 본문이다. 키(כי)로 고쳐 번역했다.
2. 창세기 13:10-12 참조

3. 혼자 온다면 메신저라는 뜻일까?
4. 히브리어 원문은 엘 하쇼에르(אל השער) "성문 짐꾼에게"이지만 모음을 바꾸어 엘 하샤아르(אל השער) "성문을 향해"로 읽었다.
5. 왕상 1:42, 아비아달의 아들 요나단(여호나단)이 좋은 사람이며, 좋은 소식을 가지고 온다는 언급을 참조하라.
6. 이미 요압도 좋은 소식을 전하는 전령이 선물을 받을 가능성을 이미 언급한 바이다. 그 반대도 참이다.
7. 히브리어 본문의 의미는 불확실.
8. 히브리어 원문 콜 하카밈 알레카(כל הקמים עליך)를 직역하면 "당신에 반내해 일어나는 모든 자들"이다.
9. 보통 ~의 손에서 ~을 구원하다 할 때 동사 yš'를 쓰지만, 삼상 24:16(다윗을 사울의 손에서), 삼하 18:19, 18:31(다윗을 압살롬의 손에서)에서만 špṭ를 사용함. 가치판단, 즉 다윗은 옳고, 사울과 압살롬을 그르다.
10. 아히마아스에게 물을 때와 달리, 의문부사 하를 사용한다. 확신이 덜해진 다윗.
11. 삼상 17:46; 삼상 26:8 참조.
12. 히브리어 문장 샬롬 라나아르 르압살롬(שלום לנער לאבשלום)은 평서문이다.
13. 히브리어 문장 하샬롬 라나아르 르압살롬(השלום לנער לאבשלום)은 의문문이다.
14. 히브리어 본문의 의미는 불확실.
15. 특히 "소요"가 가시적일 때 더욱 그렇다. 들리는 소요에 대해서는 삼상 4:14을 참조.
16. 히브리어 원문 콜 하카밈 알레카(כל הקמים עליך)를 직역하면 "당신에 반대해 일어나는 모든 자들"이다.
17. 그 구스인은 아히마아스가 자신을 앞질러 먼저 왕에게 도착해 있음을 나중에야 알았을 것이다. 더구나 그가 무엇을 보고했는지 알지 못했기 때문에, 그에 맞추어 자신의 메시지를 조정할 수도 없었다. 따라서 그는 아히마아스의 존재 여부와 상관없이 처음의 메시지를 그대로 전했을 것이다.
18. 전령의 보고가 어디까지 이어지는지 분명하지 않다. 필자는 와우 연계형 동사를 그 힌트로 삼아, "그가 압살롬을 인해 애곡했다"는 부분부터 내러

티브가 재개된다고 이해했다. 주어가 갑작스럽게 바뀐 것을 이상해 여길 필요는 없다. 성경 내러티브 저자는 문맥상 주어가 분명한 경우 굳이 주어를 밝히지 않는다. 개역개정은 히브리어 본문 바이트아벨(ויתאבל)을 우미트아벨(ומתאבל)로 고쳐 읽어서, "슬퍼하시다"를 전령의 메시지에 포함시켰다.

19. '마음에 말하다'는 위로하다 설득하다의 의미.
20. 히브리어 키(כי)를 키 임(כי אם)으로 고쳐 읽은 것임.
21. 히브리어 직역: "오늘 밤 당신과 함께 밤을 보내지(ילין) 않을 것입니다."
22. 문맥상 "집에서 나와"로 번역될 수도 있다. 5절을 참조하라.

35 왕의 귀환

1. 히브리어 원문에서 이 문장은 11절 마지막에 위치하지만, 문맥상 문장의 맨 처음에 와야 한다.
2. 길갈이 요단 이쪽에 있는데 어떻게 요단을 건너게끔 '하는가'? 구경한다는 것인가?
3. 히브리어를 라레케트(ללכת) 대신 라레데트(לרדת)로 읽은 것이다.
4. 동사 딘(דין)의 니파형은 여기서만 사용되는 형태로, 많은 학자들이 그것을 마돈(מדון) "싸움"에 대한 오기로 이해한다.
5. 9-10장의 논쟁 내용을 다윗 영접파의 입장만으로 이해하는 학자들도 있다. 유대인들의 전통적 입장을 참고하라.
6. 히브리어를 베아브라(ועברה)가 대신 베아브루(בעברו)로 읽은 것이다.
7. 원문에는 부정어가 없다. 수사적 의문문으로 이해하고 의역하였다.
8. 예를 들어, 함무라비와 그의 아들 아미사두카는 왕위 등극 초기에 모두 빚의 대탕감을 감행했다.
9. 히브리어를 직역하면 "발을 하다"이다. 이 말의 뉘앙스는 확실하지 않으나, 발을 씻고, 발톱을 깍는 등의 일상적 관리를 의미하는 듯하다. 사람이 극심한 슬픔에 빠지면 자신의 신체에 대한 일상적 관리를 하지 않게 된다.
10. 개역개정은 "예루살렘에 와서 왕을 맞을 때에"으로 번역하며, 각주에 "저가 왕을 맞으러 예루살렘에 이를 때에"라는 대안적 번역도 소개한다.
11. 히브리어 피세아흐(פסח) "절름발이"는 경멸어이다. 므비보셋은 왕 앞에서 자신을 비하한다. 좀더 객관적인 말은 느케 라글라임(נכה רגלים) 즉 "두 발을

못쓰는 자"이다.

12. 히브리어 완료형 아마르티(אמרתי)는 수행적 완료이다. 즉 판사의 판결 선언과 같은 효과를 가진다.
13. 31절의 처음 단순 완료 동사 야라드(ירד)는 대과거로 번역될 수 있다.
14. 이 번역은 히브리어 예루살라임을 동사 바에만 적용되는 부사가 아니라 문장 전체에 적용되는 부사로 이해했다.
15. "사울의 집안"을 "죽어 마땅한 사람"들로 표현한 것은 겸손한 자기 비하의 의미를 가진다. 하지만 일부 학자들에 따르면 므비보셋의 표현은 다윗이 사울의 집안 사람들을 죽였다는 주장을 전제하는 것이다. 그들은 다윗이 므비보셋에게 사울의 유업을 회복시켜 주지 않은 것은 바로 이 때문이라고 주장한다.
16. 히브리어를 에트 바야르덴(את-בירדן) 대신 바야르덴(בירדן)으로 읽은 것이다.
17. 개역개정 번역은 히브리어 바야아보르 하야르덴을 "요단에 이르니"로 번역한다. 하지만, 그것은 "요단을 건너다"로 번역하는 것이 옳다. 칠십인역도 그렇게 번역하고 있다. 개역개정의 번역은 이어지는 구절들(32절 이하)이 아직 강을 건너기 전임을 고려한 번역이지만, 31절을 이어지는 구절들에 대한 선제적 요약으로 이해하면 문제가 해결된다.
18. 히브리어 원문은 "내가 먹는 것과 내가 마시는 것"으로 직역된다.
19. 히브리어 본문(ויעברו)은 훼손본문이다.
20. 절반의 이스라엘 사람들이라는 표현은 과장이다.
21. 히브리어 니세트(נשאת)를 마세트(משאת)로 읽은 것이다.
22. 시바와 므비보셋 사이의 판결도 다윗의 무능력을 보여 준다.

36 세바의 반란

1. 유대인 중세 주석가 라쉬에 따르면 다윗이 개입하지 않은 이유는 유다 사람들이 그에게 그가 사독과 아비아달에게 쓴 편지를 보여주었기 때문이다. 즉 이전에 다윗은 이스라엘 사람들의 결정을 전하면서 유다 장로들이 속히 다윗을 영접할 것을 명령하는 메시지를 보낸 바있다. 다시 말해 유다 사람들만이 다윗을 영접하게 된 것은 다윗의 계략에 의한 것이다.
2. 히브리어 나크라(נקרא)는 다양한 의미로 해석될 수 있다. "우연히 그 자리에

있다"는 의미, "초대 받았다"는 의미, 마지막으로 "~으로 불리는 사람"의 의미가 있다. 필자는 마지막의 의미로 번역했지만, 나머지 뉘앙스도 배제할 수는 없다.

3. 히브리어 자음 본문 (חיות)을 분사 "살다"로 읽은 것이다. 마소라 모음을 넣어 읽으면 "생애"라는 명사가 된다.
4. "각자 자기 장막으로"라는 표현은 군역이나 부역의 종결을 의미한다(아래 22절 참조).
5. Anchor Bible, "Bechri"를 참조할 것.
6. 의미가 통하지 않는 마소라 본문 바요헤르(ויחר) 대신 바이하르(ויאחר) "늦어졌다"로 읽었다.
7. "눈을 피할 것이다"로 번역된 히브리어 원문 바히찔 에이네누(והציל עיננו)는 해석하기 어려운 구문이다. 직역하면 "그가 우리의 눈을 구원할 것이다" 이지만, 문맥에 맞추어, "그가 스스로를 우리의 눈으로부터 구원할 것이다"로 번역한다. 혹은 모음을 고쳐 찍어, "그가 우리의 눈에 그림자를 드리울 것이다"로 번역한다.
8. 히브리어 바티폴(ותפל)을 직역하면 "검이 떨어졌다"이다. 하지만 이것은 문맥상 맞지 않아, 바타펠(ותפל) "검이 (겁 집을) 떨어뜨렸다"로 고쳐 읽었다.
9. 마소라 본문 콜 하베림(כל הברים)을 콜 하비크림(כל הבכרים)의 오기로 간주했다.
10. 마소라 본문 바이칼라후(ויקלהו)를 바이카할루(ויקהלו)에 대한 오기로 간주했다.
11. "시내"를 의미할 수도 있다.
12. Whitt, *The Book of Shmuel*, 182.
13. Alter, *The Story of David*, 326.
14. 요압이 그 여인의 조언에 따른 것을 여인의 말 솜씨만으로 설명할 수 없다. 본래 요압은 남의 말을 듣지 않는 사람이기 때문이다. 혹시 요압이 여자 선지자에게 특별히 수용적인 귀를 가진 것은 아닐까? 이전에 요압이 다윗을 설득하기 위해 고용한 드고아의 여인도 선지자였을 가능성이 있다. 요압이 아버지의 이름이 아니라 언제나 어머니의 이름인 '스루야'와 연관되어 불리는 것도 이와 관련 있을 수 있다.

15. 삼하 8:17에서 "스라야"로 불리고, 대상 18:16에서는 "사브사"로 불린다. 솔로몬 때의 서기관들의 아버지 시사도 동일인물일 수 있다.

4부 다윗과 하나님 나라

37 다윗과 사울의 화해

1. https://www.sefaria.org/Radak_on_II_Samuel.21.1?lang=bi 참조
2. 요압이 아마사를 속여 죽인 장소임.
3. 개역개정 "모해한"
4. 히브리어 원문에서 1절 전반부와 후반부 사이에 히브리어 문자 싸메흐가 삽입되어 있다.
5. 유대인 주석가들은 여기서 기근의 두 가지 이유를 찾는다. 하나는 사울이 왕에 걸맞은 장례식도 못하고 타향 땅에 화장된 것 때문에 하나님이 진노하여 기근을 내렸다는 것이고, 다른 하나는 사울이 놉의 제사장들을 죽일 때, 제사장들을 위해 물 긷고 나무 패는 기브온 사람들 칠 인을 죽였다는 이유이다. 기브온과의 문제가 해결된 후에도 기근이 끝나지 않는 점에서 착안한 해석이지만, 필자에게는 그다지 설득력이 없어 보인다.
6. 구약 성경에서 "아모리"는 종종 "가나안"을 대체하는 말로 사용된다.
7. 다윗의 "백성"을 구성하는 사람들 중에는 다양한 이방인들—헷(히타이트) 사람, 블렛(블레셋) 사람, 그렛(크레타) 사람, 여부스 사람—이 포함되어 있다. 사울 왕국과 달리, 다윗 왕국은 소제국을 이루어 다양한 이방 제국으로부터 조공을 받고, 일부 이방 민족들은 직접 다스렸을 가능성이 있다. 다윗은 성장한 국력을 바탕으로 이방인들에 대해 보다 포용적인 정책을 펼 수 있었던 것으로 보인다.
8. 히브리어 원문은 "미갈"이다. 하지만 므홀랏 사람 아드리엘에게 시집간 사울의 딸은 메랍이기 때문에 이것을 메랍으로 고쳤다. 칠십인역도 미갈을 메랍으로 고친다. 하지만 대부분의 히브리어 사본은 미갈을 유지하는데, 이 때문에 유대인 주석가들은 메랍이 낳았지만 미갈이 그들을 키웠다고 해설한다.

9. 히브리어 본문은 "생략"의 수사법을 사용하였다. 따라서 필자는 새에 관한 동사(לא נתנה...לנוח)가 짐승에 대해 적용되도록 번역하였다.
10. 중세 유대인 주석가 킴히는 다윗이 너무 감동하여 그녀를 아내로 삼았다고 주장한다.
11. 히브리어 이스비 브놉(ישוי בנב)을 고유명사로 번역하면 '이스비브놉'이지만, 브놉은 브곱에 대한 오기일 가능성이 높다. 그렇다면 히브리어 이스비 브곱은 "이스비가 곱에 있었다"로 번역될 수 있다. 곱은 블레셋과 전쟁이 벌어진 장소이다. 곱은 '게셀' 혹은 '가드'에 대한 다른 이름이라는 제안이 있었다.
12. 히브리어 본문에는 "칼"이 없다. 이 번역은 시리아 역본에 따른 것이다.
13. 15절에서 "곱에서"라는 말이 빠져 있는데, 그 이유는 이스비를 소개하는 16절에 그 말이 등장하기 때문이다.
14. "칼"은 히브리어 원문(חדשה)에 없다. 그것은 시리아 역본에 따라 첨가한 것이다. 따라서 어떤 번역가는 "새 옷을 입고"라고 번역하기도 한다.
15. 이안 프로반 외, 〈이스라엘의 성경적 역사〉 참조.
16. 한편 유대인 미드라시 해석에 따르면 엘하난("하나님이 은혜로우시다")은 다윗의 별명이다. "야레 오르김(성전 베틀공)"도 이새의 별명이다. 골리앗의 창자루가 베틀채에 비유되는데, 이것은 이새의 별명 야레 오르김 "성전 베틀공"을 연상시킨다. 이새의 직업이 여호와의 성소에 사용되는 천을 짜는 일이었고, 이방인의 베틀에서 만들어지는 천이 이방 신전에서는 우상의 옷감으로 사용됨을 고려하면, 성전 베틀공의 아들 다윗와 베틀채 같은 창자루를 가진 골리앗의 싸움은 결국 야훼와 이방신과의 싸움인 셈이다. 이와 같은 유대인 미드라시에 따르면 본절은 사무엘상 17장이 묘사하는 전쟁의 의미를 은유로 요약하는 것이다.

38 다윗의 노래

1. 이 때문에 일부 학자들은 요나의 시(욘 2장)나 미리암의 노래(출 15장)가 각각 요나가 물고기 배 속에 들어간 사건이나 이스라엘 백성들이 홍해를 건넌 사건과 관계없는 어려움에 처한 사람에 관한 노래였다고 주장하기도 한다.
2. "하늘의 토대"는 매우 진귀한 표현. 땅의 토대가 보다 일반적인 말.
3. 개역개정 "아래는 어두컴컴하였도다".

4. 히브리어 원문에 "천사"는 없다. 하지만 하나님이 높은 곳에서 보낼 그분의 심부름꾼이 천사 말고 누가 있을까?
5. 의인의 고난과 악인의 형통에 대한 성경 저자의 논의는 욥기를 참고하라.
6. 시 18:32절을 참조한 번역.
7. 히브리어 "꼿꼿이"가 사울이 죽은 장면을 연상케 한다.
8. 히브리어를 이그하루(יגחרו)로 고쳐 읽었다.
9. 히브리어를 직역하면, "나의 구원, 바위의 하나님"이다.
10. 시인 다윗은 다양한 근동의 신화소를 적절히 사용하였고, 평행법의 사용이 치밀하였으며, 규칙적인 운율을 유지하였다.

39 다윗의 용사들

1. 39절에 "37명"이라 기록되어 있지만, 실제 나열된 용사들의 수는 36명이다.
2. 히브리어 로쉬 하샬리쉬(ראש השלשי)의 의미는 분명하지 않다. 개역개정역 "군지휘관의 두목"은 히브리어를 로쉬 하슐루쉼(ראש השלשים)으로 고쳐 읽어 의역한 것이다(대상 11:11 참조).
3. 히브리어 아디노 하에츠니브(עדינו העצנו)의 의미는 불확실하다. 대상 11:11절에 근거해 고쳐 번역한 것이다. 개역개정은 이를 "에센 사람 아디노"라고 번역하지만, 동일인이 다른 가문, 다른 이름으로 동시에 소개되는 것은 매우 이례적인 일일 것이다.
4. 마소라 본문(אל קציר)은 "수확 때에" 정도로 이해될 수 있지만, "바위 안으로(אל הצור)"에 대한 오기일 수 있다.
5. "요셉(ישב)"과 "야소브(ישב)"는 같은 자음으로 된 단어이며, 벳세벳(בשבת) "사람들의 모임"과 암(עם) "백성"은 그 의미가 유사하다. 역대기의 "학몬 사람의 아들"은 "다그몬 사람"에 대한 오기로 보인다. 대상 27:2에 따르면 그는 베냐민 지파 출신 삽디엘의 아들이다.
6. "다그몬 사람"과 "학몬 사람"에 지혜를 의미하는 어근 헤(ה)-카프(כ)-멤(ם)이 사용되었음에 유의하라. 요셉밧세벳은 "모임에 앉은 자"를 의미하고 "야소브암"은 "백성들 가운데 앉은 자"를 의미한다.
7. 개역개정은 난해한 히브리어 구절 아디노 헤에쯔니브(אדינו העצנו)를 일부 유대인 전통을 따라 고유명사로 번역한 것이다. 하지만 필자는 그것을 오레르

에트 하니토(עורר את חניתו)에 대한 오기로 이해하여 번역하였다.

8. 개역개정역 “사기가 올라”가 암시하는 것처럼 히브리어 원문(לחיה)은 고유명사가 아닌 보통명사 “짐승”으로 이해될 수 있다.

9. 역대상 기록에 따르면 밭을 지켜낸 용사는 엘르아살이다. 삼마는 아예 언급되지도 않는다. 엘르아살이 지켜낸 밭도 녹두나무 밭이 아니라 보리밭이다. 사무엘하 본문에서 삼마는 홀로 블레셋과 싸워 밭으 지켜냈는데, 역대상 기록에서 밭은 지켜낸 주체는 복수의 군인들이다.

10. 다윗을 위해 목숨을 걸고 물을 떠온 사건에 하나님의 말씀을 위해 목숨을 걸고 행한 일화에 관한 규정을 적용한다는 것은 ‘다윗’과 ‘하나님의 말씀’을 동일한 위치에 놓는 일이다.

11. 라비노비츠, 284.

12. 대상 11:21에 “첫째 세 사람”과 “둘째 세 사람”이 언급된 것으로 보아, 트리오 소대가 둘 이상 존재했을 가능성이 있다.

13. 개역개정은 “용사의 손자”로 번역하는데, 이것은 마소라 케레(בן איש חיל)에 따른 것이다(대상 11:22 참조). 하지만 마소라 케레를 따를 경우 히브리어 벤과 이쉬는 중복적인 것을 보아야 한다. 따라서 그 경우 “용사”로만 번역하는 것이 옳다.

14. 유대인 킴히(라닥 참조)는 8절의 요셉밧세벳이 요압의 다른 이름이라고 주장하기도 한다.

15. https://www.sefaria.org/Ralbag_on_II_Samuel.23.20.2?lang=bi&with=all&lang2=en 참조

16. https://www.sefaria.org/Metzudat_David_on_II_Samuel.23.20.5?lang=bi&with=all&lang2=en

17. 문맥상 “잘생겼다”는 말(איש מראה)의 의미는 사람들의 경외를 가져올 근엄한 외모라는 의미다.

18. 삿 7:1에 따르면 족속 명이 아니라 지명일 가능성이 높다.

19. 개역개정역 “삼훗”은 대상 11:27에 근거해 히브리어 본문 “삼마”를 수정한 것이다. 하지만 그의 출신지 “하롯”은 역대서의 “하롤”을 따라 고치지 않았다.

20. 개역개정의 “마아가 사람의 손자”는 히브리어 벤(בן)이 민족 분별 어미(gen-

tilic)와 중복 기능을 하는 것을 오해한 번역이다.

21. 타르굼은 "삼십 용사"로 번역된 히브리어 쉘로쉽(שלושים)을 "용사들"을 의미하는 구브라야(גבריא)로 번역한다.

40 다윗의 인구조사

1. 히브리어 하나할 하갓(הנחל הגד)은 "갓으로 통하는 계곡"으로 번역될 수 있다.
2. "점호된 총수"로 번역된 히브리어 미스파르 미프카드(מספאר מפקד)는 어색한 히브리어 표현이다. 두 단어 중 하나만 사용해도 의미가 통하기 때문이다. 이 때문에 유대인 주석가들은 요압이 다윗에게 두 가지 숫자를 준비했다고 주장한다. 하나는 베냐민과 레위의 숫자를 포함한 숫자(미스파르)이고 다른 하나는 그들을 누락한 숫자(미프카드)이다. 이런 미드라시 해석이 자의적인 면이 있지만, 사무엘서와 역대서가 제시하는 이스라엘 병사의 숫자의 차이를 설명하는데 도움이 될 수도 있다.
3. 전치사구 바헴(בהם)에서 전치사 바(ב)는 "대적하여"(against)라는 뉘앙스를 가진다.
4. 이때 사용된 동사 수트(שוט)는 욥기 1장에서 사탄이 지상을 "두루 돌아다니는" 모양에 사용된 동사이다. 사탄이라는 말도 동사 수트에서 유래한 단어이다.
5. Nemet-Nejat, Daily Life in Ancient Mesopotamia, 128.
6. 일부 해석가들은 사무엘서의 숫자 80만 명이 레위와 베냐민 지파가 제외된 것이며, 역대서의 110만 명이 "온 이스라엘"의 숫자라고 주장한다. 하지만 일부 지파의 누락이 명시적으로 언급된 곳은 역대서이다.
7. 사무엘상 9장의 "선견자"는 히브리어는 로에(ראה)이다. 로에 선견자는 왕정 이전의 기적이나 이적 중심의 선지자를 가리킨다는 점에서 호제 선견자와 구분된다. 호제 선견자는 왕정 이후의 말씀 대언자로서의 선지자를 지칭한다는 점에서 나비 선지자와 유사하지만, 호제 선견자의 특징은 여호와의 말씀을 밤의 환상을 통해 받는 경향이 있다는 것이다. 참조. TDOT Ḥozeh
8. 이것은 "여호와의 말씀이 나단에게 임하였다"는 문장이 대과거로 해석될 수 있다는 사실에 근거한 것이다.
9. 유대인 주석가 라바노비츠에 따르면 이것은 다윗이 여호와의 살아계심으로

사울에 대해 맹세한 내용을 연상시킨다: "다윗이 또 이르되 여호와께서 살아 계심을 두고 맹세하노니 여호와께서 그를 치시리니 혹은 죽을 날이 이르거나 또는 전장에 나가서 망하리라"(삼상 26:10). 라바노비츠는 "치신다"는 것을 "역병"으로, "죽는 날이 이른다"는 것을 기근에 의한 죽음으로, 전장에 나가 죽는 것을 적에게 쫓기는 재앙과 상응하는 것으로 보았다. 라비노비츠의 해석이 옳다면, 하나님이 다윗에게 재안한 세가지 재앙은 다윗에게 사울에 대한 자신의 저주를 상기시켰을 것이다. 라비노비츠, 294.

10. 갓 선지자는 "나를 보내신 분께 가지고 돌아갈 말이 무엇인지 확실하게 결정하시기 바랍니다."라고 말하는데, "말"이 "역병"과 동일한 자음으로 구성된 단어(דבר)라는 점에서, 우리는 선지자의 말에서 '역병을 선택하는 것이 가장 좋다'는 무언의 암시를 읽어낼 수 있다. 물론 다윗이 그런 선지자의 암시를 이해했는지는 별개의 문제일 것이다.
11. "백성을 치는 사자"를 엄밀하게 번역하면 "백성을 치는 자, 사자"이다. 다시 말해 다윗이 하나님께 회개할 때, 여호와의 사자가 백성을 죽이고 있었다는 뜻이 아니다.
12. 다윗이 아리우나가 가지고 있던 소를 제물로 그의 타작 기구와 소 장비를 번제단으로 사용한 것은 제단과 제사가 매우 급하게 준비되었음을 보여 준다.
13. "그의 눈에 좋은 것(הטוב בעינו)"가 "하다(עשה)" 이외의 동사와 호응하는 유일한 예이다.
14. 나무로 된 멍에를 가리킨다.
15. 이 문장을 아리우나의 직접 화법이 아니라 나래이터의 서술로 이해하면 다음과 같이 해석될 수 있다. 아리우나 왕은 모든 것을 왕에게 드렸다. 이경우 아리우나가 '왕'으로 불리는 이유를 설명해야 하는데, 일부 유대인 주석가는 아리우나가 여부스인들의 왕이었다고 주장한다. 그러나 이 주장은 확인도 반박도 될 수 없는 주장이다.
16. 그의 이름에 대한 혼란도 있다. 사무엘서 저자도 두 번이나 그의 이름의 철자를 오기하였고, 역대서 기자는 일관되게 그를 "오르난(ארנן)"이라고 부른다.
17. 쿠걸, 《구약성경개론》, 762.

18. 이것은 다윗에 대한 존경의 표시인 동시에, 다윗이 하는 일의 대의에 동참하는 일이다.
19. "내 하나님 여호와여 주의 종의 기도와 간구를 돌아보시며 이 종이 오늘 주 앞에서 부르짖음과 비는 기도를 들으시옵소서… 이곳을 향하여 비는 기도를 들으시옵소서. 주의 종과 주의 백성 이스라엘이 이 곳을 향하여 기도할 때에 주는 그 간구함을 들으시되 주께서 계신 곳 하늘에서 들으시고 들으시사 사하여 주옵소서(왕상 8:28-30, 개역개정).

그리스도인을 위한 통독 주석 시리즈

사무엘하

II Samuel
Commentary Series for
Christian to Read through

지은이 김구원
펴낸곳 주식회사 홍성사
펴낸이 정애주
국효숙 김의연 김준표 박혜란 손상범
송민규 오민택 임영주 차길환

2019. 8. 16. 초판 발행 2022. 11. 11. 3쇄 발행

등록번호 제1-499호 1977. 8. 1.
주소 (04084) 서울시 마포구 양화진4길 3 전화 02) 333-5161 팩스 02) 333-5165
홈페이지 hongsungsa.com 이메일 hsbooks@hongsungsa.com 페이스북 facebook.com/hongsungsa
양화진책방 02) 333-5161

ISBN 978-89-365-1258-3 (03230)